PEARSON

Sunyo Translation Series in Accounting Classics

INTERNATIONAL ACCOUNTING

seventh edition

Frederick D. S. Choi Gary K. Meek

三友会计名著译丛

“十二五”国家重点图书出版规划项目

国际会计学

（第七版）

［美］弗雷德里克·D.S.乔伊 加利·K.米克 著

方红星 施继坤 张广宝 译

东北财经大学出版社
Dongbei University of Finance & Economics Press
大连

图书在版编目(CIP)数据

国际会计学:第7版/(美)乔伊(Choi,F. D. S.),(美)米克(Meek,G. K.)著;方红星,施继坤,张广宝译.—大连:东北财经大学出版社,2012.2(2022.7重印)
(三友会计名著译丛)
书名原文:International Accounting
ISBN 978-7-5654-0658-4

Ⅰ.国… Ⅱ.①乔… ②米… ③方… ④施… ⑤张… Ⅲ.国际会计 Ⅳ.F811.2

中国版本图书馆CIP数据核字(2011)第274529号

辽宁省版权局著作权合同登记号:图字06-2010-457号

东北财经大学出版社出版
(大连市黑石礁尖山街217号 邮政编码 116025)
教学支持:(0411)84710309
营 销 部:(0411)84710711
总 编 室:(0411)84710523
网　　址:http://www.dufep.cn
读者信箱:dufep@dufe.edu.cn

大连天骄彩色印刷有限公司印刷 东北财经大学出版社发行

幅面尺寸:185mm×260mm 字数:569千字 印张:25.25
2012年2月第1版 2022年7月第6次印刷

责任编辑:李季 王玲 李栋 责任校对:王娟 刘慧美 何群
封面设计:冀贵收 版式设计:钟福建

定价:88.00元

作者简介

弗雷德里克·D. S. 乔伊(Frederick D. S. Choi),纽约大学 Stern 商学院名誉院长,杰出教授,会计系主任。1965 年和 1968 年毕业于夏威夷大学,获工商管理学学士和硕士学位;1972 年毕业于华盛顿大学,获会计学博士学位。1981 年加入 Stern 商学院,曾任 Stern 商学院本科部主任、副院长。

乔伊教授著述甚丰。主要著作除本书以外,还有《国际财务与会计手册》(John Wiley)、《会计差异世界中的国际资本市场》(Irwin)、《财务会计与报告的全球化》(FEI)等,并曾在《会计研究杂志》(JAR)、《会计与商务研究》(ABR)、《财务分析杂志》(FAJ)、《会计杂志》(JA)等学术刊物上发表多篇论文。

乔伊教授曾任教、访学于中国工业与管理发展研究中心、欧洲工商管理学院(INSEAD)、英国 Cranfield 管理学院、意大利 Bocconi 大学、瑞典斯德哥尔摩大学和华盛顿大学,曾获得花旗银行杰出教学奖、美国会计学会(AAA)杰出国际会计教育奖、美国出版商协会(AAP)优秀图书奖,是国际财务经理协会研究基金会(FEIRF)的首位学术界理事、《国际财务管理与会计杂志》(JIFMA)创刊主编、国际商务研究院(AIB)研究员。

乔伊教授主讲的课程包括“财务会计”、“国际会计”和“财务报表分析”等,主要研究领域包括国际财务报告与控制、外汇会计与物价变动、会计/披露的资本市场效应等。

加利·K. 米克(Gary K. Meek),美国俄克拉何马州立大学 Spears 商学院会计系 Oscar S. Gellein/Deloitte & Touche 会计学教授。米克教授毕业于得克萨斯天主教大学,获工商管理学学士和硕士学位;1980 年毕业于华盛顿大学,获会计学博士学位。

米克教授 1972—1973 年任教于得克萨斯天主教大学,1973—1976 年任职于旧金山 Haskins & Sell 会计师事务所,1980 年至今任教于俄克拉何马州立大学,1986—1987 年任苏格兰格拉斯哥大学 James Cusator Wards 访问学者。曾任美国会计学会国际会计分会会长(1990—1991 年)、美国会计学会副会长(1992—1994 年)。

米克教授的主要著作除本书以外,还包括《会计学:国际视角》(Irwin/McGraw-Hill)、《国际会计的国别研究:美洲与远东》(Edward Elgar)等。曾在《会计评论》(AR)、《会计地平线》(AH)、《国际商务研究杂志》(JIBS)、《国际会计研究杂志》(JIAR)、《会计文献杂志》(JAL)、《欧洲会计评论》(EAR)等学术刊物上发表论文多篇。曾获美国会计学会杰出国际会计教育奖、俄克拉何马州注册会计师协会杰出教育奖。

米克教授主讲的课程包括“国际会计”“会计学”等,主要研究领域为国际会计。

译者简介

方红星，管理学博士，教授，博士生导师，享受国务院政府特殊津贴。入选国家“万人计划”哲学社会科学领军人才，百千万人才工程国家级人选，全国文化名家暨“四个一批”人才。现任东北财经大学党委副书记、校长。

主要社会兼职：财政部内部控制标准委员会委员、企业会计准则咨询委员会委员，教育部会计专业学位研究生教育指导委员会委员、普通高校工商管理类专业教学指导委员会会计学专业教学指导分委员会委员，中国会计学会内部控制专业委员会副主任委员、财务成本分会会长，辽宁省委省政府决策咨询委员会委员，辽宁省审计学会会长等。

译者前言

由美籍韩裔会计学家 Choi（实际上是“崔”，本书按照国内的习惯译法译为“乔伊”）教授领衔主编的这本《国际会计学》，是国际会计/比较会计领域享誉全球的经典教科书之一。它不断臻进，历久弥新，呈现在读者眼前的是新近推出的第七版的中文翻译版。我国资深会计学家、厦门大学会计系常勋教授对本书盛赞有加，不仅曾亲自翻译、审校过本书以前版次的中文翻译版，而且还多次撰文大力推介。我曾于 2000 年与南开大学周晓苏教授合作主译过本书的第三版，全面领略了其广博与精深之美。2006 年，我又与本书再续前缘，不仅承担了第五版的翻译工作，而且应邀对英文原版进行改编，以供国内双语教学之用。而此次翻译的已经是 2010 年在美国刚刚出版的第七版了。

本书具有题材丰富、资料翔实的优点，尤其是在国际会计比较与协调以及国际管理会计和税务筹划等方面。此外，领衔作者所具有的东方式的思维风格，也使得本书比起其他同类书而言，更适合中国读者的口味。在翻译的过程中，对原书中层次不甚清晰的个别章节（如第 3、4、6、10、11 章），在征得作者同意后，我们进行了调整和重组；就一些国家会计准则和相关方面的变化，我们亦对第 3、4 章的部分内容进行了必要的改写和增补。

由于本书结构清晰，层次分明，在实际教学过程中完全可以根据课程目的、授课对象、课时等因素来灵活地加以选择，例如主要定位于国际比较与协调的课程，就可以重点讲授前 8 章的内容。

尽管有第三版和第五版翻译的良好基础，但是由于原书修订的幅度比较大，第七版的翻译工作基本上需要重新着手，东北石油大学经济管理学院的施继坤、张广宝参与了翻译和校对工作。

借此机会，对一贯给予关爱和提携并承担了第三版审校工作的资深国际会计问题专家、厦门大学常勋教授表示衷心的感谢和崇高的敬意！同时感谢第三版翻译过程中的合作者——南开大学商学院周晓苏教授和东北财经大学会计学院刘克、曲丽老师！在第五版的翻译过程中，我指导的研究生孙噐、谭旭宏、孟翔宇、黄珊珊、杨秀绣参与了部分章节的初译和校订工作，在此一并致谢！

在教学和阅读过程中，对本书内容（尤其是翻译方面的问题）如有意见和建议，敬请赐教！

方红星
于滨城大连
2011 年 11 月

原著前言

本书的写作带有一个明确的目的，那就是引领学生进入会计、财务报告和财务控制的国际视角。他们将要在其中开展职业生涯的这个世界，是一个被全球经营和跨境投资所主导的世界。由于这些活动要求依赖财务数据做出决策，因此，国际会计知识对于他们在外部和内部财务沟通中做出正确的理解至关重要。本书不仅适用于高年级本科生和硕士生，令我们感到高兴的是，这部赢得荣誉的作品的内容对于全世界的执业会计师、财务管理人员、投资管理人员、大学教师和行业监管者也大有裨益。

对本书的修订持续了40年，做出了许多改进。这些改进包括：

- 更新了公司治理和相关立法的内容。见第4、5、8、9章。
- 审视了国际审计，包括外部审计和内部审计。见第8、9章。
- 更新了对比较会计的讨论，在第3章和第4章中强调了欧洲、美洲和亚洲的进展。
- 为反映当前的趋势和问题，对大部分章节从资本市场、管理、税制和制度等方面进行了更新。
- 讨论了国际会计趋同和这一重要进程的主要参与者。见第3、5、8章。
- 修改了针对发达和新兴市场国家或地区报告与披露实务的讨论。见第4、5、7章。
- 增加了对相关的国际网站地址和数据来源的列示。
- 更新了讨论题、练习题和案例。

我们得益于专业文献，以及我们的许多学生和教学同行，他们饶有想法的评论为我们带来了可资参考的新观点。我们感激他们。此外，在书稿的写作过程中，许多人提供了大力的协助。我们特别感谢 Prentice Hall 公司的 Julie Broich，Karen Kirincich 和 Christian Rumbaugh 的鼓励和在编辑方面的支持。

尽管努力试图避免，但差错在这类作品中定然在所难免。作为作者，我们对书稿中的所有错误和疏漏承担全部责任。我们一如既往地欢迎所有采用本书的人提出建设性的意见，因为学生将会成为你的想法的最终受益者。

弗雷德里克·D.S.乔伊
纽约州纽约市

加利·K.米克
俄克拉何马州斯迪沃特

目 录

第 1 章 导论 1

1.1 历史视角 1

1.2 现代视角 2

1.3 跨国经营的增长与扩展 3

1.4 金融创新 8

1.5 全球竞争 8

1.6 跨境兼并与收购 10

1.7 资本市场的国际化 10

1.8 我们在哪儿? 16

1.9 学习目标 17

附录 1—1 股票交易所网址 19

附录 1—2 Infosys 年报的财务报表和附注节选 22

讨论题 22

练习题 23

案例 1—1 E-Centives 公司——在瑞士筹集资本 23

案例 1—2 全球基准:Infosys 技术有限公司 24

第 2 章 发展和分类 26

2.1 发展 26

2.2 分类 31

讨论题 35

练习题 35

案例 2—1 会计分类过时了吗? 37

案例 2—2 大众集团 37

第 3 章 比较会计:欧洲 41

3.1 关于会计准则和实务的一些观察 42

3.2 IFRS 在欧盟 43

3.3 法国的财务会计体系 45

3.4 德国的财务会计体系 49

3.5 捷克共和国的财务会计体系 53

3.6 荷兰的财务会计体系 56

3.7 英国的财务会计体系 60

讨论题 65

练习题 65

案例 3—1 到底有什么不同? 66

案例 3—2 差异真的很大吗? 67

第 4 章　比较会计:美洲和亚洲　68
4.1　美国的财务会计体系　69
4.2　墨西哥的财务会计体系　74
4.3　日本的财务会计体系　78
4.4　中国的财务会计体系　82
4.5　印度的财务会计体系　85
讨论题　89
练习题　90
案例 4—1　立足于原则　92
第 5 章　报告与披露　94
5.1　披露的发展　94
5.2　报告和披露实务　97
5.3　新兴市场国家或地区的年度报告披露　126
5.4　对财务报表使用者和管理人员的影响　127
讨论题　127
练习题　128
案例 5—1　走向绿色　130
案例 5—2　眼见为实　130
第 6 章　外币折算　132
6.1　折算的原因　134
6.2　背景和术语　135
6.3　问题　138
6.4　备选折算汇率对财务报表的影响　138
6.5　外币业务　139
6.6　外币折算　142
6.7　折算会计的发展　151
6.8　《财务会计准则公告第 52 号》/《国际会计准则第 21 号》的特点　152
6.9　计量问题　154
6.10　外币折算与通货膨胀　155
6.11　其他地方的外币折算　156
附录　根据《财务会计准则公告第 52 号》进行折算和重新计量　157
讨论题　161
练习题　162
案例 6—1　Regents 公司　164
案例 6—2　管理海外投资:谁的货币?　166
第 7 章　财务报告与物价变动　169
7.1　物价变动的定义　172
7.2　为什么物价变动期间的财务报表可能会产生误导?　174
7.3　通货膨胀调整的类型　175

7.4 一般物价水平调整 176
7.5 现行成本调整 180
7.6 一般物价水平调整的现行成本 183
7.7 通货膨胀会计的国家视角 184
7.8 国际会计准则理事会 189
7.9 通货膨胀会计问题 189
附录 外国通货膨胀的会计处理:一个案例分析 194
讨论题 196
练习题 197
案例 7—1 Kashmir 公司 200
案例 7—2 Icelandic 有限公司 201
第 8 章 全球会计和审计准则 204
8.1 国际趋同的一个综述 204
8.2 国际会计准则制定历史上的若干重大事件 207
8.3 促进会计协调的主要国际组织概述 209
8.4 国际会计准则理事会(IASB) 212
8.5 欧洲联盟(EU) 218
8.6 证券委员会国际组织(IOSCO) 221
8.7 国际会计师联合会(IFAC) 224
8.8 联合国会计和报告国际准则政府间专家工作组(ISAR) 226
8.9 经济合作与发展组织(OECD) 226
8.10 结论 226
讨论题 227
练习题 227
案例 8—1 缩减的准则制定者该走向何处? 229
第 9 章 国际财务报表分析 231
9.1 导论 231
9.2 跨国分析的挑战与机遇 231
9.3 经营分析框架 232
9.4 国际经营战略分析 232
9.5 会计分析 234
9.6 国际财务分析 236
9.7 国际前景分析 240
9.8 进一步的问题 242
9.9 财务报表分析与审计 250
附录 9—1 将按日本公认会计原则编制的财务报表重述为按美国公认会计原则编制的财务报表 260
附录 9—2 国际比率分析 264
讨论题 266

练习题 266
案例 9—1 Sandvik 269
案例 9—2 Continental A. G. 275
第 10 章 管理规划与控制 282
10.1 确定经营模式 282
10.2 规划工具 283
10.3 资本预算 284
10.4 管理信息系统 291
10.5 管理信息与恶性通货膨胀 293
10.6 财务控制问题 297
10.7 战略成本计算 304
10.8 对国外经营的业绩评价 306
10.9 业绩评价实务:ICI 公司 310
10.10 业绩标准 313
讨论题 315
练习题 316
案例 10—1 国外投资分析:一件棘手的事情 319
案例 10—2 在浮动汇率的世界中评估国外子公司的业绩 321
第 11 章 财务风险管理 323
11.1 概要 325
11.2 为什么要对财务风险进行管理? 325
11.3 会计的作用 326
11.4 套期保值产品的会计处理 338
11.5 对已确认资产、负债或未确认企业承诺的套期 344
11.6 在国外经营中的净投资的套期 346
11.7 外币投机 347
11.8 披露 348
11.9 财务控制 351
11.10 适当的基准 351
讨论题 352
练习题 352
案例 11—1 风险识别 354
案例 11—2 风险价值:我们的期权是什么? 355
第 12 章 国际税收与转让定价 358
12.1 初始概念 358
12.2 各个国家或地区税收制度的差异 359
12.3 国外所得征税和双重征税 364
12.4 税务筹划的视角 368
12.5 国际转让定价:复杂化的因素 372

12.6 转让定价方法 377
12.7 转让定价实务 383
12.8 未来 383
讨论题 384
练习题 385
案例 12—1 山穷水尽 387
案例 12—2 Muscle Max:您自己的私人教练 388

第 1 章　导论

会计在社会中起着至关重要的作用。作为经济学的一个分支，它提供关于企业及其交易的信息，以便于这些信息的使用者做出资源配置决策。如果所报告的信息可靠而且有用，那么稀缺的资源就可以得到最优的配置；反之，当信息不太可靠和有用时，资源配置就达不到最优。

本书的主题——国际会计在其预期作用方面并无差别。使它的研究与众不同的是，报告所针对的主体要么是有着跨越国界线的经营业务和交易的跨国公司（MNC），要么是对位于报告主体所在国之外的使用者具有报告义务的主体。

回想一下，会计包括几个广义的过程：计量、披露和审计。计量（measurement）是对经济活动或交易进行确认、分类和量化的过程。这些计量能提供有关企业经营的获利能力和它的财务状况、实力方面的认识。披露（disclosure）是将会计计量传递给它们的预定使用者的过程。这个领域集中关注诸如披露什么、何时披露、采用什么方式和向谁披露等问题。审计（auditing）是由专门的会计专业人士（审计师）鉴证计量和沟通过程的可靠性的过程。内部审计师是企业的员工，对管理层负责；而外部审计师不是企业的员工，他们负责鉴证公司财务报表的编制是否符合公认的准则。

从国际的视角去理解刚才所讲到的会计过程，对于从事进出口贸易活动以及寻求跨国经营管理，或者想要筹措或供应资金的企业而言尤为重要。因为依赖国际供应商来控制生产成本和保持全球竞争力是现代企业的一个共同特征，所以甚至在一国范围内单独经营的一家企业也不再与会计的国际属性完全绝缘。会计金额可能由于规范它们的原则的不同而大相径庭。文化、商业惯例、政治和监管结构、法律体系、币值、当地的通货膨胀率、经营风险和税收条例方面的差别，都会影响跨国公司在全世界的经营和财务报告。如果缺乏对所依据的会计原则和商业文化的认识，就不可能理解财务报表和其他的披露。

研究国际会计的重要性多年来不断提高。我们从这个领域的简要历史开始介绍。

1.1　历史视角

会计的历史是一部国际性的历史。下面的时间表说明了会计在保持全球理论与实践持续发展的同时，从一国背景向另一国移植的能力方面所取得的巨大成功。

复式簿记一般被看作是我们现在所了解的会计的起源，最初源自 14 世纪和 15 世纪的意大利城邦。它的发展受到中世纪后期意大利北部国际商贸增长以及政府设法对商贸交易征税的愿望的驱动。“意大利式簿记”后来传入德国，以帮助富格尔家族（Fugger）时代的商人和商业同业公会联盟（Hanseatic League，也有人将其音译为“汉萨联盟”——译者注）。大约与此同时，荷兰的商业哲人改进了计算期间利润的方法，法国的政府官员发现了将这一整套体系应用于政府规划和问责机制（accountability）的优越性。

复式会计思想到达不列颠群岛，可谓适逢其时，即为了英国的商业利益而去管理和控制在殖民地的企业，以及对其殖民地企业的记录进行审核和验证。19 世纪 50 年代会计团体和19世纪70年代苏格兰和英格兰的有组织的公共会计职业兴起。英国会计惯例不仅传遍了北美，而且传遍了随后形成的英联邦。

会计的平行发展发生在其他各地。荷兰会计模式被传入印度尼西亚，以及其他地方。法国会计体系在波利尼西亚和非洲的法国管辖区安家落户，而德国的会计报告框架对日本、瑞典和沙皇俄国产生了影响。

随着20世纪前半叶美国经济实力的增长，它在会计问题上的发言权也随之增长。商学院通过将这一领域的问题概念化，并最终将其确定为在学院和大学校园里独立开设的一门学科，推动了它的发展。第二次世界大战以后，美国会计的影响遍及整个西方世界，尤其是在德国和日本。较低程度的类似影响在巴西、以色列、菲律宾、瑞典等国家也能直接观察到。

会计国际传承的悖论是，在许多国家，会计仍然是国家化的事务，有着深深植根于国家法律和专业规范的国家准则和惯例（第3章和第4章将提供比较会计惯例的例子），对其他国家相应要求的了解很少。然而，会计是为那些决策范围越来越国际化的人们和组织服务的。

解决会计的历史性悖论长期以来一直是会计信息使用者和编制者共同的关注点。近年来，缩小世界范围内计量、披露和审计过程的差异的制度性努力正在加强。第8章将集中讲述这种努力，并介绍在达成全球会计体系的趋同中有着重要利害关系的主要参与者。

1.2　现代视角

尽管减少国际会计差异的努力本身十分重要，但是现在还有许多其他因素导致研究国际会计的重要性与日俱增。这些因素来源于国家贸易壁垒和资本控制的显著和持续降低，以及信息技术的进步。

国家对资本流动、外汇、外国直接投资和关联交易的控制近年来已经极大地放松了，从而降低了国际商务的壁垒。发达国家和发展中国家金融部门政策的变化，反映出信息和金融技术使得资本控制无效逐渐变成了现实。国家政府也意识到，金融市场开放给予它们利用国际资金筹措国债的机会。由于会计是商业语言，跨国经济往来意味着在一国编制的会计报告一定会越来越多地被另一个国家的使用者所使用和理解。

信息技术的进步也导致了生产和分销经济学的急剧变革。纵向一体化生产不再是一种高效率的运营模式。实时的全球信息联结意味着生产（包括会计服务）被越来越多地外包（或离岸）给那些在世界范围内能够最好地完成这项任务或者其中部分工作的主体。[①] 当今引领外包（或离岸）服务的地区包括美洲的阿根廷、巴西、加拿大、智利、哥斯达黎加、墨西哥和巴拿马，亚太地区的澳大利亚、中国、印度、马来西亚、新西兰、巴基斯坦、菲律宾、新加坡、越南，以及欧洲、中东和非洲地区的捷克共和国、埃及、匈牙利、爱尔兰、以色列、摩洛哥、波兰、罗马尼亚、俄罗斯、斯洛伐克、南非、西班牙和乌克兰。[②] 以往公司与其供应商、中间人和客户间的敌对而

① 例如，参见 Arie Lewin，Silvia Massini，and Carine Peters，“Why Are Companies Offshoring Innovation? The Emerging Global Race for Talent”，*Journal of International Business Studies* 40（2009）：901-925.

② Robert Kennedy，“The Tough Game You Have to Play”，*Financial Executive*，May 2009，PP. 23-25.

又疏远的关系，已经被其与供应商、供应商的供应商、中间人、客户以及客户的客户之间合作性的全球联结关系所取代。

专栏1—1给出了外包现象的一个图例。在生产ML150（帮助公司管理客户数据库和运行电子邮件系统以及起其他作用的一种小型装置）的过程中，惠普（Hewlwtt-Packard，HP）转向劳动力资源成本较低的地区：中国和印度。但是，它决定也在新加坡和澳大利亚等高成本地区生产一些ML150，因为这些地区离目标客户更近一些。ML150的前期设计在新加坡完成，然后转交给中国台湾的一家外部承包商。此外，把商品运到印度将会引发过高的关税，因此在印度用进口的部件生产一些ML150以满足当地市场就很有意义。在这个外包例子中的所有环节都与本章接下来所讨论的会计问题密切相关。

专栏1—1 **惠普的ProLiant 150的外包过程**

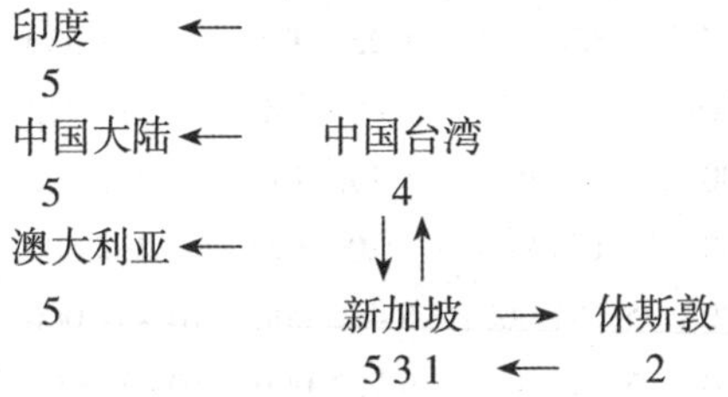

惠普走向市场的路径

1. ML150的创意在新加坡萌生
2. 概念在休斯敦获得批准
3. 概念设计在新加坡完成
4. 在中国台湾进行工程设计和前期制造
5. 在澳大利亚、中国大陆、印度和新加坡进行最后组装。在澳大利亚、中国大陆和印度生产的机器在当地市场销售；在新加坡组装的机器销往东南亚

在我们刚刚讲述的两个伴生发展因素的驱动下，多种因素导致了本书主题的重要性不断提升。我们将逐一进行讲述。

1.3 跨国经营的增长与扩展

国际商务通常伴随着对外贸易。这项古老的活动，至今仍然持续不衰。尽管劳务贸易与商品贸易相比相形见绌，但是前者比后者获益更大、发展速度更快。按地区和选定经济体列示的当前商品和劳务的出口和进口趋势如专栏1—2所示。

专栏1—2中没有列示各个地区的出口和进口的构成情况。为了从微观层次获取全球贸易模式的一个更好的图景，只需要考察一下任何一家跨国公司的国外经营业务披露就可以了。专栏1—3提供了阿克苏诺贝尔（AKZO Nobel）公司销售收入的地理分布统计数据，它是一家总部位于荷兰，主要致力于保健产品、衣料和化学药品制造领域的跨国公司。不难看出，该公司的销售额全面覆盖了世界上每一个大洲。美国信息技术服务公司（Unisys）向100多个国家的客户提供专业服务，而日本的佳能（Cannon）公司几乎是在向世界范围内的每一个国家出售其照相机以及其他专业的和个人的影像设备。将所有国家中的所有跨国公司的这种披露汇总起来，就可以证实如今的贸易既不是双边的，也不是地区性的，而是全球性的。

专栏 1—2　　按地区列示的世界贸易

商品贸易总额　　**单位：当前价格换算的美元（百万）**

地区	活动	合作伙伴	保留	1990 年	1995 年	2000 年	2005 年	2007 年
非洲	出口	世界		106 000	112 000	147 800	297 000	424 100
非洲	进口	世界		99 600	126 700	129 400	249 300	358 900
亚洲	出口	世界		792 400	1 446 800	1 836 200	3 050 900	4 131 000
亚洲	进口	世界		761 500	1 403 300	1 667 100	2 871 000	3 804 300
欧洲	出口	世界		1 684 940	2 335 635	2 633 930	4 371 915	5 722 205
欧洲	进口	世界		1 750 925	2 334 760	2 774 755	4 542 675	6 060 845
中东	出口	世界		138 400	151 000	268 000	538 000	759 900
中东	进口	世界		101 300	132 500	167 400	322 100	479 300
北美	出口	世界		562 035	856 550	1 224 975	1 477 530	1 853 500
北美	进口	世界		684 460	1 015 760	1 687 580	2 284 735	2 707 460
南美	出口	世界		106 000	148 900	195 800	354 900	499 200
南美	进口	世界		85 900	176 900	206 300	297 600	456 000
世界	出口	世界		3 449 000	5 164 000	6 452 000	10 431 000	13 950 000
世界	进口	世界		3 550 000	5 284 000	6 724 000	10 783 000	14 244 000

商业劳务贸易总额　　**单位：当前价格换算的美元（百万）**

地区	活动	合作伙伴	1985 年	1990 年	1995 年	2000 年	2005 年	2007 年
非洲	出口	世界		18 600	25 700	31 300	56 900	78 400
非洲	进口	世界		26 500	34 400	37 400	69 300	102 100
亚洲	出口	世界		131 500	257 800	309 500	525 300	739 600
亚洲	进口	世界		178 800	328 100	367 900	573 500	760 000
欧洲	出口	世界			597 100	721 900	1 244 800	1 703 200
欧洲	进口	世界			560 200	674 100	1 120 100	1 461 300
中东	出口	世界				33 100	54 900	76 900
中东	进口	世界				48 800	85 400	132 900
北美	出口	世界		135 500	171 200	268 200	366 300	535 600
北美	进口	世界		135 500	171 200	268 200	366 300	440 100
南美	出口	世界		22 400	34 600	47 100	68 200	92 200
南美	进口	世界		24 900	45 300	54 600	70 500	98 600
世界	出口	世界		780 500	1 185 100	1 491 000	2 414 300	3 291 500
世界	进口	世界		820 500	1 200 700	1 474 600	2 347 400	3 085 900

资料来源：世界贸易组织，国际贸易统计数据，2008。

与出口和进口活动相关联的一个主要会计问题，与外币业务的会计处理有关。例如，假设喜力（Heineken）公司向巴西的一个进口商出口了一定数量的啤酒，销售账单用的是巴西货币。如果在收账前巴西货币相对于欧元贬值了，那么 Heineken 公司将面临一笔外币折算损失，因为贬值以后，巴西货币所能换取的欧元比以前少了。这种折算损失的计量并不容易，这个问题将在第 6 章中探讨。

如今，国际经营越来越多地涉及对外直接投资（FDI），它包括通过全资或控股子公司、联营企业或战略联盟的方式在国外运营生产或分销体系。

尽管对外直接投资明显地侧重于发达国家，但是20世纪90年代初以来流向发展中国家的对外直接投资急剧增长，这说明跨国公司越来越多地寻求具有吸引力的投资区域。①

企业层次的对外直接投资活动，可以通过公司的分部披露和它在附属公司的持股登记簿来了解。专栏1—3也提供了AKZO Nobel公司的按地区列示的经营统计数据。

专栏1—3　　AKZO Nobel公司2008年国外经营的节选数据（百万欧元）

	按目的地列示的销售净额	资本性支出	投入资本	员工人数
荷兰	867	86	2 007	5 000
德国	1 141	25	1 006	3 600
瑞典	478	50	557	3 800
英国	1 093	31	1 324	4 200
其他欧洲国家	3 666	81	2 359	3 666
美国/加拿大	3 330	94	3 250	12 000
拉丁美洲	1 306	49	776	4 800
中国	1 054	67	861	6 300
亚洲其他国家	1 866	43	1 030	7 800
其他地区	614	8	174	2 400

专栏1—4说明了雀巢（Nestle）集团公司经营中的广泛控股情况，它是世界最大的食品和饮料公司之一，其总部位于瑞士小镇韦威。尽管AKZO和Nestle两家公司的国外经营业务非常广泛，但是其资本性支出、投入资本的数额、本土销售产量和外籍员工人数使我们低估了其国外经营业务的范围。其没有反映出每一家公司的联合经营、战略联盟或者其他合作协定。

在外国进行的交易会使财务经理和会计师面临他们单独从事国际贸易时所没有遇到过的一系列问题。举一个例子，像Nestle这样的跨国公司如何将其国内和国际经营成果报告给它的韩国投资者？专栏1—4中列示的每一家子公司都必须根据出于法定和税收目的而注册的所在国的公认会计原则编制账目。正如第3章和第4章将会证实的那样，各个国家之间的财务报告原则可能相差甚远，因为它们受到不同的社会经济环境的制约。会计发展所受到的环境影响将在第2章中被审视。Nestle公司的国内股东习惯于阅读根据瑞士报告惯例编制的报告。通过审视Nestle公司的合并会计政策可知，该公司在编制合并报表之前，首先将所有的外国账目按照母公司的报告框架进行重述。Nestle公司的审计报告说明合并财务报表遵守瑞士法律并符合由国际会计准则理事会（IASB）颁布的国际财务报告准则以及国际财务报告解释委员会（IFRIC）出台的相关解释的要求。但是在从一套原则重述为另一套原则的过程中，这样的转换会不会丢失什么呢？比如说，由于过去十分严重的通货膨胀，墨西哥的公司根据物价变动调整它们的财务报表（在本书第7章中包含了这方面的问题）。其物价变动调整使

① 世界银行首席经济学家Francois Bourguignon预测在未来的25年，发展中国家将登上全球经济的中心舞台。"Global Economic Prospects 2007: Managing the Next Wave of Globalization," World Bank Panel Discussion sponsored by the Global business Institute, NYU Stern School of Business, Dec. 12, 2006.

专栏 1—4　　**Nestle 拥有的一个或多个控股公司所在的国家**

欧洲		埃及	2	多米尼加共和国	1
德国	14	加蓬	1	特立尼达和多巴哥共和国	2
澳大利亚	4	加纳	1	乌拉圭	1
比利时	8	几内亚	1	委内瑞拉	3
保加利亚	1	肯尼亚	1	**亚洲**	
克罗地亚	1	毛里求斯	2	沙特阿拉伯	3
丹麦	3	摩洛哥	1	孟加拉国	1
西班牙	10	莫桑比克	1	柬埔寨	1
芬兰	3	尼日尔	1	阿联酋	1
法国	18	尼日利亚	1	印度	2
希腊	2	塞内加尔	1	印度尼西亚	1
匈牙利	5	突尼斯	1	以色列	1
意大利	8	津巴布韦	1	日本	9
立陶宛	1	**美洲**		约旦	1
马耳他	1	阿根廷	3	科威特	1
挪威	3	玻利维亚	1	黎巴嫩	3
荷兰	6	巴西	5	马来西亚	7
波兰	5	加拿大	2	巴基斯坦	1
葡萄牙	7	智利	2	菲律宾	4
爱尔兰	1	哥伦比亚	5	韩国	4
捷克共和国	3	哥斯达黎加	1	中国	21
罗马尼亚	1	古巴	2	新加坡	1
英国	9	萨尔瓦多	2	斯里兰卡	1
俄罗斯	12	厄瓜多尔	2	叙利亚	2
塞尔维亚	1	美国	9	泰国	9
斯洛伐克	1	危地马拉	1	越南	2
瑞典	7	洪都拉斯	1	**大洋洲**	
瑞士	8	牙买加	1	澳大利亚	3
土耳其	3	墨西哥	8	斐济	1
乌克兰	3	尼加拉瓜	2	新西兰	1
非洲		巴拿马	2	新几内亚	1
南非	4	巴拉圭	1	波利尼西亚	1
喀麦隆	1	秘鲁	1	新喀里多尼亚	1
科特迪瓦	1	波多黎各	2		

注释：这份列表是保守估计的，因为它并不包括采用比例合并的子公司、使用权益法合并的联属公司、部分控股的金融和地产公司以及技术援助、研发公司。

用了以特定价格或重置成本纳入变动的方法。另一方面，由于当地货币一般购买力的变动，Nestle 公司在发布合并报表前重述了其在恶性通货膨胀国家的资产。因为一般物价变动几乎不会同个别物价变动串联变化，那么 Nestle 公司采用的这种方法会不会降低墨西哥子公司通货膨胀调整报表的信息含量呢？世界著名的音乐器材和其他生活风格类产品的生产商雅马哈（Yamaha）在它合并财务报表的第一个附注中表达了对这一问题的关注：

雅马哈公司（本公司）及其国内子公司根据日本公认的会计原则和惯例来保持会计记录和编制财务报表，国外子公司则根据其所在国的要求来登记账簿。本公司和所有纳入合并的子公司被称为“集团”。所附的合并财务报表是根据遵照日本证券交易法要求向财务省申报的财务报表来编制的。相应的，所附的合并财务报表可能在某些重大方面与日本以外的国家和法域（jurisdiction）公认的会计原则和惯例有所不同。

在把国外账表转换成一种单一的报告货币时，还存在折算率的选择问题。就像第6章所解释的那样，有一系列汇率可供跨国公司采用。由于外汇汇率很少固定不变，采用几乎每天都在变动的汇率来重述账表，会产生利得和损失，它们可能会对报告的获利能力和跨国经营所预期的风险产生重大影响。就像你可能会疑虑的那样，国际上对这些利得和损失的会计处理远远没有统一。

国内阅读者并不是报告主体所强调的唯一使用者。企业对居于国外的财务报表阅读者应该怎么样对待呢？他们的信息需求会在一家公司寻求以合理成本获得国外资本来源时被加以考虑。反过来说，市场准入和资本成本因素关系到企业外部财务沟通的性质和质量。一家公司应该向其国外财务信息使用者提供与国内使用者相同的财务报表吗？或者说，报告主体应该按照财务信息使用者所在国家的语言、货币和（或）会计原则重述其财务报告吗？这不是微不足道的小事，因为国外使用者一般是不会习惯于根据不熟悉的货币、语言和计量框架来投资的。证据表明一些机构投资者容易表现出在投资组合决策中的一种本国偏好，并且有投资于那些会计和呈报方法遵循他们所熟悉的公认会计原则的非本土企业的倾向。[①] 如果你所收到的年报是以人民币作为货币单位、用中国话来书写，并且基于中国的公认会计原则进行会计计量的话，你会有兴趣投资这家中国企业吗？

如上所述的公司 AKZO 和 Nestle 都选择通过按照国际财务报告准则（IFRS）重述其财务报表来满足其国外投资者的需求。AKZO 创立之初就是依照欧盟（EU）指令行事的，该指令强制要求所有欧盟上市公司都遵守 IASB 制定的准则。Nestle 的决策是自愿的，因为其遵守 IFRS 的决策是早于欧盟要求的。管理层为非本国财务报表使用者进行专项披露的相关问题将在第5章加以阐述。

除外部报告外，企业会计信息的内部使用者，也就是财务管理人员和会计师，也必须了解环境的复杂性对跨国公司会计计量的影响。对这些话题的讨论从第10章开始。例如，了解外汇汇率和通货膨胀率变动的影响，对于母公司和它们的子公司（或分支机构）编制短期和长期预算、计量和评价其当地业务单元和管理人员的业绩，以及进行公司范围的关于投资资本和留存收益分配的决策等方面，都十分重要。而外汇汇率和通货膨胀率不是同步地起作用的，这就会使问题变得更加复杂。外汇汇率和国外通货膨胀率的变化对会计计量的影响是如此普遍，以至于国内的财务控制系统如果缺乏适当的环境性调整，可能并不能很好地帮助管理人员，自然就会产生管理控制问题。尽管公司经常为利用劳动力成本低廉或未开发市场的优势而扩大海外经营，但是生产力和制定决策方式的迥然不同使得公司愿景往往落空。将与文化不相容的控制系统强加给国外管理人员只会扩大这种失望。[②] 国际视角下的管理会计可能是这本书中所包含的最复杂和最具体的材料。

第12章关注国际税收和转让定价方面的重要问题。在多个国家中经营的企业需

---

① 参见 Mark T. Bradshaw, Brian J. Bushee, and Gregory S. Miller, "Accounting Choice, Home Bias and U. S. Investments in Non-U. S. Firms", *Journal of Accounting Research*, 42, No. 5 (Dec. 2004): 795-841.

② Stephen B. Salter, Philip A Lewis, and Luis Felipe Juarez Valdes, "Aqui No Se Habla Agencia. An Examination of the Impact of Adverse Selection and Framing in Decision-Making: a US/Mexico Comparison", *Journal of International Financial Management and Accounting*, 15, No. 2 (June 2004): 93-117.

要仔细地检查和管理它们的税收风险。① 对税收规则和货币价值的了解只是一个开始。管理部门所采取的降低一个地区纳税额的具体措施，很有可能会引起其他地区纳税额的提高，或许提高的幅度比先前降低的还要大。税收战略对企业预算和控制程序的影响应该被认真对待。举例来说，一个好的减少纳税的策略，可能会对业绩评价系统产生出乎意料的影响。转移价格——因为跨国界的内部交易而向业务单元收取的价格——通常以税收最小化为出发点来确定。基本的想法是将费用（尽可能）集中到高税负的地区，而将收入集中到低税负的地区，从而使得整体利润最大化。政府很了解这种策略，并采用复杂化的规则防止企业对这种策略的滥用。尽管“公平价格”的观念盛行，但它的定义和计算方法却莫衷一是。更有甚者，没有预计到的汇率和通货膨胀率的变动可能会严重削弱税收筹划策略。管理会计人员通常有必要采用复杂的计算机模型来计算公司税收策略的总体预计影响。

1.4 金融创新

风险管理已经变成公司和金融界的一个热门的商业词汇。其原因不难看出：随着持续地放松金融市场管制和资本控制，商品、外汇、信贷和权益价格的波动性在今天已经变得很正常了。这些价格波动不仅会影响内部报告过程，而且会使企业面临经济损失的风险。这就会引发一系列管理活动，目的在于识别这种波动性给企业带来的风险，决定规避哪些风险，并且评价其风险管理策略的效果。风险管理服务的迅猛发展表明管理层能够通过管理市场风险来提升企业价值。投资者及其他企业利益相关者希望财务经理们能够识别并积极参与这些风险的管理。与此同时，金融技术的进步使得将市场风险转移到其他人身上成为可能。但是，评估竞争对手风险（也就是，其他企业不会中断履行义务的风险）的责任并不能被转移，现在正落到了更多的市场参与者的身上，它们之中的大多数可能远在数千英里之外。由此导致的对国际报告惯例的依赖性，以及财务风险产品会计处理上的差别所导致的混淆，是显而易见的。那些具备风险管理技能的人士，受到市场极高的评价。因此，我们用了一整章（第11章）的篇幅来讨论财务风险管理的问题。

1.5 全球竞争

国际会计越来越重要的另外一个原因是全球竞争现象。确定基准，根据一套适当的标准来判断一家公司的业绩，并不是新的做法。比较的标准现在正在超越国界，这才是新的情况。目前有关的问题并不是“比起可能就在街对面的竞争者而言，我做得怎么样?”，而是“与可能位于国外的同行相比，我为客户增加了更多的价值吗?”

在瞄准国际竞争者时，必须小心确保这种比较是可比的。举例来说，一个经常采用的业绩指标是权益报酬率（ROE）。在拿美国一家电信公司和印度的信息技术有限公司（Infosys）的ROE作比较时，你的对比是否真的具有可比性呢?

专栏1—5说明国家间会计计量差异可能会使得有意义的比较更为复杂化。专栏1—5从Infosys在最近的合并财务报表中所报告的净利润开始。为方便美国投资者，

① 这方面的一个好例子是围绕公允价值当前使用而引发的国际税收效应。参见 Edward Abahoonie and Yosef Barbut, “Fair value Accounting: Tax Considerations”, *Financial Exective*, (March 2009): 49-51.

Infosys 对其财务报表进行了“翻译”，从遵循印度 GAAP 转换为遵循美国 GAAP。净利润和所有者权益的数值首先基于印度的 GAAP 进行列报，然后被按照美国 GAAP 进行重述和调整。调整前的 ROE 和调整后的 ROE 分别为 33.8% 和 29.5%。尽管从印度 GAAP 到美国 GAAP 的调整并没有对盈余产生重要影响，但是它对权益确实产生了 13.4% 的影响。那些不了解各国计量差异和调整法则的报表阅读者，明显处于劣势。这些调整及相关报表分析是第 9 章所要讨论的主要话题。

专栏 1—5　**按照美国 GAAP 调整 Infosys 的合并盈余和权益（百万美元）**

	美国 GAAP	印度 GAAP
营业收入（2008 财年）	4 176	4 176
营业成本	2 453	2 452
毛利润	1 723	1 724
销售及营销费用	230	229
管理费用	334	333
无形资产摊销	8	—
营业费用总额	572	562
营业利润	1 151	1 162
其他利润净额	175	175
税前利润	1 326	1 337
所得税	171	171
净利润	1 155	1 166
资产		
现金及其等价物	2 058	2 058
流动共同基金单位投资	18	18
应收账款净额	824	824
未入账收入	120	120
待摊费用	107	107
固定资产净额	1 022	1 022
商誉	150	172
无形资产净额	25	—
递延税资产	68	74
预付所得税	55	55
其他资产	45	45
资产总额	4 492	4 495
负债和所有者权益		
应付账款	12	12
应付所得税	101	101
客户存款	1	1
未实现收入	71	71
其他流动和非流动负债	397	862
普通股	64	64
资本公积	718	652
留存收益	2 817	2 432
累计其他综合收益	311	300
所有者权益总额	3 910	3 448
负债和所有者权益总额	4 492	4 495

1.6 跨境兼并与收购

随着全球产业合并趋势的持续，有关国际兼并与收购的新闻其实每天都在发生。尽管通常把兼并的理由归结为经营协同性或者规模经济，但是会计在这些规模巨大的合并中起着十分重要的作用，因为会计数据是公司估价过程的基础。各国会计计量规则的差异可能会使公司估价过程复杂化（见第9章）。

举例来说，公司估价通常基于价格乘数，例如市盈率（P/E）。采用这种方法会得到行业中可比企业的平均P/E乘数，将这个乘数运用于被评估企业所报告的盈余，以便得出一个合理的发行价格。收购方企业在为国外收购目标报价时的一个重要关注点，是P/E指标中能真实反映计量对象属性的E（每股收益）的大小，而不是会计计量差异的后果。

会计计量规则的差异还会在公司控制权市场上产生不对等的竞争平台。因此，如果位于A国的A公司可以将购买的商誉直接作为准备金，而位于B国的B公司则必须将购买的商誉摊销计入盈余之中，那么在寻求收购同一家目标公司时，A公司就可能拥有相当大的报价优势。在了解到其收益不会因支付过多溢酬而受到重创时，A公司可以报出一个更高的收购价格。

1.7 资本市场的国际化

导致公司高管层、投资者、市场监管机构、会计准则制定机构和商学教育机构等对国际会计的兴趣与日俱增的最主要的因素，或许是世界资本市场的国际化。统计数字显示跨国权益流量的美元数额自1990年以来增长超过了20倍，而国际证券发行价值同期增长了4倍多，达到了今天的1.5万亿美元。自20世纪90年代以来，债券、银团贷款和其他债务工具的国际发行也在急剧增长。投资银行Russel、Greenwich Associates、Morgan Stanley、Merrill Lynch和Grail Partners预计全球零售对冲基金投资额到2010年将达到2.5万亿美元，说明自2005年以来的一个14.3%的复合年度增长率。

随着金融市场全球一体化趋势的日益增强，我们正见证着大量世界级证券交易所中上市公司的不断涌现。专栏1—6披露了在世界级大交易所上市的境内外公司的数量。过去十年间，全球市场价值双倍增长，超过了40万亿美元。世界交易所联合会(The World Federation of Exchanges）指出，在这个十年的前期，在一些市场上发行股份的本国公司的数量在增加，而在另外一些市场上则在减少。但是，上市公司的平均规模和年度交易额则在稳定上升，其中的部分原因在于兼并和收购，它还导致了所涉及的一些主体的退市。

近年来，由于目前的信用危机及其对经济业绩的影响，世界级金融市场经历了急剧的衰退。然而，相对而言，一些新兴市场衰退较为缓和。专栏1—7按照国际时区披露了2008年末各股票市值美元和当地货币的百分比变动，注意不要与市场收益相混淆。所列示的这些国家表明从上一年以来美元市值的最小下跌幅度。值得注意的是，这些认定的交易所中大部分位于新兴市场。在估计市场业绩时，非本土的投资者必须考虑汇率的变动，这也是显而易见的。不足为奇的是，传统的投资偏好正开始让位于投资者所探寻的最有吸引力的投资机会，而无论他们身在何处。

专栏 1—6　　上市公司数量（权益）

交易所	2008 年 总数	2008 年 本土公司	2008 年 外国公司	2007 年 总数	2007 年 本土公司	2007 年 外国公司
美洲						
美国证券交易所	**484**	391	95	**599**	495	104
百慕大证券交易所	**52**	16	36	**53**	16	37
巴西圣保罗股票商品期货交易所	**392**	383	9	**404**	395	9
布宜诺斯艾利斯证券交易所	**112**	107	5	**111**	106	5
哥伦比亚证券交易所	**89**	89	0	**90**	90	0
利马证券交易所	**244**	201	43	**226**	188	38
墨西哥交易所	**373**	125	248	**367**	125	242
纳斯达克 OMX	**2 952**	2 616	336	**3 069**	2 762	307
纽约泛欧证券交易所（美国）	**3 011**	2 596	415	**2 297**	1 876	421
圣地亚哥证券交易所	**238**	235	3	**241**	238	3
多伦多证券交易所集团	**3 841**	3 755	86	**3 951**	3 881	70
地区总数	**11 790**			**11 408**		
亚洲-太平洋						
澳大利亚证券交易所	**2 009**	1 924	85	**1 988**	1 913	85
孟买证券交易所	**4 921**	4 921	0	**4 887**	4 887	0
马来西亚证券交易所	**976**	972	4	**986**	983	3
科伦坡证券交易所	**235**	235	0	**235**	235	0
香港交易所	**1 261**	1 251	10	**1 241**	1 232	9
印度尼西亚证券交易所	**396**	396	0	**383**	383	0
嘉斯达克	**926**	926	0	**979**	979	0
韩国交易所	**1 793**	1 789	4	**1 757**	1 755	2
印度国家证券交易所	**1 406**	1 406	0	**1 330**	1 330	0
新西兰交易所	**172**	147	25	**178**	152	26
大阪证券交易所	**470**	469	1	**477**	476	1
菲律宾证券交易所	**246**	244	2	**244**	242	2
上海证券交易所	**864**	864	0	**860**	860	0
深圳证券交易所	**740**	740	0	**670**	670	0
新加坡交易所	**767**	455	312	**762**	472	290

续表

交易所	总数	本土公司	外国公司	总数	本土公司	外国公司
泰国证券交易所	525	525	0	523	523	0
东京证券交易所集团	2 390	2 374	16	2 414	2 389	25
地区总数	20 819			20 627		
欧洲-非洲-中东						
阿曼证券交易所	262	262	0	245	245	0
雅典证券交易所	285	282	3	283	280	3
西班牙马德里交易所	3 576	3 536	40	3 537	3 498	39
意大利证券交易所	300	294	6	307	301	6
布达佩斯证券交易所	43	40	3	41	39	2
塞浦路斯证券交易所	119	119	0	124	124	0
德意志交易所	832	742	90	866	761	105
埃及交易所	373	372	1	435	435	0
爱尔兰证券交易所	68	58	10	73	60	13
伊斯坦布尔证券交易所	317	317	0	319	319	0
约翰内斯堡证券交易所	411	367	44	411	374	37
卢布尔雅那证券交易所	84	84	0	87	87	0
伦敦证券交易所	3 096	2 415	681	3 307	2 588	719
卢森堡证券交易所	262	34	228	261	34	227
马耳他证券交易所	19	19	0	16	16	0
毛里求斯证券交易所	68	65	3	70	67	3
纳斯达克 OMX 北欧交易所	824	801	23	851	825	26
纽约泛欧证券交易所（欧洲）	1 002	1 002	0	1 155	930	225
挪威奥斯陆证券交易所	259	209	50	248	208	40
瑞士证券交易所	323	253	70	341	257	84
德黑兰证券交易所	356	356	0	329	329	0
特拉维夫证券交易所	642	630	12	657	643	14
华沙证券交易所	458	432	26	375	352	23
奥地利维也纳证券交易所	118	101	17	119	102	17
地区总数	14 097			14 457		
WFE 总数	46 706			46 492		

专栏1—7　　　　　**2008年资本市值相对降幅最小的10家交易所**

	百分比变动2008/2007（美元）	百分比变动2008/2007（当地货币）
美洲		
百慕大证券交易所	-30.0%	-30.0%
布宜诺斯艾利斯证券交易所	-30.2%	-23.3%
哥伦比亚证券交易所	-14.0%	-4.8%
圣地亚哥证券交易所	-38.1%	-20.4%
地区总数	-42.9%	
亚太		
嘉斯达克	-22.8%	-37.1%
大阪证券交易所	-30.5%	-43.4%
东京证券交易所	-28.1%	-41.4%
地区总数	-48.6%	
欧洲—非洲—中东		
阿曼证券交易所	-12.9%	-13.0%
马耳他证券交易所	-36.5%	-33.4%
德黑兰证券交易所	11.0%	17.6%
地区总数	-49.3%	

三个最大的权益市场地区是美洲、亚太地区和欧洲，包括非洲和中东。①

1.7.1　美洲

20世纪90年代到2008年期间，美国的经济和股票市场得到了空前的发展。今天纽约股票交易所和纳斯达克股票市场在资本市值、国内公司股票交易价值、外国公司股票交易价值（除了伦敦股票交易所（LSE））、国内上市公司数量和国外上市公司数量等各个方面，比起世界上其他的股票交易所而言，都占有主导地位。美洲证券市场在全球权益市场中的相对重要性也有所上升：2008年初，美洲的资本市值占全球总额的百分比达到43%。但即使这样，美国也感受到了来自全球竞争的压力。资

① 每个地区性证券市场由几个国家的证券市场构成，而一个国家的证券市场又由几个交易所构成（也包括场外交易：Off-exchange Trading System）。（例如，西班牙有4个交易所，美国有8个交易所。）股票交易所是以控制、运作、发展和监管证券市场为主要功能的经济实体。

本市场监管委员会（其成员是由SEC经与政府联邦储备委员会和美国财政部磋商后委派的）认为如果不能使市场所面临的繁重监管任务更为有效的话，美国很可能会失去其在全球资本市场上的统治地位。这一问题连同公司治理和美国《萨班斯-奥克斯利法案》一起将在第8章中深入探讨。

1.7.2 西欧

从资本市值和交易额来看，欧洲是世界上第二大权益市场地区。欧洲经济的显著扩张，导致了欧洲权益市场的快速成长。欧洲大陆的另一个相关因素是逐步转向了权益导向（equity orientation），它是伦敦和北美权益市场长期以来的特征。[①] 大型政府实体的私有化，使欧洲权益市场的地位更加突出，并吸引了非机构投资者，直到最近它们在欧洲大陆并不活跃。最后，欧洲货币联盟（EMU）的成功，增强了人们对欧洲市场的信心。

欧洲权益市场将持续增长。其中，养老金改革正在创造对投资机会的新的需求。[②] 而且，越来越多的国外投资者正在进入欧洲权益市场。跨境权益流动的增长幅度是跨境债券投资的一定百分比，其中的部分原因是，权益已成为一项有利可图的投资。此外，欧元的诞生推动了跨国兼并的剧增，预计这种趋势还将持续下去。

欧洲股票交易所之间激烈的竞争导致一种权益文化的发展。欧洲大陆市场已经成为投资者导向型的市场，其目的在于提升其信誉并吸引新的上市公司前来。外部投资者，尤其是国外投资者和机构投资者，不断要求扩展披露和完善公司治理。此外，对于国有政府和监管者来说，权益市场发展已经变得越来越重要，因为他们也面临着表彰和威望的竞争。许多欧洲的证券监管者和股票交易所实施了更为令人信服的市场规则，并强化了其执行力。

1.7.3 亚洲

很多专家预计亚洲将成为世界范围内第二重要的权益市场地区。中国已经兴起，并成为一个主要的全球性经济体，而被称为“亚洲四小龙”（Asian Tiger）的国家或地区也经历了快速的增长和发展。

有批评意见认为，亚洲的会计计量、披露、审计准则，以及这些准则的监督和执行很落后。[③] 此外，一些亚洲国家或地区的政府经常宣布它们将干预证券市场以拉动股价，而且市场操纵也并不罕见。

然而，亚洲权益市场的未来增长前景很强劲。与美国和欧洲的一些主要市场相

---

① 世界上的发达国家可以大致分为普通法（英国）导向和成文法（欧洲大陆）导向（见第2章）。普通法系国家包括英国、加拿大、美国和澳大利亚。在这些国家，权益投资者十分分散，是资本的主要提供者。因此，许多普通法系国家的资本市场已经发展出可靠、公开的披露和会计系统，以及比较严格的市场监管。在法国、德国和日本等成文法系国家，银行提供大多数的资本，所有权通常集中在少数内部集团手中。对详细的公开披露的需求通常要低于普通法系国家，但是这种需求正在上升。

② 随着老龄人口的增多，领取养老金的人也在增多，很多欧洲国家所采取的主要行动，是朝着私人提供养老金的方向改革。其目标在于减轻“全部包付”的国家养老金计划带来的负担。不断增长的私人养老金基金将会把更多的资产投资于权益以增加回报。而且，一些国家正在放开养老金基金投资的限制。

③ 这些特点不一定是好事，也不一定是坏事。每一个市场的发展，都是对经济环境、投资者的性质、筹资渠道和其他因素所做出的反应。例如，在日本，银行长期以来一直是企业最主要的筹资渠道。这些银行能够充分获得企业的内部信息，所以在日本，对可靠的外部财务报告的需求较少。

比，亚洲的资本市值占国内生产总值（GDP）的百分比较低。然而，这说明权益市场在许多亚洲经济体中可以发挥更大的作用。此外，亚洲的政府和股票交易所正承受着提高市场质量和可靠性以吸引投资者的压力。① 如上所述，亚太市场（如中国、印度、韩国）成长迅速，目前正面临交易额相对于资本市值而言较为庞大的问题。

1.7.4 跨境权益上市和发行

目前，这股在世界级的大交易所跨境上市的浪潮并不是一个偶然现象。有证据表明，发行人寻求跨境上市，尤其是在那些公司有重要经营业务或主要客户的国家，以拓展股东的基础，提高产品的知名度，和（或）树立企业的品牌。

各国的监管机构和股票交易所在国外公司上市和交易额方面展开了激烈的竞争，并且认为这是一个交易所试图成为或保持世界领先地位的必要措施。于是，有组织的交易所和市场监管机构都致力于使国外发行人能够快捷和低成本地进入，与此同时，还致力于提高市场的可靠性。随着资本市场变得更加专业化，每个交易所都能为国外发行人提供特有的好处。

对于许多公司而言，要决定在哪儿筹集资本或将其股票在哪儿上市是很困难的。如今不仅需要从不同的法律、监管和制度方面了解权益市场，还需要了解发行人和交易所特点之间的相互影响。发行人的所在国、行业和发行规模只是需要考虑的许多因素中的一个部分。② 此外，还需要了解不同市场组合的成本和收益。一个准备筹集资本的企业家说："我问三家投资银行哪个市场更适合我，结果我得到三个不同的答案。"专栏 1—8 列示了公司在选择国外资本市场时所要考虑的因素的一个较详细的清单。③

世界资本市场的变化节奏没有显现变缓的迹象。一个例子就是股票交易所的联盟和合并越来越重要。纽约股票交易所战略性地收购了泛欧证券交易所，其是由阿姆斯特丹、布鲁塞尔、里斯本和巴黎交易所合并而成的。这一企业合并诞生了世界第一的跨大西洋的股票市场。有些人甚至预言，在不久的将来，金融市场和交易将由两个或三个跨洲经营的全球性交易所集团所控制。④ 这将显著增加国际投资者对国际公司的了解。类似地，较新市场的出现，诸如伦敦备选投资市场（AIM）、法国创业板和德国初级市场，会促使那些能够打破本国债务融资约束的公司发展壮大。所有这些发展表明了财务报告监管环境的高度复杂性。

---

① 例如，新加坡交易所雄心勃勃地将自己定位于日本以外最重要的亚洲交易所。该交易所最近实施了新的上市规则，以及更严格的信息披露要求，以便吸引国内和国外的上市公司。

② 所在国之所以很重要，是因为公司可以在与本国的立法和监管环境相似的国家更容易地筹集资本。例如，澳大利亚的公司进入英国的权益市场要比进入法国的权益市场容易。行业也很重要，因为在其他条件相同时，发行人希望在已有同行业的其他公司上市的市场上筹集资本，以便提高受到财务分析师充分关注的概率。例如，瑞士交易所的新板市场对生物技术公司很有吸引力，部分原因在于 Novartis 公司和 Roche 公司（两个世界最大的制药公司）都在这里上市，它还吸引了很多制药或生物技术行业的分析师来到苏黎世。发行规模也很重要，因为只有比较大的发行规模才能在美国引起充分的关注。在欧洲新板市场上，较小规模的首次公开发行（IPO）很普遍。

③ 附录 1—1 列示了 50 多个国家或地区的股票交易所的网址。很多股票交易所的网站上有关于交易所特色的信息，它们能够吸引正考虑在哪个市场上市或筹集资本的国外公司。

④ Alistair McDonald, "Euronext Head Sees Markets Dominated by Global Exchanges," *WSJ Online*, January 22, 2007.

专栏 1—8　　与选择海外市场相关的因素

1. 正常参与市场的财务分析师和投资者所表现出来的对一家公司感兴趣的程度有多大

2. 股票交易所的交易活动处于什么水平？较高的交易额意味着公司证券的潜在购买者较多

3. 筹集资本的难易程度如何？一些法域的上市或持续报告要求很复杂，较小的公司很难或不可能达到要求

4. 市场上资本的可获得性如何

5. 交易所的声誉如何？一个成长中的国际公司可能希望在纽约股票交易所等著名的市场上市，以增加公司的可靠性和认可度

6. 公司希望在特定市场上提高声誉和树立品牌形象的程度有多大？在股票交易所上市对于在海外经营或者计划在海外经营的公司可能有好处

7. 市场监管环境和语言与公司所在国市场相似度如何？例如，一家来自有着普通（英美）法系法律和监管体系的英语国家的公司，会发现在英国上市要比在欧洲大陆上市容易

8. 机构投资者所面临的关于他们所能持有的国外公司证券在它们的投资组合中所占比例方面的法定的或自己规定的限制程度如何？有时这些限制会迫使一个大的国际性公司在多家股票交易所上市，以便得到足够的机构投资。这些限制在某些法域很难被克服

9. 市场上投资者的性质和活动如何？例如，荷兰、瑞士和英国的大型养老金基金大幅度地投资于国内和国外公司的权益性证券

10. 在某个特定的国家，要求公司持有在当地上市的股票以便进行兼并或收购的可能性有多大

11. 员工股票期权计划是否要求使用在当地上市的股票

1.8 我们在哪儿？

全球资本市场和跨境投资活动的迅速增长，意味着对于必须以这样或那样的方式从事这些领域工作的专业人士而言，会计的国际视角更加重要了。会计在资本市场的有效运作中起着十分重要的作用。债权人、投资者、财务分析师、监管机构和股票交易所需要有关寻求筹资的公司的财务业绩、状况和未来前景方面的信息。而正如第2章所讨论的那样，资本市场参与者的需要又强烈地影响着会计实务的发展。市场参与者的需求强烈地影响着公司的会计和披露选择，以及各国和国际上致力于协调全世界会计计量、披露和审计实务的努力。

举例来说，由于计量和透明度规则与他们传统意义上所熟悉的体系相差甚远，一位英国或美国的投资者会怎样看待日本的账目或巴西的账目？直到日本和巴西正式实施国际财务报告准则前，投资者是否应该尝试在分析之前将日本或巴西的账目按照他们更熟悉的报告规范体系（如美国或国际会计准则理事会的计量准则）进行重述？或者他们是否应该削足适履地去比照日本或巴西当地的股东，从当地的角度去进行他们的分析？本书第9章中涵盖了这些问题和其他的相关问题。

从另一个方面来看，推动许多公司在境外筹集资金的主要因素，是提高它们获取资金的能力，以及降低它们的资本成本。这里的挑战在于确保国外的阅读者收到与国内阅读者相同的预定信息。在公司为了资金而展开竞争的情况下，这种挑战非常重

要，我们将在第5章中探讨这个问题。

1.9 学习目标

为你设定了学习国际会计的进程之后，下面我们指出在每一章中你应该了解的基本观念。我们希望你在开始阅读每一章之前，以及在学完了每一章之后，再来看看这一部分，以便确信你已经了解了它所传递的基本观念。这本教材将使你对国际会计和报告领域的重要概念和问题具有敏感性，这样就能够使你不论从事公司、法律、财务服务还是非营利组织中的工作，作为一名国际财务报表的阅读者，都能提出一些“正确的问题”。

学完第1章以后，你应该能够：

（1）解释如何区分国际会计和本国会计。

（2）详细阐述“会计多元化”这一术语。

（3）确认导致会计课程国际化的因素。

（4）了解对外直接投资活动与国际贸易有何不同以及这一差异对会计的意义何在。

（5）大致领会国际会计的发展历史。

（6）理解学习国际会计重要性的原因。

（7）辨别跨国商务和投资时产生的若干内部和外部报告问题。

（8）解释“全球资本市场”的含义及其对资本市场参与者的意义。

学完第2章以后，你应该能够：

（1）辨别和了解对会计发展有重大影响的8个因素的重要性。

（2）了解在市场导向的西方经济体中所发现的4种会计发展模式，并辨别每一种模式盛行于哪些国家或地区。

（3）对于会计分类以及彼此之间如何进行比较有基本的应用知识。

（4）解释“公允反映”和“法律遵循”导向之间的区别，并辨别它们盛行于哪些国家或地区。

（5）解释为什么说国家层面上的会计差异变得模糊不清。

学完第3章以后，你应该能够：

（1）了解欧洲5国（法国、德国、捷克共和国、荷兰和英国）是如何监管和实施财务报告的。

（2）说出这5个国家会计体系的主要相同点和不同点。

（3）辨别国际财务报告准则在这5个国家个体企业和合并财务报告层面上的使用。

（4）阐述这5个国家的审计监管机制。

学完第4章以后，你应该能够：

（1）了解美洲和亚洲5国（美国、墨西哥、日本、中国和印度）是如何监管和实施财务报告的。

（2）说出这5个国家会计体系的主要相同点和不同点。

（3）阐述这5个国家的审计监管机制。

（4）解释原则基础与规则基础会计准则间的差异。

学完第5章以后，你应该能够：

（1）区分自愿性和强制性披露及其监管。

（2）辨别投资者导向的权益市场上会计披露体系的广义目标。

（3）探讨“三重底线”报告及为何其在大型跨国公司应用越来越广泛。

（4）基本了解公司财务披露实务中下列方面的国别差异：①前瞻性信息的披露；②分部披露；③社会责任披露；④对非本国财务报表使用者的特殊披露；⑤公司治理披露。

学完第6章以后，你应该能够：

（1）阐述即期、远期和互换市场上所进行的外币业务的性质。

（2）了解专栏6—1中列举的外币折算术语。

（3）解释折算利得和损失及交易利得和损失的差异。

（4）理解备选的现有外币折算方法及其原理。

（5）评价在具体的业务和货币市场条件下可采用的外币折算方法中哪个最好。

（6）比较和对照外币折算的时态法与现行汇率法对财务报表的影响。

（7）了解外币折算和通货膨胀之间的关系。

（8）了解在美国以外如何进行外币折算。

学完第7章以后，你应该能够：

（1）了解为什么在物价变动期间财务报表可能会误导，以及如何误导。

（2）定义专栏7—1中列举的通货膨胀会计术语。

（3）理解一般物价水平调整对财务报表金额的影响。

（4）指出采用何种方法区分现行成本会计模式和稳健性会计。

（5）理解国与国之间变动价格调整的方式和理由。

（6）基本了解IASB对“恶性通胀经济”变动价格的声明。

（7）讨论不变美元和现行成本哪一个更好地衡量了通货膨胀的影响。

（8）了解变动价格与汇率有怎样的联系及他们对财务报告的影响如何。

学完第8章以后，你应该能够：

（1）定义和了解用于会计准则时术语“协调”和“标准化”之间的区别。

（2）说出采用国际会计准则的利弊。

（3）了解不同会计准则体系的“调节”和“相互认可”（或互惠）的含义。

（4）辨别在制定国际会计准则和促进国际会计协调中起领导作用的6个组织。

（5）讲述国际会计准则委员会的组织结构及其如何制定国际财务报告准则。

（6）了解美国《萨班斯-奥克斯利法案》的主要条款及为何其他国家正着手制定类似法律的原因。

学完第9章以后，你应该能够：

（1）了解进行国际经营战略分析所涉及的特殊难点。

（2）辨别信息搜集的基本方法。

（3）讲述进行会计分析所包含的步骤。

（4）领会下列因素对会计分析的影响：①会计计量、披露和审计质量的国际差异；②获取必要信息方面的困难。

（5）理解针对国际会计原则差异可以采用的应对机制。

（6）剖析开展国际角度的分析所涉及的主要困难和缺陷。

（7）尝试一个更易理解的国际财务比率分析方法。

（8）领会审计或鉴证功能的国家差异。

学完第 10 章以后，你应该能够：

（1）辨别建立经营模式的 4 个主要维度。

（2）了解标准成本计算和改进成本计算概念之间的区别。

（3）计量国外投资的期望报酬率。

（4）计算跨国背景下企业的资本成本。

（5）理解设计跨国信息和财务控制系统所涉及的基本问题和复杂性。

（6）进行汇率差异分析。

（7）指出设计和实施跨国公司业绩评价体系所涉及的特殊的困难。

（8）处理通货膨胀和汇率波动对跨国公司业绩计量的影响。

学完第 11 章以后，你应该能够：

（1）详尽描述企业风险管理。

（2）界定市场风险并举例说明与外汇相关的市场风险。

（3）指出管理外汇风险所涉及的 4 项任务。

（4）定义和计算折算风险。

（5）定义和计算交易风险。

（6）了解和区分会计风险和经济风险。

（7）解释什么是金融衍生品及其相关的会计问题。

（8）理解 IAS39 和 FAS33 确认的外币对冲类型及相关的会计处理。

学完第 12 章以后，你应该能够：

（1）辨别世界各地税收体系的主要类型。

（2）了解跨国主体有效税负的决定因素。

（3）了解与对来自国外的收益的征税有关的概念并知道国外税收贷项的原理。

（4）辨别使国际转让定价复杂化的主要变量。

（5）解释“正常价格”的意思及为实现它而设计的转让定价方法。

（6）解释什么是优先定价协定。

附录 1—1 股票交易所网址

股票交易所网址

国家或地区	股票交易所	网址
阿根廷	布宜诺斯艾利斯	www. bcba. sba. com. ar
澳大利亚	澳大利亚	www. asx. com. au
奥地利	维也纳	www. wbag. at
阿塞拜疆	巴库	www. az/bicex

续表

国家或地区	股票交易所	网址
比利时	泛欧-比利时	www. euronext. com
		www. stockexchange. be/enindex. htm
百慕大群岛	百慕大	www. bsx. com
巴西	里约热内卢	www. bvrj. com. or（只有葡萄牙语）
巴西	圣保罗	www. bovespa. com. br（只有葡萄牙语）
加拿大	蒙特利尔	www. me. org
加拿大	多伦多	www. tse. com
加拿大	加拿大创业	www. cdnx. ca
智利	圣地亚哥	www. bolsadesantiago. com
中国	上海	www. sse. com. cn
中国	深圳	www. szse. cn
哥伦比亚	波哥大	www. bolsabogata. com. co（只有西班牙语）
哥伦比亚	美德林	www. bolsamed. com. co（只有西班牙语）
克罗地亚	萨格勒布	www. zse. hr
捷克共和国	布拉格	www. pse. cz
丹麦	哥本哈根	www. xcse. dk
芬兰	赫尔辛基	www. hex. fi
法国	巴黎	www. euronext. com
		www. bourse-de-paris. fr/defaultgb. htm
德国	德国交易所	www. deutsche boerse. com
希腊	雅典	www. ase. gr
中国	香港	www. hkex. com. hk
印度	国家股票交易所	www. nseindia. com
印度	泗水	www. bes. co. id
印度尼西亚	雅加达	www. jsx. co. id
伊朗	德黑兰	www. tse. or. ir
以色列	特拉维夫	hebrew. tase. co. il/www/intro. asp
意大利	意大利	www. borsaitalia. it

续表

国家或地区	股票交易所	网址
日本	大阪	www. ose. or. jp
日本	东京	www. tse. or. jp
约旦	安曼	www. access2arabia. com/AFM
卢森堡	卢森堡	www. bourse. lu
马来西亚	吉隆坡	www. klse. com. my
西哥	墨西哥	www. bmv. com. mx
荷兰	泛欧-荷兰	www. euronest. com
		www. aex. nl/aex. asp? taal=en
新西兰	新西兰	www. nzse. co. nz
挪威	奥斯陆	www. ose. no
巴基斯坦	拉合尔	www. lse. brain. net. pk
秘鲁	利马	www. bvl. com. pe
菲律宾	菲律宾	www. pse. org. ph
波兰	华沙	www. gpw. com. pl
葡萄牙	里斯本	www. bvl. pt
俄罗斯	西伯利亚	www. sse. nsk. su（只有俄语）
新加坡	新加坡	www. ses. com. sg
斯洛伐克	布拉迪斯拉发	www. bsse. sk
斯洛文尼亚	卢布尔雅那	www. ljse. si
南非	约翰内斯堡	www. jse. co. za
韩国	韩国	www. kse. or. kr
西班牙	巴塞罗那	www. borsabcn. es
西班牙	毕尔巴鄂	www. bolsabilbao. es
西班牙	马德里	www. bolsamadrid. es
瑞典	斯德哥尔摩	www. xsse. se
瑞士	瑞士	www. swx. ch
中国	台湾	www. tse. com. tw

续表

国家或地区	股票交易所	网址
泰国	泰国	www. set. or. th
土耳其	伊斯坦布尔	www. ise. org
英国	伦敦	www. londonstockexchange. com
美国	美国（Amex）	www. amex. com
美国	芝加哥	www. chicagostockex. com
美国	纳斯达克	www. nasdaq. com
		www. nasdaqnews. com
		www. nasdr. com
		www. nasdaqtrader. com
美国	纽约	www. nyse. com

注释：所有网址前面的前缀均为“http：//”。

附录 1—2 Infosys 年报的财务报表和附注节选

请参见 Infosys 公司 2009 年报的 85 ~ 148 页，其网址是 www. infosys. com。

讨论题

1. 解释国际会计和纯粹的本土会计有怎样的不同。

2. 会计可以分为三个部分：计量、披露和审计。这种分类的优点和缺点是什么？你能提出其他有效的分类吗？

3. 导致会计课程国际化的现代因素是什么？

4. 用两段简短的话来描述对外直接投资活动与国际贸易有何不同以及这一差异对会计的意义何在。

5. 鉴于会计的国际传统，你是否认为协调全球会计准则的活动是一件好事？为什么是或为什么不是？

6. 为什么近年来国际会计问题变得越来越重要而复杂？

7. 辨别进行跨国商务和投资活动时产生的若干内部和外部报告问题。

8. 解释术语“全球资本市场”（global capital markets）的含义。本章主要讨论的是全球权益市场（global equity markets），在这个市场中进行交易的还有哪些金融工具？全球资本市场在世界经济中的重要性如何？

9. 在过去一段时间里，许多国家或地区的政府将国有金融机构的股份出售给非政府主体。讨论这种私有化对资本市场以及这些公司的会计体系会产生什么影响。

10. 外包，尤其是来自位于国外的卖主的外包，已经成为政治上敏感的话题，在美国更是如此。你认为这种争论有价值吗？这种争论会给国际会计带来什么后果？

练习题

1. 重新审视专栏1—1，其描述了HP公司ML150型产品的生产外包过程。对于生产链的每一个环节，请对可能产生的各种会计和相关问题进行辨别。

2. 查看专栏1—2，分别计算1985年至2005年的20年间商品贸易和全球劳务贸易的复利计算的年增长率。

3. 在附录1—1中所列示的交易所中，观察你认为对国外上市公司最具有吸引力的5个交易所。在你选择的集合中，哪一家交易所在过去的两年中确实最受欢迎？针对你的观察结论给出可能的解释。

4. 专栏1—2中列示的商品出口的地理分布模式与专栏1—3中表明的AKZO Nobel的销售收入地理分布模式关联密切吗？用什么可以解释你所观察到的差异。

5. 对于投资者而言，专栏1—3列示的AKZO Nobel公司的国外经营披露引发了哪些国际报告问题？对于管理会计师而言呢？

6. 专栏1—4列示了Nestle公司在每个国家由大股东控制的外资子公司的合并数量，这一专栏会引发哪些国际会计问题？

7. 再回到专栏1—5，说出33.8%和29.5%的ROE统计数据是怎么得出来的。如果要把Infosys和美国的一家龙头电信公司Verizon的业绩进行比较，采用哪一种业绩计量指标更好？

8. 各股票交易所网站在信息的提供及利用的难易程度上有很大的差别。

要求：任意选择两个附录1—1中列示的股票交易所。登录这些股票交易所的网站。列表比较这些网站的类型、所提供信息的质量以及利用的难易程度。有没有各上市公司的英文新闻发布？与上市公司的网站建立了链接吗？有没有上市要求？有没有上市证券的价格和成交量数据？有没有对投资者有帮助的信息？

9. 参见专栏1—6，世界地理区域（美洲、亚太或者欧洲-非洲-中东）中，哪一个国外上市活动最多？你预期未来这种格局会持续下去吗？请给予解释。

10. 如果你有一大笔钱并决定投资于一国指数基金，那么你准备把这笔钱投资于专栏1—7中的哪一个或哪几个国家？在决策中对你将会起重要作用的会计问题有哪些？

案例1—1　E-Centives公司——在瑞士筹集资本

2000年10月3日，E-Centives公司在美国注册，并在瑞士股票交易所的新板市场上首次公开发行。该公司筹集了大约4 000万美元。发行公告上声称E-Centives的普通股将不会在美国发行，因此发行后其普通股在美国将没有公开市场。

瑞士交易所的新板市场

瑞士交易所于1999年成立了新板市场。该市场旨在满足瑞士国内外高成长性公司的筹资需要。它给国外公司提供了进入瑞士资本市场的便捷方式。新板市场的上市要求很简单，例如，公司必须至少有12个月的经营记录，首次公开上市必须包含增加资本，此外，为了确保市场的流动性，必须有一家银行为其证券做市。

E-Centives 公司

E-Centives 公司是一家领先的在线直销基础设施公司。该公司提供的系统和技术能够帮助企业建立起一个庞大而丰富的客户资料数据库。反过来，客户可以根据各自的兴趣获得个性化的免费服务。在公开发行时，E-Centives 公司的会员在线账户已经超过 440 万。E-Centives 公司并不向其会员收取服务费。相反，公司的收入主要来自那些向 E-Centives 公司会员中的目标群体开展营销活动的商家。E-Centives 公司在马里兰州 Bethesda 的总部以及红杉城、纽约和洛杉矶的办事处总共有 100 多名员工。

在发行当日，该公司的收入很少，甚至没有利润。截至年底（即 1999 年 12 月 31 日），公司的收入仅有 74 万美元，净亏损约 1 600 万美元。而到了 2000 年 6 月 30 日，公司的累计亏损已达 3 900 万美元。E-Centives 公司的成长策略是向国外扩展。目前，公司主要致力于抓住美国市场上的机会。E-Centives 公司试图进入欧洲和其他国家，现在正在考虑进入瑞士、英国和德国市场。[①]

要求：

1. 专栏 1—8 列示了与公司在海外上市或筹集资本有关的因素。哪些因素与 E-Centives 公司决定在瑞士交易所的新板市场上市以募集资本有关？

2. 你觉得 E-Centives 公司为什么不选择在美国筹集资本？E-Centives 公司没有选择在美国市场上筹资的潜在不足是什么？

3. E-Centives 公司采用美国公认会计原则的好处和坏处是什么？

4. 瑞士交易所是否应该要求 E-Centives 公司采用瑞士的会计准则编制财务报告？

5. 从瑞士交易所的网站上更多地了解其新板市场（http：//www. swx. com）。在新板市场上市的条件是什么？有哪些财务报告要求？E-Centives 公司看起来是否符合典型新板市场公司的特征？

案例 1—2　全球基准：Infosys 技术有限公司

个人、企业和机构型投资者越来越多地从事跨国投资。究其原因不难发现，海外收益，甚至是在考虑了外汇风险之后，通常超过本土投资所带来的收益。企业年报提供的信息往往是寻求最佳国外权益可用信息的主要来源。在试图评价既定企业的风险和收益特征时，阅读者必须回答如下问题：年报采用什么会计原则？财务报表是否应根据更为有用的不同会计原则进行重述？投资者希望发现但在其本国企业的财务报表中没有提供的信息有哪些类型？企业如何弥补有限披露？对于审计质量水平而言，审计报告揭露了什么？采用什么审计准则？他们是被认可了的吗？审计报告和阅读者本国的有相同的意义吗？

请参见附录 1—2 列示的 Infosys 技术有限公司的财务报表（包括节选的附注）和审计报告。Infosys 于 1981 年创建，名为 Infosys Consultants Private Limited，是依照

---

① 来自于 E-Centives 公司 2000 年 10 月 2 日的股票发行说明书。

《印度公司法》建立的一家私人公司。其最终在 1992 年更名为 Infosys Technologies Limited，也就是从那时起该公司开始上市。该公司的企业使命是为世界各地的企业提供质量高、成本低的技术解答。该公司已经成长为一家坐拥 50 亿美元资产、市值超过 150 亿美元的公司。

仔细阅读附录 1—2 列示的信息，评价一下：在满足非本土投资者（例如你）信息需求方面，Infosys 与其他同行业的公司的财务报表相比怎么样？特别是，哪些报告实务给你带来了问题？你发现哪些报告实务对你帮助最大？再写一段评论，比较 Infosys 与你所在国家的一个服务供应企业，它应该有企业互联网网址。

第 2 章　发展和分类

会计必须应对不断变化的社会信息需求，并反映它所处的文化、经济、法律、社会和政治背景。会计和会计师的历史也处于持续的变化之中。最初，会计只不过是用于特定银行服务和税收征收计划的一个记录系统。后来，开发出复式簿记系统以满足贸易活动的需要。工业化和劳动分工使得成本性态分析和管理会计成为可能。现代公司的兴起催生了定期财务报告和审计。随着社会越来越关注环境问题和公司诚信问题，会计师已经找到了计量和报告环境救治责任和揭露“洗钱”（mony laundering）以及类似的白领犯罪的办法。它为庞大的国内和国际公共证券市场提供决策信息。它已经拓展到管理咨询领域，并越来越多地将信息技术结合到自己的系统和程序之中。

我们为什么要了解会计发展的情形和原因呢？答案与其他领域的发展研究是相同的。通过知晓有哪些主要因素影响着会计的发展，我们就能够更好地理解一个国家或地区的会计体系。世界各地的会计存在着明显的差别，对发展因素的了解能帮助我们理解形成这些差异的原因。换句话说，可以用这些因素来解释可以观察到的差异和相似之处。由于会计要对环境的变化做出反应，因此不同的文化、经济、法律和政治环境就会产生不同的会计体系，而类似的环境也会产生类似的会计体系。

这个问题把我们引导到分类上。我们为什么应该划分（比较）不同国家或地区的财务会计体系？因为分类是了解和分析各个国家或地区之间财务会计体系为什么存在差异以及存在哪些差异的基础。我们还可以分析这些会计体系是正在趋同，还是正在趋异。分类的目的在于按照各个国家或地区财务会计体系的不同特点对其进行分组。分类揭示了组内成员所共有的基本结构以及区别于其他各组的显著特征。通过识别相同点和不同点，我们对会计体系的认识就能够提高。分类是一种认识世界的方法。

2.1　发展

每个国家或地区的会计准则和实务都是经济、历史、机构和文化等多方面因素之间复杂的相互作用的结果。各个国家或地区之间的差异是意料之中的。影响各个国家或地区会计发展的因素也有助于理解国家或地区之间的会计差异。

以下 8 个因素对会计的发展有重大影响。前 7 项因素从本质上讲涉及经济、社会历史和/或制度，它们也是大多数会计文献作者所主要关注的。本部分最后讨论了文化（第 8 项因素）与会计发展间的关系。

1. 筹资渠道。在资本市场发达的国家或地区，如美国和英国，会计利润用来度量管理层经营该公司的成果如何。会计目标在于帮助投资者评价现金流量、相关风险及企业价值。进行广泛的披露以满足公众所有权分散的要求。与此相反，在以信贷为基础的体制下，银行是首要的筹资渠道，会计集中关注如何通过稳健的盈余计量以减少股利支付来保护债权人的利益，并留存足够的资金以保护债务人的利益。由于金融机构能够直接取得它们所需要的任何信息，广泛的公开披露就被认为不太必要了。日本和瑞士就属于这种情况。[①]

2. 法律体系。法律体系决定着个人以及机构之间的互动。西方世界存在着两种基本导向：成文法（或民法）和普通法（或判例法）。成文法主要来源于《罗马法》和《拿破仑法典》。[②] 在采用成文法的国家或地区中，法律是一系列无所不包的要求和程序。对会计准则和程序进行汇编是很自然的，也是很合理的。因此在这些国家或地区，会计规则被纳入国家或地区的法律之中，并且趋向于高度指示性和程序化。[③] 与此相反，普通法建立在各种具体判例的基础上，并不打算用无所不包的条文去涵盖所有的情形。当然，这些地方也存在成文的法律，但是它们一般比成文法系下更为笼统和更加灵活。它注重经验，允许运用判断。[④] 普通法来源于英国的判例法。在大多数普通法系的国家或地区，会计规则都是由私人部门的职业组织来制定的。这就使得它们具有更强的适应性和创造性。除了广义的法定要求之外，绝大多数的会计规则都不直接包含在成文的法律之中。[⑤] 成文法会计倾向于关注法律形式，而普通法会计试图关注经济结果。例如，租赁在成文法系下正常是不会被资本化的，相反在普通法系下则被资本化处理，本质上被视为不动产的购置。专栏 2—1 列举了成文法系和普通法系国家或地区。

3. 税收。在许多国家或地区，税收立法实际上决定着会计准则，因为公司必须出于纳税的目的去记录和申报其收入和费用。换言之，财务会计和税务会计是一样的。例如，德国和瑞典就是这种情况。在其他国家，例如荷兰，财务会计和税务会计是分离的：应税利润是根据税法要求对财务会计利润进行差异调整后得出的。当然，即使在财务会计与税务会计相分离的国家，税法偶尔也会要求采用特定的会计准则。在美国，存货计价的后进先出法就是一个例子。

4. 政治和经济联系。会计的观念和技术借助于武力、贸易和其他类似的力量传播。复式簿记于 15 世纪起源于意大利，随后与文艺复兴的其他知识一起迅速传遍欧洲。英国的殖民主义把英国的会计师和会计概念大范围传播。在第二次世界大战中，德国对法国的占领，使法国接受了德国的会计计划（见第 3 章）。第二次世界大战以后，美国在日本强制推行了美国式的会计监管体制。很多发展中的经济体都采用发达经济体的会计体系，要么是因为被迫采用（例如印度），要么是它们自己的选择（例如东欧的一些国家都根据欧盟的规定来构建自己的会计体系）。世界各国国际贸易和资本流动的增长所带来的经济一体化，是会计准则协调的一个巨大的推动力，这方面的内容将在第 8 章中更详细地讨论。

5. 通货膨胀。通货膨胀通过低估资产价值和相关费用、高估利润，扭曲了历史成本会计。存在高通胀的各国要求企业应该将物价变动纳入会计体系。例如，当累计

---

① 对这一点的进一步讨论参见：C. Nobes，“Towards a General Model of the Reasons for International Differences in Financial Reporting,” *Abacus*（September 1998）：162-187. 作者指出：在资本市场比较发达的国家或地区，外部人（包括个人和机构投资者）占主导地位，导致了对高水平披露的需求。而在以信贷为基础的国家或地区，内部人（包括家族、其他公司、政府和银行等）占主导地位，因此通常会发现低水平的披露。德国是一个例外。德国虽然是以信贷为基础的国家，但是德国的上市公司有很高的披露要求，因为德国有很大的债券市场（第 169 页）。

② 在成文法传统之内有 3 个主要的支系：法国、德国和斯堪的纳维亚。与普通法一样，法国和德国的成文法通过征服、帝国主义或移植传到世界各地。

③ 这种一般化的趋势也有例外，例如，荷兰（第 3 章）和墨西哥（第 4 章）的会计体系类似于普通法系国家。

④ Irving Fantl，“The Case Against International Uniformity,” *Management Accounting*，May 1971，pp. 13-16.

⑤ 在战争法和国家紧急情况下，会计功能的方方面面都由中央政府或者代理机构监管。譬如，在第二次世界大战期间，当纳粹德国做战时准备时，它需要高度统一的国家会计体系以便能够从总体上控制国家的经济活动。

3 年通胀率等于或超过 28%（年平均 8% 的复利）时，墨西哥会采用一般物价水平会计。[①] 20 世纪 70 年代后期，美国和英国都曾经报告过物价变动的影响，以回应过高的通货膨胀率。应对通货膨胀的会计问题将在第 7 章中进行探讨。

专栏 2—1　**成文法和普通法系国家或地区**

成文法——法国传统	荷兰	**普通法**
非洲	葡萄牙	**非洲**
埃及	西班牙	肯尼亚
		尼日利亚
美洲	**成文法——德国传统**	南非
阿根廷	**亚洲**	津巴布韦
巴西	日本	
智利	韩国	**美洲**
哥伦比亚	中国台湾	加拿大
厄瓜多尔		美国
墨西哥	**欧洲**	
秘鲁	奥地利	**亚洲**
乌拉圭	捷克共和国	中国香港
委内瑞拉	德国	印度
	匈牙利	以色列
亚洲	斯洛伐克共和国	马来西亚
印度尼西亚	瑞士	巴基斯坦
约旦		新加坡
菲律宾	**成文法——斯堪的纳维亚传统**	斯里兰卡
土耳其		泰国
欧洲	**欧洲**	**大洋洲**
比利时	丹麦	澳大利亚
法国	芬兰	新西兰
希腊	冰岛	**欧洲**
意大利	挪威	爱尔兰
卢森堡	瑞典	英国

资料来源：Rafael La Porta，Florencio Lopez-de-Salines，Andrei Shleifer，ans Robert W. Vishny，"Law and Finance"，*Journal of Political Economy* 106，No. 6（1998）：1142-1143；David Alexander and Simon Archer，*European Accounting Guide*，5th ed.，New York：Aspen，2003.

① 《以色列会计准则第 17 号》要求以色列的公司从 2004 年 1 月 1 日起停止采用通货膨胀调整会计。

6. 经济发展水平。这个因素影响企业在特定经济体中的交易类型，并决定了哪些类型最为普遍。而交易的类型又决定着所要面临的会计问题。例如，以股权为基础的管理人员报酬或者资产证券化对于资本市场不发达的经济体而言并没有太大的意义。今天，许多产业经济正转变成服务经济。与制造业相关的会计问题，例如固定资产计价和计提折旧等，正变得越来越不重要。同时，新的会计挑战开始出现，例如无形资产和人力资源的计价等。

7. 教育水平。高度复杂的会计准则及实务如果被误解或者误用，就会变得毫无用处。例如，除非读者了解成本会计，否则一份关于成本性态的复杂技术报告就毫无意义。有关衍生证券风险的披露除非能被耐心地阅读，否则也传递不了什么信息。职业会计教育在一般教育水平低下时是难以实现的。墨西哥恰恰克服了这一困难。在其他情况下，一个国家必须引进会计培训或向其他国家派出人员进行学习，中国正着手致力于此（第4章将探讨墨西哥和中国）。

在这前7项因素中的某些因素之间是紧密联系的。例如，普通法的法律体系起源于英国，并被输出到澳大利亚、加拿大和美国等国家。这4个国家都有高度发达的资本市场，主导着财务报告的方向。财务会计与税务会计是分离的。相反，欧洲大陆的大多数国家和日本有着成文法的法律体系，大部分筹资依赖于银行或政府。因此，在这些国家中，会计规则一般与税法保持一致。

建立因果关系是很困难的。法律体系的类型可能决定了一个国家的金融体制。普通法系比成文法系更多地强调股东的权利，为投资者提供更多的保护。其结果就是，普通法系国家有着强大的权益市场，而成文法系国家的权益市场则比较弱小。① 在所有有所得税的国家中，核算税收都是会计的一项重要职能。税收是否主导会计的方向，取决于会计是否存在一项主要的竞争性目的，即向外部的股东传递信息（税务会计不适合用于这一目的）。因此，如果普通法系导致了强大的权益市场，税收就不会占主导地位。这样就会有两套会计规则：一套用于税收，另一套用于财务报告。在成文法系/以信贷为基础的国家，税收规则将占主导地位，用于税务和财务报告的会计就是相同的一套。②

会计的这两个基本的方向导致了以下情形。一个是导致了对财务状况和经营成果的公允反映，另一个则旨在遵守法定要求和税收法规。本章结尾部分将进一步讨论公允反映（fair presentation）与法律遵循（legal compliance）之间的区别。

8. 文化。文化包含一个社会共同的价值观和态度。文化因素取决于一个国家的法律体系和其他制度安排。霍夫斯蒂德（Hofstede）阐明了一个国家文化（或社会价值观）的4个维度：（1）个人主义（individualism）；（2）不确定性规避（uncertainty avoidance）；（3）权力距离（power distance）；（4）男性主义（masculinity）。他的分析是基于美国一家在40个不同的国家开展业务的大型跨国公司员工的数据。③

---

① R. La Porta, F. Lopez-de-Silanes, A. Shleifer, and R. W. Vishny, "Legal Determinants of External Finance," *Journal of Finance* (July 1997): 1131-1150.

② C. Nobes, "Towards a General Model of the Reasons for International Differences in Financial Reporting," *Abacus* (September 1998): 162-187.

③ G. Hofstede, *Culture's Consequences: International Differences in Work-Related Values*, (Beverly Hills, CA: Sage Publications, 1980).

简而言之，个人主义（与集体主义相对应）偏好一种松散的社会结构，而不是相互依存、紧密联系的结构（就像“我”与“我们”）。不确定性规避是社会对模棱两可和不确定的未来感到不安的程度。权力距离是指在机构和组织中，等级制度和权利的不公平分配所能被接受的程度。男性主义（与女性主义相对应）是区分性别功能、强调业绩和看得见的成就（传统的男性价值观）、而不强调关系和关心（传统的女性价值观）的程度。有些学者将其称为“成就导向”（achievement orientation）。

在霍夫斯蒂德的分析的基础上，格瑞（Gary）提出了一个连接文化和会计的框架。① 他提出影响一国财务报告实务的4个“会计价值观的维度”。它们包括：

1. 职业主义（与法律控制相对应）：更倾向于运用个人的专业判断和职业自律，而不是遵守指令性的法律规定。

会计价值观对独立专业判断的偏好，与松散的社会组织结构的偏好相一致，它更强调独立性、公平竞争和越少越好的规则约束，并且可以接受大量的专业判断……职业主义似乎更容易被一个权力距离较小的社会所接受。在那种社会里，人们更注重平等的权利，位于不同权力层次的人们很少感到威胁，因此更愿意信任别人，在那里有一种需要对法律的强制性和规则的公正性加以证实的信念。②

2. 统一性（与灵活性相对应）：在对不同情形做出反应时，更倾向于统一性和一贯性，而不是灵活性。

对统一性的偏好与强烈的不确定性规避偏好是一致的，它引起了人们对法律、秩序和严格的行为守则的关注，也产生了对成文规章和法规的需求，以及对统一性的尊重和对绝对真理和价值观的追求。统一性还符合对集体主义的偏好……包括其紧密联系的社会结构、对组织和秩序的信念以及对集体规则的尊重……统一性更易于在权力距离较大的社会推行。因为在这种社会中，人们似乎更能接受法律和规则的强制性以及统一的章程。③

3. 保守主义（与激进主义相对应）：更倾向于以谨慎的方法进行计量，而不是采取激进、冒险的方法，以应对未来事项的不确定性。

倾向于更保守的利润计量方法与对强烈的不确定性的规避是一致的，它源于对安全性的关注，和对采用谨慎方法处理未来不确定事项的迫切需要……然而，对个人的成就和业绩，似乎更愿意采用不太稳健的方法来进行计量。④

4. 保密性（与透明度相对应）：更倾向于保密和将企业信息严格控制在应该知道的范围之内，而不愿意向社会公众披露信息。

对保密性的偏好与强烈的不确定性规避是一致的，它源于限制信息披露以避免冲突和竞争，并确保安全……权力距离较大的社会似乎更易于形成信息优势以维护权力的不平等。保密性与对集体主义的偏好也是一致的……关注的是与企业关系密切的集团，而不是外部集团……更注重生活质量、人民和环境的社会会更加开放，尤其在相

① S. J. Gray, “Towards a Theory of Cultural Influence on the Development of Accounting Systems Internationally,” *Abacus* (March 1988): 1–15.
② 同上，9.
③ 同上，9–10.
④ 同上，10.

关的社会信息方面。①

专栏 2—2 列示了格瑞的会计价值观与霍夫斯蒂德的文化维度之间的关系。②

专栏 2—2　　**会计价值观和文化维度之间的关系**

	会计价值观			
文化维度	职业主义	统一性	保守主义	保密性
个人主义	+	-	-	-
不确定性规避	-	+	+	+
权力距离	-	+	·	+
男性主义	·	·	-	-

注释："+" 表示因素之间的正向关系；"-" 表示反向关系；" · " 表示关系的性质不能确定。格瑞假定个人主义和不确定性规避对会计的影响最大，其次是权力距离，最后才是男性主义。

2.2 分类

国际会计分类通常按两种方式进行：判断性（judgementally）分类和经验性（empirically）分类。判断性分类依赖于知识、直觉和经验。③ 经验驱动的分类则运用统计方法研究全世界的会计原则和实务资料。④

2.2.1 会计发展的四种模式⑤

一种具有开创性的会计分类是缪勒（Mueller）于 20 世纪 60 年代中期提出来的。他区分了有着市场导向经济体制的西方国家会计发展的 4 种模式。（1）在宏观经济（macroeconomic）模式下，会计实务是从国家的经济目标中派生出来的，并为其服务。由于企业协调其活动以符合国家的政策，因此企业的目标通常遵从而不是引导国家的经济政策。例如，国家为了避免商业周期中大的波动而采取的稳定就业政策，将导致拉平利润的会计实务。另一个例子是，为了刺激特定行业的发展，一个国家可能会允许这一行业快速冲销资本性支出。瑞典的会计是按照宏观经济模式发展的。（2）在微观经济（microeconomic）模式下，会计按照微观经济的原则发展。单个的企业是关注的中心，它们的主要目的是生存。为了达到这个目的，企业必须保全它们的实体资本。清楚地区分资本与收益，以便评价和控制其经营活动，也很重要。基于重置成本的会计计量最适合于这种模式。荷兰的会计发展采取的就是微观经济模式。（3）在独立学科（independent discipline）模式下，会计来源于经营实务，它是在特殊的、

① 同上，11.

② 关于格瑞的概念框架的经验检验，参见：T. S. Doupnik and G. T. Tsakumin，"：A Critical Review of Gray's Theory of Cultureal Relevance and Suggestions for Future Research，" *Journal of Accounting Literature* 23（2004）：1-48.

③ 例子包括：C. W. Nobes，"A Judgemental International Classification of Financial reporting Practices，" *Journal of Business Finance and Accounting*（Spring 1983）：1-19；C. Nobes，"Towards a General Model of the Reasons for International Differents in Financial Reporting，" *Abacus*（September 1998）：162-187.

④ 例子包括：R. D. Nair and W. G. Frank，"The Impact of Disclosure and Measurement Practices on International Accounting Classifications，" *Accounting Review*（July 1980）：426-450；T. S. Doupnik and S. B. Salter，"External Environment，Culture，and Accounting Practice：A Preliminary Test of a General Model of International Accounting Development，" *International Journal of Accounting* 30，No，3（1995）：189-207.

⑤ 这些发展模式所依据的概念是由 G. Mueller 在 1967 年出版的 *International Accounting*（New York：MacMillan）一书中提出来的。这部著作是世界上大多数会计体系分类的依据。

零散的判断和试错（trial-and-error）的基础上发展起来的。会计被看作一项服务职能，它的概念和原则来源于所服务的经营过程，而不是从经济学等学科中派生出来的。企业借助经验、实践和直觉来应对现实世界中的复杂性和经常存在的不确定性。会计也以同样的方式发展。例如，收益看起来就是实践中最有用的信息，而披露也务实地反映了使用者的需要。在英国和美国，会计是作为独立学科而发展的。（4）在统一（uniform）模式下，会计被标准化并用作中央政府进行管理控制的工具。计量、披露和列报上的统一性，使得会计信息更易于用来控制各种类型的经营活动。一般说来，统一模式常常用于政府强烈干预经济计划制定的国家，在这些国家里，会计被用来计量业绩、分配资源、征收税款、控制价格等。拥有统一的会计科目表的法国就是统一模式的典型代表。①

2.2.2 法律体系：普通法与成文法会计

会计还能够按照一个国家或地区的法律体系来进行分类。② 这种观点主导着最近大约25年的会计思想。（1）普通法系国家或地区的会计的特点是以“公允反映、透明度和充分披露”为导向，以及财务会计与税务会计相分离。股票市场是占主导地位的筹资渠道，财务报告的目的在于满足外部投资者的信息需要。会计准则制定一般是私人部门的活动，会计职业界在其中扮演着重要的角色。普通法会计通常被称为“盎格鲁-萨克森式的”、“英美模式的”或“微观基础的”会计。普通法会计起源于英国，并被传到澳大利亚、加拿大、印度、马来西亚、巴基斯坦和美国等国家。（2）成文法系国家或地区的会计的特点是尊重法律的导向、披露程度较低而不透明，以及财务会计和税务会计相联结。银行或政府（内部人）是占主导地位的筹资渠道，财务报告的目的在于保护债权人。制定会计准则一般是公共部门的活动，较少受到会计职业界的影响。成文法会计通常被称为“大陆式的”、“法律导向的”或“宏观统一型的”会计。它见于大多数欧洲大陆国家以及它们在非洲、亚洲和美洲的前殖民地。

会计的这种差别是与普通法和成文法系国家或地区公司治理的所谓“股东”和“利益相关者”模式相对应的。如本章前文所述，一个国家或地区的法律体系和它的金融体系可能存在因果关系。③ 普通法法律体系强调股东权利，提供了比成文法系更强的投资者保护。其保护外部投资者，并且通常得到了很好的执行。其结果是普通法系国家或地区发展起了强大的资本市场，而成文法系国家或地区发展起来的资本市场则比较弱小。与成文法系国家或地区相比，普通法系国家或地区的企业通过向大量的

---

① K. Kafer（瑞士），L. L. Illetchko（澳大利亚），E. Schmalenbach（德国），以及A. ter Vehn（瑞典）等欧洲学者将统一会计程序与综合的会计科目表严格区分开来。

② 例如：C. W. Nobes，“A Judgemental International Classification of Financial Reporting Practices，” *Journal of Business Finance and Accounting* （Spring 1983）：1－19；I. Berry，“The Need to Classify Worldwide Accountancy Practices，” *Accountancy* （October 1987）：90－91；T. S. Doupnik and S. B. Salter，“An Empirical Test of a Judgemental Classification of Financial Reporting Practices，” *Journal of International Business Studies* 24，No. 1（1993）：41－60；R. Ball，S. P. Kothari，and A. Robin，“The Effect of International Institutional Factors on Properities of Accounting Earnings，” *Journal of Accounting and Economics* 29，No. 1（2000）：1－51.

③ R. La Porta，F. Lopez-de-Salines，A. Shleifer，and R. W. Vishny，“Legal Determinants of External Finance，” *Journal of Finance* （July 1997）：1131－1150；R. La Porta，F. Lopez-de-Salines，A. Shleifer，and R. W. Vishny，“Law and Finance，” *Journal of Political Economy* （December 1998）：1113－1155；R. La Porta，F. Lopez-de-Salines，A. Shleifer，and R. W. Vishny，“Investor Protection and Corporate Governance，” *Journal of Financial Economics* 58，Issues 1－2（2000）：3－27.

投资者公开发行股票、债券等来筹集大多数的资本。由于投资者位于企业之外，因此就需要准确反映企业经营业绩和财务状况的会计信息。公开披露解决了企业与投资者之间的信息不对称问题。

相反，成文法系国家或地区企业的所有权一般集中在家族、其他公司和大型商业银行手中。企业通过政府或银行贷款能够满足绝大部分资本需求。债务作为一种筹资渠道，在成文法系国家或地区比在普通法系国家或地区更为重要。一旦出现违约事件，稳健的会计计量能够为债权人作好铺垫。除了劳动者、重要的供货商和客户等其他的利益相关者之外，主要债权人和重要权益投资者可能在董事会也占有席位。由于信息需求通过私下沟通得到满足，因此公开披露的需求较少。会计收益是应税所得的依据，通常还是分派股利和员工奖金的依据，从而导致了在各个年度之间拉平收益的压力。

2.2.3 实务体系：公允反映与法律遵循会计

在国家或地区层面上，会计的许多区别正变得模糊不清。这里有几个方面的原因。（1）从世界范围看，股票市场作为筹资渠道的重要性与日俱增。资本越来越全球化，产生了对世界财务报告准则的压力。对于许多公司来说，财务报告准则的全球趋同将会降低公司遵循不同会计规则的成本，从而有望降低它们的资本成本。世界资本市场的一体化可以被认为是国际会计准则委员会作为会计准则制定的核心组织在澳大利亚、日本、欧洲、新加坡、南非、美国以及其他国家或地区（见第8章）出现的最重要的原因。许多国家或地区都优先发展股票市场，尤其是那些由集中的计划经济向市场经济转型的新兴市场国家，捷克共和国就是这类国家，我们将在第3章加以讨论。（2）两套财务报告变得更加普遍。一套遵循当地的、国内的财务报告要求，而另一套则选用其他的会计原则，包含针对国际投资者的披露。始于2005年，欧洲的所有上市公司都必须采用IFRS来编制它们的合并财务报表。① 然而，一些欧盟成文法系的国家，如法国和德国，认可这种双重做法，即公司的个别财务报表遵循本国法定的准则，而合并财务报表则遵循IFRS。换句话说，有必要区分国家层面的会计实务和跨国层面上的会计实务。（3）一些成文法系国家，尤其是德国和日本（分别见第3章和第4章），正在将会计准则制定的职责由政府转交给独立的民间专业团体。这种变化使准则制定过程更像澳大利亚、加拿大、英国和美国等普通法系国家，且被视为一种更加积极影响IASB日常工作的方式。这几点说明除了法律体系之外，还需要另外一个框架来对全球的会计进行分类。②

---

① 这项要求适用于大约8 000家欧洲的上市公司。

② 普通法与成文法的区分可能因为其他原因而受到批评。例如，存在着例外：荷兰（第3章）和墨西哥（第4章）是有着“公允反映”会计的成文法系国家。一些观察家质疑，法律体系是世界会计体系差异的原因，但是只是几个起作用的因素之一，其他因素包括筹资渠道、殖民或文化影响。他们指出从法律体系推究会计体系有着太多的例外。C. Nobes and A. Roberts，“Towards a Unifying Model of Systems of Law，Corporate Financing，Accounting and Corporate Governance，”*Australian Accounting Review* 10，No. 1（2000）：26–41。执行是另一个重要的方面。如果法律和会计准则得不到执行，它们就是一纸空文。基于法律体系的区分并不能清楚地反映那些准则得不到执行的国家。C. Leuz，D. Nanda，and P. Wysocki，“Investor Protection and Earnings Management：An International Comparison，”*Journal of Financial Economics*（September 2003）：505–527。

我们认为基于公允反映与法律遵循进行的分类，反映了当今世界的会计。[①] 公允反映和法律遵循之间的差异对许多会计问题有着广泛的影响，例如：（1）折旧费用，是按照资产在其经济使用年限内的有用性递减来确定（公允反映），还是按照纳税所允许的金额来确定（法律遵循）；（2）实质上购买产权的租赁，是按照其实质来处理（公允反映），还是比照一般的经营性租赁进行处理（法律遵循）；（3）养老金，是作为员工所赚取的应计成本来处理（公允反映），还是作为离职时一次支付的费用来处理（法律遵循）。此外，如果税法和财务会计是同一套体系，那么递延所得税的问题就不会产生。

另一个问题是运用酌定的准备金在不同期间拉平收益。一般而言，这些准备金按以下方式运作：在收益丰厚的年度提取额外的费用，并相应记入股东权益项目下准备金账户的贷方；在收益欠缺的年度，就转销准备金以抬高收益。年度之间的收益波动就这样被拉平了。由于这种做法危及公允反映，所以类似的实务在法律遵循型国家比在倡导"实质重于形式"（substance over form）的国家更为普遍。当然，如果这类操纵行为被充分披露，投资者就能够剔除其对收益的影响。但实际情况并非如此，准备金一般是秘密的。

公允反映和实质重于形式是上述普通法会计的特点。它以向外部投资者的决策需要为导向。财务报表旨在帮助投资者判断管理业绩和预测未来现金流量和获利能力。广泛的披露提供了与这些目的有关的其他信息。IFRS 的目标也是公允反映。对于依靠国际资本市场筹资的公司而言，IFRS 尤其重要。公允反映会计见于英国、美国、荷兰和受到与它们的政治和经济联系的影响的其他国家（例如英国对整个前英帝国的影响，以及美国对加拿大、墨西哥和菲律宾的影响）。欧洲的所有上市公司将遵照公允反映会计编制它们的合并报表，因为它们现在采用了 IFRS。此外，IFRS 现在是中国和日本（第 4 章）制定准则的基准。

法律遵循会计旨在满足政府强加的要求，例如计算应税所得，或符合国家政府的宏观经济计划。收益金额还可能是向股东分派股利和向管理人员和员工支付奖金的依据。稳健的计量能保证分配的金额比较审慎。在年度之间拉平收益，意味着税收、股利和奖金支付更加稳定。在那些采用公允反映会计编制合并报表的成文法系国家，法律遵循会计将可能继续用于公司的个别财务报表。这样，在公司的个别报表满足法律要求的同时，合并报表能向投资者提供信息。

我们认为，世界资本市场的一体化将是影响未来会计发展的最重要的因素。这种发展是朝着公允反映会计转变的趋势背后的原因，至少对于合并财务报表而言是这样的。它还是国际会计准则理事会（IASB）的活动以及欧盟"IFRS 2005"决策背后的关键推动力，同时也是财务报表分析越来越全球化的原因。

---

① 为了完整起见，还应该考虑通货膨胀调整会计。以色列和墨西哥的会计是公允反映/充分披露型的，并加入了一般物价水平会计（第 4 章将讨论墨西哥的会计）。南美洲的某些国家有着法律遵循型的会计，但是也有通货膨胀调整。就像几年前在巴西所发生的那样，通货膨胀一旦缓解，一些国家也会取消通货膨胀调整。以色列也打算取消通货膨胀调整。有着神学渊源的伊斯兰会计也被这个框架所遗漏。它禁止确认资金利息，喜欢采用现行市场价值来计量资产和负债。伊斯兰会计还没有发展到可以成为一个综合的会计模式的地步。

讨论题

1. 本章界定了 7 个被认为会影响会计发展的经济、社会、历史和制度因素。解释每一个因素是如何影响会计实务的。

2. 文化价值观是如何影响会计的？第 1 题中所界定的因素和这里所界定的文化因素之间有没有交叉影响？

3. 文化、经济和法律体系中哪一个能更好地解释各国之间会计实务的差异？为什么？

4. 本章中所讨论的 4 种会计发展模式最早是 1967 年提出来的。这 4 种模式现在仍然适用吗？为什么？

5. 为什么计量实务相对稳健的国家在披露上倾向于保密，而计量方法不太稳健的国家则在披露上倾向于透明？

6. 对会计体系进行分类的目的是什么？会计的判断性分类和经验性分类之间有什么区别？

7. 世界上的主要会计模式有哪些？每一种模式的标志性特点是什么？

8. 为什么本章认为国家层面上的许多会计差别已经越来越模糊不清？你同意这种看法吗？为什么？

9. 作者认为基于公允反映与法律遵循的分类比基于普通法和成文法法律体系的分类更好地反映了当今世界的会计。你同意这种看法吗？为什么？

10. 各个国家或地区会计体系趋同或协调的前景如何？哪些因素可能会对促进或阻碍这种变革产生影响？

练习题

1. 思考下列国家：（1）比利时；（2）中国；（3）捷克共和国；（4）冈比亚；（5）印度；（6）墨西哥；（7）塞内加尔。

要求：

根据法律体系来分类，它们分别属于哪一类？根据会计实务体系来分类，它们分别属于哪一类？验证你的答案。提示：有关世界各个国家信息的网站包括大不列颠百科全书在线（www. eb. com）和世界大事记（www. cia. gov/library/publications/the-world-factbook）。

2. 从世界交易所联盟的网站（www. World-exchanges. org）上获取最近的年度报告。权益市场统计数据中有在会员股票交易所上市的国内和国外公司数量方面的信息。

要求：哪 5 个股票交易所的国外上市公司最多？哪 5 个股票交易所中国外上市公司占上市公司总数的比例最大？谈论可能的原因是什么。

3. 欧洲联盟（EU）——以前称为欧洲共同体，最初为欧洲共同市场——成立于 1957 年，到 2003 年末有 15 个成员国：奥地利、比利时、丹麦、芬兰、法国、德国、希腊、爱尔兰、意大利、卢森堡、荷兰、英国、西班牙、瑞典和葡萄牙。为了鼓励资本流动和资本形成，欧洲联盟发布了一系列指令，旨在协调这些成员国的公认会计原则。

要求：影响会计发展的哪个因素可能是阻碍欧洲联盟协调活动的最大障碍？哪些

因素预示着欧洲联盟的协调活动能够成功?

4. 参照第4题。2004年5月欧盟扩大，吸收了10个中欧和东欧国家——塞浦路斯、捷克共和国、爱沙尼亚、匈牙利、拉脱维亚、立陶宛、马耳他、波兰、斯洛伐克和斯洛文尼亚。保加利亚和罗马尼亚在2007年1月加入欧盟。

要求：试分析哪些影响会计发展的因素可能是它们与其他15个成员国实现会计协调的最大障碍?

5. 格瑞提出了连接文化与会计的框架。他基于霍夫斯蒂德的四个文化维度（个人主义、不确定性规避、权力距离和男性主义）提出了四个会计价值观（职业主义、统一性、保守主义和保密性）。专栏2—2列示了格瑞的观点，同时也表明个人主义和不确定性规避被认为会对会计价值观产生最重要的影响。

要求：

a. 登录霍夫斯蒂德的网站（www. geert-hofstede. com/hofstede_dimension. php）找出以下10个国家（中国、捷克共和国、法国、德国、印度、日本、墨西哥、荷兰、英国和美国）的“个人主义”分值。

b. 以高、中或低来区分“个人主义”分值的特征。

c. 基于你上一题中的区分特征，预测这10个国家的四个会计价值观（格瑞）。

6. 参见练习5。

要求：

a. 登录霍夫斯蒂德的网站（www. geert-hofstede. com/hofstede_dimension. php）找出这10个国家的“不确定性规避”分值。

b. 以高、中或低来区分“不确定性规避”分值的特征。

c. 基于你上一题中的区分特征，预测这10个国家的四个会计价值观（格瑞）。

d. 这些预测与练习5中那些一致吗?

7. 许多国家许可或要求他们的本国上市公司在其为投资者编制的合并财务报表中使用IFRS。

要求：

思考下列10个国家：中国、捷克共和国、法国、德国、印度、日本、墨西哥、荷兰、英国和美国。哪些国家是（a）不允许，（b）允许，（c）要求一些上市公司，（d）要求所有本国上市公司执行IFRS的?探讨遵循这些模式的可能原因。（提示：参考IAS Plus网站，www. iasplus. com）

8. 思考下述五国（法国、印度、日本、英国和美国）会计的发展因素：

发展因素	法国	印度	日本	英国	美国
主要融资渠道	银行；政府	政府；股票市场	银行	股票市场	股票市场
法律体系	成文法	普通法	成文法	普通法	普通法
税收（与会计相关）	联系	分离	联系	分离	分离
政治与经济联系	欧洲	英国，美国，中国	美国，中国	美国，欧洲	加拿大，墨西哥
通货膨胀	低	低	低	低	低
经济发展水平	高	低	高	高	高
教育水平	高	低	高	高	高

要求：基于本章提供的信息，为每一个国家写一份会计简介。

9. 考虑从现在开始的未来 10 年。提出一个你认为将来会存在的会计体系分类。哪些因素促使你做出这种分类?

案例 2—1　会计分类过时了吗?

思考国际会计准则委员会前秘书长戴维·凯伦斯(David Cairns)的下列陈述:①

当我们观察国家或者公司对特殊的交易或事项进行会计处理的方法时,越来越难以采用一套系统的方法来区分所谓的盎格鲁-美利坚会计与欧洲大陆会计,或者区分美国会计和德国会计。②

我们越来越多地被劝说……盎格鲁-美利坚会计与欧洲大陆会计的区别越来越小,越来越不重要,也越来越模糊了。在得出这种结论的同时,我并不否认不同的经济、社会和法律体系会影响不同国家会计的发展。我也不否认这样一个事实:不同国家确定会计要求的方式以及由此产生的要求的形式不仅过去存在差别,而且仍将存在差别。但是,我相信,那些继续热衷于这种分类的人士,忽略了世界上正在发生什么,以及公司如何处理这些交易和事项。

不同的经济、社会和法律因素会影响一个国家的会计,但是并不一定会导致不同的会计体系,这一点正变得越来越明显,有些国家尽管其文化背景并不相同,却也产生了相同的结果(还有一些国家,尽管其文化背景很相似,却产生了不同的会计体系)。事实上,现在美国会计和德国会计之间的相同点,比美国会计和英国会计之间的相同点还多。其中的原因有很多,不仅仅是因为会计准则制定机构和其他的监管机构之间的相互交流和彼此学习越来越多,还因为它们在国际会计准则委员会、联合国、经济合作与发展组织、欧盟以及四国集团(G4)等类似组织中开展这类活动。这种跨越国境的交流并不令人感到奇怪,因为各国的准则制定机构都要解决相同的会计问题。③

要求:

1. 你是否同意凯伦斯先生的关于当今世界会计的分类简单化、越来越不相关的断言?会计的分类是无益而过时的吗?为什么?

2. 一些观察家认为,"世界级"公司——国际上最大的跨国公司,尤其是那些在伦敦、纽约和东京等主要的股票交易所上市的公司——的财务会计报告正变得越来越相似。这种观点与会计分类有多大的相关性?是什么原因导致这种情况的发生?

案例 2—2　大众集团

大众(Volkswagen)集团 2001 会计年度采用了国际会计准则(IAS,现为国际财务报告准则,即 IFRS)。以下资料摘自大众 2001 年的年度报告。它讨论了《德国商法典》(HGB)与大众所采用的 IAS 之间的主要差别。

---

① D. Cairns, "The Future of Harmonization: AReply," *European Accounting Review* 6, No. 2 (1997): 305-348.
② 同上,306.
③ 同上,316.

总体情况

2001 年大众集团首次发布根据国际会计准则和常设解释委员会（SIC）的解释编制的合并财务报表。所有适用于 2002 年度的强制性国际会计准则都得到了遵循。上一年度的数据也根据这些准则进行了调整。特别是，2000 年度合并财务报表已经遵循了 IAS12（2000 年修订）和 IAS39。因此，财务报表真实和公允地反映了大众集团的净资产、财务状况和盈利业绩。

合并财务报表是以欧元为单位编制的。除非另有说明，所有金额的单位均为百万欧元。

利润表的编制符合国际公认的销售成本核算方法。

根据 IAS 编制合并财务报表要求对影响进入合并资产负债表和利润表的金额的一系列项目以及对或有资产和负债的披露做出假设。

符合《德国商法典》第 292a 节关于豁免根据德国商法编制合并财务报表义务的规定条件。对上述条件的评估是根据德国会计准则委员会发布的德国会计准则第 1 号（DSR1）进行的。为了确保等同于根据德国商法编制的合并财务报表，发布了德国商法所要求的超出 IAS 要求范围的所有披露和解释性附注。

转换成国际会计准则

大众集团先前根据《德国商法典》编制的财务报表所采用的会计计价和合并方法，通过采用 IAS，分几种情形进行了修改。

与《德国商法典》相一致的修订后的会计、计价和合并方法

• 对在融资租赁名下租入的无形资产进行资本化，相应的负债在资产负债表中的负债项下予以确认，说明根据 IAS17，所有权上的风险和收益实质上归属于大众集团下属的公司。

• 作为融资租赁的出租人，租出资产不予资本化，而将折现的租赁分期收款列示为应收款。

• 活动的有形资产采用直线法而不是余额递减法来折旧；不采用半年或多次变动折旧。此外，使用年限现在根据商业实质确定，而不再根据税法确定。IAS 不允许出于税收原因采用特殊的折旧方法。

• 1995 年以来公司的收购活动导致的资本合并所产生的商誉，按照 IAS22 予以资本化，并在其相应使用年限内摊销。

• 根据 IAS2，存货必须按照完全成本法计价。而大众集团过去仅将直接成本资本化。

• 只有在对外部的第三方承担义务时，才能设立准备金。

• 对以外币编制的财务报表进行折算所产生的差异不在利润表中进行记录。

• 进入资产负债表中的中长期负债，包含资本取得成本，并采用有效利率法。

与《德国商法典》不一致的修订后的会计、计价和合并方法

• 根据 IAS38，如果开发的产品能够为大众集团带来未来经济利益，就将开发成本作为无形资产予以资本化。

• 养老金准备，是根据 IAS19 所规定的设定单位贷项法（PUCM）来确定的，它必须考虑未来的工薪和退休金增长。

• 不能设立递延维修准备金。

• 中长期准备金按照它们的现值进行列示。

• 证券按照其公允价值进行记录，即使它高于成本，会对利润表产生相应的影响。

• 递延税款按照资产负债表债务法来确定。假设可能有用的话，对损失所引起的递延税款资产予以确认。

• 衍生金融工具按照其公允价值进行确认，即使它高于成本。对用来为未来现金流量进行套期保值的金融工具进行估价所产生的利得或损失，以权益中的一项特殊公积金的方式予以确认。这类合同所产生的利润或亏损在相应的到期日之前不记入利润表中。相反，对用来为资产负债表项目进行套期保值的衍生金融工具进行估价所产生的利得或损失，立即记入利润表中。

• 库藏股票冲抵资本和公积金。

• 外币应收款和应付款在资产负债表中按照中间汇率计价，而不采用差别原则。

• 集团外部的少数股东权益在资本和公积金之外单独列示。

根据 2000 年 1 月 1 日生效的国际会计准则对会计和计价政策所进行的调整，是根据 SIC8 进行的，并没有进入利润表，而是假设账目一直按照 IAS 编制那样，将其分拨为盈余公积金或从盈余公积金中予以冲销。

按照 IAS 对资本和公积金的调整如下表所示：

单位：百万欧元

按照《德国商法典》2000 年 1 月 1 日的资本和公积金	**9 811**
开发成本的资本化	3 982
对有形资产和无形资产的使用年限和折旧方法的修改	3 483
存货中间接费用的资本化	653
作为出租人对租赁合同的不同处理	1 962
对金融工具的不同估价	897
递延税款的影响	–1 345
特殊项目的取消	262
对养老金和类似义务估价的修改	–633
对准备金会计处理的修改	2 022
少数股权不作为一项权益的分类	–187
其他变动	21
根据 IAS，在 2000 年 1 月 1 日的资本和公积金	20 918

资料来源：Volkswagen AG Annual Report 2001，pp. 84–86.

要求：

1. 根据本章所提供的信息，讲述德国会计的基本特点。哪些发展因素导致了这些特点？

2. 大众集团的披露强调了 HGB 与 IAS 的会计要求之间的哪些区别？德国的要求与你在上一问题的答案中总结的特点是一致的吗？

3. 大众集团采用 IAS 与本章中所研究的分类之间有什么关联？

第3章　比较会计：欧洲

在第2章中，我们学习了影响一个国家或地区会计发展的一些因素，包括它的筹资渠道、法律体系、税收、政治经济联系以及通货膨胀。第2章进而根据这些国家或地区的共同因素以及不同特征对会计体系进行了分类。

第3章和第4章对一些选定国家或地区的会计进行了更深入的考察。对一国财务报表的分析需要了解该国会计的专门知识。第3章考察了5个欧洲国家。第4章考察了5个美洲和亚洲国家。两章都交代了每一个国家的背景信息、监管和实施会计的制度框架，同时，也探讨了基于当地公认会计准则（GAAP）的财务呈报。尽管国际财务报告准则（IFRS）全球趋同（第8章），我们认为分析师仍然需要了解当地GAAP和制度安排。那是因为许多公司完全没有受到趋同活动的影响。例如，有8 000家欧洲上市公司现在必须按照IFRS编制合并财务报表。但是，估计300万非上市的欧洲公司并不直接受IFRS要求的影响。研究也表明欧洲公司对IFRS的应用反映了国家准则和惯例。[①] 另一个例子是，美国、日本和中国的公司必须遵循他们各自国家的GAAP，而不是IFRS。即使财务报告准则和实务对世界上许多公司都是趋同的，但对很多其他公司来说差异仍然存在。

第3章主要关注欧盟（EU）的5个成员国：捷克共和国、法国、德国、荷兰和英国。法国、德国和荷兰是欧洲经济共同体1957年建立之初最早的成员国。英国是1973年加入的。这四个国家都有着高度发达的经济，并且是众多大型跨国公司的母公司所在地。它们都是国际会计准则委员会（现为国际会计准则理事会，即IASB）的发起国。这些国家对确定国际会计准则理事会的议事日程发挥着重要的作用。捷克共和国是一个“新兴”经济体，[②] 于2004年加入欧盟。

专栏3—1包含了本章所讨论的5个国家的部分可比的经济数据。捷克共和国和其他四个国家的对比是鲜明的，其国内生产总值GDP（包括绝对总量和人均值）、进出口额和股票市场市值均显著小于其他四国。同时，捷克的工业经济比例高于其他四国，而服务业经济比例低于其他四国。

专栏3—1　　**所选国家的经济数据**

	法国	德国	捷克共和国	荷兰	英国
面积（千平方公里）	544	358	79	42	243
人口（百万）	60.7	82.7	10.2	16.4	59.8
GDP（十亿美元）	2 248	2 897	143	662	2 377
人均GDP（美元）	37 040	5 030	14 020	40 380	39 750
部门GDP					

① Isabel von Keltz and KPMG, *The Application of IFRSs*: *Choices in Practice* (Dec. 2006), www. kpmg. com.

② “新兴经济体”一词宽泛地指新兴工业国家（NICs）和由计划经济向自由市场经济转型的国家。NICs工业化发展迅速，但是人均国内生产总值还不富裕。第4章讨论的印度就是新兴工业国家。捷克共和国处于经济转型之中。

续表

	法国	德国	捷克共和国	荷兰	英国
农业	2%	1%	3%	2%	1%
工业	20%	30%	38%	24%	23%
服务业	78%	69%	59%	74%	76%
进口（十亿美元）	535	922	93	359	591
出口（十亿美元）	483	1 122	95	401	448
2007 年末的资本市值（十亿美元）	2 771	2 106	73	956	3 859
主要贸易伙伴	德国，西班牙，意大利	法国，美国，英国	德国，斯洛伐克，俄罗斯	德国，比利时，英国	美国，德国，法国

资料来源：*Packet World in Fingures* 2009 *Edition*，London：The Economist，2008；and The World Factbook，www.cia.gov/library/publications/factbook/，May 2009.

3.1 关于会计准则和实务的一些观察

会计准则（accounting standard）是规范财务报表的法规或规则（通常包括法律和法典）。准则制定（standard setting）是指制定会计准则的过程。因此，会计准则是准则制定的产物。但是，实际的实务有可能偏离准则的要求。这至少有 4 个方面的原因。首先，许多国家对不遵守官方会计公告行为的惩罚是软弱或无效的。当它们软弱无效时，公司就不总是遵循准则办事了。其次，公司可能自愿披露比准则要求更多的信息。再次，一些国家允许公司偏离会计准则——如果那样做可以更好地反映公司的经营成果和财务状况的话。为了获得关于会计怎样在一国运作的全貌，我们必须关注其会计准则制定过程，以及由此产生的会计准则和实际的业务。审计增加了财务报告的可信度。因此，我们还会讨论在我们所研究的国家中审计的作用和目的。

会计准则制定往往涉及私人和公共部门团体的结合。私人部门包括会计职业界和那些受到财务报告过程影响的其他团体，如财务报表的使用者和提供者，以及公司员工。公共部门包括税务当局、负责商法的部门以及证券委员会等政府机构。股票交易也可能影响财务报告过程，而且会因所在国的不同，或是影响私人部门，或是影响公共部门。以上这些团体在会计准则制定中的作用和影响在不同的国家会存在差异。这些差异将有助于解释世界范围内会计准则的差异。

会计准则和会计实务的关系很复杂，并且不是一成不变的。在一些情况下，会计实务来源于会计准则；在另一些情况下，会计准则来源于会计实务。会计实务可能受到市场力量的影响，如那些和资本市场上的资金竞争有关的市场力量。公司为了争夺资金，可能会自愿提供超出要求范围的信息，以满足投资者和其他方面的信息需求。如果对此类信息的需求变得足够强烈，那么，会计准则将可能被改变，从而强制披露那些曾经是自愿提供的信息。

第 2 章区分了“公允反映”和“法律遵循”在会计中的定位。“公允反映”会计通常是与普通法系国家相联系，而“法律遵循”会计主要应用于成文法系国家。这种差别存在于准则制定过程中，在“公允反映”的普通法系国家，私人部门相对而言更具影响力；而在“法律遵循”的成文法系国家，公共部门相对而言更具有影响力。审计对应于法律体系的类型以及财务报告的作用和目的。在“公允反映”型国家，尤其是受到英国影响的国家，审计职业更加趋向于发达和自律。当审计的目的被定位于鉴证财务报告的公允反映时，审计师也执行着更多的判断。与此相反，在成文法系国家，会计职业趋向于较不发达，并且具有更多的国家管制的色彩。在这些国家，审计的目的主要是确保公司的记录和财务报表符合法定要求。

3.2 IFRS 在欧盟

财务报告的趋势还是倾向于公允反映，至少在合并报表方面是这样的。这一趋势在欧盟尤为真实。2002 年，欧盟批准通过了会计监管，要求所有在受欧盟监管的市场上市的公司都自 2005 年起在其合并财务报表中遵循 IFRS。成员国有扩大这一要求至所有企业的自由权，不仅仅限于上市公司，包括个别公司财务报表。专栏 3—2 概括了本章所调查的实施 IFRS 的 5 个国家的欧盟要求。要求实施 IFRS 的国家实现了财务报告趋同，没有实施的地方仍然存在差异。

专栏 3—2　　IFRS 规定

	捷克共和国	法国	德国	荷兰	英国
上市公司-合并财务报表	要求	要求	要求	要求	要求
上市公司-个别公司财务报表	要求	禁止[a]	允许，但仅用于信息用途[a]	允许	允许
非上市公司-合并财务报表	允许	允许	允许	允许	允许
非上市公司-个别公司财务报表	禁止[b]	禁止[a]	允许，但仅用于信息用途[a]	允许	允许

[a] 法国和德国个别公司财务报表必须使用当地会计规定来编制，原因在于这些报表是税收缴纳和股利支付的基础。

[b] IFRS 不允许在捷克非上市的个别公司财务报表中使用，原因在于对于这些小规模、私营企业来说，IFRS 太过复杂且成本过高。

一个人要想了解欧洲会计，必须了解 IFRS 和当地的会计规定。尽管所在国允许使用 IFRS，许多公司在实务中会选择使用当地的规定。例如，它们可能会认为 IFRS 与其需求不相关或太过复杂。因此，我们在这部分先概述 IFRS，本章的余下部分将探讨会计在所调查的 5 个国家的具体使用情况。

3.2.1 财务报告

IFRS 财务报表由合并财务状况表、综合利润表、现金流量表、权益变动表和解释性附注所组成。附注披露必须包括：

- 遵循的会计政策
- 采用严格会计政策的管理层判断
- 关于估计未来以及其他重要的用以估计不确定性的主要假设

仅针对上一期，要求提供比较信息。除合并财务报表外，IFRS 不要求列报母公司的其他财务报表，也不要求编制中期财务报表。合并是建立在控制权基础上的，是管控另一家企业财务和经营活动的权利。① 一般来说，即使控制是暂时的或子公司是

① IASB 给“控制”提出了一个新的定义：控制指报告主体统驭一个主体的活动，并藉此从其活动中获取利益的权力。

在长期资金转移限制条件下运营的，所有子公司也都必须纳入合并。IFRS 要求公允列报。为了实现公允列报，IFRS 在极少数情况下可能会不被考虑。此时，企业必须披露不采用 IFRS 的性质、原因及其对公司财务产生的影响。

3.2.2 会计计量

按照 IFRS，所有企业合并都按照购买法处理。商誉是支付的合并成本的公允价值超过子公司的可辨资产、承担的负债及或有负债的公允价值的差额。商誉要进行年度减值测试。负商誉应该立即在利润中加以确认。联合控制主体可以采用比例合并法（优先使用）或权益法计量。对联营企业的投资采用权益法计量。联营企业是一个投资者会对被投资者产生重大影响的主体，但既不是子公司也不是合营企业。重大影响是指对一个被投资企业的财务和经营政策有参与决策的权力，但并不能够控制这些政策的制定。一般假设认为投资者应拥有被投资企业至少 20% 的投票权，该类企业才能存续。如果有明确的相反证据，这些假设可能会被推翻。

境外经营企业财务报表的折算是基于功能货币（中国称为记账本位币——译者注）这一概念的。功能货币是指境外实体经营所处的主要经济环境中的货币。它可能是与其母公司编制财务报表所使用的相同的货币，也可能是不同的外国货币。(a) 如果境外实体的功能货币不同于其母公司报告货币，其财务报表应该使用现行汇率法进行所有者权益部分所包含的结果折算调整（在现行汇率法下，资产和负债以年末或现行的汇率折算，收入和费用以折算汇率进行折算（或者，在实务中为平均汇率））。(b) 如果境外实体的功能货币与其母公司的报告货币相同，财务报表应按照如下比率进行折算：

- 货币性项目年末利率
- 按历史成本计量的非货币性项目的折算日汇率
- 按公允价值计量的非货币性项目的估值日汇率

折算调整包含在当期利润中。(c) 如果境外实体的功能货币处于恶性通货膨胀经济中，其财务报表应先消除通胀影响进行重述，然后再使用上述的现行汇率法进行折算。

资产可以按历史成本或公允价值计价。如果采用公允价值法，必须定期进行价值重估，并且给定分类中的所有项目都必须重估。重估增值贷记权益。折旧是在资产的使用寿命内系统性地计提，这反映了利益消耗的模式。研究成本在发生当期予以费用化。在研究成果性的产品或服务具有技术和商业可行性之后，开发成本可以予以资本化。存货按照成本与可变现净值孰低进行计量。在 IFRS 下，企业可以采用先进先出法和加权平均法作为成本计价基础，不得采用后进先出法。

融资租赁应被资本化和摊销，而经营租赁应系统性地费用化，通常按照直线法将支付的租金进行费用化。[①] 员工福利成本应在员工获得福利的当期而不是该项福利被支付或记为应付时予以确认。准备是指时间或金额不确定的负债。当过去事项产生法律或推定义务，经济利益很可能流出，并且义务金额能够可靠估计时，应确认准备。或有负债是一种可能的义务。履行该义务不是很可能要求含有经济利益的资源流出主体，或该义务的金额不能足够可靠地计量。它们不应确认为负债，但应在附注中加以

① IASB 指出所有重大租赁应该予以资本化，不再考虑融资租赁与经营租赁的差异。

披露。[1] 或有资产也不予确认。递延所得税是全额计提的，并使用债务法计算一项资产或负债的账面价值与其计税基础之间的暂时性差异。递延所得税资产和负债应该按照当资产实现或负债偿付时预期采用的税率进行计量。它们不能贴现。

3.3 法国的财务会计体系

法国是世界上国家统一会计的首要倡导者。第一份正式的会计总计划（国家会计准则）于1947年9月由国家经济部通过。修订的计划于1957年生效。由于欧盟《第4号指令》的影响，1982年对该计划做出了更进一步的修订。1986年，在合并财务报表领域实施欧盟《第7号指令》的要求被增补进来，并且在1999年对该计划进行了进一步的修订。

会计总计划提供：

- 财务会计和财务报告的目标和原则；
- 资产、负债、所有者权益、收入、费用的定义；
- 确认和估价原则；
- 标准化的会计科目、使用要求和其他簿记要求；
- 财务报表模式和报告规则。

由于总计划在实务中被广为接受，因此全国统一账户表的强制采用并不会给法国公司增加负担。而且，所得税返还所需的大量明细表都以利润表和资产负债表的标准化模式为基础，并且国家统计署通过汇总公司的财务报表来生成宏观经济信息。

法国会计与这项计划有着如此密切的联系，以至于可能会忽视商务法规（《商法典》）和税法支配着法国的许多财务会计和报告实务这个事实。它们都早于该计划。《商法典》源于1673年和1681年的《科尔伯特条例》（科尔伯特（Colbert），路易十四时期的财政大臣）。1807年，拿破仑将其颁布，作为他所创立的以成文法为基础的法律体系的一部分。第一部所得税法于1914年通过，由此建立了税法与保持会计记录的需要之间的联系。

法国会计监管的主要依据是《1983年会计法》和《1983年会计令》。这两项依据使得会计总计划对所有公司而言都成为强制性的。而且，这两项依据还被纳入《商法典》中。[2]《商法典》中的商务法规包含了大量的有关会计与报告的条款，要求公司按年度编制资产和负债明细表。财务报告必须做出真实和公允的反映，某些会计记录在特定的法律诉讼中被赋予免受其他法规制约的特权。会计记录法定地为证明和证实的目的服务，并且越来越被看作是决策的信息来源。

每家公司都必须建立一份会计手册，如果它认为这样做对于理解和控制会计过程是必要的话。会计手册至少包括整个会计体系的详细流程图和解释，对所有数据处理程序及其控制的描述，以及对年度财务报表所遵循的会计原则和进行强制性年度盘存所采用程序的总括性说明。

---

① IASB目前在其与美国财务会计准则委员会的联合概念框架项目中发布了财务报表要素的定义（见第8章）。“或有负债”一词可能将不再被使用。取而代之的是，负债将按照其是否是“附有条件或非条件的义务”而进行评价。参见 *Conceptual Framework——Phase B: Elements and Recognition* at the IASB Web site，www. iasb. org.

② 会计的法律框架包括议会通过的法律、关于执行这些法律的政府法令以及经济和财政部的规章。

法国的税法对会计也有重大影响。公司的费用只有全部入账并反映在年度报表中，才能在纳税时予以扣减。

3.3.1 会计法规与执行

在法国，制定准则涉及5大机构：[①]

（1）国家会计委员会（CNC）；

（2）会计监管委员会（CRC）；

（3）金融市场监管局（AMF）；[②]

（4）公共会计师协会（OEC）；

（5）国家法定审计师协会（CNCC）。

国家会计委员会由58位成员组成，代表着会计职业界、公务员、雇主、工会和其他私人部门团体。国家会计委员会隶属于法国财政部，对会计问题发布规则和建议，并对更新计划负主要责任。它为需要监管的会计事务提供咨询，但它没有制定和实施法规的权力。2007年，一个16人成员的学会成功组建，用以在国家会计委员会召开之前讨论会计问题并推荐他们的解决方案。正如后面讨论的那样，该学会的建立是进一步改革准则制定程序的一个过渡阶段。

因为需要一个灵活和快捷的方式为会计准则提供监管权威，会计监管委员会于1998年成立。会计监管委员会将国家会计委员会的规则和建议转换成相互关联的条例。会计监管委员会在财政部的管辖之下，共有15名成员，包括来自不同政府部门、国家会计委员会、金融市场监管局、公共会计师协会以及全国法定审计师协会的代表和两名最高法院的法官。经过部长批准后，会计监管委员会的条例刊载于法兰西共和国政府公报（Official Journal of the French Republic）上。因此，会计监管委员会拥有真正的监管权力。

法国的准则制定体制正经历一场变革，将最终用一个新的准则制定组织——国家会计监管委员会（ANC）代替CNC和CRC。像CNC和CRC一样，ANC将会是一个国家机构，负责发布个别公司遵循的国家会计法规（非上市公司可以在其合并财务报表使用这些国家会计法规，也有使用IFRS的选择权）。

相对于其他筹资渠道而言，法国公司传统上较少依赖于资本市场。[③] 美国证券交易委员会（SEC）的法国对应机构——金融市场监管局——的影响很重要，但很有限。金融市场监管局负责监管新证券发行市场以及地方性和全国性的证券交易。它有权发布上市公司额外的报告与披露准则。金融市场监管局的主席由法国总统任命，每年向总统提交工作报告。这种安排使其独立于其他政府部门。[④] 金融市场监管局（AMF）负责强制执行法国上市公司遵守的报告要求。两个部门核查遵守情况。企业

---

① 国家会计委员会和会计监管委员会的网址为：www. minefi. gouv. fr/directions_services/CNCompta；金融市场监管局的网址为：www. amf-france. org；公共会计师协会的网址为：www. experts-comptables. com；全国法定审计师协会的网址为：www. cncc. fr.

② 金融市场监管局是2003年证券管理委员会（COB）、金融市场委员会（CMF）和金融业监管委员会（CDGF）合并后组建的。证券管理委员会以前是监管股票交易所的权威机构。

③ 法国具有家族公司和国有企业的传统，两者都依赖于债务筹资。

④ 金融市场监管局的前身——证券管理委员会（COB），是要求法国公司编制合并报表的较早的倡导者，它还试图让法国接受世界级的会计和报告准则——至少对较大的公开上市的法国公司而言是如此。证券管理委员会致力于改进会计和披露，并成功地提高了合并财务报表信息的质量。

金融部（SOIF）全面检查提交给 AMF 有关法律、经济和财务方面的文件（包括年报）。会计部（SACF）检查会计准则的遵守。AMF 有权要求公司修正在其提交文件中有问题的内容。如有必要，AMF 能够对企业采取管理行为以强制其遵守报告要求。[①]

从历史上看，法国的会计职业和审计职业早已分离。法国的会计人员和审计师分别由两个团体所代表，即公共会计师协会和全国法定审计师协会，尽管它们的会员实质上有重叠现象。实际上，在法国，80%的符合资质要求的会计师同时拥有这两个资格。这两个职业团体保持着密切的联系，并在有共同兴趣的问题上进行协作。双方都通过国家会计委员会和会计监管委员会参与制定会计原则，在国际会计准则委员会中它们代表着法国。

公共会计实务和“执业会计师”（expert comptable）头衔所享有的权利专属于公共会计师协会的会员，他们与客户签约，以保持和复核会计记录，并编制财务报表。他们还提供税收、信息系统和管理咨询服务。公共会计师协会受财政部管辖，主要研究职业实务问题，尽管在会计监管委员会成立之前，它曾针对会计法规的应用发表解释和建议。

相反，国家法定审计师协会（CNCC，或法定审计师职业协会）受司法部管辖。在法律上，只有法定审计师可以审计财务报表和发表意见。[②] 国家法定审计师协会出版的会员手册包含广泛的职业准则。它还发布信息公告以提供技术援助。法国的法定审计师与它们在各地的同行大致类似。但是，法国的法定审计师必须向国家检察官报告他们在审计过程中发现的所有犯罪行为。法定审计师高级委员会（外部审计师高级委员会）建立于 2003 年，用以监管审计行业，尤其是在道德和独立性方面。像 CNCC 一样，法定审计师高级委员会隶属于司法部。2003 年颁布的法律也要求审计师对内部控制出具报告。[③]

AMF 负责监督上市公司的审计，但其要依赖于国家法定审计师协会委员会（CENA）代表其自己来监管审计质量。通过与 AMF 商定，CENA 至少每六年一次，检查每一家上市公司的审计情况。

3.3.2 财务报告

法国公司必须编报下列报告：

（1）资产负债表；

（2）利润表；

（3）财务报表附注；

（4）董事会报告；

（5）审计报告。

所有的股份公司和其他在一定规模以上的有限责任公司的财务报表都必须经过审

---

① 要了解更多信息，参见 T. H. P Dao，“Monitoring Compliance with IFRS：Some Insights from the French Regulatory System，” *Accounting in Europe* 2（2005）：107-135.

② 可以由同一个人办理会计和审计实务业务。但是，独立性准则禁止法定审计师向同一家客户公司提供会计服务。

③ 审计行业的强化监管和对内部控制出具报告在某种程度上是对相同会计丑闻的反应，这些丑闻促成了美国《萨班斯-奥克斯利法案》的诞生。

计。大型公司还必须编制有关防止公司破产的文件和社会报告，这些都是法国所独有的。法国对财务状况变动表或现金流量表没有要求，但是国家会计委员会建议编制现金流量表。几乎所有的大型法国公司都会公布现金流量表。公司的个别报表和合并报表都要求编制，但小型集团可以豁免合并报表的要求。《商法典》允许中小型公司编制简化的财务报表。

为了做出真实和公允的反映，编制财务报表必须遵循法规，保持诚信。法国报告的重要特点是要求披露广泛的、详细的附注，包括以下项目：

- 解释所运用的计量规则（即会计政策）；
- 外币项目的会计处理；
- 固定资产和折旧变动表；
- 准备金的细节；
- 所有重估价的细节；
- 到期未能收到或支付的应收项目和债务；
- 子公司和股东清单；
- 养老金和其他退休后福利承诺的金额；
- 纳税对财务报表影响的细节；
- 分类列示的员工平均人数；
- 按业务和地区进行的营业额分析。

董事会报告包括该年度公司活动回顾、公司的前景、重要的期后事项、研究与开发活动，以及过去5年公司业绩的概述。除了小型的有限责任公司和合伙公司以外，商业公司的账目必须经过审计。

上市公司必须提供半年度的中期报告，及其环保活动的后果。其中，必须给出以下信息：

- 水、原材料和能源的消耗，以及为提高能源效率而采取的行动。
- 减少空气中、水中、陆地上污染（包括噪音污染）的活动及其成本。
- 环境风险准备金的金额。

法国的法律还包含旨在防止破产（或缓解其后果）的条款。其主要的想法是，对内部财务事务有很好的理解并且能够合理地做出预计的公司，能够更好地避免财务困境。相应地，大型公司必须提交4份文件——现金状况表、财务状况变动表或现金流量表、盈利预测表以及商业计划书。这些文件没有经过审计，但是经过了审计师的有限审查。它们仅被提交给董事会和员工代表，并不向股东和一般公众公开，除非公司自愿提供（如现金流量表）。因此，这类信息旨在向管理层和工作人员提供内部的早期预警信号。

所有拥有300名以上员工的公司还应该编制社会报告。这类报告描述、分析和阐述有关培训、产业关系、健康和安全条件、工资水平和其他员工福利，以及许多有关工作环境状况等方面的其他情况。单家公司要求编制此报告，合并的集团则不要求。

3.3.3 会计计量

法国的上市公司在其合并财务报表中遵循IFRS，而非上市公司也有这一选择权。

然而，所有的法国公司在个别公司层面上必须遵循固定的法规。个别公司的会计是分配股利和计算应税所得的法律基础。专栏3—3举了一个法国上市公司财务报告的例子。圣戈班（Saint-Gobain）是一家在巴黎和其他欧洲股票交易所上市的材料和建筑产品公司，对其合并和非合并的财务报表的会计政策做出了解释。

专栏3—3　　**Saint-Gobain 公司会计政策**

合并财务报表附注

Saint-Gobain 公司及其子公司（"集团"）的这些合并财务报表是遵循2008年12月31日欧盟采用的国际财务报告准则（IFRS）编制的

母公司财务报表附注

Saint-Gobain 公司的财务报表是依照1999年"法国会计科目"规定的会计原则编制的

资料来源：Saint-Gobain 公司2008年年报，192和271页。

有形资产一般采用历史成本计价。虽然允许重估价，但因为重估价增值必须纳税，所以在实务中较为罕见。固定资产根据税法的规定进行折旧，通常采用直线法或余额递减法。超出税法规定的折旧也存在，此时多提的部分作为一项例外费用纳入利润表，并相应地在权益项下贷记一笔与纳税有关的准备金。存货必须运用先进先出法或加权平均法，并采用成本与可实现价值孰低法来计价。

研究与开发成本在发生时计入费用，但在一些严格的条件下可以资本化。如果资本化，则必须在此后不超过5年的时间内摊销。租赁资产不予资本化，租赁费用计入费用。养老金和其他退休后福利一般在支付时计入费用，未来承诺很少确认为负债。或有损失仅在其金额能够相当准确地确定时，才予以确认。诸如与诉讼、重组和自我保险等相关的许多风险和不确定性，可以计提准备金。这些做法为拉平收益创造了机会。鉴于账面收益与应税所得相联系，公司几乎无须在个别财务报表中记录递延税款。法定公积金必须按每年收益的5%提取，直至其达到法定资本的10%为止。

除了个别情况外，法国的合并财务报表遵从了实质重于形式的公允反映方法。两个例外分别是：不需要将退休后福利确认为债务，以及融资租赁不必资本化（在两个案例中，都建议用应计和资本化的公允列报处理，但仍然是选择性的）。递延税款采用债务法进行会计处理，如果时间性差异的转回能够可靠地计量，可以对其进行折现。企业合并通常采用购买法进行处理，但有些情况下也允许采用集合法。商誉通常予以资本化，并摊销计入收益，但是没有最长摊销期限的限定。商誉不要求进行减值测试。合伙公司采用按比例合并的方法；对于不构成合并主体但有重大影响的投资，采用权益法进行会计处理。如前所述，外币折算实务符合IFRS要求。

3.4　德国的财务会计体系

第二次世界大战结束后，德国的会计环境发生了持续而巨大的变化。公司会计特别强调全国和部门统一的账户表（与法国类似）。《商法典》规定了许多"守法簿记"的原则，独立审计在战后几乎荡然无存。

作为一个重要的转折点，1965年的《公司法》把德国的财务报告体系转向英美模式（但仅限于大型公司），要求更多的披露，有限制的合并，以及提供公司管理层报告。1969年的《公司公开法》使管理层报告和附加审计规定成为法律规定。

20世纪70年代初，欧盟开始发布协调指令，并要求成员国将其纳入本国的法律。通过1985年12月19日的《综合会计法》，欧盟的第4、7、8号指令都进入了德国的法律。这项立法具有重大意义，因为：（1）它把德国现有的会计、财务报告、披露和审计规定都整合到一部单一的法律之中；（2）这部法律被列为《德国商法典》的“第三部”，因此适用于所有的公司主体——从有限责任合伙制到私人和公众持股公司；（3）这项立法主要以欧洲的概念和实务为基础。德国会计法现代化法案于2009年显著更新了1985年法案。

1998年，两部新法律获得通过。第一部法律在《德国商法典》“第三部”中加入了一段，允许在有组织的资本市场上公开发行权益和债务的公司采用国际公认的会计原则编制它们的合并财务报表。第二部法律允许建立一个私人部门组织来制定合并财务报表会计准则。

对债权人的保护是德国会计的一个基本的关注点，这种关注体现在《德国商法典》中。稳健的资产负债表估价是债权人保护的中心。它造成了低估资产和高估负债的倾向。公积金被看作对不可预见风险和可能破产的保护。这种实务同样形成了一个保守的收益额，而这个收益额是向公司所有者分配股利的基础。因此，德国会计旨在计算一个稳健的收益额，以使债权人在公司向所有者分配股利后免受损失。

税法也影响了商业会计。只有在全部入账的情况下，税收准备金才允许被使用。这意味着为纳税目的编制的财务报表与在财务报告中公布税收准备金没有差别。“税收决定财务会计”的观念曾一度是德国会计的特征。然而，在《德国商法典》中的德国会计准则正逐渐与国际会计准则相接轨。

德国会计的第三大特点是其依赖于法律和法院判决。其他的任何东西都不具有任何约束力和权威性。要理解德国会计，必须注意《德国商法典》和大量的案例法。

3.4.1 会计法规与执行

1998年以前，德国并没有英语国家所理解的那种财务会计准则制定机构。德国协会为影响会计和财务报告的多方面的立法过程提供咨询，但是法律规定绝对优先。类似的咨询还由法兰克福股票交易所、德国工会和会计学术机构提供。1998年关于控制和透明度的法律（简称KonTraG）要求司法部确认一个民间性质的国家准则制定团体以服务于以下目标：

- 制定应用合并财务报表会计准则的建议；
- 为司法部提供关于新会计法规的咨询；
- 在国际会计组织如国际会计准则理事会（IASB）中代表德国。

德国会计准则委员会（GASC，在德国称为DRSC）成立之后不久，即被司法部确认为德国准则制定的权威机构。[①]

德国会计准则委员会监督德国会计准则理事会（GASB）。德国会计准则理事会负责技术工作并发布会计准则。德国会计准则理事会由具有审计、财务分析、学术和产业背景的7名独立专家组成。德国会计准则理事会建立工作组，该工作组对理事会

① GASC的网址为www.drsc.de.

遇到的问题进行审查并提出建议。通常，这些工作组中有来自贸易和产业部门以及审计职业界的代表、一名大学教授和一名财务分析师。德国会计准则理事会的审议遵循充分程序，并且它的会议是公开的。准则一旦流出，必须由司法部批准并颁布。

新的德国会计准则制定体制与英国（本章稍后讨论）和美国（第4章）及国际会计准则理事会（第8章）的准则制定体制大致相仿。然而，需要特别强调的是，德国会计准则理事会的准则是仅适用于合并财务报表的权威建议。它们并没有限制或改变《德国商法典》的规定。组建德国会计准则理事会目的是制定一套与国际会计准则可比的会计准则。自成立以来，德国会计准则理事会已经就诸如现金流量表、分部报告、递延税款和外币折算等问题发布了德国会计准则。然而，2003年，德国会计准则理事会采取了新的策略，使它的工作计划与国际会计准则理事会相一致，以实现全球会计准则的趋同。这些改变确认了欧盟要求上市公司采用国际会计准则的规定。

《财务会计控制法案》（简称 BilKoG）制定于2004年，旨在改善上市公司对德国财务报告规定与 IFRS 的遵守。这一法案建立了一个双层执行体制。一个民间部门机构——财务报告执行专门小组（FREP）核查引起其关注的可疑且不合规的财务报表，也随机地复核上市公司的财务报表。FREP 依靠公司自愿地更正它所发现的任何问题。FREP 把没有得到解决的问题提交给联邦金融监管署（德语简称 BaFin），它是一个拥有法定监督权力的公共部门机构，负责监管证券交易（股票交易所）和银行与保险行业。BaFin 将会采取权威性的行为以解决问题。它会将令人质疑的审计提交给法定会计师协会（接下来讨论）。

德国的注册会计师被称为 WP，或公司审查员。① 法律要求所有的 WP 都要加入官方的会计师协会。审计监管委员会隶属于经济和劳工部，负责监管会计师协会。与国际水平相比，德国的审计（会计）职业界比较小。1985年的《会计法》把审计的要求扩展到更多的公司。因此，一个审计师的二级团体于20世纪80年代末期成立了。根据该法的界定，这些个人称为查账员，他们只能审计中小型公司。所以，法律允许两个层次的审计师对公司执行独立审计检查。德国审计报告强调以“真实和公允视角”遵循法律规定。专栏3—4 阐明了毕马威（KPMG）对宝马（BMW）汽车公司2008年财务报表发表的审计意见段。

专栏3—4　　**对 BMW 集团财务报表的审计意见**

我们认为，基于我们的审计发现，合并财务报表按照欧盟所采取的 IFRS，根据 HGB315a（1）《德国商法典》的附加规定编制，真实公允地反映了集团的净资产、财务状况和经营成果。集团管理层报告与合并财务报表一致，整体上恰当反映了集团状况，并适当呈现了未来发展的机遇与风险。

慕尼黑，2009年2月27日

毕马威会计师事务所

资料来源：2008年宝马公司年报，133页。

3.4.2 财务报告

德国法律根据企业规模，而不是根据企业组织形式，明确说明了会计、审计和财

① 德国会计师协会的网址为 www. wpk. de.

务报告方面的不同规定。[①] 三类规模——小型、中型和大型——根据资产负债总额、年度销售总额和员工人数来区分。公开交易证券的公司一直都被列为大型公司。法律详细规定了财务报表的内容和格式，它们包括：

（1）资产负债表；

（2）利润表；

（3）附注；

（4）管理层报告；

（5）审计报告。

小型企业豁免了审计的要求，并且可以编制简化的资产负债表。中小企业可以编制简化的利润表，其附注的披露规定也较少。合并财务报表要求编制现金流量表和所有者权益变动表，而个别公司报表不做要求。

财务报表的附注部分一般都很广泛，尤其是大型公司。披露的内容包括所采用的会计原则、申报纳税利益对经营成果产生影响的程度、未确认的养老金义务、按产品线和地区市场列示的销售额、未确认的或有负债，以及员工的平均人数。管理层报告描述该年度的财务状况和业务发展、重要的期后事项、对未来发展的展望，以及研究与开发活动。公开交易证券的公司应提供附加的分部披露，也必须一并披露经审计师审核的简化半年度财务报表和中期管理层报告。

德国财务报告制度的一个特点是审计师向公司董事管理委员会和监督委员会提交一份私人报告。这份报告评论公司的未来前景，尤其是可能威胁公司生存的因素。审计师必须在资产负债表上描述和分析对公司的财务状况有实质影响的项目。审计师还需要估计所有重要的会计选择的结果并做出判断。对大型德国公司，这个报告可以写几百页。如前所述，这是私下信息，不对股东公开。

德国财务报告制度对于处于统一管理之下且拥有多数表决权、通过控制合同形成支配性影响，或者拥有任命和撤换董事会多数成员的公司，要求编制合并财务报表。为了编制合并报表，集团中的所有公司必须采用一模一样的会计和计价原则。但是，它们不必与公司的个别报表采用相同的原则。于是，公司个别报表中的纳税导向的会计方法，在集团报表中可以摒弃。合并后的账目并不作为纳税和利润分配的依据。

所有公司，而不仅仅是那些上市公司，都可以采用 IFRS 编制他们的合并财务报表。然而，个别公司财务报表必须遵守 HGB 的规定。出于信息目的，企业也拥有按照 IFRS 编制个别公司财务报表的选择权。

3.4.3 会计计量

根据《德国商法典》，企业合并采用购买法。直到 2009 年，它允许采用两种形式的购买法：账面价值法和重估价法（它们的显著区别在于对少数股权的处理上[②]）。

---

① 德国企业组织的 3 种主要形式是：（1）股份公司（AG）；（2）两合公司（KGaA）；（3）私人公司（GmbH）。AG 是典型的大型公司，它有两个高级委员会：管理委员会和监督委员会。监督委员会任命和撤换管理委员会成员，监督管理委员会，审核和批准年度财务报表。KGaA 是营利性组织中有限责任制和公司组织形式的混合物。它必须至少有一名股东个人对公司的负债承担无限责任（其他股东仅以其对公司的投资为承担责任的限度）。KGaA 在英语国家比较罕见。GmbH 是私人所有的公司。中小型公司大多采用这种形式。

② Dieter Ordelheide, "Germany: Group Accounts," in *Transnational Accounting*, ed. Dieter Ordelheide (London: Macmillan Press, 1995): 1599-1602.

那么，使用重估价法是将被收购公司的资产和负债均改按现值计价，剩下的差额就是商誉。商誉必须在其使用寿命内摊销，5 年左右是正常摊销期。拥有 20% 或更多股份的联营企业必须采用权益法。合营企业可以采用比例合并法，也可以采用权益法。外币折算应采用修正收盘汇率法（参见第 8 章）。

编制合并财务报表时，德国会计准则的限制比《德国商法典》更加严格。根据德国会计准则第 4 号（GAS4），必须采用重估价法，因此企业合并中的资产和负债可以按公允价值进行重估，所有的超出部分都属于商誉。商誉每年都要进行减值测试。德国会计准则第 14 号采用功能货币法进行外币折算，如前所述，这与 IFRS 是一致的。

历史成本是有形资产计价的基础。实际上，德国是世界上历史成本原则的坚定支持者之一。20 世纪两次恶性通货膨胀时期的劫难，促成了其强烈的反通货膨胀的态度。存货按照成本与市价孰低法列报，而确定成本可以采用的方法包括先进先出法和平均法。可折旧的固定资产必须采用税法规定的折旧率。

研究与开发成本在发生时计入费用。融资租赁一般不予资本化。养老金义务根据按税法实际确定的现行价值来计提。在单家公司的账目中，由于它们是纳税决定型的，一般不会产生递延税款。但是，如果合并账目所采用的会计方法与单家公司账目所采用的方法不同，它们就可能出现在合并报表中。在这种情况下，递延税款应该按照债务法处理。

为估计的未来费用或损失计提准备金的做法比较普遍。必须为递延维修费用、产品担保、未完成交易的潜在损失以及其他不确定的债务建立准备金。还允许提取选择性的准备金，例如为未来的大修理而计提的准备金。大多数公司尽可能多地计提准备金，因为合法入账的费用直接影响到应税所得的确定。准备金给德国公司更多的机会去拉平收益。留存收益的一定比例通常被分拨为特定的公积金，包括强制性的法定公积金和上述各种准备金。

如前文所述，德国上市公司必须根据 IFRS 编制它们的合并报表。出于合并目的，其他企业可以选择使用 IFRS 或者德国准则。在实务中，两种选择都可以见到。德国财务报表的阅读者必须仔细地了解报表遵循的是哪种会计准则。

3.5 捷克共和国的财务会计体系

捷克共和国位于中欧，其西部和西北部毗邻德国，南部与奥地利接壤，东邻斯洛伐克共和国，北靠波兰。在 1620 年到 1918 年将近 300 年的时间里，它的领土是奥匈帝国的一部分，受到奥地利帝国的君主哈布斯堡（Hapsburgs）的统治。第一次世界大战结束时，奥匈帝国瓦解，1918 年，捷克斯洛伐克作为一个独立的国家成立。在两次世界大战期间，捷克斯洛伐克是一个繁荣的实行普选制和议会民主制的国家。1938 年，英国和法国同意纳粹德国吞并捷克斯洛伐克临近德国的领土，这种制度随之结束。在 1 年之内，希特勒控制了捷克斯洛伐克的其他部分，开始对捷克斯洛伐克实施纳粹统治。经过 1946 年的选举和随后的政治运动，苏联开始对捷克斯洛伐克施加影响。这种状况一直持续到 1989 年。1989 年，捷克斯洛伐克政府倒台，引发了所谓的“天鹅绒革命”和新政府的成立。1993 年，捷克斯洛伐克和平分解为两个国家，即捷克共和国以及斯洛伐克共和国。

捷克共和国会计的方向在20世纪发生过多次变动，这也反映了它的政治历史。直到第二次世界大战结束时，它的会计实务和原则都反映了欧洲德语国家的做法。此后，由于建立了计划经济体制，其会计实务也采用了苏联模式。中央政府各个机构的管理需要，都可以通过在所有企业强制推行的统一的会计科目、具体的会计方法以及统一的财务报表来满足。其会计实务对生产以及基于历史成本的成本计算给予了更多的关注，而对外部报告的关注则相对较少。统一的财务与成本会计采用相同的计价和其他原则。

当然，价格并不能反映市场的供求力量。它们是由中央政府确定和控制的，并且主要是采用成本加成法（cost plus）计算出来的。亏损一般会得到补贴。会计在企业管理中的重要性很有限。此外，会计信息被认为是秘密，财务报表不对外公布。会计信息要接受检查，但是并不进行独立审计。①

1989年以后，捷克斯洛伐克很快转向市场经济。捷克斯洛伐克政府革新了立法和行政架构，以促进经济发展和吸引外国投资。对照西方的准则对商法和实务进行了调整。取消了价格控制。其会计再一次向西方靠拢，这一次反映了欧盟指令中所包含的原则。

捷克斯洛伐克的分解并没有明显影响到这一进程。1993年，布拉格股票交易所（Prague Stock Exchange）开始正常运行。考虑到1938年以前捷克斯洛伐克的经济政治发展水平很高，这些方面其实只是对以前做法的恢复，而不是新的发展。②

经济的私有化，包括向以前的所有者归还财产，涉及将20 000多家商店、饭店和其他小企业通过公开拍卖的方式卖给捷克公民的小企业私有化，以及一系列大企业私有化。后者的一个关键因素在于息票凭证制度，它允许成年捷克公民按照名义价值购买投资凭证。这些凭证被用来购买新近私有化的大型工业企业的股票。然而，很多捷克人以前没有做过股东，因此他们把股票卖给了投资基金，这些投资基金为捷克国家控制的银行所拥有。这样，就造成了一个利益冲突，这些银行以前向企业提供了贷款，但后来却变成了这些企业的股东。私有化的第二步包括拍卖和直接出售，通常面向公司本身的管理人员。许多新的私有化公司随后破产，留下很少或根本不留任何抵押担保品，给法庭带来了超负荷的商业案件。私有化的这两种潮流现在被认为是犯了试图同时做太多事情的错误。③ 余下的一些国有企业仍将被私有化。捷克的经济改革仍在继续。最后的国有企业也将在2005年前实行私有化。最为紧迫的问题是通过实施更为严格的管制来提高证券市场运作的开放性和透明度，以及对企业进行重组。④

---

① Rudolf Schroll, "The New Accounting System in the Czech Republic," *European Accounting Review* 4, No. 4 (1995): 827-832; Jan Dolezal, "The Czech Republic," in *European Accounting Guide*, 2nd ed., David Alexander and Simon Archer (San Diego: Harcourt Brace Jovanovich, 1995).

② Willie Seal, Pat Sucher, and Ivan Zelenka, "The Changing Organization of Czech Accounting," *Eouropean Accounting Review* 4, No. 4 (1995): 667.

③ 第一次私有化浪潮发生在1992年，涉及1 491家国有企业。第二次浪潮大约结束于1994年，进一步私有化了861家企业。

④ U. S. Department of State, "Background Notes: Czech Republic," (July, 2008):; U. S. Central Intelligence Agency, "The World Factbook-Czech Republic" (May 2009); Danniel Michaels and John Reed, "Halfway There," *Wall Street Journal Interactive Edition* (September 18, 1997): 1-6; Mark Andress, "Czech Please!," *Accountancy* (September 2000): 60-61; Zuzana Kawaciukova, "Privatization Theft," The Prague Post Online (July 24, 2003).

捷克资本市场的流动性很差。1995年和1996年，在经历了最初的大规模私有化之后，大约有1 600家捷克公司在布拉格股票交易所挂牌交易。然而，1997年，该交易所对那些很少进行交易的股票进行了摘牌。1999年底，布拉格股票交易所大约有200家个上市公司。2002年底，只有不到100家公司。捷克资本市场并不被看作是一个筹集新资本的市场。例如，自从20世纪30年代起就一直没有首次公开发行的股票。目前其仍然缺乏透明的报告、严格的监管、投资者保护和司法执行机制。参见 Pat Sucher, Peter Moizer, and Marcela Zarova, "The Images of the Big Six Audit Firms in the Czech Republic," *European Accounting Review* 8, No. 3 (1999): 503, 519; "After the Chaos: A Survey of Finance in Central Europe," Economist (September 14, 2002): 5-7, 10-11.

1995 年，捷克共和国成为经济合作与发展组织（OECD）的成员国。捷克共和国于 1999 年加入北大西洋公约组织（NATO），并于 2004 年 5 月加入欧盟。

3.5.1 会计法规与执行

新的《商法》于 1991 年由议会颁布，并于 1992 年 1 月 1 日生效。① 新的《商法》受到了旧商法中奥地利根源的影响，并采用了德国商法的模式，它引入了大量有关企业的立法（捷克的法律是基于欧洲大陆的成文法体系）。该法对年度财务报表、所得税、审计以及股东大会等方面提出了要求。

构建会计规定的《会计法》于 1991 年获得通过，并于 1993 年 1 月 1 日生效。根据欧盟《第 4 号指令》和《第 7 号指令》，《会计法》要求使用会计科目来进行账簿记录和财务报表的编制。② 对《会计法》进行的重大修订分别于 2002 年和 2004 年 1 月 1 日开始生效，其主要目的是使捷克的会计更接近于 IFRS。财政部负责制定会计原则。财政部的条例确定了公司必须遵守认可的计量和披露实务。因此，捷克的会计受到《商法》、《会计法》以及财政部条例的影响。尽管捷克的《商法》源自德国传统，但是迄今为止股票交易所对会计的影响很小，税法也没有直接影响。正如下一部分所要讨论的那样，《会计法》秉承的是真实和公允反映，它来自欧盟指令，意味着税收会计和财务会计的处理各不相同。③ 然而，在有些情况下，法律形式却优先于经济实质。财政部还监督捷克证券委员会，证券委员会负责监督和监控资本市场并实施证券法。

捷克的审计由 1992 年通过的《审计师法》进行规范，根据该法成立了审计师协会（Chamber of Auditors），审计师协会是一个自律的职业团体，负责监管审计师的注册、教育、考试和惩戒，审计准则的制定，以及对审计实务——例如审计报告格式——的监管。所有股份公司（联合股份公司）和大型的有限责任公司（超过下列三个标准中两个：营业额超过 8 000 万捷克克朗，净资产超过 4 000 万捷克克朗，或员工数超过 50 人，即为大型的有限责任公司）的财务报表都被要求接受审计。④ 审计是为了保证账目已经按照适用的法律和条例进行了记录，财务报表真实公允地反映了公司的财务状况和经营成果。审计师协会已经采用了国际审计准则（见第 8 章）。该协会受创立于 2009 年的审计公共监管委员会的监督。

3.5.2 财务报告

财务报表必须是可比的，它包括：

（1）资产负债表；

（2）利润表；

---

① 1991 年，当时的捷克斯洛伐克议会通过了立法。捷克与斯洛伐克分离后，捷克仍然采用了这些条款。

② 对于捷克共和国来说，会计科目并不陌生，因为这些会计科目在之前就已经要求使用。捷克的新体系建立在法国会计总计划的基础上，其在建立新会计科目时，得到了法国财政部和法国会计职业团体的大力帮助。

③ Pat Sucher, Willie Seal, and Ivan Zelenka, "True and Fair View in the Czech Republic: A Note on Local Perceptions," *European Accounting Review* 5, No. 3 (1996): 551.

④ 股份公司发行股票，而有限责任公司不发行股票。后者类似于有限合伙制企业。

（3）附注。

与欧盟指令的要求相一致，附注包括对会计政策的陈述以及用于评价财务报表的其他信息。后者的例子包括员工信息、分部收入以及或有事项。附注还必须包括现金流量表。当至少满足下列标准中的两个时，要求编制合并财务报表：（1）资产达到3.5亿捷克克朗；（2）收入达到7亿捷克克朗；（3）员工达到250名。如果拥有子公司的多数股份，或者对子公司具有直接或间接的支配性影响，就表明对子公司拥有控制权。不需要进行审计的小公司和其他公司的披露要求相对简化。财务报表应提交年度股东大会批准。捷克的上市公司必须使用IFRS编制合并财务报表和个别公司财务报表。非上市公司可以选择采用IFRS或捷克的会计准则来编制其合并财务报表，但必须使用捷克会计准则编制个别公司财务报表。同时，上市公司也要编制季度利润表。

3.5.3 会计计量

企业合并的会计处理采用购买法。企业合并所产生的商誉，在合并的第一年予以注销，或进行资本化，并在不超过20年的时间内进行摊销。联营公司——公司可对其施加重大影响但尚未列入合并范围——采用权益法，合营公司采用比例合并法。[①]对于国外子公司，无论是利润表还是资产负债表，都采用年末（收盘）汇率进行折算。对于外币折算调整的报告，没有相关的指南。

有形资产和无形资产按成本计价，并在它们的预计经济年限内进行摊销。存货按成本与可变现净值孰低法计价，且存货成本流转假设允许采用先进先出法、加权平均法（不允许采用后进先出法）。与已经成功地完成的项目有关，并且能够带来未来利益的研究与开发成本，可以进行资本化。租赁资产一般不进行资本化，这是形式重于实质的一个例子。所有暂时性差异都要全额确认递延所得税。对于很有可能发生、并且能够可靠计量的或有损失，可以进行记录。另外，还要求提取法定公积金——按年从盈利中计提，直至股份公司达到其权益的20%、有限责任公司达到其权益的10%为止。

3.6 荷兰的财务会计体系

荷兰的会计展示了一些有趣的矛盾。荷兰的法定会计和财务报告要求比较随意，但有着高度专业化的实务准则。荷兰是一个成文法系国家，但会计却以“公允反映”为导向。财务报告和税务会计是两个彼此分离的活动。更有趣的是，“公允反映”导向是在没有强大的证券市场影响下发展起来的。与来自其他欧洲大陆的国家相比，英国和美国对荷兰会计有着同等或更大的影响。与欧洲大陆的其他规范不同，会计职业界对荷兰会计准则和法规有着重大的影响。[②]

---

① 对于单独公司财务报表，联营企业可以采用权益法或成本法。

② 认为企业界有能力进行充分的财务报告的观点已经在荷兰人的观念中牢牢确立了。第一家有限责任公司成立于17世纪，当时并没有明确的相关法律框架。第一部《商法》于19世纪引入，认定股东具有管理责任，它未能推动法律中对广泛的会计要求的需要。与英国类似，荷兰的会计职业界兴起于19世纪，它对会计有着至关重要的影响。到公司所得税被引入时（1940年），财务报告已经得到充分的发展，以至于税务会计很难对其产生影响。Kees Camfferman, "The History of Financial Reporting in the Netherlands," *European Financial Reporting: A History*, ed. Peter Walton (London: Academic Press, 1995).

在荷兰，会计被看作是企业经济学的一个分支。[①] 因此，许多经济学思想被应用于会计，尤其是会计计量方面。受到高度尊敬的职业会计师往往是兼职的教授。所以，学术思想对现行实务有着重要影响。

荷兰的会计师还愿意考虑国外的观点。荷兰是国际财务会计与报告准则的最早倡导者之一，而且在确定可接受的实务中对国际会计准则理事会的公告给予了极大的关注。荷兰还是世界上几家最大的跨国公司所在地。这些公司包括飞利浦（Philip）、皇家荷兰壳牌（Royal Dutch/Shell），以及联合利华（Unilever）等。[②] 这些公司自20世纪50年代以来，已经在国际市场上市，受到国外（尤其是英国和美国）会计的影响。作为榜样，这些大公司影响了其他荷兰公司的财务报告。然而，由于阿姆斯特丹股票交易所不能提供太多的经营资本，它的影响已经变得很小了。

3.6.1 会计法规与执行

荷兰的会计法规在1970年《年度财务报表法案》颁布以前一直自由放任。该法案是一个有关公司立法变革的广泛方案的一部分，是作为响应欧盟内部公司法的协调而引入的。1970年法案的主要条款如下：

- 年度财务报表应该公允地反映财务状况和当年的成果，它所包含的所有项目必须进行恰当的分类和描述；
- 财务报表必须按照合理的企业惯例（即企业界认可的会计原则）进行编制；
- 必须披露列报资产和负债的基础和确定经营成果的基础；
- 财务报表应按照一贯的基础编制，并恰当地披露会计原则变更的重大影响；
- 财务报表及其附注中应该披露与前期的比较财务信息。

1970年的法案引入了法定审计。它还提议创办三方会计研究小组[③]，并成立了企业法庭。该法案于1975年并入《民法典》中，1983年立法机关根据欧盟《第4号指令》对其做出了修订，1988年又根据欧盟《第7号指令》进行了修订。

荷兰会计准则理事会（DASB）就一般可接受的（不是已经接受的）会计原则发布指南。[④] 该理事会由3个不同的群体组成：

（1）财务报表的编制者（雇主）；

（2）财务报表的使用者（工会的代表和财务分析师）；

（3）财务报表的审计者。[⑤]

荷兰会计准则理事会是一个民间机构，由企业界和审计职业界提供资金。年度报告基金会（FAR）协调DASB的活动，其负责DASB的成员委派及资金的保障供给。即使该理事会的指南不具有法律效力，但仍然被大多数大型公司和审计师所遵循。[⑥] 这些指南的范围比较广泛，并尽可能地引入国际会计准则理事会（IASB）的准则（为了有助于起草新的或修订的指南，DASB采用了由IASB框架翻译而来的概念框

---

① 参见第2章所讨论的会计发展的微观经济学方法。
② 联合利华具有双重属国（英国和荷兰）。皇家荷兰壳牌总部设于荷兰，但创建于英国。
③ 三方会计研究小组于1981年被年度报告委员会（CAR）代替，并于2005年更名为荷兰会计准则理事会。
④ 荷兰会计准则委员会网址是 www. rjnet. nl.
⑤ 阿姆斯特丹股票交易所和股东代表都没有参加这个委员会。
⑥ 如果财务报表虽未遵循该指南，但仍做出了真实和公允的反映，审计师能够出具无保留审计意见。

架）。而唯一具有法律效力的会计规则是荷兰《民法典》中专门规定会计和财务报告的条款。2005 年以前，DASB 采取将 IFRS 改编为本国准则的策略。但这一策略由于欧盟规定上市公司要采用 IFRS 而改变。DASB 的当前策略是采用非上市公司的报告准则。

荷兰金融市场署（AMF）监管着证券市场的运营。尽管它隶属于财政部，AMF 却是一个自主的管理机关。2006 年，AMF 被赋予的责任之一就是监管上市公司的年度报告和审计。AMF 下设的财务报告监管部核查提交给 AMF 的财务报表，以确保这些报表符合适用的准则和法律的要求；其下设的会计师事务所监查部保障适用的审计准则得以遵守。《2006 审计师组织监管法案》也向 AMF 提供了对审计师职业界的监管。

企业法庭是一个与阿姆斯特丹高等法院保持联系的专门法庭，它是荷兰强制推行会计规定体制的独特之处。任何利益集团如果认为一家公司的财务报表没有遵循适用的法律，都可以向该法庭提起诉讼。股东、员工、工会，乃至公诉人（但不是独立审计师），都可以向该法庭提起诉讼。这个法庭包括 3 名法官和 2 名专业会计师，但没有陪审团。法庭的裁决可能会导致企业修正财务报表或受到一系列的惩罚。虽然裁决仅仅针对被告公司，但它们有时候也会形成一般性的规则，影响其他公司的报告实务。

在荷兰，审计是一个自律的职业。其领导机构是荷兰注册会计师协会（NIvRA），它有大约 14 000 名会员。[①] 它在制定审计准则方面完全自主，而且其强有力的职业行为守则具有法定地位。

在 1993 年以前，只有荷兰注册会计师协会的会员才能鉴证财务报表，但情况在 1993 年欧盟《第 8 号指令》发布后发生了改变。荷兰有两种审计师：注册会计师（RA，或特许会计师）和管理会计师（AA）。[②] 1993 年以后的法规规定，如果管理会计师受过追加培训，也可以鉴证财务报表。随着时间的推移，注册会计师和管理会计师的教育和培训资格将得到规范，与审计工作、审计师的责任和独立性相关的行为守则将会一致。另外，还将建立一套惩戒性的规则。但是，荷兰注册会计师协会似乎将会继续主宰荷兰的审计和会计舞台。

在荷兰，荷兰注册会计师协会介入与会计有关的一切事务。它参与荷兰会计准则理事会以及负责修订《民法典》中的会计法规的特别委员会的工作。荷兰注册会计师协会的会员在企业法庭工作，在荷兰的一流大学任教，或在国际会计准则理事会、欧盟、经济合作与发展组织（OECD）、联合国和国际会计师联合会供职。

3.6.2 财务报告

荷兰财务报告的质量普遍很高。法定财务报表应当使用荷兰语，但英语、法语和德语也可以接受。财务报表必须包括：

（1）资产负债表；

---

① 荷兰注册会计师协会的网址为 www. nivra. nl.
② 荷兰管理会计师协会的网址为 www. novaa. nl.

(2) 利润表；
(3) 附注；
(4) 董事会报告；
(5) 其他规定的信息。

大中型企业要求编制现金流量表。附注应该阐明计量和确认经营成果所采用的会计原则，以及所有会计变更背后的原因。董事会报告概述资产负债表日的财务状况和该财务年度的业绩。它还提供有关新财务年度预期业绩方面的信息，并对所有重大的资产负债表日后事项做出评价。“其他规定的信息” 必须包括审计报告和该年度的利润分配情况。

年度财务报告应该分别按照母公司本身和合并两种口径编报。基于合并要求的集团公司包括那些在共同控制之下形成一个经济实体的公司。与欧盟的指令相一致，报告要求根据公司的规模而异。小型公司被免除审计和提供合并财务报表的要求，它们可以编制简化的利润表和资产负债表。中型公司必须经过审计，但可以发布简化的利润表。小型、中型和大型公司在《民法典》中有界定，荷兰上市公司必须根据 IFRS 编制合并报表，而它们的母公司报表可以采用 IFRS、荷兰会计准则或是二者结合使用。允许所有的荷兰公司采用 IFRS 代替荷兰会计准则。

3.6.3 会计计量

尽管在有限的情形下，企业合并会计可以采用权益集合法，但这种方法在荷兰很少运用。因此，购买法是通常的惯例。商誉是资产和负债的取得成本与公允价值之差。商誉可以在其预计使用寿命内予以资本化和摊销，最多不得超过 20 年。它也可以被计入当期所有者权益或者利润。如果投资者对经营和财务政策具有重大影响，则要求采用权益法。合营公司会计可以采用权益法或比例合并法。外币折算类似于 IFRS。国外实体的资产负债表按照收盘（年末）汇率折算，而利润表按照收盘汇率或平均汇率折算。折算差额计入股东权益。时态法适用于“直接对外活动”，折算差额计入收益。

对于存货和可折旧资产等有形资产，允许采用现行价值，或许最能体现荷兰会计计量的灵活性。当这些资产采用现行价值时，它们相应的利润表金额、已销货品的成本和折旧，也按照现行价值列报。现行价值可以是重置价值、可收回金额，或可实现净值。采用现行价值会计应该保持一贯性，一般不允许进行零碎的价值重估。与重估价相对应的是股东权益项下的重估价准备。采用现行价值的公司应该在附注中补充提供历史成本信息。历史成本也可以接受，尽管荷兰对现行价值会计做过很多努力，但实际上只有少数公司采用了这种方法。著名的大型跨国公司——飞利浦公司——就是一个明显的例子。它从 1951 年起，开始采用现行价值会计。但是，1992 年，飞利浦公司为了注重国际可比性，放弃了现行价值会计。然而，现行价值在荷兰会计中仍占有一席之地，因为那些采用历史成本编制资产负债表和利润表的公司希望在附注中披露补充现行成本信息。现行成本会计将在第 7 章中详细讨论。

当存货采用历史成本时，它通常按照成本与可变现净值孰低来列示，成本根据先进先出法、后进先出法或平均法确定。假设所有无形资产使用寿命有限，一般正常不超过 20 年，应该在其使用寿命内进行摊销。使用寿命超过 20 年的无形资产必须每年进行减值测试。研究与开发支出仅仅在其金额可收回且能够确定时，才予以资本化。租赁、或有项目和养老金成本一般与英国和美国的计量方法相同，尽管适用的规则更为具体。递延所得税按照全额分摊观念（充分预计）确认，并根据负债法计量。他们可以采用折现现值计价。现行价值会计不能用于纳税目的，因此，如果财务报告采用了现行价值，就会产生永久性差异，而不是时间性差异。

由于荷兰公司在应用计量规则方面具有灵活性，我们可能会怀疑存在平滑利润的机会。此外，存在产生未来可能负债的灵活性。例如，计提定期维修和大修准备。①

3.7 英国的财务会计体系

英国的会计作为一个独立的学科发展，实际上反映了企业的需要和惯例。② 长期以来，连续的公司立法增添了结构和其他要求，但依然允许会计师们在运用专业判断时具有相当的灵活性。从 20 世纪 70 年代起，公司法演进中最重要的来源就是《欧盟指令》，尤其是欧盟《第 4 号指令》和《第 7 号指令》。与此同时，会计准则和准则制定过程也变得更加权威。

英国会计对世界其他国家或地区影响很大。就我们目前所知，英国是世界上第一个发展会计职业的国家。③ 公允反映财务成果和状况的概念（真实和公允反映）也起源于英国。职业会计思想和实务被传播到澳大利亚、加拿大、美国，以及印度、肯尼亚、新西兰、尼日利亚、新加坡和南非等其他前英国殖民地。

3.7.1 会计法规与执行

英国财务会计准则的两个主要来源是《公司法》和会计职业界。在英国，股份有限公司的活动受到名为《公司法》的法规的广泛管制。《公司法》多年来一直在修订、增补和合并。例如，1981 年实施的欧盟《第 4 号指令》，增加了关于格式、会计原则和基本会计惯例的法定规则。由此，财务报表的标准格式首次被引入英国。公司可以在备选的资产负债表格式和 4 种利润表格式中做出选择。1981 年的《公司法》还给出了 5 条基本的会计原则：

（1）收入与费用按照应计基础予以配比；

（2）对各类资产和负债中的单个项目分别进行计价；

（3）运用稳健（审慎）原则，尤其是在已实现收益和所有已知负债和损失的确认上；

（4）要求逐年一贯地运用会计原则；

（5）对于会计主体适用持续经营原则。

《公司法》包含了广泛的计价原则，允许采用历史成本或现行成本作为报表的计

---

① 关于荷兰公司使用准备来平滑盈余的证据，请参见 Eric Peek，“The Use of Discretionary Provisions in Earnings Management,” *Journal of International Accounting Research* 3，No. 2（2004）：27-43.

② 大不列颠及北爱尔兰联合王国由英格兰、苏格兰、威尔士和北爱尔兰 4 个部分组成。尽管联合王国有一套统一的法律体系、货币和财政政策以及社会规则和法规，但 4 个部分之间存在着重要的个别性差异。“英国”一般用来指代联合王国。“英国”“盎格鲁-萨克森”一般可以相互替代地用来表述联合王国的会计。

③ 第一个会计团体是爱丁堡会计师协会，它于 1854 年获得皇家特许。1855 年在格拉斯哥和 1867 年在阿伯丁分别正式出现了类似的团体。这些早期的职业团体标志着职业会计的诞生。

价基础。1985 年的《公司法》合并和增补了近期的立法，并于 1989 年进行了修订，以认可欧盟《第 7 号指令》。该法要求编制合并财务报表，尽管合并已经成为标准的实务。[①] 法律的规定是一般性的，在应用于不同情形时允许有相当的灵活性。

在英国，下列的 6 个会计团体通过 1970 年成立的会计团体协商委员会（CCAB）联系起来：[②]

（1）英格兰和威尔士特许会计师协会（ICAEW）；

（2）苏格兰特许会计师协会（ICAS）；

（3）爱尔兰特许会计师协会（ICAI）；

（4）特许注册会计师协会（ACCA）；

（5）特许管理会计师协会（CIMA）；

（6）特许公共财务与会计师协会（CIPFA）。

英国的准则制定程序，从有关会计原则的建议（由 ICAEW 发布），变为在 1970 年成立会计准则指导委员会，后来更名为会计准则委员会（ASC）。它负责制定标准会计实务公告（SSAP）。标准会计实务公告由 6 个会计团体发布和实施，任何一个团体都可以有效地否决准则。这些机构的否决权常常会导致标准会计实务公告制定过程中过多的拖延和折中。此外，标准会计实务公告主要是建议性的，而不是强制性要求，它们的权威性比较弱。

1988 年发布的《迪林报告》（Dearing Report）表达了对这种准则制定安排的不满。[③] 它建议组建一个新的会计准则制定机构，并给予其更加权威的支持。1989 年的《公司法》之所以重要，不仅因为它反映了欧盟《第 7 号指令》，而且因为它采纳了《迪林报告》的建议。根据 1989 年的《公司法》，成立了一个新的财务报告理事会（FRC），负责监督它的 3 个分支机构：1990 年取代会计准则委员会的会计准则理事会（ASB），紧急问题项目组（UITF），以及财务报告复核特别委员会（FRRP）。[④]

财务报告理事会制定总体政策。它是一个独立的实体，其成员来自会计职业界、各行业和金融机构。会计准则理事会有 1 名专职的主席、1 名技术主任，以及 7 名支薪的兼职成员，并被授权发布会计准则。在考虑讨论稿和财务报告征求意见稿（FRED）的意见后，会计准则理事会发布财务报告准则（FRS）。会计准则理事会以财务报告原则公告为指导，这是一个制定会计准则的概念框架。[⑤] 会计准则理事会还成立了紧急问题项目组，以便迅速地对新问题做出反应，并发布对会计准则和其他法规的解释（称为 UITF 摘要）。因为英国（和欧盟）上市公司现在必须采用 IFRS 编制合并财务报表，ASB 便将它的注意力从建立英国 GAAP 转向逐渐实现英国会计准则和 IFRS 的趋同。ASB 的另一个重要作用在于和 IASB 及其他准则制定者成为合作伙伴，共同致力于发展 IFRS。

---

① 公司法是定期更新的，最新的是 2006 年的。

② 网址如下：会计团体协商委员会：www. ccab. co. uk. ；英格兰和威尔士特许会计师协会：www. icaew. com；苏格兰特许会计师协会：www. icas. org. uk；爱尔兰特许会计师协会：www. icai. ie；特许注册会计师协会：www. acca. co. uk；特许管理会计师协会：www. cimaglobal. com；特许公共财务与会计师协会：www. cipfa. org. uk.

③ Sir Ron Dearing，（The Rearing Report） "The Making of Accounting Standards，Report of the Review Committee，" presented to the Consultative Committee of Accountancy Bodies，1988.

④ 网址为：财务报告理事会：www. frc. org. uk；会计准则理事会和紧急问题项目组：www. frc. org. uk/asb；财务报告复核特别委员会：www. frc. org. uk/frrp.

⑤ 会计准则理事会成立后不久就启动了原则公告的工作，并于 1999 年完成。

1989 年的《公司法》对那些不遵循会计准则的公司进行法律制裁。财务报告复核特别委员会和贸易与工业部都能就偏离会计准则的投诉展开调查。它们能够走上法庭，强迫公司修改其财务报表。为了真实和公允地反映公司的概况，公司必须采用最适合其特定环境的会计政策，并且它们必须定期考察这些政策以确保其适用性。

除了非常小的有限责任公司以外，所有公司都必须经过审计。前述的 6 个会计团体中，只有前 4 个组织的会员才允许签署审计报告。审计报告要证实公司的财务报告做出了真实和公允的反映，并且遵守了 1985 年的《公司法》。例如，专栏 3—5 再现了普华永道（PricewaterhouseCoopers）对英国天然气（BG）集团公司 2008 年度财务报表发表的审计意见段。

专栏 3—5 **BG 集团财务报表的审计意见**

我们认为：

- 集团财务报表按照欧盟所采用的国际财务报告准则编制，真实公允地反映了集团 2008 年 12 月 31 日的财务状况以及 2008 年度的利润和现金流量
- 母公司财务报表按照欧盟所采用的国际财务报告准则和 1985 年《公司法》有关条例编制，真实公允地反映了母公司 2008 年 12 月 31 日的财务状况和 2008 年度的现金流量
- 被审计的财务报表和部分薪酬报告按照 1985 年《公司法》恰当编制，而集团财务报表是按照《国际会计准则》第 4 条款编制的
- 董事会报告中的信息与财务报表相一致

普华永道会计师事务所

2009 年 3 月 11 日

资料来源：2008 年英国天然气集团公司年度报告，第 64 页。

直到 2000 年，审计准则由会计团体协商委员会（CCAB）负责。同年，会计基金会成立，管理和监督审计职业界。它有 4 个附属机构：复核委员会、（改组的）审计实务委员会、道德准则委员会和调查与惩戒委员会。复核委员会监察会计团体在会计团体协商委员会、审计实务委员会、道德准则委员会和调查与惩戒委员会中的工作。审计实务委员会制定审计师执行审计业务应遵循的基本原则和惯例。道德准则委员会为职业界设定道德标准。调查与惩戒委员会调查会计师和审计师在涉及公众利益的重大事件中所扮演的角色。会计机构负责为每一个委员会提供资金和任命成员。这种监管结构处于民间部门之中，但是它独立于会计职业界。2003 年，贸易与工业部在对会计职业界进行审核之后，解散了会计基金会，将它的职能移交给财务报告委员会（FRC）。新组建的会计职业监督理事会（POB）通过监督职业会计团体的活动，包括教育和培训、准则、职业行为和纪律，来监督审计职业界。POB 还监督一个独立的审计调查组（AIU），后者监督上市公司和其他公共利益主体的审计。审计实务理事会（APB）从会计基金会被移交给 FRC。它负责解释执行审计时，审计师所应遵循的基本原则和实务，并且负责制定道德准则和审计师独立性准则。英国审计准则遵循国际审计准则。最后，设立会计调查与惩戒理事会（现在称会计与精算行业惩戒理事会，AADB），作为对会计师或会计师事务所违规的职业行为进行调查和惩戒的机制。这些改革旨在加强会计与审计职业，为职业界提供一套更有效的监管体制。

因此，财务报告理事会负责会计和审计准则的制定及实施。[①]

3.7.2 财务报告

英国的财务报告是世界上最全面的财务报告之一。财务报告一般包括：

（1）董事会报告；

（2）利润表和资产负债表；

（3）现金流量表；

（4）已确认利得及损失总额表；

（5）会计政策表；

（6）与财务报表相关的附注；

（7）审计报告。

董事会报告涉及主要经营活动、经营总结和可能的发展、重要的资产负债表日后事项、建议的股利、董事会名单及持股情况，以及对政治和慈善事业的捐赠。上市公司必须包括关于公司治理的说明，披露董事报酬、审计委员会、内部控制，并声明公司是持续经营的。对于公司的事务和利润，财务报表必须做出真实和公允的反映。为达到这个目的，需要提供其他信息，在一些例外情况下，可以凌驾于规定之上。后者被称为“真实和公允至上”。[②]

除母公司资产负债表之外，企业还被要求编制集团（合并）财务报表。对于子公司的控制发生在当母公司有权对子公司实施重大影响或控制，或者母公司和子公司受同一集团管理时。伦敦股票交易所要求上市公司提供半年的中期报告。上市公司还必须报告基本的和稀释的每股收益。

英国财务报告的另一个特点是中小企业可以免除许多财务报告义务。公司规模的分类标准已在《公司法》中给出。一般而言，中小企业被允许编制包括特定的最低披露信息要求的简要账目，而不用编制合并报表。

3.7.3 会计计量

在英国，企业合并会计中的购买法和兼并法都允许采用。但是，兼并法（美国的权益集合法）的应用范围很窄，现在几乎不再使用。在购买法下，商誉是所支付对价的公允价值和所取得公司净资产的公允价值之间的差额。财务报告准则第7号（FRS 7）规定公允价值应分摊到收购日现存的可辨认资产和负债之上，并反映当时的情形。未来的营业损失和重组成本在计算商誉时不能考虑，而必须反映在购买后的收益中。商誉可以资本化，并在不超过20年的年限内摊销。但是，如果对商誉按年度进行减值测试，那么可能有更长的摊销期限或无限期（即不摊销）。比例合并只允许在未注册为股份有限公司形式的合营公司中采用。权益法应用于联营公司以及公司形式的合营公司。如前所述，外币折算遵循IFRS的规定。

---

① 2006年，财务报告理事会被授权负责制定精算准则和监管精算行业。

② 研究表明“真实和公允至上”常用来掩饰业绩不佳，这一做法自欧盟要求采用IFRS后已有所减少。参见 Gilad Livne and Maureen McNichols, “An Empirical Investigation of the True and Fair Override in the United Kingdom,” *Journal of Business Finance and Accounting* (January/March 2009): 1–30.

资产计价可以采用历史成本、现行成本，或采用两者的混合（正如大多数公司所做的那样）。因此，允许对土地和建筑物进行重估价。折旧和摊销必须与相应的资产计量基础相匹配。研究支出通常在支出的年度注销，而开发成本在特定情形下可以递延。但是，在实务中，很少有英国公司将它的开发成本予以资本化。存货（指在库的）按成本与可实现净值孰低法计价，并以先进先出法或平均成本法为基础，而不允许采用后进先出法。

英国会计将所有权上的风险和收益转移给承租人的租赁，予以资本化，并且将租赁义务列示为一项负债。计提的养老金和其他退休后福利的成本，在接受员工服务的期间内，系统而合理地予以确认。或有损失只有在其可能发生并且能够相当准确地估计时，才予以确认。在全额计提大多数时间性差异的基础上，递延税款采用负债法计算。① 长期递延税款余额可按折现的现行价值进行估价。资产计价和其他计量领域的灵活性导致企业存在操纵利润的机会。

所有的英国公司都可以采用国际会计准则来代替英国公认会计原则。这样，适用于上市公司的欧盟 2005 年行动同样适用于未上市的英国公司。2009 年 8 月，会计准则理事会发布了一份咨询报告，阐明用新的基于 IFRS 的三重报告框架代替英国 GAAP 的路线图。在这一框架下，所有上市公司继续采用全面的 IFRS。除了被划分为小型的公司外，其他公司将使用中小企业 IFRS（见第 8 章）或全面的 IFRS。小型公司将使用英国的小型企业财务报告准则。

专栏 3—6 概述了本章所调查国家的重要会计实务。

专栏 3—6　　重要会计实务概述

	IFRS	法国	德国	捷克共和国	荷兰	英国
1. 企业合并：购买法还是权益集合法	购买法	购买法[a]	购买法	购买法	购买法[a]	购买法[a]
2. 商誉	资本化与减值测试	资本化与摊销	资本化与摊销[b]	资本化与摊销[b]	资本化与摊销[c]	资本化与摊销[d]
3. 联营公司	权益法	权益法	权益法	权益法	权益法	权益法
4. 资产计价	历史成本和公允价值	历史成本	历史成本	历史成本	历史成本和公允价值	历史成本和公允价值
5. 折旧费	经济基础	税收基础	税法基础	经济基础	经济基础	经济基础
6. 存货计价的后进先出法	不采用	不采用	采用	不采用	采用	不采用
7. 可能损失	应计	应计	应计	应计	应计	应计
8. 融资租赁	资本化	不资本化	不资本化	不资本化	资本化	资本化
9. 递延税款	计提	不应计	不应计	应计	应计	应计
10. 平滑利润的准备金	不使用	使用	使用	有些	有些	有些

[a] 权益结合法也在很窄的范围内被允许采用，但并不广泛。

[b] 也可以冲销准备金。

[c] 也可以冲销所有者权益或利润。

[d] 如果商誉易受年度减值核查，允许不摊销。

① 递延所得税采用计提时间性差异的方法是不同于 IFRS 和美国 GAAP 的暂时性差异方法的。当会计利润和应税所得间存在差异时，采用时间性差异法计算递延所得税，而当资产和负债的会计金额与税收现值存在差异时采用暂时性差异法计算递延所得税。因此，前者是利润表法，后者是资产负债表法。所有的时间性差异都会产生暂时性差异，但是反之却不成立。结果是，与 IFRS 和美国 GAAP 相比，英国 GAAP 要潜在地计算求得更低的递延所得税。引起这一分歧的两个主要方面是：（a）在没有进行税基一致变动的情况下对企业并购资产和负债进行再评估；（b）对贷记入留存收益（权益）中的非货币性资产进行再评估。

讨论题

1. 比较和对照本章讨论的5个国家财务报告的监管和执行机制。

2. 比较和对照本章讨论的5个国家财务报告的主要特征。

3. 在我们本章讨论的几个国家中，审计师监管机构近期已建立起来。辨析本章中讨论过的审计师监管机构。导致近期的这种趋势的原因是什么？

4. 合并财务报表和个别公司财务报表的不同之处是什么？为什么有一些欧盟国家在个别公司财务报告中禁止采用IFRS，而另一些国家则允许或要求在个别公司层面采用IFRS？

5. 考虑以下表述："经验表明，自律和发展比政府监管更加能够满足国内和国际市场的需要，尤其是对国际协调的需要。"你同意这种看法吗？为什么？

6. 在法国，财务会计准则与实务主要来自3个权威渠道：(a)《公司法》(《会计总计划》和《商法典》)；(b)专业意见与建议(CNC，CRC，OEC和CNCC)；(c)证券交易法规(AMF)。上述三者中哪个对法国的日常会计实务影响最大？

7. 考虑以下表述："德国会计准则委员会采取的是盎格鲁—美利坚和国际实务的模式。"你同意这种看法吗？为什么？

8. 欧盟的规定如何影响捷克共和国的会计规定和实务？

9. 荷兰会计最为突出的特征是阿姆斯特丹法院的企业法庭。企业法庭的使命是什么？如何实现这种使命？

10. 英国会计的一个特点就是"真实和公允至上"。这一术语的含义是什么？

练习题

1. 本章概要地讲述了6个发达国家的会计实务体系。

要求：针对每一个国家，列举：

a. 国家财务会计准则制定机构的名称；

b. 负责监督和实施财务会计准则的机构或组织的名称。

2. 参考你对第1题的答案。

要求：本章所讨论的哪一个国家对证券在公开金融市场上交易的公司有着最为有效的会计和财务报告监督机制？是否每一个有股票交易所(因此存在公开金融市场)的国家，都应该有一个监管机构来执行会计和财务报告规则？写一段简短的文字来支持你的答案。

3. 国际会计师联合会(IFAC)是一个世界范围的职业会计组织，国际会计师联合会的网站(www. ifac. org)能够链接到世界各地的许多会计团体。

要求：访问国际会计师联合会的网站，列举本章提到的链接到该网站的会计组织。

4. 重读第3章及其讨论题。

要求：

a. 在通读这些资料时，列举你所在国家不熟悉的或不常用的5个表述、术语或短语。

b. 写出所列各项的简要定义或解释。

5. 分析本章概要讲述的 5 个国家的会计实务体系。

要求：

a. 对于本章所针对的 5 个国家中的每一个，选择与国际惯例有差别的最重要的财务会计实务或原则。

b. 针对你所做出的每一项选择，简要描述你选择它们的理由。

c. 这一差异如何影响报告盈余和资产负债率？

d. 一名分析师能调整这一差异以实现与其他国家的公司具有可比性，这具有多大的可能性呢？

6. 参考专栏 3—6。

要求：哪一个国家的 GAAP 是最以权益投资者为导向的？而哪一个国家的 GAAP 是最不以权益投资者为导向的？你为何这么说？

7. 在本章所讨论的 5 个国家中，政府在建立会计和审计准则中所起的作用不同。

要求：对比法国、德国、捷克共和国、荷兰和英国政府在建立各自会计和审计准则中所起的作用。

8. 欧盟国家正在建立监管机构以管制法定审计活动。这些国家机构在欧盟层面上也是相互协调的。

要求：在欧盟网站（ec. europa. eu/internal_market/auditing/egaob）上找到欧洲审计师监管机构集团（EGAOB）的信息。探讨 EGAOB 所起的作用。辨别拥有公共审计监管机构的欧洲国家和该国相关机构的名称。

9. 在大多数国家中，会计准则制定涉及民间和公共团体的共同参与。民间部门包括会计职业界和其他受财务报告过程影响的团体，例如财务报告的使用者和编制者及员工。公共部门包括政府机构，例如税务机关、商业法律部门和证券委员会。股票市场是另一个潜在的影响。

要求：绘制一个矩阵反映这些团体是否对本章所论述的 5 个国家的会计准则制定存在重大影响。在矩阵首行列示这些方面，在矩阵的一侧列示国家，用“是”和“否”来表示每个团体的影响。

10. 下面列举了分析师所采用的一些财务比率：

- 流动性：流动比率；经营现金流量对流动负债的比率；
- 偿债能力：权益负债率；资产负债率；
- 获利能力：资产报酬率，权益报酬率。

要求：假设你正在比较本章讲述的两个国家的财务报表。专栏 3—6 所列示的会计实务对你就上面列举的 6 个比率中的每一个所进行的比较会产生什么影响？

案例 3—1　到底有什么不同？

作为一家证券公司的分析师，你会意识到世界各地的会计规则各不相同。或许你想知道这些差别是否真的对公司的财务报告有实质性影响。你也知道美国证券交易委员会要求非美国注册者将根据本国 GAAP 编制的关键财务数据按照美国的 GAAP 进行调整。然而，自 2007 年开始，采用 IFRS 的公司豁免了这一调整规定。你取得了赛诺菲安万特（sanofi-aventis，一家法国制药公司）在其 2006 年向 SEC 申报的表格 20F 中的最终调整资料（en. sanofi-aventis. com/binaries/20-F_2006_EN_tcm28-1518. pdf, pages F107-F120）。

要求：

1. 按照下列要求记录 20F 表格中 GAAP 差异的影响：

a. 针对每家公司和当前年度，计算调整表中反映的净利润和股东权益总额的变动百分比，以相应的非美国 GAAP（也就是 IFRS）数据作为基数。

b. 针对前一个年度，重复相同的计算。变动百分比大致相同吗？你发现了什么重要的问题？

c. 针对当前年度，找出相对差异最大的两个利润表项目和两个资产负债表项目。你认为分析其他法国跨国公司也会得出类似的逐项差异吗？

2. 非美国财务报表的美国阅读者会觉得 SEC 强制要求的这些调整很有用吗？

3. 基于你对 sanofi-aventis 公司 2006 年有限重述的分析，你支持 SEC 豁免使用 IFRS 公司进行调整的决策吗？为什么支持或为什么不支持？

案例 3—2　差异真的很大吗？

作为一家证券公司的分析师，你会意识到世界各地的会计规则各不相同。或许你想知道这些差别是否真的对公司的财务报告有实质性影响。你也知道美国证券交易委员会要求非美国注册者将根据本国 GAAP 编制的关键财务数据按照美国的 GAAP 进行调整。然而，自 2007 年开始，采用 IFRS 的公司豁免这一调整规定。你取得了联合利华（Unilever，一家荷兰消费品公司）在其 2006 年向 SEC 申报的表格 20F 中的最终调整资料（www. unilever. com/images/ir_06% 20form-20F_tcm13-88525. pdf，pages 124 –131）。

要求：

1. 按照下列要求记录 20F 表格中 GAAP 差异的影响：

a. 针对每家公司和当前年度，计算调整表中反映的净利润和股东权益总额的变动百分比，以相应的非美国 GAAP（也就是 IFRS）数据作为基数。

b. 针对前一个年度，重复相同的计算。变动百分比大致相同吗？你发现了什么重要的问题？

c. 针对当前年度，找出相对差异最大的两个利润表项目和两个资产负债表项目。你认为分析其他荷兰跨国公司也会得出类似的逐项差异吗？

2. 非美国财务报表的美国阅读者会觉得 SEC 强制要求的这些调整很有用吗？

3. 基于你对 Unilever 公司 2006 年有限重述的分析，你支持 SEC 豁免使用 IFRS 公司进行调整的决策吗？为什么支持或为什么不支持？

第4章 比较会计：美洲和亚洲

第4章介绍的是5个国家的会计，其中两个在美洲（墨西哥和美国），三个在亚洲（中国、印度和日本）。美国和日本是高度发达的经济体，而墨西哥、中国和印度是"新兴市场"经济体。[①] 美国是世界最大的经济体，比其他国家拥有更多的大型跨国公司。日本曾是世界第二大的经济体，也是许多世界最大企业的诞生地。这两个国家都是国际会计准则委员会（现在称为国际会计准则理事会，IASB）的创立者，并且它们在制定IASB的议事日程上发挥着重要的作用。

为什么其他国家被选入本章呢？我们之所以选择墨西哥是因为我们想包含一个拉丁美洲的国家。20世纪90年代，自由市场改革快速增长，遍布拉美的大部分地区。这些改革包括取消进口保护主义壁垒、欢迎国外投资和国有企业私有化。1994年《北美自由贸易协定》（NAFTA）使得加拿大、美国和其他国家对墨西哥的会计产生了很大兴趣。墨西哥会计与其他拉丁美洲国家的会计有着许多共同的特点。选择中国的理由可谓显而易见：中国幅员辽阔，人口众多，来自世界各地的企业热切渴望与中国开展业务。会计发展是中国经济体制改革的一个重要组成部分。印度是世界第二的人口大国，曾被描述为"下一个第二大国……没有哪个大型国际公司能够离开印度战略。"[②] 印度始于1991年的改革已经取得了引人注目的经济转变，大多数的观察家认为下个十五年将会看到其发生翻天覆地的变化。

墨西哥和印度都是资本主义国家，但是当局都有对经济进行大量干预的传统，并且在一些关键行业，政府占有很高的所有权比重。从历史上看，这两个国家或地区都对外国投资以及国际竞争采取了排斥的态度。不过，这种相对孤立的做法现在正在改变，因为两国的政府当局都在将它们在产业中的所有权进行私有化，并对全球经济实行开放的政策。就准则规定、要求以及实务而言，它们的财务会计体系要比中国更为成熟。当然，两国的会计仍然在发展，不过，没有中国发展得那么迅速。

专栏4—1列出了本章所讨论的5个国家的有关比较经济数据。中国的地理面积明显大于其他多数国家。另一个存在很大差异的地方就是人均GDP与部门构成。总之，中国和印度农业在经济中占的比重更大。所有这些因素都反映了经济发展的巨大潜力。美国处于经济范围的另一端，其GDP（绝对值和人均值）和股票市值都超过了其他国家。与其他国家的经济相比，美国经济也更多是以服务业为导向的，它也是其他四国最大的贸易伙伴。[③] 日本也有高度发达的经济，其GDP（绝对值和人均值）和股票市值足以证明。除美国外，日本还是中国和墨西哥的重要贸易伙伴。

---

① 正如第3章所强调的，"新兴经济体"是指新兴工业化国家或地区（NICs）以及那些正在由计划经济向市场经济转型的国家或地区。新兴工业化国家或地区的工业经历了高速增长，但是就人均国内生产总值而言，它们的经济仍然不够发达。墨西哥和印度属于新兴工业化国家或地区，而中国属于经济转型国家。

② *Economist*, "Now for the Hard Part: A Survey of India" (June 3, 2006): 3.

③ 美国占墨西哥进出口的比重超过了2/3。

专栏 4—1 **所选国家的 2007 年经济数据**

	美国	墨西哥	日本	中国	印度
面积（千平方公里）	9 827	1 973	378	9 600	3 288
人口（百万）	301	108	128	1 324	1 120
国内生产总值（十亿美元）	13 164	839	4 368	2 645	912
人均国内生产总值（美元）	43 730	7 750	34 080	2 000	810
国内生产总值的部门构成					
农业	1%	4%	1%	11%	17%
工业	20%	34%	26%	49%	29%
服务业	79%	62%	72%	40%	54%
进口（十亿美元）	1 953	256	579	792	191
出口（十亿美元）	1 163	250	646	969	126
2007 年末资本市值（十亿美元）	19 947	398	4 453	6 226	1 819
主要贸易伙伴	加拿大 墨西哥 中国	美国 中国	美国 中国 韩国	美国 日本	美国 中国

资料来源：*Pocket World in Figures*，2009 *Edition*（London：The Ecnomist，2008）and *The Wolrd Factbook*，www. cia. gov/library/publications/the-world-factbook/，May 2009.

政治和经济联系对本章所讨论的 5 个国家的会计有着重要的影响。美国的会计（与英语和普通法系一起）最初引介于英国。美国的首批会计人员中大部分是英国专家。然而，由于美国经济和政治实力在 20 世纪的快速增长，一段时间以来，美国会计和财务报告观念对世界其他地方已经产生了举足轻重的影响。墨西哥与美国之间有着重要的经济交往，这种交往也延伸到会计方面，它能够解释为什么尽管墨西哥是成文法系国家，但其会计是公允反映导向的。像美国一样，印度也借鉴了英国的会计。中国新的会计准则是以国际会计准则为基础的，因为中国希望与国外投资者更好地沟通，这对中国的经济发展规划而言是至关重要的。

正如稍后将讨论的，美国、墨西哥、日本和中国的会计准则制定机构着手实施本国的 GAAP 与 IFRS 的趋同。因此，尽管与 IFRS 相接轨，这些国家仍然会保留本国的财务报告准则。另一方面，印度计划采用 IFRS 作为当地的报告规定，因而舍弃了印度的 GAAP。

4.1 美国的财务会计体系

在美国，会计准则由私人部门团体（财务会计准则委员会，FASB）制定，但政府机构（美国证券交易委员会，SEC）认可准则的权威性。保证这种权力分享制度有效运作的关键是 1973 年美国证券交易委员会颁布的《第 150 号会计系列公告》（ASR150）。根据这份公告：

（证券交易）委员会打算继续执行其政策，确认民间部门在构建和改进会计原则方面的领导地位。根据这项政策，财务会计准则委员会在其公告和解释中所发布的原则、准则和实务将被（证券交易）委员会认可为具有实质性的权威支持；那些与财务会计准则委员会发布的公告和解释相背离的，将被认为不具有这种支持。①

直到2002年，另一个民间部门团体——美国注册会计师协会（AICPA）负责制定审计准则。同年，公众公司会计监督委员会（PCAOB）成立，有力地规范了公众公司（上市公司）的审计和审计师。公众公司会计监督委员会是一个由证券交易委员会监督的民间机构，稍后我们会再进行讨论。②

4.1.1 会计法规与执行

在美国的体制中，对于定期发布已审计财务报表并没有一般性的法定要求。在美国，公司根据州的法律成立，而不是联邦法律。各州有自己的公司立法。总体说来，它们都包括了保持会计记录和定期发布财务报表的最低要求。这些法律中很多并不是严格强制性的，而报送给当地机构的报告通常也不对公众公开。因此，年度审计和财务报告要求实际上仅存在于联邦层次，由美国证券交易委员会做出规定。证券交易委员会管辖在股票交易所上市的公司，以及那些在场外市场（OTC）交易的公司。③ 其他的有限责任公司并没有类似的有关财务报告的强制要求，这使得美国相对于国际惯例而言，显得相当独特。

尽管证券交易委员会对于制定上市公司的会计和财务报告准则具有法律上的权威性，但它依靠私人部门去制定准则。证券交易委员会与财务会计准则委员会一起工作，如果觉得财务会计准则委员会的进展太慢，或偏离了正确的方向，它就会对财务会计准则委员会施加压力。证券交易委员会曾经延缓或否决过财务会计准则委员会的公告，甚至强制执行它自己的要求。

在美国，证券交易委员会是一个独立的监管机构，这意味着议会和总统不能直接影响它的政策。但是，证券交易委员会的5名专职委员由总统任命，并经参议院确认。证券交易委员会仅拥有国会根据法典赋予它的权力。作为管理程序的一部分，证券交易委员会发布会计系列文告、财务报告文告以及员工会计公告。SX和SK条例包括必须提交给证券交易委员会的财务报告的编制规则。美国和加拿大公司年报采用格式10K，而其他非加拿大的国外公司采用格式20F。④

财务会计准则委员会成立于1973年，⑤ 到2009年6月已经发布了165项财务会

① Securities and Exchange Commission, *Statement of Policy on the Establishment and Improvement of Accounting Principles and Standards*, Accounting Series Release No. 150, Reprinted in *The Development of SEC Accounting*, G. J. Previts, ed. (Reading, MA: Addison-Wesley, 1981, p. 228. SEC于2003年4月重新确认FASB为经过授权的会计准则制定机构。SEC在根据2002年SOX法案（将在后文中讨论）的要求进行一项有关美国会计准则制定程序的研究之后，进行了这次重新确认。

② 这3个机构的网址分别为：证券交易委员会（SEC）：www.sec.gov；财务会计准则委员会（FASB）：www.fasb.org；美国注册会计师协会（AICPA）：www.aicpa.org.

③ 大约有15 000家公司必须向SEC呈报，包括超过1 100家的外国公司。如果“粉单市场”（英文为“pink sheets”，是由私人设立的全国行情局，于1911年成立，为未上市公司证券提供交易报价服务）上交易的公司能够符合一个最小规模测试和其他特定要求，那么就可以免除证券交易委员会的定期文件要求。

④ SEC严格地执行其申报要求。2005年，SEC对其超过半数申报者的信息披露进行了核查，是前些年所占百分比的2倍。

⑤ 在财务会计准则委员会成立之前，由其他两个私人部门团体制定一般公认会计原则（GAAP）。它们是：会计程序委员会（CAP，1938—1959年）和会计原则委员会（APB，1959—1973年）。

计准则公告（SFAS）。财务会计准则公告的目的在于为现在和潜在的投资者、债权人，以及进行投资、信贷和类似决策的其他人士提供有用的信息。财务会计准则委员会有5名专职委员，代表了会计师事务所、学术界、企业界和投资者等社会团体。委员会成员必须割断同原任职的或拥有所有权的单位的一切经济联系，以便为委员会服务。美国会计准则制定工作的一个重要特点是财务会计准则委员会对概念结构的运用。财务会计概念公告构成了财务会计和报告准则的基础。

在发布财务会计准则公告之前，财务会计准则委员会要经过很长的充分程序（due process）。在制定工作日程时，它要听取个人、职业事务所、法庭、公司和政府机构的意见。它还依靠紧急问题项目组和咨询委员会帮助确定需要关注的会计问题。一旦一个主题列入日程，财务会计准则委员会的技术工作人员就会进行研究和分析，并且会任命一个咨询工作组，发布讨论备忘录或其他讨论文件以征求意见，进行公开听证。财务会计准则委员会考虑了在向公众开放的会议上提出的口头和书面意见后，接着发布征求意见稿，并进一步考虑公众的意见。这个过程确保了美国的财务会计准则制定既是一个政治过程，又是一个技术过程。一项财务会计准则公告必须得到5名委员中的3名的赞同才能通过。

一般公认会计原则（GAAP）是编制财务报告时所必须遵循的所有财务会计准则、规则和规程的总和。财务会计准则公告是公认会计原则的主要组成部分。美国的会计和审计法规可能比世界上其他国家或地区都更多、更细。由于这个原因，财务会计准则委员会和证券交易委员会正在考虑把美国公认会计原则从以规则为基础的准则转到以原则为基础的准则上来。

20世纪90年代以前，财务会计准则委员会并不迫切地希望自己国际化。1991年，财务会计准则委员会制定了它的第一个国际行动的战略计划；1994年，财务会计准则委员会把提升国际可比性添加到使命报告中。如今财务会计准则委员会是国际合作的主要参与者，其目标是使美国公认会计原则和国际会计准则趋于一致。2002年，财务会计准则委员会和国际会计准则理事会（IASB）通过签订所谓“诺沃克协议”确定了它们对趋同的承诺。根据这个协议，双方保证消除准则差异并协调未来准则制定日程，以便共同解决主要的问题。①

2002年，《萨班斯-奥克斯利法案》（SOX法案）被签署成为法律，极大地扩展了美国对公司治理、披露和报告的要求范围，以及对审计职业界的监管。更重要的是一个由证券交易委员会监管的新的非营利组织——公众公司会计监督委员会成立了。公众公司会计监督委员会负责：

- 制定审计准则、质量控制准则、道德准则、独立性准则，以及与编制公开发行证券公司的审计报告有关的其他准则；
- 监督实行证券法的公众公司的审计；
- 检查注册的公众会计公司；
- 开展调查并执行惩戒程序；
- 处罚注册的公众会计公司，以及将案件移交给SEC或其他执法机关做进一步

① 例如，FASB和IASB已经联合发布了关于改进概念框架的征求意见稿，旨在建立一个共同的概念框架。

调查。

以前，美国注册会计师协会发布审计准则，负责职业道德守则和对审计师的惩戒。公众公司会计监督委员会实际上从美国注册会计师协会那里取得了这些职责。[①]

《萨班斯-奥克斯利法案》的通过是一系列企业和会计丑闻（如安然和世通）爆发的结果。该法案对审计师向客户提供服务的活动进行了限制，禁止审计师向其审计客户提供特定非审计服务（包括咨询服务）。它也要求审计合伙人每5年必须轮换。该法案的302条款规定公司的CEO和CFO对每一年度报告或季度报告做出保证。404条款要求管理层要评价财务报告内部控制有效性，同时，独立审计师应对其出具相关报告。[②]

因此，审计师的报告包括财务报表和内部控制两方面。例如，2008年高露洁棕榄公司（Colgate Palmolive）年度报告中审计师对其财务报表发表的审计报告如下：

我们认为，合并财务报表按照美国公认会计准则编制，在所有重大方面公允地反映了高露洁棕榄公司及其子公司在2007年和2008年12月31日的财务状况，以及截止到2008年12月31日的3年期间每一年的经营成果和现金流量。

与财务报表相关的内部控制审计报告如下所述：

我们认为，该公司按照全美反舞弊性财务报告委员会发起组织发布的《内部控制整合框架》标准在所有重大方面保持了2008年12月31日财务报告的内部控制的有效性。

财务报表要求“根据公认会计原则”“公允反映”公司的财务状况和经营成果。遵循公认会计原则是对公允反映的要求。它没有其他主观的例外，如英国的“真实和公允”至上。美国证券交易委员会也希望遵循公认会计原则，并且不接受否定意见的审计报告。

4.1.2 财务报告[③]

大型美国公司典型的年度财务报告包括下列组成部分：

（1）管理层报告；

（2）独立审计师的报告；

（3）主要财务报表（利润表、资产负债表、现金流量表、综合利润表和股东权益表）；

（4）管理层对经营成果和财务状况的讨论与分析；

（5）对财务报表产生重大影响的会计政策的披露；

（6）财务报表附注；

（7）选定财务数据的5~10年的比较；

（8）选定的季度数据。

---

① 该法案是自1934年SEC颁布的《证券交易法案》以来最重要的一项商业立法。

② 404条款被许多观察家认为是该法案中负担最重（和代价最高）的条款。PCAOB有5个理事会成员，包括2名注册会计师，3名非注册会计师。理事会成员由SEC在咨询联邦储备委员会主席和财务秘书长后委派，他们的任期为5年。SEC对注册上市公司和会计师事务所的评估费为PCAOB提供了资金。

③ 在2008年，SEC发布了一项将允许特定美国证券发行者采用IFRS的提案，也提议一份带有时间表的路线图及所要实现的划时代的事件，即从2014年起，所有美国证券发行者强制转换为采用IFRS。

它要求编制合并财务报表，并且公开发布的美国财务报告一般不包括母公司自身的个别报表。合并规则要求将所有被控制（即拥有50%以上有表决权的股份）的子公司全部纳入合并，包括那些从事不同类型经营业务的公司。[①] 在主要股票交易所上市的公司要求编制中期（季度）财务报告。这些报告一般只包括简略的、未经审计的财务报表和管理层评述。

4.1.3 会计计量

美国的会计计量规则假设企业主体将会持续经营。应计制计量盛行，交易和事项的确认在很大程度上依赖于配比概念。一贯性要求则坚持在同一会计期间内和不同会计期间之间对类似项目会计处理方法的统一性。如果实务或程序发生变更，则必须披露这种变更及其影响。

企业合并必须采用购买法进行会计处理，将交易中支付对价的公允价值和取得净资产（包括其他无形资产）的公允价值之间的差额予以资本化，作为商誉。当账面价值超过公允价值时，应进行年度减值测试，并予以冲销，作为费用计入收益。[②] 在实务中不采用比例合并法。合营公司和不纳入合并的投资，以及拥有20% ~50%股份的联营公司，采用权益法进行会计处理。外币折算遵循财务会计准则公告第52号公告的要求，根据国外子公司的功能货币来决定折算方法（第6章）。

美国依靠历史成本对有形资产和无形资产进行计价。除非在按购买法进行会计处理的企业合并发生之后，一般不允许重估价。加速折旧法和直线折旧法都允许采用。预计经济使用年限决定了折旧和摊销的期限。尽管对于计算机软件成本有特殊的资本化规则，但所有的研究与开发成本一般都在发生时计入费用。

对于存货计价，后进先出法、先进先出法和平均法都被允许并且广为采用。后进先出法很流行，因为它能用于申报联邦所得税。但是，如果将后进先出法用于纳税目的，它必须同时在财务报告中被采用。有价证券以市价计价，除非其被分类为持有至到期有价证券，要按照历史成本计价。[③]

如果融资租赁实质上是购买资产，那么该资产的价值应予以资本化，并记录相关的负债。养老金成本和其他退休后福利在员工获得工资收入的期间计提，未提存基金的义务则报告为一项负债。或有损失和或有负债在其可能发生且其金额能合理估计时，予以确认。不允许运用收益拉平技巧。

最后，由于（除后进先出法外）财务和纳税要求的差别，会产生递延税款问题。递延所得税按债务法进行会计处理。由于财务会计和税务会计方法之间时间性差异的影响，应计提递延税款。在这些项目转回时，将按照未来税率进行计量，要求进行全面的所得税分配。

第3章介绍了IFRS。专栏4—2概括了美国GAAP和IFRS间的显著差异。

---

① 财务会计准则委员会已经建议将合并要求扩展到其他实体，即公司的控制取决于有权决定该实体的政策和管理的能力。

② 以前，在企业合并中，无论是购买法还是权益集合法都可以采用。它们不是可选择的：当合并符合特定标准时，要采用权益集合法。在购买法下，商誉应予以资本化，并按直线法在不超过40年的期间内进行摊销，摊销金额应计入当期收益。如前文所述，2001年发布的财务会计准则公告第141号和第142号改变了企业合并的会计处理方法。

③ 交易性有价证券价值变动所产生的未实现收益和损失确认为当期收益，而可供出售有价证券的未实现收益和损失计入权益。

专栏 4—2　　美国 GAAP 和 IFRS 间的显著差异

会计问题	美国 GAAP	IFRS
1. 准则性质	规则基础，配有更多执行指引	原则基础
2. 不动产、厂房和设备的再估价	禁止：仅历史成本法	允许
3. 利润表特别事项	采用	禁止
4. 子公司合并	基于投票权益	基于控制权
5. 合营企业	权益法	比例合并法或权益法
6. 开发成本	费用化	资本化
7. 后进先出法	允许	禁止

1. 美国 GAAP 是以规则为基础的，配有更多的执行指引，而 IFRS 更多以原则为基础
2. 美国 GAAP 不允许进行不动产、厂房和设备的再估价，仅采用历史成本法，而 IFRS 允许再估价
3. 按照美国 GAAP，非正常收益和损失在利润表中披露，但 IFRS 却予以禁止
4. 按照美国 GAAP，合并基于所有权：拥有子公司 50% 以上的投票权。按照 IFRS，合并基于控制权。控制意味着有管理子公司财务和经营政策的权力
5. 对于合营企业，美国 GAAP 仅允许采用权益法计价，而 IFRS 允许采用比例合并法或权益法计价
6. 对于开发成本，美国 GAAP 下要费用化；而 IFRS 下，当满足特定条件时应予以资本化
7. 针对后进先出法，美国 GAAP 允许采用，而 IFRS 则不允许

注释：详细的美国 GAAP 和 IFRS 间的差异可以从不同的网络资源上获取。一项“美国 GAAP 和 IFRS”的研究将揭露最新的差异。

4.2　墨西哥的财务会计体系

在 16 世纪西班牙人入侵之前，墨西哥是前后几个高度发达文明的所在地，包括奥尔麦克（Olmecs）、玛雅（Mayas）、托尔特克（Toltecs）和阿芝台克（Aztecs）。赫尔南多·科尔蒂斯（Hernando Cortes）于 1521 年征服了墨西哥，并建立了持续近 300 年的西班牙殖民统治。墨西哥于 1810 年宣告独立，在 1821 年签署的条约中，西班牙承认了墨西哥的独立。除了在波菲里奥·戴尔兹（Porfirio Diaz）将军统治时期（1877—1880 年和 1884—1911 年），有 30 年的国内和平局势之外，墨西哥一直经历着政治和军事上的动荡，直到 1929 年，现在的制度革命党成立。制度革命党连续控制墨西哥政府长达 70 年。右翼反对党全国行动党（PAN）在墨西哥 2000 年总统选举中获胜，从而结束了制度革命党在墨西哥政坛的优势地位。①

墨西哥是世界上人口最多的西班牙语国家，也是拉丁美洲第 2 人口大国（人口仅次于说葡萄牙语的巴西）。② 墨西哥拥有自由程度较高的市场经济；政府拥有或控制的公司在石油和公用事业行业占主导地位，而私人企业则在制造、建筑、采矿、娱

① 关于 2000 年大选的历史，参见 J. Preston and S. Dillon, *The Making of Democracy* (New York: Farrar, Straus, & Giroux, 2004)。全国行动党也赢得了面临分裂的且有竞争性的 2006 年大选。
② 墨西哥的首都墨西哥城是世界人口第二大城市。

乐和服务行业占主导地位。近年来，政府也正逐步对其在非战略性行业中持有的股份进行私有化。20 世纪 90 年代进行的自由市场经济改革帮助墨西哥降低了通货膨胀率，提高了经济增长率，并奠定了更为健康的经济基础。改革的内容包括取消保护主义贸易壁垒，对外开放以吸引国外投资，以及签署地区性贸易协定。对墨西哥最重要的协定是在 1994 年和加拿大、美国签订的《北美自由贸易协定》(NAFTA)。对美国的进口额和出口额分别占墨西哥总进口额的 2/3，总出口额的将近 90%。墨西哥是世界第 14 大经济体（从国内生产总值的角度）。[①]

家族控制的企业集团主导着墨西哥的私人部门，比起世界标准来，它们的规模相对较小。[②] 由于企业宁愿通过举债筹资而不愿通过发行股票筹资，所以尽管墨西哥的股票市场在拉丁美洲排名第三，但其规模与国际标准相比仍然相对较小。然而，这种情况正在改变，越来越多的墨西哥企业开始进入美国资本市场。墨西哥企业的披露实务越来越受到美国市场预期的影响。

美国对墨西哥经济的影响扩展到了会计领域。“墨西哥会计职业界的许多早期领袖都是在‘美国会计’基础上成长起来的。”[③] 美国教科书和专业文献（英文原版或翻译成西班牙语）在会计教育中被广泛运用，并作为会计问题的指南。《北美自由贸易协定》加速了墨西哥、加拿大和美国职业会计机构之间更加紧密合作的趋势。作为国际会计准则委员会（现为国际会计准则理事会）的创始成员之一，墨西哥致力于与 IAS/IFRS 相协调。墨西哥越来越多地参照国际会计准则理事会在会计问题上的指导，尤其在没有相应的国内准则的情况下。

4.2.1 会计法规与执行

墨西哥的《商法典》和所得税法包含了保持特定的总括会计记录和编制财务报表的要求，但它们对财务报告的影响通常很小。会计准则是由财务信息准则研究与开发委员会（CINIF）发布的，它是继美国财务会计准则理事会和国际会计准则委员会之后的一个公共、民间部门合伙模式的独立机构。其特定目标在于实现墨西哥 GAAP 和 IFRS 的趋同。[④] 墨西哥公共会计师协会通过其审计准则与程序委员会发布审计准则。该协会是各州和其他地方注册公共会计师协会组成的联合会，它是一个独立的、非政府的职业协会，代表着绝大多数的公共会计师。墨西哥的会计职业界很成熟、组织良好，并受到企业界的高度尊重。

尽管法律体系基于大陆法，但墨西哥会计准则采取的却是英美模式，即盎格鲁-萨克森模式，而不是欧洲大陆模式。会计准则制定过程很完善。在准则最终确定之前，会发布拟议会计准则的征求意见稿，以供审核和公开评论。会计准则被政府认可为权威性准则，尤其是得到负责管理墨西哥股票交易所的全国银行业和证券委员会

---

① *Pocket World in Figures*, 2009 *Edition* (London: *The Economist*, 2008): 26 and 181.

② 预计有 95% 的墨西哥企业是家族拥有的。由一个家族控制的企业拥有超过 40% 的墨西哥股票市场价值。参见 “Still Keeping It in the Family,” *Business Week* (March 20, 2004): 63-64.

③ Stephen A. Zeff, *Forging Accounting Principles in Five Countries*: *A History and an Analysis of Trends* (Champaign, IL: Stipes Publishing, 1971): 96-97.

④ 网址是 www. cinif. org. mx。CINIF 于 2004 年建立，承袭墨西哥公共会计师协会的会计原则委员会，该委员会自 1968 年以来就负责构建会计准则。CINIF 是按照代表财务执行官、证券经纪人、金融机构、股票交易所和会计职业界和其他组织机构的共同协定创建的。它得到了政府机构（如国家银行和证券委员会）的支持（稍后讨论）。

（NBSC）的认可。墨西哥的会计原则并不区分大型公司和小型公司，因此适用于所有的经济主体。在某些情况下，全国银行业和证券委员会发布仅针对上市公司的规则，它通常会限制公认会计原则中的某些选择。

财务报表编制和对其进行审计的要求因公司的类型和规模而异。所有按照墨西哥法律注册的公司都必须聘任至少 1 名法定审计师，以便就年度财务报表向公司股东出具报告。法定审计师不一定是公共会计师，但当公司聘用独立审计师时，审计事务所的成员通常会充当法定审计师。规模达到一定标准的公司或合并集团，必须每年向财政部联邦税收审计司提交关于税法遵循情况的审计报告。这种报告包括已审财务报表、附表和由审计师出具的未发现税法遵循方面的异常情况的声明。这项审计必须由墨西哥公共会计师执行。最后，在墨西哥股票交易所上市的公司必须向股票交易所和全国银行业和证券委员会提交经墨西哥公共会计师审计的年度合并财务报表。

自 2012 年起，所有在墨西哥股票交易所上市的公司都将要求采用 IFRS 编制其财务报表。上市公司也有权提前选择采用 IFRS（从 2008 年以后）。CINIF 建立的墨西哥 GAAP 将继续要求在非上市公司使用。

4.2.2 财务报告

墨西哥公司的会计年度必须和日历年度相一致。必须编制的比较合并财务报表包括：

（1）资产负债表；

（2）利润表；

（3）股东权益变动表；

（4）财务状况变动表；

（5）附注。

直到 2008 年，墨西哥公司的财务报表根据通货膨胀情况进行调整，也就是采用一般物价水平会计。非货币性资产的历史成本要重述为当前购买力的比索（拉丁美洲一些国家的货币单位——译者注）。持有货币性资产和负债的利得或损失计入当期损益，但其他重述的影响计入所有者权益。类似于现金流量表，也要编制财务状况变动表。但是，由于它也是按照不变比索编制的，因此所得出的“现金流量”并不代表历史成本会计下所理解的现金流量。专栏 4—3 说明了 CEMEX（墨西哥水泥公司）的差异。2007 年提交给 SEC 的 20F 报告列报了财务状况变动表（通货膨胀调整）和现金流量金额（按历史成本计）。[①] 按照生效于 2008 年的墨西哥财务报告准则 B-10（“通货膨胀效应”），通货膨胀会计只有当三年累计通货膨胀率大于或等于 26% 时，才会被使用。

附注是财务报表（审计报告所涵盖的）的必要组成部分，它包括以下项目：

- 公司的会计政策；
- 重大的或有事项；
- 巨额资产购买或租赁合同下的承诺；

① CEMEX 是在纽约证券交易所上市的，因此必须向 SEC 提交 20F 表格。

- 长期债务和外汇风险的细节；
- 股利发放的限制；
- 担保；
- 员工养老金计划；
- 关联方交易；
- 所得税。

专栏 4—3　　CEMEX 财务状况变动表和现金流量披露

	2007 年	2006 年	2005 年
财务状况变动表（通胀调整）（单位：比索）			
经营活动产生的资源净额	45 625	47 845	43 080
筹资活动产生（使用）的资源	130 349	（12 140）	8 450
投资活动使用的资源	（185 798）	（24 762）	（48 302）
现金流量（历史成本）（单位：比索）			
经营活动产生的现金净额	33 431	17 484	28 909
筹资活动产生（使用）的现金净额	135 891	（5762）	12 502
投资活动使用的现金净额	（177 707）	（1 152）	（38 818）

资料来源：2007 CEMEX 20F，pp. F-7 and F-68.

4.2.3　会计计量[①]

当母公司控制另一家公司时，要编制合并财务报表。控制是指有能力决定另一家公司的经营和财务政策。控制一般存在于母公司拥有一家公司 50% 以上普通股的情形，但是也可能通过其他方式取得，例如有权任命管理层或董事会的多数成员。权益法适用于存在影响但不构成控制的情形，通常意味着 10% ~50% 之间的持股比例。合营公司可以按比例合并或是采用权益法来进行会计处理。墨西哥已采用国际会计准则第 21 号来进行外币折算。[②]

公司合并的会计处理采用购买法。商誉是取得净资产的购买价格超过其现行价值的部分。它不进行摊销，但要进行年度减值测试。无形资产在它的使用寿命内（一般不超过 20 年）进行摊销。如果无形资产的期限不确定，就不予摊销，而是进行年度减值测试。

研究成本在发生时予以费用化，而一旦确定了技术上的可行性，开发成本就应予以资本化并摊销。租赁划分为融资租赁和经营租赁。融资租赁——那些实质上转移与

① 由于美国的长期影响和 IASB 的近期影响，墨西哥的财务报告实务已经是公允导向的了。

② 当采用一般物价水平会计，并将其（如上所述）与外币折算相整合：（1）整合经营活动的财务报表，在折算成比索后按照全国消费者物价指数进行调整；（2）“国外实体”（即那些没有整合经营活动的子公司）的财务报表首先进行调整以反映所在国货币的购买力，然后再采用期末汇率折算成比索。

所有权有关的全部收益和风险的租赁——予以资本化，而经营租赁的租金则在利润表列为费用。或有损失如果可能发生、且能够计量，就要计提。墨西哥公认会计原则不允许提取一般或有准备金。递延税款采用债务法全额确认。员工养老金、年资津贴[①]和离职支付，如果能够采用精算方法合理估计，应于当期计提。法定公积金按照每年利润的5%计提，直至达到发行在外资本性股份价值的20%为止。

4.3 日本的财务会计体系

日本的会计和财务报告反映了一系列国内和国际影响的混合。日本有两个彼此独立的政府机构负责会计法规，更进一步的影响来自日本的《公司所得税法》。在20世纪上半叶，会计思想反映了德国的影响，而20世纪在下半叶，美国的观念接踵而至。更近一段时期，在日本已经可以感受到国际会计准则理事会的影响。2001年，随着私人部门会计准则制定机构的成立，日本的财务会计体系发生了更深刻的变化。[②]

要了解日本的会计，必须了解日本的文化、商业实务和历史。日本是一个有着强烈的文化和宗教根基的传统社会。日本个人和公司关系中的群体意识和相互依赖性，与西方国家个人和团体之间相互独立、疏远的关系截然相反。日本的公司相互持有股份，常常联合地拥有其他公司。这种交互式的投资导致形成了巨大的产业集团，即著名的财团（Keiretsu）。银行通常是这些产业集团的一部分。这种大量运用银行信贷和债务资本为大型公司筹资的情形，从西方的角度看来是十分特殊的，而且公司的管理层必须首先应对银行和其他金融机构，而不是股东。日本的中央政府也会严格控制一些活动，它意味着对经营事务，包括会计的强烈的官僚式的控制。有关公司活动的信息主要限制在公司内部，以及银行和政府等其他“内部人”的范围之内。

随着日本为应对20世纪90年代以来的经济不景气而进行的结构性的改革，这种财团商业模式正在转型。[③] 紧随日本泡沫经济破灭而来的金融危机，也促使日本对其财务报告准则进行审视。显然，许多会计实务隐瞒了日本公司经营的恶劣状况。例如：

（1）宽松的合并准则允许日本公司隐瞒子公司的经营亏损。投资者难以看出一家公司整体经营的实际获利能力。

（2）养老金和离职金只提取了应付金额的40%，因为这是税前抵扣的限度。这种做法导致了企业养老金的支付能力非常低。

（3）对持有的证券采用成本法进行估价，而不是市价法。为了加强财团的关联性，存在大量的交互持有证券的情形。公司可以通过持有那些亏损的证券、而出售一些能获益的证券来抬高利润。

20世纪90年代末期宣告的会计“大爆炸”，使日本公司的经济健康状况变得更

---

① 年资津贴是员工离职时根据其工作时间长短支付的报酬。通常，自愿退休的员工必须至少工作15年，但对其他类型的离职没有最短年限的规定，如裁减冗员或员工死亡。

② 直到20世纪90年代末，才仅仅开始逐渐接受外部影响。从我们所了解的世界水平的报告来看，日本会计的发展很缓慢。例如，1976年才开始编制合并财务报表，1990年才开始要求编制分部报告。

③ 例如，在1992年，46%的上市权益都被有关联的公司交叉持股。到2004年，交叉持股达到24%的上市股份。

加透明，并促使日本进一步向国际准则靠拢。这些会计改革将在后面加以讨论。①

4.3.1 会计法规与执行

在日本，政府对会计具有最重要的影响。日本会计法规的依据是三部法律：《公司法》、《证券交易法》和《企业所得税法》。这三部法律密切相关且相互影响。一位著名的日本学者把这种情形称为“三法体制”。②

《公司法》由法务省（MOJ）执掌。最初的法典是从德国商法发展而来的，于1890年颁布，1899年废止。其基本原则是保护债权人和股东，明显地依赖于历史成本计量。有关是否有资格接受信用贷款和可用于分派股利的盈利的披露是最为重要的。所有根据《公司法》注册的公司，都必须遵循它的会计条款。

公众持股公司必须遵循金融服务厅（FSA）掌管的《证券交易法》（SEL）的进一步要求。③《证券交易法》追随了美国的《证券法》，由美国在第二次世界大战之后的占领期间引入日本。《证券交易法》的主要目的在于为投资决策提供信息。尽管《证券交易法》与《商法典》所要求的基本财务报表相同，但《证券交易法》对财务报表的术语、格式和内容做出了更确切的界定，为了列报而对特定的财务报表项目进行了重新分类，并且提供了一些附加的细节。然而，在《公司法》和《证券交易法》下，净利润和股东权益是相同的。

直到最近，金融服务厅的一个专门顾问机构负责根据《证券交易法》制定会计准则。即所谓的企业会计审议会（BADC），现称为企业会计委员会（BAC），是当今日本公认会计原则的主要来源。④ 但是，2001年，随着日本会计准则理事会（ASBJ）及其相关监管基金委员会——财务会计准则基金会（FASF）的成立，日本的会计准则制定发生了重大变革。目前，日本会计准则理事会单独负责制定日本的会计准则和执行指引。它有15名成员，其中4名是全职的，同时还有全职技术人员支持其活动。财务会计准则基金会负责提供资金和任命其成员。资金来源于企业和会计职业界，而不是政府。作为一个独立的民间机构，日本会计准则理事会要比企业会计委员会更为强大和透明，很少受来自于政治和特殊利益团体压力的影响。⑤ 在制定国际会计准则方面，日本会计准则委员会也与国际会计准则理事会开展了合作，并于2005年与IASB发起了一项联合议案以缩小日本会计准则和IFRS的差异。日本会计准则理事会和IASB于2008年发表了所谓的《东京协定》，将2011年作为两个准则体系全面趋同的日期。企业会计委员会仍就会计事务向金融服务厅提供建议。如稍后所讨论的，企业会计委员会负责制定审计准则。日本会计准则不能与商法（或税法，接下来要

---

① “Japan on the Brink,” *The Economist* (April 11, 1999): 15-17; “Japan Restructures, Grudgingly,” *The Economist* (February 6, 1999): 63-65; “The Secrets Pour Out,” *Business Week* (Auguse 2, 1999): 50-51; “Reshaping Standards,” *Accountancy* (June 2000): 110; and “Japan: Restoring Investor Confidence,” *IASC Insight* (September 2000): 8; and “Going Internationnal,” Accountancy (March 2002): 102-103; “The Sun Also Rises: A Survey of Japan,” *Economist* (October 8, 2005): 1-18.

② Kiyomitsu Arai, *Accounting in Japan* (Tokyo: Waseda University, Institute for Research in Business Administration, 1994): 5.

③ 金融服务厅是政府监管机构，负责监管民间金融机构，如银行、保险公司和证券交易所。它成立于2000年，从财务省那里接手了对SEL的管理。正如稍后要讨论的，它也监管注册会计师和审计监管理事会。FSA的网址为www. fsa. go. jp/en.

④ 2000年以前，BADC隶属于财务省（参见先前的脚注。）

⑤ 准则制定框架类似于美国财务会计准则、基金会和财务会计准则理事会（如本章所述）。FASF和ASBJ网址为www. asb. or. jp.

讨论）相背离。因此，会计准则、公司法和税法的三法体制仍然是日本财务报告的一个特色。

最后，税法的影响很大。与法国、德国等国家相似，只有在费用已被全部入账的情况下，才能根据纳税要求进行申报。应税所得按《公司法》计算的金额确定。

根据《公司法》的规定，中小公司的财务报表及其附列资料仅需接受法定审计师的审计，而大型公司必须同时接受法定审计和独立审计。公众持股公司的财务报表必须由独立审计师根据《证券交易法》进行审计。法定审计师不必具有特定的专业资格，他们被公司专职雇用。法定审计主要针对董事会的管理活动，以及董事们是否依法履行了他们的职责。独立审计包括对财务报表和记录的审验，必须由注册会计师（CPA）实施。

日本注册会计师协会（JICPA）是日本注册会计师的职业组织，所有的注册会计师都必须是日本注册会计师协会的成员。[①] 除了为审计行为提供指导外，日本注册会计师协会还就会计问题发表应用指南，并在制定会计准则方面向日本会计准则理事会提供咨询。公认审计准则由企业会计委员会发布，而不是由日本注册会计师协会发布。注册会计师和审计监管理事会成立于2003年，它是一个政府机构，旨在监控和监督审计职业界，提高日本的审计质量，于2004年纳入金融服务厅管理之下。

4.3.2 财务报告

按照《公司法》注册的公司应该编制包括下列内容在内的法定报告，以便提交年度股东大会批准：

（1）资产负债表；

（2）利润表；

（3）所有者权益变动表；

（4）经营报告；

（5）附表。

就像在其他国家一样，资产负债表和利润表的附注披露会计政策，并提供辅助性的细节。经营报告包括公司概况以及有关经营、财务状况和经营成果方面的信息。在附注之外，还要求编制大量的附表，包括：

- 债券和其他短、长期负债的变动；
- 固定资产和累计折旧的变动；
- 抵押资产；
- 债务担保；
- 准备金的变动；
- 应收和应付控股股东的金额；
- 拥有的子公司权益以及子公司拥有本公司股份的数量；
- 子公司结欠的应收项目；

---

① 网址是 www. hp. jicpa. or. jp.

• 与董事、法定审计师、控股股东和有利益冲突的第三方之间的交易；

• 支付给董事和法定审计师的报酬。

这些信息以母公司为基础按年编制，并由法定审计师审计。《公司法》并不要求编制现金或资金流量表。

上市公司还必须按照《证券交易法》编制财务报表。该法要求编制的基本报表一般与《商法典》相同，并外加一份现金流量表。根据《证券交易法》，主要关注的是合并财务报表，而不是母公司报表。金融服务厅还要求编制作为补充的附注和附表。① 根据《证券交易法》编制的财务报表必须经过独立审计师的审计。从2008年起，上市公司必须公布季度财务报告。也是从2008年起，上市公司管理层必须提交企业年度内部控制自我评价和证实年度报告准确性的保证函。内部控制报告必须经过审计。②

未来6个月的现金流量预测，作为补充信息包含在金融服务厅所要求的文件之中。金融服务厅还要求报告其他预测信息，例如对新的资本性投资、生产水平和活动的预测等。总体来看，日本公司预测报告的内容比较广泛。但是，这些信息只在法定文件中报告，很少出现在给股东的年度报告之中。

4.3.3 会计计量

《公司法》要求大型公司编制合并财务报表。此外，上市公司必须按照《证券交易法》编制合并财务报表。单家公司的账目是编制合并报表的基础，通常个别和合并两个层次都采用相同的会计原则。如果母公司直接或间接控制子公司的财务和经营政策，该子公司就应予以合并。企业合并采用购买法进行会计处理。商誉根据取得净资产的公允价值加以计量，并在大约20年的期限内摊销并进行减值测试。在母公司和子公司对其财务和经营政策有重大影响的情况下，对联营公司的投资采用权益法。权益法还应用于合营公司的会计处理；不允许采用比例合并法。根据1999年修订的外币折算规则，国外子公司的资产和负债按照现时（年末）汇率折算，收入和费用按照平均汇率折算，折算差额列入股东权益中。

存货可以按照成本或成本与可变现净值孰低法计价。先进先出法和平均法都是认可的成本流转方法，平均法最为通行。③ 证券投资以市价法计价。固定资产按照成本计价，根据税法要求进行折旧。余额递减法是最常用的折旧方法。固定资产也要进行减值测试。

研究与开发成本在发生时计入费用。融资租赁应予以资本化和摊销，而经营租赁的成本应费用化。债务法下，所有的时间性差异都要确认递延税款。当或有损失可能发生并可以合理估计金额时，应当确认。养老金和其他员工退休福利在员工赚取时全部计提，未支付义务作为负债列示。法定公积金是必需的，每年公司必须计提至少等

① 补充的附注包括有关期后事项和员工养老金及遣散义务等方面的信息。对于财务报表具体项目的附表包括有价证券、有形和无形资产、对子公司的投资及与子公司之间的债务、应付债券和其他长期借款，以及准备金和备抵。

② 法律要求内部控制自我评价和财务报表保证是基于美国《萨班斯-奥克斯利法案》，俗称“日本的萨班斯-奥克斯利规定”。然而，与《萨班斯-奥克斯利法案》不同的是，它不要求审计师对企业内部控制发表直接评价，而是对管理层的内部控制自我评价发表审计意见。

③ 后进先出法自2010年以后不再被允许使用。

于提取的现金股利和支付给董事及法定审计师报酬总和的10%的法定公积金，直至其达到股本的25%为止。

作为前述会计“大爆炸”的结果，上述的许多会计实务是最近才得到执行的。这些变化包括：（1）要求上市公司编报现金流量表；（2）基于控制而不是股权比例增加合并子公司的数量；（3）基于重大影响而不是股权比例增加需要采用权益法的联营公司的数量；（4）证券投资以市价计价而不是以成本计价；（5）存货以成本或可变现净值孰低而不是成本计价；（6）全额计提递延税款；（7）全额计提养老金和其他退休义务。2009年12月，金融服务厅声明日本上市公司可以自2010年3月31日起或以后的财政期间自愿采用IFRS。这被看作是迈向全面采用（预计2015年左右）IFRS的一步。

4.4 中国的财务会计体系

中国拥有占世界1/5的人口，近年来的市场化改革使中国经济实现了快速增长。20世纪70年代后期，中国开始从计划经济模式，转向更为面向市场的经济模式。① 1993年，中国开始旨在进一步增强市场机制灵活性的长期改革。其核心内容包括所有权的股份制、私有化、发展有组织的股票交易，以及中国公司在国外交易所的上市。然而，中国的国有企业仍然在多数关键行业占有主导地位。

中国的会计有着悠久的历史。它对受托责任功能的行使最早可以追溯到公元前2200年。资料表明在夏朝（公元前2000年—公元前1500年），会计就被用来计量财富和比较诸侯的成就。孔子（公元前551年—公元前479年）年轻时就是一个库房的主管，他在著作中提到这项工作涉及适当的会计——逐日记录收付项目。在孔子所传授的内容中，包括保存历史的必要性，而会计记录被看成是历史的一部分。

4.4.1 会计法规与执行

2000年修订的《会计法》涵盖了所有的企业和组织，包括非国家所有或控制的企业和组织。它概括了会计的一般原则，界定了政府职能和需要会计程序的事项。国务院还发布了《企业财务会计报告条例》（FARR）。FARR集中关注有关簿记、财务报表编制、报告实务，以及其他的财务会计和报告问题。除了不向外界筹资的、规模很小的企业以外，FARR适用于所有的企业。国务院下属的财政部负责制定会计和审计准则。除了会计和审计事务以外，财政部还负责管理大量对经济具有影响的活动。总体说来，这些活动包括制定长期经济战略和确定政府资金的优先配置领域。更具体地说，财政部的职责包括：

---

① 1996—2006年，中国的实际国内生产总值以年平均10.3%的速度增长，是实现最高增长速度的国家之一。参见 *The Economist Pocket World in Figures*, 2009 *Edition*（London: The Economist, 2008）, pp. 32。翻开已记录的历史，中国曾是世界上最大的经济体。直到15世纪，中国人均收入最高，且是世界先进技术的领导者。例如，中国在其水力、炼铁和造船上世界领先。牙刷、雨伞、扑克牌和纸张都是中国的发明创造。甚至一直到1820年，它仍然占据世界GDP的30%。然而，到1950年，其占世界GDP的份额已经降至不足5%。参见“The Dragon and the Eagle,” *Economist*（October 2, 2004）: 1-26.

- 制定和实施经济、税收和其他与财政有关的政策；
- 编制年度国家预算和财政报告；
- 管理国家收入与支出；
- 制定财政管理和税收制度。[①]

会计和审计事务属于最后一类。

1992 年，财政部发布了《企业会计准则》，它是用来指导新会计准则制定的概念框架。这些准则最终将会协调国内的实务，并使中国的实务与国际惯例相协调。《企业会计准则》自 1993 年 7 月 1 日起生效，它是中国走向市场经济的一个里程碑。在此之前，中国采用的是 40 多个不同的分行业和所有制类型的统一会计制度。尽管单独地看，这些制度中的每一个都可以说是统一的（uniform）；但从整体上看，它们导致了实务的不统一。因此，发布《企业会计准则》的动因之一，就是协调国内的会计实务。此外，当时的实务与国际惯例不可比，与市场经济不适应。中国会计与国际惯例相协调可以消除其与国外投资者在沟通上的障碍，并且有利于满足正在开展的经济改革的需要。

《企业会计准则》发布之后，财政部又用 13 个分行业和 2 个分所有制的制度，取代了前面提到的 40 多个统一会计制度。这些制度作为具体会计准则颁布之前的过渡，适用于在中国从事经营活动的所有企业。修订的《企业会计准则》发布于 2001 年。

中国会计准则委员会（CASC）于 1998 年成立，隶属于财政部，负责制定会计准则。[②] 准则制定程序包括向项目组分派必要的研究项目、发布征求意见稿以及公开听取意见。中国会计准则委员会的成员是来自学术界、会计师事务所、政府、职业会计团体以及其他与会计准则制定有关的重要领域的专家。组建之后，中国会计准则委员会发布了现金流量表、债务重组、收入、非货币性交易、或有事项以及租赁等会计准则。

2006 年，在会计“大爆炸”式的趋同进程中，一套新的《企业会计准则》发布了。这套新的《企业会计准则》由一个基本准则和 38 个具体准则构成，其中，基本准则建立了框架，具体准则阐明了广泛的原则和详细的应用指引，如固定资产、无形资产、存货、租赁、所得税、合并和分部报告等领域。他们共同构成了一套中国会计准则综合体系，实现了与 IFRS 的实质性趋同。新《企业会计准则》应用于所有的中国公司（除小企业外），逐步停止使用前述的行业和所有权准则。专栏 4—4 概括了基本的《企业会计准则》。类似于由国际审计与鉴证准则委员会发布的《国际审计准则》（见第 8 章），48 项新审计准则被同时发布。所有的中国会计师事务所和注册会计师都要遵守这些审计准则。

中国证监会（CSRC）负责管理中国的两大股票交易所——1990 年开市的上海股票交易所和 1991 年开市的深圳股票交易所。[③] 中国证监会制定监管指南，制定并实施市场规则，审批首次公开发行的新股。2002 年，其引入公司治理规范。中国证监

① “Role of the Ministry of Finance,” Ministry of Finance Web site（www. mof. gov. cn），December16，2000.
② 中国会计准则委员会网址是：www. casc. gov. cn.
③ 中国证券监督管理委员会网址是：www. csrc. gov. cn.

会还发布上市公司的其他披露要求。因此，上市公司的披露要求由两个政府机构——财政部以及中国证监会——制定。①

专栏 4—4　　**中国的《企业会计制度——基本准则》**

- **总则**：管理职责，经济决策，持续经营，权责发生制
- **会计信息质量要求**：如实反映，相关性，可理解性，可比性，实质重于形式，谨慎性
- **要素定义**：资产，负债，所有者权益，收入，费用，利润
- **会计计量**：一般来说，企业应采用历史成本计量；如果要素采用重置成本、可变现净值、现值或公允价值计价，企业应确保这些金额可以获得并能够可靠计量
- **财务报告**：资产负债表，利润表，现金流量表及其附注

1995 年以前，中国有两个职业会计组织。中国注册会计师协会（CICPA），成立于1988 年，受财政部领导，负责监管私人部门企业审计。中国注册审计师协会（CACPA）负责审计国有企业，受另外一个机构——审计署——的领导。1995 年，中国注册会计师协会与中国注册审计师协会合并，合并后保留了中国注册会计师协会的名称。中国注册会计师协会制定成为注册会计师的要求，管理注册会计师考试，制定审计准则，并负责制定职业道德准则。

4.4.2　财务报告

规定的会计期间为日历年度。财务报表包括：

（1）资产负债表；

（2）利润表；

（3）现金流量表；

（4）所有者权益变动表；

（5）附注。

附表被要求披露资产减值情况、资本结构变动情况和利润分配情况。上市公司还必须披露与国际准则一致的分部信息。附注包括会计政策说明。必要时，附注还要对诸如或有事项、重要的资产负债表日后事项以及关联方交易进行讨论。管理层讨论和分析要求讨论企业的经营业务、财务状况、成果、现金流量以及影响它们的项目。财务报表必须是以中文编制的比较合并财务报表，所采用的币种为中国的货币——人民币。年度财务报表必须经中国注册会计师审计。上市公司必须评价它们的内部控制并聘请外部审计师评价控制并对管理层的自我评价报告发表意见。② 上市公司还被要求提供季度资产负债表、利润表和附注。

① 就市值而言，中国证券市场在世界排名第二，有大约 1 500 家上市公司和接近 7 000 万的个人投资者。

② 这一规定类似于在美国部分讨论的《萨班斯-奥克斯利法案》的 404 条款。

4.4.3 会计计量

企业合并必须采用购买法计价。商誉是并购成本和所获得的资产和负债公允价值的差额，它应以年度为基础进行减值测试。权益法用于对联营企业的投资，即接受投资者对企业有重大影响。权益法也用于合营企业计价。母公司控制下的所有子公司都纳入合并。一家国外子公司的财务报表是以其所运营的主要经济环境为基础进行折算的。如果处于当地（国外）环境，资产负债表采用年末汇率进行折算，利润表采用年度平均汇率进行折算。折算差额在所有者权益中进行列示。如果处于母公司所在环境，货币项目以年末汇率进行折算，非货币项目以相关折算日汇率进行折算，收入和费用采用折算日汇率（或当期适当平均汇率）进行折算。折算差额计入利润。

历史成本是有形资产计价的基础，不允许进行重估价。有形资产按照预计使用年限进行折旧，通常采用直线法，也可采用加速折旧法和工作量法。先进先出法（FIFO）和平均法是允许采用的成本计算方法，如果存货的价格下降或过时，就要进行减记。取得的无形资产也按照成本进行记录，使用寿命有限的无形资产基于利益消耗模式，在其受益期限内进行摊销。使用寿命不确定的无形资产不需要进行摊销，但要至少每年进行减值测试。在中国，由于土地以及很多工业产权属于国家所有，因此取得土地使用权和工业产权使用权的公司，将这些权利作为无形资产加以列示。当所有权发生变动，如国有企业私有化时，需要对资产进行重新评估。其估价由注册资产评估事务所或会计师事务所确定。

研究成本计入费用，而如果技术可行且成本可收回，则开发成本应予以资本化。融资租赁要进行资本化。所有暂时性差异都全额计入递延税款。当员工福利被赚得而不是支付时，它应该费用化。当或有负债很可能发生、并且金额能够可靠地估计时，需要在资产负债表上予以确认。

4.5 印度的财务会计体系

印度占据南亚次大陆的大部分地区，西与巴基斯坦接壤，北与中国、尼泊尔和不丹毗邻，东与孟加拉国相邻。喜马拉雅山——世界上最高的山脉，位于印度的北部边界。[①] 印度海岸，西临阿拉伯海，南临印度洋，东临孟加拉湾。印度拥有占世界17%的人口，是仅次于中国的世界第二大人口国。[②] 印度也是种族众多的国家之一。它拥有几百种语言，其中18种获得官方认可。北印度语是官方语言，也是使用最广的语言，但是英语在政府、商业、科学和教育领域被广泛应用。

印度人民拥有超过5 000年的连续文明。大约在公元前3000年，印度河流域就开始出现基于商业和农业贸易而兴建的广阔城市。从那时开始，为数众多的帝国已统治南亚的不同地域，往往使得大量民族融合，每一个民族都对该地区文化、观念和技术的逐渐多元化做出自己的贡献。印度远古和中古的政治地图是由大量的边界不断变

---

① 由于一些边境分歧，该国的准确领土面积仍然饱受争议。
② 印度有41个城市人口超过1百万。它也是年轻化国家，世界30%的儿童在印度。

动的王国构成的。在公元4世纪和5世纪，在古普塔朝代，印度北部实现了统一。这一期间被称为印度的黄金时代，北印度文化下，科学、文学和艺术经历了空前的繁荣。印度南部也历经了几个伟大的王国，从公元8世纪到18世纪，阿拉伯、突厥和阿富汗相继地统治了这里。①

1498年葡萄牙人到达后不久，欧洲经济竞争开始在印度出现。英国第一个基地是由东印度公司于1619年建立的，随后的17世纪期间，永久性贸易站陆续在印度的其他地区开设起来。直到19世纪50年代，英国在政治、军事和经济上控制了当代印度、巴基斯坦、斯里兰卡和孟加拉国的大部分地区时，其影响力从这些根据地得以扩大。大规模的反对英国殖民统治者的斗争始于20世纪20年代，是在莫罕达斯·甘地和贾瓦哈拉尔·尼赫鲁领导下展开的。高涨的非暴力不合作运动和第二次世界大战最终使得英国对印度的管理成本太高且难度过大，1947年英国政府遂承认其独立。英属印度立刻分裂为两个单独的国家：印度，以印度教为主；东、西巴基斯坦——现在的孟加拉国和巴基斯坦——以伊斯兰教为主。英国对印度的影响是深远的，包括其普通法系、中央政府的议会政体和英语的广泛使用。

从1947年到20世纪70年代末期，印度经济的典型特点是中央政府社会主义模式的发展规划和进口替代产业。印度经济产出从以农业、林业、渔业和纺织业为主转向多样化的重工业和运输业。然而，缺乏竞争导致其产品质量差和生产效率低。面对经济危机，印度政府于1991年开始实行经济开放。② 从那时起，印度进行了以市场为导向的经济改革，包括一些国有行业的私有化、放宽国外投资和汇兑制度、减少关税和其他贸易壁垒、金融部门的革新和现代化、政府货币和财政政策的重大调整，以及知识产权的保护。然而，大部分的重工业仍然为国家所有，而且高关税和对外直接投资限制仍然存在。③ 服务部门被证明是近年来印度最有活力的部门，电子通信和信息技术得到了空前的快速发展。④

印度未来经济增长受到基础设施不足、机构臃肿和官僚作风、劳动力市场僵化和腐败等问题的制约。其缺乏可靠且经济适用的基础设施，尤其是公路和电力，被很多人看作是对未来增长的最大阻碍。官僚作风也给这个国家许多地方的企业增加了繁重的成本——例如，向检查人员行贿。⑤ 最后，劳动法强加了额外的费用。⑥ 始于1991年的改革已经切断了官僚控制，并且鼓励建立更有竞争力的市场。大部分的观察家认为，要想使印度成为经济领跑者必须进一步深化改革和加大基础设施投入，但正如本章伊始注意到的，相同的观察家对印度发展前景持乐观态度。

---

① 印度教、佛教、耆那教和锡克教都诞生于印度。

② 社团和家族在印度有着悠久的历史传统，而且影响着企业结构。家族控制企业非常普遍。一般说来，印度企业的所有权是集中在家族或者政府手中的。

③ U. S. Department of State, "Background Notes: India" (October 2006), www. state. gov; Library of Congress Federal Research Division, "Country Profile: India" (December 2004), http: //lcweb2. loc. gov/frd/cs/profiles/India. pdf; "Now for the Hard Part: A survey of India," *Economist* (June 3, 2006): 1-18.

④ 在1991年经济改革之初，这类行业在印度几乎不存在。据说印度的电信和信息技术部门之所以成功，原因在于其积极参与全球市场的竞争，而没有从政府倾向那儿获得一点好处或者遭受歪曲的政府保护的激励。参见"Now for the Hard Part: A Survey of India," *Economist* (June 3, 2006): 4.

⑤ 援引世界银行的普里亚·巴苏的说法，"企业家不得不在处理审批、许可和检查上花费大量时间，并且最终以向检查人员支付'租金'而告终"。参见 *Economist*, "Now for the Hard Part: A Survey of India" (June 3, 2006): 14。这篇文章继续讲述说，承包商和供应商之间的合谋是如此普遍，以至于这可能不被认为是腐败。也参见 *Economist*, "An Elephant, Not a Tiger" (December 2008): 1-18.

⑥ 1947年《产业争议法案》的第5章B节禁止100名员工以上的企业没有政府允许而解雇工人。该法律抑制解雇且鼓励在人口多的国家用劳动力替代资本。

4.5.1 会计法规与执行

英国对印度的影响扩大到了会计领域：财务报告的目的在于公允反映，且有一个独立的会计职业团体制定会计和审计准则。在印度，会计准则的两个主要出处是公司法和会计职业界。首部公司法立法通过于1857年，而首部关于会计记录的保管和审计的法律颁布于1866年，第一次正式规定了审计师的资质。两者都是基于英国法律制定的。

印度现行的1956年《公司法》由政府机构——公司事务部负责实施和更新。该法为记录所谓的账簿和审计规定提供了一个广泛的框架。根据该法，账簿

- 必须真实公允地反映公司事务状况；
- 必须根据会计复式记账规则和权责发生制记录。

该法要求经审计的资产负债表和利润表，且得到董事会的认可。① 附有的董事报告必须强调公司事务的状况、重大义务、推荐股利和了解公司经营和子公司性质的其他必要信息。

成立于1949年的印度特许会计师协会（ICAI），监管特许会计师行业并负责建立会计和审计准则。② 特许会计师以前被称作注册会计师，并且其他职业会计师组织，如1927年在马德拉斯建立的审计师协会，早于特许会计师协会。该协会规定了成为一名特许会计师的资质，掌管考核和培训候选人的项目，颁发执业证书，并惩戒会员的职业不当行为和违反道德规范行为。该协会下设的会计准则理事会发布了印度会计准则（AS），下设的审计和鉴证准则理事会发布了审计和鉴证准则（AAS）。会计准则具有法定效力，审计和鉴证准则对于审计实务界来说是强制性的。该协会受公司事务部的监管。2007年，印度特许会计师协会发表声明称，其将在2011年采用IFRS。

印度有22个股票交易所，其中历史最悠久的要数成立于1857年的孟买股票交易所，目前上市了6 000多只股票。③ 监管股票市场运行的监管机构是印度证券交易理事会（SEBI），它成立于1988年，是财政部的一个下设机构，并于1992年被赋予法定效力。一般来说，上市公司的会计和披露要求与印度会计准则中规定的相似。

4.5.2 财务报告

财务报表由两年期资产负债表、利润表、现金流量表和会计政策和附注构成。非上市公司仅要求编制母公司报表，但是上市公司必须编制合并报表和母公司报表。所有者权益表和综合利润表均不做要求。财务报表必须真实、公允地反映，但没有像英国一样的“真实公允至上”。如上所述，《公司法》要求财务报表后附董事报告。在股票交易所上市的公司也必须提供管理层讨论和分析，涵盖诸如产业结构与发展、企业面临的机遇与挑战、内部控制及影响经营部门或产品绩效的风险等话题。上市公司

---

① 如后文所述，印度会计准则也要求编制现金流量表。
② 协会网址是：www. icai. org.
③ 印度股票交易所的混合市值在世界排名第8。

还必须提供季度财务结果。

4.5.3 会计计量

当母公司拥有一个实体超过半数的投票权或者控制了其董事会的构成时，该子公司应该纳入合并。如果控制是暂时的或向母公司转移资金的能力长期受限，则不应纳入合并。企业合并没有会计准则，但其中大部分按照购买处理。然而，权益集合法用于兼并（称作合并）。商誉是并购成本和所获得的资产和负债现存价值的差额。商誉实务从不摊销到在不超过10年内摊销变动。商誉也要进行减值测试。比例合并法用于联合控制实体（合营企业）。权益法用于联营企业——有重大影响但并不控制的实体——的会计处理。

国外经营财务报表的折算依赖于其是否是报告实体（母公司）经营的整合部分还是非整合部分。对于整合部分的国外经营来说，货币性资产和负债要按照收盘（年末）汇率折算，历史成本计价的非货币性项目采用折算日的汇率进行折算，而公允价值计价的非货币性项目采用计算公允价值时的汇率进行折算。利润表金额以折算日汇率或当期加权平均汇率进行折算。汇兑差额在利润中列报。非整合国外经营的资产和负债以收盘汇率进行折算，利润和费用项目按照折算日的汇率进行折算，产生的汇兑差额累计在资产负债表上的外币汇兑准备中。会计准则没有规定恶性通胀经济下的子公司账务处理。

固定资产以历史成本或公允价值计价。重估价必须用于固定资产的整体大类，但是对于重估价是否应定期进行没有要求。折旧在资产的使用寿命内系统地加以分配。如果资产是重估价的，折旧应基于重估金额计价。无形资产在不超过10年期内正常摊销。内部自创商誉或其他无形资产（例如，商标名称）不确认资产。研究成本发生当期费用化，但是如果产品或工艺的技术可行性已经体现且成本的可复性能够合理确定，则开发成本可以递延。存货按照成本与可变现净值孰低计价，先进先出法和平均法都是允许的成本流转方法。

融资租赁以公允市价予以资本化，并在其租赁期内计提折旧。经营租赁在其租赁期内按照直线法进行费用化处理。员工福利成本以员工赚得而不是支付时计价。或有损失只有当其很可能发生并能合理估计其金额时才予以会计处理。对于所有的时间性差异，都计入递延税款。递延所得税资产和负债以其现值计价。

如前所述，印度特许会计师协会已声明在2011年采用IFRS。然而，采纳方案将可能逐渐展开，即印度大型公司在2011年采用IFRS，余下的公司到2014年开始执行IFRS。

专栏4—5汇总了本章所研究的国家的重要会计实务。

专栏 4—5 **重要会计实务汇总**

	美国	墨西哥	日本	中国	印度
1. 企业合并：购买法还是权益集合法	购买法	购买法	购买法	购买法	二者兼有
2. 商誉	资本化和减值测试	资本化和减值测试	资本化和摊销；减值测试	资本化和减值测试	资本化和摊销；减值测试
3. 联营公司	权益法	权益法	权益法	权益法	权益法
4. 资产计价	历史成本	历史成本[a]	历史成本	历史成本	历史成本和公允价值
5. 折旧费	经济基础	经济基础	税收影响	经济基础	经济基础
6. 存货计价的后进先出法	允许	不采用	允许[b]	不允许	不允许
7. 可能损失	应计	应计	应计	应计	应计
8. 融资租赁	资本化	资本化	资本化	资本化	资本化
9. 递延税款	应计	应计	应计	应计	应计
10. 平滑利润的准备金	不计提	不计提	不计提	不计提	选择性计提

[a] 当累计 3 年通胀率大于或等于 26% 时采用物价水平调整会计。

[b] 直到 2010 年。

讨论题

1. 比较和对照本章讨论的 5 个国家财务报告的监管和执行机制。

2. 比较和对照本章讨论的 5 个国家财务报告的主要特征。

3. 在我们本章讨论的几个国家中，审计师监管机构近期已建立起来。辨析本章中讨论过的审计师监管机构。导致近期的这种趋势的原因是什么？

4. 原则基础的会计准则和规则基础的会计准则不同之处是什么？有什么证据表明美国 GAAP 是规则基础的？

5. 美国财务报表的特点是“公允地反映”，而英国财务报表的特点是“真实和公允”。这两个概念的差异是什么？

6. 墨西哥公司自古有保护信息的传统并且对它们的财务报告也是隐秘的。有什么证据表明墨西哥公司变得不那么的隐秘？

7. 日本会计“大爆炸”的原因是什么？且由此导致的会计实务变革是什么？

8. 为了发展公平交易的有效证券市场，会计和财务报告需具备哪些重要特征？中国发展有效证券市场的可能性如何？你为什么这么认为？

9. 中国的目标是建立与国际惯例相协调的会计准则。引证一些例子表明中国的会计准则与“世界级”的实务相一致。

10. 有哪些证据表明英国对印度的会计产生了影响？

练习题

1. 本章提供了对5个国家的会计实务体系的汇总。

要求：分别按每个国家或地区列出：

a. 会计准则制定委员会或机构的名称。

b. 负责监督和实施财务会计准则的机构、团体或其他组织的名称。

2. 国际会计师联合会（IFAC）是职业会计团体的世界性组织。它的网站（www. ifac. org）上有世界各地会计团体的链接。

要求：访问国际会计师联合会的网站。列举本章所提及的、链接到IFAC网站上的会计团体。

3. 重新阅读第4章及其讨论题。

要求：

a. 在阅读这些材料时，列出一份包含你所在国家不熟悉或不常见的8个表述、术语或短语的清单。

b. 为每一项作一个简明的定义或解释。

4. 分析本章概括的5个国家的会计实务体系。

要求：

a. 分别针对本章中的5个国家，选出有别于国际惯例的最重要的财务会计实务或原则。

b. 针对你所做出的每一个选择，简要陈述你选取它们的理由。

c. 这一差异如何影响报告盈余和资产负债率？

d. 一名分析师能调整这一差异以实现与其他国家的公司具有可比性，这具有多大的可能性呢？

5. 参考专栏4—5。

要求：哪一个国家的GAAP是最以权益投资者为导向的？而哪一个国家的GAAP是最不以权益投资者为导向的？你为何这么说？

6. 英国和美国有着相同的会计渊源和历史与语言的联系。“盎格鲁-美利坚会计”是一个术语，有时用来指代具有相同的导向、目标和方法的会计风格。然而，两国的会计仍然存在差别。

要求：

a. 指出本章所讨论的英国和美国会计的主要差别。

b. 哪个国家计量收益时总体而言可能更稳健一些？为什么？

7. 下面描述了会计“大爆炸”之前的日本会计：

编制合并财务报表是以《证券交易法》为依据的。单家公司的账目是编制合并报表的依据，通常个别和合并两种层次都采用相同的会计原则。如果母公司直接或间接拥有子公司超过50%的股权，该子公司就应予以合并（但是，日本法规包含重要性测试，它可能会导致将重要的子公司排除在合并范围之外）。公司并购通常采用购买法进行会计处理。商誉以取得净资产的账面价值为基础进行计量，而不是以在其他的大多数国家所用的公允市场价值为基础。商誉应该在不短于5年的期限内摊销。对不纳入合并的子公司的投资，以及拥有 20% ~50% 股份的联营公司的合并报表采用权益法进行会计处理，而公司的个别报表要采用成本法。权益法也适用于合营公司的账务处理，不允许采用比例合并法。根据外币折算规则，国外子公司的资产和负债按照现时（年末）汇率折算，收入和费用按年末汇率或平均汇率折算，折算差额作为资产或负债列入资产负债表中。

以历史成本为基础的会计计量无处不在。存货可以按照成本法或成本与市价孰低法计价，大多采用成本法计价。但是，在价值出现重大和永久减值的情况下，存货必须减记到市价。先进先出法、后进先出法和平均法都是认可的成本结转方法，平均法最为流行。固定资产按成本计价，根据税法的要求进行折旧。

当涉及新产品或新技术、资源开发或者是市场拓展时，研究与开发成本可以资本化，并在不短于 5 年的时间内予以摊销。对于那些将所有权上的风险和报酬转移给承租人的融资租赁，应予以资本化，而经营租赁的租赁费则应该在发生时计入收益。

公司个别账目中不确认（或不需要）递延税款，编制合并财务报表时允许确认，但通常也不会确认。或有损失在其可能发生并且能合理估计时，应当确认。税法限制了员工退休和在职福利的可扣除数额是总额的 40%，通常最多按此数额进行确认。支付养老金时，其成本应计入费用，不确认未支付义务。法定公积金是必须的，每年公司必须计提至少等于提取的现金股利和支付给董事和法定审计师报酬总和的 10% 的法定公积金，直到其达到股本的 25% 为止。

要求：指出会计“大爆炸”发生后日本会计的主要变化。

8. 下面描述了 20 世纪 90 年代末的中国会计：

财务报表由资产负债表、利润表、财务状况变动表（或者现金流量表）、附注和明细附表构成。要求合并财务报表。企业合并必须采用购买法。商誉在其受益期内摊销。当拥有另一家企业 25% 的所有权时要使用权益法。当所有权超过 50% 时，子公司的账户要纳入合并。对于海外子公司，资产负债表按照年末汇率进行折算，利润表以当年平均汇率折算，且折算差额作为准备列示在权益中。

会计计量有税收导向。例如，采用直线法折旧的原因在于税法规定了该方法。税法也明确指出资产的使用寿命和残值。与国际实务惯例相比，更严格地遵守历史成本且谨慎性原则操作基础受限。这些实务惯例也反映了税收影响。例如：

1. 不允许使用存货计价的成本与市价孰低法；
2. 坏账准备仅允许计提到应收账款余额的 3%；
3. 对于永久性减值，不抵减长期投资的账面价值。

历史成本是有形资产计价的基础。先进先出法、平均法和后进先出法是允许的成本方法。购置的无形资产也要按照成本计价且在其受益期内摊销。在中国，由于土地和许多工业不动产由国家所有，企业将购买的土地使用权和工业不动产产权作为无形资产。

与研究和开发相关的成本能够在某些条件下资本化。金融租赁和经营租赁以及递延税款都没有应用指南。不应计或有损失；但或有资金可以作为留存收益的占款。未来扩建的准备也可以从留存收益中划拨。

要求：指出20世纪90年代以来中国会计的主要变化。

9. 在大多数国家中，会计准则制定涉及民间和公共团体的共同参与。民间部门包括会计职业界和其他受财务报告过程影响的团体，例如财务报告的使用者和编制者及员工。公共部门包括政府机构，例如税务机关、商业法律部和证券委员会。股票市场是另一个潜在的影响。

要求：绘制一个矩阵反映这些团体是否对本章所论述的5个国家的会计准则制定存在重大影响。在矩阵首行列示这些方面，在矩阵的一侧列示国家，用“是”和“否”来表示每个团体的影响。

10. 下面是分析师采用的某些财务比率：

• 流动性：流动比率；经营活动现金流量对流动负债的比率；
• 偿债能力：权益负债率；资产负债率；
• 获利能力：资产报酬率；权益报酬率。

要求：假定你正对来自本章所论述的2个国家的公司财务比率进行比较。试讨论专栏4—5中所列示的会计实务将怎样影响你对上述6个比率中的每一个所进行的比较。

案例4—1 立足于原则

最近，美国的安然和世通等会计丑闻，已经引起一些人质疑美国现行的一般公认会计原则（GAAP）实际上是否在保护投资者。包括美国证券交易委员会（SEC）在内的批评者，指责美国GAAP以规则为基础的模式引发了“勾划表格”（check-the-box）的做法，抑制了财务报告的透明度。一些观察家表示更倾向于以原则为基础的会计准则，比如国际财务报告准则，或者英国的准则。财务会计准则委员会（FASB）和证券交易委员会（SEC）都已经发布了关于在美国实行以原则为基础的会计准则的可行性的报告。①

英国的一家权威会计刊物刊登了下面的内容：

自从安然公司破产的消息首次成为新闻以后，自以为是的英国会计师们便为他们的会计准则比大西洋对岸的美国更为优越找到了一个新理由。美国财务会计准则委员会的连篇累牍已经被人嘲笑，因为它的会计准则只是一系列规则，彼此缺乏关联。与之相反，英国准则和国际准则被认定为以原则为基础的准则。有人指出，这种根本性的差别有助于解释为什么美国的会计界会陷入如此大的麻烦之中。

也许是这样，也许不是。似乎可以确定的是，十分具体的美国准则往往会导致条文主义的解释和漏洞，而英国的提供真实和公允反映的最高要求有助于提醒我们：会计工作不仅仅是一项遵循性的活动。然而，认为它们的会计准则与我们的准则相比其突出特点是缺乏原则的看法是十分肤浅的；就知识的严密性而言，它们的会计原则可以和世界上其他任何一个国家相媲美……

---

① FASB，“Proposal：Principles-based Approach to U. S. Standard Setting，” http：// www. fasb. org/ proposal/ principles-based_approach. pdf（October 21，2002）；and SEC，“Study Pursuant to section 108（d）of the Sarbanes-Oxley Act of 2002 on the Adoption by the United States Financial Reporting System of a Principles-Based Accounting System，” www. sec. gov/news/ studies/principlesbasedstand. htm#1f（July 25，2003）.

英国和国际会计准则理事会是怎么找到可靠的原则来作为它们自己准则的基础，而美国的财务会计准则委员会却抓不住这些原则呢？毕竟，这些机构本身采用的都是主要沿用财务会计准则委员会版本的概念框架，而且声称遵循这些框架。答案是它们并没有这样做。我们的准则并非真的比美国的会计准则有更多的原则，它们只是没有那么具体而已。更何况情况正在变化之中——最近几年英国和 IASB 的规则手册的篇幅正在急剧增加，而且经常吸收（如果可以这么说的话）与美国会计准则相对应的内容。①

要求：

1. 以规则为基础的会计准则和以原则为基础的会计准则有什么不同？它们分别有什么优缺点？

2. 美国 GAAP 为什么会演变成以规则为基础的模式？以原则为基础的准则在美国能有效实施吗？为什么？

3. 美国以原则为基础的准则要想有效实施，还需要进行哪些修改？

4. 以规则为基础的会计准则或以原则为基础的会计准则能够更好地满足投资者和分析师的需要吗？你为什么这样认为？

① Ron Paterson, "A Matter of Principle," *Accountancy* (February 2003): 98.

第 5 章　报告与披露

在本章中，我们将研究国际背景下财务与非财务信息的沟通。我们的讨论主要强调提供给外部投资者的有关财务报告的披露。我们重点关注选定的一些专题，而不打算讨论财务报表使用者、编制者和财务专业人士面临的所有披露问题。

权益市场在国民经济中的相对重要性日渐增长，个人投资者在这些市场中也变得越来越活跃。因此，公开披露、投资者保护、股东价值、股票市场驱动的公司治理变得越来越重要。因此，尽管各国的披露实务大相径庭，但是它们正在趋同。然而，各国之间的重大差异将继续影响除了那些最大的公司以外的所有公司，尤其是在国际资本市场或者国际产品市场中并不活跃的公司。

试图维护或提高本国资本市场可靠性的政府监管机构，也会影响世界各地的披露实务。股票交易所已经得出结论：它们的持续增长和成功取决于提供一个有着有效的投资者保护的高质量的市场。因此，监管机构和股票交易所的监督日益加强，披露要求也越来越严格。由于股票交易所面临彼此之间日益激烈的竞争以及来自不规范交易体系的竞争，因此强化投资者保护和增加披露的发展趋势将会继续下去。

5.1　披露的发展

披露体系的发展与我们在第 2 章中讨论过的会计体系的发展密切相关。[①] 披露准则和披露实务会受到筹资渠道、法律体系、政治与经济联系、经济发展水平、教育水平、文化以及其他一些因素的影响。

国家或地区之间在披露方面的差异，很大程度上取决于公司治理和筹资方面的差别。在英国、美国以及其他存在盎格鲁—萨克森式会计的国家中，权益市场为绝大多数公司提供了筹资渠道，并且已经高度发达。在这些市场中，所有权一般分散在许多投资者手中，因此十分强调投资者保护。机构投资者在这些国家或地区起着越来越重要的作用，它们要求的是财务回报和更大的股东价值。为了应对公司对公众的受托责任，公开披露得以高度发展。

在其他的许多国家（例如，法国、德国、日本和大量的新兴市场国家），股权依然高度集中，而且银行（和/或家族所有者）一直以来是主要的筹资渠道。这种结构有利于保护在职的管理层。约束来自银行（有时它既是债权人又是所有者）和其他内部人（例如，连锁持股集团的成员公司）。这些银行、内部人和其他人士十分了解公司的财务状况和经营活动。在这些市场中，公开披露的发展程度较低，而且可能会允许提供给大股东和债权人的信息数量与公众相比存在重大差异。

5.1.1　自愿披露

比起外部各方而言，管理人员更了解公司现在和未来的业绩。一些研究表

① “披露体系”与“会计体系”这两个术语在很大程度上是交叉的。如本书第 2 章所述，“会计的发展”通常是指会计准则和实务的发展；而本章所讨论的“披露的发展”是指财务报告中所提供的财务和非财务披露的发展。我们并不讨论新闻发布中所做的披露，尽管本章中讨论的许多内容与其有关。

明：管理人员有自愿披露这些信息的动机。增加披露的好处可能包括降低公司证券在交易中的交易成本，提高财务分析师和投资者对公司的兴趣，增强股票的流动性，以及降低资本成本。最近的一份报告[①]支持公司可以通过增加自愿披露在资本市场获得利益的观点。这份报告也为公司提供了如何向投资者描述和解释自身投资潜力的指导。

因为世界各地的投资者需要更具体、更及时的信息，无论是在高度发达的国家还是在新兴市场国家，自愿披露的水平都在提高。然而，众所周知，当管理人员的动机和股东的利益并不完全一致时，财务报告就不能作为与外部投资者沟通的完善机制。在一篇经典的论文中，作者指出在以下几种情况下管理人员与外部投资者的沟通是不完善的：（1）管理人员在公司信息方面占有优势；（2）管理人员的动机与股东的利益不完全一致；（3）会计规则与审计不完善。[②] 作者还指出通过契约机制（例如将管理人员的回报与长期股票价值挂钩的报酬），可以缓解这种冲突。

强有力的证据表明，公司管理人员常常会有强烈的动机去推迟对负面消息的披露，通过操纵财务报告来传达一个更正面的公司形象，虚报公司的财务业绩和前景。例如，如果公司的财务业绩或在证券市场中的表现较差，高管层就面临被解雇的重大风险。陷入严重困境的公司发生破产、被兼并或被恶意收购，进而导致管理层变更的风险较高。同样，公开披露公司的私下信息所造成的竞争劣势，可能会抵消充分披露所带来的好处。

监管（例如会计和披露监管）和第三方验证（例如审计）能够改进市场的运作机制。会计监管试图降低管理人员不按股东最大利益的方式记录经济交易的能力。披露监管所制定的要求是为了保证股东可以获得及时、完整、准确的信息。外部审计师试图保证管理人员运用恰当的会计政策，做出合理的会计估计，保持足够的会计记录和控制系统，并及时地提供规定的披露。

尽管这些机制能够强烈影响披露实务，但是管理人员偶尔也会认为违反报告要求（例如，由于虚夸收益而会有股价上涨）所获得的利益大于成本（例如，一旦违反行为被察觉和曝光，会有丢掉工作或导致民事或刑事处罚的诉讼风险）。因此，管理人员的披露选择实际上反映了披露要求与他们的自愿披露动机的共同影响。

5.1.2 强制性披露要求

为了保护投资者，绝大多数证券交易所（以及专业组织或美国的证券交易委员会和日本金融服务厅等政府监管机构）针对想要进入该市场的国内和国外公司强制推行报告和披露要求。这些交易所希望保证投资者获得足够的信息，以便评价一家公司的业绩和前景。美国对这方面问题的关注超过了其他任何地方，一般认为美国的披露准则是世界上最严格的。

股票交易所和政府监管机构要求在当地上市的外国公司提供的财务和非财务信息

---

① Financial Accounting Standards Board, *Improving Business Reporting: Insight into Enhancing Voluntary Disclosure*, www. fasb. org/brrp/BRRP2. PDF, 2001.

② P. M. Healy and K. G. Palepu, "The Effect of Firms' Financial Disclosure Strategies on Stock Prices," *Accounting Horizons* (March 1993): 1-11.

与其对本国公司的要求一般几乎是相同的。而外国上市公司在所采用的会计原则和披露的范围方面一般有一定的灵活性。在许多国家中，外国上市公司必须向股票交易所申报对外公开的、送给股东的或提交给本国市场监管机构的所有信息。但是，有些国家并没有监控或者强制执行这种“跨辖区披露的一致性”要求。

各国对股东的保护存在着很大的差异。存在盎格鲁-萨克森式会计的国家，如加拿大、英国和美国等都提供了广泛的、严格执行的股东保护。股东保护在捷克共和国、墨西哥和其他许多新兴市场国家中才刚刚起步。即使是在许多发达国家，投资者保护也还只是一个最近兴起的概念，许多评论家都认为它还发展得不够充分。例如，德国直到1994年颁布《证券交易法》，才将内幕交易确定为一项刑事犯罪。

弗罗斯特（Frost）和朗（Lang）讨论了以投资者为导向市场的两个紧密联系的目标：投资者保护和市场质量。[①]

- **投资者保护**。向投资者提供重大信息，并通过监控和执行来保护投资者。禁止证券公开发行、交易、投票和要约中的欺诈行为。寻求财务和非财务信息的可比性，以便使投资者能够在行业间和地区间对公司进行比较。
- **市场质量**。市场是公平的、有序的和有效率的，不存在滥用和违规行为。通过公平地获得信息和交易机会来促进市场的公平。通过提高流动性和降低交易成本来提高市场的效率。高质量市场的标志是树立投资者信心和促进资本形成。价格反映投资者的价值判断、而不受主观或武断因素影响。

Frost 和 Lang 也概述了以投资者为导向的市场应该遵循的四个原则：

1. **成本效益**：市场监管的成本应与其保护市场安全获得的利益成正比。
2. **市场的自由度和灵活性**：监管不应该妨碍竞争和市场演进。
3. **透明的财务报告和充分、完整的披露。**
4. **平等对待外国公司和本国公司。**

正如 Frost 和 Lang 指出，投资者保护要求能使投资者及时地获得重大信息，并通过有效的监控和执行来加以保护。披露应该足以使投资资者能够对公司进行行业间和地区间的比较。此外，充分而可靠的披露将会提高投资者的信心，进而提高流动性，降低交易成本，改善市场的整体质量。

5.1.3 美国证券交易委员会关于财务报告问题的争论

美国证券交易委员会（SEC）通常要求在美国注册的外国公司提供与其对国内公司的规定实质上类似的信息。[②] SEC 的财务报告要求被认为是世界上内容最全面且执行最严格的。这些要求对于证券交易委员会实现其监管目标会起到促进作用，还是会起到阻碍作用，一直备受争议。证券交易委员会对财务报告的要求总体上符合投资者保护和市场质量方面的目标。但是，严格的报告要求却可能会以减少投资机会或者增

---

① Carol A. Frost and Mark Lang, “Foreign Companies and U. S. Securities Markets: Financial Reporting Policy Issues and Suggestions for Research,” *Accounting Horizons* 10 (March 1996): 97.

② 如果注册的外国公司的财务报表是根据另外一套综合的会计原则编制的，就无需按照美国公认会计原则编制，而需要附列根据美国公认会计原则对净利润、股东权益以及每股收益所进行的定量调整。到2007年，这一调整要求扩展到了 IFRS。然而，现在 SEC 允许采用国际会计准则委员会制定的 IFRS 编制财务报表。

加投资的交易成本为代价，来实现保护投资者的目的。

一些评论家认为，证券交易委员会对于外国公司财务报告的要求阻碍了这些公司在美国发行证券。[①②] 于是有人指责说，美国的投资者更有可能在美国的场外交易市场（OTC）或海外市场上进行交易，这些市场的流动性相对较低，交易成本相对较高，投资者保护的重要程度也不如美国的全国性交易所那么高。因此有人主张，美国可以通过放松对财务报告的要求，在所监管的美国市场中为美国投资者提供更多的投资机会，这样就可以更好地平衡证券交易委员会投资者保护和市场质量这两个方面的目标。

2002 年颁布的《萨班斯-奥克斯利法案》（SOX）的执行已经引发了对 404 条款的抱怨，该条款要求上市公司的首席执行官和首席财务官（及其审计师）要评价和保证内部控制的有效性和充分性。一些外国企业从美国股票交易所退市（例如，英国大东电报局和国浩集团）。其他企业似乎也避免在美国上市而选择在其他市场（如伦敦股票交易所）上市。[③] 这一问题引发了对类似于 SEC 报告要求相关问题的关注。SOX 强加给企业新的数额巨大的审计成本（预计比 SOX 前增加了 35% 到 150% 的审计费用）。但是，更优质的审计和更为可信的财务报表所带来的好处还没有实现。[④]

5.2 报告和披露实务

世界各地的公司在其年度报告中实际上披露了哪些内容？年度报告披露实务反映了公司管理人员对于规范性披露要求所做出的反应，以及自愿地为报表使用者提供信息的动机。而在世界的许多国家或地区，披露规则的意义不大而且严重缺乏监控和执行。当披露规则未被强制推行时，披露（实际上）就是自愿的，因为如果公司遵循披露规则的成本比不遵守的预计成本要高许多，管理人员将会选择不进行披露。所以，明确地区分那些“要求”的披露和实际上所进行的披露是十分重要的。如果仅仅注重披露规则而不考虑现实中的披露实务，将会导致错误的理解。

对于某些类型的披露（例如，关于重大开发项目的披露）而言，管理人员的选择会起到很重要的作用，因此进行监控（以及相应的执行）是很困难的。所以，这些类型的披露或多或少是自愿的。最后，世界各地的披露要求在诸如现金流量表和权益变动表、关联方交易、分部报告、金融资产和负债的公允价值以及每股收益等方面都大相径庭。

在本部分中，我们将着重分析：（1）前瞻性信息披露；（2）分部披露；（3）社

---

① J. L. Cochrane, “Are U. S. Regulatory Repuirements for Foreign Firms Appropriate?” *Fordham International Law Journal* 17 (Symposium) 1994, S58 - S67; J. L. Cochrane, J. E. Shapiro, and J. E. Tobin, “Foreign Equities and U. S. Investors: Breaking Down the Barriers Separating Supply and Demand,” *Stanford Journal of Law, Business and Finance*, 1997.

② 正如后文所述，根据 2002 年 Sarbanes-Oxley 法案颁布的新条例据说也阻碍了外国公司在美国上市。John Rossant, “Who Needs U. S. Markets?” *BusinessWeek* (February 16, 2004): 13.

③ “404 Tonnes of Paper,” *Economist* (December 18, 2004): 116; “Big Apple Blues,” *Economist* (January 29, 2005): 73; “Escape from New York,” *Accountancy Magazine* (April 2006): 52-53.

④ 有经验证据消除了 SOX 应该为近期纽约股票交易所退市负责的看法。参见 Craig Doidge, G. Andrew Karoli, and Rene M. Stulz, “Has New York Become Less Competitive than London in Global Markets? Evaluation Foreign Listing Choices Over Time,” Journal of Financial Economics (March 2009): 253-277.

会责任披露；（4）公司治理披露；（5）网络经营报告和可扩展的商务报告语言(XBRL)。选择这些披露和报告项目的原因在于它们对财务报告使用者的重要性。例如，财务分析师和监管机构都强调公司前瞻性信息披露——如有关公司目标和计划支出的信息——和分部信息的重要性。由于安然（Enron）、世通（WorldCom）、帕玛拉特（Parmalat）、阿霍德（Ahold）和其他公司的治理丑闻，近年来公司治理披露已经变得越来越重要。

5.2.1 前瞻性信息披露

前瞻性信息披露在世界各地的权益市场上都被认为是很重要的。例如，欧盟的《第4号指令》就规定，年度报告应该包括对公司未来可能的发展迹象。证券交易委员会的《S-K条例》要求公司披露将会对未来流动性、资本来源和经营成果产生重大影响的目前已知信息。第三个例子是东京股票交易所“要求”上市公司的管理层在其年度和半年度公开披露文件中提供对销售额、盈利和股利的预测。

正如这里采用的，术语“前瞻性信息”（forward-looking information）包括：（1）对于收入、利润（损失）、现金流量、资本性支出和其他财务项目的预测；（2）关于公司未来的经济业绩和状况的预期信息，比起就预计项目、会计期间和预计金额等的预测，它们的确定性程度更低；①（3）管理层对未来经营计划和目标的陈述。当我们从（1）预测到（2）预期信息再到（3）计划和目标时，这三类前瞻性信息变得越来越笼统。既然投资者和分析师的一个主要目标是评价企业未来盈余和现金流，那么要求企业提供他们自身对这类财务信息的内部预测是合情合理的。但实务却不是很常见，尤其是精确预测（范围预测要比精确预测更为常见，且方向预测（增加或减少）仍较为普遍）。一个原因就是，由于他们对未来不确定事件加上了自己的主观估计，所以预测可能是不可靠的。此外，如果预测没有实现，管理层可能会有不良的法律后果。在美国，潜在诉讼是对提供财务预测的一个主要威慑。然而，也许正如预想的一样，比较含糊的前瞻性信息更为普遍。一项对法国、德国、日本、英国和美国200家大型上市公司的调查发现，它们中的大部分披露了关于管理层计划和目标的信息。较不明确的预期信息也是相当普遍，但预测却不是很常见。②

举个戴姆勒（Daimler）在其2008年年报中预测披露的例子，它是一家德国汽车公司：

Daimler预期其2009年的营业额会大幅减少。从目前预计的单位销售额为起点，收入可能低于2008年所有汽车部门的收入。在2010年，我们期望我们的销售额至少会有少量的增长，预计的汽车市场的复兴确实发生了……我们预期Daimler集团及其部门因实现盈余而背负沉重的责任……在我们强化提升效率行动和我们新产品市场成

---

① 为了方便起见，我们用“预期披露”来指代那些“较不明确的”的非预测性披露。

② Carol A. Frost and Kurt P. Ramin, “Corporate Financial Disclosure: A Global Assessment,” in International Financial and Accounting Handbook, ed. D. S. Choi, 3rd ed. (New York: John Wiley, 2003), pp. 13-31.

功的帮助下，我们应该能够在2010年再次增加我们的盈余。[①]

5.2.2 分部披露

投资者和分析师对于公司行业和地区分部经营以及财务成果方面的信息需求很大，而且正在不断增长。例如，美国的财务分析师一直要求获得比现在更加详细的财务报表分解数据。国际财务报告准则包含十分详细的分部报告，许多国家的会计准则也有同样的要求。[②] 分部披露有助于财务报表使用者更好地理解一家公司的各个部分是怎样构成一个整体的。毕竟，不同的产品线和世界上的不同地区在风险、回报和机会方面都是不同的。为了做出有关整家公司的更知情的判断，应该按行业和按地理区域进行分解。

专栏5—1是Lafarge（一家法国公司）2008年年度报告中所作的业务分部和地理区域披露。业务分部披露揭示了Lafarge公司的3条主要产品线（或分部）最近3年的销售收入、经营利润、折旧和摊销、资本性支出、占用资本、分部资产和分部负债。地理区域披露按世界各地区及选定的国家列示了3年的销售收入、资本性支出和资产。Lafarge还在年报上非常详细地讨论了它的产品和区域市场。

5.2.3 社会责任报告

人们日益要求公司满足广大“利益相关者”的需求，包括员工、客户、供应商、政府、活跃群体及一般公众，他们关心的不仅仅是公司创造经济价值的能力。社会责任报告是指对某公司影响员工福利、地方社区和环境的有关信息进行的测度和沟通。它反映了一个信念：公司应该向利益相关者提供社会和环境业绩的年度会计信息，正如它们向股东提供财务信息一样。更重要的是，正如谚语所示，“测度什么，就管理什么”。社会责任报告是表明公司身份的一种方式。出于多种多样的原因，跨国公司比以前更加努力以便保护它们的声誉和它们所经营的环境。诸如Enron、WorldCom和Parmalat等企业丑闻已经使得企业信誉受到侵蚀，并且催生了新的管制。大公司正受到比以前更多的监视——由于互联网，无论何处发生的令人困窘的消息都能够被公布于众。社会责任报告，曾经多半是小概率事件，现在成为大多数大公司与外部使用者沟通的核心环节。[③] 使经济、社会和环境业绩成为一体的“可持续”报告被认为是“三重底线报告”（效益、人类和地球）。而且，为避免受到报告被“漂绿”（也就是，一种没有任何实质的公共关系策略）的批评，这些信息正越来越多地由独立的第三方进行鉴证。[④]

---

① 关于Daimler前景的完整讨论，请参考 www. Daimler. com/ Projects/ c2c/ channel/ documents/ 1677323_DAI_2008_Annual_Report. pdf（pp. 82-87）.

② Lee H. Radebaugh and Donna L. Street，“Segmental and Foreign Operations Disclosure，” in *International Finance and Accounting Handbooks*，3rd，*F. D. S. Choi*，*ed.*，New York：John Wiley & Sons，2003，这些章节对分部以及国外经营的披露进行了详细的讨论。

③ 参见“Just Good Business：A special Report on Corporate Social Responsibility，”*Economist*（January 19，2008）：1-24。据说关注气候变化是驱动企业社会责任增加的最大因素。

④ Mel Wilson and Rosie Lombardi，“Globalization and its Discontent”：The Arrival of Triple-Bottom-Line Reporting，Ivey Business Journal 66，1（September/October 2001）：69-72. 也参见 P. Engardio，“Beyond the Green Corporation，”*Business Week*（January 29，2007）：50-64.

专栏 5—1　　　　Lafarge 的分部披露

合并报表

附注 4——业务分部和地理区域信息

(a) 业务分部信息

(百万欧元)	2008 年				
	水泥	集料与混凝土	灰泥板	其他	总计
利润表					
毛销售收入	11 720	6 580	1 546	29	19 875
减：各部门之间的销售额	(809)	(7)	(25)	(1)	(842)
销售收入	**10 911**	**6 573**	**1 521**	**28**	**19 033**
资本利得、减值、限定和其他前的营业收入	2 964	623	36	(81)	3 542
处置利得净额	228	(3)	—	4	229
其他营业收入（费用）	(294)	(70)	(9)	(36)	(409)
包括资产和商誉的减值	(221)	(52)	(3)	—	(276)
营业收入	**2 898**	**550**	**27**	**(113)**	**3 362**
融资成本					(1 157)
融资收入					216
对联营企业的投资收益	15	4	13	(35)	(3)
所得税					(419)
净利润					**1 939**
其他信息					
折旧和摊销	(700)	(260)	(80)	(36)	(1 076)
资产和商誉减值	(221)	(52)	(3)	—	(276)
营业收入的其他分部非现金收入（费用）	10	—	(3)	(44)	(37)
资本性支出	2 109	556	144	77	2 886
占用资本	25 547	5 503	1 484	731	33 265
资产负债表					
分部资产	28 748	6 995	1 866	2 473	40 082
对联营企业的投资	359	21	119	64	563
未分类资产 *					526
资产总额					**40 608**
分部负债	2 601	1 273	398	1 958	6 230
未分类负债和权益 **					34 378
权益和负债总额					**40 608**

* 递延税资产和衍生工具。

** 递延税负债、金融负债、衍生工具和权益。

续表

合并报表

附注4——业务分部和地理区域信息

（a）业务分部信息

（百万欧元）	2007年				
	水泥	集料与混凝土	灰泥板	其他	总计
利润表					
毛销售收入	10 280	6 597	1 581	16	18 474
减：各部门之间的销售额	（824）	（11）	（25）	—	（860）
销售收入	**9 456**	**6 586**	**1 556**	**16**	**17 614**
资本利得、减值、限定和其他前的营业收入	2 481	721	116	（76）	3 242
处置利得净额	156	10	—	30	196
其他营业收入（费用）	（128）	（38）	（32）	49	（149）
包括资产和商誉的减值	（9）	（1）	（1）	（2）	（13）
营业收入	**2 509**	**693**	**84**	**3**	**3 289**
融资成本					（652）
融资收入					126
对联营企业的投资收益	13	14	19	（46）	—
所得税					（725）
持续经营净利润					**2 308**
非持续经营净利润				**118**	**118**
净利润					**2 156**
其他信息					
折旧和摊销	（578）	（258）	（73）	（32）	（941）
营业收入的其他分部非现金收入（费用）	（22）	（9）	（15）	56	10
资本性支出	1 312	541	201	59	2 113
占用资本	15 399	4 798	1 482	403	22 082
资产负债表					
分部资产	18 094	6 065	1 854	2 027	28 040
对联营企业的投资	115	57	103	56	331
未分类资产*					268
资产总额					**28 308**
分部负债	2 334	1 205	368	1 458	5 365
未分类负债和权益**					22 943
权益和负债总额					**28 308**

* 递延税资产和衍生工具。

** 递延税负债、金融负债、衍生工具和权益。

续表

合并报表

附注4——业务分部和地理区域信息

(a) 业务分部信息

(百万欧元)	2006年					
	水泥	集料与混凝土	屋顶材料[3]	灰泥板	其他	总计
利润表						
毛销售收入	9 641	6 449		1 632	14	17 736
减：各部门之间的销售额	(794)	(10)		(22)	(1)	(827)
销售收入	**8 847**	**6 439**		**1 610**	**13**	**16 909**
资本利得、减值、限定和其他前的营业收入	2 103	564		198	(93)	2 772
处置利得净额	7	3		(8)	26	28
其他营业收入（费用）	(114)	(12)		(21)	25	(122)
包括资产和商誉的减值	(3)	(1)		(19)	—	(23)
营业收入	**1 996**	**555**		**169**	**(42)**	**2 678**
融资成本						(582)
融资收入						97
对联营企业的投资收益	3	11		16		30
所得税						(630)
持续经营净利润						**1 593**
非持续经营净利润			(4)			(4)
净利润						**1 589**
其他信息						
折旧和摊销	(575)	(258)		(69)	(30)	(932)
营业收入的其他分部非现金收入（费用）	(157)	(35)		(24)	142	(74)
资本性支出	931	436		222	50	1 639
占用资本	15 209	4 585		1 433	163	21 390
资产负债表						
分部资产	17 661	5 295		1 695	2 126	26 777
对联营企业的投资	113	41		92	7	253
持有待售资产			2 733			2 733
未分类资产[1]						331
资产总额						**29 841**
分部负债	2 316	1 174		365	1 791	5 646
持有待售资产相关的负债			842			842
未分类负债和权益[2]						23 353
权益和负债总额						**29 841**

(1) 递延税资产和衍生工具。

(2) 递延税负债、金融负债、衍生工具和权益。

(3) 非持续经营。

续表

合并报表

附注4——业务分部和地理区域信息

(b) 地理区域信息

	2008年			2007年			2006年		
(百万欧元)	销售收入	资本性支出	分部资产	销售收入	资本性支出	分部资产	销售收入*	资本性支出*	分部资产
西欧	**6 021**	**669**	**11 236**	**6 285**	**606**	**10 872**	**5 953**	**501**	**10 266**
其中:									
法国	2 721	314	4 620	2 676	264	3 628	2 524	255	3 047
英国	1 191	141	1 846	1 487	196	2 707	1 387	127	3 100
西班牙	671	89	1 554	703	47	994	672	33	1 000
北美	**4 270**	**477**	**7 339**	**4 780**	**485**	**7 177**	**5 116**	**562**	**7 296**
其中:									
美国	2 215	286	5 634	2 709	336	5 324	3 216	430	6 192
加拿大	2 055	191	1 705	2 071	149	1 853	1 900	132	1 104
中东	**1 611**	**436**	**6 752**	**527**	**78**	**878**	**628**	**44**	**861**
其中:									
埃及	504	62	2 998	65	24	158	64	3	142
中东欧	**1 761**	**329**	**2 352**	**1 467**	**290**	**1 992**	**1 014**	**112**	**1 552**
拉美	**968**	**130**	**1 393**	**876**	**114**	**1 502**	**796**	**74**	**1 446**
非洲	**2 373**	**469**	**6 280**	**1 911**	**261**	**1 904**	**1 801**	**178**	**1 795**
其中:									
阿尔及利亚	361	51	3 896	9	6	14	8	1	9
亚洲	**2 029**	**376**	**4 730**	**1 768**	**279**	**3 715**	**1 601**	**168**	**3 561**
总额	**19 033**	**2 886**	**40 082**	**17 614**	**2 113**	**28 040**	**16 909**	**1 639**	**26 777**

*仅来自于持续经营。

长期以来，有关员工福利的信息一直受到工会组织的关注。[①] 受到特别关注的领域涉及工作条件、岗位安全、机会均等、劳动力差异和童工。有关员工信息的披露也受到投资者的关注，因为它们为洞察公司的劳工关系、成本及生产力提供了有用的信息。

关于员工人数的信息披露已经引起政府的极大关注。按照地理区域披露的员工人

① 多年以来，工人在欧洲大陆一直被看作是商业伙伴，在许多国家的大公司中，让工人参加劳资协议会是一种强制性的规定。

数为当地政府提供了有关跨国公司对就业的影响的信息。而按照行业披露的员工信息则有助于识别外国直接投资者认为具有经济吸引力的行业和活动。如果投资者的行为与地方政府的目标相抵触，例如，投资者投资于雇用低技能工人的行业，而政府则力图提高高技能工人的就业率，那么一个有警觉的政府就会采取措施，鼓励外资投向其所期望的方向。如果将按照职能披露的员工信息同按照地理和（或）行业划分的相关信息结合起来，政府和劳工方就能够检查跨国公司惯用的雇工政策是否符合当地的法律和规范。

环境问题包括生产过程、产品和服务对空气、水、土壤、生物多样性和人类健康的影响。例如，法国的上市公司被要求公布它们的环境活动的后果。其中，必须提供以下信息：

• 水，原材料和能源的消耗，以及为提高能源效率而采取的措施；

• 为减少对空气、水和土地的污染（包括噪音污染）而采取的措施及相关的成本；

• 环境危机准备金的数额。

社会责任报告遭受了严格的批评。例如：

三种底线的一个问题是很明显的。利润计量相当简单，但度量环境保护和社会公平则不然。困难在一定程度上是由缺乏度量这些方面进步的单独衡量标准造成的。任何给定的环保行动的成功如何与已知的社会公平的进步相权衡——或者就此而言，与已知的利润变动相权衡？以及三者之间如何取舍？……计量利润——老的、有效的单一底线——提供了一个相当清晰的企业成功的检验方法，但三种底线则无法实现。

问题不仅在于没有一个单独衡量标准对三种度量办法进行相互比较，而且对于环境进步或社会领域的进步没有达成一致，事实上是无法达成一致，至少如果你想要一板一眼地对待此事的话。换句话说，没有可以用来对环境保护的不同方面进行相互比较的衡量标准，更不用说与其他标准进行比较了。并且，社会公平也如此……

单一底线的最大优点在于它能让管理人员对某件事情负责。而三重底线则做不到这一点。它与其说是经营许可，不如说是对混淆视听的纵容。①

尽管遭受如此批评，社会责任报告现在仍是大型跨国公司间的基准。最新的一项调查发现，世界上最大的250家跨国公司中的80%发布了这类报告，要么在其年度报告中，要么在单独的可持续报告中。日本和英国公司的报告率是最高的，且美国公司发布的社会责任报告较之早期的调查也有相当大的增加。这些公司中3/4采用下面讨论的《全球报告倡议组织指引》作为其报告框架。这项调查还发现，这些公司中的40%聘请了审计师审计其报告，比3年前的30%有所提高。②,③

可持续报告的配套指引由全球报告倡议组织（GRI）发布，它是隶属于联合国环境规划署的一个独立机构。GRI的“G3”框架建议披露下述领域的绩效指标：

• 经济绩效：如收入、职工薪酬、捐赠和社区投资以及给资本提供者和政府的

---

① “The Good Company: A survey of Corporate Social Responsibility,” *Economist* (January 22, 2005): 14.

② *KPMG International Survey of Corporate Sustainability Reporting* 2008 (October 2008), www. kpmg. com.

③ 世界各地都有财务信息的审计准则。然而，鲜有国家有可持续报告的鉴证准则。荷兰和瑞典是拥有这一准则的两个欧洲国家，而法国发布了非正式的指引。要了解欧洲概况，请登录欧洲可持续报告协会网址，www. sustainabilityreporting. eu.

报酬；

• 环境绩效：如能源消耗、水力使用和温室气体排放；

• 社会绩效，尤其是：

• 劳动实践和适当工作：如就业人数和职工离职率、劳资关系、健康与安全、教育培训以及多元化与平等机会；

• 人权：如非歧视性政策、童工、原住民族权；

• 社会：如社区影响、反腐政策、游说及给政治性团体和政治家的捐赠；

• 产品责任：如消费者健康和安全、产品和劳务标识、广告及消费者隐私。[①]

专栏5—2、专栏5—3和专栏5—4是社会责任报告的实例，选自瑞士罗氏（Roche）公司2008年的年报。专栏5—2按经营部门和世界各个地区列示了用工水平。这项披露还讨论了离职率、多元化和人权。专栏5—3讨论了Roche公司的健康和安全问题，也涉及环境保护事宜，如能源利用、温室气体排放、臭氧破坏、废弃物和水资源利用。最后，专栏5—4是对公司可持续报告的审计报告以及公司首席执行官对Roche公司可持续报告遵循GRI指引的声明。[②]

专栏5—2　　**Roche 公司用工信息披露**

人才

"人才是我们企业成功的核心因素——我们需要对工作和企业充满热情的员工。这种热情是有感染力的：我们的顾客注意到这一点，有助于建立他们对Roche的信任。"

Wolfgang Troebs，瑞士罗氏诊断的总经理

员工总数（全职人力工时，FTE）

	2008年
人数	80 080
增长率	+1.88%
与并购相关的增长	+1.01%

按合同类型分类的员工数（职员总数）

	2008年	方差
永久	78 216	5.2%
临时	2 184	-49.4%
实习	931	20.1%
全职	76 058	2.3%
兼职	4 342	0.6%

首选雇主

Roche公司决心成为一个首选雇主。我们争取吸引、聘用和留住合适的雇员以驱动我们企业得以生存的创新精神。

① Global Reporting Initiative, Sustainability Reporting Guidelines, www.globalreporting.org/NR/rdonlyres/ED9E9B36-AB54-4DE1-BFF2-5F735235CA44/0/G3_GuidelinesENU.pdf.

② 进一步的论述和实例参见：Helen Gernon and Gary K. Meek, *Accounting: An International Perspective*, 5th ed, (Boston: Irwin McGraw-Hill, 2001)；以及Claire B. Roberts, Sidney J. Gray, and Carol A. Adms, "Corporate Social and Environmental Disclosures," in *International Accounting and Finance Handbook*, ed., F. D. S. Choi, 3rd ed. (New York: John Wiley, 2003).

续表

为实现这一目标，首先让现有和预期的员工了解我们的价值主张。在“成就自我，完美生活”的口号下，我们的雇主品牌体现了 Roche 有别于其他公司的特色。这表明我们作为一个成功的企业，能够在充满合作精神和富于挑战性的工作环境中提供个性化的职业发展机会。到 2009 年末，新雇主品牌将被融入我们 65 个各地招聘网站

2008 年我们引入集团的价值观和领导胜任能力，加强了 Roche 公司的原则和我们设法提供的工作环境。2009 年，这些都将被融入我们人才管理的过程中

地区员工数（全职人力工时，FTE）｜2008 年

其他	1 634	（4.0%）
亚洲	13 065	（2.5%）
拉美	4 988	（-0.4%）
北美	25 823	（4.3%）
欧洲	34 570	（0.2%）

经营分部员工数（全职人力工时，FTE）｜2008 年

其他	535	（18.6%）
Genentech 分部	11 029	（-0.3%）
Chugai 分部	6 590	（1.9%）
Diagnostics 分部	25 404	（10.2%）
Roche pharmaceuticals 分部	36 522	（-2.8%）

人才管理

在 Roche，人才管理有助于我们识别、聘用、培养、领导和奖励员工。尽管重点在于选贤任能，但人才管理包括开发所有员工的潜能以实现我们的目标。我们的企业执行委员会已将人才管理确定为 Roche 公司 2009 年关键人才优先战略。我们将推动和计量我们在以下领域的进步：吸引人、留住人、绩效管理、薪酬、继任管理以及学习与发展

吸引人

全球人才的竞争愈演愈烈。全球劳动年龄人口数量在发达国家逐渐减少且来自于新兴市场的人才越来越多地返回其祖国。人才短缺意味着很难吸引适用人才

全球标准化程序与系统

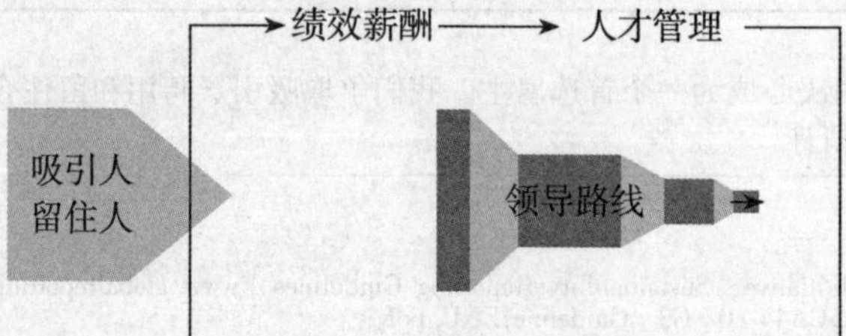

续表

作为一家创新型、以研发为驱动的医疗保健公司，Roche 所处的行业能够使全球数百万人口的生命直接受益。企业的这一面能够吸引和留住最有激情的人才。作为一家领先的跨国公司，我们的地位能够提供成长性行业的光明前景和全球就业机会

我们的招聘网站仍然是我们触及面最广且最为有效的招聘工具，2008 年有超过 10 600 000 名访问者

全球招聘网站能够让现有和未来的员工按岗位和地区来寻找职位。Roche 在 37 个国家使用这一应用程序来吸引、取信和雇佣候选人员。2008 年，大约 4 800 名员工使用这一系统在 Roche 集团内部升迁到不同的职位

我们新雇员总数中的大约 65% 来自于外部。我们拥有一个约 160 000 名未来候选者的人才库，他们都已在我们的招聘网站上注册了他们的详细信息

内部/外部招聘率 | 2008 年

外部	65%
内部	35%

招聘网站就业机会（累计）

	2008	2007	2006
网站注册人数	159 079	85 000	60 000
招募的新员工	9 192	4 100	1 700
内部升迁	4 830	451	

2008 年，我们引进了一个标准化的招募程序，它将于 2009 年在组织上下全面铺开。这使得 Roche 全面地提升其招募的质量和一致性，并且有助于我们雇用符合我们全新价值观和领导胜任能力的候选人才

总体说来，Roche 在 2008 年共招聘了 9 192 名新雇员

留住人

2008 年不但是以并购为特征的一年，也是以组织最优化和重组为特征的一年。我们的 Roche pharmaceuticals 分部减少了其基本护理销售人力，对局部操作如财务、人力资源和其他总部职能部门进行了优化。拉美和美国也都发起了生产制造分部的改组，同时后者还执行了自愿分离计划。总体来说，这些组织优化和重组占雇主推动下的人事变动的 86%

当处理并购和改组时，我们注重留住有价值员工的能力。Roche 采取诸如变更位置、留用激励和新职业倾向支持等支持措施

离职率

	2008 年
所有地区	9.9%
欧洲	9.5%
拉美	14.3%
北美	10.4%
亚洲	8.1%
其他	13.5%

续表

离职原因	
	2008 年
与雇主有关	24%
与雇员有关	56%
不确定的	20%

薪酬、津贴和福利

我们提供的总薪酬计划——工资和津贴——在集团范围内起到了吸引和留住人才的重要作用。长期的工作稳定性、发展机会以及良好的工作环境是相当重要的

Roche 的薪水反映了员工对企业所做的贡献。加薪和奖金反映出企业和个人的绩效——我们的“绩效工资”哲学概括了这一点。定期基准证实，Roche 在大多数国家提供了有竞争性的年金和津贴计划。这些往往补充了当地的社保计划并遵循了当地的市场规则

当地附属机构的薪酬计划与我们集团 2004 年修订的薪酬政策相一致。2008 年，我们的薪酬成本是 111 亿瑞士法郎

通过我们的参股 Roche 方案，我们的员工在大多数国家都能享受高达 20% 折扣来购买 Roche 的非投票权益证券。2008 年，41 个国家的 16 050 名员工——占有资格人数的 36%——参与了参股 Roche 方案，2007 年为 15 300 人

通过 2005 年引入的长期计划，我们按照管理人员的绩效，奖励给他们非投票权益证券。2008 年有总计 3 300 人参加，其中 880 人第一次加入

2008 年，我们从固定津贴计划——依靠员工工资、退休年龄和其他因素确定的计算公式支付工资——转变为固定贡献计划，即根据贡献和后续投资支付工资。固定津贴计划适用于在编人员

我们采取了一系列的计划项目鼓励我们的员工关注他们的福利。这些计划主要包括免费医疗检查、工作场所工效学评价与咨询。员工餐厅可以进行有益健康的饮食选择

我们提供适当情况下的兼职、弹性工时和家中办公的选择。大约 5.4% 的员工兼职，且休假是定期安排的。在过去一年里，Roche 在一些国家引入了父亲育婴假，而产假在许多国家要长于法定的最低天数

绩效和发展

为了帮助员工发掘他们全部的潜力，我们提供对其绩效的定期反馈，鼓励他们与管理人员探讨其职业目标和发展机会。2008 年，我们雇员中的 86% 参与了绩效管理规划，57% 参与了正式的职业发展规划

员工绩效与发展不仅仅是雇员自身的责任，而且是管理层的职责。2008 年，绩效管理过程增加了管理人员与员工之间的对话。紧密的线性管理允许我们区别对待高效员工和低效员工，并且提供恰当的反馈以支持员工的职业发展

继任管理

当我们设法维持我们的竞争实力并继续推动创新文化时，强化人才渠道是至关重要的。2008 年，我们引进了企业范围的人才管理办法，促使我们对高潜质员工的培养

续表

我们的人才框架给我们提供了一个识别、开发和指导高潜质员工的全球路径。该框架为有才华的员工指明了方向并且提供给他们能够进入企业人才库的机会，这些员工能在短期或长期内接任关键职位

人才渠道的每一环节都得到了集团范围发展规划的支持。这些规划目标锁定在顶尖员工的5%以及学习和发展总开销的大约15%

发展机会通过国际委派得以实现，有助于Roche成为有吸引力的雇主并因此而闻名于世

2008年，大约440名员工接受了在50个国家的长期或短期委派任务。我们希望确保执行国际委派任务的员工在其新环境中表现优异。2008年，我们开设了便于融入东道国的文化意识课程。交互培训在今年开办，并将于2009年将全面铺开，其能够提供给员工通过文化和商业视角理解当地文化的工具

我们也建立了支持规划以帮助国际委派的员工能够融入新的国家。这些项目提供了网络、俱乐部和其他社会组织的信息以及能够成功求职的事业支持

我们的借调计划给员工提供在发展中国家医疗保健建立计划工作3到18个月的机会。2008年批准了两项新的借调项目

学习与发展

2008年，Roche在技能培训和教育方面投入139 000 000瑞士法郎，提供了大约2 400 000小时，人均约合29小时的培训

培训包括满足胜任要求的技术技能计划、语言课程、人际技巧培训、个人指导以及领导和变革管理项目

大部分的培训课程由全球职务/业务领域或者人事机构运作并且详细制定以满足当地需求

一些Roche的分公司提供了全方位的实习。Roche正式提供了几种可供选择的实习项目，包括临时委派、课余时间或者一年企业见习。当实习期满时，有超过一半的实习生被Roche所雇用。我们目前有931名实习生在集团内工作，包括2008年新进的156名实习人员

多元化

“曾在全球各地工作的我，经历了多元化的价值观：不同的性别、种族和文化渊源带来了多种多样的想法和意见，这将使企业变得强大。”

Pascal Soriot，Roche pharmaceuticals分部的首脑

多元化的劳动力对于像Roche这样的全球企业来说是至关重要的。除了可视的特征，如年龄、种族、和性别，多元化还包括阅历、能力和心态。我们相信多元化会促进创新，允许弹性并激发创造力，有助于Roche应对未来的挑战

我们不容忍任何形式的歧视。我们通过将多元化植入员工管理系统来促进包容

多元化会在一个其得以生存并被认可、被理解、被珍视和被鼓励并能在程序和结构中加以体现的环境中快速发展

我们通过正式的培训鼓励员工的多元化，如我们公司的多元化管理培训计划和政策，包括禁止工作场所的权利滥用。我们也将包容嵌入进程和日常活动之中

例如，在巴塞尔，我们借助混合性别面试小组确保在招聘过程中的多元化。家庭支持和灵活工作安排的不断完善确保从产假获得不变的高额收益率。例如，我们在2008年开设了第二日托中心，并且现在提供紧急日托支持

身担要职的女性数量在组织所有层面上继续增加。在2008年，我们的企业执行委员会迎来了其第一位女性成员，Silvia Ayyoubi，她是人力资源全球主管。女性占我们员工总数的46%。2008年，我们管理人员的37%和高级管理人员的8%（大约120位高级职员）是女性，这一数据在上一年分别是32%和7.4%

续表

性别多元化			
	2008 年	2007 年	2006 年
职工总数中女性的比例	46%	45%	45%
管理层中女性的比例	37%	32%	31%[1]
女性在前 120 个管理职位中占的人数和比例	9（8%）	8（7%）	4（5%）

[1] 由于 2006 年年报中的错误而进行了重述

身为女性从来没有成为 Vesna Cizej 的一个职业障碍，她是亚得里亚海管理中心的主管，斯洛文尼亚的一位总经理。“我们是与众不同的。智慧独立于种族、性别和地理位置”，她说：“而且，正是天才的优势和融合的差异为我们的成功奠定了基础。”

认可 Roche 工作环境中的多元化让 Vesna Cizej 调整她的领导风格以满足员工个性化需求。她知道拥有对其团队整体设想的重要性，但传递这一设想还需要精心调整。“在与每一个人交流这一设想时，你必须完全投入，且采取他们认为有意义和起激励作用的方式”，Vesna Cizej 说

最后是关于雇主向其雇员能提供什么以激发他们的灵感。在 Roche，这是做一件重要事情的机会。“我能看到，我所做的一切能够影响人们的生命。这让我继续拥有工作的热情和精力”，Vesna Cizej 总结道

Roche 代表了世界各地 139 个国籍。在我们巴塞尔的总部，超过一半的员工不是来自瑞士。在 Roche 的分公司，当地的国民占职工总数的大多数且约占管理团队的 75%。这有助于确保集团政策和工作呈现出我们全球化经营的多样性

员工管理

我们通过企业内部网和内部商务通讯、市政厅会议和员工杂志等不同语言与我们的员工进行交流。Hexagon 是一份全球性的员工杂志，以八种不同的语言季度发刊，也可在 Roche 的企业内部网上阅读

我们每年会举办 7 至 8 次面对面的午餐会议。员工能够和企业执行委员会和高管的成员会面，并提问。海外员工能够通过直播的网络广播参加会议

人权

Roche 拥有全面的就业政策，包括联合国界定的人权。集团干事监督这一政策在 Roche 上下的贯彻实施，并担当所有员工的联络员。2008 年年底，因我们对人权承担的公共义务，Roche 成为得到“实现权利与商务”和“人权资源中心”认可的 230 家公司之一

Roche 尊重员工自由结社和劳资集体谈判的权利。超过 6 600 名的员工通过工会代表其同事，且超过 26 160 的员工是自由代表其意志的组织的成员，这些组织包括 Roche 欧洲论坛（代表我们横跨 26 个国家的员工）

我们的个人数据保护指令保护了员工的信息并遵循了当地相关法规。我们已经在不同的企业部门间或与劳资协会磋商达成了数据隐私协议

更多信息登录网址

- 雇员：www. roche. com/employees
- 集团政策、形势和指引：www. roche. com/policies_quidelines_and_positions
- 全球招聘门户：http：//careers. roche. com/
- 雇佣政策：www. roche. com/employment_policy. pdf
- 核心标准：www. roche. com/commitments

资料来源：2008 年 Roche 年度报告。

专栏 5—3　　Roche 公司的安全和环境披露

安全、防护、健康和环境保护

安全、防护、健康和环境保护（SHE）是我们企业成功所不可或缺的。我们认真承担我们在这一领域的责任，贯穿于产品的整个生命周期。我们的企业原则和 SHE 政策让我们做出对 SHE 最高标准的保证。2008 年，我们在 SHE 基础设施方面投入了 218 百万瑞士法郎，在 SHE 运营成本（包括服务和人事）方面投入 29 500 万瑞士法郎

SHE 管理

在 Roche，每一个人都有责任确保他们自身及周围人的健康和安全，并且有责任减少我们的经营对环境产生的影响。我们拥有一个由 619 名任职于 Roche 集团 SHE 部的全职员工组成的热忱团队，包括 30 人的企业团队，负责协调 Roche 集团内部的 SHE。2007 年在 SHE 职务范围内任命的企业安全专员已经建立起一个当地安全专员的网络，用来协调企业的安全活动

在各地网点，我们通过各个网点管理人员和 SHE 专员确保 SHE 政策和指引得以恰当实施。工作在诊断和制药分公司的“环境特派员”增加了其同事们对环境问题的认识

企业和附属机构都确认和评价了 SHE 风险，并列示在以网络为基础的详细清单上。这能使我们评价风险并采取措施以减少企业层面上的风险

我们通过定期网点审计来监管 SHE 政策。2008 年，我们审计了 25 个网点。没有发现重大缺陷。重大发现涉及程序需要更新、对突发事件管理的培训不充分或者劳动卫生评价需要更新等网点风险分析。我们采用审计来完善我们的 SHE 绩效。审计团队向被审网点提供建议并监管其执行情况

2008 年，我们举办了 SHE 专员的全球会议以保证 Roche 企业 SHE 政策、指引和 2008 年修订的指南附注得以恰当实施。此次会议也讨论了我们企业 SHE 目标今后努力的方向

对于我们的员工来说，重要的是接受贯穿集团的 SHE 准则。定向培训包括演讲和实际操作课程。2008 年，38 905 名员工参加了 111 870 小时的 SHE 培训

在制药和诊断的研究、开发和生产制造过程中，处理化学药品是一项固有风险。处理化学药品的员工因其承担的职责而接受培训以便正确使用这些药品，并且我们已经出版了安全数据的印刷品，详细列示了 1 000 余种专门化学药品的性能和正确操作方法

我们三年一度的“环保竞赛”鼓励员工提出减少对环境影响的创新方式，而且我们的年度“责任关怀网络奖”要求各个网点将其解决方案汇总起来以改善能源效率且使它们更加环保。这些积极行动已经带来了大量创新提议的实施

健康和安全

一个安全和健康的劳动环境对保障员工的健康和生产效率非常重要

目标：到 2010 年，Roche 意外事故率比 2005 年的基线 0.079 降低 20%

Roche 意外事故率（RAR）计量因每人每年职业意外事故而损失的工作天数

2008 年，我们的 Roche 意外事故率是 0.078。这表明比 2007 年增加了 2.6%，不包括当年的致命性交通事故。我们仍然在为实现 2010 年的目标而努力

健康与安全

	2008 年	2007 年	2006 年
Roche 意外事故率	0.078	0.076	0.083
职业意外事故	474	482	473
职业疾病	270	311	302
与工作相关的死亡	0	1	0
每百万工时与工作相关的事故	3.42	3.46	3.67

续表

与承包人相关的事故数量增加到148。由于承包人工时的减少，相关的受伤频率增加19.5%。按照我们的假设，承包人应该视为我们的员工遵循相同的安全规定

2008年职业疾病病例从311个下降到270个，损失天数从1 335天下降为606天。肌肉骨骼系统方面的疾病占这些损失工作日的2/3

我们努力争取降低职业事故和疾病的数量和严重程度。所有的事件都经过了调查，且相关的发现在全公司范围内通报

在实现2005年订立的长期全球SHE目标方面，各个网点发挥着至关重要的作用。2008年，网点继续贯彻实施2006年9月在全球SHE会议上建立的行动规划，以便于实现SHE目标。这些规划由企业SHE进行评价，且这些措施不断地得以实施

环境覆盖区

我们监控着我们在研究与生产、包装以及使用和处置期间的运输和分销等环境覆盖区

目标：到2015年，实现总生态平衡比2005年基线（点/员工）提高10%

绩效：我们企业的环境覆盖区是采用瑞士环境署（BAFU）设计的“生态平衡”法计算得出的。生态平衡反映了我们的经营业务通过资源（原材料和能源）的利用及产生的排放物和废弃物对环境产生的总体影响

2008年，我们的生态平衡是4.95，比2007年提高了3.9%。这反映出，除氧化亚氮气体排放和微粒有轻度增加外，今年所有的环境指标都实现了降低。我们目前正在为2015年5.92的生态平衡目标而努力。为维持这一水平，我们确定了持续降低资源消耗和减少我们产生的废弃物和排放物数量的要求

了解与收入相关的环保支出是非常重要的，因为这让我们可以量化经营活动对环境产生的影响。我们使用这一信息来锁定我们对产生重大影响领域的SHE投资

我们的“生态效率”（EER）结合了能源利用、废弃物、空气和水的排放以及环保支出和收入等数据。有关EER的全部解释可以在我们的网址上找到。2008年，我们的EER是77.95，提高了16个百分点

生态效率

	2008年	2007年	2006年
销售收入（百万瑞士克朗）	45 617	46 133	42 041
环保支出（百万瑞士克朗）	209	232	255
环境破坏（百万环境破坏单位）	2.80	2.96	3.30
生态效率（EER）	77.95	67.19	49.97

能源和气候变化

我们旨在减少我们经营活动所产生的能源消耗和二氧化碳（CO2）等温室气体的排放

目标：2010年实现能源消耗比2005年基线（十亿焦耳/人）下降10%

目标：2008年实现温室气体排放比2003年基线（二氧化碳等量单位/销售收入）下降10%

绩效：2008年Roche消耗了13 662万亿焦耳的能源，比上一年减少了2万亿焦耳。这相当于每名员工消耗0.718十亿焦耳（此处的“十亿焦耳”为单位名称），比2007年有少量降低

续表

能源消耗丨十亿焦耳			
	2008 年	2007 年	2006 年
能源消耗总量	13 662	13 664	12 467
每百万瑞士克朗销售收入的能源消耗总量	0. 299	0. 296	0. 297
每名员工能源消总量	0. 178	0. 179	0. 174

2008 年，我们能源消耗排放物和其他温室气体排放总计相当于 1. 06 百万吨的二氧化碳，同比 2007 年足足增加了 1 个百分点。尽管能源消耗较低，排放物却增加了，其原因在于汽车和飞机出行的增加

2008 年按类别的能源消耗丨%

企业消耗的燃料	9. 9
石油	1. 7
因业务飞机出行消耗的燃料	14. 4
废弃物	0. 9
高压电	29. 0
地区供热	3. 9
可再生能源	0. 5
天然气	39. 7

相对销售收入的温室气体排放今年已增加到 23. 28 吨每百万瑞士克朗收入。这等同于自 2003 年以来大约 54. 8% 的降幅，超过了我们 2008 年末降低 10% 的目标

温室气体排放丨等价二氧化碳吨数

	2008 年	2007 年	2006 年
总排放量	1 062 114	1 052 407	980 008
每百万瑞士克朗销售收入的总排放量	23. 28	22. 81	23. 31

我们对温室气体和气候变化的立场声明书指导着我们减少温室气体排放的集团战略。这份声明书强调了二氧化碳排放和能源利用间的关系，并且我们现在采取的是降低能源消耗和提高效率的措施

我们相信，允许各个网点建立它们自己的排放物降低战略能最大限度地提高他们的努力程度，因为他们最熟悉当地的条件。网点受到我们集团能源节约指令的指导，该指令采取一个系统化方法，包括设计新设备的能源效率标准和现有能源消耗项目的最优化

该指令要求各网点执行能源审计。2008 年，我们发布了配套指引以确保这些审计有结构化的实施路径，他们可能由第三方或网点自己实施。根据各网点的环境和能源消耗情况，我们选择审计对象。因此，审计可能不包括所有网点，但可以集中于特定系统。我们使用这些结果来制定降低未来能源利用的主动措施和目标

续表

2008 年，赢得 Roche“责任关怀网络奖”的参赛单位之一来自于我们巴塞尔的总部。通过调节该网点 IT 办公室空气的较高温度和较低湿度，能源利用削减了 12% 而没有产生破坏我们 IT 设备的额外风险

今年没有获得该奖项的其他一些参赛单位包括：

• 南、北卡罗来纳州 Roche：数据采集和分析的能源监控系统允许该网点进行能源利用的监控、管理和最优化

• 伯格多夫（贝尔格多夫）Roche：新的供暖系统采用木质颗粒而不是矿物燃料，这将削减 94% 的二氧化碳排放量，且所使用能源总量的 28% 是可再生的

• 布鲁塞尔 Roche：新建筑包括防止办公室夏季太热的专业遮阳，采用雨水冲厕和停车场的节能照明

我们鼓励员工将几个目的地的出差整合为一次差旅。我们投资了视频和电话会议设备，并且如果旅行必要的话，我们鼓励乘坐火车而不是飞机

变更能源储备投资的规则

2008 年，世界企业可持续发展委员会（WBCSD）将 Roche 作为典型案例，研究我们为分析生物循环成本和节能投资效果所付出的努力。WBCSD 出版了这项研究以激励其他公司采取类似方法。该文强调了 Roche 计算节能投资价值的创新方法

WBCSD 注意到，将一段时间的社会效益、环境效益和经济效益转化为可以与预付成本对比的单一财务指标，在促进企业节能投资个案方面，是一个有价值的工具。通过这一倡议，“Roche 已经使得企业上下的管理人员积极评价节能投资的可行性并且寻求价值创造的机会”。

臭氧破坏

卤代烃（如氯氟烃和氢氯氟烃）破坏臭氧层并且影响气候。Roche 公司关于逐步淘汰氯氟烃和氢氯氟烃的指令将促使我们承诺到 2010 年减少制冷系统和灭火系统的氯氟烃和氢氯氟烃

然而，几个代替制冷装置氢氯氟烃的项目已经因缺乏可接受的替代品而在一些国家延迟，并且改组计划已经暂停了重要网点的逐步淘汰项目。淘汰这些化合物的预订日期也因此而推迟

氢氟碳化合物和全氟碳化合物通常作为氯氟烃和氢氯氟烃的替代品，它们不会对臭氧层产生影响。但是，它们有不可忽视的使全球变暖的潜在影响，有一些还会残存在大气中。我们认为它们不是合适的长期替代品，我们目标到 2015 年逐步淘汰这些化合物。适宜的计划已准备就绪，满足这一目标的投资方案也正在执行之中

臭氧破坏化学制品 | 吨

	2008 年	2007 年	2006 年
卤代烃总存量	114.6	148.2	141.2
卤代烃总排放量	3.4	4.7	7.7

空气排放物

易挥发有机化合物（VOCs）和微粒导致空气污染和烟雾，而 X 氧化氮（NOx）和二氧化硫（SO2）能产生酸雨。这些空气排放物都纳入到降低我们对环境产生影响的总体目标之中

绩效：2008 年，我们的制造工艺和氧化车间排放 213 吨易挥发有机化合物，比 2007 年下降 11.3%。这意味着，到 2008 年我们超额实现了在 2003 年基线上降低每单位收入每吨 VOC 排放量 10% 的目标。微粒、一氧化碳（CO）和二氧化硫的排放水平继续在低水平上下波动——2008 年总排放量分别是 27 吨、193 吨和 10 吨

续表

空气排放物丨吨			
	2008 年	2007 年	2006 年
易挥发有机化合物	213	240	281
微粒	27	25	27
X 氧化氮	193	169	219
二氧化硫	10	12	15

废弃物

Roche 的经营产生了需要安全处理的化学废弃物

2008 年，我们的化学废弃物总计 31 295 吨。比 2007 年降低了 18%，这反映出其产出量较小。焚烧这些废弃物是处理得最负责任的方式，且其中大部分（96.8%）采用这种方式处理

一些废弃物来自于特定的制造工艺，能够被其他企业再利用。2008 年，我们出售了 4 940 吨的废弃物。我们的再循环化学废弃物总计达 13 811 吨，主要由化学溶剂构成

2008 年，我们产生了 42 823 吨普通废弃物，比上一年度增加了 145%。相当大的增加主要是来自于不同网点建筑活动产生的建筑废弃物，总计大约 25 000 吨。我们焚烧了 12.1%，送往废弃物填埋地 87.9%，主要是碎石和瓦砾。我们再循环利用 28 589 吨的普通废弃物，比上一年降低 9.8%

我们定期监管包含我们房屋及其附属物的化学废弃物的废弃物填埋地点，以保证其不会对人体健康和环境造成危险。如有必要，我们将对废弃物填埋地点采取持续补救措施。我们为此投入了大约 16 000 万瑞士法郎

废弃物丨吨

	2008 年	2007 年	2006 年
普通废弃物	42 823	17 480	20 719
每百万瑞士法郎收入的普通废弃物	0.94	0.38	0.58
化学废弃物	31 295	38 167	51 155
每百万瑞士法郎收入的化学废弃物	0.69	0.83	1.21

水

清洁的水是 Roche 生产工艺不可或缺的。为此，2008 年我们从不同来源回收了 2 100 万立方米的水，大约与上年相同

全球报告倡议组织将水消耗定义为用于产品、冷却和空气调节以及灌溉的水。基于这一定义，我们比 2007 年增加了 4.3% 的水的消耗量，达到 240 万立方米。我们继续努力减少我们对全球水资源的消耗量

作为副产品，制造工艺通常排放污染的废水。我们在将废水排放到水道之前对其进行处理，以确保其对环境和人类的安全。我们的目标在于增强我们处理废水的能力，因为我们的企业是不断持续成长壮大的

例如，Roche 在彭茨贝格生物技术生产的扩张，要求增强处理废水的能力。我们安装了创新的薄膜技术，不仅提高了 60% 的处理能力，而且比原来的装置要求更少的空间和能源。这一解决方案是今年“责任关怀网络奖”的获奖项目

续表

2008 年，在处理之后，我们向河道中排放了 592 吨有机物质，比 2007 年减少了 7.6%。我们能够通过管道将重金属（如铬、铜和锌）从废水中清除。今年我们排放了 545 公斤重金属，比 2007 年减少了 9.9%

水

	2008	2007	2006
回收的水（百万立方米）	21.0	21.0	22.2
使用的水（百万立方米）	2.4	2.3	4.3
向处理车间排放的废水（百万立方米）	7.3	7.1	5.1
处理后排放到河道中的有机物质（吨）	592	641	313
处理后排放到河道中的重金属（公斤）	545	605	1 086

环境中的药品

关于在环境中检测到药物活性成分痕迹的问题已经引起了关注。现有研究表明其在河流、湖泊和水源中被发现的数量一般远低于它们对人类健康或河道中水生物产生有益或有害影响的水平

制造工艺和对未使用的药品处理不当可能会导致药品流入环境，但正常的患者使用被认为是主要源头。药品流入环境的风险是我们在产品开发过程中为环境保护而采取的生命周期方法的一个重要因素

Roche 的目标在于，在任何可能的情况下将向环境排放药品的量最小化。我们所有的制造网点的设计和经营都尽可能的实用，以确保活性药品成分不被排放到废水中

我们提供财务激励来鼓励零售商和我们价值链上的其他利益主体返回未使用的或过期的产品。这一措施确保了这些产品被焚化而不是被填埋处理。我们积极推进新的回收项目，使得它们不复存在

2008 年，Roche 发布了全球环境药品状况表，概括了我们监管人类健康和环境危险的意图

我们认识到药品对环境的长期影响需要进一步研究。我们参与了国际和本国的组织，致力于研究微量化学制品（包括药品）对地表和地下水的影响

合规和突发事件

目标：收到非重大的与 SHE 相关的罚款

绩效：2008 年没有报告重大的罚款

当我们无法遵守相关的法律规定时，我们企业的诚信就会受到破坏。我们的集团政策往往高于当地法律和规定，但作为底线，Roche 有义务遵守当地要求

因为存在被误用的潜在可能性，例如在麻醉剂、毒素或化学武器的生产中，所以药品生产中使用的一些物质和生物受到了管制。在进行严密控制并且符合所有实施法律的条件下，我们保留少量的这些物质

更多信息登录网址

- SHE 绩效：www. roche. com/key_figures_and_facts
- 安全、防护、健康和环保：www. roche. com/environment
- 安全、防护、健康和环保（SHE）政策：www. roche. com/reporting_and_indices
- 集团事实簿、状况、政策和指引：www. roche. com/policies_guidelines_and_positions

资料来源：2008 年 Roche 年度报告。

专栏 5—4　　Roche 公司的可持续发展报告的审计报告

独立鉴证报告

Roche 股份有限公司巴塞尔（“罗氏”）的企业可持续发展委员会：

我们接受委托执行了鉴证程序，为 Roche 公司 2008 年的可持续报告提供如下方面鉴证

内容

Roche 公司及其合并子公司（不包括 Chugai 分部和 Genentech 分部）今年年底（2008 年 12 月 31 日）可持续发展报告披露的数据和信息，具体包括下列方面：

• 关于可持续发展报告、SHE 和人员等关键数据的编制以及与这些关键数据汇总相关的控制环境的管理和报告过程

• SHE 关键数据见 2008 年 Roche 经营报告的 108—114 页，一些节选的人员关键数据在 100—105 页加以披露

标准

• 基于欧洲化学工业理事会（CEFIC）发布的责任关怀、健康、安全和环保报告指引以及 2006 年 10 月全球报告倡议组织（GRI）发布的“可持续发展报告指引 G3”建立了 Roche 集团内部的可持续发展报告指引

• 对 SHE 和人员关键数据进行内部收集、整理和汇总的确定程序

责任和方法

可持续发展指标的准确和完善易受其本质以及确定、计算和估计这类数据方法的固有限制。因此，我们的鉴证应该结合报告 Roche 可持续发展绩效的内部指引、定义和程序来阅读

Roche 企业可持续发展委员会负责主题内容和评价标准。我们的责任是基于我们所执行的符合国际鉴证业务准则（ISAE）3000 的鉴证程序，对主题内容提供结论

主要鉴证程序

我们的鉴证程序包括下列工作：

• 集团指引应用评价：检查 Roche 内部可持续发展报告指引的应用

• 网点参观走访：走访选定的 Roche 公司在瑞士、法国、英国、加拿大、墨西哥和巴西的 Diagnostics 分部和 Roche pharmaceuticals 分部。基于数量和质量标准进行选择；访谈我们走访的网点和集团层面负责内部报告和数据采集的人员，以便确定指引的理解和应用

• 关键数据的评价：对选定的支持 SHE 和人员关键数据（Roche 事故率、能源消耗、与能源消耗相关的二氧化碳排放、普通废弃物、水资源利用、安全和环保罚款、职员人数、员工离职率、女性高管职位以及培训成本）的证据执行抽样基础测试，关注完整性、准确性、充分性和一致性

• 文件审核和对相关政策及基本原则的分析：执行相关文件的抽样基础审核，包括集团可持续发展政策、管理和报告结构及相关文件

结论

我们认为：

• 内部可持续发展报告指引得到了恰当执行

• 收集和汇总 SHE 和人员关键数据的内部报告体系按其设计运行并对其披露提供了恰当的依据

基于本报告中所述的工作和标准评价，在 2008 年 Roche 经营报告中，我们没有注意到任何引起我们相信在主题内容中提到的以及和可持续发展报告一起披露的数据和信息没有对 Roche 绩效给予公允反映

苏黎世，2009 年 1 月 23 日

普华永道会计师事务所

Dr. Thomas. Scheiwiller　　Juerg Hutter

全球报告倡议组织可持续发展报告指引

正如以前年度一样，我们再一次使我们的可持续发展报告与全球报告倡议组织（GRI）的指引相接轨

由于第二次，Roche 认为 GRI G3 指引的 A+水平应用到其 2008 年年度报告。这被 GRI 审查并证实了

我们报告的每一个指标的详细情况可以在 www. roche. com/reporting_and_indicesz 找到

Severin Schwan

资料来源：2008 年 Roche 年度报告。

5.2.4 公司治理披露

公司治理与内部经营和控制公司的方式有关——职责、受托责任、股东、董事会成员和为实现公司目标而任命的管理人员之间的关系。也就是说，公司治理是指导和控制企业的体系。公司治理所面临的问题中包括股东的权利和待遇、董事会的职责、披露和透明度以及股东的作用。

Dallas 提供了一个理解和评价各个国家的公司治理机制的框架。[①] 其框架的四个组成部分是市场基础设施、法律环境、管制环境和信息基础设施。

1. **市场基础设施**。包括所有权类型（集中的还是分散的）、企业公开上市的范围、所有权和公司控制（接管）市场。相关问题还有董事会结构、董事会独立性传统以及董事长和 CEO 的职责是否分离。

2. **法律环境**。包括法律体制的类型和股东/所有者权益是否界定清楚以及被一贯和有效执行。公司法和证券法是法律环境的一部分。公司法涵盖了如何建立和管理企业，经理、董事和股东的权利和责任。证券法涉及证券的发行和交易，包括申报和披露要求。此外，一般商业法律在保护所有者（包括少数股东）、债权人及其他利益相关者的权益方面是重要的。

3. **管制环境**。与法律环境密切相关。管制机构负责规范市场来遵守现有法律。它们保证市场的有序和有效，并贯彻执行公开披露要求。

4. **信息基础设施**。涉及采用的会计准则以及它们是否产生准确、完整和及时的财务报告。它也包括审计职业结构和审计实务和独立性的职业准则。及时披露可靠的、公开获取的信息能够使股东判断企业的治理有效性及其经营和财务业绩。

专栏 5—5 概括了 Dallas 公司治理框架的关系，注意四个组成部分间的内在联系。

专栏 5—5　　**理解各国公司治理机制的框架**（Dallas 2004）

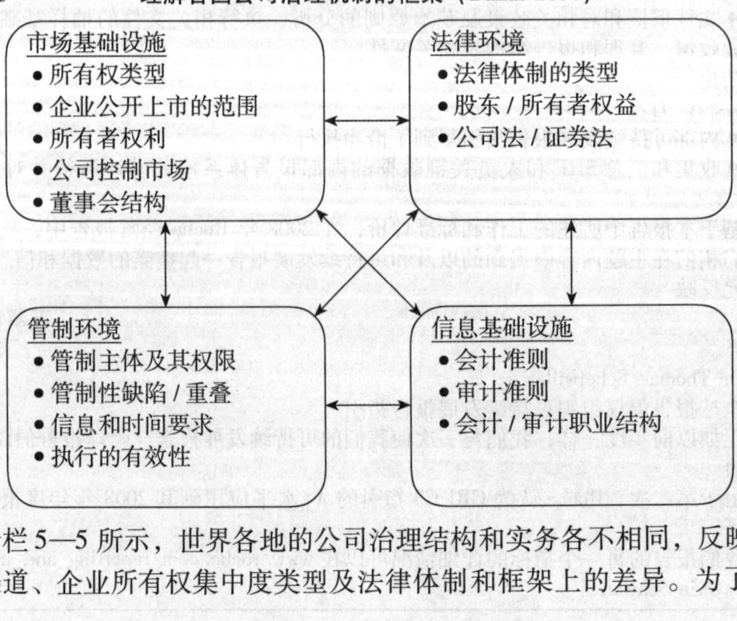

正如专栏 5—5 所示，世界各地的公司治理结构和实务各不相同，反映出在文化、传统融资渠道、企业所有权集中度类型及法律体制和框架上的差异。为了加以说明，

① George S. Dallas, *Governance and Risk*（New York: McGraw-Hill, 2004）.

专栏 5—6 列示了一些广泛的普遍特征，一边是德国和日本的，另一边是英国和美国的。由于这些差异，德国和日本的公司治理机制历来要比英国和美国的薄弱。然而，由于公司治理实务不断受到监管者、投资者和分析师的关注，世界许多国家的公司治理正逐渐完善，包括德国和日本。

专栏 5—6 **德国和日本 VS 英国和美国**

德国和日本	英国和美国
• 一致性文化；合作关系	• 竞争；对立关系
• 网络导向	• 市场导向
• 银行导向：相对更依赖于负债；股票交易不是重要的融资渠道	• 股票市场导向：相对更依赖于权益；股票交易是重要的融资渠道
• 内部人控制；所有权集中并且控股股东影响相对较大	• 外部人控制；所有权分散并且控股股东影响相对较小
• 关注利益相关者	• 关注股东
• 成文（民）法法律体系	• 普通法法律体系

美国、英国和澳大利亚等越来越多的国家要求上市公司在年报中对有关公司治理的情况进行专门披露。“欧盟第 4 和第 7 号指令”（见第 8 章）要求公开交易的欧洲企业提供公司治理声明。经济合作与发展组织（OECD，也在第 8 章讨论）于 2004 年发布了其修订的《公司治理原则》，阐明了公司治理的 6 个基本原则。[①] 披露和透明度包含在第 5 个原则中，如专栏 5—7 所示。

专栏 5—7 **OECD 公司治理的第 5 原则：披露和透明度**

公司治理框架应该保证及时、准确地披露关于公司的所有重大事项，包括企业的财务状况、业绩、所有权和治理。

A. 披露应该包括，但不限于下列重要信息

1. 企业财务和经营成果
2. 企业目标
3. 主要股份所有权和投票权
4. 董事会成员和关键行政人员的薪酬政策，董事会成员信息，包括他们的资历、选聘程序、其他企业董事以及他们是否独立于董事会
5. 关联交易
6. 可预见的风险因素
7. 关于员工和其他利益相关者的问题
8. 治理结构和政策，尤其是企业政策条款的内容及其执行过程

B. 信息应该按照会计和财务与非财务披露的高质量准则进行编制和披露

C. 年度审计应该由独立的、能胜任的和有资格的审计师来执行，以便向董事会和股东提供对财务报表在所有重大方面公允反映了企业的财务状况和业绩进行外部的和客观的鉴证

D. 外部审计应该对股东负责，并对企业履行在审计中保持应有的职业谨慎职责

E. 公开信息的渠道应该向使用者提供相关信息的公平、及时和符合成本效益的获取途径

F. 公司治理框架应该按照行之有效的方式执行，这种方式强调和促进由分析师、经纪人、评级机构和其他机构提供与投资者决策相关的分析或建议，而不受妨碍他们分析或建议诚实的重大利益冲突的影响

资料来源：*OECD principles of Corporate Governance*（2004）：22-23（www. oecd. org/dataoecd/32/18/31557724. pdf）。

① Organisation for Economic Cooperation and Development，*OECD principles of Corporate Governance*（2004），www. oecd. org/dataoecd/32/18/31557724. pdf. 六个原则是：（1）确保公司治理框架基础有效；（2）股东所有权和关键所有权职能；（3）股东的公平对待；（4）股东在公司治理中的作用；（5）披露和透明度；（6）董事会责任。

披露在任何一个良好的公司治理体系中都是关键要素。专栏5—8列举了一个瑞典沃尔沃（Volvo）公司年报公司治理披露的例子。其披露中包括了如何进行公司治理、董事会信息和内部控制讨论等声明。董事会披露包括董事会成员的名字、董事会会议次数、独立董事声明，以及审计和薪酬委员会的运作。沃尔沃的披露是许多大型跨国公司的典型代表。

专栏5—8　　**沃尔沃治理披露**

公司治理报告

2008年期间，董事会专注于使集团经营适应目前的市场状况，即起初对集团产品的强烈需求而后半年又有明显减弱的态势。董事会进一步专注于新添置经营业务的持续整合问题和集团产品组合的持续创新问题

公司治理的企业主体

沃尔沃集团的治理和控制是通过大量的企业主体实施的。例如，在周年大会上，股东行使其对沃尔沃集团董事会构成和外部审计选聘的投票权。选举委员会拟定董事会成员、董事长和外部审计师的候选人。董事会负责集团长期发展和战略以及控制和评价企业的经营。此外，董事会还任命沃尔沃集团的总裁，其也是首席执行官（CEO）。董事会职责的一部分是通过其审计委员会和薪酬委员会来行使的。CEO根据董事会通过的指引和说明，负责集团的日常管理

CEO通过两个主要的不同主体来负责集团的日常管理，集团执行委员会和业务领域及业务单位的董事会。集团执行委员会由直接向CEO报告的人员构成。集团执行委员会会议由CEO主持，处理集团范围问题和影响超过一个业务领域或单位的问题，并且共享关于集团绩效的信息。CEO或集团执行委员会的其他成员是所有业务领域或业务单位董事会的主席，并且这些人主要由集团执行委员的其他成员组成。业务领域和业务单位的董事会影响控制、监督业务领域和业务单位的财务发展、业务计划和目标以及制定决策（例如投资决策）

瑞典的公司治理法案

沃尔沃公司采用瑞典的公司治理法案，该法案修订于2008年7月1日，并依据该法案来编制公司治理报告。企业财务报告的内部控制和风险管理体系等关键方面的董事会报告作为专项内容包含在公司治理报告当中

2008年1月1日至2008年12月31日期间，沃尔沃没有违反该法案的任何规定

这份公司治理报告已经由企业审计师审核

选举委员会

选举委员会是股东机构，负责向周年大会提交董事长和其他董事会成员的候选名单，并且拟定支付给董事会成员的薪酬和其他酬劳。在为沃尔沃公司选聘审计师的年份里，选举委员会基于审计委员会的筹备工作，编制审计师选聘提案和审计师薪酬提议

选举委员会的提议将会及时地呈递给沃尔沃公司以便能够列示在参加周年大会的通告中，与此同时，将会在沃尔沃公司的网站上发布。连同参加周年大会的通告一起发布，选举委员会将评论那些拟定选举为董事会成员的人是否独立于企业、企业管理层以及企业中的大股东，并且进一步评议他们的重大选派和对沃尔沃公司的持股。在沃尔沃公司2007年的周年大会上，选举委员会的新指令被采纳了。根据这些指令，周年大会将选举5名选举委员会的成员，其中4名将代表公司的最大股东，就投票的数量，表达他们参加选举委员会的意愿。此外，成员之一将担任沃尔沃集团董事会的主席。选举委员会可以提议其他大股东委派一个代表出任选举委员会的成员。如果是这样的话，它应是针对尚未被选为选举委员会代表的投票权最大的股东。然而，选举委员会成员的数量不可以超过7人

续表

依照新的指令，沃尔沃公司2008年周年大会上委派的选举委员会由沃尔沃公司董事会主席Finn Johnsson、Carl-Olof By（代表industrivärden投资集团）、Lars Forberg（代表Violet partners LP风险投资公司）、Anders Oscarsson（代表SEB基金/Trygg Forsakring）和Thierry Moulonguet（代表雷诺汽车公司）组成。选举委员会选举Thierry Moulonguet担任主席。2008年以后，选举委员会建议瑞典商业银行（SHB）和SHB退休金基金会、SHB养老金、SHB员工基金会和Oktagon公司以及AMF养老金保险公司一起委派代表担任选举委员会成员。商业银行和其他机构委派了Hakan Sandberg，而AMF养老金保险公司委派了Christer Elmehagen。当Christer Elmehagen于2008年12月从AMF养老金保险公司退休时，他也从选举委员会退休了

选举委员会已经拟定Peter Bijur、Leif Johansson、Finn Johnsson（董事会主席）、Louis Schweitzer、Ravi Venkatesan、Lars Westerberg和Ying Yeh再次参选沃尔沃集团董事会成员。此外，选举委员会拟定Jean-Baptiste Duzan和Anders Nyren首次参选。Tom Hedelius和Philippe Klein已经拒绝再选

董事会

2008年，沃尔沃集团的董事会由周年大会推选的9名成员构成。此外，董事会由3名成员和2名代理成员由职工组织委派。首席执行官Leif Johansson是董事会的一员

2008年间，召开了6次定期会议、1次法定会议和1次特别会议

董事会为其各项活动确定了工作程序，包括关于董事会成员间工作分配的规定、董事会会议次数、董事会定期会议处理的事务以及董事长应承担的职责

另外，工作程序还包括分别关于审计委员会和薪酬委员会的指导意见。董事会已经发布了书面指示，详细规定应该如何向董事会报告财务信息和在董事会和总裁间进行职责分配

董事会构成和2008年1月1日到2008年12月31日期间会议的出席情况

	董事会	审计委员会	薪酬委员会
Finn Johnsson	8		4
Peter Bijur	7	3	
Per-Olof Eriksson[1]	3	1	
Tom Hedelius	7		3
Leif Johansson	8		
Philippe Klein	5		
Louis Schweitzer	7		3
Ravi Venkatesan[2]	2		
Lars Westerberg	8	3	
Ying Yeh	7	3	
Martin Linder 职工代表			
Olle Ludvigsson 职工代表	8		
Johnny Ronnkvist 职工代表	7		
会议总次数	8	3	4

[1]从董事会连同2008年周年大会辞职。

[2]由在2008年周年大会的董事会推选产生。

续表

周年大会决定支付由股东推选的董事会成员的薪酬。2008 年 4 月 9 日举行的周年大会批准通过了直到下个周年大会结束的这段时间的董事会薪酬总额为 5 725 000 瑞典克朗，董事会成员间分配情况如下：董事长收到 1 500 000 瑞典克朗的薪酬，余下的除总裁外的每一个成员，应该收到 500 000 瑞典克朗。此外，审计委员会主席收到 250 000 瑞典克朗，审计委员会的其他 2 名成员每人收到 125 000 瑞典克朗，薪酬委员会成员每人 75 000 瑞典克朗

今年，董事会审核了沃尔沃集团内不同企业的经营计划和战略。董事会也审核了沃尔沃集团公司和沃尔沃集团的定期财务状况，并且采取行动以确定监管和控制沃尔沃集团的经营和财务状况的系统是有效的。与之相关的是，审计委员会负责筹备董事会的工作，通过审核中期报告和年度报告，以确保企业财务报告的质量。此外，董事会 2008 年期间会见了本公司的审计师。董事会对 CEO 的绩效进行了持续评价

2008 年期间，董事会专注于使集团经营适应目前的市场状况，即起初对集团产品存在强烈需求而后半年，需求的强烈程度又有明显减弱的态势。董事会进一步专注于新添置经营业务的持续整合问题以及集团产品组合的持续创新问题

董事会的工作主要通过董事会会议和董事会各个委员会会议来执行。另外，董事长定期与 CEO 联系，以便讨论持续经营并保证董事会的决策得以执行

关于每一名董事会成员的年龄、主要教育背景、职业经历、企业任职和其他重要的董事会成员关系、自己和相关利益主体拥有的沃尔沃公司 2009 年 3 月 4 日的股份所有权以及任职沃尔沃董事会的年份的叙述列示在董事会和审计师的专页上

2008 年期间，董事会进行了董事会工作的年度评价。董事长将评价结果传达给了选举委员会

独立性要求

依照 OMX 北欧斯德哥尔摩交易所的规定和相关法规要求，沃尔沃公司的董事会必须满足独立性要求。下面将简短描述一下斯德哥尔摩交易所的规定和相关法规要求。独立性要求主要意味着：企业管理层中仅有 1 人是董事会的成员，由股东大会选举的大多数董事会成员应该独立于企业和企业管理层，其中至少有 2 名也应该独立于大股东。此外，法规要求审计委员会成员中大多数应独立于企业和企业管理层，且至少 1 人应独立于企业的大股东。董事会成员是管理人员，则不应再担任审计委员会成员。关于薪酬委员会，除董事长外，薪酬委员会的成员应该独立于企业和企业管理层

就上述关于董事会独立性的要求而言，选举委员会已经向企业报告了下述对 2008 年周年大会上推选的董事会成员独立于企业和企业管理层以及大股东的理解：

Finn Johnsson、Peter Bijur、Tom Hedelius、Philippe Klein、Louis Schweitzer、Ravi Venkatesan、Lars Westerberg 和 Ying Yeh 都独立于企业和企业管理层

作为企业的 CEO，Leif Johansson 并不独立于企业和企业管理层

Louis Schweitzer 和 Philippe Klein 分别是雷诺公司的董事长和员工，在公司的董事会上代表雷诺公司。由于雷诺公司控制着沃尔沃公司超过 10% 的股票和投票权，依照法规和斯德哥尔摩交易所的规定，这些人员可能被认为是没有独立于企业的大股东

依照法规的要求，选举委员会也必须满足独立性要求。根据法规要求，选举委员会成员中的大多数应独立于企业和企业管理层。CEO 和其他行政管理人员都不应担任选举委员会的成员。提名委员会中至少一名成员应该独立于拥有投票权的最大股东或者在公司治理中共同

续表

行动的股东团体。选举委员会的所有成员已经被认为独立于沃尔沃公司和沃尔沃公司的管理层。除 Thierry Moulonguet 外，选举委员会的所有成员已经被认为独立于拥有选举权的最大股东，因为 Thierry Moulonguet 在选举委员会中代表雷诺公司，且雷诺公司是沃尔沃公司拥有选举权的最大股东

审计委员会

在 2002 年 12 月，董事会建立了审计委员会，其主旨在于监管会计和财务报告的过程并监管财务报告的审计。审计委员会负责筹备董事会工作以便通过审核中期报告和年度报告来确保企业财务报告的质量。此外，审计委员会的任务是建立指引，明确规定企业可以从审计师那儿获得的除审计外的其他服务，并为与沃尔沃公司有密切关系的公司和个人的交易提供指引和决策。审计委员会也负责评价内部审计和外部审计的工作并向选举委员会提供评价结果，以及帮助拟定审计师提名。最后，审计委员会将评价集团内部控制、内部审计和风险管理体系的质量、相关性和有效性

在 2008 年周年大会后的法定董事会上，Peter Bijur、Lars Westerberg 和 Ying Yeh 被委派为审计委员会成员。Lars Westerberg 被任命为审计委员会主席

审计委员会在审计委员会会议上会见了外部审计师和内部审计的负责人。审计委员会也在没有企业管理层出席的情况下单独会见了外部审计师和内部审计的负责人。审计委员会和外部审计师除了其他事项，还讨论了外部审计计划和风险管理。2008 年，审计委员会召开了 3 次会议

薪酬委员会

在 2003 年 4 月，董事会建立了薪酬委员会，其主旨在于筹备和决定与集团高级管理人员薪酬相关的问题。委员会的职责包括对董事会关于沃尔沃集团公司总裁的聘用和薪酬方案提出建议，制定薪酬原则，包括给集团行政委员会其他成员的养老金和解雇费、编制变动薪酬制度原则、股权激励计划和集团内其他高管人员的养老金和解雇费。此外，依照董事会建立的原则，薪酬委员会还决定集团执行委员会其他成员聘用的个别条款

在 2008 年，薪酬委员会由董事会成员 Tom Hedelius 和 Louis Schweitzer 以及主席 Finn Johnsson 组成。本年度薪酬委员会共召开了 4 次会议

集团执行委员会

关于他们各自的年龄、主要教育背景、董事会成员关系、自己和相关利益主体拥有的沃尔沃公司 2009 年 3 月 4 日的股份所有权以及任职沃尔沃公司 CEO 的年份以及集团执行委员会的每一名成员的叙述列示在集团执行委员会的部分

外部审计

沃尔沃公司的审计师由周年大会选举产生，任期为 3 年或 4 年。目前的审计师是普华永道会计师事务所（PwC），是由 2007 年周年大会选举产生的，任期为 3 年。审计师的下一次选举将在 2010 年周年大会上举行。两个普华永道会计师事务所的合伙人，Goran Tidstrom 和 Olov Karlsson，负责沃尔沃的审计。Goran Tidstrom 是主要合伙人

外部审计师和审计委员会讨论了外部审计计划和风险管理。审计师审核了 1 月 1 日至 6 月 30 日期间的中期报告和年报。审计师通过审计报告向股东报告了他们关于年度报告的发现，他们将其呈递给股东的周年大会。此外，审计师将其审核的详细发现向审计委员会每年报告 2 次，向全体董事会每年报告 1 次

当普华永道会计师事务所被聘请提供除审计外的服务时，关于服务和费用性质的预先核准，应根据审计委员会确定的规定来完成

续表

披露委员会

披露委员会创建于2004年。该委员会致力于确保沃尔沃公司按照法律和向金融市场及时披露所有股票价格敏感信息的上市规定履行其义务

该委员会由公司理财、内部审计、投资者关系、公司法律、业务控制和财务报告等部门的负责人组成。披露委员会的主席是公司的企业沟通高级副总裁

流通股和股票价格相关激励计划

关于流通股和股票价格相关激励计划的叙述在集团附注中的“附注34——员工”中加以列示

企业财务报告内部控制和风险管理体系关键方面的董事会报告

董事会负责内部控制遵守瑞典公司法和瑞典公司治理法案（简称“法案”）。这份报告的目的在于帮助股东和其他利益相关者理解沃尔沃公司如何组织与财务报告相关的内部控制

该报告按照瑞典公司治理法案和瑞典企业和FAR SRS联盟发布的指引来编制，且因此仅限于财务报告内部控制。该报告作为专项内容包含在公司治理报告中，但不是正式年报的组成部分。该报告没有经企业外部审计师审核

引言

到2008年3月，沃尔沃集团公司的系列B股在美国证券交易委员会（SEC）注册登记。沃尔沃公司直到B股在SEC注册才受到《萨班斯-奥克斯利法案》（SOX）的影响。除其他事项外，SOX还包括财务报告内部控制的综合管制

在SEC放宽管制后，沃尔沃公司仍然坚持财务报告内部控制的许多原则，当集团必须遵守SOX规定时加以执行。沃尔沃公司主要应用由反对虚假财务报告委员会的发起组织委员会（COSO）提出的内部控制原则。COSO原则由5个互相关联的部分构成，包括：控制环境、风险评价、控制活动、信息和沟通以及监控

沃尔沃公司自2005年以来就建立了专门的内部控制部门。内部控制职责的目的在于为业务领域和业务单位内的管理集团提供支持，以便其能够持续提供高质量且改良的财务报告内部控制。通过这一职能实施的具体工作主要是建立在出于遵守SOX要求而构建的评价方法的基础之上。该方法的目的在于确保遵守指令和政策，同时为与财务报告相关的关键程序中的特定控制活动营造良好的环境。审计委员会将被告知沃尔沃公司内部控制职能部门执行的关于财务报告风险、控制活动和监控的工作结果

与此同时，沃尔沃公司还建立了内部审计职能部门，其主要任务是独立地核查集团内各个企业遵守集团财务报告指令、政策和指引等声明的原则和规定。内部审计职能部门的负责人直接向CEO、集团CFO和审计委员会报告

控制环境

沃尔沃公司控制环境的基础是形成于集团内部的企业文化，管理人员和员工在其中经营运作。沃尔沃公司积极致力于沟通和培训企业的基本价值观（正如“沃尔沃方式”描述的那样）、关于沃尔沃公司企业文化的内部文件和集团行为准则，以保证组织充满着良好的伦理风尚、职业道德和诚实守信

与财务报告相关的内部控制过程的基础是围绕着集团指令、政策和指引而建立起来的，并且责任和权力结构按照集团组织进行了调整以营造和维持一个满意的控制环境。沃尔沃公司财务政策与程序（FPP）包含了财务报告内部控制的原则、指令和政策，它是一份内部报章杂志，包括所有重要的指引、规定和原则

续表

风险评价 与财务报告相关的风险由董事会借助审计委员会进行评价和监管，尤其是通过辨别哪些风险类别通常被认为是重大的以及它们将在什么地方发生。对内部控制和内部审计职能部门实施的内部控制活动的年度评价是建立在风险评价模型基础之上的。对财务报告发生错报的风险进行评价需要依照大量标准。例如，复杂的会计原则可能意味着财务报告风险对于这些原则所涵盖的职位来说是不精确的。依照不同的评价标准，一项特定资产或负债的估值可能也构成一项风险。对于复杂的和（或）变动的企业环境来说亦是如此 **控制活动** 除沃尔沃集团公司和董事会及其审计委员会外，各个集团企业的董事会和管理集团构成了总监管主体 持续经营过程应用了几项控制活动以确保预防、发现和纠正财务报告中的错误和偏差。控制活动涉及从在管理集团会议上核查产出结果到具体对账和财务报告持续分析。在各个集团企业中的 CFO 最终负责确保财务过程中的控制活动恰当可行，并且符合集团政策和指引的要求。他们也负责保证权力结构的设计不会使得从事一项活动的人同时对该项活动进行控制。信息技术安全和维护方面的控制活动是沃尔沃公司财务报告内部控制的一个关键环节 **信息和沟通** 从管理层到所有受影响的员工，与财务报告相关的政策和指引被定期地进行更新和交流。此外，沃尔沃拥有为数不少的委员会和网络系统作为对财务报告和内部规则应用的信息沟通和讨论平台。这些委员会和网络系统包括来自于经营领域和负责财务报告的集团员工单位的代表。除其他事项外，在这些委员会和网络系统中的工作目的在于确保实施统一的财务报告的集团政策、原则以及指引并辨别和沟通财务报告过程中的缺点与可改进之处 **监控** 持续的监控职责有赖于经营领域的管理集团和会计与审计职能部门。此外，内部审计和内部控制职能部门按照本报告引言中采用的规定执行监控和监管。评价活动的结果应报告给集团管理层和审计委员会

资料来源：沃尔沃公司 2008 年年报。

5.2.5 网上商业报告和 XBRL

互联网日益广泛地被用于信息发布，使得印刷媒体经常处于次要地位。电子信息发布通常具有比印刷方式更便宜的优势，而且能提供即时的交流。网络还使互动式的信息发布成为可能，这是印刷方式所做不到的。[1] 网上证券交易增加了对以互联网为基础的经营和财务报告的需求。投资者个人也越来越多地用网络进行交易和做出投资决策，并将其作为重要的信息来源。证券交易所上市的大部分公司在其网站（投资者关系标签）上向其投资者通告它们的年度、中期、可持续发展和其他感兴趣的报告。许多证券交易所也使用电子信息服务以便及时发布上市公司的声明。对企业和投资者的好处在于，所有的声明（不仅仅是那些金融媒体认为有新闻价值的）都可以

① See International Accounting Standards Committee，“Business Reporting on the Internet：A Discussion Paper Issued by the IASC Staff”（London：November 1999）.

在一个单独的网站上公开获取。

推动网上商业报告的一项重要进展是可扩展商业报告语言（XBRL）。可扩展商业报告语言是一种标记信息或数据的系统。数据“标签”，其工作原理类似于条形码，用来描述与之相依附的财务信息，随之建立了用以分散、交换和概括信息的分类法。几乎所有今后发行的会计与财务报告软件都要装上这一标准，大多数用户不需要学习如何直接操作，就可享受到它带来的好处。① XBRL 处于财务报告变革的前沿。根据财务主管的研究基础，“像复式簿记对工业革命产生的影响一样大，XBRL 将对 21 世纪的商业产生重要影响”。②

通用财务报告计算机语言的概念出现于 1999 年。不久以后，微软和 IBM 认识到了合作开发单一语言标准的潜力和需求，而不是各个软件公司开发自己的标准，因为那样就从根本上违背了使语言普遍适用的思想。由于可扩展商业报告语言是合作开发的，所以它对于希望在自己的软件中使用它的软件公司是免费的，而且，专为特定行业开发的扩展版本也将可以从互联网上免费下载。

可扩展商业报告语言可以自动转换任何一条需要的商业信息（包括词句和数字），因此，信息只需要输入一次。信息一经录入，就可以进行多方面的使用和处理，而不需要重新格式化。电子 XBRL 格式的报告使得数据交互作用，让使用财务报告的任何人按照他们的意愿来挑选或多或少的信息。③ 以下内容引自一位评论家：

> 信息供应链上的每一个主体——投资者、债权人、分析师、股票交易所、审计师、监管者、政策制定者及其他——能够快速、准确、轻松和廉价地获取、确认、比较、分析、细化、分割、混合、配比和操纵许多公司的信息。它也允许数据的同一主体自动地——及时地——在数据表、纳税申报单、经营报告、年度报告、饼形统计图、政府格式、网站和财务报表中找到其恰当的位置，无须人工转录，也没有差错。④

XBRL 分类法已经在美国和德国的 GAAP 以及 IFRS 中建立起来，这使得财务报表的编制遵循这些会计准则。其他国家 GAAP 的分类法也正在建立。在 2009 年，美国 SEC 开始执行以 XBRL 为基础的财务报告要求和计划安排，作为股票注册上市申请书和定期申报材料的证据。

5.3 新兴市场国家或地区的年度报告披露

新兴市场国家或地区公司年度报告中的披露，总体上可能不如发达国家的公司披露得那样全面、可靠。

新兴市场国家或地区的低水平披露与其公司治理和金融体制是一致的。权益市场不发达，银行和公司内部人员（如家族集团）提供了大部分资金，因此总体来说，

---

① See Kurt Ramin, “Fair Values,” *Business Excellence for the Intellectual Capital Investor* 1, (Summer 2000): 13-16; Stanley Zarowin and Wayne E. Harding, “Finally, Business Talks the Same Languge,” *Journal of Accountancy* (August 2000): 24-30.

② Glenn Cheney, “XBRL: A Technology Whose Times Is Now,” *Financial Executive* (March 2005): 45.

③ 更进一步的信息可从 www. xbrl. org 获得。

④ Glenn Cheney, “XBRL: A Technology Whose Times Is Now,” *Financial Executive* (March 2005): 45.

对可靠、及时的公开披露的需求就不如在较发达的经济体那么多。

然而，投资者对有关新兴市场国家或地区公司的及时、可靠的信息的需求与日俱增，监管机构已经对此做出了反应，制定了更严格的披露要求，并加快了监控与执行工作的步伐。

最近的一项研究提供了几种类型的证据，支持新兴市场国家或地区的披露水平和质量低于发达国家这一观点。[①] 该项研究关注了世界上 34 个国家或地区的收益的"不透明度"（opacity）问题。不透明度是与透明度相反的，被看作是收益金额掩盖真实经济业绩的程度。新兴市场国家或地区的不透明收益问题一般更为突出。进一步的问题是有足够数量的会计师和审计师来执行和监管合理的财务报告系统。一般来说，新兴市场国家或地区要比发达国家拥有更少的人均会计师和审计师，这表明新兴市场对财务报告系统的执行存在潜在的困难。[②]

直到近期，有关新兴市场国家或地区披露惯例的经验证据都十分有限。然而，随着这些国家或地区的证券市场和上市公司的努力发展，研究人员正在逐步获得更多的证据，来说明这些实务的内容及其与发达国家的差别。

5.4 对财务报表使用者和管理人员的影响

财务报表使用者应该预期到披露水平和财务报告实务的巨大差别。尽管披露所有权信息的成本仍然强烈地影响许多公司的管理人员，全球范围内强制和自愿披露的水平仍在不断提高。传统上披露水平较低的国家的管理人员应该考虑采取加强披露的政策是否能给他们的公司带来重大的好处。此外，如果管理人员决定在投资者和分析师认为重要的领域提供更多的披露，可能相对于采取限制性披露政策的公司而言能够取得竞争优势。关于在国际背景中加强披露的成本与收益的进一步研究，必将为这一领域提供重要的证据。

讨论题

1. 本章讨论了投资者导向市场的目标：投资者保护和市场质量。透明的财务报告对于实现这些目标是重要的。什么是透明的财务报告？解释透明的财务报告如何保护投资者和提高市场质量。

2. 为什么跨国公司越来越对公众负责，而不是对传统的投资者团体负责？

3. 对于试图在美国发行股票的外国公司而言，是否应该要求它们与在美国发行股票的美国公司作同样多的披露？请批判性地评价本章所提出的论点。

4. 自愿性披露与强制性披露的区别是什么？请至少提出两条理由来说明管理层自愿性披露实务方面的差异，至少提出两条理由来说明强制性披露实务方面的差异。

5. 什么是三重底线报告？为什么它在大型跨国公司中呈现逐渐增长的趋势？目

---

① 参见 Utpal Bhattacharya，Hazem Daouk，and Mivhael Welker，"The World Price of Earnings Opacity，" *The Accounting Review* 78，No. 3（July 2003）：641-678.

② Shahrokh M. Saudagaran and Joselito G. Diga，"Financial Reporting in Emerging Capital Markets：Characteristics and Policy Issues，" *Accounting Horizons* 11（June 1997）：41-64. 第 4 章讨论了中国案例中的这一问题。

前对这种报告几乎没有要求。有必要进行更多的监管吗？为什么？

6. 你估计新兴市场国家或地区中，公司的自愿性披露比发达国家多还是少？为什么？你估计新兴市场国家或地区中强制性的披露要求比发达国家多还是少？为什么？

7. 投资者导向的市场的两个广义的目标是什么？你认为其中哪一个最重要？给出你的理由。

8. 从证券市场监管机构的角度来看，规定的披露多总是比少更好吗？为什么？

9. 为什么说收入和利润预测是不常见的？

10. 什么是公司治理？一些国家的上市公司必须披露有关其公司治理的信息。为什么投资者和分析师可能会发觉这些信息是有用的？

练习题

1. Daimler2008 年年报中的前景展望部分可以在 http：//ar 2008. daimler. com / daimler/ annual / 2008 / gb / English / pdf / 04 _ DAI _ AR2008 _ Management-Report. pdf（pp. 82-87）上找到。

要求列出：（1）预测项目清单（例如，销售收入、利润、经济增长）。（2）预测跨度（例如，提前 1 年、提前 6 个月或未表明）。（3）预测数额（例如，增长千万欧元，10% 增长率）。投资者或分析师可能如何使用这些预测信息？总体来说，Daimler 的预测披露有多大用处？你为什么这么说？

2. 专栏 5—1 列示了 Lafarge 公司的业务分部和地理分部的信息，它是一家在其合并报表中使用国际财务报告准则（IFRS）的法国公司。

要求：登录国际会计准则委员会的网站（www. iasb. org）并找到 IFRS 8“经营分部”的技术摘要。对比 Lafarge 公司分部披露与 IFRS 8 的要求。Lafarge 自愿报告超出 IFRS 8 的要求的任何信息了吗？

3. 专栏 5—2 列示了 Roche 公司的雇佣披露。

要求列出：

a. 比较所列示期间的雇用水平如何？Roche 公司的员工都分布在什么地方？

b. 全球哪个地区有最高的离职率，且造成这一状况的原因是什么？

c. Roche 工作地点多元化的政策是什么？其政策逐渐实现的证据有哪些？

d. 对外部投资者来说，上述信息的相关性是什么？

4. 专栏 5—3 列示了 Roche 公司的安全和环保披露。

要求（比较这三个年度）：

a. 哪些指标表明安全和环境保护记录有所改进？

b. 哪些指标表明安全和环境保护记录比较糟糕？针对 Roche 公司这些年提供的安全和环境记录，你总体的结论是什么？

5. 专栏 5—4 列示了 Roche 公司可持续报告的独立鉴证报告。审计师“依照国际鉴证业务准则（ISAE）3000”执行业务。

要求：

a. 登录万维网了解国际审计和鉴证准则委员会（www. ifac. org/IAASB）。

b. 审计与鉴证业务的差异是什么？

c. Roche 公司的可持续发展报告获得"清洁意见"了吗？

6. 按业务承担的企业社会责任（CSR），包含许多不同的方面。思考下列问题："在 CSR 广阔范围的一端是任何运行良好的企业应该到位的政策，在任何敏感的企业道德或良好的管理实务视角下所需要的政策。例如，这些政策包括不对员工说谎，不行贿，并且眼光长远。该 CSR 范围的另一端是更为激进和独特的政策，它们在 CSR 竞赛中的领先者和落后者之间是截然不同的——例如对慈善活动大量时间和资源的支出，或者承诺'道德投资'，或者在环境保护方面的投入超过监管者要求"。①

要求：

a. 讨论企业社会责任的意义。

b. 企业有义务比法律要求做得更多吗？为什么有或者为什么没有？

c. 企业应该报告它们的社会责任活动吗？为什么应该或者为什么不应该？

d. 对外部投资者来说，CSR 披露的相关性是什么？

7. 全球报告发起组织（GRI）已经为社会责任报告建立了一系列的指引。

要求：

登录 GRI 网站（www. globalreporting. org）并找到其指引。该披露指引被划分为经济、环境和社会绩效等指标。

a. 列举 GRI 指引推荐的绩效指标。

b. 哪一种分类要求最为广泛的披露？

c. 哪些领域的披露可能最为容易，而哪些领域的又最为困难？

8. 专栏 5—8 是沃尔沃集团的公司治理披露。一些披露涉及董事会和审计委员会的独立性要求。

要求：

a. 董事会的独立性要求是什么？

b. 沃尔沃董事会成员中有多少是独立的？这一数字满足要求吗？

c. 某些董事会成员被认为是不独立的。确定这些董事会成员不独立的标准有哪些？你认为认定这些董事会成员不独立的可能原理是什么？

d. 审计委员会有多少成员？保持独立的成员所占的百分比是多少？

9. 经济合作与发展组织（OECD）2004 年发布了它修订的《公司治理原则》。

要求：

从经济合作与发展组织的网站（www. oecd. org）上找到下列文件。

a. 概述 OECD 公司治理原则的 6 部分。

b. 讨论这些原则对完善公司治理的作用如何。

10. 专栏 5—9 按收益的不透明度对 34 个国家进行了排序，哪 5 个国家的排序最让人吃惊？你为什么这么说？

---

① "The Good Company: A Survey of Corporate Social Responsibility," *Economist* (June 22, 2005): 8.

案例 5—1　走向绿色

O. J. Sanders（以下简称“O. J”）就职于一家美国大型制药企业的财务报告部门。该企业最近致力于“走向绿色”，并且 O. J 的老板想要在企业的年度报告中增加一些环境披露。O. J 负责拟定环境披露内容。在其研究中，O. J 了解到在环境报告方面，美国企业一般落后于英国企业，但现在越来越多的美国企业开始披露环境事务。他相信他所在的企业编制的披露应该至少与竞争对手持平。为了实现这一目标，他获取了瑞士竞争者 Roche 的年报。O. J 也了解了全球报告发起组织的 G3 可持续发展报告指引。

要求：

1. 讨论投资者为何发现环境披露有信息含量。
2. 获取全球报告发起组织的 G3 可持续发展报告指引（GRI，www. globalreporting. org）。列示 GRI 推荐披露的环境业绩指标。
3. Roche 的环境披露与 GRI 建议的匹配有多接近（参见专栏 5—3）？
4. 描述 O. J 应建议其公司进行的环境披露。

案例 5—2　眼见为实

泰勒·波兰（Tyler Poland）是一个选股人，负责向其经纪公司的客户推荐墨西哥证券。他经常对缺乏可信任的企业信息感到沮丧。“这里所有的事情总是绝密的”，他说：“每次我试图了解一家公司的活动，我所听见的都是‘我不知将告诉你什么’。”在墨西哥，信息似乎就是权力。无论重要与否，信息对于任何非内部人来说看起来都是很难获取的。

Tyler 知道这种隐秘性在墨西哥具有深远的历史渊源。阿兹特克统治者用难以理解、不可预料却强大有力的众神，令他们的奴隶感到敬畏。随后而来的西班牙人遵循许多错综复杂的官僚规定，却很少将其与普通的墨西哥人分享。独立之后，执政党确保不利的信息绝不落入不恰当人的手中。

历史学家和小说家赫克托·阿吉拉·坎明（Hector Aguilar Camin）写道：“在墨西哥，有权的人一直都在截留信息。民主化进程的一部分就是释放这些信息。”但是，他补充道：“为了某种利益，仍然有一种倾向想要将它们截留下来。”①

大多数的经济学家认为政府的保密使得 1994 年的货币崩溃更为严重，因为墨西哥政府抑制致命的来自于国际银行界的宏观经济统计数据。现在，许多人担心保密将限制墨西哥的经济增长。随着来墨西哥做生意的外国投资者的涌入，要求透明度的压力也不断增加。反对党的崛起和言论自由的增强，激发了新的对信息通道的争论。

“这些趋势对我来说有什么好处呢？”Tyler 抱怨说：“我现在需要更好的信息。”

---

① *Wall Street Journal*, September 10, 1998, p. 1a.

要求：

1. 讨论预示墨西哥的披露水平相对较低的至少 5 个方面的特征。除了本案例信息外，你的回答还应以第 2 章、第 4 章和本章所提供的材料为基础。

2. 论述预示墨西哥的披露水平相对较高的特征。

3. 许多新兴市场国家或地区正在改进（从保护投资者的角度）会计计量与披露实务。墨西哥在这些方面的最新进展有哪些？讨论有助于解释为什么出现这些进展的原因。另外，除了本案例信息外，你可以参考第 2 章和第 4 章提供的资料。

第6章 外币折算

检视下列财务业绩评论，其节选自力拓矿业集团（Rio Tinto），一家从事金属和矿物生产的跨国公司。该公司在超过 50 个国家从事经营活动且拥有雇员超过 106 000人。

由于集团销售收入和经营所在国家的地理多元化，Rio Tinto 的所有者权益、收益和现金流受到不同种类货币的影响。然而，集团销售收入中的绝大多数采用美元核算。经营成本受集团的矿藏和加工厂所处国家货币的影响，同时也受进口设备和劳务确定成本所用货币的影响。澳大利亚元、加元和欧元是除美元外影响成本最重要的货币。在特定年份，货币浮动可能对 Rio Tinto 的财务成果产生重大影响。相对集团成本核算所用货币来说，美元的升值对 Rio Tinto 的当期收益有积极影响。

假设汇率单独变动，下述灵敏度对当期收益产生预计影响。货币和商品价格间是一种复杂的关系，汇率变动能够引起商品价格的变动，反之亦然。功能货币是一项经营活动所在国家的货币，商品生产是该经济体的一个重要特征，例如，澳大利亚元，在存在一定程度反周期性波动的自然保护时，且当商品价格下降时，该货币趋于贬值，结果降低了以美元计算的成本，反之亦然。

收益敏感度——汇率	2008 年的平均汇率	对全年平均 10% 变动的当期收益净额的影响（+/-百万美元）
澳大利亚元	0.86 美元	502
加元	0.94 美元	214
欧元	1.47 美元	34
智利比索	0.0019 美元	17
新西兰元	0.71 美元	29
南非兰特	0.12 美元	47
英镑	1.86 美元	22

上面引述的汇率敏感度包括汇率变动对经营成本的影响，但不包括对外币金融资产和金融负债再估值的影响。因此，应该审慎使用。

由于美国货币在集团事务中占据的主导地位，美元是对内、外列报财务成果所使用的货币。美元同时也是借款和持有现金盈余最适合的货币，尽管现金盈余中的一部分可能以其他货币形式持有，最为明显的就是澳大利亚元、加元和欧元。持有部分澳大利亚元现金的目的在于满足短期营运和资本承担以及股利支付的需要。集团主要直接采用美元或使用交叉货币利率掉期形式为其经营活动筹措资金。集团美元债务中的一大部分集中在使用美元作为功能货币的子公司。

然而，特定美元债务和其他金融资产和负债（包括集团内公司间结余）并不以相关子公司的功能货币形式持有。当金融资产和负债被折算成拥有那些资产和负债的子公司的功能货币时，这就产生了汇兑损益的会计风险。这些汇兑损益被记入集团的利润表中，剔除集团会计政策下被作为权益的部分。当期收益中剔除了美元债务净额和集团内公司间结余的收益和损失，而其他的汇兑损益则包含在内。

在正常的市场条件下，集团通常认为交易的积极货币对冲（套期保值）将不会给股东带来长期收益。集团定期核查其风险并保留进入对冲的权利，以维持财务的稳定性。货币保护计量在特定商务环境下被认为是合适的，并且受到 Rio Tinto 董事会制定的严格的限制条款的影响，特别是资本支出和其他重大财务事项（如税收和股利）的对冲。该公司有用于对冲收购 Alcan（加拿大铝业公司）和 North（北方公司）而产生的经营现金流风险的货币远期合约。

收益敏感度——金融资产/负债汇兑	收盘汇率（美分）	对美元升值 10% 的收益净额的影响（美元）	直接事项对权益的影响（美元）
业务单位的功能货币：			
澳大利亚元	69	(12)	5
加元	82	159	56
南非兰特	11	13	—
欧元	141	249	2
新西兰元	58	21	—

Rio Tinto 内许多经营业务的功能货币是业务的当地货币。前者 Alcan 的铝和氧化铝生产业务基本采用美元功能货币。从 2004 年 1 月 1 日起，由于将非美元功能货币业务的净资产折算为美元产生的外币收益或损失被作为权益，并计入货币折算准备，美元的贬值将对权益产生积极影响。折算对当年集团净资产 10% 变动产生的大致影响和汇率如下：

净资产敏感度——折算汇兑	收盘汇率（美分）	对 2008 年收盘汇率 10% 变动的净资产的影响（+/-百万美元）
澳大利亚元	69	1 264
欧元	141	621
加元	82	180

上述评论表明 Rio Tinto 的报告业绩的方式受外币的影响，该公司选择用美元进行报告。[①] 第一段评论表明该公司的销售收入和经营成本受浮动汇率的影响。特别是，相对用于确定企业成本的货币，美元的升值提高了收益。为了理解汇率对收入和费用的影响，假设 Rio Tinto 把铝产品以美元定价销售给一家意大利的进口商。由于意大利是欧盟成员国之一，意大利的进口商必须把欧元换成美元来进行支付。更进一步假设，美元的价值相对于欧元而言出乎意料地下跌。意大利的买方就可以用比不出现这种情形时更少的欧元来换取美元从而获利，这样就有效地降低了 Rio Tinto 产品的价格。如果欧元的价值相对于其他国家的货币没有发生变化，会导致 Rio Tinto 的产品比其他国家供应的类似铝产品更便宜。这个结果将增加在意大利和其他采用欧元作为其本国货币的欧盟国家对 Rio Tinto 产品的需求，因此销售量会比起初预计的要大。同样，美元对欧元的非预期贬值对 Rio Tinto 未来的经营费用会产生不利的影响，例如，在意大利和上述所有的欧盟国家计划的广告支出。外币价值变动对公司未来销售额和未来成本的影响称为经济风险（economic exposure），它是参与全球贸易和投资的公司的一个主要关注点。使非预期的外币价格变动造成的损失最小化的策略将在

① 美元是原材料定价和执行贸易最常用的货币。参见 Robert J. Samuelson, "Why the Buck Is on the Edge," *Newsweek*, December 11, 2006, p. 49.

第 11 章中讨论。

在讨论汇率变动对收益的影响时，企业注意到这些影响不包括外币财务报表的再估值。这个问题是本章讨论的主要内容。这些影响都与将以外币计价的账户转换为以 Rio Tinto 的报告货币——美元计价这一程序有关。Rio Tinto 销售收入和经营成本的货币效应起因于将收入和费用的计价加元折算为贬值的美元。以加元计价的收入和费用将被折算为更多的美元等价货币，其他的仍然相同。分别在标题为收益敏感度——金融资产/负债汇兑和净资产敏感度——折算汇兑的专栏中解释说明的货币效应之所以会发生，原因在于 Rio Tinto 编制了一套单独的财务报表，它合并了所有子公司的经营成果，以便呈现给读者对 Rio Tinto 全部的——包括国外和国内的——经营活动的一个更加全面的视角。反过来，合并报表要求外币表述的财务报表应折算为母公司的报告货币。

对 Rio Tinto 汇率效应的讨论引发了两个问题：一是功能货币一词对公司来说意味着什么？哪一种货币被作为功能货币重要吗？为什么？该词和相关术语将在专栏 6—2 中加以界定并在本章接下来的部分予以解释。二是由交易过程引发的所报告的货币效应重要吗？证据是混合的。一些研究表明它们并不重要①，而另一些研究却表明它们的确重要。Bartov 和 Bodner 提供的证据表明货币价值变动和股票收益之间有着一种滞后的关系，但这并不适用于报告企业采用的全部折算方法。② Pinto 最早报告了滞后的每股外币折算调整价值在预测每股收益的逐年变化中很有用。最近，她发现当计量恰当时，货币折算调整与计量企业汇率风险具有价值相关性。③

财务总监也很重视外币折算产生的利得和损失。尽管一些人声称由于会计计量所产生的会计利得和损失对他们的经营决策没有影响，其他人还是非常关注会计利得和损失对公司报告收益的歪曲情况。历史上，管理层采用各种途径在报告公司业绩时使资产负债表折算损益的影响最小化。尽管有意见分歧，但所有人都认为外币折算能够对报告收益产生重大影响。

前面的讨论说明了什么问题？为了正确地理解跨国公司所报告的业绩，报表阅读者必须理解外币折算利得与损失的性质，以及这些数据是怎么来的，它们意味着什么。为了便于理解，我们从讨论为什么有必要进行外币折算开始。

6.1 折算的原因

再次重申，有重要海外业务的公司编制合并财务报表是为了向它们的报表阅读者呈现一个有关公司全球经营的整体视角。为了实现这个目的，要将国外子公司以国外

---

① 参见 T. D. Garlicki, F. J. Fabozzu, and R. Fonfeder, "The Impact of Earnings Under FASB 52 on Equity Returns," *Financial Management* (Autumn 1987): 36-44; B. S. Soo and L. Gilbert Soo, "Accounting for the Multinational Firm: Is the Translation Process Valued by the Stock Market" *The Accounting Review*, Vol. 69 (October 1994): 617-637; D. Dhaliwal, K. Subra. and R. Trezevant, "Is Comprehensive Income Superior to Net Income as a Measure of Firm Performance" *Journal of Accounting and Economics*, Vol. 26 (1999): 43-67; Steven F. Cahan, Stephen M. Courtenay, Paul L. Gronewoller, and David Upton, "Value Relevance of Mandated Comprehensive Income Disclosures," *Journal of Business Finance and Accounting* Vol. 27, Nos. 9&10 (2000): 1 273-1 301.

② 参见 E. Bartov, "Foreign Currency Exposure of Multinational Firms: Accounting Measures and Market Valuation," *Contemporary Accounting Research*, 14 (1997): 623-652.

③ Jo Ann M. Pinto, "Foreign Currency Translation Adjustments as Predictors of Earnings Changes," *Journal of Inernational Accounting, Auditing and Taxes* (2001): 51-69 and "How Comprehensive is Comprehensive Income? The Value Relevance of Foreign Currency Translation Adjustments," *Journal of International Financial Management and Accounting*, Vol. 16, No. 2 (2005): 97-122.

货币计价的财务报表按照母公司的报告货币进行重述。将财务报表从一种货币重述为另一种货币的过程叫作折算（translation）。

由于外币的相对价值很少是固定的，因此货币折算会带来很多的问题。多变的汇率，加上可以采用多种折算方法以及对折算损益的不同处理方式，使得人们很难比较不同公司之间，或者同一家公司不同期间的财务状况。在这种情况下，对经营成果和财务状况进行有意义的披露成为像 Rio Tinto 这样的跨国公司的一大挑战。财务分析师发现理解这些信息也具有很大的挑战性，并且这些困扰在评价管理业绩时也会出现。

进行外币折算有三个其他原因，包括记录外币业务，衡量公司对汇率波动影响的风险敞口，以及与国外对这一问题感兴趣的人进行交流。

财务报表不可能根据用多种货币记录的账户来编制，因此必须对外币业务——例如一个加拿大进口商从中国购买商品——进行折算。例如，如果采购是以中国人民币、俄罗斯卢布和阿根廷比索计价的，那么怎样去列示产品销售成本呢?

出于会计目的，如果外币汇率的变化会引起母公司（报告）货币等值的变化，那么外币资产和负债就被称作是敞口在货币风险之中。对这种风险敞口的计量随着公司选用的折算方法的不同而异。

最后，国际投资规模的扩大，增加了将有关位于一个国家的公司的会计信息传递给另一个国家的使用者的需求。当公司希望在国外证券交易市场上市、考虑并购外国公司或进行合资，或者希望向国外股东传达其经营成果和财务状况时，这种需求就产生了。许多日本公司在向感兴趣的美国受众报告业绩时，会将按日元编制的整套财务报表按美元进行折算。这种做法通常被称为“方便换算”，本书第 9 章将会对其进行更充分的讲述。

6.2 背景和术语

折算不同于兑换（conversion），后者是指一种货币与另一种货币的实际交换。折算仅仅是货币表述的变化。例如，将用英镑表示的资产负债表用美元等值进行重述，而没有发生实际交换，也没有发生像兑换那样需要进行会计处理的交易。

外币余额按照外汇汇率折算成等值的本国货币，外汇汇率是指用另一种货币表达的一个单位的某种货币的价格。主要贸易国的货币在全球市场上进行买卖。这些市场依靠复杂的电信网络联系起来，市场的参与者包括银行和其他货币交易商、企业、个人以及职业交易商等。外汇市场为货币的买方和卖方提供一个交易场所，从而使国际支付的划转（如从进口商到出口商）更加便利，使国家间的购买和销售可以在信用（如采用银行信用证结算方式，允许企业在未收到货款之前将商品运送给不熟悉的购货人）的基础上进行，还为个人和企业提供自我保护的手段，使他们免遭货币价值不稳定的风险（第 11 章将对外汇风险管理进行更充分的讨论）。

外币业务发生在即期、远期或互换市场上。买卖即期（spot）外汇通常必须立即进行交割，也就是说，必须在两个营业日内交割。例如，一位美国旅游者出发去巴黎，他可以用美元按照即期汇率购买并立即收到欧元。即期市场的汇率受到许多因素的影响，包括各国不同的通货膨胀率、各国利率的差异，以及对未来利率变动方向的预期等。即期市场的汇率可能是直接汇率，也可能是间接汇率。[①] 在直接报价法下，汇率是指兑换一个单位外国货币所需的本国货币量。例如，在某一天，1单位欧元对美元的直接汇率为1.4116美元。间接汇率报价正好是直接汇率的倒数，是用外币表述的一单位本国货币的价格。按照上例，要获得1美元大约需要0.7084欧元。

外币余额的折算既可以采用直接报价，也可以采用间接报价。将外币余额乘以外汇汇率的直接报价或者除以间接报价，就可以得到外币的本国货币等值。为了说明这个道理，假设一家美国公司位于印度孟买的子公司7月15日的现金余额为100万印度卢比，当日即期市场上的直接汇率为0.020546美元，那么，这笔现金余额在1月31日的美元等值为20 546美元，计算方法有下面两种：

INR1 000 000× \$0.020546 = \$20 546

或 INR1 000 000÷INR48.6700 = \$20 546

在远期（forward）市场上进行的交易是在约定日期将一定数额的一种货币兑换成另外一种货币的合同。远期市场上的报价按即期汇率的折价或溢价方式来表述，或称为直接远期汇率。我们稍后将对此加以说明。此外，买卖方报价中通常包含即期和远期汇率。买方报价是交易商愿意支付给你的外币的买入外汇，卖方报价是交易商愿意出售给你的外币汇率。如果卢布（俄罗斯）即期汇率的报价是0.031584美元，当日6个月远期汇率的报价是0.030807美元，即远期卢布在美国以9.8%的折价出售，计算如下：远期溢价（折价）=（远期汇率-即期汇率）：即期汇率×12÷n，其中，n=远期合同规定的月数。因此，（\$0.030807－\$0.031584）÷\$0.031584×12÷6＝-0.049。如果卢布采用间接报价，其折价可以这样确定：远期溢价（折价）=（即期汇率-远期汇率）÷远期汇率×12÷n，即卢布（31.6615-32.4597）÷32.4597×12÷6=-0.049。每个交易日主要外币的即期和远期汇率都可以在许多主要报纸的商务版中查到。专栏6—1包含了选定的几种货币的即期和远期汇率报价。也可以在网站www.fxstreet.com上查到一个更为详细的即期和远期汇率表。

一项掉期交易涉及在购入即期外汇的同时售出远期外汇，或者是在售出即期外汇的同时购入远期外汇。投资者常常通过互换交易来利用外国较高的利率获得好处，同时也可免于遭受外汇汇率不利变动的影响。例如，如果美国的利率高于瑞士的利率，瑞士的投资者就会在即期市场上购买美元，并且将其投资于收益率较高的美元债券工具，例如6个月期的美国国库券。但是，倘若在6个月的时间内，相对于瑞士法郎来说，美元发生了贬值，瑞士的投资者的收益有可能会丧失。为了防范这种可能性，瑞士投资者可以在购入即期美元的同时，按照合同约定的远期汇率售出6个月的远期美元。在美国-瑞士利率差异大于远期美元折价（即期美元与6个月远期美元之间的报价差异）的情况下，上述掉期交易是有利的。随着时间的推移，外币商人会消除这种差异，从而形成利率平价。

专栏6—2定义了本章所采用的与外币折算有关的术语。

---

① 要查找每日外汇汇率表，可以访问www.ozforex.com.

专栏 6—1 **即期汇率和远期外汇报价的样本**

币种	外币对美元			
	即期	1 个月	3 个月	1 年
捷克克朗	18. 3840	18. 3890	18. 4245	18. 5240
俄罗斯卢布	31. 6615	31. 9015	32. 4597	35. 5515
瑞典克朗	7. 8173	7. 8157	7. 8126	7. 7942
瑞士法郎	1. 0752	1. 0748	1. 0739	1. 0673
土耳其新里拉	1. 5295	1. 5402	1. 5625	1. 6674
英国英镑	0. 6480	0. 6086	0. 6087	0. 6090
欧盟欧元	0. 7084	0. 7084	0. 7084	0. 7080
巴西里亚尔	1. 9386	1. 9504	1. 9727	2. 0668
墨西哥比索	13. 5955	13. 6548	13. 7708	14. 2855
港元	7. 7503	7. 7483	7. 7442	7. 7328
印度卢比	48. 6700	48. 7650	48. 9475	49. 6875
日元	93. 6250	93. 5935	93. 5283	93. 0020
沙特阿拉伯里亚尔	3. 7504	3. 7499	3. 7489	3. 7452
南非兰特	8. 0884	8. 1393	8. 2347	8. 6545
韩元	1 265. 65	1 265. 25	1 263. 35	1 256. 15

专栏 6—2 **外币折算术语表**

计量属性（attribute）。某一项目在会计计量中的可计量特征。例如，历史成本和重置成本就是资产的计量属性

兑换（conversion）。一种货币与另外一种货币的交换

现行汇率（current rate）。相关财务报表日的实际汇率

折价（discount）。远期汇率低于即期现行汇率的差异

敞口的净资产头寸（exposed net asset position）。用外币计量或标价并按照现行汇率折算的资产，超过用外币计量或标价并按照现行汇率折算的负债的差额

外币（foreign currency）。特定国家的非本国货币；特定企业的非报告货币

外币财务报表（foreign currency financial statements）。以外币作为计量单位的财务报表

外币业务（foreign currency transactions）。用企业功能货币以外的货币计价表述的交易（例如，销售或购买商品或劳务，或者应付款、应收款等）

外币折算（foreign currency translation）。根据两种货币之间的汇率，将用一种货币计价或计量的数额表达成为用另外一种货币的过程

国外经营活动（foreign operation）。一项经营活动，其财务报表以权益为基础合并入或者记入报告企业的财务报表，而且其财务报表是采用企业报告货币以外的货币编制的

远期外汇合同（forward exchange contract）。约定在未来某一日期，按照约定汇率（远期汇率）交换不同国家货币的协议

功能货币（functional currency）。一家企业开展经营活动及产生和耗费现金所采用的主要货币。通常是企业所在国的货币和记账用的货币

历史汇率（historical rate）。最初取得外币资产或形成外币负债时的外汇汇率

当地货币（local currency）。特定国家的货币；提到本国或国外经营业务时的报告货币

货币性项目（monetary items）。在未来支付固定货币数额的义务或收取固定货币数额的权利

报告货币（reporting currency）。企业编制财务报表采用的货币

结算日期（settlement date）。支付应付款或收回应收款的日期

即期汇率（spot rate）。立即进行交割的外币兑换所采用的汇率

交易日（transaction date）。一笔交易（例如，商品或劳务的购买或销售）被登记在报告主体会计记录中的日期

折算调整（translation adjustments）。在将财务报表从企业的功能货币折算为报告货币的过程中所进行的调整

计量单位（unit of measure）。计量资产、负债、收入和费用的货币

6.3 问题

如果外币汇率相对稳定，外币折算就会与将英寸或英尺折算成其公制等值一样容易。然而，汇率很少是稳定的。大多数工业化国家的货币在货币市场上的价值是自由波动的。为了说明所选国家汇率的波动情况，我们来研究联邦储备银行在网站：http：//www. research. stlouisfed. org/fred2 上汇集的数据。

在东欧、拉丁美洲以及亚洲的某些地区，外币币值的波动尤为明显。币值的波动，一方面增加了折算的频率，另一方面产生了汇兑利得和损失。币值波动也与当地通货膨胀率紧密相关，这是第 7 章讨论的主题。

6.4 备选折算汇率对财务报表的影响

将外币余额折算成本国货币时，可以采用下列三个汇率：第一，现行汇率（current rate)，它是财务报表日的汇率。第二，历史汇率（historical rate)，它是最初取得外币资产或发生外币负债时的汇率。第三，平均汇率（average rate)，它是现行汇率或历史汇率的简单或加权平均。由于平均汇率只是现行汇率或历史汇率的变体，下面将集中讨论现行汇率和历史汇率。

采用历史汇率而不是现行汇率作为外币折算系数，对财务报表会产生什么影响?采用历史汇率，可以在本国货币报表上保留外币项目的原始成本等值。假设有一家美国母公司的国外子公司，它以 1 000 单位的外币（FC）购入一项存货，当时的汇率（间接报价）为 2FC=1 美元，这项资产在美国公司合并报表上应该按 500 美元列示。假定在下一个报表编制日，汇率下降为 4FC=1 美元，而该项存货还没有出售，那么这项存货的美元等值应该变成 250 美元吗？也许并不是这样。只要我们按照资产取得日的汇率（历史汇率）折算最初的 1 000FC 成本，它在美元财务报表中就仍然列示为 500 美元，即用美元表达的历史成本。可见，采用历史汇率可以保护财务报表免受外币折算利得或损失的影响，也就是说，可以避免由于报告期间折算汇率的波动而导致的外币余额美元等值的增加或减少。而采用现行汇率就会产生折算利得或损失。因此，在前面的例子中，根据现行汇率（4FC=1 美元）折算 1 000FC 的存货，将产生 250 美元的折算损失（1 000FC÷2-1 000FC÷4）。

在这里，我们必须区分折算利得与损失和交易利得与损失，这两者都被称为“汇兑利得与损失”。当一家企业因购买或者销售商品而引起外币收付，或者借入或贷出外币资金时，就会发生外币业务。为了按照报告企业所用货币保持会计记录，就有必要进行折算。

交易调整有两种类型：第一种类型的交易调整是“已结算交易的利得与损失”，当账面记录的原始交易汇率与结算日的汇率不同时就会发生。假设一家美国母公司在 2FC=1 美元时借入 1 000FC，然后将其兑换成美元，并且在账簿中记录 500 美元的负债。如果在偿还这笔负债时，外币汇率上升为 1FC=1 美元，那么这家美国公司就必须付出 1 000 美元来清偿 1 000FC 的债务。该公司因此承受了 500 美元的兑换损失。

第二种类型的交易调整是“未结算交易的利得与损失”当财务报表在交易结算日之前编制时就会发生。在前面的例子中，假设 1 000FC 在第一年借入并在第二年偿还。如果财务报表日的汇率为 1.5FC = 1 美元，那么，1 000FC 负债的美元等值就是 667 美元，产生了 167 美元的汇兑损失。然而，在实际偿还外币负债之前，这笔未实现的汇兑损失在性质上与折算损失是相似的，因为前者也是产生于一个重述的过程。

专栏 6—3 说明了交易与折算利得与损失的区别。不同日期实际汇率的差异，导致了不同类型的汇兑调整。

专栏 6—3　**汇兑调整的类型**

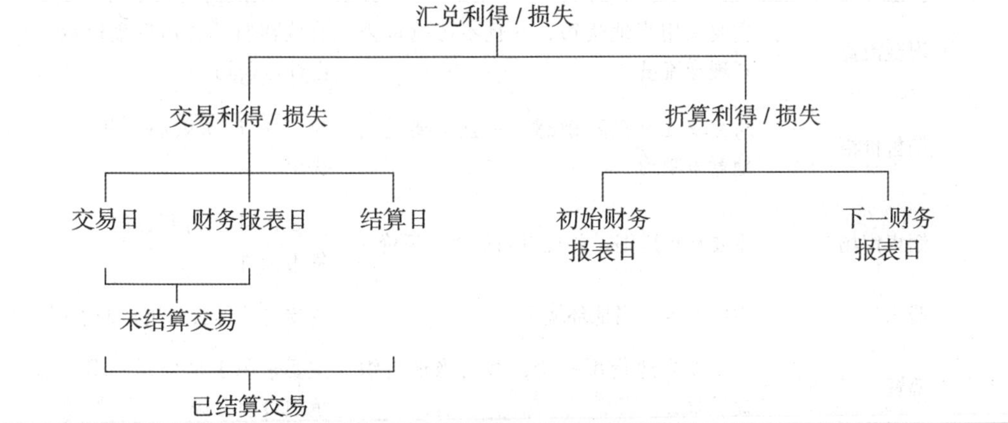

在考虑汇兑利得与损失时，关键是要区别交易利得与损失和折算利得与损失。一项已实现（或已结算）的交易会产生一笔真实的利得或损失。会计师一般认为，这种利得或损失应当立即在收益中加以反映。相反，折算调整（包括未结算交易损益）是未实现的或账面的项目。对这种损益如何进行恰当的会计处理尚不明确。

合并财务报表的知情读者必须理解与浮动汇率相关的三个主要问题：

（1）在将外币余额折算为本国货币时，应当采用哪个汇率？

（2）哪些外币资产和负债受到汇率波动的影响？

（3）折算损益应当如何进行会计处理？

这些问题将在本章的余下部分讲述。

6.5　外币业务

外币业务的突出特点就是采用外币进行结算。因此，当一家企业购买或销售商品以外币结算，或者在企业借入或借出外币时，就会发生外币业务。例如，一家公司购入以沙特阿拉伯里亚尔标价的存货所遭受的汇兑损失，在结算之前应该记入存货价值。

一项外币业务可能会以一种货币标价，却以另一种货币计量和记录。为了理解其中的原因，首先来看看功能货币（functional currency）这个概念。一个主体的功能货币被定义为在主体经营和获得现金流量的主要经济环境中流通的货币。如果一个外国子公司的经营相对自主，并且集中在这个国家内（如生产的产品在当地市场分销的子公司），它一般只收取和采用当地（所在国）的货币。因此，当地的货币就是该公司的功能货币（例如，母公司在美国的比利时子公司采用欧元作为功能货币）。如果一个国外的主体以本公司功能货币以外的另一种货币作为记账本位币（例如，一家美国子公司采用印度货币记账，而它的功能货币实际上是英国英镑而不是印度卢比），那么它的功能货币就是第三国的货币（英镑）。如果一个国外主体仅是美国母公司的一个扩展（例如，一家墨西哥公司从美国母公司那里取得部件进行组装，然后将组装好的产品再运回美国），它的功能货币就是美元。专栏6—4区分了采用当地货币或母公司货币作为功能货币的情形。

专栏6—4 **功能货币的标准**

经济因素	宜以当地货币作为功能货币的情形	宜以母公司货币作为功能货币的情形
现金流量	主要采用当地货币，并且不影响母公司现金流量	直接影响母公司现金流量，并且随时汇往母公司
销售价格	对汇率变动极不敏感，并且主要受当地竞争制约	对汇率变动敏感，并且由全球竞争决定
销售市场	主要在东道国，并且以当地货币标价	主要在母公司所在国，并且以母公司货币标价
费用	主要发生于当地环境下	主要与从母公司进口的生产要素有关
筹资	主要以当地货币标价，并由当地组织提供服务	主要来源于母公司，或依靠母公司来承担负债义务
跨公司交易	不频繁，不广泛	频繁而广泛

改编自：Financial Accounting Standards Board，*Statement of Financial Accounting Standards No. 52*，Stamford，CT：FASB，1981，Appendix A。

为了说明一项交易以一种货币标价，却以另一种货币计量和记录之间的差别，假设一家在中国香港的美国子公司从中国内地购买以人民币支付的商品存货。这家子公司的功能货币是美元。在这种情况下，这家子公司将用美元来计量这项以人民币标价的外币业务。从母公司的角度看，这家子公司的负债以人民币标价，却以功能货币美元计量，是出于编制合并报表的目的。

美国关于外币会计的权威文告——《财务会计准则公告第52号》（FAS52）要求按下列方法处理外币业务①：

（1）在交易的确认日，该笔交易所产生的每一项资产、负债、收入、费用、利得和损失，应该采用当日的汇率，用该记录主体的功能货币进行计量和记录。

（2）在每个资产负债表日，凡以该记录主体的功能货币以外的其他货币进行标价的已记录余额，应该按照现行汇率进行调整。

这样，只要在交易日和结算日之间汇率发生了变动，就要进行汇兑调整（即已结算交易的利得或损失）。如果在结算之前编制财务报表，那么会计调整金额就等于原来已记录金额与财务报表列报金额之间的差额（即未结算交易的利得或损失）。

财务会计准则委员会否定了应当区分已结算交易和未结算交易的利得和损失的观点，因为这种区分无法实际应用。对于交易利得和损失，有两种可能的会计处理方法。

① Financial Accounting Standards Board，FASB Statement No. 52，Stamford，CT：FASB，par. 15. 这份文告已经产生影响力，并已成为其他类似准则的依据。

6.5.1 单一交易观

在单一交易观下，假设交易与其结算是同一个事项，汇兑调整（包括已结算和未结算的）被看作是对原来交易账户的一种调整。下面举例说明这种处理方法。

2011 年 9 月 1 日，一家美国制造商采用赊销方式销售 100 万瑞典克朗（SEK）商品给一家瑞典进口商。美元和克朗之间的汇率是 $0. 12 = SEK1，应收克朗账款将于 90 天之内到期，并且美国公司的经营采用日历年度。在这笔应收账款收回之前，克朗开始贬值。到了月末，美元和克朗之间的汇率是 $0. 11 = SEK1；2011 年 12 月 1 日，美元和克朗之间的汇率是 $0. 09 = SEK1。这些交易列示在专栏 6—5 中。

专栏 6—5　　**美国公司的分录：单一交易观**

日期	项目	外币	美元等价物
2011 年 9 月 1 日	应收账款	SEK1 000 000	120 000
	销售收入	SEK1 000 000	120 000
	（记录赊销收入）		
2011 年 9 月 30 日	销售收入		10 000
	应收账款		10 000
	（根据第一次汇率变动调整现存账户：SEK 1 000 000× $0. 12-SEK1 000 000× $0. 11）		
2011 年 12 月 1 日	留存收益		20 000
	应收账款		20 000
	（根据后来的汇率变动调整账户：SEK1 000 000× $0. 11-SEK1 000 000× $0. 09）		
2011 年 12 月 1 日	外币存款	SEK1 000 000	110 000
	应收账款	SEK1 000 000	110 000
	（记录外币应收账款的结算）		

如上所示，在账款收回之前，应收账款和销售收入所记录的初始美元金额，需要根据以后美元和克朗之间的汇率的变动进行调整。如果在财务报表日（9 月 1 日）和结算日（12 月 1 日）之间，克朗进一步贬值，就需要再次进行调整。在本章开篇的 Rio Tinto 例子中，专栏 6—5 中说明的汇率变动效应会影响合并收入。

6.5.2 双重交易观

在双重交易观下，应收克朗账款的收回被看作是独立于产生该笔账款的销售业务之外的事项。在上表中，出口销售收入和相应的应收账款以当日汇率记录。克朗在 9 月 1 日到 12 月 1 日期间的贬值导致汇兑损失（即未结算交易损失），而在 2011 年 12 月 1 日以更低汇率收回外币应收账款，导致另一笔汇兑损失（即已结算交易损失）。请看专栏 6—6。

专栏 6—6　　**美国公司的分录：双重交易观**

日期	项目	外币	美元等价物
2011 年 9 月 1 日	应收账款	SEK1 000 000	$120 000
	销售收入	SEK1 000 000	$120 000
	(以 2011 年 9 月 1 日的汇率记录赊销收入)		
2011 年 9 月 30 日	外币汇兑损失		10 000
	应收账款		10 000
	(记录首次汇率变动的影响)		
2011 年 12 月 1 日	外币存款	SEK1 000 000	90 000
	外币汇兑损失		20 000
	应收账款	SEK1 000 000	110 000
	(记录外币应收账款的结算)		

为了保持一致性，《财务会计准则公告第 52 号》要求采用两项交易法对外币业务进行会计处理。已结算和未结算交易的利得和损失均纳入收益确定之中，例如，Rio Tinto 例子中的第一个专栏（收益敏感度——汇率）解释了专栏 6—6 中说明的损益是外币效应。这一要求的主要例外发生于以下情形：（1）与特定的长期跨公司交易相关的汇兑调整；（2）被指定为对净投资（即针对国外经营的受险资产负债净头寸的套期保值）和外币承诺的有效套期交易（受险资产或负债头寸的概念随后将会讲述）。

6.6 外币折算

国际化运营的公司采用一系列方法将以外币表述的资产、负债、收入和费用折算为本国货币。这些折算方法可以划分为两类：采用单一折算汇率将外币余额重述为本国货币的方法，和采用多种折算汇率的方法。专栏 6—7 概括了各种方法下资产负债表项目所采用的汇 率。

专栏 6—7　　**不同折算方法下特定资产负债表项目所采用的汇率**

	现行汇率法	流动-非流动法	货币-非货币法	时态法
现金	C	C	C	C
应收账款	C	C	C	C
存货				
以成本表示的部分	C	C	H	H
以市价表示的部分	C	C	H	C
投资				
以成本表示的部分	C	H	H	H
以市价表示的部分	C	H	H	C
固定资产	C	H	H	H
其他资产	C	H	H	H
应付账款	C	C	C	C
长期负债	C	H	C	C
普通股	H	H	H	H
留存收益	*	*	*	*

注释：C——现行汇率；H——历史汇率；*——剩余的平衡数，代表连续采用现行汇率的综合结果。

6.6.1 单一汇率法

单一汇率法长期盛行于欧洲，它对所有的外币资产和负债都采用一种单一的汇率，即现行汇率或期末汇率。外币收入和费用一般按照这些项目被确认时采用的汇率进行折算。但是，出于方便的考虑，收入和费用通常采用当期现行汇率的适当加权平均数来进行折算。

在单一或现行汇率法下，国外经营公司（被母公司视为独立自主的主体）的财务报表有自己的报告属地：国外联营公司开展业务所处的当地货币环境。由于所有外币财务报表项目都按照常数折算，因此，合并报表保留了个别主体财务报表中原来的关系（如财务比率）。也就是说，合并后的成果反映了那些成果被合并的每个主体的货币度量，而并不是母公司的单一的货币度量。有些人批评这种方法，认为它采用多种货币度量，违背了合并财务报表的基本目的。

出于会计的目的，如果母公司货币等值的变动是由于用来折算外币资产和负债的汇率的变动所引起的，就称该项外币资产或负债敞口在汇率风险中（即遭受汇率风险，简称"受险"——译者注）。根据这一定义，因为外币余额的母公司货币等值会随着现行汇率（相对于历史汇率）的变动而变动，所以现行汇率法假定所有采用当地货币计量的资产都敞口在外汇风险中。这种假设很少与经济现实相吻合，因为存货和固定资产的价值通常会受到当地通货膨胀的影响。

考虑下面的例子。假设一家美国跨国公司的国外联营公司在期初以 FC1 000 000 购入一大块土地。汇率（历史汇率）为 FC1 = \$1。因此，这项投资以美元为单位进行计量的历史成本为 1 000 000 美元（FC1 000 000÷FC1）。由于物价变动，这块土地升值为 FC1 500 000（按照一般公认会计原则，属于未实现的），而期末汇率降为 FC1. 4 = \$1。如果采用现行汇率法将这项外币资产折算成美元，它以美元计量的原始价值1 000 000美元将被记录成 714 286 美元（FC1 000 000÷ FC1. 4），这意味着285 714美元的汇兑损失。然而，这块土地公允价值的增加表明，实际上它以美元计量的现行价值是 1 071 285 美元（FC1 500 000÷FC1. 4）。这意味着，如果在折算之前没有根据当地物价变动水平进行调整，折算出来的资产价值毫无意义。而且，用现行市场汇率折算历史成本数额（例如，FC1 000 000÷FC1. 4 = \$714 286）会产生一个既不是历史成本（1 000 000 美元）也不是现行市价（1 071 285 美元）的折算结果。

最后，采用现行汇率折算所有的外币余额，在每次汇率变动时都会产生折算利得和损失。在当期收益中反映这些汇兑调整，可能会严重歪曲报告业绩的计量。由于汇率经常发生相反方向的变动，许多这类的利得和损失可能永远都无法完全实现。

6.6.2 多种汇率法

多种汇率法在折算过程中结合采用现行汇率和历史汇率。

(1) 流动-非流动法

在流动-非流动法（current-noncurrent method）下，国外子公司的流动资产和流动负债采用现行汇率折算为母公司报告货币。非流动资产和负债采用历史汇率进行折算。利润表项目（除折旧和摊销费以外）采用整个报告期内各月份的平均汇率或加权平均汇率进行折算。折旧和摊销费按照相关资产取得时的实际历史汇率进行折算。

不幸的是，这种方法没有什么经济意义。采用年末汇率折算流动资产意味着外币现金、应收账款和存货都同样地敞口在外汇风险之中。这个假设当然是不正确的。例如，存货的当地价格可能因为货币贬值而上升，这样就不会因为现行汇率风险而遭受损失。另一方面，按照历史汇率折算长期负债是将汇率波动的影响转移到负债清偿的年度。许多人认为这与现实不相符。而且，流动和非流动的界定仅仅只是一种分类思路，并不是折算中采用哪种汇率的概念性依据。

(2) 货币-非货币法①

货币-非货币法（monetary-nonmonetary method）也采用资产负债表的分类思路来确定适当的折算汇率。货币性资产和负债按照现行汇率折算。非货币性项目——固定资产、长期投资和存货——按照历史汇率折算。利润表项目的折算采用与流动-非流动法相似的处理程序。

与流动-非流动法不同的是，这种方法认为货币性资产和负债敞口在汇率风险之中。由于货币性项目用现金结算，采用现行汇率将这些项目折算成本国货币等值，反映了其可实现或清偿的价值。这种方法也反映了长期负债在其各个存续期间内本国货币等值发生的变动，从而及时地披露了汇率变动的影响。

然而，需要注意的是，货币-非货币法也是依赖分类思路来确定适当的折算汇率。这种处理可能导致不恰当的结果。例如，这种方法采用历史汇率折算所有的非货币性资产，对于那些用现行市价计价的资产（例如，将证券投资、存货和固定资产的账面价值降低为现行市价）来说，这种做法是不合理的。将非货币性资产的现行市价与历史汇率相乘而产生的本国货币金额，既不与该项目的现行价格等值，也不是它的历史成本。这种方法还将按照现行价格和现行汇率折算的收入与按照历史成本和历史汇率折算的销售成本相配比，从而歪曲了企业的毛利。

(3) 时态法②

根据时态法（temporal method），外币折算是一个计量转换过程，或者说是对既定价值的重述。它并不改变被折算项目的计量属性，而只是改变其计量单位。对外币余额的折算只是对计量这些项目的货币名称的重述，而不是改变这些项目的实际价值。按照一般公认会计原则，现金按照资产负债表日拥有的数额计价，应收款和应付款按照预计到期时将收回或偿付的数额表述，其他资产或负债按照资产取得或负债发生时的货币价格（历史成本）计价。但是，有些项目是按照财务报表日的价格（现行价格）计价的，例如，存货按照成本与市价孰低原则计价。简而言之，这些货币价值与时间因素有关。

在时态法下，现金、应收款和应付款等货币性项目采用现行汇率折算，非货

① 这种方法最初是1956年密歇根大学的Samual R. Hepworth在*Reporting Foreign Operations*中提出来的。
② 这种方法最初是1972年美国注册会计师协会的Leonard Lorensen在“Reporting Foreign Operations of U. S. Companies in U. S. Dollars,” Accounting Research Study No. 12，New York中提出来的。

币性项目采用保持其原始计量基础的汇率折算。尤其是，外币报表上用历史成本计量的资产，要采用历史汇率折算。为什么要这样处理呢？这是因为对于以外币表述的历史成本，采用历史汇率折算，才能产生以本国货币表述的历史成本。同样，以现行价值计价的非货币性项目采用现行汇率折算，因为对于以外币表述的现行成本，采用现行汇率折算，才能产生以本国货币表述的现行价值。收入和费用项目采用交易发生时的汇率折算。在收入和费用发生数量多、交易频繁的情况下，建议采用平均汇率。

在国外的非货币性项目按历史成本计价的情况下，采用时态法的折算程序与货币-非货币法的折算程序实际上是相同的。两种折算方法唯一的不同之处在于，是否采用其他的资产计价基础，例如重置成本、市价、折现现金流量等。

时态法与货币-非货币法非常相似，它具有后者的大部分优缺点。在折算中有意忽略当地通货膨胀的影响，这是时态法与前面讨论过的几种方法的共性（当然，历史成本会计也是有意忽略通货膨胀的影响）。

所有上述四种方法都曾在美国采用过，并且现在许多国家还在采用。一般来说，这些方法产生的外币折算结果有很大差异。前三种方法（即现行汇率法、流动-非流动法和货币-非货币法）都是以确定哪些资产和负债属于敞口在外汇风险中的受险项目、哪些属于非受险项目为基础的。折算方法的具体应用体现了这些差别。现行汇率法假设全部国外业务经营都敞口在外汇风险中，因此所有资产和负债都采用年末汇率折算。流动-非流动法假设只有流动资产和负债是受险项目，而货币-非货币法则假设货币性资产和负债才是受险项目。与此相反，时态法旨在保留被折算财务报表在编制时所采用的会计计量的理论基础。参见第11 章对风险敞口的进一步讨论。

6.6.3 对财务报表的影响

专栏 6—8 和专栏 6—9 突出了前述主要折算方法对财务报表的影响。专栏 6—8 第一栏列示了一家假设的美国跨国公司的墨西哥子公司用比索表述的资产负债表。第二栏列示的是当汇率为 1 墨西哥比索 = 0. 13 美元时，墨西哥比索（MXN）余额的美元等值。如果比索的汇率下降到 1 墨西哥比索 = 0. 11 美元，就可能出现几种不同的会计处理结果。

在现行汇率法下，汇率的变动影响墨西哥子公司的当期全部外币资产（TA）和负债（TL）的美元等值。由于它们的美元价值受到现行汇率变动的影响，所以这些项目全部要承受（会计意义上的）外汇风险。因此，在现行汇率法下，如果受险项目是净资产头寸（TA>TL），那么，在比索贬值时就会产生折算损失，而在比索升值时会产生折算利得；如果受险项目是净负债头寸（TA<TL），那么在比索贬值时会产生折算利得，而在比索升值时会产生折算损失。在我们的例子中，采用现行汇率折算产生了 300 美元的折算损失。其原因在于，比索贬值后墨西哥子公司的净资产美元等值为 1 650 美元（MXN15 000× \$0. 11），而比索贬值前该子公司净资产美元等值为 1 950美元（MXN15 000× \$0. 13）。

专栏 6—8 **墨西哥子公司资产负债表**

	比索贬值前的美元等值		比索贬值后的美元等值（$0.11=MXN1）			
	比索	（$0.13=MXN1）	现行汇率法	流动-非流动法	货币-非货币法	时态法
资产						
现金	3 000	$390	$330	$330	$330	$330
应收账款	6 000	780	660	660	660	660
存货	9 000	1 170	990	990	1 170	990[a]
固定资产（净值）	18 000	2 340	1 980	2 340	2 340	2 340
合计	36 000	$4 680	$3 960	$4 320	$4 500	$4 320
负债和所有者权益						
短期应付款	9 000	$1 170	$990	$990	$990	$990
长期负债	12 000	1 560	1 320	1 560	1 320	1 320
股东权益	15 000	1 950	1 650	1 770	2 190	2 010
合计	36 000	$4 680	$3 960	$4 320	$4 500	$4 320
会计受险额（P）			15 000	9 000	(12 000)	(3 000)
折算利得(损失)($)			(300)	(180)	240	60

注释：如果汇率在一定时期内保持不变，按所有折算方法折算的报表结果相同。

[a] 假定存货按成本与市价孰低法计价。如果按历史成本计价，则按时态法折算的资产负债表与按货币-非货币法折算的资产负债表相同。

专栏 6—9 **墨西哥子公司利润表**

	比索贬值前的美元等值		比索贬值后的美元等值（$ 0.11=MXN1）			
	比索	（$0.13=MXN1）	现行汇率法	流动-非流动法	货币-非货币法	时态法
销售收入	40 000	$5 200	$4 400	$4 400	$4 400	$4 400
销售成本	20 000	2 600	2 200	2 200	2 600	2 200[a]
折旧[b]	1 800	234	198	234	234	234
所有其他费用	8 000	1 040	880	880	880	880
税前收益	10 200	1 326	1 122	1 086	686	1 086
所得税（30%）	3 060	(398)	(337)	(337)	(337)	(337)
折算利得（损失）[c]	—	—	(300)	(180)	240	60
净利润（损失）	7 140	$928	$485	$569	$589	$809

注释：本例假定利润表是在比索贬值以后编制的。

[a] 假设存货价值在期末被减记为市价。

[b] 固定资产的预计使用年限为 10 年。

[c] 本例反映了所有的折算利得或损失全部计入当期损益对报告收益所产生的影响。

在流动-非流动方法下，美国公司会计受险额用以比索表示的净流动资产或净流动负债（这个例子中是正的 9 000 墨西哥比索）来计量。而在货币-非货币方法下，会计受险额用以比索表示的净货币资产或净货币负债（这个例子中是负的 12 000 墨西哥比索）来计量。在时态法下，会计受险额的确定取决于墨西哥子公司的存货或者其他非货币资产是采用历史成本计价（此时存货为非受险项目），还是采用其他计价基础（这个例子中是负的 3 000 墨西哥比索）。

总之，这个例子中不同的折算方法形成的会计结果相差很大：从现行汇率法下 300 美元的损失，到货币-非货币法下 240 美元的利得。由于这些结果都是在相同事实的基础上得来的，因而这个差异不可谓不悬殊。更为严重的是，在折算之前报告的高额利润的经营活动，有可能在折算之后出现亏损或者是盈利锐减（反之亦然）。财务管理人员为了使公司免受汇率变动对财务报表的影响，可以采取一些保护性的措施，即套期保值。第 11 章将更为详细地讨论套期保值选择和外汇风险管理。

6.6.4 哪一种方法最好

我们首先提问，一种折算方法是否可以适用于所有发生折算业务的环境和服务于所有的折算目的？我们的回答是否定的。外币折算所处的环境有很大差异。将币值稳定的货币折算成不稳定货币的会计处理，不同于将币值不稳定的货币折算成稳定货币的处理。同样，涉及进出口交易的折算，与在另一国家建立永久分支机构或子公司，并利用对子公司的投资收益进行再投资，且在可预计的时间内不会将任何资金抽回母公司的情况下所进行的折算，也会相差很大。

此外，进行折算的目的也有所不同。为了与母公司的报表进行合并而对国外子公司报表进行的折算，与为了满足国外有利益关系的读者的需要而对独立经营公司报表进行的折算，两者之间几乎没有共同之处。

我们提出两个问题：

（1）哪些折算方法是可以接受的方法，以及它们分别在什么情况下适用？

（3）存在可能不适合进行折算的情况吗？

关于第二个问题，我们认为有三种不同的折算方法是可以接受的：（1）历史汇率法；（2）现行汇率法；（3）根本不折算。国外主体的财务报表既可以根据母公司观点进行折算，也可以根据子公司的观点进行折算。按照母公司观点，国外经营是母公司经营的延伸，在很大程度上其是国内现金流量的来源。因此，折算的目标是将国外子公司财务报表的计量货币转换成为本国货币，并且使得国外子公司的报表符合母公司所在国的公认会计原则。我们认为，采用历史汇率法能够最好地实现这些目标。然而，我们倾向于采用时态法，因为这种方法通常能够把用外国货币单位表述的资产和负债所采用的会计原则保留下来。[①] 因为按照母公司观点，首先（在折算之前）要调整外币财务报表，使其符合母公司的会计原则，所以采用时态法是比较恰当的。因为这种方法仅仅是将外币计量改为用本国货币进行计量，并未改变计量基础。时态法可以很容易地与折算中进行的会计调整过程相适应。因此，除了折算货币金额以外，其还可以对两套甚至更多的会计概念和实务之间的差异进行调整。例如，存货或某项负债可以用与原先不同的会计处理重述。时态法可以适用于历史成本计价、现行重置成本计价和实现净值计价中的任何一种资产计价模式。

① Frederick D. S. Choi and Gerhard G. Mueller, *An Introduction to Multinational Accounting*, Upper Saddle River, NJ: Prentice Hall, 1978.

现行汇率法是将一种货币语言（currency language）直接折算（重述）为另一种货币语言的折算方法。在折算中，报表的性质没有发生变化，变化的仅仅是表述报表的特定形式。如果国外子公司已折算的报表以当地货币作为计量单位，也就是说，如果以国外公司的观点（与母公司观点相对）来看待国外主体，那么，采用现行汇率法比较适合。采用现行汇率折算，是将所有的账户余额都简单地乘以一个常数，所以不会改变外币报表中任何原来的比率关系（如财务比率）。如果为了方便国外股东和其他外部使用者集团而对独立公司的报表进行折算，这种折算方法也是有用的。

现行汇率法也适用于当物价水平调整账户被折算为另一种货币的情况。如果在给定的外币报表中已经进行了可靠的物价水平调整，而且该种外币的汇率变动与本国物价水平的变动密切相关，那么，对进行了物价水平调整的报表适宜采用现行汇率法进行折算，其结果与采用历史汇率折算历史成本报表的结果相类似。① 第7章包含了这方面的问题。

存在根本不应该进行折算的情况吗？我们认为答案是肯定的。在高度稳定和高度不稳定的货币之间，没有任何一种折算方法是恰当的。无论采用什么折算方法将一种货币折算成为另外一种货币，都不会产生有意义的信息。没有折算也就意味着财务报表不能合并。我们认为这是有道理的。如果一种货币非常不稳定，以至于不可能进行报表折算，那么也就不可能进行财务报表合并。如果一个独立公司纯粹出于向其他国家居民提供信息的目的而发布报表，而且这些国家的经济发展与公司所在国处于类似的阶段，其货币的稳定情况也是类似的，就没有必要进行报表折算。最后，某些特殊的管理层报告也不应当进行折算。有效的国际管理人员应该具备采用一种以上的货币单位对情况进行评价并做出决策的能力。一些公司的内部报告可以设置几个不同的货币金额栏，每一栏用不同货币单位折算的金额表示。某些其他报告（例如，关于可能发生的国际并购）也不可能进行折算，这是因为无法获得历史的外币汇率信息。还有一些其他类型的报告，可以只折算流动项目或者货币性项目，而对其他项目不进行折算。

6.6.5 适当的现行汇率

到目前为止，我们讨论的折算方法中采用的汇率不是历史汇率就是现行汇率。为了简化折算过程，在利润表折算中经常采用平均汇率。在实际工作中，适当汇率的选择并不那么简单明确，因为任何时候任何一种货币都有几种不同的汇率同时有效，包括买进汇率和卖出汇率、即期汇率和远期汇率、官方汇率和自由市场汇率，许多汇率在两者之间都存在着率差。我们认为，一个适当的折算汇率应当尽可能确切地反映经济和经营业务的真实情况。这个汇率应该是被折算报表起源国自由市场外汇的即期汇率，因为这是唯一能准确计量当前交易价值的汇率。

有时候，一个国家对不同的交易采用不同的折算汇率。在这些情况下，我们必须在现有的几个汇率中进行选择。这里介绍几个可能被采用的汇率：（1）股利汇款汇

---

① 经验研究证据表明，汇率的变动和有差别的通货膨胀很少完全负相关。若需要最近的关于市场异常导致混乱的证据，参见 David A. Ziebart and Jong-Hag Choi, "The Difficulty of Achieving Economic Reality Through Foreign Currency Translation," *International Journal of Accounting* 33, No. 4 (1998): 403-414.

率；(2) 自由市场汇率；(3) 任何可适用的惩罚性或优惠性汇率（例如，与进口或出口相联系的汇率）。经典著作认为，自由市场汇率是最可取的，只有一种情况例外：如果存在有效的特殊外汇管制（例如，当某项资金被指定为特定业务的专门用途时，对此可以应用特定的汇率），应当采用合适的汇率。例如，如果一家美国母公司在拉丁美洲的子公司被允许以优惠的汇率从美国进口某种商品，并且为此建立了专项资金，这笔被指定用途的资金就应该按照特殊的优惠汇率进行折算。外币现金账户的年末余额应该按照当年年末自由市场汇率进行折算。采用这种处理程序要根据两个或两个以上的汇率折算一个外币现金账户。只要这个程序适当，并且充分反映了经济业务的真实情况，那么这种处理就很好。

6.6.6 折算利得和损失

专栏 6—8 列示了应用各种不同方法折算财务报表而形成的 4 种折算调整结果。国际上对这些调整的会计处理与折算程序一样存在差异。折算调整的会计处理方法包括递延法、非递延法以及介于这两种方法之间的混合型的方法。

6.6.7 递延法

将折算调整不计入当期收益的做法得到了广泛的支持，因为这些调整额仅仅是对报表进行重述的结果。国外子公司净资产的本国货币等值的变化并不是真正实现的变化，也不影响国外主体产生的当地货币现金流量。因此，将这些调整包括在当期收益中会产生误导。在这样的环境下，折算调整额应该分开累计，并作为合并权益的一部分。帕金森（Parkinson）提出了支持递延法的其他理由：

需要指出的是，这些利得或损失涉及母公司对国外子公司的一项长期投资，甚至也许是永久性投资；只有在国外子公司被关闭，并且全部净资产返还给母公司时，这些利得或损失才得以实现；到那时或者在那之前，汇率也许已经发生了相反的变化，也就是说，不会再实现任何的利得或损失。此外还需要探讨的问题是，在这一期间内按照货币重估价（并且按照现行汇率折算）记录的经营成果，标志着国外经营价值的增加或减少。在这种环境下，没有必要在利润表中记录那些转瞬即逝的利得或损失——事实上，记录这样的利得或损失会产生误导。[①]

然而，递延法也可能会遭到一些分析师的反对，反对的理由是汇率不会自己发生逆转。即使汇率能够逆转，对外汇调整进行递延也是以对汇率的预测为前提的，而这恰恰是实务中一个很难解决的问题。有些人认为，递延折算利得或损失掩盖了汇率的变动。也就是说，汇率变动是历史事实，在汇率发生变动时记录其所产生的影响，才是为财务报表使用者提供最好的服务。

6.6.8 递延并摊销

日本的一些企业，赞成对折算利得或损失进行递延，并且将其在相关资产负债表

---

① MacDonald R. Parkinson, Translation of Foreign Currencies, Toronto: Canadian Institute of Chartered Accountants, 1972, 101-102.

项目的寿命周期内摊销。例如，假设企业通过借债筹资购置固定资产。可以认为，企业用使用固定资产产生的现金流量来偿还借款本金和利息。因此，与借款相关联的折算利得或损失应该递延，并在相关固定资产使用期限内摊销，也就是说，将其以和折旧费相同的方式计入收益。或者是，将负债产生的折算利得或损失递延，并在债务的剩余期间内作为利息费用的调整进行摊销。

这样的处理无论从理论角度还是实务角度都会遭到批评。例如，根据财务理论，固定资产投资的资本预算决策与如何筹资是两个互不相关的独立决策。如果将两者联系在一起，看起来倒更像是平滑收益的一种方法。而且，调整利息的做法也会令人产生怀疑。本国的借款成本并没有因为市场利率变动或者是负债的公允价值的变动而进行调整，为什么外币价值的波动会产生这样的影响?

6.6.9 部分递延

对折算利得和损失进行会计处理的第三种选择是，一旦发生损失就立即加以确认，而利得只有在真正实现时才确认。尽管这样处理比较稳健，但仅仅因为是利得就予以递延的做法否认了汇率发生变动的事实。而且，在递延折算利得的同时确认折算损失，在逻辑上也是说不通的。对于如何确定折算利得的实现时间，也缺乏明确的标准。另外，那些赞成递延折算利得的人也不清楚该如何确定递延的金额。以前，公司从当期利得中扣除前期的损失，而将其差额予以递延。这种做法意味着折算利得或损失不是期间项目，它们将在较长时期内摊销。如果是这样的话，递延在实务中就存在问题。

6.6.10 不予递延

最后一种选择是立即在利润表中确认折算利得和损失。这种方法认为，任何类型的递延都是人为的，或是具有误导性的。递延标准因其内在的不一致和实施上的不可行而经常受到抨击。然而，在当期收益中包含折算利得和损失，是在收益中引入了一个随意性因素，只要汇率发生变动，就可能会导致企业收益的剧烈波动。而且，在报告收益中包含这种账面的利得和损失，会误导报表使用者，因为这些调整额不能提供与汇率变动对企业现金流量的预计经济影响相一致的信息。

6.6.11 我们怎么办?

折算目的与任何潜在的折算调整都有着重要的联系。因此，如果一家公司持当地货币观点（当地公司观点），在当期收益中反映折算调整就是不合理的。我们可以回顾一下，当地公司观点要求采用现行汇率法，以便保留外币报表中原有的比率关系。我们认为，在当期收益中包括折算利得或损失，会破坏原先的财务关系，并且可能会误导信息使用者。例如，管理层对分支机构如何处理其所处的当地货币感兴趣，而由重述过程产生的折算损益没有对当地绩效做出太大贡献，在这种情况下，折算收益或损失作为合并权益的调整额是有意义的。

如果母公司的报告货币是用于折算财务报表的计量单位（母公司观点），则建议立即在当期收益中确认折算利得或损失。在母公司观点下，国外子公司被视为母公司的延伸。折算利得和损失反映了以本国货币计量的国外投资权益的增加和减少，应该及时确认。

6.7 折算会计的发展

为了应对跨国公司经营复杂性的日益增加和国际货币体系的变动，折算会计实务也在不断发展。为了就目前的折算会计情况提供一些历史背景，我们主要介绍美国财务报告发展的历史。

6.7.1 1965 年以前

1965 年以前，许多美国公司的折算会计实务遵循《会计研究公报第 43 号》[①] 的第 12 章。这份公报提倡采用流动-非流动法。交易利得或损失直接计入收益，在当期得出折算净利得或净损失。折算净损失在当期予以确认；而折算净利得则予以递延，作为资产负债表中的一个暂记账户，在未来期间抵消折算损失。

6.7.2 1965—1975 年

《会计研究公报第 43 号》允许在采用流动-非流动法的过程中存在某些例外。在特殊情况下，存货可以用历史汇率折算。为了取得长期资产而发生的长期负债，在汇率发生较大（可能是永久性的）变化时，可以按照现行汇率重述。由于对负债的重述而产生的任何会计差异，作为资产成本的一部分处理。1965 年《会计原则委员会第 6 号意见书》[②] 发布以后，允许按照现行汇率对所有外币应付款和应收款进行折算。对《会计研究公报第 43 号》的这项修订，给公司提供了另一种折算选择。

6.7.3 1975—1981 年

为了消除以前折算准则中允许存在的差异，财务会计准则委员会在 1975 年发布了引起争论的《财务会计准则公告第 8 号》。[③] 这份公告要求采用时态法折算外币报表，从而使得美国公司和执行一般公认会计原则的外国公司的会计实务产生了很大的变动。同样引人注目的是，这份公告不允许递延折算损益，折算损益和交易损益都必须在汇率变动的当期予以确认。

《财务会计准则公告第 8 号》饱受争议。尽管有些公司称赞其理论上的优势，但是许多公司谴责这个公告会导致公司报告收益的歪曲。这个公告因其产生的会计结果不符合“经济真实性”而受到了批评。它给公司收益带来的“溜溜球效应”也引起了跨国公司管理人员的关注。他们担心与国内公司相比，自身的公司报告收益的波动会因此显得更剧烈，从而会影响其公司的股票价格。

---

① American Institute of Certified Public Accountants, Committee on Accounting Procedure, “Restatement and Revision of Accounting Research Bulletins,” *Accounting Research Bulletin* No. 43, New York: AICPA, 1953.

② American Institute of Certified Public Accountants, “Status of Accounting Research Bulletins,” *Accounting Principles Board Opinion* No. 6, New York: AICPA, 1965.

③ Financial Accounting Standards Board, “Accounting for the Translation of Foreign Currency Transactions and Foreign Currency Financial Statements,” Statement of Financial Accounting Standards No. 8, Stamford, CT: FASB, 1975.

6.7.4 1981 年至今

1978 年 5 月，财务会计准则委员会邀请公众对它发布的前 12 项公告进行评论。该委员会共收到了 200 封信，其中大部分与《财务会计准则公告第 8 号》有关。公众呼吁对这项公告进行改进。考虑到公众对《财务会计准则公告第 8 号》的不满，财务会计准则委员会重新对这项公告加以考虑。经过大量的公开听证，在发布两份征求意见稿以后，财务会计准则委员会在 1981 年发布了《财务会计准则公告第 52 号》。①

6.8 《财务会计准则公告第 52 号》/《国际会计准则第 21 号》的特点

《财务会计准则公告第 52 号》确定的折算目的与《财务会计准则公告第 8 号》有重大差别。《财务会计准则公告第 8 号》采用母公司观点，要求外币财务报表就像各项业务是以美元发生的那样进行表述。《财务会计准则公告第 52 号》认为母公司观点和子公司观点都有着恰当的报告框架。在国际层面上，国际会计准则委员会发布了平行声明——《国际会计准则第 21 号》——并于最近进行了修订，以便明确相关要求并解决某些执行问题。② 因此，修订《财务会计准则公告第 52 号》和《国际会计准则第 21 号》现行版本的目的在于：

（1）在合并报表中反映各个被合并主体从事业务经营的主要货币（功能货币）所计量的财务成果和关系。

（2）提供与汇率变动对企业现金流量和权益的预计经济影响总体上相一致的信息。

这些折算目的以功能货币概念为前提。一个主体的功能货币是指该主体从事经营活动和产生现金流量的主要经济环境中采用的货币。功能货币的选择决定了以合并为目的的折算方法的选择，以及汇兑损益的处理方法。

6.8.1 以当地货币作为功能货币时的折算

如果以国外子公司会计记录中采用的外国货币作为功能货币，其财务报表应当采用现行汇率法折算为以美元表述的报表。在折算过程中产生的收益或损失，应作为合并权益的一个独立的组成部分加以披露。这种做法保留了以当地货币计量的财务报表比率。采用下列现行汇率法的折算程序：

（1）所有外币资产和负债按照资产负债表日的汇率折算成美元，资本账户按照历史汇率折算。

（2）收入和费用按照交易日的汇率折算。出于简便的考虑，也可以按照当期加权平均汇率折算。

（3）折算收益或损失作为合并股东权益的一个独立项目列示。当国外经营主体被出售，或者认为这一国外投资已经发生永久性价值损失时，这些折算调整才纳入利润表。

① FASB, "Forgign Currency Translation," Statement of Financial Accounting Standards No. 52, Stamford, CT: FASB, 1981.

② 文件评论见于 www. iasb. org/news.

6.8.2 以母公司所在国货币作为功能货币时的折算

如果国外主体的功能货币是母公司所在国货币，其外币财务报表采用时态法以母公司所在国货币进行重新计量。在折算过程中产生的所有折算收益和损失计入当期损益。具体说来：

（1）货币性资产和负债以及按照现行市价计价的非货币性资产，按照财务报表日的汇率折算；其他非货币项目和资本项目，按照历史汇率折算。

（2）与非货币项目有关的项目（例如，销售成本和折旧费），按照历史汇率折算；除此以外的收入和费用，按照当期平均汇率折算。

（3）折算利得和损失在当期损益中加以反映。

6.8.3 以外国货币作为功能货币时的折算

一个国外主体可能以一种外币作为记账货币，而以另一种外币作为功能货币。在这种情况下，以当地货币编报的财务报表应当首先用功能货币（时态法）重新编报，然后再采用现行汇率法折算成以美元表述的报表。假设一家德国母公司在墨西哥拥有一家全资附属公司。这家墨西哥附属公司将其产品的大部分转包给巴西的供应商。因此，墨西哥附属公司的功能货币被认为是巴西里亚尔。在将其墨西哥附属公司的账表纳入合并时，该德国母公司应首先采用时态法从比索到里亚尔重新计量墨西哥附属公司的账表，其折算损益列示在墨西哥附属公司的报告收益中。这些用里亚尔计量的余额将采用现行汇率法折算为德国马克，由此产生的折算调整列报在合并权益中。

专栏6—10形象地介绍了上面描述的折算过程。本章附录讲述了外币折算的技巧。

专栏6—10　**折算程序流程图**

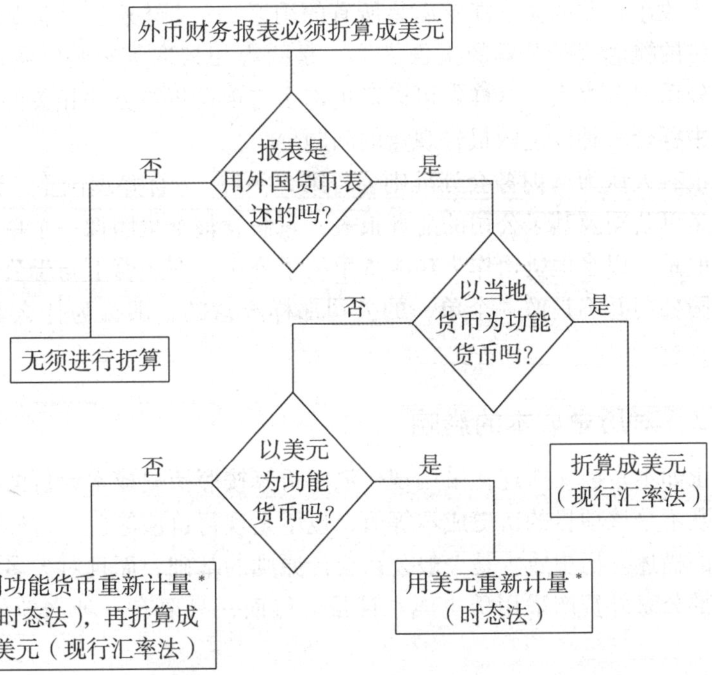

注释：*“重新计量”是指通过折算将计量货币从外国货币转变为功能货币。

采用现行汇率法有一个例外：对处于前3年累计通货膨胀率超过100%的恶性通货膨胀环境下的子公司来说，要求采用时态法折算，以美元（更坚挺的货币）作为功能货币。

在一个主体拥有一个以上可以清楚划分的独立经营业务（例如，分支机构或分部）的情况下，每一项经营业务都可以被视为一个独立的主体，采用它自己的功能货币。因此，一家美国母公司可以在墨西哥分别建立一个服务于拉美市场的独立制造分部和一个独立的母公司出口产品的销售分部。在这种情况下，制造分部的财务报表要采用现行汇率法折算成美元，而墨西哥的销售分部的比索报表要采用时态法用美元来重新计量。

根据《财务会计准则公告第52号》的要求，国外主体的功能货币一旦确定，就必须一贯采用，除非经济环境的改变清楚地表明功能货币已经发生了改变。如果报告主体能够证明这一改变，分析师应该注意到这一会计变更，但不必进行追溯调整。

6.9 计量问题

如果合并报表的阅读者打算恰当地解释财务报表的外币折算效应，他们必须弄清楚以下几个问题。

6.9.1 报告观

由于采纳功能货币的概念，《财务会计准则第52号公告》和《国际会计准则第21号》在合并财务报表中采纳了当地货币和母公司货币两种报告观点。将两种不同的报告观点结合起来，在一套合并财务报表中包含两种不同的货币框架，是否能更好地满足财务报表使用者的需要？时态法下产生的折算调整额与现行汇率法下产生的折算调整额有没有实质性的差异？如果没有，将某些折算调整额计入当期损益，而另一些计入股东权益的做法能够满足所有的用途吗？《财务会计准则公告第8号》单一计量单位的概念（母公司的报告货币）是两害相权取其轻吗？我们是否应该一律停止折算外币财务报表？这样做可以避免许多与现行折算方法相关的缺陷，包括将在折算结果中糅合一种以上的报告观点的问题。

也有人认为《财务会计准则公告第52号》与合并理论不一致。合并理论下所反映的是母公司及其子公司的财务报表，它假设整个集团像一个单一的公司那样进行经营。但是，以当地货币作为功能货币的子公司，在经营上与母公司是相对独立的。如果跨国公司并不是像一个单一的公司那样经营的，那么为什么要合并那些独立的部分呢？[①]

6.9.2 对历史成本的影响

正如本章前文所述，采用现行汇率折算按照历史成本计价的项目所产生的美元金额，既不是该项目的历史成本等值，也不是现行价值等值。这样的折算金额违背了理论上的描述。历史成本是一般公认会计原则的基础，而且对大多数跨国公司来说，其绝大部分海外资产采用历史成本计量。然而，只要有一种当地货币被确定为功能货

① C. W. Nobes, "An Analysis of the Use of 'Theory' in the UK and US Currency Translation Standards," reprinted in C. W. Nobes, *Issues in International Accounting*, New York: Garland, 1986, pp. 129-130.

币，就需要采用现行汇率法进行折算。即使财务报表的使用者能够理解这一合并数额，这种方法却仍然存在理论上的不一致性。

6.9.3 收益概念

根据前述的货币折算声明，外币财务报表折算和特定交易所产生的调整额直接计入股东权益，从而绕过了利润表。这样处理的目的显然是向报表使用者提供更准确和不易让人感到困惑的收益数额。然而，有些人不喜欢这种将以前披露过的折算调整额掩盖起来的观点。他们担心使用者可能会因汇率变动而对公司价值的影响感到困惑。

6.9.4 操纵盈余

如前所述的货币折算声明提供了利用功能货币选择来操纵盈余的机会。请思考功能货币的选择。从专栏6—4中介绍的功能货币确定标准可以看出，功能货币的选择标准并不直截了当。一个国外子公司的经营可能同时满足相互对立的条件。例如，一个国外子公司的费用主要发生在当地，其产品主要在当地环境下销售，并且用当地货币标价。根据这些条件，应该倾向于选择当地货币作为功能货币。然而，就是同一个实体，其筹资全部来源于母公司，其现金流量也汇回母公司，因此，可以选择母公司货币作为功能货币。功能货币选择可能导致不同的结果，这就成为埃克森-美孚（Exxon-Mobil）石油公司选择以当地货币作为其大多数子公司的功能货币，而Chevron-Texaco公司和Unocal公司选择以美元作为功能货币的一个原因。当选择标准发生冲突，而不同的选择会对报告收益产生重大影响时，就会存在盈余管理的机会。

到目前为止的研究尚未对管理人员是否通过功能货币选择来操纵收益（以及其他财务报表项目金额）这一问题形成结论。然而，如果观察一下公司选择采纳新的货币折算声明的时间，就会发现一些盈余操纵的证据。例如，关于英国货币折算声明采用日期，SSAP20《标准会计实务报告第20号》表明，公司推延采用该准则以影响它们的财务业绩并实现某种企业财务目标。[①] 诸如此类的动机会降低跨国公司合并财务报表的可信度。

6.10 外币折算与通货膨胀

经验研究表明，一国的通货膨胀率与其货币的国外价值之间存在反向关系。[②] 因此，采用现行汇率折算处于通货膨胀环境中的子公司非货币性资产成本时，将会得出远远低于其原来计量基础的本国货币等值。同时，由于折旧费相对较低，折算后的收

---

① Geoge Emmanuel Iatrides and Nathan Lael Joseph, "Characteristics of UK firms Related to Timging of Adoption of Statement of Standard Accounting Practice No. 20," *Accounting and Finance*, Vol. 46 (2006): 429-455. 为了证明改变外币折算方法中存在的赢利动机，参见 Dahli Gray, "Corporate Preferences for Foreign Currency Accounting Standards," *Journal of Accounting Research*, Autumn 1984, pp. 760-64; James J. Benjamin, Steven Grossman, and Casper Wiggins, "The Impact of Foreign Currency Translation on Reporting During the Phase-in of SFAS No. 52," *Journal of Accounting*, *Auditing and Finance*, Volume 1, No. 3, 1996, pp. 174-84; Frances L. Ayres, "Characteristics of Firms Electing Early Adoption of SFAS 52," *Journal of Accounting and Economics*, June 1986, pp. 143-58; Robert W. Rutledge, "Does Management Engage in the Manipulation of Earnings?" *Journal of International Accounting*, *Auditing*, *and Taxation*, Volume 4, No. 1, 1995, pp. 69-86.

② B. Balassa, "The Purchasing Power Parity Doctrine: A Reappraisal," *Journal of Political Economy*, 1964, pp. 145-54; R. Z. Aliber and C. P. Stickney, "Accounting Measures of Foreign Exchange Exposure: The Long and Short of It," *Accounting Review*, January 1975, pp. 44-57; and W. Beaver and M. Wolfson, "Foreign Currency Translation in Perfect and Complete Market," *Journal of Accounting Research*, Autumn 1982, pp. 528-600.

益会增加。这样的折算结果容易导致误解，而不是向报表使用者传达有用的信息。较低的美元等值通常会导致低估处于通货膨胀环境下的国外资产的实际获利能力，而国外经营包含了通货膨胀因素的投资报酬率，可能导致对未来盈利的错误预期。

财务会计准则委员会决定在折算前不进行通货膨胀调整。它认为，这一调整与美国基本报表采用的历史成本计价框架不一致。作为一种解决办法，《财务会计准则公告第 52 号》要求那些处于恶性通货膨胀环境（过去 3 年间累计通货膨胀率超过 100%）中的国外经营以美元作为功能货币。这个程序使得外币资产的美元等值保持稳定，就像它们按照历史汇率（时态法）进行折算那样。这种方法也存在局限性。首先，只有在子公司所在国与母公司所在国通货膨胀率的差异与汇率完全负相关的情况下，按照历史汇率折算才有意义；否则，通货膨胀环境下的外币资产美元等值将会有误导性。万一恶性通货膨胀国家的累计通货膨胀率在未来 3 年内降到 100% 以下，转为采用现行汇率法（因为此时当地货币是功能货币）将会在合并权益中产生巨额的折算调整额，其原因就在于这段期间内汇率可能发生巨大的变化。在这种情况下，将外币固定资产上的折算损失记入股东权益，会对那些以股东权益做分母的财务比率产生重大影响。由此可见，外币折算问题无法与外国通货膨胀会计问题完全分开，我们将在下一章中用更多的篇幅对此进行讨论。①

6.11 其他地方的外币折算

现在我们简要考察一下世界其他地方的外币折算。加拿大特许会计师协会（CICA）、英国会计准则委员会（ASB），以及国际会计准则理事会（IASB）都参与了制定《财务会计准则公告第 52 号》的商议过程。因此，发现这些机构各自的准则在很大程度上与《财务会计准则公告第 52 号》相一致也就不足为奇了。②

加拿大的准则（CICA 1650）的特点在于对国外长期负债的处理。在加拿大，折算所产生的利得或损失要进行递延并摊销，而不是立即确认为当期损益。加拿大已经发布了第二份征求意见稿，建议取消这种进行递延和摊销的方法。③

英国的准则和美国的准则的一个主要区别涉及处于恶性通货膨胀国家的相对独立的子公司。在英国，这些公司的财务报表必须先调整为现行物价水平，然后采用现行汇率进行折算。而在美国，则要求采用时态法。

最后，《国际会计准则第 21 号》（修订后的）和美国《财务会计准则公告第 52 号》也存在重要的差异。根据《国际会计准则第 21 号》的要求，处于高通货膨胀环境中的子公司财务报表必须在折算前进行调整，以反映一般物价水平的变动，这种处理方法与英国的准则规定相类似。

---

① 要了解最近对该关系的检验，参见 John Huges, Jing Liu, and Mingshan Zhang, "Valuation and Accounting for Inflation and Foreign Exchange," *Journal of Accounting Research*, Vol. 42, No. 4 (2004): 731-754.

② 所有 3 个准则都是在 1983 年颁布的，大约在美国《财务会计准则公告第 52 号》发布以后的 18 个月。加拿大的准则是"会计建议书第 1650 号（Accounting Recommendation 1650）"，而英国的准则是"标准会计实务公告第 20 号（Statement of Standard Accounting Practice 20）"，两者的名字都叫"外币折算（Foreign Currency Translation）"。原来的《国际会计准则第 21 号》在 1993 年被修订，现在的名称是"外币汇率变动的影响（The Effects of Changes in Foreign Exchange Rates）"。

③ Rotenberg 提供的证据表明是否摊销的方法的改变对加拿大公司报告的财务杠杆和赢利性指标有明显的影响。参见 W. Rotenberg, "Harmonization of Foreign Currency Translation Practices: Canadian Treatment of Long Term Monetary Items," *International Journal of Accounting* 33, no. 4 (1998): 415-431.

澳大利亚准则要求处于高通货膨胀国家的子公司在折算之前对非货币性资产和非流动资产进行重新估价。新西兰准则在这个问题上保持沉默。新西兰准则也要求那些经营业务与母公司有关联的子公司在折算时采用货币-非货币法。这种处理结果与时态法非常相似。

这里所讨论的外币折算准则与美国《财务会计准则公告第 52 号》大体上是可比的。然而，由于处于不同的环境，跨国公司根据这些准则提供的合并报表仍然可能存在差异。这种不一致性会进而影响可比性，并使决策变得更为复杂。①

日本最近修改了它的准则，要求在任何环境下都采用现行汇率法，并将折算调整作为所有者权益的一个项目在资产负债表上列示。欧盟《第 4 号指令》和《第 7 号指令》（参见第 8 章）没有包含对外币折算的规定。因此，货币折算实务明显不同。然而，随着国际财务报告准则成为上市欧盟公司的报告准则，欧洲的外币折算实务将会受到很大的限制。研究表明，外币折算准则《国际会计准则第 21 号》和《财务会计准则公告第 52 号》正逐渐全球趋同。

附录　根据《财务会计准则公告第 52 号》进行折算和重新计量

专栏 6—11 列示了 CM 公司 2010 年 12 月 31 日和 2011 年 12 月 31 日的比较外币资产负债表以及这两年的利润表。CM 公司是一家美国母公司的全资控股国外子公司，其报表在折算成美元之前符合一般公认会计原则。

专栏 6—11　　**CM 公司的财务报表**

资产负债表	2010 年 12 月 31 日	2011 年 12 月 31 日
现金	FC300	FC500
应收账款（净值）	1 300	1 000
存货（先进先出成本和市价孰低）	1 200	1 500
固定资产（净值）	9 000	8 000
资产合计	FC11 800	FC11 000
应付账款	FC2 200	FC2 400
长期负债	4 400	3 000
实收资本	2 000	2 000
留存收益	3 200	3 600
负债和所有者权益合计	FC11 800	FC11 000

① Robert J. Kirsch and Dawn Becker-Dermer, "Proposed Revisions of International Accounting Standard No. 21 and Their Implications for Translation Accounting in Selected English-Speaking Countries," *International Journal of Accounting* 30, No. 1 (1995): 1-24.

续表

利润表		截至 2011 年 12 月 31 日的会计年度
销售收入		FC10 000
费用		
销售成本	5 950	
折旧（直线法）	1 000	
其他	1 493	8 443
经营利润		FC1 557
所得税		467
净利润		FC1 090

发行股本和取得固定资产时的汇率为 FC1 = $0. 17，2011 年 1 月 1 日的存货是在 2011 年第四季度购入的。购货（FC6 250）、销售收入、其他费用和股利（FC690）在 2011 年度内均匀发生。2010 年 12 月 31 日的留存收益按照时态法的折算额是 316 美元。2011 年度内有关时日的汇率如下：

2011 年 1 月 1 日汇率	FC1 = $0. 23
2011 年 12 月 31 日汇率	FC1 = $0. 18
2011 年平均汇率	FC1 = $0. 22
2011 年第四季度平均汇率	FC1 = $0. 23
2011 年第四季度平均汇率	FC1 = $0. 19

现行汇率法

在采用现行汇率法时，在下列情况下会产生折算调整额：（1）年末外币余额折算时采用的现行汇率与上年末折算时采用的汇率不同；（2）外币财务报表折算时采用的现行汇率与当期内采用的汇率不同。折算调整额的计算如下：（1）外币净资产的期初余额乘以当期内现行汇率的变动额；（2）当期内净资产的增加（减少）额乘以当期平均汇率与期末汇率的差额。专栏 6—12 描述了按照《财务会计准则公告第 52 号》的要求对上述数据进行折算的过程。

我们可以看出，现行汇率法下的折算过程很简单。然而，对于期初累计折算调整额需要作一些解释。假设 2011 年是采用现行汇率法折算的第一年（由于在 2011 年以前以美元作为功能货币，所以以前采用时态法折算）。在这种情况下，要在 2011 年 1 月 1 日计算一次性折算调整额。这个数额近似等于从时态法转变为现行汇率法而导致的期初所有者权益的差异。首先需要对 CM 公司 2011 年 1 月 1 日外币净资产按当日汇率进行折算（这个结果与该公司的期初净资产一直采用现行汇率折算的结果相似）。这个金额与按照时态法确定的净资产折算额之间的差额就构成了 CM 公司期初累计折算调整额，计算如下：

净资产，2010 年 12 月 31 日		FC5 200
乘以汇率，2011 年 1 月 1 日（FC1 = $0. 23）		× $0. 23
减：报告股东权益，2010 年 12 月 31 日		1 196
股本	$340	
留存收益（时态法）	316	656
累计折算调整额，2010 年 1 月 1 日		$540

根据这些数据，接下来计算出2011年-276美元的折算调整额。

1. 净资产，2010年12月31日		FC5 200	
乘以现行汇率的变动：			
汇率，2010年12月31日	FC1 = $0.23		
汇率，2011年12月31日	FC1 = $0.18	×$(0.05)	$(260)
2. 该年净资产的变动（净利润减去股利）		FC400	
乘以平均汇率和年末汇率的差额：			
平均汇率	FC1 = $0.22		
年末汇率	FC1 = $0.18	×$(0.04)	$(16)
合计			$(276)

在期初折算调整额540美元的基础上加上当年确认的折算调整额-276美元，最终得出2011年年末的累计折算调整额为264美元。

专栏6—12　**现行汇率法折算（以当地货币作为功能货币）**

	外国货币	汇率	美元等值
资产负债表			
资产			
现金	FC500	$0.18	$90
应收账款	1 000	0.18	180
存货	1 500	0.18	270
固定资产	8 000	0.18	1 440
总计	FC11 000		$1 980
负债和所有者权益			
应付账款	FC2 400	0.18	$432
长期负债	3 000	0.18	540
实收资本	2 000	0.17	340
留存收益	3 600	a	404
折算调整额（累计）		b	264
总计	FC11 000		$1 980
利润表			
销售收入	FC10 000	0.22	$2 200
销售成本	(5 950)	0.22	(1 309)
折旧	(1 000)	0.22	(220)
其他费用	(1 493)	0.22	(328)
税前利润	FC1 557		$343
所得税	(467)	0.22	(103)
净利润	FC1 090		$240
留存收益，2010年12月31日	3 200		316
减：股利	(690)	0.22	(152)
留存收益，2011年12月31日	FC3 600		$404

[a] 参见收益和留存利润表。

[b] 累计折算调整额264美元包括两部分：(1) 年初的累计折算调整；(2) 本年度折算调整。

时态法

专栏 6—13 列示了以美元作为功能货币时，按照《财务会计准则公告第 52 号》的要求对前述报表进行折算的过程。

专栏 6—13　　时态法折算（以美元作为功能货币）

	外国货币	汇率	美元等值
资产负债表			
资产			
现金	FC500	$0. 18	$90
应收账款	1 000	0. 18	180
存货	1 500	0. 19	285
固定资产	8 000	0. 17	1 360
总计	FC11 000		$1 915
负债和所有者权益			
应付账款	FC2 400	0. 18	$432
长期负债	3 000	0. 18	540
实收资本	2 000	0. 17	340
留存收益	3 600	[a]	—
折算调整额	—	[b]	—
总计	11 000		$1 915
利润表			
销售收入	FC10 000	0. 22	$2 200
销售成本	(5 950)	[c]	(1 366)
折旧	(1 000)	0. 17	(170)
其他费用	(1 493)	0. 22	(328)
汇兑利得（损失）合计	—	[d]	206
所得税	(467)	0. 22	(103)
净利润	FC1 090		$439
留存收益，2010 年 12 月 31 日	3 200		316
减：股利	(690)	0. 22	(152)
留存收益，2011 年 12 月 31 日	FC3 600		$603

[a] 参见收益和留存利润表。

[b] 在时态法下，折算调整（“利得和损失”）直接列为合并损益，而非所有者权益。

[c] 销售成本的美元等值通过折算得出，按照适当的汇率将采购或生产成本加上期初和期末存货：

期初存货	FC1 200× $0. 23 = $276
采购成本	FC6 250× $0. 22 = $1 375
可供出售存货的成本	$1 651
期末存货	FC1 500× $0. 19 = $285
销售成本	$1 366

[d] 汇兑利得或损失合计包括交易损益和折算损益两部分。

与现行汇率法不同，用时态法折算外币余额既采用历史汇率也采用现行汇率。汇兑调整额的计算也不相同，它将外币业务损益和折算损益合计在一起。在这个例子中，折算调整额的第一部分是将货币性净资产的期初余额乘以当年现行汇率的变动额，即：

（2010 年 12 月 31 日的货币性资产-货币性负债）×现行汇率的变动额

=（FC1 600-FC6 600）×（$0.18-$0.23）

=$250

折算调整额的第二部分的计算过程是：首先确认引起国外子公司货币性净资产头寸（受险部分）变动的因素（即货币性项目的来源和运用），然后将这些项目乘以年末汇率和与各项目相关的汇率的差额。计算如下：

货币性净资产头寸的变动：

2010 年 12 月 31 日	FC(5 000)
2011 年 12 月 31 日	FC(3 900)
	FC1 100

变动额的构成：

与年末汇率和平均汇率之差相乘的货币性项目的来源：

净利润	FC1 090
折旧	FC1 000
	2 090×（0.18-0.22）=$(84)

与年末汇率和平均汇率之差相乘的货币性项目的运用：

存货增加	FC300
股利	FC690
	990×（0.18-0.22）=$40

合计汇兑调整额是上述各个部分计算的折算调整额和交易损益的加总，即 $250+($84)+$(40)=$206。

讨论题

1. 外汇即期(spot)市场、远期(forward)市场和互换(swap)市场之间的区别是什么？各举一例加以说明。

2. 在外币折算中，现行(current)汇率、历史(historical)汇率和平均(average)汇率的含义是什么？哪一个(些)会导致折算损益的产生？哪一个(些)不会？

3. 一项外币业务可以用一种货币标价(denominated)，而用另一种货币进行计量(measured)。以一家母公司在美国的、以美元作为功能货币的墨西哥附属公司借入加元这一交易的处理，来说明这两个术语的不同。

4. 交易损益与折算损益有什么不同？

5. 简要地从下面两个方面解释外币折算的本质：(1)重述过程；(2)重新计量过程。

6. 对比本章介绍的主要外币折算方法的特征，你认为哪种方法最好？为什么？

7. 在什么情况下适用货币折算的时态法，而什么情况下又适用现行汇率法？

8. 通过对美国外币折算历史的考察，可以从中吸取什么教训(如果有的话)？

9. 外币折算在什么方式下受制于外国通货膨胀？

10. 根据《财务会计准则公告第 52 号》，现行汇率法和时态法对折算损益的处理有何不同？导致不同会计处理的原因是什么？

练习题

1. 假设你的日本附属公司报告了 250 000 000 日元的销售收入。参考专栏 6—1，用日元间接报价的平均汇率将这个收入数额折算为美元。再用直接报价法进行相同的折算。

2. 4 月 1 号，一家美国电子制造企业 A. C. 公司，从 Hidachi 公司购入了价值为 3 250万日元的计算机配件，开始时仅仅支付了其价款的 10%，余额将在未来的 3 个月内支付。以未支付外币余额的 8% 的年利率计息。4 月 1 日美元对日元的汇率是 1 美元=93.6250 日元，7 月 1 日的汇率是 1 美元=93.5283 日元。

要求：

以美元来登记当日的普通日记账，用来记录这项外币业务的已支付和未支付的价款，假设：

a. A. C. 公司采用一项交易观；

b. 采用两项交易观。

3. 1 月 1 日，一家母公司在加拿大的墨西哥全资附属公司购买计算机硬件设备用于保障装配线的运转。成本为 15 000 000 墨西哥比索，当时的汇率为 11.3 比索=1 加元。到年末，该墨西哥附属公司使用了 3/4 的外购硬件设备。由于硬件技术的进步，剩余存货的可实现净值降为 1 750 000 比索。年末的汇率为 12.3 比索=1 加元。年度平均汇率为 11.8 比索= 1 加元。

要求：

a. 假设墨西哥分支机构的功能货币为墨西哥比索，将年末存货折算成加元。

b. 如果功能货币为加元，你的答案会改变吗？请解释。

4. 美国跨国公司在曼谷的子公司记录的固定资产账面价值为 7 500 000 铢。其中，1/3 是在两年前购入的，当时的汇率为 THB40 = \$1；其他的固定资产是去年购入的，当时的汇率为 THB38 = \$1。所有固定资产都采用直线法计提折旧，预计使用寿命为 20 年。本年度有关的汇率如下：年末汇率为 THB34 = \$1；平均汇率为 THB35 = \$1。

要求：

a. 假设以泰铢作为功能货币，计算子公司当年的折旧费用。

b. 假设以美元作为功能货币，重新按照上述要求计算。

5. 一家澳大利亚的跨国公司——Sydney 公司在日历年度之初从德国贷款人手中借入了 10 000 000 欧元，当时的汇率是 EUR0.60=AUD1。在归还这笔一年期的贷款之前，Sydney 公司得知澳大利亚元已贬值为 EUR0.55=AUD1；而且，它发现澳大利亚子公司有 3 000 000 欧元的受险净资产，这在编制合并报表时将会产生折算损失。分别按照下列不同情况确定合并利润表中将报告的汇兑损益：

a. 以欧元作为国外经营的功能货币；

b. 以澳大利亚元作为国外经营的功能货币。

6. 上海公司是一家美国制造商在中国的附属公司，其资产负债表如下表所示。现行汇率是 \$0.15=CNY1。

要求：

a. 按照现行汇率 $0. 1512 = CNY1，将上海公司以人民币计量的资产负债表折算成美元。上海公司资产负债表中的全部货币性项目都是用人民币表示的。

b. 假设人民币从 $0. 15 = CNY1 升值为 $0. 1875 = CNY1，如果上海公司采用流动-非流动法折算资产负债表，会产生什么折算影响？如果采用货币-非货币法呢？

c. 假设人民币元贬值，从 $0. 15 = CNY1 下降为 $0. 1125 = CNY1，采用前述两种折算方法会产生什么折算影响？

上海公司的资产负债表（以千元为单位）

资产		负债	
现金	CNY5 000	应付账款	CNY21 000
应收账款	14 000	长期负债	27 000
存货[a]（成本 = 24 000）	22 000		
固定资产净值	39 000	所有者权益	32 000
总资产	CNY80 000	总负债	CNY80 000

[a] 存货按照成本市价孰低法计价。

7. 利用练习题 6 提供的信息。

要求：

a. 假设人民币升值 25%，上海公司采用时态法折算资产负债表会产生什么折算影响？如果采用现行汇率法呢？

b. 假设人民币贬值 25%，采用前述两种折算方法会产生什么折算影响？

c. 根据你对上述计算和练习题 6 的结果，在现行汇率法、流动-非流动法、货币-非货币法和时态法中，哪一种方法为报表使用者提供了最有意义的信息？

8. A 公司的总部设在 A 国，以 A 国的货币 Apeso 作为报告货币。B 公司的总部设在 B 国，以 B 国的货币 Bol 作为报告货币。A 公司和 B 公司在某年年初和年末均拥有完全相同的资产：Apeso100 和 Bol100。年初的汇率是 Apeso1 = Bol1. 25，年末的汇率是 Apeso1 = Bol2。当年内没有任何交易发生。

要求：

a. 计算 A 公司和 B 公司在年初和年末报告的总资产。在本年内哪家公司获得了利得？哪家公司发生了损失？

b. 你认为上面问题的答案有意义吗？如果 A 公司和 B 公司打算抽回各自的国外投资，而不是永久地持有该项投资，那么，你的答案对它们的决策来说是否很重要？

c. 从上述内容中可以吸取什么教训？你是否认为这只不过是一个骗人的游戏？

9. 一个由母公司 100% 控股的国外子公司的试算平衡表包括下面列示的账户。假设其以外国货币作为功能货币，应该采用现行汇率、历史汇率、平均汇率中的哪一个汇率将这些账户的余额折算为美元？如果其以美元作为功能货币，应该采用哪些汇率进行折算？

试算平衡表账户	
现金	普通股
有价证券(成本)	普通股溢价
应收账款	留存收益
存货(市价)	销售
设备	购货
累计折旧	销售成本
预付费用	一般和管理费用
商誉	销售费用
应付账款	折旧费用
应付母公司款(以美元计价)	商誉摊销费
应付债券	所得税费用
应交所得税	公司间利息费用
递延所得税	

10. 12 月 15 日,MSC 公司以 930 000 000 沙特阿拉伯里亚尔(SAR)的价格,获得了位于沙特阿拉伯的 Armaselah 公司 100% 的净资产。当时的汇率为 \$1.00 = SAR3.750。支付的购买价格分布在以下几项可辨认资产上:

现金	SAR60 000 000
存货	120 000 000
固定资产	750 000 000

MSC 公司以日历年度作为会计年度,在每年的 12 月 31 日编制合并财务报表。然而,在合并日沙特阿拉伯里亚尔发生了贬值,新的即期汇率为 \$1.00 = SAR4.125。

要求:

a. 假设合并前没有发生任何交易,如果采用时态法将 Armaselah 公司的资产负债表折算成美元,将会产生怎样的折算利得或损失?

b. 折算调整将对 Armaselah 公司的现金流量产生怎样的影响?

c. 你将对 Armaselah 公司的账户进行怎样的调整,以便使你能够将其财务报表与另一家同行业且规模相当的并采用《国际会计准则第 21 号》现行汇率折算方法的公司进行比较。

案例 6—1 Regents 公司

Regents 公司是最近被美国制造商收购的一家子公司,它位于伦敦郊外。它的产品主要在英国市场销售,销售发票用英镑标价,销售价格取决于当地的竞争状况。大部分公司费用(包括劳工、材料以及其他制造成本)在当地发生,但是,现在还有相当数量的产品部件需要从美国的母公司进口。其主要筹资来源为母公司提供的美元。

总部的管理层必须为其在伦敦的经营确定功能货币——功能货币应该是美元还是英镑?现在要求你向管理层就适当的功能货币提出建议,并说明它对财务报表的影响。准备一份报告以支持你的建议,在报告中包含你在分析时涉及的所有政策问题。

专栏 6—14 列示了 Regents 公司 2010 年 12 月 31 日和 2011 年 12 月 31 日的比较资产负债表,以及截至 2011 年 12 月 31 日的年度利润表。这些报表在折算成美元之前,符合一般公认会计原则。

专栏 6—14 **Regents 公司财务报表**

资产负债表	2010 年 12 月 31 日	2011 年 12 月 31 日
资产		
现金	£1 060	£1 150
应收账款	2 890	3 100
存货(先进先出法)	3 040	3 430
固定资产	4 400	4 900
减:累计折旧	(420)	(720)
无形资产(专利权)	—	70
总计	£10 970	£11 930
负债和所有者权益		
应付账款	£1 610	£1 385
应付母公司款	1 800	1 310
长期负债	4 500	4 000
递延税款	80	120
普通股	1 500	1 500
留存收益	1 480	3 615
总计	£10 970	£11 930
利润表(截至 2011 年 12 月 31 日的会计年度)		
销售		£16 700
费用		
销售成本	£11 300	
一般和管理费用	1 600	
折旧费用	300	
利息费用	480	13 680
经营利润		£3 020
交易利得(损失)		125
税前利润		£3 145
所得税		
本年	£670	
递延	40	710
净利润		£2 435
留存收益,2010 年 12 月 31 日		1 480
		3 915
股利		300
留存收益,2011 年 12 月 31 日		£3 615

汇率信息和其他数据:

1. 汇率:

2010 年 12 月 31 日	\$1.80=£1
2011 年 12 月 31 日	\$1.90=£1
2011 年平均汇率	\$1.86=£1
2010 年第四季度平均汇率	\$1.78=£1
2011 年第四季度平均汇率	\$1.88=£1

2. 获得普通股、发行长期负债、最初购入固定资产时的汇率为 \$ 1.70=£1。
3. 应付母公司款按美元计价。
4. 获得无形资产（专利权）和购入其他固定资产时的汇率为 \$ 1.82=£1。
5. 存货的购买和股利的发放在 2011 年度内均匀发生。
6. 2011 年的 300 英镑折旧费用中，20 英镑是当年购入的固定资产发生的折旧。
7. 递延所得税按照现行汇率折算。
8. 期末存货基本上是最后 3 个月的产品。

案例6—2 管理海外投资：谁的货币？

海外投资基金（OIF）在美国康涅狄格州人口众多的县——Fairfield——注册，其唯一目的是使得美国的股东可以投资于西班牙的证券。这个基金已经在纽约股票交易所上市。基金的管理人员是康涅狄格州 Shady Rest 银行和信托公司（Shady Rest），其负责记录基金的账目。在开始进行基金账务处理时，产生了如何确定记账货币的问题。Shady Rest 以欧元作为进行基金会计处理的记账货币，因为该基金是国家基金，它仅仅投资于在马德里股票交易所上市的股票。然而，基金的审计师指出，根据他们的看法，基金的功能货币应该是美元。这种观点基于目前发生的一个事件，此处隐去这个事件的名字和发生的国度。

决策的后果

如果决定以美元作为基金的功能货币，将会导致大量令人头疼的管理问题。首先，重新记录和处理会计业务就是非常繁重的任务，它将会推迟年度报告的公布。在西班牙，功能货币的概念是一个外国概念，而且管理人员也不清楚选择功能货币将会产生的后果。因此，其继续维持原来的处理，直到11月末才考虑到货币选择对基金的成果所产生的影响。

功能货币的选择还导致了其他的困难：

（1）Shady Rest 管理着价值3 000亿美元的各种基金，但是尚未建立起一个适当的多国货币会计体系。通常，购买证券业务只需做一笔简单的簿记分录，现在要求做三个分录。另外，购买时的付款行为本身也会对当期的利润表产生影响。

（2）更为严重的问题是涉及日常的经营业务。在交易开始时，基金管理人员没有意识到它最终的财务后果。例如，在经营的第一年，基金管理人员确信它的组合销售业务产生了超过100万美元的利润，而当这项业务最终在账户中得到反映时，交易利得被抵消了大约700万美元！

选择美元作为功能货币的理由

审计师给出了下列理由来说明为什么应该选择美元作为功能货币：

（1）公司在美国注册；

（2）由美国的股权资本提供资金；

（3）以美元决定和发放股利；

（4）遵循一般公认会计原则，财务报告以美元计价；

（5）管理和咨询费用根据美国净资产计算，并用美元支付；

（6）大多数费用以美元标价并用美元支付；

（7）会计记录以美元作为计量单位；

（8）适用美国所得税、证券交易委员会和1940年的交易法案的规定。

由于基金的建立是为了提供在西班牙投资的机会，因此，可以假设美国的股东很关心汇率变动给基金的现金流量和权益造成的影响。也就是说，吸引股东投资于西班牙证券的因素不仅是投资报酬率，还包括来自汇率变动的汇兑收益，后者将对现金流量和权益的计量产生直接影响。

管理层的观点

管理层不同意审计师的观点，下面是他们对审计师提出的反驳意见：

(1) 关于公司在美国注册并由美国的股权资本提供资金的问题。《财务会计准则公告第 52 号》明确规定，功能货币应该根据“企业主体从事经营活动的主要经济环境，而不是公司注册的技术细节”来确定。类似地，公司有美国股东以及用美元发放股利，都没有列在《财务会计准则公告第 52 号》规定需要考虑的问题之中。事实上，这个准则从头至尾考虑的只是公司和它的管理人员，而不是它的股东。

(2) 关于遵循一般公认会计原则，财务报告以美元计价的问题。审计师没有分清报告货币与功能货币的区别。很明显，美元应该是报告货币，但并不意味着美元应该是功能货币。

(3) 关于某些费用以美元标价并用美元支付的问题。用美元支付费用不是选择功能货币的理由。2010 年发生的费用中有约 800 万美元是用美元支付的，但是与此同时，有 1 亿多美元的收益是以欧元获得的。

(4) 关于适用美国所得税、证券交易委员会规定的问题。这些考虑与报告货币有关，而与功能货币无关。

反对以美元作为功能货币的最有说服力的观点是，以美元作为功能货币不能提供《财务会计准则公告第 52 号》要求的“通常认为是与汇率变动对企业现金流量和业主权益影响相一致”的信息。特别是，一旦资本发行筹集的基金完成最初转移，基金的经营流量全部发生在马德里。基金在西班牙购买和销售投资项目，并且在西班牙获得全部收益。如果功能货币是欧元，那么，已实现的货币波动损益只有在将资金汇回美国时才予以确认。现在的确认汇兑损益的做法，例如，在用西班牙现金与一项在西班牙购买的投资相交换时进行确认是错误的，并且会产生误导。

考虑一个实例。假设基金在一家西班牙银行存入 1 亿欧元，当时的汇率是€1 = $1. 4090。一星期以后，汇率变成€1 = $1. 3988 时，基金购买并支付了一笔价值 1 亿欧元的投资项目。后来，考虑到这项投资不够明智，又在当天将其售出并收回现金。在不考虑交易成本的前提下，这个星期从开始直到周末，基金在马德里都拥有 1 亿欧元的现金。如果功能货币是欧元，就没有已实现损益。然而，如果折算成美元，则会产生1 020 000美元的未实现货币损失。这部分损失只有在将这笔金额汇回美国时才会真正实现。这与购买股票以后股票价格下降的情况相类似。如果美元是功能货币，上述业务会导致 1 020 000 美元的已实现汇兑损失。根据现金流量的常识，这种结果是荒谬的。实际上，它强调了这样一点：基于上述基金的目的，采用美元作为功能货币对报告收益产生的影响同样是荒谬的。

每周基金的净资产价值要用美元计价并据此向股东报告。这与将美元作为报告货币完全一致。以美元作为功能货币意味着，对于每一笔交易都存在着在美元和欧元这两种货币之间来回兑换的实际选择权。显然，这个假设是错误的。基金只有在两种情况下才会将其原始资本汇回美国：(1) 清算；(2) 作为当西班牙的投资报酬率低于美国的投资报酬率时所使用的权宜之计。

《财务会计准则公告第52号》的一般延伸

《财务会计准则公告第52号》的行文表明，它的作者在撰稿时并没有考虑到诸如海外投资基金，即仅仅为了向国外投资而筹集资金的公司之类的情况。《财务会计准则公告第52号》看上去是站在这样一种角度上：一家经营控股公司拥有一个独立的、不同的国外子公司。

《财务会计准则公告第52号》将一个主体的功能货币定义为企业主体从事经营活动的主要经济环境中的货币。如果基金在马耳他成立，并作为一个独立主体从美国母公司借入资金，采用当地货币是必然的。如果实质重于形式，那么就不可避免地会得出仍然应当采用欧元作为功能货币的结论。

《财务会计准则公告第52号》的第6段指出，“如果某一主体的经营活动相对来说是自主的，其并在特定国家形成一个整体，那么，它的功能货币通常是当地货币”。这段论述强调了经营方面的因素在选择功能货币中的支配作用。如果有人认为，基金的经营是在西班牙以外的其他地方，那肯定是错误的。

第8段强调，“将要求管理层进行判断，以确定用于计量财务成果和财务关系，并在最大程度上实现相关性和可靠性的功能货币”。最后，第80段和第81段给出了清楚的分界线，这支持了我们（管理层）的论点。第80段写道：

“第一类国外主体是相对自主的，其在特定国家或特定经济环境中形成一个整体。其日常经营业务不依赖于母公司功能货币的经济环境；国外主要的收入和支出都是外国货币。其经营中产生的外币净现金流量可以进行再投资，或者转换为美元分配母公司。对于这一类主体，外国货币是功能货币。”

这个定义应该与《财务会计准则公告第52号》第81段的定义相对照。第81段指出：

“第二类……其日常经营业务依赖于母公司货币的经济环境；国外主体各项资产和负债的变化直接影响采用母公司功能货币计量的母公司的现金流量。对于这一类主体，美元是功能货币。”

单一国家基金的目的是创建第一类主体，而不是第二类。《财务会计准则公告第52号》第80段的内容正好描述了海外投资基金的经营活动。

要求：

根据上述的争论意见，你认为在这个案例中，什么货币应该是功能货币？

第 7 章　财务报告与物价变动

货币波动以及商品和服务价格的变化是国际商务的整体特征。在第 6 章中，我们主要讨论了前者。本章将详细阐述物价变动对财务报表的影响。

全球经济目前正经历着自 20 世纪 30 年代以来最为严重的一次经济下滑。在这样的时期，各国政府通常试图采取扩张性财政刺激和遏制经济衰退的货币政策。然而，不均衡的刺激措施必定会加剧通货膨胀，因为会有太多的刺激资金争相购买相同的商品和劳动力。断定受当前经济衰退影响的政府将遵循何种路径或者经济复苏需要多久会显现都还为时尚早。然而，最近的报告表明人们对通货膨胀的担忧正不断加剧。[①]一些在 20 世纪 80 年代和 90 年代与温和通货膨胀展开激烈斗争的发展中经济体，尤其令人担忧。在几个大的新兴市场中，诸如印度、印度尼西亚、菲律宾、俄罗斯、土耳其和南非，两位数通货膨胀已经袭来。已知变动价格对财务报表及其解释说明产生的曲解性干扰，对于财务报表阅读者来说，理解这些影响是什么和如何应对这一报告难题是非常重要的。

墨西哥最大的啤酒生产商 Grupo Modelo S. A.，在一个价格变动非常重要的环境下经营。为了看看这些价格变动是否在公司公布的报表中得到反映，请看专栏 7—1，它包含了从 Grupo Modelo S. A. 的财务报表及相关附录中节选的片段。[②]

专栏 7—1　　Grupo Modelo **的财务报表节选**

Grupo Modelo S. A. 及其子公司的合并利润表

截至 2006 年和 2007 年 12 月 31 日的会计年度

计量单位：千比索（2007 年 12 月 31 日购买力）

	2007 年	**2006 年**
经营利润	MXN20 587 851	MXN16 860 640
其他（费用），净额	（466 444）	（605 676）
综合筹资收入：		
利息收入，净额	1 442 608	1 287 970
汇兑利得（损失），净额	87 591	115 807
货币头寸损失	（868 786）	（958 700）
	661 413	445 077
提取准备金前的利润	20 782 820	16 700 041
准备金（附注 12）：		
所得税、资产税和比例企业所得税	（5 513 981）	（4 962 626）
本年合并净利润	MXN15 268 839	MXN11 737 415

① Mark Whitehouse, "Inflation is Tempting to Indebted Nations," *Wall Street Journal*, March 30, 2009.
② 由于墨西哥累计通货膨胀率不再超过 28%，该国此时已经中止强制通货膨胀调整会计。

续表

合并资产负债表

2006 年和 2007 年 12 月 31 日（附注 1、2 和 15）

计量单位：千比索（2007 年 12 月 31 日购买力）

资产	2007 年	2006 年
流动资产		
现金和有价证券	MXN20 716 601	MXN22 923 116
应收账款（附注 3）	5 413 848	3 724 554
存货（附注 4）	9 504 555	6 961 732
预付费用和其他项目	2 632 200	2 213 179
流动资产合计	38 267 204	35 822 581
长期应收账款和应收票据（附注 3）	1 724 593	1 437 690
投资联营公司股份（附注 5）	4 177 386	3 360 961
不动产、厂房和设备（附注 6）	79 031 553	76 171 558
累计折旧	（26 721 013）	（25 126 654）
其他资产（附注 7）	3 244 524	2 491 059
资产总额合计	MXN99 724 247	MXN94 157 195
负债总额合计	MXN17 712 993	MXN14 795 092
所有者权益		
普通股（附注 10）	16 377 411	16 377 411
股本溢价	1 090 698	1 090 698
已获盈余（附注 11 和 12）		
法定公积金	3 213 558	2 767 938
收购自身股票的准备金	242 596	688 923
留存收益	39 622 514	38 022 111
净利润	9 503 111	8 997 526
	52 581 779	50 476 498
递延税款的累计影响	（5 472 843）	（5 472 843）
退休义务资本调整	（464 807）	（430 181）
所有者权益重述亏损	（1 501 534）	（1 044 944）
大股东权益合计	MXN63 060 704	MXN60 966 640

合并财务报表的附注

2006 年和 2007 年 12 月 31 日

计量单位：千比索（2007 年 12 月 31 日购买力）

……

2. 会计政策

集团公司在编制合并财务报表时采用的会计政策符合墨西哥财务信息准则（NIF）提出的合理

列报要求，并且以墨西哥比索在2007年12月31日的购买力表述，采用的因子来自国民消费价格指数（NCPI）。这些会计原则要求集团管理层做出具体估计，在确定合并财务报表中一些项目的价值时采用特定的假设

下面是确认通货膨胀对财务信息影响的最重要的会计政策、方法和标准：

……

d）存货和销售成本——该事项采用后进先出法初始计价，而后用重置成本进行重述。因此，确定的价值不能超过市价

f）不动产、厂房和设备——这些事项按购入成本计价，根据历史支出采用NCPI通货膨胀因子进行重述

h）折旧——该事项基于不动产、厂房和设备的重述价值和可预计使用寿命进行计价，可预计使用寿命由独立的评估师和集团的技术部门确定。年度折旧率在附注6中加以列示

n）所有者权益——股本、法定公积金、未来资本增值准备和留存收益以2007年12月31日的购买力代表这些事项的价值，并采用NCPI因子重述为历史金额

所有者权益重述亏损——该账户的余额表示事项“持有非货币性资产累计损益”和“累计货币损益”之和，如下所示：

持有非货币性资产累计损益——该事项表示由于其他原因而非通货膨胀而引起的非货币性资产价值的累计变动。它只有当采用具体的成本方法时才予以确认，因为那些成本与使用NCPI确定的重述成本具有可比性。如果具体的成本高于这些指数，那么持有非货币性资产就有收益，否则就发生损失

累计货币损益——该事项是财务报表数字初始重述而产生的净影响

o）货币头寸损益——该账户表示通货膨胀对货币性资产和负债的影响，甚至在其继续拥有相同的票面价值的时候。当货币性资产大于货币性负债时，就产生了货币性损失，因为资产维持它们的票面价值，从而失去了购买力。当负债较大时，就产生了利润，因为它们可以用较低购买力的货币来偿还。这些影响被记录或记入利润表，并构成综合筹资收入的一部分

……

6. 不动产、厂房和设备——净值

a）本项目的余额构成如下：

项目	2007年			2006年
	历史成本净额	重述净额	总价值净额	总价值净额
土地	MXN1 620 063	MXN3 236 266	MXN4 856 331	MXN5 032 597
机器和设备	14 301 114	7 947 178	22 248 292	23 051 551
运输设备	2 522 857	344 500	2 867 357	3 103 914
建筑物	6 875 008	6 730 890	13 605 898	14 543 722
计算机设备	506 973	41 263	548 236	584 053
办公用品和其他设备	1 646 293	91 438	1 737 731	476 486
防污染设备	538 773	317 032	855 805	902 937
在建工程	5 378 716	212 174	5 590 890	3 349 644
	MXN33 389 799	MXN18 920 741	MXN52 310 540	MXN51 044 904

注释：本年折旧金额合计MXN3 120 777（2006年为MXN2 897 764）。

迅速浏览 Modelo 公司的利润表，会发现一个项目，叫作“综合筹资收入”（Comprehensive Financing Income）。在它的组成要素中，有两个你应该是非常熟悉的。第一个涉及公司应收账款和应付账款的利息。第二个是在第 6 章中已经讨论过的货币折算过程中产生的折算利得或损失。另一个要素“来自货币头寸的损失”（Loss from Monetary Position）对你来说可能是个新概念，它来自 Modelo 公司试图反映物价变动对财务会计的影响的尝试。但是这个数据的含义是什么？又是如何得出的呢？

Modelo 公司的资产负债表中也引入了大多数报表读者所不熟悉的财务报表项目。第一个与它的固定资产有关。附注 6 说明了 2007 年，不动产、厂房、设备在扣除折旧后的余额 MXN52 310 540 由两个部分组成：一个是历史成本净额；另一个是重述成本净额。前者可能是一个熟悉的项目，但后者却肯定不是。另一个新的资产负债表术语出现在所有者权益中，为“所有者权益重述亏损”（dificit in the restatement of stockholders' equity）。

最后，其会计政策描述中的第一段说明 Modelo 公司财务报表及其附注中的所有数字都以 2007 年 12 月的购买力表示。“2007 年 12 月的购买力”这个术语的含义是什么？它的基础又是什么？而且，更为重要的是，报表使用者是否确实将上述信息运用到他们的证券定价和管理决策中？

在本章接下来的部分中，我们将致力于回答这些问题和相关问题。物价变动对管理的影响将在第 10 章中讨论。为了做出知情的决策，财务分析师必须了解经过物价变动调整后的财务账目的内容。这与那些对新兴市场感兴趣的财务分析师更是密不可分。知情财务分析师也必须拥有因物价变动去调整账目的某些工具，其通常发生在以下情况：（1）公司选择不对通货膨胀进行会计处理。（2）最近停止编制通货膨胀调整报表，以便与那些这样做的公司进行持续的一一对比。国际会计准则委员会（IASB）的国际会计准则第 29 号现在强制规定：当其过去 3 年的累计通货膨胀率超过 100% 时，企业应对其账目进行通货膨胀调整。于是，当通货膨胀率低于这一阈值时，赞同 IASB 准则（见第 8 章）的企业将终止对其账目的通货膨胀调整，且当通货膨胀率超过这一基准点时重新恢复通货膨胀会计。

7.1 物价变动的定义

为了理解“物价变动”这个术语的含义，我们必须区分一般物价水平变动和个别物价变动，两者都包括在物价变动之中。在经济变动条件下，如果所有商品和服务价格发生了普遍性的平均变动，就发生了“一般物价水平变动”（general price level change）。单位货币的购买力增加或减少了。物价的全面上升叫作通货膨胀，而全面下降则是通货紧缩。通货膨胀是什么引起的？研究表明：为了实现高速经济增长目标而设计的激进的货币和财政政策，与国家竞选有关的过量开支，以及通货膨胀在国家间的传递只是一些表面上的解释。[①] 实际上，这个问题是非常复杂的。

另一方面，个别物价变动（specific price change）则是指由于需求与供给的变动

① John F. Boschen and Charles L. Weise, “What Starts Inflation: Evidence from the OECD Countries,” *Journal of money, Credit and Banking* 35 (June 2003): 323.

所引起的个别商品或服务价格的变动。因此，一个国家的年通货膨胀率可能只有 5% 时，同一时期的某一座城市的公寓住宅价格可能上升了 50%。专栏 7—2 定义了本章用到的其他一些术语。

专栏 7—2 **通货膨胀会计术语表**

属性（attribute）：一个项目出于会计目的进行计量的可量化的特征。例如，历史成本和重置成本是资产的属性

现行成本调整额（current cost adjustments）：由于个别物价变动所引起的资产价值调整

可自由处置的财富（disposable wealth）：企业净资产中可以抽回而不会减少其最初净资产水平的数额

杠杆调整（gearing adjustment）：股票持有者的购买力利得，它来自于债务筹资以及企业不确认负债筹资取得的经营性资产的额外重置成本的好处。美国将“gearing”表述为杠杆（leverage）

一般购买力等值（general purchasing power equivalents）：已经根据一般物价水平变动调整过的货币数量

一般购买力损益（general purchasing gains and losses）：参见“货币性利得和损失”

历史成本-不变货币（historical cost-constant currency）：参见“一般购买力等价物”

持有利得（holding gain）：非货币性资产现行成本的增加额

恶性通货膨胀（hyperinflation）：一个国家的一般物价水平年上涨率超过 25% 的严重通货膨胀

通货膨胀（inflation）：一个国家所有商品和服务价格的上涨（一般物价水平）

货币性资产（monetary asset）：在将来能获得固定数额货币的要求权，例如现金或应收账款

货币性利得（monetary gains）：在通货膨胀期间，由于进行货币性负债筹资而获得的一般购买力的增长额

货币性负债（monetary liability）：在将来要支付固定金额货币的义务，例如应付账款、承担固定利息率的负债

货币性损失（monetary losses）：在通货膨胀期间，由于持有货币性资产而遭受的一般购买力减少额

货币性营运资本调整（monetary working capital adjustment）：个别物价变动对企业在经营过程中使用的营运资本总额的影响

名义数额（nominal amounts）：没有根据物价变动进行调整的货币金额

非货币性资产（nonmonetary asset）：没有固定现金要求权的资产，例如存货、厂场设备

非货币性负债（nonmonetary liability）：在将来并不需要支付固定金额货币的义务，例如客户优惠权。在这里是向客户提供商品或服务的义务，该商品或服务的价格可能会由于通货膨胀而变动

平价调整（parity adjustment）：反映母公司所在国和东道国之间通货膨胀差异的调整

永久性资产（permanent assets）：巴西的一个术语，是指固定资产、建筑物、投资、递延费用以及折旧或摊销的金额

物价指数（price index）：一个成本比率，其分子是当年有代表性的一揽子商品和服务的成本，分母是基期同样的一揽子商品和服务的成本

购买力（purchasing power）：一单位货币所能购买到的商品和服务的总体能力

真实利润（real profit）：根据物价变动调整过的净利润

重置成本（replacement cost）：在正常经营过程中重新购置某一资产的潜在服务所需要的现行成本

报告货币（reporting currency）：会计主体报告其财务报表所用的货币

重述-折算法（restate-translate method）：母公司合并其在通货膨胀国家中的子公司财务报表时所用的方法。采用这种方法，首先要把子公司的财务报表根据当地的通货膨胀进行重述，然后再将其折算为母公司所用的货币计量

个别物价变动（specific price change）个别商品的物价变动，例如存货、设备

折算-重述法（translate-restate method）：一种财务报表合并方法。这种方法首先把外国子公司财务报表折算为以母公司货币表述的财务报表，然后根据母公司所在国的通货膨胀重述财务报表

作为消费者，我们都熟悉通货膨胀对现实生活水平的影响。在石油或者喜爱的快餐食品的价格上涨时，我们可以立即感受到它对我们钱包产生的影响。持续的恶性通货膨胀（例如，通货膨胀率以每月50%的速度高涨）会导致极端的社会和政治动荡。思考下面由 Steve H. Hanke 发表的评论，他是黑山共和国总统和国务卿的前经济顾问：

门的内哥罗（旧称“黑山共和国”——译者注）的选民最近以过半数的选票谴责他们的共和国与塞尔维亚间松散的联盟关系。这一行为紧跟着一段离奇的货币政策历史，该货币政策对人民的生活造成了严重破坏。由于长达20年期的两位数通货膨胀（年化率平均为75%），由斯洛博丹·米洛舍维奇（Slobodan Milosevic）控制的塞尔维亚国会，秘密地命令塞尔维亚国家银行（一个地区性中央银行）以信贷形式发行14亿美元给其朋友和政治盟友。这一违法举动使其货币数量翻了一倍，当时南斯拉夫国家银行已经计划制造并煽动通货膨胀的加剧。1992年初，南斯拉夫经历了历史上最严重和最漫长的恶性通货膨胀。当1994年通货膨胀达到最高峰时，物价在一个月内已经增加了313 000 000%！在恶性通胀期间，最大贬值合计达14倍，彻底地摧毁了南斯拉夫货币——第纳尔的价值。为了更形象地描述这一恶性通货膨胀对当地人口的影响，首先假定你银行中有等值的10 000美元，然后，将美元的小数点向左移22位，最后尝试购买一些吃的东西。几乎没人质疑为何稳定物价是世界上大多数国家的首要目标。在生产要素价格上涨时，企业也会感受到通货膨胀的影响。①

虽然物价变动在全世界都会发生，但它们对各个国家的企业经营和财务报告的影响却是不一样的。例如，最近10年来，欧洲和北美各国的一般物价水平上涨得比较温和，平均每年上升不到3%。相反，东欧和拉丁美洲以及非洲的通货膨胀率却较高。在20世纪90年代中期，土耳其的年通货膨胀率为106%，巴西为2 076%，最近津巴布韦的通货膨胀率高达231 000 000%。②

当地的通货膨胀影响到外币折算时所采用的汇率。正如我们将看到的那样，在国外企业会计中，很难使外币折算与通货膨胀分离开。

7.2 为什么物价变动期间的财务报表可能会产生误导?

在通货膨胀时期，按最初取得时的成本记录的资产价值很少能反映其现行（较高）价值。低估资产价值，又会导致低估费用和高估收益。从管理的角度来看，这些计量上的不准确会干扰以下各项工作：（1）以未调整的历史时间序列资料为基础编制的财务预测；（2）针对实际计量结果编制的预算；（3）业绩数据中不能剔除通货膨胀所产生的不可控的影响。高估盈利进而会导致：

- 纳税额成比例地增加；
- 股东要求发放更多的股利；
- 工人要求更高的工资；

① Steve H. Hanke, “Inflation Nation,” *Wall Street Journal*, May 24, 2006, p. A14.
② Chris McGreal, “Zimbabwe's Inflation Rate Surges to 231 000 000%,” guardian. co. uk, October 9, 2008.

- 东道国政府采取不利于企业的行动（如征收超额利润税）。

如果一家公司将其所有高估的收益都分配掉（以增加纳税、多发股利、提高工资以及类似的形式），那么它很可能没有足够的资源去重置那些价格已经上升的个别资产，例如存货、厂房、设备等。

如果没有对公司财务报表的数据根据货币单位购买力的变化进行调整，也会使报表使用者难以理解和比较不同企业的经营业绩报告。在通货膨胀期间，收入是用较低的货币单位购买力（即当期的购买力）来计量的，而相关的费用却采用相对较高的货币单位购买力来计量。之所以采用较高的一般购买力货币单位来计量费用，通常是由于这些消耗的资源是在货币购买力比较高时购入的。从以现时购买力为计量基础的收入中，减去以历史购买力为计量基础的费用，会得出一个计量不正确的收益。

传统的会计处理程序还忽视了在通货膨胀期间由于持有现金（或其等价物）所导致的购买力损益。如果在一个年通货膨胀率达100%的年份里持有现金的话，那么在年末必须持有两倍于年初的现金，才具有与年初相同的购买力。对于财务报表使用者来说，这将进一步削弱企业经营成果的可比性。

因此，我们清楚地认识到通货膨胀的影响是有益的，其原因主要包括以下几个方面：

（1）物价变动的影响部分地取决于交易和企业所处的环境，而报表的使用者对这些因素的详细情况并不了解。

（2）处理物价变动所导致的问题取决于对这些问题的准确理解。但是，准确理解这些问题要求按照能反映物价变动影响的方式去报告企业的业绩。

（3）如果企业公布的财务信息中解决了由于物价变动引发的问题，那么管理人员关于这些问题的报告将更容易被接受。①

即使在通货膨胀率比较低的时候，物价变动会计仍然是有用的，因为长时期低通货膨胀率的累计影响可能是很显著的。例如，过去10年间，欧元区国家、日本、英国和美国等高度工业化国家的累计通货膨胀率大约是22%，亚洲新兴经济体大约为61%，拉美国家是575%，而中欧和东欧国家高达804%。② 考虑到有些设备的使用期较长，以前期间的通货膨胀对会计信息的扭曲影响可能要持续许多年。而且，正如前面所讲的那样，即使一般物价水平的变动并不明显，个别物价变动仍可能非常显著。

7.3 通货膨胀调整的类型

计量一般物价水平变动和个别物价变动的统计数据显示，这两种物价变动一般不是同步的。③ 各种物价变动对公司财务状况和经营成果的计量的影响也是不同的，而且一般认为应该按照不同的目的进行会计处理。在下文中，将报告一般物价水平变动对财务报表产生影响的会计处理称为“历史成本-不变购买力”模型，将报告个别物价变动对财务报表产生影响的会计处理称为“现行成本”模型。

---

① Financial Accounting Standards Board, “Financial Reporting and Changing Prices,” *Statement of Financial Accounting Standards* No. 33 (Stamford, CT: FASB, September 1979).

② 国际结算银行第76份年度报告（2006年6月）。

③ Carlos Dabus, “Inflationary Regimes and Relative Price Variability: Evidence from Argentina,” *Journal of Development Economics* 62 (2000): 535-547.

7.4 一般物价水平调整

按照一般物价水平（购买力）变动调整后的货币金额被称为“历史成本-不变货币”或者“一般购买力等值”。没有进行这种调整的货币金额被称为“名义金额”。例如，物价上涨时期，在资产负债表上以初始取得成本计量的长期资产就是以名义金额表述的。当将长期资产的历史成本分摊到当期的收益（以折旧的方式）中时，反映当期购买力的收入就与反映早期资产购置时（较高）购买力的费用进行了配比。因此，必须根据货币的一般购买力变动来调整名义金额，使其与当期交易进行适当的配比。

7.4.1 物价指数

一般物价水平变动用物价指数来度量，这个指数的表达形式是：$\sum p_1q_1 \div \sum p_0q_0$。其中，p 代表某种商品的价格，q 代表该种商品的消费数量。物价指数是一个成本比率。例如，一个4口之家在第一年年末（基年=第二年年初）花费20 000美元购买了“一篮子”有代表性的商品和服务，而在一年后（第三年年初）购买同样的“一篮子”商品和服务则需要支付22 000美元；因此，第二年年末的物价指数就是\$22 000÷\$20 000=1.100。这个数字意味着第二年的通货膨胀率为10%。类似地，如果两年后（第三年末），4口之家为了购买同样的一篮子商品和服务需要花费23 500美元，该年的一般物价指数就是\$23 500÷\$20 000，即1.175。也就是说，自基年起到第三年末的通货膨胀率为17.5%。基年的指数为\$20 000÷\$20 000，即1.000。

7.4.2 物价指数的应用

利用物价指数可以将以前期间支付的货币金额折算为期末的购买力等值（例如，历史成本—不变购买力）。所采用的方法如下：

$GPL_c \div GPL_{td} \times$名义金额$_{td} = PPE_c$

其中：

GPL=一般物价水平指数；

c=当期；

td=交易日期；

PPE=一般购买力等值。

例如，假设我们在基年年末花费了500美元，第二年花费了700美元，利用前面例子中计算的物价指数，我们将前两年的花费折算为第三年的购买力等值，计算如下：

年末	名义支出	调整系数	第三年购买力等值
第一年	\$500	1.175÷1.000	\$587.50
第二年	\$700	1.175÷1.100	\$747.73

在第三年年末需花费587.50美元才能购买到（一般）第一年年末花500美元就能买到的商品和服务。类似地，在第三年年末需花费747.73美元才能得到的商品，

在一年之前用 700 美元就可买到了。换句话说，经过一段时期的通货膨胀，第一年年末 \$500 的名义支出，以及一年后 \$700 的名义支出，除非它们以第三年一般购买力等值这样一个通用的标准来表述，否则就是不可比的。这就是本章先前提到的 Modelo 公司用 2007 年 12 月 31 日的购买力来重述它的所有趋势数据的原因。

按物价水平调整后的数据并不代表名义支出的现行成本，它们仍然是历史成本数据。只不过是将历史成本数据用一个新的计量单位——期末一般购买力——重述而已。当交易在某一期间均匀发生时（如来自商品销售和提供服务的收入），可以采用简捷的物价水平调整方法。这种方法是以期末的购买力等值来计量收入，而不是对每天的收入进行物价水平调整（计算 365 次!），即用年末指数与全年平均物价指数（例如按月加权平均）的比率乘以全年收入总额来计算，公式为：

$$GPL_c \div GPL_{avg} \times 总收入 = PPE_c$$

7.4.3 一般物价水平调整的目标

让我们简要地回顾一下传统的企业收益概念。传统上，收益（可自由处置的财富）是公司财富（如净资产）的一个组成部分，即在一个会计期间内，可以将其从公司中提走而不会减少公司最初的财富金额。假设在某一会计期间内，某公司的业主既没有追加投资，也没有提取款项，期初净资产是 10 000 俄罗斯卢布（RUB），期末净资产由于经营盈利增加到 RUB25 000，该公司在这一期间的收益达 RUB15 000。如果公司分配 RUB15 000 的股利，其期末财富将与期初财富完全一致。因此，传统的会计收益就等于在不减少公司初始货币资本的前提下可以从公司中提取的最大金额。

如果我们不能假设物价稳定，使用传统的收益计算方法就不能准确地计算出一家公司的可处置财富。假定在 1 年内一般物价水平上升了 21%，为了保持与通货膨胀率的同步调整，一个在年初拥有 RUB10 000 的公司就期望它的初始投资额到年末至少要上升为 RUB12 100，因为在年末必须花费 RUB12 100 才能买到年初时用 RUB10 000就可以买到的商品。如果采用传统会计，公司“收益”为 RUB15 000（税后）。期末提走 RUB15 000 将使公司的期末名义财富余额减少为最初的 RUB10 000，少于其与通货膨胀率同步调整所需要的金额（RUB12 100）。历史成本-不变购买力模型在计量收益时考虑到了这个问题，因此在这种模式下公司可以分配其全部收益而仍然保持与期初相同的购买力。

另一个例证，假设一个阿根廷贸易商在日历年度之初拥有现金 100 000 阿根廷比索（ARS）（没有负债）。他马上将所有现金转换为可销售的存货（例如，转换为 10 000张单位成本为 ARS10 的阿根廷摇滚乐 CD 唱片）。所有存货在 1 年当中按照成本加价 50% 全部出售。如果没有通货膨胀，企业的收益应该是 ARS50 000，即期初和期末净资产的差额（ \$150 000 - \$100 000），或者是当期收入减去费用（CD 唱片的销售成本）之后的差额。这个阿根廷贸易商如果提取 ARS50 000，留给公司的剩余资金为 ARS100 000，与年初开业时的货币资本一样多，从而保持了公司的初始投入资本。

如果在同一时期通货膨胀率为 21%，全年平均一般物价指数为 1.10（期末为

1.21），那么，经过通货膨胀调整后的收益计量（计量单位为千比索）见下表：

	名义比索	调整系数	不变比索
收入	ARS150 000	1.21/1.10	ARS165 000
-费用	100 000	1.21/1.00	121 000
经营利润	ARS50 000		ARS44 000
-货币性损失	—		15 000
净利润	ARS50 000		ARS29 000

在上面的计算中，销售是在当期均匀发生的，所以要采用年末物价指数与全年平均物价指数的比率来调整销售收入。由于全年销售的存货是在期初一次性购入的，所以应该采用年末物价指数与年初物价指数的比率来调整销售成本。

货币性损失是从哪里来的？在通货膨胀期间，公司会有与经营活动无关的财富变动。这些变动额来自货币性资产和货币性负债，即对未来的一笔固定金额的收款权利或偿付责任。货币性资产包括现金和应收账款，它们在通货膨胀期间一般会产生购买力损失。货币性负债包括大部分应付项目，这些项目在通货膨胀期间一般会产生购买力利得。在我们的例子中，这家公司收到现金并将收回的现金一直持有到年末，因此产生了购买力损失。由于是通过出售存货来收取现金的，故现金在全年是均衡收取的。如果用年末购买力表示，企业的年末现金余额应是 ARS165 000（150 000×1.21÷1.10）。事实上，年末现金余额仅为 ARS150 000，导致了 ARS15 000 的一般购买力损失（货币性损失）。这就解释了先前引用的 Modelo 集团的利润表中发生的来自货币性项目的损失。在 2006 年和 2007 年期间，Modelo 集团账面上的货币性资产大于货币性负债，由此导致了各年度购买力的损失。

与传统的会计相比，采用历史成本-不变购买力模式计算的收益只有 ARS29 000。但是，从公司提走 ARS29 000 以后，却可以保证公司期末的财富达到 ARS121 000（ARS150 000-ARS29 000），使得公司在期末拥有与期初相同的购买力。

《国际会计准则第 29 号》与这一变动物价会计处理方法相一致。专栏 7—3 再现了 VESTEL 公司的财务报告，它是土耳其的龙头企业，领跑于民用电子器件、大型家用电器和数码产品领域的全球市场。对该公司采用 IAS29 规定最近 1 年的情况做如下解释说明。

VESTEL 公司已将所有的收入和费用采用物价水平调整为 2005 年 12 月 31 日的购买力等值，这里使用年末批发物价指数（WPI），而不是当每一笔收入和费用交易发生时的相关指数。VESTEL 公司 2005 年间持有的货币性资产大于货币性负债，因此发生了 YTL9 296 000 的货币性损失。该公司通过用一般物价水平指数变动乘以本年度货币性资产和货币性负债间差额的加权平均值来计算这一损失。该公司广泛地提醒广大阅读者，其物价水平调整的金额没有反映现行成本。援引自 VESTEL 公司：

专栏 7—3　　VESTEL **通货膨胀调整的利润表和相关附注**

VESTEL 电子产品和贸易集团股份公司截至 2004 年和 2005 年年末的合并利润表
（货币单位：千新土耳其里拉（YTL），除其他说明外，以 2005 年 12 月 31 日的购买力表示）

	附注	2005. 01. 01—12. 31	2004. 01. 01—12. 31
销售收入净额		4 456 229	4 604 903
销售成本		(3 798 115)	(3 854 366)
销售毛利		658 114	750 537
销售费用		(337 763)	(318 197)
管理费用		(141 642)	(138 089)
担保费用		(30 972)	(30 327)
其他收入（费用），净额	20	22 265	5 224
经营收入		170 002	269 148
筹资收入（费用），净额	21	(36 085)	(74 057)
税前利润		133 917	195 091
税项支出			
现有的		(54 699)	(41 036)
递延的		43 592	(2 428)
所得税	15	(11 107)	(43 464)
少数股东权益前利润		122 810	151 627
少数股东权益		(30 168)	(45 979)
货币损失	27	(9 296)	(18 710)
本年净利润		83 346	86 938
基本和完全稀释的每股盈余（土耳其里拉）	4	524	546

下面的附注是构成这些财务报表整体所必需的部分

VESTEL 电子产品和贸易联合股份公司 2008 年 12 月 31 日年末合并财务报表附注
……

2.1　计量货币和报告货币

除金融资产按公允价值计价外，财务报表依照历史成本惯例进行编制

基于 IAS29（“恶性通货膨胀经济体的财务报告”）对 2005 年 12 月 31 日土耳其里拉的一般购买力变动进行重述。IAS29 要求采用恶性通货膨胀经济体货币编制的财务报表应该就资产负债表日的当时计量单位进行陈述，并且以前期间相对应的数字应在同期进行重述。应用 IAS 的一个必要（但不限于）特征是累计 3 年通货膨胀率达到或超过 100%。截至 2005 年 12 月 31 日，按照国家统计局发布的土耳其全国批发价格指数计算的 3 年累计率是 36%（2004 年 12 月 31 日：70%，2003 年 12 月 31 日：181%）

自 2006 年 1 月 1 日起，该公司在考虑恶性通货膨胀期已经结束后，决定中止对财务报表的通货膨胀调整，这主要通过现有客观标准和其他说明恶性通货膨胀持续性已经消失的信号来做出的判断。终止调整通货膨胀对财务报表的影响概括如下：

2006 年、2007 年和 2008 年，这 3 年年末（即 12 月 31 日）的财务报表没有进行任何通货膨胀调整，然而以前年度的财务报表已经按照以前的资产负债表日（即 2005 年 12 月 31 日）的当时计量单位进行了通货膨胀调整

通过一般物价水平指数和相关换算因数对资产负债表和利润表项目进行的重述并不一定意味着公司可能实现或偿还了资产负债表上列报的相同价值的资产和负债。同

样地，它也不一定意味着公司可能给股东相同价值的股利或本金。

7.5 现行成本调整

现行成本模式与传统会计在两个重要方面存在着区别。第一，资产是按照现行成本而不是历史成本计价。从概念上讲，一项资产等于其未来现金流的折现值，现行成本支持者认为现行价值提供给财务报表阅读者一个更好的企业未来盈余和潜在现金流的计量。第二，利润被定义为企业的可处置财富——公司在保持其生产能力或实物资本的前提下，一个期间内可分配资源的金额（没有考虑税收因素）。保持资本的一种方法是，调整公司初始净资产金额（用适当的个别物价指数或者直接计价，如当前发票价格、供应商价格清单等）以反映当期资产现行成本等值的变化。继续沿用前面的例子来说明这种模式。在现行成本模式下，前述我们假设的贸易商的业务可以利用会计等式作为分析框架来演示（计量单位为千比索）：

资产=负债+所有者权益			
序号	现金	存货	资本
1	100 000		100 000
2	(100 000)	100 000	
3	150 000		150 000 收入
4		40 000	40 000 所有者权益重估
5		(140 000)	(140 000) 费用

第 1 行反映初始投资 ARS100 000 对公司财务报表的影响。第 2 行反映现金与存货的交易。第 3 行说明按照成本的 50% 加价销售存货收回现金，并按照相等金额增加所有者权益。为了反映销售的现行成本，这个贸易商将存货账面成本增加 40%，就像第 4 行所反映的那样。与增记存货账面成本相对应的是，所有者权益中的重估价账户出现了 ARS40 的增加额。这项调整完成了两个方面的任务。所有者权益中的重估价账户告诉报表使用者，为了能够重置存货，由于这些存货的现行成本已经上升，公司必须额外持有 ARS40。而对存货价值的重估则增加了被消耗资源的成本（销售成本）。在第 5 行，与现行收入相配比的是为了取得这些收入而发生的现行经济成本（不是历史成本）。在这个例子中，按现行成本计算的净利润是 ARS150 000 –（ARS100 000×140÷100）= ARS10 000。按照现行成本计算的利润 ARS10 000 就是公司在不影响经营业务的前提下可以花费掉的数量。因此，现行成本模型试图保持公司的实物资本或者生产能力。

以 Infosys 公司的现行成本报告为例，它是一个世界级的信息技术和咨询集团公司，总部位于印度。专栏 7—4 列示了其通货膨胀调整账户。

在对财务报表进行的评论中，Infosys 公司解释了其现行成本信息的目的，即维持其经营能力。它也强调了当特定价格变动对企业产生影响时，现行成本披露对其进行了说明。最后一个表给出了 Infosys 公司在其利润表中列示的“杠杆比率调整”的原理。杠杆比率调整将在本章进行更为详细的讲解。在 Infosys 公司合并资产负债表权益部分出现的“现行成本准备金”表示旨在用于特定价格已经上涨的资产的重置而不用于股利的资金。

专栏 7—4　　Infosys **公司现行成本财务报表**

现行成本调整的财务报表

现行成本会计（CCA）寻求以其价值来表述资产负债表上资产和负债的价值，并通过现行成本和现行收入的配比来计量企业的利润或损失。CCA 是建立在"经营能力"概念的基础之上的，经营能力可以视为企业利用给定期间现有的资源而能够提供的商品和劳务的金额。为了维持其经营能力，企业应该统筹资源以构成其活动的基础。因此，考虑在创造这些收入的过程中消耗的日益增加的资产成本是非常必要的。当资产特定价格的费用对企业产生影响时，CCA 会对它们予以重视

Infosys 及其子公司 2007 财政年度的合并资产负债表和利润表是依据现行成本模式编制的，如下表所示。财务报表编制采用了印度注册会计师协会发布的变动价格会计指引提出的方法

合并资产负债表，2007 年 3 月 31 日　　**单位：千万卢比**

	2007 年	2006 年
使用资产		
固定资产		
原始成本	5 039	3 222
累计折旧	(2 082)	(1 519)
	2 957	1 703
在建工程	965	571
固定资产净额	3 922	2 274
投资	25	755
递延税资产	92	65
流动资产、贷款和预付金		
现金和银行账款	5 871	3 429
贷款和预付金	1 214	1 297
货币性营运资本	829	613
	7 914	5 339
减：其他负债和准备金	(681)	(1 412)
流动资产净额	7 233	3 927
	11 272	7 021
筹资来源		
股本和留存		
股本	286	138
少数股东权益	4	68
准备金		
资本储备	5	54
股本溢价	2 768	1 543
现行成本准备金	178	165
一般准备金	8 031	5 053
	10 982	6 815
	11 272	7 021

续表

合并利润表，截至2007年3月31日止		单位：千万卢比
	2007年	2006年
利润总额	13 893	9 521
税前历史成本利润	4 247	2 792
加/减：现行成本经营调整额	（111）	（43）
	4 136	2 749
减：杠杆比率调整额	—	—
税、特殊项目和少数股东权益前的现行成本利润	4 136	2 749
备付税项		
以前年度	—	—
当前年度	（386）	（313）
税后的、特殊项目和少数股东权益前的现行成本利润	3 750	2 436
特殊项目——出售投资的收益（税后净额）	6	—
税和特殊项目后的、少数股东权益前的现行成本利润	3 756	2 436
少数股东权益	（11）	（21）
税、特殊项目和少数股东权益后的现行成本利润	3 745	2 415
经费拨款		
股利		
临时的	278	177
最终（拟定的）	371	234
银禧纪念（25周年）特别股息	—	827
股息税	102	174
转移金额—— 一般准备金	2 994	1 003
	3 745	2 415
留存收益/准备金表		
准备金经营余额	5 217	4 206
本年留存现行成本利润	2 994	1 003
本年内现行成本准备金变动	（2）	8
	8 209	5 217

注释：

1. 技术资产（如计算机设备）的成本一段时间会减少。财务报表采用加速折旧进行抵消。因此，该类资产不进行价格变动调整。

2. 上述数据仅用于信息目的。管理层对任何人依赖同样信息而遭受任何直接、间接或相应的损失（或损害）概不负责。

7.6 一般物价水平调整的现行成本

第三种变动价格报告选择结合了前述一般物价水平模式和现行成本框架的特点。① 这一计量方法——这里称为"物价水平调整现行成本模型"——采用一般和个别两种物价指数。与一般物价水平模式相一致，其目标之一在于以期末购买力等值来表示企业的收益和净资产。利润表也将包括持有货币性项目净额的购买力损益信息。为了符合现行成本框架，另一个目标是以现行成本报告企业的净资产并报告代表企业可处置财富的收益。

物价水平调整现行成本框架的一个与众不同的特征在于，它披露了企业非货币性资产（剔除通胀影响后的净额）的现行成本的变动。这里的重点在于，非货币性资产的价值变动超过或低于货币性资产一般购买力的变动。要解释这一问题，假设一台机器年初的现行成本是 1 000 美元，其年末的现行重置成本上升为 1 250 美元。在此期间的一般物价水平从 100 上涨到 110；也就是说，年末要花费 110 美元来获得年初 100 美元的机器。在这个例子中，这台机器的现行成本增加了 250 美元（\$1 250－\$1 000)。首先，这部分增加额几乎都归因于货币购买力的变动，通过将期初现行成本重述为期末购买力等值来计算，即 \$1 000×110÷100＝\$1 100。因此，由于货币购买力变动而产生该机器重置成本的变动是 100 美元（\$1 100－\$1 000)，而该机器现行成本的真实变动是 \$250－\$100，或 150 美元。由于分析师利用资产价值来估计企业的未来收益和现金流（例如，资产价值乘以过去的资产收益率），辨别资产价值变动的真实性是至关重要的。在所有者权益中经常使用的这两种披露通常解释如下：由于一般通货膨胀而产生的非货币性资产的增加是指必须留存在企业刚好使其能够弥补一般通货膨胀的金额。第二个组成部分——例如，现行成本超过一般通货膨胀的增加额——被一些学者称为非货币性资产的未实现真实持有利得。我们认为，后者不是利得而是经营活动中的成本增加额，其应该留存在企业中以便允许企业维持其生产能力，像我们举的 Infosys 公司的例子那样。

在本章开始重点介绍的 Modelo 集团，其财务报表给我们提供了关于物价水平调整的现行成本模式的一个很好的例子。另外，这些报表的附注有助于解释 Modelo 公司的合并财务报表和附注是按照 2005 年 12 月 31 日购买力的墨西哥比索来表述的，采用的因子来自于国民消费价格指数（NCPI)。

"货币头寸损失"账户列示在利润表中的命名为"综合筹资收入"的部分，是本年度内持有货币性资产大于货币性负债而产生的购买力损失。专栏 7—1 附注 6 中的不动产、厂房和设备列表及相关费用已经被调整为期末一般物价水平调整的现行成本。存货和销售成本同上。最后，"所有者权益重述亏损"账户列示在所有者权益中，其由两部分构成：超过或低于一般通货膨胀的现行成本利得和由一般通胀引起的非货币性资产的现值变动。在该案例中，Modelo 公司的非货币性资产的一般物价水平变动大于其现行成本的增加。现行成本变动低于一般物价水平变动的部分被称为"未实现持有损失"。

① 想了解详细的指引，参见：Financial Accounting Standards Board, "Financial Reporting and Changing Prices," *Statement of Financial Accounting Standards* No. 89, Stamford, CT: FASB, Dec. 1986.

7.7 通货膨胀会计的国家视角

其他国家采取了几种不同的通货膨胀会计模式。在实务运作过程中也反映出各种实务的考虑。例如，关于国家通货膨胀的严重程度和对通货膨胀会计数据直接影响的理解。研究其他国家物价变动会计的方法有助于理解本国现行的实务操作。

7.7.1 美国

1979 年，美国财务会计准则委员会发布了《财务会计准则公告第 33 号》，题为“财务报告和物价变动”。这份公告要求符合以下条件的大公司同时披露连续 5 年的，反映历史成本-不变购买力模式和现行成本-不变购买力模式的资料。其要求的标准是，拥有存货以及厂场设备（扣除累计折旧前）的总额超过 1.25 亿美元或者是拥有资产总额（扣除累计折旧后）达 10 亿美元以上。这些披露只是一种补充，而不是代替历史成本成为编制主要财务报表的基本计量模式。①

许多财务报表的使用者和依照《财务会计准则公告第 33 号》的要求编制财务报表的人士认为：（1）财务会计准则委员会要求的双重披露令人迷惑；（2）双重披露的成本过于高昂；（3）与现行成本数据相比，历史成本-不变购买力模式提供的数据的有用性比较低。后来，财务会计准则委员会决定鼓励，而不再强求美国报告主体披露历史成本-不变购买力模式或现行成本-不变购买力模式下的信息。财务会计准则委员会发布了《财务会计准则公告第 89 号》，以帮助企业报告物价变动对其报表产生的影响，同时作为制定未来通货膨胀会计准则的起点。②

根据《财务会计准则公告第 89 号》，财务会计准则委员会鼓励报告主体披露其最近 5 年的下列信息：

- 销售净额和其他经营收入；
- 按照现行成本计算的持续经营收益；
- 净货币性项目上发生的购买力（货币性）利得或损失；
- 存货与厂场设备按现行成本与可收回金额孰低（例如，通过使用或销售预计可收到的现金净额）调整并扣除通货膨胀（一般物价水平变动）后的增减变动金额；
- 以现行成本为基础确定的、合并报表过程中产生的外币折算调整累计额；
- 按现行成本计算的期末净资产额；
- 按现行成本计算的每股收益（来自持续经营的）；
- 普通股每股股利；
- 期末普通股每股市价；
- 计算持续经营收益所采用的消费物价指数（CPI）的水平。

为了增加上述数据的可比性，这些信息可以按照以下几种方式列示：（1）平均或者年末的购买力等值；（2）计算消费物价指数所采用的基期美元。无论什么时候，

① FASB，“Financial Reporting and Changing and Prices，” *Statement of Financial Accounting Standard* No. 33，Stanford，CT：FASB，1979.

② FASB，“Financial Reporting and Changing and Prices，” *Statement of Financial Accounting Standard* No. 89，Stanford，CT：FASB，December 1986.

如果按照现行成本-不变购买力模式计算的收益与按照历史成本计算的收益存在着重大差别，那么，公司就应该提供更多的数据。

《财务会计准则公告第 89 号》也适用于出现在美国母公司合并财务报表中的国外经营业务。那些以美元作为功能货币来计量国外经营业务的企业，是从母公司观点出发来考虑这些经营业务的。因此，它们的账户余额应该先折算为美元，然后再按照美国的通货膨胀率进行调整（折算-重述法）。采用当地货币作为功能货币来计量其大部分国外经营业务的跨国公司，则采用当地货币观。财务会计准则委员会允许公司在下面两种方法中任选一种：折算-重述法，或先按照外国通货膨胀率进行调整，再折算成美元的方法，即重述-折算法。因此，为了列报现行成本所做的调整，既可以在美国的一般物价指数的基础上进行，也可以在外国一般物价水平指数的基础上进行。专栏 7—5 对这些条款进行了总结。

专栏 7—5　　**对国外经营业务进行重述的方法**

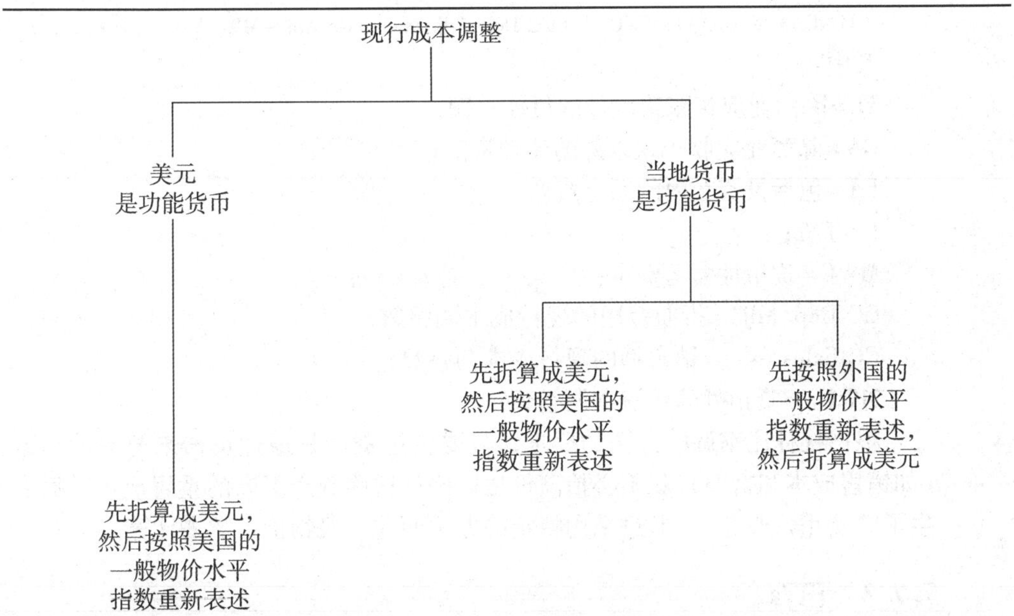

7.7.2　英国

英国会计准则委员会（ASC）经过 3 年的试验，于 1980 年 3 月发布了《标准会计实务公告第 16 号——现行成本会计》。尽管该公告在 1988 年被正式宣布废止，但它的方法体系还是被那些自愿提供通货膨胀调整会计信息的公司所参照。[①]

英国《标准会计实务公告第 16 号》与美国《财务会计准则公告第 33 号》的区别主要体现在两个方面：第一，美国《财务会计准则公告第 33 号》同时要求美元政策和现行成本会计政策不变；英国《标准会计实务公告第 16 号》仅对对外报告提出了现行成本法的要求。第二，美国的通货膨胀调整主要关注利润表；英国现行成本报表要求提供现行成本利润表和现行成本资产负债表，同时要求附有解释性附注。英国

① ASC, *Handbook on Accounting for the Effects of Changing Prices* (London: Chartac Books, 1986).

准则允许三种报告模式：

（1）将现行成本报表作为基本报表，以历史成本报表为补充；

（2）将历史成本报表作为基本报表，以现行成本报表为补充；

（3）将现行成本报表作为唯一报表，同时附有适当的历史成本信息。

在那些与货币项目有关的利得或损失的处理上，美国《财务会计准则公告第33号》要求用单一数字单独披露。英国《标准会计实务公告第16号》则要求报告两个数字，这两个数字都用于反映个别物价变动的影响。第一个称为“货币性营运资本调整”（MWCA），用于反映个别物价变动对企业在经营中使用的营运资本总额产生的影响。与按照一般物价水平模型要求的货币损益性质相似，这一调整承认这样的事实，即在关于供应品、存货和类似的普通大众的消费品方面，企业取得的商品和劳务的种类更具有企业特征。第二个称为“杠杆比率调整”，用于反映个别物价变动对企业非货币性资产（如折旧、销售成本等）的影响。杠杆比率调整额的计算公式如下：

[（TL−CA）÷（FA+I+MWC）]（CC Dep. Adj. +CC Sales Adj. +MWCA）

其中：

TL＝除商业应付账款以外的负债总额；

CA＝除商业应收账款以外的流动资产；

FA＝包括投资在内的固定资产；

I＝存货；

MWC＝货币性营运资本；

CC Dep. Adj. ＝折旧费用的现行成本调整数；

CC Sales Adj. ＝销售额的现行成本调整数；

MWCA＝货币性营运资本调整数。

根据杠杆比率调整方法的要求，只要营运资产是通过负债来筹集的，这类费用（如销售成本和折旧）就不必抬高价格以确认这些资产更高的重置成本。后者正常产生了“货币性收益”，通过采用特定的方法而非一般物价指数来计算。

7.7.3 巴西

在拉丁美洲、东欧和东南亚，通货膨胀通常被认为是企业经营环境中的一部分。巴西过去经历的恶性通货膨胀使其物价变动会计活动富有建设性。

虽然现在已经不再要求，但当今在巴西受到推崇的通货膨胀会计处理反映了两种报告模式的选择——巴西《公司法》和巴西证券交易委员会。[①] 符合《公司法》要求的通货膨胀调整采用物价指数重述永久性资产和股东权益账户，这个通货膨胀指数是联邦政府为了计量本国货币贬值而采用的。永久性资产包括固定资产、建筑物、投资、递延费用及其各自的折旧和摊销或者减值账户（包括任何相关损失项目）。[②] 股东权益账户包括投入资本、收入准备、重估价准备、留存收益以及用于记录对资本进行物价水平调整的资本准备账户。后者是将固定资产重估为其现行重置成本，减去技

① 我们采访过的财务分析师和巴西的财政官员还在继续调整巴西的物价变动会计，以方便他们的分析。如果巴西再次发生严重的通货膨胀，我们所描述的通胀调整就可能恢复。

② 永久性资产不包括存货，这是这种通货膨胀会计模式的概念性缺陷。

术性和实体性折旧后的结果。

永久性资产和股东权益的通货膨胀调整额，作为对货币性损益的更正，是在当期收益中扣除单独披露的超出额以后的净值。专栏 7—6 及相关评论举例说明了前述通货膨胀会计方法体系和货币性调整账户的原理。

对股东权益进行的物价水平调整（275 巴西里亚尔）是由于要使期初股东投资跟上通货膨胀的速度所必须增加的金额。当永久性资产的调整额低于股东权益的调整额时，就会导致购买力损失，这反映了公司在其净货币资产（例如，营运资本）上承受的物价变动风险。为了具体说明这个问题，设：

M＝货币性资产；

N＝非货币性资产；

L＝负债；

E＝权益；

I＝通货膨胀率。

则有：

$$M+N=L+E \tag{7.1}$$

将等式（7.1）两边同时乘以（1+i），以反映通货膨胀对公司财务状况的影响。可得：

$$M(1+i)+N(1+i)=L(1+i)+E(1+i) \tag{7.2}$$

等式（7.2）可以重述为：

$$M+Mi+n+ni=L+Li+E+Ei \tag{7.3}$$

专栏 7—6　　**巴西通货膨胀调整**

历史成本金额			**通货膨胀调整金额（假设 25% 的通货膨胀率）**		
		资产负债表			
项目	20×7. 01. 01	20×7. 12. 31	项目		20×7. 12. 31
流动资产	BRL150	BRL450	流动资产		BRL450
永久性资产	1 600	1 600	永久性资产		2 000[a]
折旧项目	(200)	(300)	折旧项目		(300)
			货币性更正	(75)[b]	
			对计入损益的历史成本费用的修正	(25)[c]	(100)
总计	BRL1 550	BRL1 750	总计		BRL2 050
流动负债	BRL50	BRL50	流动负债		BRL50
长期负债	400	400	长期负债		400
权益：			权益：		
资本	800	800	资本		800
			公积金		200[d]
准备	300	300	准备		375[e]
本期利润	—	200	本期利润		225
总计	BRL1 550	BRL1 750	总计		BRL2 050

续表

利润表					
年度截至20×7年12月31日					
经营利润	BRL500	经营利润		BRL500
本期折旧	100	本期折旧	100	
（历史成本）		折旧更正	25	
交易利润	400	交易利润通胀损失：		125
外币负债通胀损失	（100）	外币负债资产折算损失	（100）	375
当地负债货币性更正	（100）	当地负债货币性更正	（100）	
		资产负债表更正利得	50[f]	（150）
净利润	BRL200	净利润		BRL225

[a]原始成本1 600里亚尔（BRL）加25%（400里亚尔）的调整额的表现。

[b]原始成本300里亚尔的25%。

[c]期间折旧费用的25%（通常是以固定资产的平均值为基础）。

[d]原始资本余额800里亚尔的25%。

[e]原始成本300里亚尔加25%（75里亚尔）的调整额。

[f]资产负债表更正利得计算过程如下：

永久性资产更正	BRL400	
折旧折让更正	75	325
资本更正额	200	
准备更正额	75	275
		50

将等式（7.3）移项整理得：

$$M+\underbrace{N+Ni}_{\text{永久性资产调整额}}=L+\underbrace{E+Ei}_{\text{所有者权益调整额}}+\underbrace{(L-Mi)}_{\text{货币性损益}} \tag{7.4}$$

由于M+N=L+E，

$$Ni=Ei+(L-Mi) \tag{7.5}$$

或者：

$$\underset{\text{非货币性资产（永久性资产）调整额}}{Ni}-\underset{\text{所有者权益调整额}}{Ei}=\underset{\text{货币性损益}}{(L-Mi)} \tag{7.6}$$

反之，如果永久性资产调整额大于权益调整额，就会产生购买力利得。这表明有一部分资产是通过借款筹集来的。例如，某企业在进行货币性更正之前的财务状况如下：

永久性资产	1 000	负债	500
		所有者权益	500

如果年通货膨胀率为30%，物价水平调整后的资产负债表应为：

永久性资产	1 300	负债	500
		资本	500
		资本准备	150
		货币性利得	150①

巴西证券交易委员会要求公开上市的公司实行另外一种通货膨胀会计方法。② 上市公司应该将当期全部的交易采用功能货币重新计量。期末，采用当时的一般物价指数将一般购买力单位转换为当地名义货币单位。同时：

• 存货应作为非货币性资产，并且用功能货币重新计量；

• 超过到期日 90 天、不计利息的货币性项目应折现为现值，并将其导致的通货膨胀利得或损失分配记入适当的会计期间（例如，应收账款的折扣作为销售额的减项处理，应付账款的折扣作为购货成本的减项处理，其他依此类推）；

• 资产负债表的调整采用与利润表相应的项目分类（例如，资产负债表上的应收账款调整被分在销售额减少项下）。

为了使巴西公司避免提供两套年度财务报表，证券交易委员会将《公司法》提倡的会计方法与其自身提倡的物价水平变动会计结合起来运用。

7.8 国际会计准则理事会

国际会计准则理事会认为，在恶性通货膨胀环境中，以当地货币计量的财务状况和经营成果是没有意义的。连同 VESTEL 公司通货膨胀调整的财务报表一起提到的《国际会计准则第 29 号》③ 要求（而不是建议）重述主要财务报表信息。特别是以恶性通货膨胀国家货币为计量单位编制的企业财务报表，无论是以历史成本还是以现行成本作为计价基础，都应该以资产负债表日的不变购买力为单位进行重述。这项规则也适用于以前期间相应数字的调整。与净货币资产或净货币负债相关的购买力损益包括在当期收益中。报告企业还应该披露以下内容：

（1）由于一般购买力变动而重新编制的财务报告已经完成；

（2）在主要财务报表中所采用的资产计量模式（例如，是历史成本还是现行成本计价）；

（3）资产负债表日物价指数的特征和水平，以及报告期物价指数的变动；

（4）当期净货币性利得和损失。

7.9 通货膨胀会计问题

当阅读通货膨胀调整账目时，分析师必然强调下列相关问题：（1）不变币值与现行成本法哪一个能更好地计量通货膨胀的影响；（2）通货膨胀利得或损失的会计处理；（3）外国通货膨胀的会计处理；（4）通货膨胀和外币汇率的混合效应。我们把第一个问题和第三个问题放在一起讨论。

---

① 这个分析（货币性利得）假定，公司负债的利率是固定的，或者是采用浮动利率时实际通货膨胀率超过预期利率的部分已经被并入了借款本金。

② Coopers & Lybrand, 1993 *International Accounting Summaries* (New York: John Wiley, 1993), B32–B33.

③ International Accounting Standards Committee, "*Financial Reporting in Hyperinflationary Economics*," International Accounting Standard No. 29, London: IASC, 1989.

7.9.1 通货膨胀利得和损失

货币性项目（例如，现金、应收款和应付款项目）利得和损失的处理充满争议。我们对不同国家会计实务的调查结果反映了在这方面存在着的重大差异。

在美国，通过采用不变美元重述所有货币性资产、负债（包括长期负债）项目的期初、期末余额和发生的交易来确定货币性项目产生的利得或损失。得出的金额作为一个独立的项目单独列示。这种处理方法认为货币项目的利得或损失与其他类型的收益在本质上是不同的。

在英国，货币项目利得和损失被划分为货币性营运资本调整和杠杆调整两部分。这两个调整额都根据个别物价水平（而不是一般物价水平）的变动加以确定。杠杆调整是指在物价变动期间因公司使用借入资本而给股东带来的收益（或成本）。用现行成本经营利润加上（或减去）这个数字，就能得到一个可支配的财富指标，即“可以分配给股东的现行成本收益”。

巴西的方法（现在已经不再要求）没有明确对流动资产和负债进行调整，因为这些金额都已按可实现价值表述。然而，正如专栏7—6所示，永久性资产物价水平调整额与所有者权益调整额相抵消之后的净调整额，反映了来自负债或权益的营运资本的一般购买力利得或损失。如果永久性资产调整额大于权益调整额，说明部分永久性资产靠借债购置，因此产生了购买力利得。反之，权益调整额超过永久性资产调整额，表示部分营运资本来源于所有者权益。所以，在通货膨胀期间应该将这部分确认为购买力损失。

在处理通货膨胀影响方面，英国的《标准会计实务公告第16号》有许多可资借鉴之处。除了考虑存货和固定资产之外，企业还必须增加其名义货币营运资本额，以使得企业的实际经营能力在物价上升的情况下仍然得到保持。在通货膨胀期间，企业也可以从借债中获取利益。然而，这种现象的程度并不能用一般购买力来计量，因为企业很少在经济市场进行一揽子投资。我们认为，通货膨胀会计的目的是计量企业的经营业绩和帮助所有感兴趣的人评价有关企业未来现金流量的金额、时间和不确定性。

利用计算货币性损失的物价指数，一家公司能够度量其所控制的特定商品和服务的数量。[①] 由于并不是全部的企业都能够确定公司的特定购买力指数，英国采取的方法是一个很好的可操作的替代选择。然而，相对于披露杠杆调整额或某种等值，我们更倾向于将它作为现行成本下折旧、销售成本和货币性营运资本调整额的减项。我们认为，在通货膨胀期间，由于重述历史成本收益而产生的现行成本借项应作为抵消项目，以反映与这些经营项目筹资有关的偿债负担的减轻。

7.9.2 持有利得和损失

现行成本会计的主要特征是将总收益分为两部分：（1）经营收益（当前收益与

① Frederick D. S. Choi, “Foreign Inflation and Management Decisions,” *Management Accounting* (June 1977), pp. 21-27.

已消耗资源当前成本之间的差额）；（2）未实现利得，它是由于拥有的非货币性资产在通货膨胀期间价值上升所导致的。尽管持有利得的计量非常简单，但对它们的会计处理却并不简单。原材料存货的利得部分是否应该在各种存货转化为产成品并实现销售时确认？未实现的调整利得和损失是否应该予以递延？或者，是否应该将所有的利得或损失混在一起，并在股东权益的一个特定部分加以披露？

我们认为，经营资产重置成本的增加（例如，重置成本导致较高的现金流出量）无论其是否实现都不是利得。鉴于现行成本基础上确定的收益可以近似地计量一家公司可处置的最大财富，存货、厂场设备以及其他经营资产现行成本的变动是所有者权益重估价的结果，是企业从收益中留存下来用以保持其实体资本（或生产能力）的部分。出于投机目的而持有的资产，例如空闲的土地、有价证券等，不需要为了保持生产能力而重置。因此，如果将现行成本调整扩大到这些项目，这些项目现行成本（价值）的等值（最高不能超过可实现价值）增加额和减少额都应该直接计入当期收益。

7.9.3 外国通货膨胀

当合并位于通货膨胀环境中的子公司账户时，管理层应该首先对这些外国通货膨胀账户进行重述，然后折算为母公司货币吗？或者应该首先将这些未调整的账户折算为母公司货币，然后再按照母公司所在国通货膨胀情况进行重述？在美国，财务会计准则委员会曾经要求大公司试验性地同时披露历史成本-不变购买力和现行成本信息，以应对通货膨胀。《财务会计准则公告第 89 号》鼓励（而非要求）公司考虑物价的变动。但还有两个层面的问题尚未解决：第一，公司的非货币性资产可以继续保持其历史成本（按一般购买力重述），或者按现行成本重述；第二，在提供与国外经营有关的现行成本补充数据时，可以选择两种方法之一对国外经营实体的报表进行折算并按照美元进行重述。他们可以先重述外国通货膨胀后折算为母公司货币（重述-折算法），或者可以先折算为母公司货币后重述通货膨胀（折算-重述法）。我们怎样在两种方法中进行选择？我们可以借助决策导向框架。

投资者关心的是公司创造股利的潜在能力，因为投资价值最终取决于未来的股利。一家公司潜在的股利创造能力与其生产商品或提供服务的能力直接相关。只有在公司保持其生产能力（从而也保持了获利能力）的情况下，才会考虑在未来分派股利。

所以，投资者需要的是根据特定物价水平而不是根据一般物价水平调整的报表。为什么？因为特定物价水平调整（即我们所说的现行成本模式）确定了公司在不降低其生产能力的前提下可以支付的最大股利（可处置财富）。

这个结论意味着到底是“重述-折算”还是“折算-重述”其实并不重要。两种方法的依据都是一种不受欢迎的计价框架——历史成本。哪一种方法也没有改变这个计价基础。无论怎么调整，历史成本还是历史成本。

我们倾向于采用下面的物价水平调整程序：

（1）重述所有子公司（包括国内的和国外的）以及母公司的财务报表，以反映个别物价变动（如现行成本）的影响。

(2) 用一个常数（如现行的或者基年的外币汇率）将全部国外子公司的报表折算成本国货币等值。

(3) 在计算货币利得或损失时，应该采用与公司的消费行为相关的特定物价指数：母公司的观点是要求采用本国物价指数，当地公司的观点是要求采用当地物价指数。

将国内和国外子公司的报表重述为它们特定的现行物价等值，会产生一个与决策相关的信息。把这个信息提供给投资者，能够帮助他们了解公司将来可能分配股利的最大金额。在这种方法下，对所有公司经营成果的比较和评价将会比现在容易得多。Inland 钢铁公司财务总监 Dewey R. Borst 论述了这种报告理念：

管理层希望得到最佳的当前信息，以便检查他们过去的工作和指导当前的决策。公司外部人员出于基本相同的目的来评价财务报表。他们借助报表了解公司在过去实现的业绩，以及将来公司可能取得的成果。因此，没有必要报告两套不同的数据和采用两种不同的财务信息列报方法。随着管理会计的发展，相同的数据也可以满足外部人员的决策需要。①

7.9.4 避免双重计算

因为外国的通货膨胀而重述该国的财务报表时，必须注意避免双重计算。产生这个问题的原因在于，当地通货膨胀直接影响折算过程中采用的汇率。尽管经济学家通常认为，一国国内的通货膨胀率与该国货币的国外价值呈反向变动关系，但实际情况却证明，这种关系很少成立（至少在短时期内很难成立）。② 相应地，为了在折算中避免双重计算，折算中的调整范围将随着汇率与特定国家通货膨胀率之间负相关程度的不同而有所不同。

在以前的讨论中，我们已经注意到，对销售成本和折旧费用进行通货膨胀调整的目的在于将其从"报告收益"中剔除，以避免高估收益。然而，由于一个国家的通货膨胀率与该国货币价值之间存在着反向变动关系，汇率在连续两个财务报表期内发生变动，通常是由通货膨胀引起的（至少在一段时间内如此）。这就导致了一家公司在其报告成果中已经反映了，至少是已经部分地反映了通货膨胀的影响（即货币折算调整额）。这样，为了避免对自身报告收益中包含的通货膨胀影响进行两次剔除，应该将已经包括在公司报告业绩中的折算损失，作为通货膨胀调整额的组成部分。

对于那些根据《财务会计准则公告第 52 号》，以美元作为国外实体的功能货币并且以现行汇率折算存货的美国跨国公司来说，上述调整是适用的。在确认当期收益的折算损益时，它与非美国的跨国公司也同样关系密切。由于缺乏前面提及的抵消性调整方法，在对外国通货膨胀影响进行会计调整时，这些公司可能最终两次剔除或加计了收益。

下面有关存货会计处理的例子说明了通货膨胀和外币折算之间的关系。所讨论的

---

① Dewey R. Borst, "Accounting vs. Reality: How Wide Is the 'GAAP'?" *The Week in Review* (July 13, 1982): 1.

② Michael Adler and Bernard Dumans, "International Porftolio and Corporation Finance: Asynthesis," *Journal of Finance* 38 (June 1983): 925-984.

这家公司采用先进先出法进行存货计价，并且采用现行汇率将存货折算成美元。我们作如下假设：

- 在刚刚结束的 1 年里，当地的通货膨胀率为 20%，同年美国的通货膨胀率为 6%；
- 当年 1 月 1 日的期初汇率报价为 LC1 = \$1；
- 当年 12 月 31 日的结账日汇率为 LC1 = \$0.88；
- 当年为保持购买力，平价计算的当地货币贬值率为 12%；
- 当年子公司 1 月 1 日的期初存货为 LC200，12 月 31 日的期末存货为 LC240；
- 当年内子公司存货的实物数量没有变化。

根据上述资料，可计算期初、期末存货的美元等值如下：

	外币金额	汇率	美元金额
1 月 1 日存货（先进先出）	200	LC1 = \$1.00	\$200
12 月 31 日存货（先进先出）	240	LC1 = \$0.88	\$211

报告收益中反映了一项 29 美元的折算损失，即 LC240 的存货按照 0.88 美元的汇率而不是 1 美元的汇率折算（我们假设当地货币贬值发生在 12 月 31 日）的差额。

所以，在以后的存货周转期内，以当地货币报告的销售成本是 LC240，而按照美元报告的成本则是 211 美元。

如果按照重述-折算法对该项销售成本进行通货膨胀调整，这家公司可以作如下处理：

- 消除当年 12 月 31 日 LC240 存货额中包含的当年 20% 的通货膨胀的影响（240/1.20），消除影响以后的存货金额为 LC200——与通货膨胀之前 1 月 1 日的金额相同；
- 这样，以当地货币计量的销售成本调整额为 LC40，也就是将公司当年 12 月 31 日的存货从 LC240 调整为 LC200 而产生的差额；
- 然后，将以当地货币计量的销售成本调整额（LC40）按照 1 美元的汇率折算为美元，得到 40 美元的销售成本调整额（LC40× \$1.00 = \$40）。

请注意，在通货膨胀调整的基础上，这家公司已经在收益中抵消了 29 美元的折算损失和 40 美元的通货膨胀销售成本调整额，共计 69 美元，即 1 月 1 日存货成本期初金额 200 美元的 34%。然而，这期间的通货膨胀率只有 20%！这就是由双重计算引起的反常现象。在前述的美元计算过程中，在折算损失额和通货膨胀引起的销售成本调整额之间存在部分的重复计算。前者是通货膨胀的结果，后者则是货币贬值的根源。所以，由该公司自己对销售成本的通货膨胀调整额进行重述-折算就已经足够了。简单地说，这个处理抵消的不仅是美国的通货膨胀率（在这个例子中为 6%），还包括存在于当地通货膨胀率 20% 与美国通货膨胀率 6% 之间的 12% 的通货膨胀差异——它导致当地货币发生了 12% 的贬值。我们的结论是，如果已经对销售成本进行了调整以消除当地通货膨胀的影响，那么该项调整必然使原来反映在报告收益中的存货折算损失发生逆转。附录中提供了有关这方面内容的案例分析。

附录 外国通货膨胀的会计处理：一个案例分析

以下案例研究着重介绍一个处于领先地位的美国跨国公司——通用电气公司（GE）对外国通货膨胀进行会计处理的情况。讨论的大部分内容限于存货和销售成本以及货币性利得和损失。在采用现行汇率折算这些项目时，适用于存货和销售成本的程序也可以用于固定资产和与它们相关的成本开支。①

由于通用电气公司采用美元作为其大多数国外经营主体的功能货币，所以采用时态法进行外币折算。对存货通常采用现行汇率折算，以表示这部分资产要承受的汇率变动风险。GE 的管理层认为，在通货膨胀会计中采用重述-折算方法，根据当地个别物价指数报告固定资产和存货，在对通货膨胀调整基础上适当地计量其国外实体的经营成果是必需的。因此，要将以当地货币表述的国外固定资产和存货按照当地个别物价变动水平进行调整，然后按照现行汇率进行折算。对固定资产的重述，以及据以得出的重述的折旧费用，都采用公认的会计实务（即重述为现行成本，然后折算为美元），在此不再重复。而存货的情况则有所不同，根据重述的资产负债表的存货价值，无法得到销售成本的通货膨胀调整额。因此，我们将分别解释这两项通货膨胀调整额。

现行成本存货调整

相对于那些在数量上并不重要或者周转得非常频繁的先进先出存货来说，GE 假设现行成本与先进先出账面成本基本上是等价的。因此，历史账面成本被报告为现行成本。

对于后进先出的存货以及不符合上述标准的先进先出的存货来说，在将期末存货按照现行汇率折算为美元之前，GE 根据当地特定物价指数将其重述为等值的现行成本。如果存货的投入相对稳定，那么，对存货的现行成本调整额就近似等于存货储存期间发生的通货膨胀率的一半。因此，假定存货的储存期为 4 个月，年度通货膨胀率是 30%，期末存货余额是 LC1 000 000，期末汇率为 LC1 = $0. 40，将先进先出存货的美元价值重述为现行成本基础的过程如下：

［(2.5%/月×4 个月）÷2］×LC1 000 000 = LC50 000

LC1 000 000+LC50 000 = LC1 050 000× $0. 40 = $420 000

如果国外子公司采用后进先出法作为存货计价基础，其重述的先进先出价值采用同样的方法计算，则采用它的后进先出成本指数作为通货膨胀率。

现行销售成本调整——模拟后进先出法

如果一个国外经营实体在存货计价中采用后进先出法，那么，其报告收益中的销售成本必然非常接近于市价。因此，在这种情况下无须对销售成本进行通货膨胀调整。对于那些采用先进先出法进行存货计价的国外实体，GE 的通货膨胀调整要求模拟后进先出法来确定其销售成本。当然，公司也考虑到已经反映在报告收益中的存货折算损失，以避免双重的通货膨胀抵消。为了更加具体地说明这个问题，假定 12 月 31 日采用先进先出法确定的存货余额为 LC5 000，当年的通货膨胀率为 30%（1 月 1

① 下面的讨论摘自 Frederick D. S. Choi, "Resolving the Inflation/Currency Translation Dilemma," *Management International Review* 27, no. 2 (1987): 28-33.

日的指数为100，12月31日的指数为130），而且当期该国货币贬值20%，也就是从1月1日的LC1＝$0.50降低到12月31日的LC1＝$0.40。

以下的分析过程说明了双重抵消现象是如何被降低到最低程度的。具体地讲，调整分析的第1步到第3步说明以当地货币计量的现行销售成本调整额是如何计算出来的。第4步用母公司所在国货币表述上面这个调整额。第5步确定已经入账的折算损失，这是根据当年内已经下降的现行汇率将存货折算成美元的结果。最后，第6步，从现行销售成本调整额中注销已经反映在报告成果中的折算损失。

（1）假设12月31日按先进先出法计价的存货转变为按后进先出法计价	LC5 000
（2）按1月1日的成本水平重述第（1）行金额（LC5 000×100÷130）	LC3 846
（3）第（1）行与第（2）行存货价值差额反映年度内通货膨胀对以当地货币计价、采用先进先出法确定存货价值的影响	LC1 154
（4）根据1月1日汇率将第（3）行金额折算为美元（LC1 154×$0.50）。此折算额模拟了当年后进先出法计算的美元费用	$577
（5）计算已经反映在报告成果中的先进先出存货（第（1）行）折算损失	
a. 用1月1日汇率折算第（1）行（LC5 000×$0.50）	$2 500
b. 用12月31日汇率折算第（1）行（LC5 000×$0.40）	$2 000
c. a行与b行的差额就是已经反映在报告成果中的存货折算损失	$(500)
（6）从第（4）行中扣除第（5）行c项后的净额是用美元表述的销售成本调整额：	
a. 来自第（4）行的模拟后进先出法的美元费用	$577
b. 减：来自第（5）行c项的已经反映在报告成果中的存货折算损失	$(500)
c. a行与b行的差额是扣抵后的美元现行销售成本调整额	$77

通常，当通货膨胀率超过货币贬值率时，美元现行销售成本调整额是正的（即报告收益的减项）。然而，如果货币贬值率高于通货膨胀率，调整额就是负的（美元销售成本调整额应该从报告的美元销售成本中减掉，而不是加到美元销售成本上）。

现行成本货币性调整

最后的通货膨胀调整涉及这样一个事实：在通货膨胀时期，借款人因承担并偿还金额固定而其实际购买力不断下降的债务，从而从中获利。因此，如果一个国外子公司购置固定资产和存货所需资金的一部分是通过借款方式筹措的，那么，它的通货膨胀调整中就应该包括一项货币性调整（例如，购买力利得）。然而，由于GE的通货膨胀调整仅限于存货、固定资产以及与其相关的成本开支，因此货币性调整也就限于筹措购置固定资产和存货所需资金的负债部分——此后称之为“已利用负债”。货币性调整作为借款人的一项利得，是根据已利用负债金额支付的利息费用中包括的、因贷款金额购买力降低而对债权人的补偿。它也部分地抵消了导致收益减少的折旧费用和销售成本的通货膨胀调整额。进行这些调整的原因在于通货膨胀对固定资产和存货的重置成本产生了影响。

货币性调整的计算涉及两个步骤，因为在将当地货币负债折算成美元等值时，当地通货膨胀会对折算汇率产生影响。这样，在通货膨胀期间为了购置固定资产和存货，举借当地货币债务而产生的购买力利得，被已经反映在报告成果中的这些负债的折算利得（或损失）的转回额全部或部分抵消。这些利得是使用当期下降的汇率折算货币负债而得到的结果。

在下面的例示中，假设国外子公司以当地货币计量的固定资产成本和存货的后进先出成本合计是 LC10 600，公司净值是 LC7 500。母公司所在国与子公司东道国通货膨胀率的差异为 30%，而当地货币的汇率从 1 月 2 日的 LC1 = \$0. 50 变为 12 月 31 日的 LC1 = \$0. 40，贬值了 20%。现行成本货币性调整将按照以下步骤处理。

第 1 步至第 5 步确定为了筹措资金购置那些价值已经因通货膨胀而得到调整的特定资产所形成的货币性负债部分。第 6 步和第 7 步计算用当地货币计量的已动用负债的货币性利得。第 8 步用美元重述这些利得的金额。第 9 步确定由于采用在年度内下降了的汇率（现行汇率）将货币负债折算为美元而产生的折算利得。最后，第 10 步，从同一个账户的购买力利得中注销货币负债的折算利得，从而得到来自物价变动的净货币性利得。

（1）12 月 31 日固定资产的当地货币成本	LC5 600
（2）12 月 31 日先进先出存货成本	LC5 000
（3）将（1）行与（2）行进行合计	LC10 600
（4）减：12 月 31 日这两项资产的净值	LC（7 500）
（5）余额表示“已利用负债”	LC3 100
（6）将公司当年 12 月 31 日的已动用负债重述为其在 1 月 1 日的购买力等值（例如，LC3 100×100/130）	LC2 385
（7）上述（5）行和（6）行的差额代表已动用负债的购买力利得	LC715
（8）采用 1 月 1 日的汇率将（7）行金额折算为美元。这个结果是以美元表述的因通货膨胀形成的借款人利得（LC715× \$0. 50）	\$358
（9）计算已经反映在报告收益中的、已动用负债的年度折算利得（损失）	
a.（5）行乘以 1 月 1 日汇率（LC3 100× \$0. 50）	\$1 550
b.（5）行乘以 12 月 31 日汇率（LC3 100× \$0. 40）	\$1 240
c. 差额是折算利得	\$310
（10）上述（8）行和（9）行 c 项的差额是美元现行成本的货币调整：	
a.（8）行（来自通货膨胀的借款人利得）	\$358
b. 减：反映在已报告的成果中的折算利得（来自（9）行 c 项）	\$（310）
c. 该差异是使用负债筹措非货币性资产而获得的购买力利得净额	\$48

讨论题

1. 从一个使用者的角度来看，如果要对一个处于通货膨胀、货币贬值国家的公司的历史成本报表进行分析，其固有的问题是什么？

2. 参考本章前述的内容，认真研究 Modelo、Vestel 和 Infosys 等公司的利润表。你认为哪一个收益数为投资分析师提供了一个更好的收益计量，并回答为什么。

3. 考虑“物价变动会计的目的是确保公司能够保持它的经营能力”。这一表述正确吗？

4. 下面是美国的一位著名的国会议员的评论。请解释你为什么同意或不同意他的观点。

这件事情的基本事实是，通货膨胀会计作为记录企业基本业务的方法是不成熟、不严密、不完善的。坚持认为“通货膨胀会计体系将会为我们的税务体系的有效运作提供准确和公正信息”是非常愚蠢的。我在路径与方法委员会多年的工作经验告诉我，许多企业的目的——从公司所得税“改革”到资本形成的需要——都是企业希望减少纳税的伪装而已。从这个观点来看，我认为通货膨胀会计是另外一种通过隐秘的伎俩降低公司所得税的长线企图。

5. 由于越来越多的企业开展纵横全球的经营、筹资和投资活动，当与本国和非本国的财务报表使用者沟通时，它们逐渐采用国家财务报告准则。当企业位于或主要经营业务发生在恶性通货膨胀环境中时，IAS29 认可什么通货膨胀会计方法？分析师为什么应该理解这一声明的要求？

6. 简要描述历史成本-不变购买力模式和现行成本模式的性质。它们在哪些方面是相似的？在哪些方面是不同的？

7. 作为一个跨国公司股份的潜在投资者，哪种通货膨胀方法——“重述-折算”还是“折算-重述”——可以为你提供与你的决策需要最相关的合并信息？从国外子公司股东的观点看，哪种信息提供方式是最理想的？

8. 什么是杠杆比率调整？它建立在什么观点的基础上？

9. 针对国外的通货膨胀会计与针对国内的通货膨胀会计有什么不同？

10. 在对外国通货膨胀进行会计处理中的“双重计算”的含义是什么？

练习题

1. Sobrero 公司是一家著名的美国饭店设在墨西哥的连锁分店。该公司以 10 亿比索（P）现金权益投资开始了经营的日历年度。它立刻用 9 亿比索现金在 Acapulco 购入了一个已重新装修好的饭店。由于旅游旺季的原因，Sobrero 公司当年的租费收入达到 1.44 亿比索，相应的 8 640 万比索的经营费用在全年中均匀地发生。占原始购入价格 80% 的建筑物（余额是土地）的预计使用期为 20 年，采用直线法折旧。当年年末的消费者价格指数从年初的 263 上升到现在的 420，全年平均为 340。

要求：

a. 采用历史成本模式和历史成本-不变美元模式为 Sobrero 公司编制第一个经营年度的财务报表。

b. 比较和评价采用两种不同模式计算出来的投资报酬率的信息含量。

2. Majikstan 公司 2010 年和 2011 年的比较资产负债表（以历史成本计量）如下。账户以千为值域进行计量（MJR）。

资产负债表	2010 年	2011 年
现金	MJR2 500	MJR5 100
设备净值	4 000	3 500
总资产	MJR6 500	MJR8 600

续表

资产负债表	2010 年	2011 年
流动负债	MJR1 000	MJR1 200
长期负债	3 000	4 000
所有者权益	2 500	3 400
合计	MJR6 500	MJR8 600

要求：Majikstan 公司的净货币性资产和负债状况有何变化？

3. 根据练习题 2 提供的信息，基于下列一般物价指数信息，计算 Majikstan 公司 2011 年以当地货币表示的货币性损益净值：

2010 年 12 月 31 日	30 000
平均	32 900
2011 年 12 月 31 日	36 000

4. 根据练习题 1 提供的 Sobrero 公司资料，假设当年墨西哥的建筑成本指数增加了 80%，而 Sobrero 公司邻近旅店的闲置财产价值上升了 90%。

要求：利用这个信息重新评估公司的非货币性资产。在现行成本模式下，Sobrero 公司的财务报表呈现的情况如何？

5. Majikstan 公司的账面上有一台设备，是在 2009 年初购入的。该设备采用直线法折旧，折旧期为 10 年，期末无残值。2010 年末该设备的账面成本是MJR 8 000 000 000。在 2011 年中，适用于该设备的特别物价指数从 100 上升到 137.5。一般物价指数信息如下：

2010 年 12 月 31 日	30 000
平均	32 900
2011 年 12 月 31 日	36 000

要求：以上述信息为基础，计算 Majikstan 公司的该设备扣除通货膨胀后的现行成本增加额。

6. 假设现在 Majikstan 公司是一家美国跨国公司的子公司，它的报表要与母公司进行合并。以下是各年相关的汇率和一般物价水平指数信息：

汇率：		一般物价水平指数：	
		Majikstan 公司	美国母公司
2010 年 12 月 31 日	MJR4 400 = \$1	30 000	281.5
2011 年全年平均	MJR4 800 = \$1	32 900	292.5
2011 年 12 月 31 日	MJR5 290 = \$1	36 000	303.5

要求：在重述-折算法下用美元表述的 Majikstan 公司设备扣除通货膨胀后的现行成本增加额是多少？在折算-重述法下呢？

7. Rackett & Ball 公司是一家英国运动商品制造商，以下是它的资产负债表。表中的数字以百万英镑为计量单位（£m）。当年中，生产价格指数从 100 上升到 120，平均指数为 110。现行销售成本、折旧费和货币营运资本调整额总计为 2.16 亿英镑。

	2010 年（百万英镑）	2011 年（百万英镑）
固定资产		
无形资产	56	150
有形资产	260	318
投资	4	5
	320	479
流动资产		
存货	175	220
商业应收账款	242	270
有价证券	30	50
现金	25	25
	472	565
流动负债		
商业应付账款	（170）	（160）
净流动资产	302	405
总资产减流动负债	622	884
长期负债	85	128
净资产总额	237	356
所有者权益		
普通股	42	42
优先股	87	87
留存收益	108	227
所有者权益合计	237	356

要求：

假设生产价格指数能恰当地计量 Rackett & Ball 公司的购买力变动，尽可能计算该公司的货币营运资本调整额及其杠杆调整额。

8. Ninsuvaan 公司是一家位于泰国曼谷的美国子公司。它在日历年度开始和结束时的存货金额都是 5 亿泰铢（THB）。当年 1 月 1 日美元与泰铢的汇率为 \$0.02 = THB1。当年内，美国的一般物价水平从 180 上升到 198，同一时期泰国的一般物价水平增加了一倍。12 月 31 日的汇率是 \$0.015 = THB1。

要求：

a. 采用外币折算的时态法，首先根据泰国通货膨胀水平重新评估存货额，然后将其折算成美元等值。

b. 重做上题，但是这一次先将名义泰铢的余额折算成美元，然后再按照美国的通货膨胀水平进行重述。

c. 你认为上述两个折算金额中的哪一个提供了更有用的信息？

d. 如果你对上述两个折算结果都不满意，介绍一个能够比 a 和 b 提供更有用的信息的方法。

9. Doosan 公司是一家位于韩国的美国子公司。其存货以先进先出法计价，用现行汇率法将存货余额折算为美元。年末存货的账面余额是 10 920 000 韩元。当年内，存货的重置成本增加了 20%。通货膨胀和汇率信息如下所示：

1 月 1 日　　个别物价指数 = 100；$1 = KRW900

12 月 31 日　　个别物价指数 = 120；$1 = KRW1 170

要求：以这些信息为基础，计算销售成本的美元现行成本调整额。注意避免对通货膨胀的双重计算。

10. Helsinki 公司是位于芬兰的英国全资附属公司。该公司年末资产负债表如下，相关的汇率和通货膨胀率也一并提供如下：

资产负债表（2011 年末）			
现金	EUR2 000	短期负债	EUR8 000
存货	8 000	长期负债	25 000
厂房和设备	20 000		
其他资产	5 000	所有者权益	2 000
合计	EUR35 000		EUR35 000

汇率和价格信息：

1 月 1 日：一般价格指数 = 300

EUR1. 5 = £ 1

12 月 31 日：一般价格指数 = 390

EUR1. 95 = £ 1

要求：利用这些信息计算货币调整额而不对通货膨胀影响进行双重计算（假设英国的通货膨胀率很小，可以忽略不计）。

案例 7—1　Kashmir 公司

Kashmir 公司是一家印度的毛毯制造商，以下是它以日历年度为会计年度的期初资产负债表（以印度卢比为单位）：

现金	920 000	应付账款	420 000
存货	640 000	所有者权益	1 140 000
	INR1 560 000		INR1 560 000

1 月份的第一个星期，公司账面上增加了 2 400 000 卢比的生产供给成本，对一个价值 3 200 000 卢比的仓库，以现金支付 800 000 卢比后，余额签发了一张为期 20 年、利率为 10% 的票据。仓库在票据期限内以直线法计提折旧（假设无残值）。全年

现销6 000 000卢比，销售和管理费用（包括办公室租金）为1 200 000卢比。账面支出合计2 200 000卢比，期末存货价值为80 000卢比。除了利息费用是在12月31日支付外，所有其他的现金收支均在全年均匀发生。

1月1日，美元对卢比的汇率为\$0.025=INR1；年末汇率为\$0.02=INR1。全年平均汇率为\$0.022=INR1。截至12月31日，印度的消费者价格指数从128上升至160，全年平均为144。在新的财务报告期，存货的重置成本上升了30%；而重置类似仓库的成本（基于建筑价格指数）大约需要480 000卢比。

要求：

1. 假设期初存货是当一般价格指数为128时取得的，分别按照以下要求编制Kashmir公司的财务报表（即利润表和资产负债表）：（a）传统的原始交易成本模式；（b）历史成本-不变卢比模式；（c）现行成本模式。

2. 你认为哪一种财务报表模式能够给印度的报表使用者提供最有用的经营业绩和财富评价信息？

3. 现在假设Kashmir公司美国总部管理层想要了解折算成美元的印度卢比的报表。要求采用两种价格水平的外国货币折算程序。第一种先将Kashmir公司未调整的以卢比编制的报表折算成美元编制的报表（用现行汇率法），然后在考虑美国通货膨胀的基础上重述这些美元账户（美国在财务报表日的一般价格指数为108，比上一年上升了8%）。第二种方法是根据通货膨胀先重述印度卢比财务报表（用历史成本-不变卢比模式），然后用当前汇率将调整后的账户余额折算为美元。你认为针对美国报表使用者，哪一种方法更适合（当年美国一般物价指数为104）？

案例7—2　Icelandic有限公司

1993年，Icelandic公司在冰岛首都雷克雅未克成立，开始在冰岛生产和销售女用化妆品。2001年初，一家总部位于美国康涅狄格州桑迪胡克（Sandy Hook）的国际化妆品有限公司（IC），取得了Icelandic公司所有公开发行的股票。

在冰岛国内外，主要化妆品生产商之间的竞争都是非常激烈的。因此，Icelandic公司（现在是国际化妆品公司的全资子公司）面临着不断扩充产量的压力。这需要在新设备上进行经常性的投资。竞争同样影响了公司的价格弹性。由于化妆品的需求价格富有弹性，提高价格，Icelandic公司就会失去市场份额。因此，Icelandic公司在提高销售价格的同时，增加了广告和奖励措施，以求最大限度地降低由于价格上升而带来的对销量的负面影响，但收效甚微。

国际化妆品公司对Icelandic公司的财务策略主要有两点考虑：持续的通货膨胀和冰岛克朗（货币单位）的贬值。针对此情况，总部管理层迫切希望Icelandic公司通过分配美元股利来补偿他们的美元投资。如果无法分配股利，则要求Icelandic公司以克朗保持国际化妆品公司的原始权益投资。鉴于克朗不稳定，所有的财务管理分析都以美元为基础。国际化妆品公司将美元作为Icelandic公司的功能货币。因此，在Icelandic公司将以克朗为单位的账户折算为美元等值时，采用时态法。所有的货币性资产和负债用现行汇率法折算成美元。所有的非货币性的项目，除了以现值计价的资产外，一律以历史汇率折算。收入和费用账户以年内的平均汇率进行折算，不包括折旧和摊销以历史汇率进行的折算。折算利得和损失直接计入合并收入。

公司不打算根据通货膨胀而调整 Icelandic 公司的账户。管理层认为这样做重述成本过高，而且主观性太强。IC 公司的管理层还声称，将 Icelandic 公司账户折算成美元，自动地模拟了通货膨胀的影响。以下是 Icelandic 公司的比较资产负债表和利润表以及相关的外汇汇率和一般物价水平指数。

要求：

(1) 评价国际化妆品公司关于收益报告基础的政策。

(2) 在将财务报告折算成美元的表述中，管理层认为"自动地模拟了通货膨胀的影响"是否正确？

(3) 以通货膨胀调整数字为基础，你建议采取什么修正措施或政策？

平衡表

项目	2001 年		2002 年	
	千美元	千克朗	千美元	千克朗
资产负债表				
现金	7 715	221 176	9 086	368 414
应收账款	18 000	516 078	21 202	859 633
存货	118 706	2 949 017	154 988	4 912 187
厂场设备净值[a]	283 252	1 221 237	265 706	3 057 000
其他资产	22 022	272 013	28 838	1 024 950
总计	449 695	5 179 521	479 820	8 172 284
流动负债	94 748	2 716 438	82 673	3 351 980
对母公司的负债	50 000	1 433 500	50 000	2 027 250
股本[b]	98 758	713 430	98 758	713 430
留存收益	206 189	316 153	248 389	2 079 624
总计	449 695	5 179 521	479 820	8 172 284
利润表				
销售净额	328 805	8 168 500	462 248	14 650 500
销售成本	150 012	3 726 750	199 874	6 334 800
毛利润	178 793	4 441 750	262 354	8 315 700
销售费用	78 493	1 950 000	110 841	3 513 000
信息和广告支出	28 680	712 500	49 647	1 573 500
折旧	44 056	122 124	47 002	305 700
经营收入	27 564	1 657 126	54 864	2 923 500
利息费用	7 064	175 500	11 453	363 000
税前收益[c]	20 500	1 481 626	43 411	2 560 500

[a] 厂房和设备是在以下每期期初取得的：1998 年，1 250 000 冰岛克朗；1999 年，427 500 冰岛克朗；2000 年，375 000 冰岛克朗；2001 年，160 000 冰岛克朗；2002 年，844 500 冰岛克朗。折旧每年计提 10%。全年折旧在获得年度确认。假设每一年度均无处置。

[b] 普通股取得时的汇率为 7.224 冰岛克朗 = 1 美元。

[c] 不包括折算利得和损失。

国家通货膨胀和汇率[a]

项目	1997 年	1998 年	1999 年	2000 年	2001 年	2002 年
消费者价格指数：						
冰岛	63.1	100.0	150.6	224.7	418.2	547.0
美国	88.1	100.0	110.4	117.1	120.9	126.1
克朗/美元						
年末	3.949	6.239	8.173	16.625	28.670	40.545
平均	3.526	4.798	7.224	12.352	24.843	31.694

[a]这里采用的通货膨胀和汇率的关系基于前期的实际数据。

第 8 章　全球会计和审计准则

协调会计准则的努力早在 1973 年国际会计准则委员会 [①]成立之前就开始了。由于不同国家在会计计量、披露及审计方面的差异，在国外市场上寻求资本的公司和试图在国际资本市场进行多元化投资的投资者面临着越来越多的问题。20 世纪 90 年代国际会计协调的步伐有所加快。会计准则制定机构、证券监管机构、股票交易所和财务报表的编制者及使用者都积极参与协调事务。世界范围内的财务报告要求和实务存在重大差异，再加上报表使用者比较不同国家企业财务信息的需求不断增加，所有这些都成为了促进会计协调的推动力。

协调化的准则是兼容并包的，也就是说，它们没有冲突。趋同（convergence）一词与国际会计准则理事会（IASB）相联系，稍后将在本章加以讨论。正如 IASB 所构想的那样，通过 IASB 和各国准则制定机构以及寻求解决会计和报告问题最佳方案的其他团体的合作努力，国际会计准则和各国会计准则的趋同逐渐消除了差异。因此，协调和趋同的观念很接近。然而，协调通常被认为是消除现有会计准则的差异，而趋同则也可能涉及提出一个不包括在任何现有准则中的全新的会计处理。趋同是现在最为普遍使用的术语，而协调则并不常见。这一过程既不表明用国际准则代替国家准则，也不意味着国家准则和国际准则能够同时存在[②]，意识到这一点是非常重要的。

会计趋同包含以下几个方面的趋同：（1）会计准则（针对计量和披露）趋同；（2）公开上市公司有关股票发行和上市的披露趋同；（3）审计准则趋同。[③]

8.1　国际趋同的一个综述

8.1.1　国际趋同的好处

国际趋同的支持者们认为趋同具有很多好处。例如，美国证券交易委员会前首席会计师唐纳德 · T. 尼古拉森（Donald T. Nicolaisen）曾于 2004 年 9 月说道：

在概念层面上，支持趋同是容易的。一个会计处理如果向英国的财务报表阅读者明白地反映了一项交易的经济含义，也将会向法国、日本、美国或任何其他国家的使用者传达相同的信息。同样，最有效的审计规定和程序可能对美国、加拿大、中国或德国也是如此。与在意大利、希腊或中东的投资者相关的披露可能也正好对美国或其他地方的投资者有用。拥有高质量的会计、审计和披露准则能够使投资者获益并能降低世界各地评价资本市场的成本。简言之，趋同是一件对投资者有利的好事。[④]

在 2005 年 4 月，Nicolaisen 写道：

支持建立一套全球公认会计准则的关键动力是持续扩张的跨国资本市场和各国想

---

① 国际会计准则委员会（IASC）是国际会计准则理事会（IASB）的前身。

② 因此，我们应该区分趋同和采用。一些国家，如第 4 章探讨的美国和中国，正将本国的公认会计准则（GAAP）与国际财务报告准则（IFRS）进行趋同。其他的一些国家，如第 3 章讨论的欧盟国家，都在采用 IFRS。有些人会交替地使用标准化（standardization）和协调与趋同；但标准化通常意味着强制要求执行一套严格的、选择面较窄的规则，甚至在所有情形下只能采用一种准则或规则。而协调和趋同则是弹性更大且能实现可比性的方式。

③ 这里只列出了部分内容，例如，还包括趋同审计师的教育与股票市场的发行和上市条件等方式上的努力。

④ D. T. Nicolaisen, “Remarks Before the IASB Meeting with World Standard-Setters”（September 28, 2004）, www. sec. gov/news/speech/spch092804dtn. htm.

要实现强大、稳定和流动资本市场助燃经济增长的愿望。一个繁荣的资本市场需要高水平投资者对其的了解和信心。趋同或接受一套通用的高质量准则非常有助于增强投资者的了解和信心。

如果一家企业的财务报表采用被认为质量不高或投资者不熟悉的会计准则进行编制，那么投资者也许不能完全了解该企业的前景，并因此可能会坚决要求对该企业的投资增加风险溢酬。对那些企业来说，筹资资本的相对成本将因此而增加。另外，如果由于企业采用薄弱或不完善的会计准则，而使投资者识别好、坏投资机会变得过分耗时或困难，那么投资者可能会选择投资于那些他们认为更加安全的投资机会，而不是那些可能带来高额回报的证券。

采用一套通用的会计准则而不是差别迥异的国家会计准则来编制财务报表，有助于投资者更好地了解投资机会。没有通用的准则，全球性的投资者必须花费时间和付出努力去了解和转换财务报表，以便他们能够有信心比较投资机会。这一过程可能是耗时并困难的，有时投资者们还需要依照经验、专业知识等进行猜测以便于决策。此外，如果投资者面临的是因显著依赖于所采用会计准则而大相径庭的财务信息，这可能引起投资者怀疑企业财务成果的真实性，进而带来对投资者信心相对不利的影响……

接受一套通用的会计准则也能够降低发行成本。当企业进入超越其本国法律的资本市场时，它们承担采用不同会计准则编制财务报表的额外成本，包括企业员工和审计师学习、交流和遵守多种法律要求的成本。同样地，如果继续执行的个别会计模式越来越少，那么准则撰写所使用的资源可能得到潜在的优化。①

最后，最近的一篇文章也主张协调“全球公认会计准则”，其中提到的部分好处包括：

- 在全球范围内一贯应用高质量的财务报告准则将提高资本配置的效率，从而降低资本成本。
- 投资者能够制定更好的投资决策，投资组合更加多元化，从而降低财务风险。全球市场的竞争者之间有更多的透明度和可比性。
- 公司能够改进在兼并和收购领域制定的战略决策。
- 会计知识和技能能够被持续不断地传播到世界各地。
- 在制定全球最高质量的会计准则的过程中，能够吸收从各国会计准则制定活动中产生的最好的想法。②

概而言之，会计协调的大部分主张或多或少地与增进资本管理和分配效率有关。

8.1.2　对国际准则的批评

会计准则的国际化也遭到了很多批评。早在 1971 年（国际会计准则委员会成立之前），就有人提出，国际会计准则是将复杂问题过于简单化了。批评家认为，会计作为一门社会科学，有其内在的弹性，它最为重要的价值之一就在于能适应各种不同

① D. T. Nicolaisen, “A Securities Regulator Looks at Convergence,” *Northwestern University Jounral of International Law and Business* (April 2005), www. sec. gov/news/speech/sph040605dtn. htm.

② PricewaterhouseCoopers, *Global GAAP: The Future of Corporate Reporting* (2003), www. pwcglobal. com.

的情形。他们怀疑国际会计准则是否有足够的弹性去解决由于国家背景、传统、经济环境的不同而产生的种种差异。许多这样的质疑和担忧在今天仍然存在。

批评家也质疑可比性是否是财务报告的正确目标。他们担心在追求实现可比性而以牺牲反映企业业绩和财务状况（即实现公允列报）的当前现实为代价。他们也担心全球垄断准则制定机构将禁止更高质量准则的创新和发展。最后，由于执行不力和各国企业报告动机不同，还有人质疑可比性是否能得以实现。①

其他观察家认为，大型国际会计服务公司采用国际会计准则作为其拓展市场的手段。据称，跨国会计公司不可避免地要在各国的不同环境中采用国际会计准则，尽管有时这些准则会显得既生疏又复杂。同时，国际金融机构和国际市场都坚持采用国际准则，而只有大型国际会计公司才能满足这种需求。

最后，一些批评家认为，国际准则不适用于中小企业，尤其是不承担公开责任的非上市企业。对于这类企业来说，满足世界资本市场使用者需求的准则不必过于复杂，也不必要求太多详尽的披露。在这类企业中，所有权和管理权通常不分离，并且股票换手并不频繁——或许仅在家族企业继任的情况下发生。②

8.1.3 调节和相互认可

随着国际股票发行和交易的发展，与跨国财务报表编制相关的问题也变得越来越重要。一些支持者认为，国际协调有助于解决这些问题。

另外还有两种解决跨国财务报表编制问题的可能的方法：（1）调节（reconciliation）；（2）相互认可（又称为互惠）。通过调节，外国公司可根据其本国会计准则编制财务报表，但必须就本国与报表所在国的重大会计计量差异做出调节。例如，在美国，证券交易委员会（SEC）允许外国上市公司采用美国公认会计原则或国际财务报告准则（IFRS）以外的另一个综合主体的会计准则作为编制报表的基础。但如果存在差异，这些公司必须按照美国 GAAP 对净利润、所有者权益和每股盈余进行调节。相对于根据不同的会计原则编制一整套财务报表来说，调节的成本较低，但调节只提供了总括信息，而非企业的全貌。

相互认可（mutual recognition）适用于所在国之外的监管机构接受公司按照所在国会计准则编制的财务报表的情形。例如，伦敦股票交易所就接受外国公司根据美国公认会计原则编制的财务报表。相互认可并没有提高跨国财务报表的可比性，却造成了“不平坦的运动场”现象，即国内公司必须执行本国准则，而外国公司则被允许采用比本国公司更宽松的准则。

8.1.4 评价

关于协调的争论也许永远不能彻底解决。一些反对协调的观点有其自身的道理，但越来越多的事实证明，会计计量、披露、审计国际协调的目标已被广泛接受，因此

---

① 例如，第 2、3 和 4 章讨论的制度差异形成了财务报告的动机，如满足盈余预测、低估负债和平滑盈余等。

② 参见，B. Shearer, “In Support of a GAAP Gap,” *Accountancy Magazine* (September 2005): 96–97。“大 GAAP 还是小 GAAP”，是会计领域的一个熟悉主题。在这里，这意味着全球性公司采用国际标准，而其他公司采用简化准则。正如本章后续强调的，2009 年发布了《中小企业国际财务报告准则》就是对该问题的回应。

国际协调趋势会继续快速发展。撇开这些争论不谈，在全球范围内，会计在所有方面正在走向一致。许多公司都自愿采用国际财务报告准则。越来越多的国家完全采用了国际财务报告准则，以国际财务报告准则为基础制定本国的准则，或是允许采用国际财务报告准则。世界上许多权威的国际组织和准则制定机构（如欧洲委员会、世界贸易组织、经济合作与发展组织等）都支持国际会计准则理事会（IASB）的目标。会计披露及审计等方面协调的进展有目共睹。

最后，随着资本和产品市场的一体化，各国在一些导致会计处理、披露、审计实务差异的基本因素方面的差别正在逐渐缩小。如上所述，许多公司自愿执行国际财务报告准则。它们这么做的原因在于其从采用这些国际上可信赖的会计、披露准则中获得了经济利益。此外，正如第 5 章所述，为满足机构投资者和其他报表使用者的需求，公司也愿意按国际会计准则的要求扩大披露范围。近来，国际组织努力促进协调所取得的成功，也证明协调正成为经济力量的自然反应。

8.2 国际会计准则制定历史上的若干重大事件

1959 年——欧洲一家著名的独立会计师事务所的创始合伙人 Jacob Kraayenhof 极力主张开始制定国际会计准则。

1961 年——由执业会计师组成的团体 Groupe d'Etudes在欧洲成立，旨在向欧盟当局提供有关会计方面的建议。

1966 年——加拿大、英国和美国的职业协会组建了国际会计师研究组。

1973 年——国际会计准则委员会（IASC）成立。

1976 年——经济合作与发展组织（OECD）发布了有关跨国公司投资的公告，其中包含关于信息披露的指南。

1977 年——国际会计师联合会（IFAC）成立。

1977 年——由联合国经济与社会理事会任命的专家组发布了一项由四部分组成、关于“跨国公司的会计和报告的国际准则”的报告。

1978 年——作为欧洲迈向会计协调的第一步，欧洲共同体委员会发布了《第 4 号指令》。

1981 年——国际会计准则委员会成立了非成员组织的顾问组，以扩展国际准则制定的渠道。

1984 年——伦敦股票交易所宣布它希望在英国和爱尔兰之外注册的企业执行国际会计准则。

1987 年——证券委员会国际组织（IOSCO）在其年会上决定推动会计和审计实务领域采用通用的准则。

1989 年——国际会计准则委员会发布了关于财务报表可比性的《第 32 号征求意见稿》。国际会计准则委员会正式发布了《财务报表的编制及报告框架》。

1995 年——国际会计准则委员会理事会和证券委员会国际组织技术委员会商定了一项工作计划，其成功实施将有助于建立一套国际会计准则的核心体系。该核心准则成功制定以后，证券委员会国际组织技术委员会将向在全球市场上筹资及上市的跨国公司推荐采用国际会计准则委员会核心准则。

1995 年——欧洲委员会采取了一项进一步协调会计准则的措施，即允许在国际资本市场上市的公司采用国际会计准则。

1996 年——美国证券交易委员会宣布：“……支持国际会计准则委员会尽快制定会计准则的目标，以便用于跨国发行股票时编制财务报表。”

1998 年——证券委员会国际组织颁布了《外国发行者跨国发行股票及首次上市的国际披露准则》。

1999 年——会计发展国际论坛（IFAD）第一次会议在 6 月份召开。

2000 年——证券委员会国际组织宣布接受国际会计准则委员会 1993 年应证券委员会国际组织的期望而制定的全部 40 个核心准则。

2001 年 2 月——欧洲委员会通过了一项条例，要求所有在规范市场上市的欧盟公司最迟在 2005 年之前按照国际会计准则编制合并报表。

2001 年——国际会计准则理事会（IASB）取代了国际会计准则委员会（IASC），并从 4 月 1 日起承担其全部责任。国际会计准则理事会的准则名称定为国际财务报告准则（IFRS），包括国际会计准则委员会颁布的国际会计准则。

2002 年——欧洲议会支持欧洲共同体委员会关于几乎所有欧洲上市公司必须不迟于 2005 年开始采用国际会计准则理事会的准则编制合并财务报表的规定。各成员国也可要求非上市公司和个别财务报表采用国际会计准则理事会的准则。欧洲理事会后来采纳了赋权型的条例。

2002 年——国际会计准则理事会与美国财务会计准则委员会签署了“诺沃克协议”，致力于国际会计准则和美国会计准则的协调。

2003 年——欧盟委员会批准修订欧洲第 4 号和第 7 号会计指令，以消除旧的指令和国际财务报告准则之间的不一致性。

2004 年——澳大利亚会计准则理事会声明打算采用 IFRS 作为澳大利亚会计准则。

2005 年——证券交易委员会拟定取消 IFRS 和美国 GAAP 间调节要求的“路线图”，证券交易委员会和欧盟委员会补救达成了取消要求不晚于 2009 年的一致意见。

2005 年——中国财政部承诺到 2007 年实现中国会计准则和 IFRS 的趋同。加拿大会计准则理事会拟定于 2011 年取消加拿大公认会计准则采用 IFRS。国际会计准则理事会和日本会计准则启动了趋同计划。

2006 年——财务会计准则理事会和国际会计准则理事会签署的谅解备忘录阐明了两大理事会必须实现的里程碑，旨在说明美国 GAAP 和 IFRS 之间到证券交易委员会和欧盟委员会之间的趋同。

2006 年——国际会计准则理事会发表了其与其他会计准则制定机构合作关系的声明。

2006 年——欧盟发布了代替《第 8 项指令》的《强制审计指令》。

2007 年——日本会计准则理事会和国际会计准则理事会签署了“东京协议”，承诺其将趋同日本 GAAP 和 IFRS。

2007 年——证券交易委员会取消了企业采用 IASB 发布的 IFRS 的调节要求。

2008 年——证券交易委员会提出了一个“路线图”，用以勾勒出里程碑，如果实现的话，可能会导致美国发行人员在 2014 年开始强制性过渡到执行国际财务报告准则的做法，后改为 2015 年。

8.3 促进会计协调的主要国际组织概述

在制定国际会计准则及促进国际会计协调的过程中，有 6 个组织发挥了关键作用：

（1）国际会计准则理事会（IASB）；

（2）欧盟（EU）委员会；

（3）证券委员会国际组织（IOSCO）；

（4）国际会计师联合会（IFAC）；

（5）联合国国际会计和报告准则政府间专家工作组（ISAR），是联合国贸易和发展会议（UNCTAD）的组成部分；

（6）经济合作与发展组织（OECD）会计准则工作组。

国际会计准则理事会代表了民间团体和组织的利益。欧盟委员会（常被称为欧洲委员会）、经济合作与发展组织会计准则工作组、联合国国际会计和报告准则政府间专家工作组是政治团体，其权力来自于国际协定。国际会计师联合会的主要活动包括发布技术和职业指南，并推动国际会计师联合会和国际会计准则理事会文告的执行。证券委员会国际组织旨在推动高质量准则的应用，包括跨国筹资及交易的会计和披露准则的协调。

另一个重要的组织是世界交易所联合会（WFE），它是在全球范围内规范证券及其衍生品市场的行业组织。世界交易所联合会促进了金融市场专门业务的发展。其目标之一在于为包括跨国公司上市在内的跨国证券交易的业务处理（包括财务报告及披露）建立协调的准则。

许多区域性会计组织（如东南亚联盟会计师联合会和北欧会计师联合会）也在其各自区域内参与了跨国准则的制定。欧洲会计师联合会（FEE）代表了欧洲各国的会计团体。其他区域性组织还有欧洲股票交易所联合会（FESE）和欧洲证券交易所联合会（CESR），由来自欧盟国家的证券监管机构组成。

专栏 8—1 列示了提供主要国际组织信息的网站名称。专栏 8—2 是各国监管机构及会计组织的网址，其中很多组织都积极参与了会计趋同的工作。

专栏 8—1　**提供主要国际组织和国际会计趋同活动信息的网站**

组　织	网　址
国际清算银行	www. bis. org
欧洲证券监管机构委员会	www. cesr-eu. org
亚太会计师联合会	capa. com. my
德勤国际会计准则网站	www. iasplus. com
欧洲联盟	europa. eu

续表

组织	网址
欧洲委员会——国内市场和金融服务	ec. europa. eu/internal_market/index_en. htm
欧洲会计师联合会	www. fee. be
欧洲股票交易所联合会	www. fese. be
国际会计准则理事会	www. iasb. org
国际会计师联合会	www. ifac. org
国际货币基金组织	www. imf. org
证券委员会国际组织	www. iosco. org
经济合作与发展组织	www. oecd. org
联合国贸易和发展会议	www. unctad. org
世界银行	www. worldbank. org
世界交易所联合会	www. world-exchanges. org
世界贸易组织	www. wto. org

注释：该表反映了本书交付出版时的情形。

专栏 8—2　**部分监管机构及会计组织网站**

组织	网址
政府及监管组织	
英国金融服务局	www. fsa. gov. uk
美国公众公司会计监管委员会	www. pcaobus. org
美国证券交易委员会	www. sec. gov
美国证券交易委员会埃德加数据库	www. sec. gov/edgar. shtml
法国马尔塞金融管理局	www. amf-frances. org
各国或地区的职业会计组织	
阿根廷联邦经济科学专业委员会	www. facpce. org. ar
巴巴多斯：巴巴多斯特许会计师协会	www. icab. bb
比利时：比利时注册会计师协会	www. accountancy. be
比利时：比利时注册审计师协会	www. accountancy. be
加拿大：加拿大管理会计师协会	www. cma-canada. org
加拿大：加拿大特许会计师协会	www. cica. ca
加拿大：加拿大注册会计师协会	www. cga-canda. org
中国：中国注册会计师协会	www. cicpa. org. cn
塞浦路斯：塞浦路斯注册会计师协会	www. icpac. org. cy
捷克：捷克会计师联盟	www. svaz-ucetnich. cz

续表

组 织	网 址
法国：特许会计师高级理事会	www. experts-comptables. com
格鲁吉亚：格鲁吉亚职业会计师和审计师联合会	www. itic. org. ge/gfpaaa/
德国：德国经济审计师协会	www. idw. de
中国香港：香港注册会计师协会	www. hksa. org. hk
中国香港：香港财务会计师协会	www. hkaat. org. hk
印度：印度特许会计师协会	www. icai. org
爱尔兰：爱尔兰特许会计师协会	www. icai. ie
日本：日本注册会计师协会	www. jicpa. or. ip
约旦：阿拉伯注册会计师公会	www. ascasociety. org
肯尼亚：肯尼亚注册会计师协会	www. icpak. com
朝鲜：朝鲜注册会计师协会	www. kicpa. or. kr
马来西亚：马来西亚会计师协会	www. mia. org. my
马耳他：马耳他会计师协会	www. miamalta. org
墨西哥：墨西哥会计师协会	www. imcp. org. mx
尼泊尔：尼泊尔特许会计师协会	www. ican. org. np
荷兰：荷兰皇家特许会计师协会	www. nivra. nl
新西兰：新西兰特许会计师协会	www. icanz. co. nz
尼日利亚：尼日利亚特许会计师协会	www. ican-ngr. org
挪威：挪威会计师协会	www. revisornett. no
巴基斯坦：巴基斯坦成本和管理会计师协会	www. icmap. com. pk
巴基斯坦：巴基斯坦特许会计师协会	www. icpa. org. pk
菲律宾：菲律宾注册会计师协会	www. picpa. com. ph
罗马尼亚：罗马尼亚特许会计师协会	www. ceccar. ro
新加坡：新加坡注册会计师协会	www. accountants. org. sg
南非：南非特许会计师协会	www. saica. co. za
南非：南非职业会计师协会	www. cfa-sa. co. za
斯里兰卡：斯里兰卡特许会计师协会	www. icasrilanka. com
瑞典：会计顾问职业协会	www. far. se
英国：英格兰和威尔士特许会计师协会	www. icaew. co. uk
英国：特许管理会计师协会	www. cimaglobal. com
英国：英国公认会计师协会	www. acca. org. uk

续表

组　织	网　址
英国：金融与会计特许会计师协会	www. cipfa. org. uk
英国：苏格兰特许会计师协会	www. icas. org. uk
英国：会计人员协会	www. aat. co. uk
美国：美国注册会计师协会	www. aicpa. org
美国：美国全国州会计委员会全国联合会	www. nasba. org
美国：管理会计师协会	www. imanet. org
美国：内部审计师协会	www. theiia. org
津巴布韦：津巴布韦特许会计师协会	www. icaz. org. zw
会计准则制定机构	
澳大利亚：澳大利亚会计准则委员会	www. aasb. com. au
加拿大：加拿大会计准则委员会	www. acsbcanada. org
法国：法国国家会计局	www. minefi. gouv. Fr/ directions_services/CNCompta
德国：德国会计准则委员会	www. drsc. de
日本：日本会计准则委员会	www. asb. org. jp
荷兰：荷兰会计准则审核理事会	www. rjnet. nl
新西兰：会计准则委员会	www. icanz. co. nz
英国：会计准则委员会	www. asb. org. uk
美国：财务会计准则委员会	www. fasb. org

注释：该表反映了本书交付出版时的情形。

8.4　国际会计准则理事会（IASB）

国际会计准则理事会（IASB）的前身为国际会计准则委员会（IASC），由9个国家的会计职业组织于1973年组建，是一个独立制定准则的民间机构，并于2001年改组（改组后的国际会计准则理事会是一个伞形结构，国际会计准则委员会在其下工作）。[①] 在改组之前，国际会计准则委员会一共发布了41个国际会计准则和一个财务报表的编制及报告框架。国际会计准则理事会的目标为：

（1）代表公众利益，制定一套高质量、易理解、可实施的全球会计准则。该准则要求在财务报表和其他财务报告中提供高质量、透明、可比的信息，从而帮助全球资本市场的参与者以及其他报表使用者做出经济决策。

（2）促进上述准则的广泛应用和严格执行。

（3）在实现上述两个目标时，要适当考虑中小企业和新兴经济体的特殊需求。

① 国际会计准则委员会基金会在2010年7月1日更名为国际财务报告准则基金会。

(4) 寻求协调各国会计准则与国际会计准则以及国际财务报告准则的最佳方案。①

国际会计准则理事会代表了大约100个国家或地区的会计组织。由于得到了广泛的支持，它已成为制定国际会计准则的推动力量。专栏8—3列出了目前国际会计准则理事会已发布的准则（截至2010年4月）。② 国际会计准则理事会的网站（www. iasb. org）使得国际会计准则理事会发布的准则能免费被注册用户获取。国际会计准则理事会的准则遵循了公允表达和充分披露的原则（见第2章）。财务报告和会计计量原则在第3章进行了叙述。简化的报告准则也已经为中小企业发布了。③

专栏8—3　**国际会计准则理事会的现有准则**

准　则	内　容
《国际会计准则第1号》	财务报表的列报
《国际会计准则第2号》	存货
《国际会计准则第3号》	不再有效，被《国际会计准则第27号》和《国际会计准则第28号》取代
《国际会计准则第4号》	不再有效，被《国际会计准则第16号》、《国际会计准则第22号》和《国际会计准则第38号》取代
《国际会计准则第5号》	不再有效，被《国际会计准则第1号》取代
《国际会计准则第6号》	不再有效，被《国际会计准则第15号》取代
《国际会计准则第7号》	现金流量表
《国际会计准则第8号》	会计政策、会计估计和差错变更
《国际会计准则第9号》	不再有效，被《国际会计准则第38号》取代
《国际会计准则第10号》	资产负债表日后事项
《国际会计准则第11号》	建造合同
《国际会计准则第12号》	所得税
《国际会计准则第13号》	不再有效，被《国际会计准则第1号》取代
《国际会计准则第14号》	不再有效，被《国际会计准则第8号》取代
《国际会计准则第15号》	不再生效，2003年12月取消
《国际会计准则第16号》	固定资产
《国际会计准则第17号》	租赁
《国际会计准则第18号》	收入
《国际会计准则第19号》	员工福利

① 参见IASB网站（www. iasb. org）。

② 国际会计准则理事会颁布的准则称作国际财务报告准则，而国际会计准则委员会颁布的准则称作国际会计准则。国际会计准则理事会采纳了所有先前颁布的国际会计准则。本书提到的国际财务报告准则包括国际会计准则。

③ 于2009年发布的中小企业国际财务报告准则，简化了确认和计量要求。例如：(1) 不动产、厂房和设备、无形资产以历史成本计价——去掉了重估选择；(2) 所有无形资产（包括商誉）都假定使用寿命为10年并在此期间进行摊销；(3) 开发成本费用化；(4) 投资于联营公司和合营企业允许采用成本模型。披露要求降低了。例如，不要求披露每股盈余和经营分部报告。会计指引数比全部的国际会计准则减少了85%之多。

续表

准　则	内　容
《国际会计准则第 20 号》	政府补贴会计和政府援助的披露
《国际会计准则第 21 号》	外汇汇率变动的影响
《国际会计准则第 22 号》	不再有效，被《国际财务报告准则第 3 号》取代
《国际会计准则第 23 号》	借款费用
《国际会计准则第 24 号》	关联方披露
《国际会计准则第 25 号》	不再有效，被《国际会计准则第 39 号》和《国际会计准则第 40 号》取代
《国际会计准则第 26 号》	退休金计划的会计和报告
《国际会计准则第 27 号》	合并和单独财务报表
《国际会计准则第 28 号》	联营企业投资
《国际会计准则第 29 号》	恶性通货膨胀经济中的财务报告
《国际会计准则第 30 号》	不再有效，被《国际财务报告准则第 7 号》取代
《国际会计准则第 31 号》	合营中的权益
《国际会计准则第 32 号》	金融工具：披露和列报
《国际会计准则第 33 号》	每股收益
《国际会计准则第 34 号》	中期财务报告
《国际会计准则第 35 号》	不再有效，被《国际财务报告准则第 5 号》取代
《国际会计准则第 36 号》	资产减值
《国际会计准则第 37 号》	准备、或有负债和或有资产
《国际会计准则第 38 号》	无形资产
《国际会计准则第 39 号》	金融工具：确认和计量，部分被《国际财务报告准则第 9 号》取代
《国际会计准则第 40 号》	投资性房地产
《国际会计准则第 41 号》	农业
《国际财务报告准则第 1 号》	国际财务报告准则的首次采用
《国际财务报告准则第 2 号》	以股份为基础的支付
《国际财务报告准则第 3 号》	企业合并
《国际财务报告准则第 4 号》	保险合同
《国际财务报告准则第 5 号》	持有待售的非流动资产和终止经营
《国际财务报告准则第 6 号》	矿产资源开采与评价
《国际财务报告准则第 7 号》	金融工具：披露
《国际财务报告准则第 8 号》	经营分部
《国际财务报告准则第 9 号》	金融工具

注释：截至 2010 年 4 月，目录参考国际会计准则理事会网站 www. iasb. org.

在国际会计准则理事会成立后的前 10 年中，国际会计准则是描述性的，而不是规范性的。这些早期的准则是各国相似实务的汇编且排除了不常见的实务。在第 2 个 10 年中开始涉及一些较复杂的问题，并开始对“因包含太多可选的会计处理方法而不够严谨”的问题做出反应。

8.4.1 国际会计准则委员会的核心准则和证券委员会国际组织协定

国际会计准则理事会（像其前身国际会计准则委员会一样）一直在致力于制定一套能为全球证券监管机构普遍接受的会计准则。作为其中的一部分，国际会计准则委员会采取了一项工作计划以制定一套综合的、高质量的核心准则。1995 年 7 月，证券委员会国际组织（IOSCO）技术委员会就该项计划与国际会计准则委员会达成协议。1998 年 12 月，随着《国际会计准则第 39 号——金融工具：确认和计量》获得批准，核心准则已全部完成。证券委员会国际组织于 1999 年开始了对核心准则的审查，并于 2000 年认可了跨国发行股票及上市时采用国际会计准则。

8.4.2 国际会计准则理事会的结构

国际会计准则委员会成立了一个战略工作组（SWP）来考虑在核心准则完成之后，国际会计准则委员会的战略和结构。1998 年，战略工作组通过了一份讨论稿——《构造未来的国际会计准则委员会》，以鼓励和推动该项讨论。1999 年，国际会计准则委员会一致通过了支持新框架的方案。新框架具有以下特点：（1）将国际会计准则委员会建成一个独立的组织；（2）该组织由两个主要部分组成，受托人委员会（Trustees）和理事会（Board），以及常设解释委员会（Standing Interpretations Committee）（现在为国际财务报告常设解释委员会）和准则咨询委员会（Standards Advisory Council）；（3）受托人委员会负责任命理事会成员，履行监管职责并筹集所需资金，而理事会则主要负责制定会计准则。证券市场监管机构的一个监管理事会建立于 2009 年，以监管受托人的活动。

国际会计准则理事会包括以下机构：①

（1）受托人委员会（Trustees）。IASB 有 22 名受托人：北美洲 6 名，欧洲 6 名，亚太地区 6 名，其他地区 4 名（以便于保持地区平衡）。② 受托人委员会任命理事会成员、国际财务报告常设解释委员会和准则咨询委员会，负责筹集资金、监管和评价国际会计准则理事会的运作及其优先考虑的议题。

（2）监管理事会（Monitoring Board）。最近，监管理事会的成立为受托人和资本市场管理机构之间提供了一条正式的联系纽带。监管理事会的代表分别来自：欧洲委员会 1 名，证券委员会国际组织 2 名，日本金融服务厅 1 名，美国证券交易委员会 1 名，还有 1 名来自巴塞尔银行监管委员会的观察员。③ 监管理事会委派受托人并对其活动进行监管。

---

① 该部分许多信息来自国际会计准则理事会的网站，http：//www. iasb. org. 像在第 4 章中描述的那样，新的国际会计准则理事会的结构模仿了美国会计准则制定机构的结构。

② 本部分所有的直接引用均出自 2009 年 2 月修订的《IASB 章程》，来源于 IASB 网址，http：//www. iasb. org.

③ 本章稍后会讨论欧洲委员会和证券委员会国际组织。本书第 4 章中讨论了日本金融服务厅和美国证券交易委员会。

（3）国际会计准则理事会（IASB Board）。理事会负责制定和改进财务会计及报告准则。它的职责包括“全权负责国际会计准则理事会的所有技术问题，包括制定和发布国际会计准则、国际财务报告准则和征求意见稿……以及国际财务报告常设解释委员会拟订的解释公告”，并负责核准改进准则的建议、方法和程序。理事会由15名成员组成，由受托人委员会任命，应为“具有相关国际商务及市场经历和技术才能的人员的最佳组合”。[①] 国际会计准则理事会向所有的理事会成员支付薪金，其中3名为兼职理事，其余均为专职理事。为了确保地理位置的多元化，正常情况下理事会成员有4名来自北美，4名来自欧洲，4名来自亚太地区，1名来自非洲，1名来自南美，余下的来自于其他地方（以便于保持地区平衡）。理事会负有联络各国准则制定机构和其他与准则制定相关的官方组织的责任（这样做的目的是使各国准则制定机构在一起工作时形成合作，以便更好地完成世界范围内会计准则的趋同）。[②] 理事的任期为5年，可连任一次。

（4）国际财务报告常设解释委员会（IFRIC）。常设解释委员会由14名委员组成，由受托人委员会任命。其职责为“根据国际会计准则理事会的框架结构来解释国际会计准则、国际财务报告准则的运用，及时地为不在国际会计准则和国际财务报告准则专门强调的财务报告问题提供指引”，出版解释公告草案并考虑公众的建议，最终的解释公告需得到理事会的批准。

（5）国际财务报告准则咨询委员会（IFRS Advisory Council）。国际财务报告准则咨询委员会由受托人任命，“由30名或更多委员组成，他们分别来自不同的地区，具有不同的职业背景，任期3年，可连任”。该委员会在2009年进行了重新组建，由与会计准则制定过程相关的代表广大投资者利益集团的个人构成。[③]该咨询委员会通常每年召开3次会议，负责对理事会的工作日程及优先考虑的事项提出建议，向理事会提出委员会组织或个人对主要的准则制订计划的评价，以及向受托人委员会或理事会提出其他建议。

国际会计准则理事会在制定会计准则时遵循一定的程序。对每一项准则，理事会都会起草一份讨论稿，列出对准则的各种可能要求以及赞同和反对的观点。接下来，理事会发布“征求意见稿”以便于公众发表意见，并在决定准则的最终方案之前审查各项建议和意见。征求意见稿及最终的准则只有在取得理事会9名成员赞同的条件下，方可作为国际会计准则发布。[④]

8.4.3 对国际会计准则理事会的认可和支持

国际财务报告准则已在世界范围内获得了广泛的认可。（1）许多国家将其作为制定本国会计规定的基础；（2）为多国的股票交易所和监管机构所接受，并允许外国或本国公司报告按国际会计准则编制财务报表；（3）欧洲委员会和其他一些国际

① 到2012年7月，国际会计准则理事会将会有16名成员。

② IASB与澳大利亚、新西兰、加拿大、法国、德国、日本、英国和美国等各国准则制定机构以及欧洲财务报告咨询组的技术专家组（EFRAG，稍后在本章讨论）建立了正式的联络关系。

③ 例如，有来自各大会计师事务所、世界银行、国际货币基金组织、国际财务执行官、欧洲证券监管机构委员会和证券委员会的国际组织等的代表。国际财务报告准则咨询委员会的全部成员名单可见IASB网站，www.iasb.org.

④ 资料来源：国际会计准则理事会网站（http://www.iasb.org），2004年2月12日。

组织也认可了国际会计准则。1995 年，欧洲委员会认可了国际会计准则。欧洲委员会决定：与其修订现有的欧盟指令，不如将欧盟与国际会计准则委员会（IASC）/国际会计准则理事会（IASB）、证券委员会国际组织（IOSCO）的努力结合起来，共同促进会计准则的国际协调。要求在现有的股票交易所上市的欧盟公司都采用国际会计准则编制合并财务报表。

国际会计准则理事会与美国财务会计准则委员会于 2002 年签署了诺沃克协议，它象征着各国准则制定机构对会计国际协调的承诺，使其在世界范围内形成一套单一的国际会计准则。澳大利亚会计准则理事会已经采用 IFRS 作为其会计准则。中国和日本已经承诺将其会计准则与 IFRS 进行趋同。加拿大会计准则理事会将于 2011 年用 IFRS 代替加拿大会计准则。来自澳大利亚、新西兰、加拿大、法国、德国、日本、英国和美国的准则制定机构在准则制定过程中都积极地与国际会计准则理事会展开合作。

8.4.4 美国证券交易委员会对国际财务报告准则的反应

20 世纪 90 年代，美国证券交易委员会面临着越来越大的压力，要求美国资本市场对非美国的证券发行者开放，使其更容易进入。在当时，美国证券交易委员会表达了支持国际会计准则委员会改进适用于跨国上市公司编制财务报表所采用的会计准则的目标。但美国证券交易委员会同时表示，国际会计准则需满足三个条件才能被接受。①

（1）准则必须包括一套核心会计文告以构成一个全面的、公认的会计基础。

（2）准则必须是高质量的——它们必须产生可比的、透明的信息，并进行充分披露。

（3）准则必须被严格解释和执行。

后来，美国证券交易委员会的高层官员暗示：如果国际会计准则理事会与美国财务会计准则委员会在会计准则协调过程中取得进展，为解释和遵从会计准则创造一个基础的话，美国证券交易委员会将考虑允许在美国上市的外国注册公司在与美国会计准则不一致的情况下以国际财务报告准则为基础编制财务报表。

2005 年，美国证券交易委员会发布了制定取消调节 IFRS 为美国 GAAP 要求步骤的“路线图”。SEC 的路线图重申了，充分的趋同必须在这两套准则间实现，并且 SEC 对审计和执行实务充满信心。而后，SEC 和欧盟委员会在同年（下节讨论）签署了一份关于趋同路线图的协议。2006 年，FASB 和 IASB 签署了谅解备忘录，关于它们如何实现美国 GAAP 和 IFRS 之间的趋同，以便 SEC 取消调节要求。该谅解备忘录本质上是它们自己的路线图，包含“要做什么”的列表以及实现这两套准则等效的里程碑。2007 年，SEC 取消了企业采用 IFRS 的调节要求。SEC 的决策表明，其对 IFRS 质量和应用以及 FASB 和 IASB 趋同过程充满信心。FASB 和 IASB 在 2008 年更新了谅解备忘录，拟定了到 2011 年所要实现的趋同目标。

目前，SEC 正在研究是否允许，甚至要求美国公司采用 IFRS。这一想法的反对

① U. S. SEC, “News Release-SEC Statement Regarding International Accounting Standards,” (Washington D. C.: U. S. Securities and Exchange Commission, April 11, 1996).

者质疑以原则为基础的 IFRS 是否能够在美国这样偏好诉讼的环境中得到有效运行。他们认为通过让美国公司继续执行美国 GAAP 及继续实现两套准则的趋同是捍卫美国利益的最佳方式。他们对“不是美国制定”的会计准则表示担忧。然而，支持者认为，一套高质量的全球准则是正确之选。他们认为 IFRS 将随着时间不断完善，且趋同过程——耗时、费力和高成本——在取消美国 GAAP 和 IRFS 差异过程中不可能彻底成功。SEC 于 2008 年发布的一份提议可能最终导致美国注册公司强制过渡到执行 IFRS（拟定初始执行时间定于 2014 年，后改为 2015 年）。

8.5 欧洲联盟（EU）

欧洲经济共同体（EEC）于 1957 年根据《罗马条约》成立，旨在为协调各成员国的法律和经济体制。作为 1992 年《马城条约》的结果，欧洲经济共同体 1993 年简称为欧盟（EU）。目前，欧盟由 27 个成员国（奥地利、比利时、保加利亚、塞浦路斯、克罗地亚、捷克、丹麦、爱沙尼亚、芬兰、法国、德国、希腊、匈牙利、爱尔兰、意大利、拉脱维亚、立陶宛、卢森堡、马耳他、荷兰、波兰、葡萄牙、罗马尼亚、斯洛伐克、斯洛文尼亚、西班牙、瑞典）组成。与国际会计准则理事会没有强制实施其会计准则的权威性相反，欧洲委员会（欧盟的管理机构）有权强制要求其各成员国执行它所颁布的会计指令。

欧盟的目标之一就是完成欧洲金融市场的一体化。为了实现这项目标，欧洲委员会已经公布了一些指令，并且开始采取一系列新的举措以实现一个统一的市场，以便：

- 在欧洲范围内筹集资本。
- 为整合证券及衍生物市场建立一个共同的法律框架。
- 为上市公司形成一套单一的会计准则。

欧洲委员会成立后不久，就立即启动了公司法协调的重要项目。[①] 目前，欧洲委员会指令已涵盖了公司法的所有方面，有些与会计直接相关。其中，《第 4 号指令》《第 7 号指令》《第 8 号指令》无论从历史地位上还是从实质内容上看，都是最为重要的。

8.5.1 第 4 号、第 7 号和第 8 号指令

发布于 1978 年的欧盟《第 4 号指令》，是欧盟框架中最综合、覆盖面最广的会计规则。达到一定规模的公众公司和私人公司，都必须遵守该项指令。《第 4 号指令》涉及公司的个别会计报表，包括财务报表的格式、披露要求和计价准则。真实与公允原则是优先考虑的要求，不仅适用于财务报表，同样适用于报表附注的披露。《第 4 号指令》还要求财务报表必须经过审计。它的目标是确保欧洲公司在它们的财务报表中披露可比的、对等的信息。

---

① 欧盟指令要成为各成员国的法律需要经过一个长期、复杂的过程。首先由欧盟发布一份指令草案（也就是征求意见稿）。当该指令草案得到广泛接受（经过听证会和其他征求意见的程序）时，由欧洲议会通过后送交各成员国批准。在欧盟正式采纳一个指令后，每个成员国都必须采纳和执行这个指令。该指令对各成员国都有约束力，但各成员国保留具体执行方案上的自由裁量权。

《第7号指令》颁布于1983年，规定了关于合并财务报表的问题。当时，合并财务报表只是一项例外情况，而不是一项规则。爱尔兰、荷兰和英国有相关的规定，德国则（仅仅）要求合并德国的子公司。然而，在欧洲其他地方却很少运用。《第7号指令》要求达到一定规模的集团公司编制合并报表，在报表和附注中做出特别披露，而且要求经过审计。由于合并是一项全新的法律要求，因此各成员国在将《第7号指令》纳入其本国的公司法体系时，被赋予很多选择权和很宽的选择范围。

《第8号指令》颁布于1984年，规定了开展法定审计时，针对审计师的执业资格提出的各方面的要求。实际上，该指令只规定了审计师执业资格的最低标准。它包括对审计师教育和培训及独立性的要求。《第8号指令》在2006年进行了实质上的修订，目前称为《强制审计指令》。该新指令是对一系列企业会计丑闻的回应，涉及欧洲企业，例如意大利乳制品公司帕玛拉特（Parmalat）、荷兰食品连锁公司阿霍德（Ahold），以及美国企业，包括世通（WorldCom）、环球电信（Global Crossing）和安然（Enron）以及其他企业。该指令包括审计师的委派和解聘、审计准则、继续职业教育、审计轮换和公众监管。它要求欧盟的所有强制审计都遵守国际审计准则（稍后讨论）。其更加重要的众多条款之一是要求每一个成员国都要为审计行业建立公共监管机构并创建审计师监管机构欧洲集团（EGAOB）以协调它们的活动。专栏8—4比较了《强制审计指令》和美国《萨班斯-奥克斯利法案》（参见第4章）的一些特征。

专栏8—4 **欧盟《强制审计指令》和美国《萨班斯-奥克斯利法案》的对比**

问题	欧盟《强制审计指令》	美国《萨班斯-奥克斯利法案》
审计委员会	要求所有上市公司，委派或解聘审计师，至少一名成员是独立的，至少一名成员有财务专长	要求所有上市公司，委派或解聘审计师，委员会必须是独立的，至少一名成员有财务专长，也要求执行举报人投诉程序
内部控制	会计师事务所必须报告审计中发现的关键问题，尤其是内部控制缺陷	相同，要求更为详尽
审计师公众监管	每一个成员国必须指定一个审计师监管机构	公众公司会计监管理事会（PCAOB）监管上市公司的审计，建立事务所的审计、质量控制、职业道德和独立性准则
事务所或合伙人轮换	关键审计合伙人每7年轮换一次，成员国对事务所的轮换有选择权	主任审计合伙人必须每5年轮换一次
审计准则	国际审计准则	PCAOB准则

8.5.2 透明度指令

《2007透明度指令》协调了上市公司年度报告和中期报告的具体要求。条款中要求年度报告必须在不晚于年末4个月内进行公布，半年度（财务）报告必须在半年期后的2个月内进行公布。两种报告都必须包含由董事会给出的保证其财务报表真实、公允反映的"责任声明"。一份叙述性的管理层报告必须按季度发布，其讨论了企业的重大事项和交易、绩效和财务状况。

8.5.3 欧盟的协调努力取得成功了吗?

第4号、第7号指令对整个欧洲的财务报告有着重大影响，使得欧洲各成员国的会计达到一个良好而合理的统一程度。它协调了（利润表）利得和损失账户、资产负债表的列报，在报表附注中增加了最低限度的补充信息，特别是关于税收制度对报表结果的影响的披露。它推进了许多欧盟国家会计的发展，也影响了周边国家、非欧盟国家会计的发展。

然而，在20世纪末人们对欧盟的协调努力是否能够取得成功一直存在争议。例如，各成员国在运用欧盟指令的同时一般都没有废弃自身现存的会计准则。相反，它们使新的准则适应于现存的会计准则。另一个问题是各成员国在多大程度上遵从欧洲委员会指令。因此，一些人质疑：当欧洲委员会指令颁布时，它们是否像预计的那样完成了会计协调。①

前欧洲委员会会计和审计小组的负责人 Karel van Hulle，用下面的话阐述了一些难点：

> 必须承认，从协调过程中获得的可比性还远未达到完美的境界。首先，会计指令只规定了最起码的要求，并没有解决一系列重大的会计问题。其次，对指令中的条款，各成员国的解释并不总是相同的。许多与指令解释相关的问题由会计指令的联络委员会解决。② 此外，还有其他悬而未决的问题。由于指令文本中留有很大的解释空间，且成员国并不准备在理解问题上妥协，因此，对于上述问题要取得一致的意见还很困难。委员会之所以未将这些问题提交到欧洲仲裁法庭进行最终的裁决，重要原因之一就在于指令中一些条款的用语太宽泛化。③

8.5.4 欧盟的新思路和欧洲金融市场的一体化

1995年，欧洲委员会采取了一项会计协调的新思路。该项新思路被称为新会计战略。委员会宣布，欧盟应该加快改革步伐，给那些寻求在美国和其他资本市场上市的公司一个明确的信号：它们也可以保持在欧盟的会计框架内。同时，委员会还强调欧盟应加强其在国际准则制定中的努力，这是解决那些跨国公司问题的最有效率和最迅速的方法。

2000年，欧洲委员会采取了一项新的财务报告政策。主要是建议通过一项条例，要求所有在受到监管的市场上上市的欧盟公司，包括银行、保险公司、中小企业(SME)，按照国际财务报告准则编制合并报表（此规则并不适用于非上市的中小企业，但它们出于自身利益也会自愿采用国际财务报告准则，特别是当这些中小企业需

---

① Peter Walton, "European Harmonization," in International Finance and Accounting Handbook, Frederick D. S. Choi, 3rd ed. (New York: John Weily, 2003).

② EC Contact Committee on the Accounting Directives, The Accounting Harmonization in the European Community, *Problems of Applying the Fourth Directive on the Annual Accounts of Limited Companies* (Luxembourg: office for Official Publications of the European Communities, 1990).

③ Karel Van Hulle, "International Harmonisation of Accounting Principles: A European perspective," *Wirtschaftspruferkammer-Mitteilungen*, special edition (Tune 1997): 44–50.

要寻求国际资本时更是如此)。2002 年，欧盟议会通过了这项议案，而且欧洲委员会采取了必要的赋权性立法行动。[①]

这个条例影响了大约 7 000 家欧盟上市公司（与 2001 年近 300 家采用国际财务报告准则的欧盟上市公司相比)。它的目的是：通过促使金融信息更加透明和可比，鼓励金融部门的跨国交易，从而形成一个完全一体化的市场。[②]

要想成为法定的规则，国际财务报告准则必须得到欧洲委员会的采纳。上述条例中包含了两个层次的“认可机制”(endorsement mechanism) 和会计监管委员会(ARC)（一个由各成员国代表组成的欧盟委员会）的组建。欧洲财务报告咨询组(EFRAG，一个由审计师、编报者、各国准则制定机构以及其他人士组成的民间机构)[③] 首先针对一项国际财务报告准则给出技术评论和意见。准则建议审查组，一个由独立的专家和国家准则制定机构的代表构成的欧盟机构，接下来评价 EFRAG 的认可建议是否在各方面都均衡和客观。然后，会计监管委员会根据该项国际财务报告准则是否与欧洲委员会指令相一致，以及是否有利于欧洲公共利益，来建议是否批准该项国际财务报告准则。这个过程的最后是得到欧洲委员会的认可。整个认可过程正常需时约 10 个月。到目前为止，所有的国际财务报告准则（只有《国际会计准则第 39 号》的部分内容例外）都已经得到了认可。[④] 第 4 号和第 7 号指令也在 2003 年进行了修订，以消除旧的指令与国际财务报告准则之间的不一致。审计师报告应参照欧盟采用的 IFRS。

最后，还采取了一些其他措施来加强国际财务报告准则在欧洲的执行。2003 年，欧洲证券监管机构委员会（CESR）采纳了《财务信息准则第 1 号》。这项准则包括 21 条原则，旨在建立和推行一个共同的途径以加强国际财务报告准则在欧洲的执行。[⑤] 关于财务信息协作和执行活动的第 2 号准则的发布为欧洲的协作和执行提供了一个框架。[⑥]

8.6 证券委员会国际组织（IOSCO）

证券委员会国际组织（IOSCO）由 100 多个国家的证券监管机构组成。证券委员会国际组织成员机构的目标是：

- 相互合作，推动监管的高标准，以保持公平、高效、健全的市场。
- 就各自的经验交换信息，以促进国内市场的发展。
- 共同致力于制定会计准则和促进国际证券交易的有效监督。
- 提供相互协助，通过对会计准则强而有力的应用和对违法者的有效管制，以

---

① Regulation (EC) No. 1606/2002. 成员国允许那些在欧盟和其他地方上市的且采用一般公认会计原则（或其他公认会计原则）作为主要会计基础的公司推迟到 2007 年，对那些仅有公开商业负债的公司也做出了推迟。成员国可以将这些要求扩大到所有公司，而不仅仅是上市公司，包括公司的个别报表。

② “International Accounting Standards: Mandatory for Listed Companies by 2005,” Single Market News, No. 25 (March 2001): 18-19.

③ 欧洲财务报告咨询组的网址是：www. efrag. org.

④ “Carve-out” 一词是指某一特定准则的一个或更多条款的例外。欧洲委员会已经认可了《国际会计准则第 39 号》，只有套期保值会计条款例外。这一“例外”允许企业在不被《国际会计准则第 39 号》允许的情况下使用套期保值会计。

⑤ Standard No. 1 on Financial Information: Enforcement of Standards on Financial Information in Europe, CESR 03-073, March 12, 2003. 欧洲证券监管机构委员会成立于 2001 年，是欧盟委员会关于证券市场管理方面的智囊团。

⑥ Standard No. 2 on Financial Information Cooperation and Enforcement Activities CESR 03-317c (April 2004).

保证市场的一体化。

IOSCO 成员一起负责管制 90% 以上的全球证券市场。因为资本市场日益全球化，证券监管者之间的跨国合作已经成为该组织一个日趋重要的目标。

为了提高公司从全球资本市场有效筹资的能力，证券委员会国际组织已经在国际披露及会计准则上开展了大量的工作。1998 年，证券委员会国际组织发布了一系列的非财务披露准则，其目的是建立一套单一的、公司在世界范围内任何一个主要资本市场中上市交易其股票都可以采用的披露文件。世界范围内的证券管理机构正在逐步采用这些准则。

证券委员会国际组织的技术委员会专门负责跨国公司的披露和会计处理。它的主要目的是使世界范围内的股票发行者以有效、快速的方法更加方便地从存在投资需求的资本市场上筹集资金。它通过在其他活动中为国际会计准则理事会的项目提供资金，与国际会计准则理事会进行合作。一份于 1989 年完成的工作组研究报告包含了有关推动跨国公司股票上市的情况介绍。报告建议："鼓励监管机构通过准则协调、双边协调或者其他方法，促进单一的披露文件的采用，这与它们的法定要求和投资者保护目的是一致的。"①

专栏 8—5 列示了 10 个披露准则的概述。这些概述很重要，因为它们反映了工作组提议的全面性。工作组建议的披露准则还非常细致。

专栏 8—5　　**跨国发行和首次上市的外国发行者所采用的国际披露准则概述（证券委员会国际组织发布，1998 年）**

1. 董事、高级管理人员和顾问的身份与责任报告

该准则界定公司上市交易和注册登记时涉及的公司代表和其他个人，并明确他们的责任。不同的国家对这条准则所涉及的人员有不同的定义，它取决于东道国的法律

2. 发行统计数据和预计时间表

该准则提供了关于任何发行行为和与发行有关的重要日程的关键信息。需要了解的是，上市并不总是涉及发行

3. 关键信息

该准则概括了关于公司财务状况、资本市值和风险因素的关键信息

4. 关于公司的信息

该准则提供关于公司的经营业务、公司生产的主要产品或提供的主要服务、影响业务的主要因素等信息

5. 经营和财务评论与展望

该准则提供管理人员就影响公司财务状况和经营成果的因素做出的解释，以及管理层对预知在将来确实会对公司财务状况和经营成果产生重要影响的因素和趋势进行的评价。在某些国家中，还要求提供预测或对当前年度和（或）未来的公司展望报告

6. 董事和官员

该准则提供关于公司董事和管理人员的信息，以便投资者评价个人的经验、资格和报酬水平，以及他们与公司的关系等。在不同国家中，本准则所涉及的人员可以有不同的定义，它取决于东道国的法律。还要求报告关于公司员工的信息

① International Organization of Securities Commissions, *International Disclosure Standards for Cross-Border Offerings and Initial Listing by Foreign Firms*, 1998.

续表

7. 主要股东和关联方交易

该准则提供与主要股东和其他控制或者可能控制公司的主体的信息。该准则还提供公司与关联方开展业务的信息，以及这些业务对于公司而言是否公允的信息

8. 财务信息

该准则规定，文件中必须包括财务报表及其涵盖的期间，财务报表和其他具有财务性质的信息所针对的时间。公司在某个国家上市（或者申请上市），将由该国决定编制和审计财务报表所采用的可接受的会计和审计原则的总体架构

9. 发行

该准则提供了关于证券发行的信息、证券发售计划和相关事项

10. 其他信息

该准则提供文件其他部分没有包含的信息，其中大多数是强制性的信息

资料来源：IOSCO Working Party No. 1，*International Disclosure Standards for Cross Border Offerings and Initial Listings by Foreign Issuers*，1998.

2002 年，IOSCO 发布了用于持续性披露的附注披露文件。专栏 8—6 是这个文件的摘录。

专栏 8—6　　**持续性披露和重大进展报告准则**

1. 持续性披露义务的关键要素

上市公司应该具有持续性披露义务，要求披露对投资者做出投资决策具有重要性的所有信息

2. 及时性

上市公司应该及时披露持续性信息，它要求：

a. 对于重要进展应当“立即”（immediate）披露，这个措辞可以被定义为“尽可能快地”或表述为“规定的最长期限”

b. “定期”（periodic）披露，由法律或上市规则做出规定，例如季度报告和年度报告。这些信息也包括要求披露的管理层讨论和分析（MD&A），它既可以在单独的报告中披露，也可以包含在定期报表中。披露义务可能要求立即披露那些属于定期报告内容的相关信息

3. 同步和同等的披露

如果公司在一个以上的法域上市，根据公司上市的某个法域内的持续性披露义务公布的信息，应该在它上市的所有其他法域内同等和同步公布。不管公司主要在哪个法域上市，都应承担这项义务

4. 信息传播

根据持续性披露义务，上市公司应该通过高效的、及时的传播手段，确保全部信息能够及时地在市场中获取

5. 披露标准

持续性的信息披露应该公允反映，而不应该是误导的或欺骗性的，不应当包括不具有重要性的信息

6. 披露的公平对待原则

根据持续性披露义务披露的信息在被公布于众之前，不应该披露给某些投资者或其他利益相关者。该原则下存在有特定限制的例外，允许将信息传播给顾问和评估机构，或通过正常途径传播给与公司正在商谈、或即将商谈一项经营、财务或投资业务的企业，或公司的员工或代表其利益的工会代表。在这些情况下，信息接受者有义务对信息进行保密

8.7 国际会计师联合会（IFAC）

为了确保会计准则被严格地解释和应用，制定高质量的审计准则是非常必要的。审计师证实和增加了对外财务报告的可信度。而可靠的财务报告是资本市场高效运行的核心。国际会计与审计准则是相互影响的。会计准则对什么是有用的会计信息进行了界定。审计准则指导审计师确定信息是否可靠。有用和可靠的会计信息有助于投资者、债权人和其他信息使用者更好地进行决策。因此，国际会计和审计准则协调发展是非常有意义的。

第3章和第4章探讨了欧洲、美洲和亚洲的10个国家的外部审计。基于这一讨论，区分下列对于（独立或外部）审计的观点：

1. 世界各国外部审计的主要目标不同。例如：

a. 在美国，审计师证实财务报表是否“公允地反映”了企业的财务状况和成果。公允列报的测试符合美国公认会计准则。

b. 在英国，审计师证实财务报表是否“真实、公允地反映”了企业的财务状况和成果。英国公认会计准则存在“真实和公允优先”。

c. 在德国，审计师主要证实财务报表是否遵守法律。

2. 审计师责任各不相同。例如：

a. 在法国，除其他责任外，审计师还必须向国家公诉人报告他们发现的犯罪行为。

b. 在德国，除其他责任外，审计师还必须向企业的常务董事会和监管理事会提供关于企业未来发展前景的非公开报告。

3. 审计主体不同。例如：

a. 在美国，只有注册会计师可以执行审计。

b. 在英国，四个职业协会的成员被允许执行审计——英格兰和威尔士的特许会计师、苏格兰的特许会计师、爱尔兰的特许会计师和注册会计师。

c. 在荷兰，管理会计师可以审计小型企业，而注册会计师则可以审计所有的企业。

d. 在德国，宣誓就职的审查员可以审计中小企业，而注册会计师可以审计所有的企业。

4. 各国已经采取措施加强对审计行业的管制。最近，建立的监管机构包括：

a. 美国的公众公司会计监管委员会。它是因《萨班斯-奥克斯利法案》应运而生的政府机构。

b. 法国的外部审计师高级委员会。它接受司法行政部的监管。

c. 英国的职业监管委员会。它接受财务报告委员会（民间机构）的监管。

d. 日本的注册会计师和审计监管委员会。它接受金融服务厅（政府机构）的监管。

5. 审计师改善公司治理的责任与日俱增。例如：

a. 在美国，审计师对内部控制（为上市公司）发表审计意见。

b. 在日本，审计师对内部控制的管理层自我评价（为上市公司）发表审计意见。

趋同会计准则的基本原理在本章先前部分已经讲过。可比性是必要的，以便投资者能够进行同等性质的比较。趋同审计准则的原因让人更难理解。从根本上来说，审计向使用者保证其能够相信财务报表所传递的信息。然而，如果各国的审计师进行不可比的培训或奉行不可比的准则，那么他们的工作质量就会迥然不同。结果是，财务报表内含的可靠性也就千差万别（参见第9章对国际审计问题的进一步讨论，包括内部和外部审计）。

国际会计师联合会（IFAC）是一个世界性的组织，它包括来自123个国家或地区的157个成员组织，代表250多万名会计师。该组织建立于1977年，它的使命是“通过制定和执行高质量的职业准则，进一步推动这类准则的趋同，并大胆地讲出与职业专家最为相关的公众利益问题，以提高世界范围内的会计职业地位，并致力于发展强有力的国际经济体”。[①]

国际会计师联合会接受国际会计师联合会的委员会管理，由每个成员组织派出1位代表参加。委员会选举IFAC理事会，其负责制定政策，并监管IFAC运作、项目执行和IFAC准则制定小组及委员会的工作。公众利益监管理事会（PIOB）是一个提供额外监管的独立机构。日常工作由位于纽约的秘书处负责处理，秘书处的人员来自世界各地的会计职业组织。

国际会计师联合会的专业性工作大部分是通过准则制定理事会和常设委员会来完成的。IFAC准则制定理事会包括：

- 国际会计教育准则理事会；
- 国际审计和鉴证准则委员会；
- 会计师国际道德准则理事会；
- 国际公共部门会计准则。

国际会计师联合会的常设委员会包括：

- 遵循顾问小组；
- 发展中国家委员会；
- 提名委员会；
- 工商业界职业会计师委员会；
- 中小事务所委员会；
- 跨国审计师委员会。

国际会计师联合会的国际审计与鉴证服务准则委员会发布审计国际准则（ISA），准则包括以下类别：

- 总原则与责任；
- 风险评价与对评价风险的反应；
- 审计证据；
- 利用其他人员的工作；
- 审计结论和报告；

① IFAC 2008 Annual Report（www. ifac. org）.

- 特殊领域。[①]

国际会计师联合会与国际会计准则理事会和证券委员会国际组织等其他的国际组织有着非常密切的联系。越来越多的公司财务报表都根据国际会计师联合会的国际审计准则来进行审计。正如前面所强调的，欧盟所有的财务报表审计都必须遵守国际审计准则。

8.8 联合国会计和报告国际准则政府间专家工作组(ISAR)

会计和报告国际准则政府间专家工作组（ISAR）成立于 1982 年，这是唯一的一个致力于公司层次会计和审计准则的政府间工作组。“ISAR 帮助发展中国家和转型中的经济体执行企业透明度和会计方面最好的实务操作，以便于投资流向和经济发展。为实现这一目标，ISAR 借助研究、政府间达成共识、信息传播和技术合作等一体化过程。”[②] 这个工作组讨论和发布了最好的实务操作，包括公布国际会计准则理事会推荐的实务操作。

会计和报告国际准则政府间专家工作组早期倡导环境会计，近来已经把注意力集中在 IFRS 执行、公司治理、披露、企业责任报告和中小企业会计上。它也在许多领域中实施技术援助项目，如在俄罗斯、阿塞拜疆和乌兹别克斯坦进行的会计改革和再培训，以及在非洲的法语区设计和推进的一项远程会计学习计划。《ISAR Update》一年出版两次。

8.9 经济合作与发展组织（OECD）

经济合作与发展组织（OECD）是由 38 个（大部分是工业化的）市场经济国家组成的国际组织。它通过其管理机构——经合组织理事会和由大约 200 个委员会及工作组形成的网络来行使职责。它的出版物《金融市场趋势》(*Financial Market Trends*) 每年出版 2 期，对国际的和经合组织范围内的主要金融市场进行评估和预测。对证券市场结构和监管的介绍和分析，经常作为经济合作与发展组织出版物或者作为《金融市场趋势》的专题来发表。一项重要的活动就是促进公共和私人部门的良好治理(参见第 5 章对 OECD 公司治理原则的讨论)。由于它的成员都是较大的工业化国家，经济合作与发展组织经常成为制约与该组织成员国有利益冲突的其他国际组织（例如，联合国和自由贸易组织国际联盟）的平衡力量。[③]

8.10 结论

许多人现在认识到，为了减少跨国资本筹集活动中存在的监管障碍，国际协调是一个必要的步骤。当前的争论不是是否需要协调，甚至不是怎样进行协调。尽管那些影响会计发展的环境因素（例如，公司的管理和筹资）中存在的国际差异还会持续一段时期，随着国际资本市场变得更加以投资者为导向，财务报告体系正在趋同。国际财务会计准则理事会处于这项运动的中心。在目前的环境下，不考虑会计准则、披

---

① 《国际审计和质量控制准则手册》可以在 IFAC 的网站（www. ifac. org）上获得。
② ISAR 网址（www. unctad. org/Templates/Startpages. asp? intItemID = 2531&land = 1），2009 年 6 月。
③ 来源于经济合作与发展组织网址（www. oecd. org），1998 年 4 月 1 日。

露和审计的国际协调，就不可能解决资本市场和证券交易的监管问题。

讨论题

1. 当将“协调”和“趋同”应用于会计准则时，辨别这两个专业术语。

2. 比较和对照下列处理会计、披露和审计准则国际差异的建议方法：(1) 相互认可；(2) 协调；(3) 采用国际准则。

3. 支持制定和广泛应用国际财务报告准则的重要论点是什么？

4. 反对制定和广泛应用国际财务报告准则的重要论点是什么？

5. 有什么证据可以表明国际财务报告准则在世界范围内被广泛接受？你认为会计准则的世界趋同将结束投资者对会计实务跨国差异的关注吗？为什么？

6. 描述一下国际会计准则理事会的组织结构，以及它如何制定国际财务报告准则。

7. 欧盟进行会计协调的目的是什么？为什么欧盟放弃通过欧洲委员会的会计指令进行会计协调的途径，转而支持国际会计准则理事会的协调途径？

8. 为什么审计协调的概念很重要？实现审计准则的国际协调比实现会计准则的国际协调更容易还是更困难？描述一下国际会计师联合会在趋同审计准则方面的工作。

9. 描述一下证券委员会国际组织（IOSCO）在外国发行人跨国上市和发行股票的披露准则协调方面所做的工作。为什么这些工作对全世界的证券管理机构非常重要？

10. 联合国与经济合作与发展组织在会计和审计准则协调过程中发挥什么作用？

练习题

1. 对于解决与跨国提交财务报表有关的问题，有 3 个解决方案：(1) 相互认可（也称为互惠认可）；(2) 协调；(3) 采用国际准则。

要求：对上述 3 个解决方案分别进行完整而简洁的评价。你认为哪一个方案是以下各个利益集团比较倾向的方案：a. 投资人；b. 公司管理层；c. 监管机构；d. 股票交易所；e. 职业协会。根据你的认识，解释各种不同反应的理由。你预计哪一种方法将会最终占优势？

2. 专栏 8—1 提供了许多参与国际会计协调的主要国际组织的网址。思考下列 3 个组织：国际会计师联合会、联合国会计和报告国际准则政府间专家工作组和经济合作与发展组织。

要求：对于每一个组织，描述它的成员、组织关注的核心问题，并说明它为什么关注国际财务会计准则的制定。

3. 专栏 8—2 提供了国家会计组织的网址。这些组织中有许多参与了国际会计准则的制定和协调活动。

要求：选择一个会计组织并搜索它的网页，查找有关参与国际会计准则制定和协调活动的信息。准备一份在该领域该组织活动的详细描述。

4. 本章讨论了许多涉及国际协调活动的组织，包括国际会计准则理事会、欧盟和国际会计师联合会等。

要求：

a. 根据它们的准则制定程序比较和对照这 3 个组织。

b. 这些准则主要针对什么类型和规模的企业？

c. 简要地评论下面的论述："对国际会计准则（会计准则、披露、审计）已经达到的被接受程度，以及在不久的将来可能会达到的被接受程度，主要与在多个国家经营的公司相关。"

5. 本章包括一个记载历史上有关国际会计准则制定的重要事件的年表。

要求：思考 1995 年欧洲委员会采用一种新的会计协调方式这一事件。查阅一些有关的文献资料，准备一份简短的论文，描述这个事件，并且说明为什么该事项被认为是重要的。

6. 专栏 8—3 介绍了当前的国际会计准则和它们各自的标题。

要求：利用国际会计准则理事会网站（www. isab. org）的信息，或者其他可能得到的信息，编制一份最新的国际会计准则和征求意见稿的清单。

7. 当前国际会计准则理事会的成员的简介在国际会计准则理事会的网站（www. iasb. org）上能找到。

要求：确认当前的理事会成员（包括主席和副主席）。注明各个成员的国籍和先前所属组织。哪些理事会成员先前在国家会计准则制定机构工作？

8. 第 3 章讨论了依据国际财务报告准则的财务会计和会计计量。第 4 章探讨了关于美国 GAAP 的相同问题，且专栏 4—2 概括了 IFRS 和美国 GAAP 之间的显著差异。

要求：每项区别对资产负债表和利润表有什么影响？每项区别对分析师运用的下列财务比率有什么影响？

- 流动性：流动比率；
- 偿债能力：权益负债率，资产负债率；
- 获利能力：资产报酬报率，权益报酬率。

9. 美国证券交易委员会（SEC）于 2008 年发布的路线图可能最终使得美国发行人依照 IFRS 进行报告。思考下列对这一行动的批评性质疑：

a. 与美国 GAAP 相比，IFRS 缺乏详尽的规定。在强制执行之前，IFRS 不应该进行进一步的发展和完善吗？

b. 既然已经付出努力进行美国 GAAP 和 IFRS 的趋同，为何不继续趋同？

c. 如果相应的标准由非美国的组织负责制定，那么美国利益如何得到保护？

要求：作为一个认为企业应该在其提交给 SEC 的财务报表中采用 IFRS 代替美国 GAAP 的人，你将如何回答上述批评性质疑？

10. 国际会计准则理事会的网站（www. iasb. org. ）总结了现行的各国际财务报告准则。

要求：分别回答下列问题。

a. 在以成本和可变现净值孰低法计量存货时，可变现净值是下列中的哪一个？

（i）估计的重置成本；

（ii）估计售价减去完成和销售存货发生的估计成本。

b. 在国际财务报告准则下，若对合营企业进行投资，下列哪些方法可以接受？

（i）成本法；

（ii）权益法；

（iii）比例合并法；

（iv）合并法。

c. 下列哪一项可被归类为非常项目？

（i）处理产品责任诉讼案件而产生的损失；

（ii）由于坠机而从航空公司得到的赔偿；

（iii）通信卫星在发射时毁灭；

（iv）以上都不是。

d. 第一年，某企业基于其对有 3 年保证期的瑕疵产品的维修成本的最佳估计，确认了它的质量保证义务。第二年，由于一些在第一年中未认识到的质量控制问题，导致质量保证要求大大超过了它的预测，是否应该重编第一年的财务报表以反映修正后的质量保证责任的估计？

e. 判断正误：某公司在年末 12 月 31 日宣告于 1 月 5 日发放普通股股利，该股利在年末被确认为一项负债。

f. 首次确认后，下列哪些金融资产不能以公允价值进行重新计量？

（i）非上市的权益性证券的期权；

（ii）有价证券（权益）；

（iii）可作为金融资产的衍生金融工具；

（iv）企业打算持有到期的有固定到期日的金融工具。

g. 下列哪一项是正确的？一家企业若遵循对厂场设备进行重估价的政策，它可能会采用的政策是：

（i）把所有资产按国家来划分；

（ii）把所有资产按大类来划分，例如对土地和房屋进行重估价，而不对机器和设备进行重估价；

（iii）把所有资产按一定的使用寿命来划分，例如对 10 年或 10 年以上的所有资产进行重估价。

h. 判断正误：一家企业为建造一幢新建筑物而筹集资金的利息费用，必须资本化计入该建筑物的成本。

案例 8—1　缩减的准则制定者该走向何处？

David Tweedie 先生，是国际会计准则理事会的主席，援引他对 IASB 和 FASB 将最终合并的说法："美国准则和我们的准则将越来越相近，以至于设立两个理事会将毫无意义，并且它们最终将合并为一体……最终拥有两个准则制定机构来制定相同的准则也就失去了应有的意义。"①

① L. Bolton, "IASB and FASB Will Eventually Merge, Says Tweedie," *Accountancy Magazine* (October 2005): 6.

要求：

1. 登录 IASB 网站（www. iasb. org）和美国 FASB 网站（www. fasb. org）。在组织构成和准则制定程序方面比较和对照这两个理事会。

2. 为何如此关注 IFRS 和美国 GAAP 之间的趋同，而并不是 IFRS 与其他国家会计准则的趋同？对于趋同的方向有什么证据：美国 GAAP 向 IFRS 趋同，还是 IFRS 向美国 GAAP 趋同，或者它们相互趋同？

3. 美国公司必须采用美国 GAAP 而不是 IFRS 来编制财务报表。为何在财务报告过程中涉及的美国会计师、分析师和其他相关者应该需要了解 IFRS？

4. IASB 和 FASB 最终将合并还是将维持各自的会计准则制定机构？你为什么这么说？

第9章 国际财务报表分析

9.1 导论

第1章介绍的全球贸易、投资和外部融资趋势表明，财务经理、债权人、投资者、权益证券研究分析师、银行家以及其他的财务报告使用者对阅读和分析非本国财务报表的需求日益高涨。在对财务承诺和国外直接投资或组合投资进行评估时，跨国财务比较是至关重要的。由于私有化、经济增长、资本控制的放松以及信息技术的持续发展，近年来国际资本发行与交易有了急剧的增长。

随着兼并与收购活动变得越来越国际化，对非本国财务报表的使用乃至理解的需求同样也在增加。20世纪90年代跨国兼并的价值稳定增长，这种增长没有任何减缓的迹象。

最后，随着商业活动的日益全球化，财务报表作为竞争分析、信贷决策、企业谈判和公司控制的基础，比以往显得更为重要。国家贸易壁垒的持续减少，欧洲统一市场的形成，消费者品味与偏好的趋同，以及商业企业在渗透非本国市场方面的日益复杂化，都加剧了跨国公司的竞争。所有这些都引发对国际财务报表分析和评价的进一步需求。

本章对第1章到第8章提供的信息进行了综合，对在外国财务报表分析中面临的几个机遇与挑战进行了探讨，并对分析师提出相应的建议。

9.2 跨国分析的挑战与机遇

跨国财务分析涉及多个法域（jurisdiction）。例如，一个分析师可能有机会研究本国之外的公司，或者要对两个或更多国家的公司进行比较。进行国际分析的人员面临着特殊的挑战。

国家之间在会计实务、披露质量、法律和监管体系、经营风险的性质和程度以及开展经营活动的方式上存在着巨大的差异。这些差异的存在意味着在一个法域有效的分析工具在另外一个法域中可能会无效。分析师在获取可靠的信息方面经常要面临严峻的挑战。在许多新兴的市场经济国家，财务分析结果的可靠性往往很低。

存在很多矛盾是国际财务分析和评价的特征。一方面，会计准则协调步伐的日益加快提高了全球范围内财务信息的可比性；而另一方面，财务报告实务仍然存在很大的差别。迄今为止，IASB发布的国际财务报告准则的一项调查表明，企业透明度的界定不一定要与分析师惯用的透明度相一致，即IASB/IFRSB的声明关注披露的范围而不是有助于揭示潜在交易经济含义。对首次采用IFRS的企业来说，上一年财务报表的重述仅限于当年复杂的趋势分析。同时，一些准则继续允许报告选择。例如，在变动物价账户的调整方面，报告主题允许选择一般物价水平变动会计或个别物价变动会计。正如第7章所述，两种计量选择的信息含量是不同的。一些分析师质疑，会计标准的日益统一在多大程度上将最终导致一个行业中的主导企业提供可比的信息。①

① 例如，Hope，Ole-Kristian，"Variations in the Financial Reporting Environment and Earning Forecasting," *Journal of International Financial Management and Accounting* 15，no. 1（2004）：22.

如第5章所述，全球范围内的公司正在披露越来越多的信息。这些信息的可靠性也日益提高。因此，包括中国、韩国、捷克共和国和俄罗斯在内的许多国家致力于提高上市公司的信息可获得性和质量。经验研究已经证实这么做的好处。特别是，一个国家披露体系（包括披露要求、监管和执行）的增强，与市场发展是正向相关的。[①] 此外，随着公司信息在互联网上的公布，分析师免费获得与财务分析相关的信息变得更为容易。然而，许多国家基于这些进展的预期与现实之间仍然存在很大的差距。同时，财务分析师搜集信息的尝试经常会遇到挫折。此外，许多政府部门仍然继续发布可信度很低的信息。

尽管存在上述矛盾，国际财务分析与评价的障碍正在减少，对分析师而言，总体趋势是好的。资本市场的全球化，信息技术的高速发展，各国政府、股票交易所以及公司投资者和交易活动间竞争的加剧在继续，这些外部力量共同激励公司自愿改善对外财务报告实务。

伴随着欧元的应用，以及欧洲公司会计披露实务的不断发展，跨国公司财务分析与国内公司的财务分析之间的界限日趋模糊。在欧洲进行的多元化投资组合策略越来越多地依赖于行业因素，而非国家因素。投资组合的管理人员不再根据国家通货走势的强弱来选择股票，而是在不考虑公司的原始所在国的前提下选择行业中最好的公司。全球化还意味着严格的国内分析正变得越来越不重要。相互依赖性正在提高，没有哪家公司能够置身于世界上正在发生的事件之外。

9.3 经营分析框架

Palepu、Bernard 和 Healy 提供了一个有用的利用财务报表数据进行企业分析与评价的框架。[②] 这个框架的4个分析阶段（在后文中将有更为详细的讨论）是：（1）企业战略分析；（2）会计分析；（3）财务分析（比率分析和现金流量分析）；（4）前景分析（预测和评价）。每个阶段的相对重要性取决于分析的目的。上述的分析框架可以用于包括证券分析、信贷分析和兼并收购分析在内的各种决策。

9.4 国际经营战略分析

经营战略分析在财务报表分析中是重要的第一步，它为分析师提供对公司及其与经济环境相联系的竞争者的定性了解。这确保数据分析的结果可以更好地应用于未来的分析。企业战略分析通过明确公司关键的利润驱动因素和经营风险，帮助分析师做出符合实际的预测。[③] 为满足企业战略分析而搜集信息的标准程序，包括对公司的年度报告和其他公告进行分析，与公司的员工、分析师和其他财务专业人员进行交流。其他的信息来源也变得越来越普遍，如互联网（World Wide Web）、贸易组织、竞争者、客户、记者、院外游说者、监管机构和贸易媒体等方面的信息。需要注意的是，

---

① Carol Ann Frost, Elizabeth A. Gordon, and Andrew F. Hayes, "Stock Exchange Disclosure and Market Development: An Analysis of 50 International Exchanges," *Journal of Accounting Research*, Vol. 44, no. 3 (2006): 437-483.

② Krishna G. Palepu, Victor L. Bernard, and Paul M. Healy, Business Analysis and Valuation Using Financial Statements, Cincinnati, Ohio: South-Western College Publishing, 1996.

③ 利润驱动因素（profit drivers）是影响一家公司获利能力的主要财务和经营因素。

对于搜集到的各种类型的数据的准确性、可靠性、相关性，还需要加以评价。①

在国际范围内进行的企业战略分析通常复杂而困难。如前所述，不同的国家在关键利润驱动因素和企业面临的风险类型等方面有很大的差异。了解这些差异并非易事。从世界范围来看，业务、法律环境、公司目标都有很大的差异。许多风险（如监管风险、外汇风险、信贷风险等）需要加以综合考虑和评价。在一些国家，分析所需的信息来源非常有限，可能并不准确。

9.4.1 信息的可获得性

由于缺乏宏观经济发展方面的可靠信息，企业战略分析在一些国家显得格外困难。发达国家的政府有时也会被指责公布错误或误导的经济数据。一些新兴经济国家的情形更加糟糕。以1994—1995年的墨西哥金融危机为例，一个重要的原因就是政府隐瞒了外汇储备萎缩和货币供给过度的事实。一些国家在公布不利的数据时，会推迟公布的时间，甚至伪造经济数据。

在许多国家，投资者获取行业的信息也比较困难，并且公司信息的数量和质量差别很大。在一些发展中国家，公司有用信息的可获得性低得令人吃惊。② 近年来，许多在海外市场上市和筹资的大公司已经自觉地依据全球公认的会计准则，如国际财务报告准则，进行信息披露。

9.4.2 对分析的建议

对获得数据的限制导致采用传统的研究方法很难进行经营战略分析。近年来，特别是在许多新兴的市场经济国家中，旅行已经成为了解当地企业所处的环境以及行业与公司的实际运作情况的重要手段。互联网也为获取那些目前不可能取得或很难取得的信息提供了便捷的途径。专栏9—1提供了一些可以免费获取的网络资源，可用来了解国家的风险和旅行条件。

国家信息也可以通过那些大型会计公司、银行、经纪公司公开出版的《国际要闻》（*International Briefings*）等刊物来获得。③ 国际股票交易所联合会（FIBV，http：//www.fibv.com）和欧洲股票交易所联合会（FESE，http：//www.fese.be）公开发行高信息含量的国际新闻通讯，《会计》（*Accountancy*）、《经济学家》（*The Economist*）、《财务分析杂志》（*Financial Analysts Journal*）、《欧洲货币》（*Euromoney*）等杂志也提供了很多与国际财务分析高度相关的文章。

如果没有进行充分的企业战略分析，巨大的风险将会相伴而来。例如，最近的帕玛拉特（Parmalat）事件，是欧洲历史上最严重的财务欺诈事件。在这个事件中，意大利的这家成长最快的乳制品集团短缺的资产中至少有130亿美元是虚报的，这一情况给公司的投资者和债权人带来了巨大的损失。评论家们将这一财务灾难归因于几个方面。据报道，外国投资者投资的公司是没有提供完整且可靠信息的公司。他们并未

① 财务分析师越来越多地使用在快速发展的企业“竞争智能”（CI）学科中的技术。

② 参阅第5章“国际财务报告和披露”的进一步讨论。同时参阅：S. M. Saudagaran，and J. G. Diga，“Financial Reporting in Emerging Capital Markets：Characteristics and Policy Issues，” *Accounting Horizons*（June，1997）：41-64.

③ 例如，普华永道每个月出版的《国际要闻》。报告全球范围内值得注意的商业、政治和经济发展情况。

过多地对所投资公司的经营环境进行了解，并且他们进行投资的市场没有严格地执行财务报告准则。①

专栏 9—1　　可在网上免费获取的国家信息

组织	网址	内容描述
加拿大外事与国贸部	http：//www. dfait-maeci. gc. ca/english/menu. htm	市场信息
中国新闻信息官方门户	www. china. org. cn	当前问题的国家信息
CRUISE	www. cranfield. ac. uk/cils/library. subjects/country. htm	国家信息，包括经济和市场数据
CIA—世界概览	www. cia. gov/cia/publications/factbook/geos/fm. html	政府、经济、交流和转型问题信息
金融时报	http：//ft. com	国家报告（也有行业报告，公司新闻和财务信息）
政治经济风险咨询有限公司（PERC）	http：//www. asiarisk. com	国家展望，与其他 WWW 站点的链接
UNCTAD	www. unctad. org	国际贸易分析数据，国外直接投资商品与发展
美国联邦储备委员会	www. federalreserve. gov	外汇汇率
美国国务院	http：//travel. state. gov	旅游须知
世界银行	www. dev. data. worldbank. org	国家发展数据
世界旅游组织	http：//www. world-tourism. org	通信，新闻发布

9.5　会计分析

会计分析的目的是评估一家公司的报告数据在多大程度上反映了经济现实。分析师需要对公司采用的会计政策和会计估计加以评价，并对公司会计灵活性（flexibility）的性质和程度加以评价。灵活性一词指的是，在选择应用于某一特定的会计事项的会计政策和会计估计时，管理层的自由选择权。要得到可靠的结论，分析师必须将报告的会计数据加以调整，以消除他们认为由于采用的会计方法不恰当所引起的扭曲。例子包括交易性资产以市定价，并不记录收益利得或损失，而是记入准备账户，到期前确认收入，或者反向估计应计负债以平滑盈余。

公司的管理人员由于对公司的经营与财务状况最为了解，因而可以在会计政策上有自由选择的余地。财务报告的灵活性之所以重要，是因为它允许管理人员采用对企业最有利的会计方法和会计估计来反映企业的经营情况。因此，管理人员有通过对会

① Gail Edmondson，David Fairlamb，and Nanette Byrnes，"The Milk Just Keeps on Spilling，" *BusinessWeek*（January 26，2004）：54，55，58.

计政策与会计估计的自由选择来操纵报告盈余以达到掩盖实际经营情况的动机。导致这一动机的原因在于，公司报告的盈利数字通常被用来评价他们的管理业绩。①

Healy 和他的同事建议采用下述程序来评价一家公司的会计质量：

（1）识别关键的会计政策；

（2）评价会计灵活性；

（3）评价会计战略；

（4）评价披露质量；

（5）识别潜在的红旗信号（red flag）（例如，非正常的大额资产注销，产生巨额利润的未加解释的交易，或者公司报告的利润与经营活动产生的现金流量之间的差额日益扩大）；

（6）会计失真的调整。

为了说明这个过程，不妨看看 WorldCom 公司的会计质量。WorldCom 公司是一家大型的美国公司，它所采用的会计政策导致了华尔街（Wall Street）丑闻。在对该公司错误的会计实务进行正式的批判之前，需要你回答以下几个问题：（1）WorldCom 公司如何对它的主要经营支出进行会计处理？（2）对于这类支出，美国的公认会计原则赋予了多大的自由选择权？（3）WorldCom 公司是否采取了过分积极或过分保守的方法对这类开支进行会计处理？（4）WorldCom 公司是否向投资者披露了足够的信息，以消除公司采用积极会计政策对会计处理结果的影响？（5）WorldCom 公司是否将应计入费用的支出资本化，以提高报告利润？WorldCom 公司报告的盈利与它来自经营活动的现金流量之间存在重大偏差吗？（6）WorldCom 公司会计选择权的变化是否会对会计报告利润产生重大而深刻的影响？

在这个例子中，WorldCom 公司选择了将实际上应列为经营费用的开支资本化。尽管这一行为明显违反了美国公认会计原则的规定，管理层仍然通过将经营费用资本化向投资者隐瞒这些关于经营费用的信息。将主要支出进行资本化而不是费用化对财务报表产生了重大影响，所涉及的对报告盈余的影响金额将近 20 亿美元!

分析师在进行国际会计分析时面临着两个特殊的问题。第一个问题是国家之间在会计计量质量、披露质量和审计质量方面的差异，第二个问题是获取分析所需的信息的困难程度。

不同国家之间在会计计量、披露和审计质量方面存在着巨大的差异。引起这些差异的因素包括国家间要求的与公认的会计实务、监管与执行，以及管理人员在财务报告中的自由选择权等。② 本书的第 3 章和第 4 章分别对 5 个欧洲国家和 5 个美洲和亚洲的国家或地区的重要会计实务进行了总结，所涵盖的内容仅包括主要会计问题的部分内容。这几章的内容表明，在包括法国、德国、中国在内的许多国家或地区，管理层都拥有很大的自由选择权。

以德国的会计实务为例，正如在第 3 章所讨论的那样，德国的财务会计与税务报

---

① 对公司管理人员的会计决策产生系统性影响的因素包括：（1）以会计为基础的债务合同；（2）管理人员的报酬；（3）公司的控制权竞争；（4）税务因素；（5）法律法规因素；（6）资本市场因素；（7）股东因素；（8）竞争因素。Palepu，Bernard，and Healy，op. cit.

② 会计原则被频繁地、不恰当地运用，被认为是导致低会计质量的主导原因。一些人认为运用不恰当的会计原则才是根本原因。Paul Rosenfield，"What Drives Earnings Management?" *Journal of Accountancy* [October 2000]：5.

告密切相关。保护债权人的利益是财务报告的第二个目标。其结果是财务报告的编制更关注于债权人而非投资者。财务报告编制的保守倾向直接导致了会计数据不能反映实际的经营情况。德国的管理人员在使用准备金和采用会计政策方面拥有很大的自由选择权。即使一些具体的程序已经颁布，但财务报告所要求的监管和执行还远远无法达到美国投资者的期望。

在分析一家德国公司的财务报表时，对于信息披露质量和审计鉴证水平，也需要仔细地加以考查。在一些德国公司的年报中，很少有会计政策的附注披露。辨别金额较大的财务报表项目（如准备账户）的组成部分可能会很困难。审计问题是如此的重要以至于我们将在本章的单独部分讨论国际审计。

尤其在分析新兴市场国家的公司时，分析师经常会遇到对管理层的财务报告动机和采用的会计政策进行评价的问题。许多新兴市场国家的公司股权集中，管理人员缺乏全面而可靠地披露信息的强烈动机。一些国家的会计政策可能与国际会计准则（或其他被广泛认可的准则）类似或一致，但管理人员在如何采用这些会计政策方面有很大的自由选择权。

最后，如前所述，新的通信技术（包括互联网）对财务研究的各个阶段都有很大的冲击。许多公司和国家现在都有网站，这使有关人员搜集信息变得更为容易。本章后面“信息渠道”部分的内容，将讨论会计分析所需的有用的信息来源。

9.6 国际财务分析

财务分析的目的是评价一家企业当前和过去的业绩，并判断企业的业绩是否能够持续。比率分析和现金流量分析是财务分析中采用的重要工具。比率分析包括将本企业与同一行业中的其他企业进行比较，将企业不同年度间的财务比率进行比较，以及将企业的比率与一些独立的基准进行比较。这些分析可以使我们深入了解比较数据和相对重要的财务报表项目，并且可以帮助分析师对企业管理人员的经营、投资、财务和留存收益政策的有效性进行评价。专栏 9—2 提供了一些常用的财务比率。

现金流量分析着眼于现金流量表。该表提供了一家公司经营活动、投资活动和筹资活动等方面的现金流入、流出情况，并披露会计期间的非现金投资和筹资活动。分析师通过现金流量分析，可以提出很多关于企业经营业绩与管理方面的问题。例如，公司的经营活动是否会产生正的现金流量？随着时间的推移，特别是与利润表项目、销售收入和销售成本变化相联系的现金流量的组成部分会有哪些变化？管理层关于筹资、股利和投资等方面的决策引起了哪些现金流量方面的后果？当连同利润表一起使用时，现金流量信息也向分析师传递了持续经营假设的有效性，以及企业的流动性和管理层使用计量选择进行盈余管理方面的信息。

9.6.1 比率分析

在国际背景下进行比率分析必须注意两个问题。首先，不同国家的公司是否会因为国家间会计原则的不同而引起财务报表数字的重大差别？其次，即使不同国家的会计计量得到了重述，实现了会计可比性，当地的文化、经济和竞争条件的不同对会计计量和财务比率的解释会产生哪些影响?

大量的证据表明，会计和非会计因素导致不同国家之间在获利能力、财务杠杆和其他财务报表比率与金额方面存在重大的差异（后一部分内容通过两个估价比率——市盈率、市价与账面值比率来说明国家间的差异）。一项研究比较了来自法国、德国、日本、英国和美国的公司的销售收入、净利润、财务杠杆（总负债/所有者权益）数据。[①] 这5个国家分别选取的80家公司样本在规模上相互匹配（根据股票市场价值），所有的公司均来自制造行业组（SIC代码20到39）。所选取的3个财务数据在各个国家的样本间存在重大差异。例如，英国和美国公司净利润的均值要远大于德国和日本。净利润的差别可以通过会计原则的不同而得到部分的解释，因为日本和德国的财务报告要比英美两国的财务报告谨慎得多。非会计因素同样会对报告的净利润产生影响。例如，法国、德国和日本考虑维护债权人的利益，从而导致财务报告中反映的净利润要比英国和美国的低，因为在这些国家，管理人员报告持续增长的净利润的压力要比英国和美国的管理人员小。

专栏9—2　**财务比率概览**

比率	计算公式
Ⅰ. 流动性比率	
1. 流动比率	流动资产/流动负债
2. 速动（酸性测试）比率	（现金+有价证券+应收款项）/流动负债
3. 流动现金负债比率	经营活动产生的现金净值/流动负债平均余额
Ⅱ. 运营效率比率	
4. 应收账款周转率	销售净值/应收账款平均余额
5. 存货周转率	产品销售成本/存货平均余额
6. 资产周转率	销售净额/总资产平均余额
Ⅲ. 获利能力比率	
7. 销售利润率	净利润/销售净额
8. 资产报酬率	净利润/总资产平均余额
9. 普通股权益报酬率	（净利润优先股股利）/普通股平均余额
10. 每股盈利	（净利润-优先股股利）/平均发行在外股份
11. 股利支付率	现金股利/净利润
Ⅳ. 偿债能力比率	
12. 资产负债率	负债/总资产或权益
13. 利息保障倍数	息税前盈余/利息费用
14. 现金负债比率	经营活动产生的现金净流量/负债平均余额
15. 每股账面值	普通股股东权益/发行在外股份

① Carol A. Frost, "Characteristics and Information Value of Corporate Disclosures of Forward-Looking Information in Global Equity Markets," Dartmouth College Working Paper, July 2002.

在上述研究中，Frost 还发现在英国和美国，财务杠杆的平均值要比德国和日本的低，这一定程度上是因为德国和日本的保守会计导致报告的所有者权益要比英国和美国低。德国、日本和法国较高的财务杠杆也源于资本结构中较高的负债，反映出这些国家较多地依赖银行筹资。

国家之间会计原则上的不同引起的财务报表项目的差异究竟有多大？尽管不再要求，① 然而对于这个问题，数百家在美国股票交易所上市的外国公司通过附注调节披露，给这一问题提供了证据。这至少为按照美国公认会计原则和其他国家会计原则列报的数据之间的差异提供了一些证据。

一份由美国证券交易委员会提供的关于外国注册公司财务报告调节的早期调查的内容很丰富。② 528 家被调查的非美国上市公司中大约有一半披露了财务报告中报告的净利润与以一般公认会计原则为基础计算的净利润之间的重大差别。在这些上市公司中，财务报表差异披露最多的 5 个类别（按降序排列）是：(1) 折旧和摊销；(2) 递延或资本化成本；(3) 递延税款；(4) 退休金；(5) 外币折算。

这项研究也表明在这些披露重大差异的上市公司中，有超过 2/3 的公司按照美国公认会计原则报告的利润低于按非美国会计原则报告的利润，其中近半数的公司报告的利润差异超过 25%。在按照美国公认会计原则编制报表的 87 家公司中，只有 25 家公司的利润高于按非美国会计原则报告的利润，差异超过 25%。股东权益的调节也显示出类似的结果。总体说来，美国证券交易委员会的这项研究提供的证据表明，许多公司按照美国公认会计原则编制的财务报表与按非美国公认会计原则编制的财务报表之间存在很大的差异。

证券交易委员会提供的上市公司披露的调整数据表明，会计原则的差别会引起财务报表数据的显著差异。当为采用 IASB 发布的 IFRS 而进行世界游行时，IFRS 允许计量选择，各国执行政策的差异和支持 IFRS 态度的不同（见第 8 章），表明计量和披露差异并没有消失。于是，分析师为了使所分析的财务报表可比，通常需要对所分析的公司财务报表采用的会计原则进行调整。附录 9—1 列示了从日本的公认会计原则调整到美国的公认会计原则的重述的利润表和资产负债表。即使财务报表数据的可比性已经达到一定的合理程度（通过对会计原则差异的调整），对这些报表数字的解释也必须考虑国家间在经济条件、竞争环境和其他法律上的差异。对日本公司的分析提供了一个很好的例证。例如，Brown 和 Stickney 提出，在分析日本公司的获利能力和风险时，需要考虑财务报告和税务报告之间的关系、日本财团（Keiretsu）的运营模式，以及大量利用短期财务杠杆的特点。③ 即使在调整了会计原则的差异之后，日本公司仍倾向于报告低于盎格鲁—美利坚国家的盈余水平，税务报告和财务报告的紧密联系使日本公司在确认利润时趋于保守，同时由于较高的公司间持股降低了外部人员持股的比例。与美国和其他的盎格鲁—美利坚国家相比，日本公司报告持续增长的

① 对于 2007 年注册的非美国公司，美国证券交易委员会放松了美国 GAAP 的调节要求。

② U. S. Securities and Exchanges Commission, Division of Corporation finance, Survey of Financial Statement Reconciliations by Foreign Registrants, May 1, 1993.

③ Paul R. Brownand and Clyde P. Stickney, "Instructional Case: Tanaguchi Corporation," *Issues in Accounting Education* 7 (Spring 1992): 57-68.

盈利的压力要小一些。[①] 可以参考附录 9—2 对国际比率分析更深入的详细讨论，这个附录集中讨论了日本和美国财务比率的比较和解释。

9.6.2 现金流量分析

如前所述，现金流量分析可帮助分析师了解一家公司的现金流量情况和管理水平。英国公认会计原则、美国公认会计原则、国际财务报告准则以及越来越多的其他国家的会计准则要求公司提供详细程度很高的现金流量表。由于与盈利指标相比，与现金流量相关的指标受会计原则差异的影响更小，因此它们在国际分析中显得更为有用。

不提供现金流量表时，通过调整权责发生制盈余来计算经营活动的现金流量和其他现金流量指标通常比较困难。许多公司根本不披露调整所需的信息。例如，德国的资产负债表通常包含巨额的准备金数据，反映许多不同类型的应计项目，而很少提供详细的资料以便财务报表使用者用来评价经营活动、投资活动和筹资活动的现金流量。

9.6.3 应对机制

财务报表的使用者如何处理国家间会计原则的差异？有几种方法可以采用。一些分析师将外国会计计量指标按照国际公认的会计原则或一些其他共同的标准加以重述。另一些分析师则对有限的一些国家的会计实务进行详细的了解，并将他们的分析限定在这些国家的公司当中。

Brown、Soybel 和 Stickney 采用了一种重述的方法来提高国家间财务业绩的可比性。[②] 他们在相同的报告基础上将美国和日本公司的经营业绩进行了重述，不是把美国的数据转化为日本的财务报告基准，或者把日本的数据转化为美国的报告基准，而是在必要时将美国和日本的财务数据按照统一的会计原则进行调整。

附录 9—1 列示了另一种方法。在附录中，一家假设的日本企业（Toyoza 公司）的财务报表是从依据日本公认会计原则重述为以美国公认会计原则为基础编制的报表。附录 9—1 中采用的重述方法还包括了对许多财务报表项目的详细分析。

相对简单的重述可能更为有效。一种方法是集中几项最重大的财务报表差异，针对这些项目获取足够的信息来进行可靠的调整。例如，Brown 等人对日本和美国的公认会计原则的差异进行了总结，但他们的重述方法仅仅集中在 4 个方面的会计原则差异上：（1）存货成本假设；（2）折旧方法；（3）董事的红利和强制性审计；（4）递延税款和特定的税项准备。

---

① Jill L. McKinnon, "Application of Anglo-American Principles of Consolidation to Corporate Financial Disclosure in Japan," *ABACUS* 20（1984）：16-33 提供了日本的集团公司与盎格鲁-美利坚国家的集团公司在合并财务报表方面更详细的讨论。她认为 1997 年日本采纳的盎格鲁—美利坚合并会计方法只是反映了会计国际协调的压力，并不是出自合并方法本身的需要。因此，她暗示不要求提供日本的合并财务报表会比要求提供合并财务报表更有用。从 McKinnon 的研究中可以得出一项重要的结论：仅仅在折算不同国家的财务报表时，才需要了解采用了哪些会计原则。

② Paul R. Brown, Virginia E. Soybel, and Clyde P. Stickney, "Achieving Comparability of U. S. and Japanese Price-Earnings Ratios," in Frederick D. S., Chio, ed., *International Accounting and Finance Handbook*, 2nd ed., New York: John Wiley & Sons, 1997, pp. 7.1-7.18.

9.7 国际前景分析

前景分析（prospective analysis）包括两个步骤：预测和估价。在预测中，分析师在对企业战略、会计和财务进行分析的基础上对公司的前景进行明确的预测。这一步骤将针对以下问题：公司经营战略的变化如何影响未来的销售量和利润？公司最近是否采用了新的会计政策，是否以减少下一年的利润为代价，来增强当期的利润？分析师的比率分析中得出的财务关系是否会持续下去？

在估价中，分析师将量化的预测转化为对公司价值的估计。在大多数公司的决策中，都会隐含地或明确地使用估价。例如，估价是权益分析师给出投资建议的基础。在分析一项可能的兼并时，潜在的收购者将对目标企业的价值进行估计。在实践中，有很多不同的估价方法，如从现金流量折现分析到依赖于以价格为基础的乘数（price-based multiple）的简单技术。① 国际估价专家对那些进行国际前景分析的人们发出以下的警告："在你们本国所学到的规则，在海外将会不适用。" 汇率波动、会计差异、企业经营业务和风俗的不同以及许多其他因素，都会对国际预测和估价产生很大的影响。

例如，折现现金流量分析是用期望现金流量的折现值来评估一家公司的价值，它采用能够反映这些现金流量风险的利率进行折现。尽管在发达和新兴市场国家这个评估原则是完全相同的，然而许多分析所需的数据在发达市场经济国家并没有在新兴市场国家中那样容易得到。② 例如，在假设政府不会违约的前提下，政府债券的利率经常被用作无风险报酬率。这种情况并不适用于国际范围，其他所需的数据包括风险参数和溢酬，由于历史数据较少通常更难估计。而且，作为评估未来现金流量的依据，盈利预测通常不太可靠。Hope 归结了几个方面的因素。③ 其中一个因素是管理人员拥有会计方法的较大的选择权。这种较大的选择权使跨行业分析更加困难，但是却使管理人员更容易在报告公司的经营情况时歪曲经济现状。预测的准确性还与一个国家采用应计制会计的程度正相关。与现金的收到与支出和报告收入和费用中不连续的部分相比，应计项目（accruals）提供了一个衡量公司产生未来现金流量的能力的更好的指标。最后，分析师盈利预测的准确性与一个国家执行准则的力度也正相关。Hope 认为导致这种关系的原因在于，执行活动缩小了允许会计自由选择的范围。从而也减少了分析师对于公司报告自由选择程度的不确定性。④

接下来，考虑在国际背景下以价格（估价）为基础的乘数。诸如市盈率（P/E）和市价—账面价值比率（P/B）这样的估价乘数，经常被用来评估企业的价值。一个常用的方法是对一组可比的企业（如同一行业中的其他企业）计算一个期望的乘数，然后将这个乘数应用到所评价的企业，从而得出一个合理的价格。例如，如果一个行业的市盈率是 15，所分析的公司的盈利预测是每股 1.80 美元，那么每股 27 美元应该是该公司的合理价格。我们可以通过估价乘数的方法来确定目标兼并企业的竞标价

① Aswath Damodaran, *Investment Valuation*, 2nd ed., New York: John Wiley & Sons, 2000.
② Aswath Damodaran, "Valuation in Emerging Markets," in Frederick D. S. Choi, ed., *International Finance and Accounting Handbook*, 3rd ed., New York: John Wiley & Sons, 2003, p. 9.3.
③ Hope, op. cit., pp. 21-39.
④ Hope, op. cit., p. 23.

格。如果目标企业是一家欧洲公司，那么可比企业可以从选定的欧洲国家中选择。

依赖于估价乘数，是假设目标企业和选择的可比企业具有相似性，市场价格反映了企业未来的发展前景，因此具有相似的经营和财务特征的企业（如同一行业中的企业）的定价可以适用于所分析的企业。在跨国背景下，运用价格乘数具有一定的挑战性，因为这需要分析师充分了解每一个乘数，以及这些乘数为什么在公司之间各不相同。

专栏9—3列示了17个国家的公众公司在2007年年末的市盈率。

专栏9—3 **国际市盈率**

国家或地区	指数	市盈率
加拿大	SPTSX	17.8
中国	SHCOMP	41.2
法国	CAC	16.8
中国香港	HIS	15.74
印度	SENSEX	22.97
意大利	MIB30	15.3
日本	NKY	37.7
墨西哥	MEXBOL	19.1
荷兰	AEX	11.9
俄罗斯	RTSI$	11.1
新加坡	STI	14.4
南非	TOP40	9.5
西班牙	IBEX	14.8
瑞典	OMX	14.9
瑞士	SMI	15.5
英国	UKX	13.6
美国	SPX	17.7

资料来源："Global P/E Ratios, Ticker Sense Blogger," Birinyi Associates, Inc., July 20-24, 2009.

专栏9—3中的数据说明市盈率在不同的国家有着很大的差别。在2007年底，南非的市盈率乘数是9.5，而中国证券交易所的上市公司则高达41.2。那么，是什么导致了上述国家间的差别呢?

国家之间会计原则的差别是导致这些比率在各国之间有所不同的潜在原因之一。例如，这类差异导致日本的市盈率通常比美国的市盈率要高（回想一下，对于具有相似财务业绩的可比公司而言，日本公司报告的盈利一般比美国低）。然而，即使在对会计差异进行了调整之后，日本的市盈率仍然要高于美国。

French和Poterba考查了日本和美国市盈率的差异，以及日本在20世纪80年代末期市盈率的快速增长。[①] 他们对日本的数据进行了几项会计调整，发现他们的调整

① Kenneth R., French, and James M. Poterba, "Were Japanese Stock Prices Too High?" *Journal of Financial Economics* 29 (1991), pp. 337-362.

虽然减少了但不会消除日本和美国的市盈率差异。French 和 Poterba 得出的结论是，会计差异仅仅解释了美国和日本市盈率长期差异的一半而已。

Brown，Soybel 和 Stickney 也研究了日本市盈率高于美国的原因。① 他们发现，对会计原则差异进行调整仅能解释两国市盈率差异的一小部分。将他们的研究与 French 和 Poterba 的研究加以比较，得出不同的方法和假设将导致有关估价比率迥异的结论。

专栏 9—3 中列示的估价比率的巨大差异，反映了不同时点和不同国家财务业绩、市场价格的变化。如前所述，即使 French 和 Poterba 对 20 世纪 80 年代末期日本的市盈率进行了严密的分析，也只能得出部分的答案。由此可见，会计仅对不同国家和不同时期市盈率之间的差异提供了一个并不全面的解释。要进行有效的分析和解释，就必须了解外部环境因素（参见附录 9—2）。

9.8 进一步的问题

企业财务分析的 4 个阶段（企业战略、会计、财务分析和前景分析）都会受到以下因素的影响：（1）信息的取得；（2）信息的及时性；（3）语言和术语障碍；（4）外币问题；（5）财务报表种类和格式的差异。

9.8.1 信息的取得

近年来，世界各地数以千计家公司的信息已经可以更广泛地取得。互联网上出现了无数的信息来源。世界各地的公司现在都有了自己的网站，它们的年报资料可以从不同的网站和其他信息渠道免费获得。专栏 9—4 列示的网站为公司研究提供了高度相关的信息。

专栏 9—4 可免费获取公司研究信息的网站（所有的网址都应加前缀 http：//www.）

网站名称	网址	提供信息的内容
年报资料库	zpub. com/sf/arl/	按字母顺序列出美国的公司，并可链接到公司的主页，可以免费下载用 Adobe Acrobat 浏览器阅读的年报
亚洲商业观察	asianbusinesswatch. com	日本和亚洲的公司和证券市场新闻
巴别塔（Babel）	babel. altavista. com	文本文件转换，仅翻译长文件前面少数几页
英格兰银行	bank of England. co. uk/	英国货币和金融统计，研究文献以及其他的公开出版物，提供的信息有银行结构、职能以及其他方面
金融分析网络局（BFA-NET）	bfanet. com	南非公司和证券市场信息，检测“异常行为”
布隆伯格新闻服务	bloomberg. com/	布隆伯格新闻服务精彩部分
理想商业服务站点	businessjeeves. com	良好的起始点，有很多链接

① Paul R. Brown，Virginia E.，Soybel，and Clyde P. Stickney，“Achieving Achieving Comparability of U. S. and Japanese Price-Earnings Ratios，” op. cit. 它对美国和日本的市盈率进行了比较分析。关于各国的市盈率和市价—账面价值比率的深入比较证据，参见 Peter Joos and Mark Lang，“The Effects of Accounting Diversity：Evidence from the European Union，” *journal of Accounting Research* 32（Suppl. 1994）：141-175.

续表

网站名称	网址	提供信息的内容
商业周刊在线	businessweek. com	当前热点，档案和有价值数据的分类
公司年报在线（CAROL）	carolworld. com	一些欧洲公司的在线年报
跨国资本	liquidity. com/	报告超过70个发达和新兴市场的权益、固定收益和货币市场，经过注册可免费获得6个月以上的报告信息
Daiwa证券	dir. co. jp/Reception/research. html	日本经济的研究报告和预测
Edgar——美国证券交易委员会	sec. gov/edgar. shtml	自1996年以来绝大多数美国股票交易所的文件
新兴市场伙伴	emgmkts. com/	亚洲、拉丁美洲、非洲和欧洲的许多有用的链接和资源
Enter网站：企业发展站点	enterweb. org/welcome. htm	企业和金融全球化索引及更多的信息。“重点是发达和发展中国家微型企业、小企业和中等企业的发展”
欧洲记录——欧洲商业指南	Europages. com/	30个国家500 000家公司的列表，包括一些大公司的目录
伦敦金融时报	ft. com/	金融时报的在线版，当前法规、市场信息及其他内容
FT交互数据	turboguide. com/data2/cdprod1/doc/cdrom frame/002/686. pub. FT. Excel. html	FT Excel数据库的良好样本，必须注册
香港证券期货委员会	hksfc. org. hk	中国香港证券市场的信息
Hoover在线	hoovers. com	提供出版物等免费信息。链接到公司主页和其他信息。包括800多家非美国的重要公司
INO全球市场	ino. com/	全球期货期权市场交易者信息
国际商业（密西根州立大学国际商业教育研究中心）	ciber. bus. msu. edu/busres. htm	良好投资和大量站点链接
国际货币基金	imf. org/	国际货币基金新闻、出版物和其他更多的信息
因特网腐败排名	gwdg. de/ ~ uwvw/icr_serv. htm	提供获知的腐败检查目录，对很多国家的诚信水平进行评估，同时提供很多其他的链接和服务
国际投资公司——国家公司服务	natcorp. com/	优秀的起点，有许多提供免费信息的链接站点
NIRI有用的投资者关联站点	niri. org	链接到投资网址
公开注册公司年报，公司	prars. com	超过32 000家美国公司的年报、招股说明书和10-K表

续表

网站名称	网址	提供信息的内容
路透社会计网（RAW）	rutgers. edu/accounting/raw. htm	优秀的起始网站
全球证券交易 Stewart	Voltaire. is. tcu. edu/ ~vmihov/exchan	链接到全球证券市场和衍生工具
股票城	stockcity. com	ADR 简介，按部门、区域或国家组织。要求使用 Adobe Acrobat 阅读浏览器
投资者信息中心链接通道	streetlink. com	在线获取财务报告，仅提供美国公司财务报告
联合国系统	unsystem. org	公司概况和会计信息，有关于沟通和国家背景方面的高质量信息
美国今日货币	usatoday. com/money/mfront. htm	新闻、数据的全面分类
VIBES：实质上的国际商业和经济资源——全面的原始资料	uncc. edu/lis/library/reference/intbus/vibehome. htm	区域网址的理想链接网页，优良的起始页网页，尤其有利于获取宏观数据
Wright 投资服务	profiles. wisi. com	可按照字母、国家或行业搜索
雅虎财经	quote. yahoo. com	大量的数据、新闻和证券资讯

许多公司也对索取它们年报和其他财务文件的书面和电话要求做出回应。然而，国家之间在可获得的公司信息数量方面存在着很大的差别。

许多商业数据库为全世界成千上万的公司提供了获取财务和证券市场数据的途径。商业数据库所涵盖的公司一般是大公司，它们对财务报表使用者和投资者而言意义最大。

其他有价值的信息来源包括：（1）政府出版物；（2）经济研究组织；（3）国际组织，如联合国；（4）会计、审计和证券市场组织。本书所提供的网址仅仅是搜集数据的一个起点。

9.8.2 信息的及时性

各个国家或地区之间在财务报表、年度报告、法定申报材料以及与会计相关的新闻发布的及时性方面存在着显著的差别。虽然在每个季度进行财务报告在美国是一项已被普遍接受的惯例，但在别的国家却很少这样。① 财务报告时滞（lags）可以通过将公司的会计年度截止日与审计报告日相比较来确定。后者经常被认为反映了公司财务信息首次公开的合理时间。据报道，在巴西、加拿大、智利、哥伦比亚、墨西哥、菲律宾、韩国、泰国和美国，这一报告时滞通常介于 30 ~60 天之间。在阿根廷、澳大利亚、丹麦、芬兰、爱尔兰、以色列、日本、荷兰、新西兰、挪威、葡萄牙、新加坡、南非、西班牙、瑞典、英国和津巴布韦，报告时滞通常为 61 ~90 天。在奥地利、

① 一项对跨国公司网站的简单调查发现：出于资本市场的压力，越来越多的公司自愿提供季度报告。

比利时、法国、德国、希腊、印度、意大利、马来西亚、尼日利亚和斯里兰卡，报告时滞通常为91～120天。而在巴基斯坦，平均的报告时滞超过120天。[①]

Frost进一步证明了与盈利相关的信息发布及时性方面的国际差异。[②] 她将披露时滞定义为会计期间截止日与信息发布日之间的平均时间间隔。这种时滞对于法国的公司为73天，德国的为82天，日本的为46天，英国的为72天，而美国的则为26天。

会计信息及时性的变数给国外财务报告的使用者带来了额外的负担。这一负担在经营环境不断变化的公司中尤为突出。有意义的估价需要以常规和非常规的方式对报告数据进行不断的更新。

9.8.3　外币因素

以外币表述的报表给财务分析师带来两类问题：第一类与阅读者的方便程度有关，第二类与信息的内容有关。

世界上绝大多数公司以它们本国的货币来编制各自的财务报表。对一个美国的报表阅读者而言，他习惯于处理美元报表，对以欧元表述的报表进行分析时可能会感到有些迷茫。通常的做法是将外币金额折算为本国货币。然而，大部分外币报表仅仅从外观上讲就很麻烦。财务比率将名义的计量指标转化为百分比关系，它不会受到货币的影响。根据以欧元编制的荷兰公司的资产负债表计算的流动比率，与根据折算成美元的同一份财务报表计算的流动比率数字是相同的。考虑一家英国公司年末的资产负债表项目：

	2009年	2010年	2011年
流动资产	£12 500	£12 200	£12 800
流动负债	£8 333	£7 625	£8 000

假设2009年、2010年、2011年末美元/英镑的汇率分别为1.70、1.80和1.60。无论报表是以英镑表述，还是以美元表述，计算出来的流动比率都是相同的，分别是：2009年为1.5∶1，2010年为1.6∶1，2011年为1.6∶1。在分析财务趋势时，采用本国货币（如英镑）余额更为合适。

倾向于使用本国货币框架的读者在分析外币报表时，会采用一种年末汇率的简易折算方法。然而，在分析折算后的数据趋势时必须注意，采用简易的汇率进行外币账户折算，可能会歪曲以本国货币表述的基础财务模式。为说明这个问题，假设我们所考虑的是英国公司连续3年的销售收入。

	2009年	2010年	2011年
销售收入	£23 500	£28 650	£33 160

① 参见International Accounting and Auditing Trends, 4th ed., Center for International Financial Analysis & Research, Princeton, NJ: CIFAR Publications, Inc., 1995.

② Carol A. Frost, "Characteristics and Information Value of Corporate Disclosures of Forward-Looking Information in Global Equity Markets," Dartmouth College Working Paper, February 1998.

简易折算采用前述的年末汇率（即2009 年的1.70，2010 年的1.80，2011 年的1.60），在这3 年期间美元的销售收入会产生7.5%的增长((\$53 056－\$39 950)÷\$39 950)。然而，用英镑表述的销售收入则增长了41%((£33 160－£23 500)÷£23 500)。

另一种可供选择的方法是采用某一基年汇率将外币折算为本国货币。但是，应该将哪一年的汇率作为基准呢？在我们所列举的例子中，销售收入的数字应该采用2009 年、2010 年还是2011 年的汇率进行折算？

尽管我们倾向于用本国货币来分析外币报表，然而对那些喜欢本国货币统计数据的读者而言，我们喜欢采用最近年份的汇率作为简易折算汇率。然而，如果外币财务报表已经按照外币单位的一般购买力变化进行了调整（参见第7 章对这种处理方法的讨论），我们就必须注意这种例外情况。如果外币余额是以基年购买力等值来表述的，就应该采用给定的这一基年年末的汇率。在我们的例子中，如果销售收入是以2009 年英镑一般购买力进行表述的，那么2009 年的汇率就应该是一个恰当的折算汇率。

虽然经过折算的外币报表为读者用自己熟悉的货币来阅读外币报表提供了便利，但同时也可能会给读者一种扭曲的印象。特别是汇率变动和会计程序结合在一起，往往会导致用本国货币等值表述的报表与基本事项相矛盾的结果。我们以现金流量表为例来说明这个问题。

回忆第6 章的内容，合并财务报表允许跨国公司采用单一货币来报告其全球经营业务的成果。再回忆一下国际上所采用的各种不同的外币折算方法。不管采用哪一种外币折算方法，对于合并现金流量表的读者而言，并不总是清楚所报告的资金来源或运用究竟反映了经营决策的结果，还是仅仅反映了汇率的变动。

为了说明这个问题，专栏9—5 中列示了美国跨国公司的一家挪威子公司的利润表、财务状况表和现金流量表。母公司采用现行汇率法，并以克朗作为进行合并的功能货币。假设股本以历史汇率进行折算。

专栏9—5　　**挪威子公司财务报表折算**

2010 年12 月31 日和2011 年12 月31 日折算的资产负债表（单位：千美元）

	2010 年12 月31 日	2011 年12 月31 日
资产		
现金	\$3 120	\$5 190
固定资产净值	11 050	13 840
资产总额	\$14 170	\$19 030
负债和所有者权益		
应付账款500 美元	\$650	\$650
长期法郎负债	6 240	8 304
股本	4 968	4 968
留存收益	2 312	2 636
折算调整额	—	2 472
负债与所有者权益总额	\$14 170	\$19 030

续表

2011年折算后的利润表（单位：千美元）		
	2010年12月31日	2011年12月31日
销售收入		$1 728
费用		
经营成本	$864	
折旧费用	720	
汇兑利得	(180)	1 404
净利润		$324
折算后的现金流量表（单位：千美元）		
来源		
净利润	$324	
折旧费	720	
长期负债增加	2 064	
折算调整额	2 472	$5 580
运用		
固定资产增加		3 510
现金净增加额（取近似值）		$2 070

粗略地检查一下折算的现金流量表，可以看出现金的主要来源是经营活动（净利润加折旧费用）、长期债务发行和折算调整。而现金的主要运用是增加公司的固定资产投资。

一个累计的折算调整额的出现，使专栏9—5所列示的现金流量表的格式与单纯的国内公司有所不同。然而，仔细阅读折算的现金流量表的项目就会发现，它实际上并不构成现金的来源或运用，折算调整额是通过将期初外币净资产的余额乘以期间内的现行汇率波动，以及将期间内净资产的增减变动乘以平均汇率与期末汇率的差额计算出来的。这一程序连同会计等式两边相等的属性，表明了折算的现金流量表的大部分项目是折算影响和实际现金流量的综合结果。在我们现在所举的例子中，报表的阅读者需要弄清楚的是，长期负债的增加数1 584 000美元是真实地反映了挪威子公司的筹资活动，还是大部分来自会计调整。类似的考虑也适用于表中所列示的固定资产投资2 695 000美元。

假设专栏9—5中所示的折算报表是基于专栏9—6中列示的挪威克朗余额，相关的汇率信息如表中所述。

专栏 9—6　　全资的挪威子公司的财务报表

2010 年 12 月 31 日和 2011 年 12 月 31 日当地货币的资产负债表		
	2010 年 12 月 31 日	2011 年 12 月 31 日
资产		
现金	NOK 24 000	NOK 30 000
固定资产净值	85 000	80 000
资产总额	NOK 109 000	NOK 110 000
负债和所有者权益		
应付账款 500 美元	NOK 5 000	NOK 3 750
长期克朗负债	48 000	48 000
股本	46 000	46 000
留存收益	10 000	12 250
负债和所有者权益总额	NOK 109 000	NOK 110 000
现金流量表		
来源		
净利润		NOK 2 250
折旧费		5 000
减：克朗汇兑利得		1 250
运用		
无		—
现金净增加额（取近似值）		NOK 6 000
相关汇率		
2010 年 12 月 31 日		NOK 1 = $0. 130
2011 年平均数		NOK 1 = $0. 144
2011 年 12 月 31 日		NOK 1 = $0. 173

在功能货币（克朗）和报告货币（美元）之间进行现金流量比较，会发现一些惊人的差异。根据专栏 9—5 所示的折算的资产负债表和利润表得出的现金流量表显示，长期负债是一项资金来源，而专栏 9—6 用克朗编制的报表却并非如此。与此类似，美元报表所显示的固定资产投资，不过是纯粹由折算引起的现象。

进一步的分析有助于深入地了解折算影响的大小。对固定资产项目的分析表明，在年度内没有固定资产的购买、销售或者报废。因此，年末的余额应该就是期初的账面价值：11 050 000 美元（85 000 000 挪威克朗）-折旧 720 000 美元（5 000 000 挪威克朗）= 10 330 000 美元。实际的期末余额是 13 840 000 美元，这表明固定资产的全部增加额（$13 840 000 - $10 330 000）都是汇率的影响造成的。与此类似，年度内挪威克朗长期负债并未发生变动，长期负债的全部增加额（$8 304 000 -

$6 240 000)也是由汇率折算调整引起的。通过对其他折算影响的类似分析，也会发现与挪威子公司的营运资本项目有关的其他折算影响。专栏 9—7 对这些影响进行了总结。

专栏 9—7　　**汇率影响分析**

	借方	贷方
现金	$1 206	
固定资产	3 519	
公司之间的应付款		$180
长期负债		2 064
	$4 716	$2 244
累计折算调整额		2 472
	$4 716	$4 716

请注意，专栏 9—6 中显示的累计折算影响额与折算的资产负债表中股东权益部分的累计折算调整额相等。一位知情的读者能够更好地运用预测分析，从公司的筹资和投资活动中估算出汇率变动的影响。

9.8.4　报表格式的差异

各国资产负债表和利润表的格式各不相同。例如，美国大多数公司采用资产列在左侧、权益列在右侧的资产负债表格式，而英国的报表格式正好相反。另外一个例子是，在美国，资产负债表按照流动性强弱顺序来排列资产，而按照到期日递增顺序来排列负债。与此相反的是，在很多国家，流动性最强的资产和距到期日最短的负债列示在资产负债表的底部。

国际上报表分类的差别也广泛存在。例如，在美国，累计折旧作为一个备抵账户报告；在德国，计提折旧的资产通常按照扣除折旧后的净值来报告，而将长期资产账户在当期的全部变动直接反映在资产负债表中。在绝大多数国家，流动负债与非流动负债的界限是 1 年，而在德国这一界限通常是 4 年。要详细了解各个国家流行的其他分类差异的具体处理方法，可以参阅诸如《跨国公司会计》之类的手册。①

财务报表格式的差异尽管比较麻烦，但很少是重要的，因为全球范围内财务报表的基本格式是非常相似的。因此，大多数报表格式差异可以很容易地加以协调。

9.8.5　语言与术语障碍

国家之间的语言差异可能会为报表使用者带来信息障碍。大多数非英语语系的国家用它们的母语来公布年报。然而在发达经济体中，较大的公司越来越多地提供英语版本的年报。

① Dieter Ordelheide and KPMG, *Transnational Accounting*, 2nd ed., Hampshire, U. K.: Palgrave, 2001.

会计术语差异也可能造成沟通上的困难。[①] 例如，美国的读者将"stock"这一术语与公司的所有权证明联系起来；而对英国的读者而言，其更多地将这一术语与企业的未售出商品存货联系在一起。有关英、美两国之间的术语差异的其他例子包括"turnover"（在英国表示销售收入，而美国则使用"sales revenue"来表示销售收入）、"debtors and creditors"（在英国表示应收、应付款项，而美国则用"accounts receivable and payable"）。

总之，国际财务报表的使用者面临着很多重大的问题。也许最大的难题是外币业务以及信息的可获得性和可靠性。有时，外币业务的难题可能对国际会计有普遍的影响。相反，随着越来越多的公司、监管机构、股票交易所都意识到方便投资者获取及时可靠信息的重要性，与信息的可获得性和可靠性相关的问题正在逐渐减少。

9.9 财务报表分析与审计

在我们前面的会计分析部分中，我们注意到评价列报在企业公开财报中的信息质量的重要性。考虑周到的读者必须判断所采用的会计计量方法的准确性，并消除使用不当会计方法所引起的曲解。这一质量评价的必然结果是对所提供信息的可靠性的评价，不考虑所采用的计量规则。

9.9.1 鉴证职能

独立审计师执行财务报告鉴证职能。作为胜任的外部专家，他们审核企业管理层提供的财务信息，并鉴证其可靠性、公允性和其他质量方面。这一过程建立并维护了财务信息的一体化。

尽管审计程序历史悠久，然而19世纪作为一个独立而又独特的职业，审计的发展受到1845年英国颁布的法规的推动，其要求企业编制的账目必须经经理以外的其他人审计。最早的会计机构是爱丁堡会计师协会。

职业审计师的鉴证与投资者和其他财务报表读者的利益休戚相关。如果他们可获取相对优质的信息，他们就会制定有相对最佳预期收益的决策，也能更好地服务于大众。不完全的、不可靠的，甚至有误导作用的财务信息，很可能会对一个经济体内资本形成过程产生负面影响。进一步而言，稀缺的资源可能会误入社会不太需要的渠道，或通过过高的破产率而被浪费掉。对于鉴证职能的敏感性，跨国环境可能高于单一国家环境。

除决策和公众利益影响外，独立审计将效率引入财务报告程序。如果财务信息的使用者必须自己获得并逐项、逐人地核查这些信息，那么因而产生的将是一个成本极其高昂的过程。在这一点上，责任分工产生了纯粹的好处。管理层在提供外部使用者所需要的财务信息上有比较优势。反过来，审计师在保证管理层的财务列报相对无偏上有比较优势。他们独立的鉴证能够使世界各地的财务报表阅读者区分公认和非公认的会计实务并评价财务报告的整体质量，这要比其他人来做此事付出更低的成本。

---

① Lisa Evans, "Language, Translation and the Problem of International Accounting Communication," *Accounting, Auditing and Accountability Journal*, Vol. 17, no. 2 (2004): 248.

9.9.2 审计报告

审计师鉴证时通常是通过审计报告来与财务报表阅读者进行沟通的。该报告紧随或在某些情况下先于企业的主要财务报表出现在企业的年度报告中。但是，这样的报告到底包括什么呢？所有国家的审计师都采用相同的报告格式吗？专栏 9—8 包含了对样本国家审计报告要求的分类。①

专栏 9—8　　**节选的审计报告的呈报要求**

英国

审计师报告披露了企业管理层的责任和审计范围、意见基础和意见声明。法规要求必须包含资产负债表、利润表和相关附注，审计准则将这一范围扩大到现金流量表。审计意见必须陈述财务报表是否进行了真实和公允的反映以及财务报表是否遵守法定要求。审计师必须声明他们已经阅读了审计报告中的其他信息，包括公司治理声明，以及如果审计师已经意识到任何不一致，还应该描述审计报告的含义。范围界定部分也解释了与单独的董事报告、会计记录、信息和要求的解释、董事薪酬披露规定相关的审计师责任。

美国

一个标准的三段式报告明确了被审计的企业和主要财务报表（范围），并阐明管理层和审计师的责任。审计师必须声明审计是否遵守公认审计准则。审计师必须对财务报表是否依照 GAAP 公允地列报以及 GAAP 是否已经在以前年度得到一贯遵守等发表意见。如果不能出具审计意见，则必须阐明理由。

瑞典

《瑞典公司法》要求审计师就如下内容做出声明：

1. 年报编制符合该法案；
2. 采用资产负债表和利润表；
3. 管理层报告中包括的对不当盈余或亏损处置的议案；
4. 解除董事会成员和董事长的责任。

德国

《德国商法》明确规定审计报告包括审计程序说明和审计结果，涉及管理层报告、未来发展预测、合法性声明和描述企业风险管理系统的声明。审计师必须提供内容、类型和审计工作量的概述、审计结果评价并说明财务报表和管理层报告是否真实和公允。

基于专栏 9—8 提供的样本数据，审计师报告就其所包含的信息方面在各国之间的差异是很明显的。英国和美国的审计报告明确了审计的范围，确认遵守的审计和会计准则，并阐明了审计意见。德国的审计报告扩展了信息集，以包括未来发展信息和有关企业风险管理系统的说明，以及对财务报表阅读者有用的信息。这些报告在审计师出具的审计意见方面显著不同。专栏 9—9 随机节选了英国、美国、瑞典、瑞士和挪威的企业年度报告中有关审计意见的措辞。

在用文件证明国际审计意见的多元化方面，专栏 9—9 提出了对于分析师的信息问题。英国审计师认为他们审计的财务报表真实和公允地反映了企业的状况。在这一

① 基于国际审计实务不同方面的专栏 9—8 和后续专栏引用了 Belverd Needles 的一项优秀的调查。要进一步了解详情，参见其撰写的一章 "Taxonomy of Auditing Standards," in Frederick D. S. Choi, *International Finance and Accounting Handbook*, 3rd ed., New York: John Wiley & Sons, 2003.

情况下，术语“true”意味着“真相，完全真实且只有真实”吗？包含的术语“fair”意指真相已经以某种方式被妥善处理了吗？美国审计师采取了并不绝对的立场，声称被审计的财务报告得到了公允列报，并符合一系列美国计量规定的要求。这种措辞意味着与真实和公允相同的含义吗？瑞典审计意见比专栏 9—8 中阐述的要求更有信息量，即瑞典的审计师被允许不发表任何意见。然而，瑞典 GAAP 和《年度账目法》同义吗？专栏 9—9 中的措辞似乎表明了这一点。如果真是这样的话，则这意味着瑞典 GAAP 是法律基础吗？这通常与民间职业团体制定的准则有差异吗？或者说，它意味着《公司法》规定遵守由瑞典会计职业制定的公认审计准则吗？如果它意味着前者，那么遵守该法（也读瑞士的意见）会确保财务报表真实和公允地反映了企业的状况吗？最后，评价挪威例子提供的两份审计报告：一个是母公司的，另一个是集团的。双重审计意见表明一套计量原则以某种方式优于另一套吗？这一问题尤其与那些依靠母公司财务信息进行分析的审计师有关，因为后者通常以有真实现金流效应的税收为基础。

专栏 9—9 **审计意见的多样化**

英国

我们认为，财务报表依照 1985 年颁布的《公司法》进行了恰当的编制，其真实和公允地反映了公司和集团在 12 月 31 日的事务状况和本年度的利润和现金流量。

美国

我们认为，上述财务报表依照美国公认会计准则，在所有重大方面公允地反映了公司在 2009 年 12 月 31 日的合并财务状况、截止于 12 月 31 日的三个年度的合并经营成果和现金流。

瑞典

年度账目和合并账目已经依照《年度账目法》进行了编制，因此，已按照瑞典公认会计准则的要求真实和公允地反映了公司和集团的财务状况和经营成果。

瑞士

我们认为，会计记录和财务报表以及可用盈余的拟定拨用都符合瑞士法律和公司组建的条款。

挪威

母公司的财务报表依照法律法规进行编制，按照挪威公认会计准则的要求真实和公允地反映了公司在 12 月 31 日的财务状况和本年度的经营成果和现金流量。集团的财务报表依照法律法规进行编制，按照欧盟采用的国际财务报告准则要求，真实和公允地反映了集团在 12 月 31 日的财务状况、本年度的经营成果和现金流量，以及所有者权益变动。

9.9.3 审计和可信性

审计报告的可信性依赖于若干个平台。这些包括，但不限于，审计准则的来源及其执行，以及从事审计的个人或群体的职业精神。

专栏 9—7 表明，审计准则来自于诸如《公司法》等的国家立法和（或）民间职业会计协会。在许多情况下，这是一个关于程度的问题。在大多数国家，审计准则主要由民间职业团体来制定。值得注意的特例是奥地利、德国和瑞士，它们的审计准则很大程度上受国家立法的影响。诸如法国、日本、韩国、肯尼亚、瑞典和英国等国家在这方面则依赖于法律和职业准则的结合。[①] 在一些情况下，民间职业团体制定的准则要比政府制定的准则更为严格；在另一些情况下，则恰好相反。于是，鉴证职能的可信性也是执行机制的职能和审计责任的范畴。

在国际层面上，审计准则的执行和审计失效已被证明是困难的。职业建立的准则通常缺乏法律效力和经济制裁的可能性，更一般地说就是国际政治和外交认可。因此，准则执行依靠且主要依靠职业团体自身。坚持严格或偏紧的审计准则总是会对客户产生不利的经济后果（即增加审计服务费用），反过来，这将导致独立审计师之间的竞争压力。在国家层面上，执行审计和道德准则的有效性在国与国之间各不相同。在 Needles 调查的大部分国家中，他发现一个违反审计准则的审计师可能会受到法律惩戒或职业制裁。处罚包括谴责、罚金，在某些情况下，还包括将其从审计师或会计师事务所所在的职业团体中除籍。英国的职业团体很难获取有关错误行为的证据，因为其并不具有传讯权力。在美国，一个被国家会计师协会或美国注册会计师协会开除的会员没有必要阻止被开除会员执行审计。只有各个州，通过其州会计理事会，有权吊销从业执照。媒体报道经常揭示出，这些理事会往往不能施以处罚，或进一步了解这些处罚。诸如法国、日本、德国、肯尼亚和荷兰等国的政府通常在执行行动上起到形式上的作用。因此，国家层面上的执行被证实是不均衡的。

对错误行为的第三方审计的责任代表了市场执法的一种形式。这也说明了市场惯例的不同。在德国和美国等国家，对于受到侵害的第三方，审计师的一般过失通常不足以使其在诉讼求偿中占据优势。而在日本、肯尼亚、沙特阿拉伯、瑞典和英国等国家，情况则恰好相反。在大部分的国家中，审计师可能会因重大过失或舞弊而被追究法律责任。

在最后的分析中，审计的可信性是审计师的一个职能。在这里，财务报表的阅读者必须区分两类会计师。假设你正在研究一家法国公司的年度报告以此来进行投资决策。抛开当时的场景不谈，你现在将要做的首要的一件事情就是查看年度报告是否包含由独立会计师出具的审计报告。你找到了这份报告，并且法定审计师已在上面签字。你能就此推断出其已对管理层的财务列报进行了严格的独立审计吗？未必如此。该审计师是一名法定审计师，对其的任命是依照法国商法强制进行的。在法国，要求法定审计师监管非常一般的企业簿记和会计，然后向股东大会进行年度报告。该法律没有明确规定其应具备的从低到高的任何职业资质。通常一名或几个股东就能胜任。所以，由法定审计师发表的审计意见与执业会计师出具的相似声明或意见具有完全不同的意义和假设。后者是经过良好培训的职业会计师，其与英国的特许会计师或美国的注册公共会计师齐名。专栏 9—10 包含了节选国家的审计师差异。

接下来，还有审计师从业资质和执业许可的问题。从业资质的教育要求，在英国是中等，在美国则相当重要。事实上，大部分的国家要求有课堂训练，且申请审计师资质的求职者必须满足执业许可要求，包括通过综合专业考试。另外，从业资质的实践经验要求在德国和荷兰相当重要，但在美国的一些法域内则不再要求。一旦注册为

---

① 基于国际审计实务的不同方面的专栏 9—8 和后续专栏引用了 Belverd Needles 的一项优秀的调查。要进一步了解详情，参见其撰写的一章“Taxonomy of Auditing Standards”，in Frederick D. S. Choi，*International Finance and Accounting Handbook*，3rd ed.，New York：John Wiley & Sons，2003.

职业审计师，为了让审计师跟上当前商务和职业发展的形势，澳大利亚、日本、韩国、墨西哥、荷兰、英国和美国都要求其应接受继续教育。这种情况在其他地方则很少。

专栏 9—10　　**节选国家审计师的不同地位**

法国

法定审计师

执业会计师

日本

法定审计师

会计审计师

英国

注册会计师

特许会计师

美国

公共会计师

注册公共会计师

墨西哥

专员

会计师

最后，审计师的价值取决于他或她与所审计客户的独立性。大部分的人会认为美国注册会计师服从目前国际上最为严格的独立准则。在一些国家或地区，例如中国香港，审计师可以加入企业董事会，而在韩国，其可以在其审计的公司拥有少量的财务利益。在欧洲大陆，许多大型会计师事务所由其可能审计很好的大型银行拥有或至少部分控制。这并不意味着欧洲审计师一定依赖于事实或表象，而意味着独立审计职业的一个完全不同的组织形式开始盛行。尽管非美国人可能坚持认为为其客户提供管理咨询服务和进行税务辩护很可能并不独立，但是从事这些领域活动的美国审计师（最近受到了限制）则可能认为会计师事务所的银行权益所有权（尽管与审计业务相分离）会损害独立性。谁是对的呢？

审计师独立性质疑通常会引起跨国业务中的运作问题。审计师独立性是一个概念，其不仅受美国职业道德法案的保护，而且依赖于管理机构 SEC 的规定，如其基本的《财务报表规则》（Regulation S-X）和《会计公告文件第 126 号》。因此，公众持股的美国母公司的国际附属机构必须由满足美国审计独立性界定的审计师来审计。当海外审计由联营或外地代理事务所而不是会计师事务所自己的分支机构执行时，这就不是一个简单的问题了。这种情形可能在那些要求当地国家机构执行独立审计的国家中更为令人头疼。

9.9.4　应对机制

我们目前已经看到，国际审计报告在其信息含量上各不相同。我们也描述了有助于提升鉴证职能可信性的平台差异。这些差异支持加强审计的国际协同。将国际审计准则协同作为其使命的一个最重要的组织是国际会计师联合会（IFAC）。[①] 这一组织及其活动的说明已在第 8 章进行了描述。与此同时，在以前部分介绍的审计条件差异，尤其是在依赖法律体制的独立性准则和审计准则领域，表明全球协同努力将并不容易。

欧共体也在地区层面追求审计准则的协同。然而，这一努力因各个欧盟国家会计职业组织结构特征的多样化而变得有些复杂。例如，英国目前有 6 个会计机构，其中 4 个获得了行政批准，其机构人员可以担任法定审计师。法国有 2 个会计机构，而德国有 3 个。这种多元化的会计结构使得在审计领域达成一致协议变得非常困难。这足以说明，协同审计准则的实质进展在欧洲已经放缓。[②]

在不存在协同审计准则的情况下，财务分析师务必理解经营主体所处国家的审计条件，其财务报表处在监控之下。如果这失败的话，限定对一些公司的财务分析是一个应对选择，这类公司的财务报表由因其职业专长和诚信而著称的声誉佳的会计师事务所进行审计。因为其为机构投资者服务，所以如果风险足够高的话，坚决或购买第二份由世界级国际会计师事务所出具的审计意见是另一个选择。

9.9.5 内部审计

报告主体财务报表的良好外部审计是一个确保管理层与外部利益主体沟通可信性的必要条件。然而，这还不够。一家企业内部控制系统的有效性是相当重要的，因为它能比外部审计师提供一个更及时的“核查和协调”系统。制定和监管企业内部控制系统的服务活动是内部审计的职能。

关于最近内部审计地位提升的许多解释已经有了新的进展。一是企业董事会下设审计委员会数量的庞大增长。这些委员会在公司治理中发挥着积极的作用，其通常依靠内部审计职能并将其作为直属部门，这增强了内部审计师的地位，并授权其直接接触高级管理层。

提升内部审计重要性的另一个因素是企业控制需求的空前增加。例如，在首屈一指的法国银行——兴业银行，一个狡猾的交易员担任未经授权的职位而导致企业蒙受 72 亿美元的惊人损失。[③] 跨国公司的非法支付问题已经引领内部审计师完成一些其他的特殊任务。这方面的例子可见最近有着 160 年历史的集团企业西门子的公司治理丑闻，涉及对预期客户普遍和高度有组织的行贿。[④]

在美国，始于 20 世纪 90 年代的大量企业丑闻突显了内部审计的重要性。这些丑闻应直接归因于松散的公司治理体系，在这一体系下，管理层将其个人利益凌驾于其广大股东的利益至上。[⑤] 为了提升投资者的信心，美国国会制定了《萨班斯—奥克斯

---

① 有关 IFAC 的其他信息可以在 www. ifac. org 上获得。同时可参见 Anne Loft，Christopher Humphrey，and Stuart Turley，“In Pursuit of Global Regulation：Changing Governance and Accountability Structures at the International Federation of Accountants（IFAC），” *Accounting，Auditing and Accountability Journal*，Vol. 19，no. 3（2006），p. 451.

② 参见 Peter Walton，“European Harmonization，” in Frederick D. S. Choi，*International Finance and Accounting Handbook*，3rd ed.，New York：John Wiley & Sons，2003.

③ Elizabeth Charnock，“Holistic Compliance：The Future of Financial Risk Management，” *Financial Executive*，April 2009，pp. 55–57.

④ Dionne Searcey，“In Antibribery Law，Some Fear Inadvertent Chill on Business，” *Wall Street Journal*，August 6，2009，p. A9.

⑤ 这是代理理论中所称的不对称行为，即代理人（管理层）以牺牲委托人（股东）利益为代价实现其个人利益最大化而没有向其履行受托责任。

利法案》（SOX）。这一行为明确了管理者及审计师的责任，以营造这样一个经营环境：（1）减少利益冲突；（2）增加企业财务报告的透明度、可靠性和准确性；（3）增强公司治理主要参与者——管理层、董事会和审计师之间的独立性。关于后者，该法案的205和301条款突出强调了审计委员会——董事会的下设机构的关键作用。首先，审计委员会必须监管会计和财务报告过程及其任职企业的财务报表审计。其次，其必须委派外部审计师，向其付费并评价外部审计的有效性。再次，其必须建立对于质疑会计或审计程序的投诉的接收和追究程序。该法案也增添了用于市场监管的执行工具，并试图缩小证券市场交易中的利益冲突（即把投资者利益放在投资顾问和投资银行驱动交易行为之上）。①

SOX法案值得特别注意的两个条款是303和404条款。303条款声明，CFO和CEO必须在所有要求的财务报表上签字，以证实这些财务报表是完整的、准确的，并符合所有相关规定和会计准则。404条款强制规定管理层提交书面声明，向阅读者保证他们已经设计并测试了足够的内部控制，并且这些内部控制正在运行之中。这些控制必须经企业外部审计师审计，因此形成企业外部和内部审计师的关系。该法案也创立了公众公司会计监管委员会（PCAOB），除其他事情外，还提供审计企业内部控制的指引，并确定了审计报告的内容。

为了说明《萨班斯—奥克斯利法案》如何运行，我们提供了世界知名软饮料生产商——可口可乐的年度报告节选。专栏9—11再现了包含在美国审计报告中的补充段落。该段紧随审计范围、审计准则和审计意见之后。在可口可乐公司审计报告中提到的发起组织委员会（COSO）是一个创建于20世纪70年代的组织，研究如何解决财务报表舞弊。其发起组织包括美国会计协会、美国注册会计师协会、高级财务管理人协会、内部审计师协会和管理会计协会。② 专栏9—12列示了管理层企业内部控制的责任报告，专栏9—13解释说明了企业外部审计师的最新内部控制责任。

有助于解释内部审计发展、确认和重要性的因素包括：

1. 持续增长的企业管理责任；
2. 日益增加的组织复杂性，尤其是跨国公司；
3. 企业兼并、收购和重组的增长；
4. 非法目的的电子资金汇款和其他汇兑方式（也就是洗钱）使用的增多；
5. 外部审计师对内部审计的依赖性增强（即更多地依赖内部审计师的工作以提高鉴证职能的经济效益）；
6. 内部审计绩效监管要求的增加，如《萨班斯—奥克斯利法案》的类似规定。

来自亚洲（例如，日本目前制定了其自己的SOX）和欧洲的证据也指出内部审计在世界范围内大公司里的扩展。

还有另外一个解释可以在世界经济环境中找到。第1章介绍的全球竞争现象已经导致企业边际利润的缩减，突显了成本和费用控制的重要意义。内部审计在监管这类

① R. Trent Gazzaway, "Audit Committees: Expanded Roles, Responsibilities and Focus," *Financial Executive*, July/August, 2008, pp. 22-25.

② COSO用于监管内部控制系统的新指引，其主要宗旨再现于Edith Orenstein, "COSO's New Guidance for Monitoring Internal Control," *Financial Executive*, January/February 2009, p. 58. 详细内容可登录COSO网站，www. coso. org.

控制方面发挥着重要作用。

专栏 9—11　　**可口可乐公司的增强审计报告**

我们已经依据公众公司会计监管委员会（美国）的准则审计了可口可乐公司 2008 年 12 月 31 日的财务报告内部控制的有效性，并基于反舞弊委员会的发起组织委员会发布的内部控制整合框架建立的标准和我们的报告日期是 2009 年 2 月 24 日，发表了标准无保留的审计意见。

安永会计师事务所有限公司

专栏 9—12　　**可口可乐公司管理层内部控制报告**

管理层财务报告内部控制报告

可口可乐公司及其子公司

企业管理层负责依照 10-K 格式编制和整合列示在年报中的合并财务报表。财务报表遵循所处环境的公认会计准则进行编制，并且包括基于我们判断和估计的特定账户。该 10-K 年度报告中的财务信息与财务报表中的财务信息一致。

企业的管理层负责建立和维护足够的企业财务报告内部控制，这些在 1934 年的证券交易法案（“交易法案”）的 13a-15（f）规则中有明确界定。该公司的企业财务报告内部控制，设计用于提供关于财务呈报和合并财务报表编制可靠性的合理保证。我们的财务报告内部控制得到了内部审计项目及管理层适度审核、书面政策和指引、合格人员的认真选拔和培训，以及我们公司董事会采取的书面《商业行为准则》（其应用于规范我们公司及子公司所有的董事、经理和员工的行为）的支持。此外，我们公司董事会采用了非员工董事的书面《商业行为准则》，其反映了与我们经理人员和员工遵守的《商业行为准则》相同的原则和价值观，只是集中于与非员工董事有关的重要问题。

由于其固有的局限，财务报告内部控制不能阻止或发现误报，甚至在确定其有效性上，只能提供关于财务报表编制和列报的合理保证。同时，未来期间有效性的任何评价受由于条件变化或遵守政策或程序的程度的可能恶化而导致的控制不足风险的影响。

我们董事会的审计委员会依照纽约证券交易所上市准则、交易法案和公司治理指引的要求，仅由独立的董事构成，并与独立审计、管理层和内部审计师会面定期讨论财务报告内部控制和审计及财务呈报重大问题的要求。审计委员会审核了独立审计师审计努力的范围和结果。其也定期在管理层不在场的情况下与独立审计师和首席内部审计师会面，以保证他们与审计委员会的自由接触。我们的审计委员会报告能够在公司 2009 年股东签署的委托书中找到。

管理层评价了公司 12 月 31 日财务报告内部控制的有效性。在进行这一评价的过程中，管理层使用了 COSO 发布的《内部控制整合框架》中的标准。基于我们的评价，管理层认为，公司维持了 2008 年 12 月 31 日财务报告的有效内部控制。

公司的独立审计机构，安永会计师事务所——一个注册会计师事务所，由公司董事会下设的审计委员会委派，得到了公司股东的认可。安永会计师事务所已经审计并报告了可口可乐公司及子公司的合并财务报表，以及公司财务报告的内部控制。独立审计师的审计报告包含在年度报告中。

Muhtar Kent
总裁和 CEO
Hary L. Anderson
副总裁和会计主管
Gary P. Fayard
执行副总裁和 CFO

专栏 9—13　　**可口可乐公司独立审计师内部控制报告**

独立的注册会计师事务所对董事会和股东财务报告内部控制的报告

可口可乐公司及其子公司

基于 COSO 发布的《内部控制整合框架》，我们审计了可口可乐公司 2008 年 12 月 31 日的财务报告内部控制。可口可乐公司的管理层负责维护有效的财务报告内部控制并对其有效性进行评价。我们的责任是基于我们的审计，对公司的财务报告内部控制发表审计意见。

我们依照公众公司会计监管委员会（美国）的准则进行审计。这些准则要求我们计划和执行审计以获得在所有重大方面是否建立和维护了有效的财务报告内部控制的合理保证。我们的审计包括获取和了解财务报告内部控制，测试和评价基于评价风险的内部控制的设计和有效运行以及在一定环境下执行我们认为必要的其他程序。我们认为，我们的审计为我们出具的意见提供了合理基础。

公司的财务报告内部控制是一个设计用于提供合理保证的过程，针对财务报告的可靠性和依照公认会计原则出于外部目的而进行的财务报表编制。公司的财务报告内部控制包括以下政策和程序：（1）归属于记录维护方面，合理详尽，准确和公允地反映公司资产的交易和处置；（2）提供合理的保证：当依照公认会计原则允许编制财务报表时才有必要记录交易，以及只有在遵照公司管理层和董事授权的情况下才能进行公司的收支；（3）提供关于防止或及时发现未授权购买、使用或处置公司资产（这将对财务报表产生重大影响）的合理保证。

由于其固有局限，财务报告内部控制不可能防止或发现误报。同时，未来期间有效性的任何评价受条件变化或遵守政策或程序的程度的可能恶化而导致的控制不足风险的影响。

我们认为，基于 COSO 标准，可口可乐公司在所有重大方面维护了 2008 年 12 月 31 日财务报告内部控制的有效性。

依照公众公司会计监管委员会（美国）的准则，我们也审计了可口可乐公司及其子公司 2008 年和 2007 年 12 月 31 日的合并资产负债表及截止于 2008 年 12 月 31 日的 3 年的相关的合并利润表、所有者权益表和现金流量表。我们的报告日期为 2009 年 2 月 24 日，发表了标准无保留审计意见。

安永会计师事务所

9.9.6　职业组织

内部审计的职业关注是由内部审计师协会（IIA）提供的，其总部位于美国，并拥有国际会员。其创建于 1941 年，且致力于：

- 在国际范围内，提供了综合的职业发展活动、内部审计实务准则和证书；
- 同其世界各地的会员和公众研究并宣传和促进关于内部审计、内部控制和相关主题的知识和信息；
- 组织世界范围的会议以对会员和其他人员培训有关遍及世界的不同的内部审计实务；
- 协调内部审计师并推动内部审计领域的教育发展。

内部审计师协会的职业考核和证书核准活动推动注册内部审计师（CIA）职业资格的诞生。CIA 是唯一全球公认的内部审计师资格。目前，内部审计师协会拥有来自 165 个国家的 130 000 名会员。

9.9.7 内部审计不断演变的作用

内部审计师的作用已经随着时间而不断演变。内部审计的最初发展在欧洲得以证实，许多国家详细制定了关于内部审计职能和要求的规定。早期的审计师在其工作中有着“交通警察”的心态。他们极其关注确定已建立的政策、计划和程序的复杂程度，核查企业的资产，调整会计账簿上的存货和现金。管理层通常以防卫的眼光看待内部审计，这也不足为奇，因为内部审计师被视为必要之恶。笔者就曾观察到这样的情况，经理人员不愿意与审计师沟通。反过来，内部审计师却总是试图抓住管理人员所做的错事。这种情况对于企业组织的健康运行及其利益相关者（包括财务报表使用者）的利益保障而言是无谓且有损害作用的。

在全球竞争的环境下，今天的管理人员依靠内部审计师担任专家，这胜过传统的控制职能。国际大型会计师事务所普华永道向其内部审计师提出了10项必须履行的责任，以提升其对后安然世界中经营公司的价值。[①] 这些责任包括：

1. 突出与高管和董事的对话，以便清晰地建立内部审计增值目标（即战略问题、风险管理和企业资产保护）；
2. 重新排列以满足关键利益持有者的期望（股东、执行管理层、外部审计和市场监管者）；
3. 战略性地思考和行动；
4. 扩展审计范围以包括在保护企业中的“高层氛围营造”和执行管理层的行为；
5. 评价和加强复杂经营审计的专长；
6. 在高风险领域的杠杆技术；
7. 关注企业风险管理能力；
8. 制定动态化审计程序；
9. 提高鉴证程序的质量；
10. 计量股东期望的增强绩效。

这里的想法在于：如果内部审计职能仅仅被认为是监管职能的话，那么管理层的支持将继续有所保留，这可以从他们对内部审计成本的质疑当中看出来。这将对组织或其关键委托人不利。如果审计师被认为是管理团队的主要成员并且提供有利于管理的意见，例如，关于如何控制企业的风险敞口，则他们将被重新估价，并且他们的成本也更能被接受。

成为管理层有价值的顾问，绝不能、也不应该放弃审计师的独立性。放弃一个人的正直不会赢得管理层的尊重。这样做将会增加管理层违背其维护一个良好内部控制（法律目前强制要求）的受托责任。然而，管理层将珍视并接受这样的审计师：（1）为他们的关键委托人履行其职责，也就是企业财务报表的阅读者；（2）有足够的才能提供建议，以帮助企业维持其国际竞争力。

---

① Seymour Jones, “Internal Auditing,” in Frederick D. S. Choi, *International Finance and Accounting Handbook*, 3rd ed., New York: John Wiley & Sons, 2003, p. 32. 13.

附录9—1 将按日本公认会计原则编制的财务报表重述为按美国公认会计原则编制的财务报表

在本附录中，我们将说明如何用公认会计原则的重述来降低会计差异的影响。专栏9—14中包含了日本Toyoza公司和美国Lincoln公司年末的财务报表及相关附注。

专栏9—15提供了Toyoza公司和Lincoln公司的比较财务比率。

基于这个初步的分析，Toyoza公司与Lincoln公司相比，其流动性、运营效率、获利能力乃至偿债能力都较低。但是，果真如此吗？一名好的分析师将会努力弄清楚这些分析得出的差异在多大程度上取决于经济环境的差别对会计指标和其他会计环境造成的影响。

为了便于同Lincoln公司进行比较，我们将Toyoza公司的报表根据美国公认会计原则进行重述。根据所提供的信息，并按顺序详细阅读附注，需要进行下列调整：

（1）调整存货以反映成本计价方法的差异。调整将增加存货并减少销售成本198 000日元。

（2）当年采用直线法和年数总和法计提折旧产生的差异，将引起对销售成本和固定资产净值的调整额46 750日元。前一年的折旧差异为140 250日元，按照35%的边际税率计算，报告所增加的140 250日元的税前利润将产生49 088日元的递延所得税，应相应贷记“留存收益”。

（3）根据美国公认会计原则，租赁业务需要资本化。将40 000 000日元的租金按照5年期、8%的利率进行折现，得出现值为159 600 000日元，分别增加租赁资产和租赁负债。根据这一数字，我们可以把40 000 000日元的租赁支付款分解为12 768 000日元的利息支出和27 232 000日元的租金负债减少。将159 600 000日元的租赁资产于5年内采用直线法计提折旧，每年将产生费用31 920 000日元。

（4）根据《财务会计准则公告第52号》（SFAS No. 52），折算利得要从长期负债中转出，包含在损益中。

（5）与美国公认会计原则相比，商誉摊销费用多列示了10 800 000日元。我们将做一笔调整分录，确认一项资产，并减少经营费用。

（6）由于美国不允许计提任意准备金，这些准备金将被注销并包含在损益中。此外，这些准备金将被重分类为权益，而不是负债。

（7）专栏9—16中用电子表格概要列示的这些调整中，Toyoza公司的留存收益增加了220 240 000日元。在这个数字中，出于纳税考虑，20 000 000日元的折算利得没有确认。这导致一项107 822 000日元的所得税费用和107 822 000日元的当期应付账款。

专栏9—17列示了Toyoza公司和Lincoln公司基于会计差异调整后的数据的比率比较。我们发现，调整后的比率表明Toyoza公司具有更强的获利能力。然而，流动性和运营效率比率却变糟了。当偿债能力比率提高时，按照美国准则计算的资产负债率仍然非常高。

如果会计原则差异是国家间财务报表的唯一差异，那么上面列示的那些调整足以使任何人清楚地读懂并理解外国的财务报告。不幸的是，国家之间制度和文化上的差异并不是一成不变的。如果这些差异很大，那么为了保证恰当地分析和理解外国财务报告，有必要进行更深入的分析。附录 9—2 说明了这个重要的问题。

专栏 9—14　**年末未调整财务报表和相关附注**

	Toyoza 公司（单位：千日元）	Lincoln 公司（单位：千美元）
利润表		
销售收入	JPY1 400 000	$ 12 000
经营费用		
销售成本	1 120 000	10 044
销售和管理费用	100 000	575
其他经营费用	114 200	319
商誉摊销		10
经营利润	JPY65 800	$ 1 052
利得（损失）		
利息费用	28 000	130
税前利润	37 800	922
所得税	23 800	258
税后利润	14 000	664
未合并子公司的权益		116
净利润	JPY14 000	$ 780
资产负债表		
现金	JPY124 500	$ 1 920
应收账款净额	510 000	1 660
有价证券	45 000	500
存货	390 000	1 680
投资	150 000	1 000
厂场设备净额	280 600	5 160
商誉	—	80
资产总额	JPY1 500 000	$ 12 000
短期应付款	JPY 165 000	$ 1 800
短期负债	525 000	2 160
递延税款	—	—
其他流动负债	90 000	—
长期负债	520 000	2 400
准备金	90 000	—
股本	75 000	960
留存收益	35 000	4 680
负债与所有者权益总额	JPY1 500 000	$ 12 000

Toyoza 公司财务报表附注：

（1）资产负债表和利润表按照日本商法和相关法律法规编制。

（2）对子公司和联营公司的投资按权益法进行会计处理。

（3）存货按平均成本报告。按先进先出法重述的期末存货将高出 1.98 亿日元。

（4）厂场设备按成本列示。除少数例外情况外，折旧按照年数总和法计算。2 年前购买的厂场设备预计使用年限为 4 年。

（5）经营费用中包括租赁支付的租金 4 000 万日元。租赁合同的平均期限为 4 年。所有的租赁在租赁期末转为出租人的所有者权益。Lincoln 公司的资本成本估计为 8%。

（6）与合并具有货币性负债头寸的外币业务相关的折算利得 2 000 万日元，在长期负债项下予以递延。

（7）购入的商誉在 20 年内摊销。本期的摊销额为 1 200 万日元，计入其他经营费用。按照美国公认会计准则进行减值测试，减值金额将为上述数额的 10%。

（8）Toyoza 公司可以按照出口收入总额的一定比例建立特殊用途的准备金（如政府批准的所得费用）。本年的费用（包括其他的经营费用）为 2 640 万日元。类似的，本年 Toyoza 公司新增的一般用途准备金为 3 080 万日元。

（9）年末日元对美元的汇率为 110 日元=1 美元。

（10）Toyoza 公司的边际所得税税率为 35%。

Lincoln 公司财务报表附注：

（1）资产负债表和利润表以美国公认会计原则为基础编制。

（2）存货按先进先出法计价。

（3）厂场设备按直线法计提折旧。

（4）外币经营业务与母公司的业务按照时态法加以合并，Lincoln 公司将美元作为自己的功能货币。

专栏 9—15　**基于未调整数据的比较财务比率**

	Toyoza 公司	Lincoln 公司
流动性		
流动比率	1.37x	1.45x
酸性测试比率	0.87x	1.03x
运营效率		
应收账款周转率	2.75x	7.23x
存货周转率	2.87x	5.98x
资产周转率	0.93x	1.00x
获利能力		
销售利润率	1.0%	6.5%
资产报酬率	4.4%	9.7%
股东权益报酬率	12.7%	13.8%
偿债能力		
资产负债率	92.7%	53.0%
利息保障倍数	2.4x	8.9x

专栏9—16 **调整电子表格**

	调整前	**调整金额**	**调整后**	**美元**
销售收入	JPY1 400 000		JPY1 400 000	$ 12 727
-经营费用:				
销售成本	1 120 000	1)(198 000)		
		2a)(46 750)		
		3)31 920	907 170	8 247
销售和管理费用	100 000		100 000	909
其他经营费用	114 200	3)(40 000)		
		5)(10 800)		
		6)(26 400)		
		7)(30 800)	6 200	56
损失(利得)	—	4)20 000	(20 000)	(182)
利息	28 000	3)12 768	40 768	371
税金	23 800	7)107 822	131 622	1 197
净利润	JPY14 000	8)220 240	JPY 234 240	$ 2 129
现金	JPY124 500		JPY124 500	$ 1 132
应收账款	510 000		510 000	4 636
有价证券	45 000		45 000	409
存货	390 000	3)198 000	588 000	5 345
投资	150 000		150 000	1 364
厂场设备净值	280 500	2a)46 750		
		2b)140 250		
		3)127 680	595 180	5 411
商誉		7)10 800	10 800	98
资产总额	JPY1 500 000		JPY2 023 480	$ 18 395
短期应付款	JPY165 000		JPY165 000	$ 1 500
短期负债	525 000		525 000	4 773
递延税款	—			
其他流动负债	90 000	2b)49 088		
		7)107 822	246 910	2 244
长期负债	520 000	4)(20 000)		
		3)132 368	632 368	5 749
准备	90 000	6)26 400		
		6)30 800	32 800	298
股本	75 000		75 000	682
留存收益	35 000	2b)91 162		
		8)220 240	346 402	3 149
负债和所有者权益总额	JPY1 500 000		JPY2 023 480	$ 18 395

专栏 9—17 基于调整后数据的比较财务比率

	Toyoza 公司	Lincoln 公司
流动性		
流动比率	1.35x	1.45x
酸性测试比率	0.73x	1.03x
运营效率		
应收账款周转率	2.75x	7.23x
存货周转率	1.54x	5.98x
资产周转率	0.69x	1.00x
获利能力		
销售利润率	16.7%	6.5%
资产报酬率	20.1%	9.7%
股东权益报酬率	51.5%	13.8%
偿债能力		
资产负债率	77.6%	53.0%
利息保障倍数	9.9x	8.9x

附录 9—2 国际比率分析①

财务比率分析是很完善的财务业绩评价、信贷分析和证券分析工具。虽然财务比率分析可以在同一国家企业的比较中正确地计量流动性、运营效率和获利能力，但在运用于跨国界企业的财务比较中，却往往会被误用。其中的一部分原因在于会计原则的差异。更为严重的问题是，由于投资者不了解外国的环境，即使财务报表以通用的会计原则为基础重述，他们也可能错误地理解这些比率。

考虑一下日本的情况。日本和美国企业之间累计财务比率的初步对比，会显示出令人吃惊的差异。与美国公司相比，日本公司通常显得流动性差、偿债能力弱、效率低，并且获利能力不强。然而，即使将日本和美国的公认会计原则之间的差异进行调整，计算出来的日本公司的财务比率仍与美国的同类公司存在差别。

环境因素

日本公司具有很高的财务杠杆。例如，早期一项由证券交易委员会开展的研究中，日本样本公司的平均财务杠杆（负债总额/股东权益）是 2.032，而美国样本公司则是 0.514。但是，一直以来日本的高负债率并没有引起足够的关注，部分是由历史原因造成的。

日本政府在 19 世纪中叶（在美国的压力下）结束了 200 年的封闭后，将快速的

① 下面的讨论摘自一项对 3 个国家所做的研究，由日本、韩国和美国的合作者共同完成。这项研究的参与者有：摩根信托投资公司的 Messers. Hisaaki Hino 先生和 Nomura 证券有限公司的 Junichi Ujiie 先生，汉城国立大学的 Sang Kee Min 教授和 Sang Oh Nam 教授，以及俄勒冈州立大学的 Arthur I. Stonehill 教授和纽约大学的 Frederick D. S. Choi 教授。

经济增长和发展作为国家的主要目标。为实现这个目标，日本政府建立了广泛的银行体系，为工业发展提供所需的大部分资金。工业公司对银行系统的依赖在第二次世界大战后有所增强。被称为财团（Keiretsu）的新的大型工业集团以主要的商业银行为核心并逐步得到发展。通过企业和个人纽带，银行与相关的公司之间的关系非常密切。当贷款到期时，银行（通常）会延长偿还期限，或者（偶尔）将这笔款项再次贷出。银行甚至会为处于困境的公司安排一位关键的银行官员担任其总裁或董事职务，以帮助企业摆脱困境。

财团中的其他公司提前偿还所欠的处于困境之中的企业的应收款项，并允许这些处于困境之中的公司延长偿还应付款的时间。正是由于具有这种操纵和延长利息与本金支付时间的能力，日本公司的长期负债更类似于美国公司中的权益。①

由于日本的长期负债具有优先股的许多特征，因此其利息支付也与股利很相似。

相应的，日本利息保障倍数通常要比美国低得多，这一比率也没有受到过多的关注。在日本，超过偿还贷款所需的盈利很少使银行受益。在商谈贷款时，借款者根据银行的要求提供抵押或担保（但很少披露），从而与银行达成协议。同时，按照银行的要求，借款公司必须将年末收益分配的方案（包括股利）在提交股东批准之前送达银行。习惯上，银行会坚持要求借款公司将所报告借款金额的 20% ~50% 作为定期（或其他类型）存款，尽管这样做是不合法的。在这些限制条件下，低利息保障倍数并不意味着高拖欠风险。

制度和文化因素对流动性比率也会产生影响，但并不一定会改变这些比率所反映的财务风险。例如，一位美国的报表阅读者看到日本公司较低的流动比率（由较高的流动负债引起）后，可能会认为日本公司的短期偿债能力较低。然而，在日本，较高的短期负债并不意味着公司缺乏流动性。由于通常短期负债的利率比长期负债的利率低，因此短期负债对公司而言更有吸引力。而且，日本的短期借款很少需要到期偿还，而是转变为新的债务或在未来期间滚动下去。银行乐于续借这些贷款，因为它可以根据市场条件的变化调整利率水平。这样的话，日本公司的短期负债就如同其他国家的长期负债。事实上，在日本，使用短期负债来为长期资产筹资是惯例，而并非例外。

应收款项的平均回收期较长也反映了商业习惯的差异。在日本，企业很少在购买时支付现金。较为常见的支付方式是使用偿还期介于 60 ~90 天的远期支票。日本的终身雇佣传统对收款政策有一些影响。公司往往会在很大程度上迁就它们的客户。在商业不景气的时期，公司会延长还款期限，以免客户陷入财务困境之中而被迫裁减员工。持续的庇护（或其他方面）反过来也保证了销售公司的就业稳定性。存货周转率也会受到相似的影响。

在萧条时期，制造业的公司会选择继续生产并积累存货，而不是闲置工人。日本的管理人员并不像他们的美国同行那样关注短期利润。与美国管理人员相比，他们的工作有更高的安全保证。日本公司的股份大部分由相关的商业银行、供货商和客户持有。与保持股票的市场盈利相比，这些股东更关注于保持紧密的商业联系。因此，他

① 日本金融系统的宽松机制逐渐成为这一实务的例外。

们会长期地持有股份，而不管公司的短期市场业绩怎么样。

日本公司的管理人员认为，扩大市场份额有助于保证获取长期利润。由于这个原因，销售收入的增长是他们的主要目标。销售的增长有利于保持较高的就业水平和较强的工作保证，以及坚持终身雇佣的传统。由于所有的日本企业都追求销售增长，因此价格竞争相当激烈，从而导致毛利和获利能力较低。对那些绝大部分收入来自于竞争极为激烈的出口市场的大公司而言尤其如此。

那么，日本企业真的比美国企业风险更高、效率更低、获利能力更差吗？并不一定。

在欧洲，国家的特征也显示出对利润计量的重大影响。与英国的大公司相比，法国和德国的大公司在利润计量方面显得更加保守。税法的影响以及资本主要依靠债权人而非投资者，也是重要原因。

因此，在分析国外的财务报表时，阅读者必须谨慎地确定所考查的公司之间的业绩差异是否来自于：(1) 会计计量差异；(2) 经济、文化或制度差异；(3) 计量属性上的真实差异。

讨论题

1. 使用财务报表进行经营分析的4个步骤是什么？为什么在每个步骤中，国际背景下的分析要比对单个国家的分析更困难？

2. 对流行的有效市场假说的一个解释是，信息一旦公开，市场对此就会充分地加以反映。因此，利用可以公开获得的信息（例如公司公布的账目）进行基本财务分析，绝不可能打败市场。为什么这一假说在美国可能比在其他国际资本市场更能站得住脚？

3. 描述一下在会计计量和披露实务中跨国差异会计分析的影响。

4. 投资者可能采用不同的方法来应对会计原则差异。你能给出两种应对方法吗？你认为这两种方法中的哪一种更让人满意？

5. 在进行国际前景分析时，要避免的常见错误是什么？

6. 本章所述的外币财务报表的折算与于第6章所述的外币折算过程有哪些不同？

7. 如果让你为那些分析非本国财务报表的人提出5个最重要的建议，你会提什么建议？

8. ABC公司（一家美国跨国公司）采用时态法（参见第6章）来合并其国外经营事项，合并时所发生的折算利得或损失立即反映在报告中。XYZ公司（一家荷兰跨国公司）采用现行汇率法，并把折算的利得或损失直接计入所有者权益。这些不同的会计原则最有可能影响哪些财务比率？对证券分析师来说有什么启示？

9. 鉴证职能在国际财务报表分析中发挥了什么作用？

10. 内部控制是什么？内部审计师与它又有怎样的关系？这一程序与财务报表分析关系如何？

练习题

1. 墨西哥的一家连锁商店Señorina Panchos公司2009—2011年的简要比较利润表

如专栏 9—18 所示（单位：百万比索）。

专栏 9—18　　**Señorina Panchos 公司的比较利润表**

	2009 年	2010 年	2011 年
销售收入	91 600	114 300	138 900
毛利	15 500	20 500	27 700
净利润	8 500	10 800	15 900

您感兴趣的是从美元的角度来估计 Señorina Panchos 公司过去股利的发放趋势。公司的股利发放率（所发放的股利与报告的盈利之比）平均为 30%。这 3 年的汇率如专栏 9—19 所示。

专栏 9—19　　**外币汇率**

	2009 年	2010 年	2011 年
年末汇率	\$ 1＝P12. 112	\$ 1＝P12. 640	\$ 1＝P13. 000

要求：从美元的角度出发进行 Señorina Panchos 公司发放股利的趋势分析，假设：(a) 对美国投资者发放股利没有限制；(b) Señorina Panchos 公司的会计实务与美国的公司相似。

2. 根据专栏 9—5 中的资产负债表和利润表数据，利用专栏 9—20 中建议的工作底稿格式或者你自己选定的一种格式，说明专栏 9—5 中所列示的现金流量表是如何得出的。

专栏 9—20　　**现金流量表工作底稿**

	期初余额	借方	贷方	期末余额
资产负债表				
项目（明细）				
		资金来源	资金运用	
现金变动净额				

3. 再次利用专栏 9—5 和专栏 9—6，说明如何调整专栏 9—5 所列示的合并现金流量表，使投资者能更好地理解挪威子公司的实际投资和筹资活动。

4. 第 1 章介绍的 Infosys 技术公司定期向投资者提供的绩效计量，被称为经济增加值（EVA）。EVA 由通用电气公司最初创立，计量了扣除企业借款成本和权益资本成本后的盈利能力。所以，EVA 等于税后利润（进行负债税盾调整）减去资本成本。赚得的利润大于其资本成本的企业为股东创造了价值，那些没有实现的则损害了股东价值。

下面再现了 Infosys 公司 2006 年的 EVA 计算过程。

要求：

a. Infosys 公司为其股东创造价值了吗？

b. 相对于净利润而言，EVA 是一个有用的业绩度量方法吗（比较税后利润和使用平均投入资本求得的 EVA）？

资本成本:	
无风险负债成本（%）	7.50
市场溢价	7.00
β 变异系数	0.78
权益成本（%）	12.96
平均负债/总资本（%）	—
债务成本——除税净额（%）	NA
加权平均资本成本（%）	12.96
平均投入资本	6 177
税收利润占平均投入资本的百分比（%）	40.14
经济增加值:	
经营利润（扣除非正常收益）	2 654
减：税款	313
减：资本成本	801
经济增加值	1 540
比率:	
经济增加值占平均投入资本的百分比（%）	24.93

5. 阅读附录 9—1，并参考专栏 9—14 和相关附注，假设 Toyoza 公司的存货按照先进先出法计价，Lincoln 公司按照后进先出法计价。按照后进先出法对 Toyoza 公司的存货进行计价并做出调整分录，假设其期末存货比后进先出法下要低 2.5 亿日元。

6. 下面是英国贸易公司的销售收入样本，这些样本在本章的前面已被引用过。

	2009 年	2010 年	2011 年
销售收入	23 500 英镑	28 650 英镑	33 160 英镑

要求：

a. 恰当地将每年的余额折算成美元，下面给出了每年年末的汇率：

2009 年	1 英镑 = 2.10 美元
2010 年	1 英镑 = 2.20 美元
2011 年	1 英镑 = 1.60 美元

b. 分别比较以英镑和美元计量的逐年销售收入变化的百分比，用这两种货币计量的销售收入连续变化的趋势是否相同？

c. 建议一种可以使汇率变化对外币数据变化趋势影响最小的方法。

7. 参阅专栏 9—3 所列示的不同国家或地区公众公司的市盈率。哪些因素可以解释你所观察到的市盈率差异？

8. 假设你是某国际政策制定委员会的一名成员，负责协调国际审计报告要求。研究专栏 9—8，基于你所观察到的不同要求，为维护国际投资公众的利益，你将赞同什么样的最低要求？你所在委员会也包括来自奥地利、巴林、法国、芬兰、马来西亚、尼日利亚、苏格兰和智利的代表。

9. 研究专栏 9—9，基于其提供的信息，作为一名非本土证券投资者，哪一个意见给你最大的支持？

10. 列出 3 ~4 个你个人用来判别公司数据库的优点的标准。采用这些标准针对专栏 9—4 列示的每一个网址提供的信息内容，运用优、中和差等级次对其进行分类。

案例 9—1 Sandvik

第 2 章介绍的会计发展模式之一是宏观经济发展模式。在这一框架下，会计实务被设计用来实现国家宏观经济目标。一个维护稳定就业的国家政策，通过避免经营周期的重大波动对平滑利润的会计实务进行认可。同样的，支持特定行业成长的国家政策将支持固定资产的快速折旧，以鼓励资本的形成。瑞典是这一报告模式的典型案例。如果资产被认为有"持久的价值"，则可以对其重新进行升值估价，税法允许缩短资产使用寿命，且折旧费用的最高限额测试包括较高的 130% 余额递减法或者 20% 的直线法。允许企业分配一部分税前盈余给特定税收同等准备金，直到被反转才可用于股利。

下面再现了 2006 和 2007 年度 Sandvik 公司的财务报表及节选的附注。这是一家总部位于瑞典的全球高科技企业，拥有先进的产品和广为人知的品牌。其涉足的核心领域包括金属加工的高速工具、机器、岩石开采挖掘的工具和服务，以及特种钢材。

母公司利润表

金额：百万瑞典克朗		2007 年	2006 年
收入	附注 2	20 682	17 932
销售成本和劳务费		–16 111	–13 646
毛利		4 571	4 286
销售费用		–621	–577
管理费用		–1 982	–1 719
研发成本	附注 4	–1 019	–778
其他经营收益	附注 5	488	455
其他经营费用	附注 6	–916	–1 344
经营利润	附注 3、7、8	521	323
集团公司股份收益	附注 9	5 997	9 264
分公司股份收益	附注 9	5	1
持有非流动资产投资收益	附注 9	—	0
利息收益和相关项目	附注 9	638	657
利息费用和相关项目	附注 9	–1 165	–898
财务项目后利润		5 996	9 347
拨款	附注 10	3 063	305
所得税费用	附注 11	–745	–29
本年利润		8 314	9 623

母公司资产负债表

金额：百万瑞典克朗		2007 年	2006 年
资产			
非流动资产			
无形资产			
专利权和相关权利	附注 14	26	51
合计		26	51
不动产、厂房和设备			
土地和建筑物	附注 14	484	473
厂房和机器	附注 14	3 624	3 492
设备、工具和装备	附注 14	305	309
在建工程和预付款	附注 14	1 352	974
合计		5 765	5 248
金融资产			
集团公司股份	附注 15	13 762	11 723
集团公司优先股		48	34
分公司投资	附注 16	4	4
分公司优先股		—	0
其他投资		1	1
非流动应收项目	附注 18	20	23
递延税资产	附注 11	22	17
合计		13 857	11 802
非流动资产总额		19 648	17 101
流动资产			
存货	附注 19	6 242	4 599
流动应收项目			
应收账款		1 255	1 150
集团公司欠款		16 311	15 846
分公司欠款		131	474
所得税应收项目	附注 11	393	16
其他应收项目	附注 18	518	456
预付费用和应计利润		679	423
合计		19 287	18 365
现金及其等价物		6	19
流动资产总额		25 535	22 983
资产总额		45 183	40 084

续表

金额：百万瑞典克朗		2007 年	2006 年
所有者权益和负债			
所有者权益			
非分配性权益			
股本		1 424	1 424
法定准备金		1 611	1 611
合计		3 035	3 035
分配性权益			
结转利润		1 552	1 637
本年利润		8 314	9 623
合计		9 866	11 260
所有者权益总额	附注 20	12 901	14 295
未完税准备金			
加速折旧	附注 21	—	2 430
税收分配准备金	附注 22	—	639
其他未完税准备金	附注 22	19	15
合计		19	3 084
准备			
养老金准备和相似负债	附注 23	108	106
税收准备	附注 11	55	42
其他准备	附注 24	154	127
合计		317	275
非流动生息负债			
金融机构贷款	附注 25	1 718	1 669
集团公司贷款	附注 25	30	3
其他负债	附注 25	10 131	2 511
合计		11 879	4 183
非流动非生息负债			
其他负债		—	9
合计		—	9
流动生息负债			
集团公司贷款		10 902	12 766
其他负债		1 080	1 324
合计		11 982	14 090

续表

金额：百万瑞典克朗		2007 年	2006 年
流动非生息负债			
顾客预付款		159	53
应付账款		1 721	1 734
集团公司欠款		3 655	27
分公司欠款		82	125
其他负债		136	205
应计费用和递延收益	附注 28	2 332	2 004
合计		8 085	4 148
所有者权益和负债总额		45 183	40 084
质押资产	附注 29	—	—
或有负债	附注 29	16 068	11 929

附注 10. 拨款

母公司	2007 年	2006 年
加速折旧	2 429	-143
税收分配准备金变动	638	437
其他未完税准备金变动	-4	11
合计	3 063	305

附注 11. 利润表中列报的所得税

	集团公司		母公司	
所得税费用	2007 年	2006 年	2007 年	2006 年
本期税额	-4 396	-3 135	-829	-115
以前年度税额调整	229	-16	67	64
本期税费总额	-4 167	-3 151	-762	-51
临时性差异递延税项和未使用税项损失	763	145	17	22
税费总额	-3 404	-3 006	-745	-29

集团本年度的税费是 3 404 百万瑞典克朗（3 006）或财务项目后利润的 26.2%（27.0）。

以前年度税项调整主要与瑞典税务诉讼的有利决议和提前裁决以及国外子公司税务审计的结束导致的税项准备反转有关。

集团税费的调整

基于每一个国家的不同税率，集团公司的加权平均税率是 29.6%（27.0）。瑞典的名义税率是 28.0%（28.0）。

基于每一个国家的不同税率调整集团公司的加权平均税率，而集团的实际税费如下：

母公司税费的调整

母公司8.2%的有效税率是低于瑞典名义税率的，主要应归因于来自于子公司和分公司的免税的股息收入：

集团	2007年		2006年	
	百万克朗	%	百万克朗	%
财务项目后利润	12 997		11 113	
基于每一个国家税率的加权平均税额（率）	–3 849	–29.6	–3 001	–27.0
税项影响：				
非可抵减费用	–195	–1.5	–179	–1.6
免税收入	199	1.5	244	2.2
以前年度调整	229	1.8	–16	–0.1
未使用税项损失净额	75	0.6	–22	–0.2
其他	137	1.1	–32	–0.3
列报的税费总额	–3 404	–26.2	–3 006	–27.0

母公司名义税率的调整和实际税费：

母公司	2007年		2006年	
	百万克朗	%	百万克朗	%
税前利润	9 059		9 652	
基于名义税率的母公司税额（率）	–2 537	–28.0	–2 703	–28.0
税项影响：				
非可抵减费用	–33	–0.4	–59	–0.6
免税收入	1 758	19.4	2 669	27.6
以前年度调整	67	0.7	64	0.7
列报的税费总额	–745	–8.2	29	–0.3

直接在权益中确认的税项：

集团	2007年	2006年
套期保值准备递延税	31	34
合计	31	34

母公司	2007年	2006年
应纳税集团捐赠本期税项	843	–95
合计	843	–95

列报在资产负债表中的递延税资产和负债

列报在资产负债表中的递延税资产和负债归属于下列资产和负债（以减号列示负债）：

集团	2007 年 递延税资产	2007 年 递延负债	2007 年 净额	2006 年 递延税资产	2006 年 递延负债	2006 年 净额
无形资产	34	−666	−632	39	−282	−243
不动产、厂房和设备	96	−965	−869	195	−1 573	−1 378
非流动金融资产	58	−2	56	26	−31	−5
存货	1 445	−62	1 383	1 034	−30	1 004
应收项目	66	−335	−269	95	−237	−142
声息负债	325	−263	62	549	−184	365
非生息负债	513	−761	−248	393	−444	−51

集团	2007 年 递延税资产	2007 年 递延负债	2007 年 净额	2006 年 递延税资产	2006 年 递延负债	2006 年 净额
其他	19	−49	−30	20	−261	241
未使用税项损失	84	—	84	—	—	—
合计	2 640	−3 103	−463	2 351	−3 042	−691
公司内抵消	−1 317	1 317	—	−1 031	1 013	—
递延税资产和负债总额	1 323	−1 786	−463	1 338	−2 029	−691
母公司						
不动产、厂房和设备	—	−37	−37	—	−38	−38

附注 21. 母公司加速折旧

	土地和建筑物	厂房和机器	设备、工具及装备	专利权和相似权利	合计
2006 年期初余额	1	2 075	182	29	2 287
本年度加速折旧	0	127	13	3	143
2006 年年末余额	1	2 202	195	32	2 430
2007 年期初余额	1	2 202	195	32	2 430
本年度加速折旧	−1	−2 202	−195	−32	−2 430
2007 年年末余额	—	—	—	—	—

附注 22. 母公司其他未完税准备金

	2007 年	2006 年
税项分配准备金		
2002 年税项评价拨款	—	435
2004 年税项评价拨款	—	204
12 月 31 日余额	—	639
其他未完税准备金	19	15

该公司声称其采用欧盟批准的国际财务报告准则和国际财务报告诠释委员会的阐释，在《瑞典年度账目法案》的框架内，考虑财务报告和税收之间的紧密联系，研究列报的数据并回答下列问题：

1. 对选择采用瑞典特定准备金制度的企业来说，其优势和劣势有哪些?

2. 特定准备金制度对瑞典政府当局有哪些潜在好处?

3. 瑞典准备金制度的存在以什么方式影响财务分析师对瑞典企业与非瑞典企业的评价能力?

4. "准备金"的使用以什么样的方式影响 Sandvik 公司 2007 年的财务报表? 这与其对上一年的影响对比结果怎样?

5. 写出有关 2007 年利润表中"拨款"的会计分录。

案例 9—2 Continental A. G.

Marissa Skye 和 Alexa Reichele 是 Manhattan 的轮胎业全球投资基金的分析师。通过对这家公司在世界各地选择最优股票的投资理念的思考，这两位年轻的分析师采用了同样的方法，即对轮胎行业中领先公司的相同点进行了比较。一开始，Alexa 和 Marissa 就专注于他们第一次筛选出的 Goodyear 轮胎公司、Rubber 公司（美国）和 Continental A. G. （德国）等 3 家公司。

Alexa：Marissa，你是怎么想的?

Marissa：看收益趋势（见专栏 9—21），我按类似欧洲大陆的方式进行了分类。

Alexa：是的，我同意。Goodyear 的业绩非常不稳定。

Marissa：我一直试图研究一家公司在其不利年度是怎么经营的。由于轮胎行业的企业连续的合并，对汽车和卡车需求的减少使公司的新产品具有超额的性能，同时考虑到经济和政治的不稳定会使消费者在更换轮胎上的花费有所减少。因此，20×0 年对于轮胎行业的任何一家主要的公司来说，都是一个充满灾难的年度。在这样的环境下，Continental 的表现却是一流的。

Alexa：或许我们最好与我们的会计师 Prawit 核对一下，看看我们的观点是否正确。

Marissa：我这就给他打电话。

(5 分钟的交谈之后。)

Alexa：他怎么说?

Marissa：他说我们的整体估计大概是正确的（我想他仅仅是出于礼貌），但是我们最好查阅一下公司的会计政策。他说德国的会计原则在计算公司收益时有保守性倾向。他将立即给我们发一封电子邮件，其中附件里归纳了美国和德国公认会计原则的一些重要差别。

（电子邮件附件参见专栏 9—22。）

Marissa：（研究完附件）看起来德国与美国的报告规范有一些显著差别。

Alexa：你认为我们应该试着将 Continental 的报表按美国的公认会计原则进行重述吗？

Marissa：我们为什么不试试呢？

Alexa：我们应该从哪儿开始？

Marissa：让我们分析一下 Continental 的财务报告（见专栏 9—23），看我们能不能发现任何可能歪曲公司报告业绩的不寻常的会计实务。我发现 Continental——包括其母公司和合并子公司在内都遵循了欧洲惯例。现在，我们仅关注合并的结果。

Alexa：对，如果我们发现了一些差异，或许我们应该尝试一两项调整，尤其对于那些我们有足够信息的差异。如果这些调整对收益有重大的影响，我们应该分析一下哪一个更为真实，并且看一下我们是否能让公司给我们一些额外的信息，以便我们能够做一个更全面的分析。

Marissa：听起来不错，就让我们开始吧。

专栏 9—21 **比较业绩数据**

Goodyear（单位：百万美元）					
	19×6 年	19×7 年	19×8 年	19×9 年	20×0 年
销售收入	9 040	9 905	10 810	10 869	11 273
净利润（亏损）	124	771	350	207	（38）
Continental（单位：百万马克）					
	19×6 年	19×7 年	19×8 年	19×9 年	20×0 年
销售收入	4 969	5 098	7 906	8 382	8 551
净利润（亏损）	115	139	195	228	93

专栏 9—22 **德国和美国的主要会计差异**

	德国	**美国**
商誉	注销准备金或摊销；商法规定 4 年；出于税收目的，许多公司在 15 年的期限内摊销	根据减值测试确定资本化和摊销
长期租赁	一般租赁财产不予资本化	必须将符合特定标准的租赁财产资本化
折旧	采用税法允许的最高折旧率	一般在预计可使用年限内采用直线法
存货	成本计算必须反映商品的真实流转过程，常用平均成本法	常用后进先出法
准备金	用任意准备金拉平收益的情形并不少见	并不鼓励用任意准备金拉平收益

专栏 9—23　　Continental 的财务报表及相关附注

Continental Aktiengesellschaft

20×0 年 12 月 31 日的合并资产负债表

资产	记录编号	20×0 年 12 月 31 日（单位：千欧元）	19×9 年 12 月 31 日（单位：千欧元）
固定资产和投资			
无形资产	（1）	430 920	11 944
厂场设备	（2）	2 196 724	1 797 125
投资	（3）	225 729	189 428
		2 853 373	1 998 497
流动资产			
存货	（4）	1 611 566	1 506 771
应收账款和其他资产	（5）	1 475 557	1 386 212
有价证券	（6）	51 426	339 219
现金及等价物	（7）	144 625	134 079
		3 283 174	3 366 281
预付费用	（8）	31 070	41 092
		6 167 617	5 405 870

股东权益和负债	记录编号	20×0 年 12 月 31 日（单位：千欧元）	19×9 年 12 月 31 日（单位：千欧元）
股东权益			
实收资本	（9）	439 097	435 022
资本公积	（10）	962 275	956 240
留存收益	（11）	137 788	133 770
少数股权	（12）	94 286	46 692
退休金准备金	（13）	2 861	3 691
可供分配的净利润		36 383	70 984
		1 672 690	
特殊准备金	（14）	80 552	118 103
或有负债	（15）	1 733 440	1 386 799
负债	（16）	2 680 935	2 254 569
		6 167 617	5 405 570

续表

Continental Aktiengesellschaft 20×0 年度合并利润表	记录编号	20×0 年 12 月 31 日 （单位：千欧元）	19×9 年 12 月 31 日 （单位：千欧元）
销售收入	(17)	8 551 015	8 381 880
销售成本	(18)	6 490 128	6 256 858
销售毛利		2 060 887	2 125 002
销售费用	(19)	1 255 474	1 174 268
管理费用	(20)	504 277	474 932
其他经营收入	(21)	194 266	164 076
其他经营费用	(22)	140 218	91 351
来自投资和财务活动的净利润	(23)	2 138 777	2 116 536
来自正常经营活动的净利润		216 407	431 991
所得税	(24)	122 972	204 153
本年净利润		93 435	227 838
上年末未分配利润		1 380	1 199
少数股权收益	(25)	288	258
退休金准备金中的提款		+830	+544
准备金变动额		259 174	2 158 539
可供分配的净利润		36 383	70 984

基于我们根据独立审计准则进行的审计，以上合并财务报表符合法律法规的规定。合并财务报表遵循了规定的会计原则，真实而公允地反映了公司净财富、财务状况和经营成果。公司的管理层报告与合并财务报告是一致的。

Berlin/Hanover，19×1 年 4 月 8 日

会计政策

资产

已取得的无形资产根据取得成本入账，并在其预计使用年限内按直线法进行摊销。购入公司时产生的商誉已经资本化为一项资产，并逐期从资产负债表中的留存收益中扣除，扣除期间按主体的不同分为 10 ~ 20 年。

厂场设备根据取得或建造成本扣减累计折旧的金额计价。

Continental Aktiengesellschaft 用余额递减法对可变动的固定资产计提折旧，而对其他所有固定资产采用直线法计提折旧。当按直线法比按余额递减法计提的折旧额高时，我们在以后年度将余额递减法改为直线法。在 Continental Aktiengesellschaft 的财务报表中，如果需要可以运用税法所允许的特殊的折旧方法，因为按商法编制的资产负债表是按照税法规定编制资产负债表的基础。

从 1989 年开始，按照国际公认会计原则，在合并财务报表中，附属设备单独按直线法计提折旧。

续表

下表列示了部分据以计提折旧的主要类别的厂场设备的使用年限：

建筑物　最长 33 年

从 1990 年开始，附属物　最长 25 年

技术设施和机器　10 年

厂房和办公设备　4 ~ 7 年

模具　最长 4 年

可变动资产的附属设备若在年度内上半年添置，要求按年折旧率计提折旧；在年度内下半年添置，要求按年折旧率的一半计提折旧。不重要且数额较小的固定资产在取得年度一次性核销。

这些折旧规则对于所有国内和国外公司从并入该公司起开始适用。

作为直接投资所拥有的联营公司和其他公司的权益按取得成本扣减必要的核销项目的金额计价。

带息贷款按账面价值入账，利息很少或没有利息的贷款应该折现成现金价值。

存货按取得/制造成本与市价孰低法计量。

制造成本包括直接成本、分担的材料成本、制造费用和折旧。针对由于有用性降低或库存积压而导致的价值减少，可以进行适当的调整。

在对应收账款和其他各种资产计价时，我们要建立合理的准备账户以分散所有可察觉的风险。如通过计提坏账准备来分散信用风险。

可交易证券按成本与市价孰低法计价。

在允许的范围内，我们一直尽可能按最高额计提折旧和进行核销，包括根据税法的要求在以前年度对固定资产、投资和流动资产计提折旧或核销。

贷款和债券的折价和发行成本以预付费用列示，并在每笔贷款和债券的相应期限内摊销。

股东权益和负债

根据合理的商业判断建立准备金，以应对可预期的风险、待决业务和即将发生的损失。

在我们的德国公司，针对养老金计划和类似义务设立准备金，利率为 6%，这是根据法定方法进行精算后得出的。

外国公司的养老金承诺和类似义务也是根据精算原则计算出来的，按照各个国家通行的利率折现计算现值，并由适当的养老金计划准备金或者养老金基金负担。按国家法律所要求的员工退职福利金也一并考虑在内。

美国公司的养老金义务是根据 1987 年开始推行的更加严格的评价规则计算的。在资产负债表中这一用途的准备金比应用德国相应计算方法计算的数额稍高一些。

位于俄亥俄州 Akron 的 General Tire 公司的退休后医疗福利义务，完全由根据精算原则计算的准备金负担。新的美国法规（《财务会计准则公告第 106 号》）要求最迟于 1993 年，不仅要为退休员工和正式员工建立准备金，而且还应为非正式员工建立准备金。虽然这项法规允许在 20 年的时间内设立符合上述要求的准备金，我们已经将必须增加的部分转入准备金账户中（27 070 万德国马克），并列示在合并资产负债表中。为了结平这一项目，在合并留存收益中扣除的取得 General Tire 时产生的商誉已将同一数目予以资本化。

按照规定，已经被延续到下一年的修理准备金应计入预计成本中。

当根据税法确定的公司的资产和负债的价值与资产负债表上列示的资产和负债之间存在暂时性差异时，计算这种差异运用了与整个集团规定相一致的计价原则，可能会产生递延税款。我们仅

续表

在这些差异反映为未来所得税费用的准备金时，才列示递延税款。负债以弥补金额列报。

选定的附注：

（10）资本公积：这个项目包括股票的发行价格超过其面值的部分，总额达72 490万欧元。同时，23 740 万欧元的发行费用通过行使 19×4 年、19×6 年、19×7 年和 19×8 年发行的可转换公司债券的权利来支付。资本公积增加的 600 万欧元是由于在 20×0 年行使转换和选择权产生的。

（11）留存收益

（单位：千欧元）	Continental AG	合并后
19×9 年 12 月 31 日	141 699	133 770
折算差异	—	255 009
其他	—	2147
已分配净利润	8 000	59 174
20×0 年 12 月 31 日	149 699	137 788

（14）特殊准备金

（单位：千欧元）	20×0 年 12 月 31 日		19×9 年 12 月 31 日	
	Continental AG	合并后	Continental AG	合并后
准备金/外国投资法案第 3 条	59 766	15 000	84 312	38 265
准备金/所得税法案第 6 条	—	448	—	289
准备金/所得税法案第 52 条第 8 款	705	1 069	940	1 425
政府资本投资津贴	—	57 664	—	60 988
其他	2 533	6 371	4 137	17 136
	63 004	80 552	89 389	118 103

特殊准备金的减少主要是由依照外国投资法案第 3 条计算的特殊准备金的减少所引起的。特殊准备金被分成两部分，其中 6 950 万欧元计入权益，1 110 万欧元计入负债，这意味着当转销这些准备金时，递延税款将于当期支付。在资产负债表上列示了 167 270 万欧元的股东权益，实际上股东权益的金额为 174 220 万欧元，权益率为 28.2%。

（15）准备金

（单位：千欧元）	20×0 年 12 月 31 日		19×9 年 12 月 31 日	
	Continental AG	合并后	Continental AG	合并后
退休金准备金	220 977	972 173	206 374	636 626
税收准备金	31 937	72 210	53 144	92 265
其他各种准备金	191 465	689 057	188 817	657 908
	444 379	1 733 440	448 335	1 386 799

公司的养老金和类似义务准备金有很大的提高。除了正常的提取之外，这个增长主要是出于要承担美国 General Tire Inc.，Akron，Ohio 员工的退休后医疗福利。

我们的退休后福利组织中，有两个承担养老金义务的组织尚短缺 2 200 万欧元。在其他的 4 个德国公司提取的准备金数额是税收所允许的最大数额。

续表

较低的税收负债允许税收准备金适当的减少，包括当前年度和以前年度的数额。

个别财务报表中的递延税款准备金，在扣除合并过程产生的净预付税额后，数额为740万欧元。

各种准备金涵盖了所有可预见的风险和其他未决负债，除了担保、红利和各种风险准备金外，主要由员工和社会福利金、递延修理费和递延服务费组成。

(21) 其他经营收益

(单位：千欧元)	20×0年12月31日		19×9年12月31日	
	Continental AG	合并后	Continental AG	合并后
处置固定资产和投资的利得	6 179	33 423	2 435	10 733
转销准备金贷记收益	1 418	17 312	7 400	33 559
一般坏账准备金的减少贷记收益	—	1 101	—	2 014
特殊准备金的转销贷记收益	26 385	38 824	12 645	32 456
其他各种收益	120 143	103 606	106 843	85 294
	154 125	194 266	129 323	164 076

除了从租金、租赁和各种附营业务中取得的本期收益外，其他经营收益还包括保险公司的赔偿和属于其他年度而在本年实现的收益。

对于母公司而言，这个项目主要由收到属于这个集团的其他公司分摊的成本费用组成。

(22) 其他经营费用

(单位：千欧元)	20×0年12月31日		19×9年12月31日	
	Continental AG	合并后	Continental AG	合并后
处置固定资产和投资损失	2 015	6 694	306	4 315
处置流动资产损失	1 414	19 197	257	22 818
计提特殊准备金	—	168	46 995	1 278
其他各种费用	111 504	114 161	89 374	62 940
	114 933	140 218	136 932	91 351

其他各种费用主要与附营业务和必要的准备金的建立有关，在母公司，其包括支付给属于这个集团的其他公司应分摊的成本费用。

(24) 税款

(单位：千欧元)	20×0年12月31日		19×9年12月31日	
	Continental AG	合并后	Continental AG	合并后
所得税	45 747	59 884	75 612	141 476
其他税款	14 186	63 088	17 527	62 877
	59 993	122 972	93 139	204 153

第 10 章 管理规划与控制

前几章主要关注外部报告，本章关注内部报告和控制问题。我们承认这两者之间的区别已经变得越来越模糊。

全球竞争以及技术的持续进步正显著地改变着企业的图景和内部报告要求。国际贸易壁垒的不断减少、浮动币值、统治风险、跨国界资金汇出限制、各国税法体系的差别、利率差异，以及不断变化的商品和股票价格对企业资产、收益和资本成本的影响，是使管理决策复杂化的因素。与此同时，诸如互联网、电视会议、电子数据交换系统等的发展，也在改变着生产、配送、筹资的经济性。生产正日益集中于世界上在这一领域或其中的某个方面做得最好的公司。以战略联盟为基础的全球协同价值链正日益取代制造商、供应商和客户之间保持一定距离（arms-length）的关系。不难理解，那些了解管理层的信息需求、拥有较强的分析和表达技能及知识资本的信息提供者，越来越受到重视。①

全球竞争和知识的高速传播减少了不同国家之间管理会计实务的差别。② 其他的压力包括市场和技术变革、私营化的增多、成本和业绩动机以及通过合营和其他战略联合实现国际经营协调以及不断追求价值增加的股东需求等。这些压力对于任何经营组织而言都是普遍存在的。它们正促使跨国公司的管理层不仅要采用可比的内部会计方法，而且要用类似的方式去采用这些方法。③ 本书讨论的管理会计问题分为 3 个领域：财务规划和控制系统（本章）、国际风险管理（第 11 章）、国际税收和转让定价（第 12 章）。本章中的规划问题包括确定经营模式、资本预算、获利能力管理及执行它们所需的信息系统。本章的剩余部分关注财务控制。

10.1 确定经营模式

最近的一项调查发现，目前管理会计师在企业战略规划问题上花费的时间多于以往任何时期。这反映出财务经理和内部会计数据的主要使用者正逐渐成为首席执行人员的战略顾问。正如 AT&T 的前首席财务官（CFO）和副主席 Charles Noski 所说④：

> 由于更加强调企业面临的战略问题和 CFO 应该成为 CEO 的经营伙伴，我认为 CFO 将继续发展壮大……合规和内部控制可能将成为工作的一部分，但期望 CFO 对企业成长、竞争力和业绩做出价值增加贡献的势头将日益增长。

确定经营模式是一幅“宏伟蓝图”，包括规划、执行和评价公司的长期经营计划。它包括以下 4 个主要方面：⑤

---

① Robert A. Howell, “The CFO: From Controller to Global Strategic Partner,” *Financial Executive*, April 2006, pp. 20-25.

② Chris Guilding, Karen S. Cravens, and Mike Tayles, “An International Comparison of Strategic Management Accounting Practices,” *Management Accounting Research* 9 (2000): 113-135.

③ Ramona Dzinkowski, “Global Economic Impacts on Strategic Financial Management,” *Strategic Finance*, Vol. 87, no. 6 (2005): 36-41.

④ Jeffrey Marshall and Ellen M. Heffes, “What does the Future Hold for Finance and CFOs?” *Financial Executive*, December. 2006, pp. 16-20.

⑤ Kiyohiko Ito and Klaus R. Macharzina, Strategic Planning Systems, in F. D. S. Choi, ed., *International Accounting and Finance Handbook*, 2nd ed., New York: John Wiley & Sons, 1997, ch. 25.

（1）识别与企业未来发展有关的主要因素；

（2）确定适当的技术以预测企业未来的发展，并评估企业适应或促进这些发展的能力；

（3）开发数据来源以支持战略选择；

（4）将选定方案转变为具体的行动。

10.2 规划工具

在识别与公司的未来相关的因素时，审视公司的外部和内部环境以识别所面临的威胁和机遇，对公司而言是有帮助的。可以恰当地设置系统以搜集竞争者和市场环境的信息。分析竞争者和市场环境对公司竞争地位与获利能力的影响。从这种分析中得到的启示可以用来设计指标，以保持或扩大市场份额，或识别和开发新的产品和市场机会。

WOTS-UP 分析是这类工具中的一种。它关注与企业经营环境有关的优势与劣势。这种技术能帮助管理层形成一套切实可行的战略。[①] 专栏 10—1 提供了一份由德国汽车制造商戴姆勒-奔驰（Daimler Benz）［现为戴姆勒-克莱斯勒（Daimler Chrysler）］公司进行的 WOTS-UP 分析。例如，考虑到公司在产品质量、卡车销售、较低的保本点和协作潜力方面的优势，在东欧拓展戴姆勒的分销和服务网络将是一项有前景的战略。而戴姆勒公司之所以收购美国的克莱斯勒公司，其原因也许与美元贬值、德国境内日益加剧的国际竞争以及通过建立战略联盟加大新技术基础研究力度从而获取显著竞争优势有关。

专栏 10—1　**戴姆勒—奔驰公司的 WOTS-UP 分析**

优势（S）	劣势（W）
1. 产品质量比以前年度改善 20%	1. 收购高科技企业产生协调问题
2. 研究开发潜力高于其他汽车制造商	2. 高工资水平（生产大部分位于德国）
3. 占有大型豪华轿车市场 50% 的份额	3. 与日本汽车制造商相比，合营企业（国际联盟）较少
4. 戴姆勒-奔驰卡车处于行业领先地位	
5. 保本点从 100 万辆下降到 70 万辆	
6. 几项收购活动（如 AEG、Dornier、MBB）增强了戴姆勒-奔驰公司的协作潜能	
7. 戴姆勒-奔驰公司良好的财务状况	
8. 较高程度的范围经济	

① WORTS-UP 分析是对 SWOT 分析加以变化形成的，它作为一个战略规划工具正不断被完善。George Panagiotou, "Bringing SWOT into Focus," *Business Strategy Review* 14, no. 2 (2003): 8-10.

续表

机会（O）	SO—战略	WO—战略
1. 高科技产业（微电子、航空）每年增长20% 2. 消费者自由支配收入每年增长6% 3. 东欧国家的“自由化” 4. 日本汽车公司在形象和服务方面有问题	1. 并购民主德国的汽车制造商（03/S7） 2. 扩展在东欧的分销和服务网络（03/S7） 3. 开发几种小型奔驰车（02、03/S5、S7） 4. 将生产能力用于民用产品（03/S6、S8）	1. 加强总部和子公司之间管理人员的交流（03/W1） 2. 在德国东部生产汽车（03/W2） 3. 在各个层级上加强人力资源开发（01/W2） 4. 组建国际航空合资企业（01/W3）
威胁（T）	**短期战略**	**长期战略**
1. 美元贬值 2. 利率上升 3. 外国进口车，尤其是豪华车正在获取市场份额 4. 海湾危机导致汽油价格上涨 5. 宝马（BMW）拥有一条优良的汽车新生产线 6. 全世界生态问题日益严重 7. 和平运动可能会使军用（防御）市场崩溃	1. 有选择性地进行广告宣传，将广告支出提高30%（T3、T5/S1、S3） 2. 加强在新技术领域的基础研究（太阳能、生物技术、计算机运算和机器人以及电动汽车发动机）（T4、T6/S7、S8）	1. 建立战略联盟（战略网络）以降低研究开发投资成本，并解决生态问题（T6/W3） 2. 提高生产率和质量（在生产、管理、分销和服务各方面）（T1、T3/W2）

资料来源：K. Ito and K. R. Macharzina，“Strategic Planning Systems，” in F. D. S. Choi，ed.，*International Accounting and Finance handbook*，2nd ed. New York：John Wiley & Sons，1997，p. 25. 9.

当前在战略规划系统中运用的决策工具，依赖于与公司内部和外部环境有关的信息的质量。会计人员可以帮助公司规划人员获取对战略规划决策有用的数据，然而，所需信息多数来源于会计记录以外的渠道。

10.3 资本预算

如专栏10—1所示，戴姆勒-奔驰公司的战略之一是围绕它的优势/机会组合进行资本运营，首先是合并民主德国的汽车制造商。这个战略后来又将合并美国的克莱斯勒（Chrysler）公司纳入其中。国外投资决策是跨国公司全球战略的关键要素。[①] 然而，对国外的直接投资通常涉及大量的资本投入，而且前景不确定。陌生、复杂、瞬息万变的国际环境加大了投资风险。正式的计划必不可少，并且通常在对拟议的投资进行成本效益权衡的资本预算框架中完成。[②] 以上述确定公司经营模式的第二方面为例，资本预算分析有助于保证战略计划在财务上的可行性和优势。

目前国际上已有许多复杂的投资决策分析方法。存在一些程序去确定公司的最优资本结构，计算公司的资本成本，评估在不确定条件下的投资方案。选择投资方案的

① Cristiano Busco，Mark L. Frigo，Elena Giovannoni，Angelo Riccaboni，and Robert W. Scapens，“Integrating Global Organizations Through Performance Measurement Systems，” *Strategic Finance*，January 2006，pp. 31-35.

② Maurice D. Levi，International Finance，New York：Routledge，2005，pp. 585.

决策规则一般要求采用适当的利率对调整投资风险后的现金流量进行折现，该折现利率为企业的加权平均资本成本。在正常情况下，企业对净现值预测为正的方案进行投资将增加所有者的财富。在考虑互斥方案时，明智的公司将选择净现值预测最大的方案。①

在国际竞争中，投资计划并不是直截了当的。不同的税收法律和会计体系、通货膨胀率、没收风险、货币制度、市场细分、国外盈余转移所受的限制以及语言和文化的差异，都是在国内投资时很少遇到的复杂因素。而难以量化这些数据将使情况变得更糟。

对传统的投资计划模型所进行的国际化改造主要表现在以下 3 个计量领域：（1）确定跨国投资的适当报酬率；（2）计量预计现金流量；（3）计算跨国资本成本。这些调整能提供支持战略选择的数据，其中第三项包含在确定公司模型的过程中。

10.3.1 财务报酬率的角度

管理人员必须确定适当的报酬率（relevant return）用以评估国际投资机会。但是，适当报酬率涉及角度的问题。国际财务管理人员对预计投资报酬率进行评价时，应该从国外项目的角度还是从母公司的角度来考虑?② 这两种角度形成的报酬率将会有显著的差别，以下是其中的几个原因：（1）政府对盈利和资本汇出的限制；（2）特许权使用费、专利权使用费和其他一些支出为母公司提供了收入，却构成子公司的费用；（3）各国不同的通货膨胀率；（4）不断变化的外币币值；（5）不同的税制。

有人可能会认为，国外投资的报酬和风险应该从母公司国内股东的角度进行评价。然而，也有人认为这种方法已不再适合。首先，母公司的投资者越来越多地来自于世界各地。投资目标应该反映所有股东的利益，而不仅仅是国内股东。观察还表明，许多跨国公司投资者都具有长期（而非短期）的投资视野。从国外产生的资金，通常用于国外的再投资，而不是汇回母公司。在这种情况下，从东道国的观点来评价投资报酬率也许比较适当。对当地项目报酬率的关注，应该与整个集团价值最大化目标相一致。③

有人提出一个颇具吸引力的解决办法，即财务管理人员必须对在该组织中的投资者和非投资者集团及外部环境做出反应，以实现多重目标。④ 在国外投资中，东道国政府就是这样一个利益集团。跨国投资者与东道国之间目标的协调性可以通过两种财务报酬率计算方法予以衡量：一种计算方法从东道国的角度出发，另一种从母公司国家的角度出发。从东道国的角度看，一项有利可图的外国投资（包括当地资本的机会成本）不会导致东道国稀缺资源的错误配置。⑤ 以东道国角度评价投资机会，同样

---

① 业绩度量方法 EVA 由这一构思演化而来。

② 这一问题在许多方面与本书第 6 章“外币折算”中讨论的货币观相类似。

③ John C. Edmunds and David M. Ellis, A Stock Market-Driven Reformulation of Multinational Capital Budgeting, *European Management Journal* 17, no. 3 (1999): 310-317.

④ David K. Eiteman, Arthur I. Stonehill, and Michael Moffett, *Multinational Business Finance*, 11th ed., Reading, MA: Addison-Wesley, 2007.

⑤ 例如，当具有相同风险的投资项目在该国其他地方的报酬率为 18% 时，该国将更看好资产报酬率为 21% 的计划投资项目。

会为母公司提供有用的信息。

如果一项国外投资项目不能保证风险调整后的报酬率高于当地竞争者的报酬率，则母公司股东直接投资于当地企业更为有利。

乍看起来，复合报酬率计算的会计含义似乎是直截了当、确定无误的。在前面的讨论中，我们假设项目报酬率的计算即代表从东道国的角度对外国投资的评价。实际上，分析远比假设复杂得多。项目的投资报酬率计算真的能够反映东道国的机会成本吗？国外投资的预计报酬仅限于预计的现金流量，还是必须考虑复杂的社会外部因素？额外的收益如何计算？国外投资是否要求东道国政府进行特定的支出？从东道国的角度看，国外投资有哪些风险？应该如何计量它们？诸如此类的问题均表明，要计算国外投资的报酬率，所需信息的数量和复杂程度都会显著增加。

10.3.2 计量预计报酬率

计量国外投资的预计现金流量是非常有挑战性的。为讨论之需，我们假设美国戴姆勒公司正在考虑收购俄罗斯一家制造企业100%的股权。该投资项目的一半资金来自美国母公司的现金和设备投资，另外一半以市场利率从当地银行借款。该俄罗斯子公司一半的原材料和零件从美国母公司进口，其产品的一半向匈牙利出口。为了向母公司返还资金，俄罗斯子公司将向美国母公司支付特许权使用费、使用母公司专利权的专利权费以及接受管理服务需支付的技术服务费。俄罗斯子公司的盈利将以股利的形式汇到母公司。专栏10—2提供了需要计量的预计现金流量的图示。[①]

估计与俄罗斯子公司有关的预计现金流量的基本方法与对国内公司采用的方法一致。预计收入额根据销售预测和预计收款经验进行估计。经营费用（折算为现金等值）和当地税负同样可以进行预测。然而，还需要考虑一些其他的复杂因素，包括：

（1）项目现金流量与母公司现金流量；

（2）与项目筹资相联系的母公司现金流量；

（3）资助性筹资；

（4）政治风险。

这个过程还需要考虑价格变动和汇率波动对预计外币报酬率的影响。如果当地货币的现金流量是固定的（例如，对俄罗斯子公司以债券方式投资），则对汇率变动的影响进行计量就简单了。在这个例子中，俄罗斯卢布相对于美国货币的贬值将会减少未来利息收入的美元等值。而当一家持续经营的制造业企业产生了外币收入时，分析就变得更复杂了，因为汇率波动会影响经营活动的净现金流量。相应的，从会计上计量汇率波动对每项经营活动的影响（例如，国内销售与出口销售、国内成本与进口成本，以及它们对预计现金流量的累积影响）很有必要。

下面的例子将说明价格和币值变动对一项6年期投资计划中前2年预计报酬率的影响。专栏10—3列示的俄罗斯子公司的现金流量由以下假设决定：

---

① 对该问题的延伸讨论参见 David K. Eiteman, "Foreign Investment Analysis," in F. D. S. Choi, ed, *International Finance and Accounting Handbook*, 3rd ed., New York: John Wiley & Sons, 2003, pp. 4.1-4.19.

专栏 10—2　　**现金流量的构成**

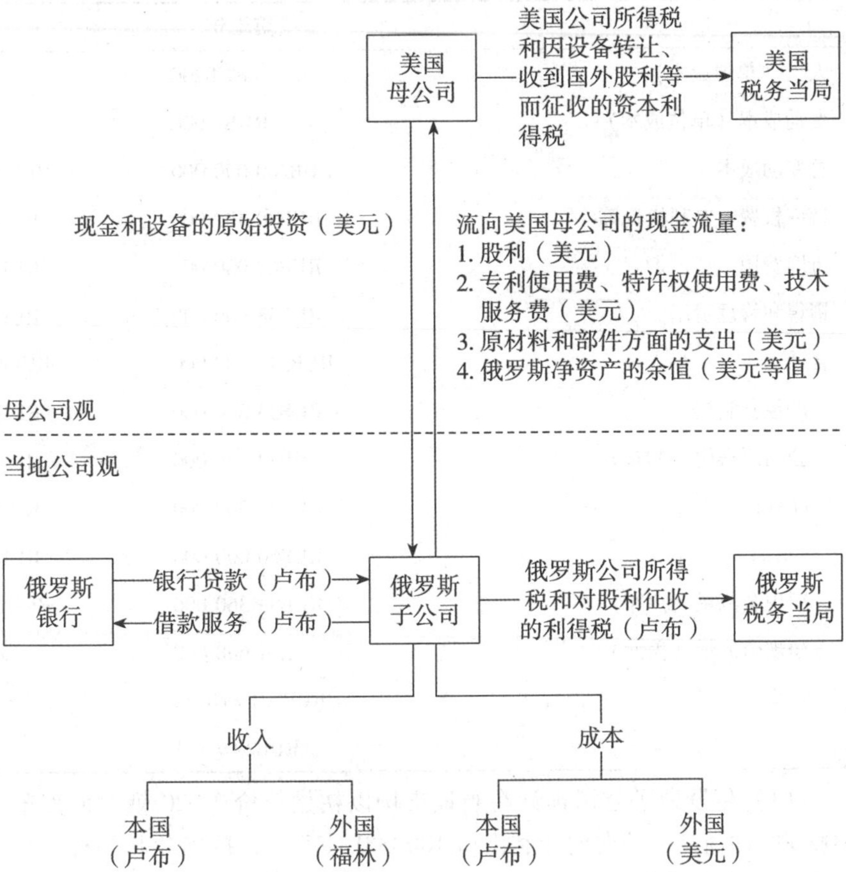

专栏 10—3　　**俄罗斯子公司的现金流量**

	第 1 年	**第 2 年**
销售（数量）		
国内	100 000	110 000
国外	100 000	110 000
价格（每单位）		
国内	RUB2 020	RUB2 424
国外	RUB2 020	RUB2 444
毛收入		
国内	RUB202 000 000	RUB266 640 000
国外	RUB202 000 000	RUB268 640 000
	（HUF 2 020 000 000）	（HUF 2 444 000 000）
合计	RUB404 000 000	RUB535 480 000
原材料（单位成本）		
国内	RUB400	RUB480
国外	RUB400	RUB462
	（$ 20）	（$ 22）

续表

	第 1 年	第 2 年
人工（单位成本）	RUB200	RUB240
变动成本（单位成本）	RUB1 000	RUB1 182
总变动成本	RUB200 000 000	RUB260 040 000
特许权费、专利权费等	RUB40 400 000	RUB53 548 000
折旧费用	RUB60 000 000	RUB60 000 000
销售和管理费用	RUB48 000 000	RUB55 200 000
合计	RUB348 400 000	RUB428 788 000
净经营利润	RUB33 360 000	RUB64 016 000
公司所得税（40%）	RUB22 240 000	RUB42 676 000
净利润	RUB33 360 000	RUB64 016 000
+折旧	RUB60 000 000	RUB60 000 000
净现金流量（卢布）	RUB93 360 000	RUB124 016 000
净现金流量（美元）	\$ 4 668 000	\$ 5 905 000
汇率：	RUB0. 1 = HUF1	RUB0. 11 = HUF1
	RUB20 = \$ 1	RUB21 = \$ 1

（1）俄罗斯子公司预计在当地市场以初始单价 2 020 俄罗斯卢布（RUB）销售 100 000 件商品，并向匈牙利出口 100 000 件商品，按匈牙利福林（HUF）定价，定价反映卢布基准价格。

（2）销售价格随当地及匈牙利年通货膨胀率的变动而变动，预计俄罗斯和匈牙利的年平均通货膨胀率分别为 20% 和 10%。

（3）国内和国外的销售量预计每年增长 10%。

（4）预计俄罗斯卢布对匈牙利福林每年贬值 10%。

（5）生产变动成本（原材料和人工）同样反映当地通货膨胀率。

（6）因为该俄罗斯企业 50% 的原材料源于美国进口，原材料进口价格预计将会受美国和俄罗斯通货膨胀的影响，每年上涨 10%。

（7）预计俄罗斯卢布相对于美元每年贬值 5%。

（8）特许权使用费和其他费用预计平均占毛收入总额的 10%。

（9）销售和管理费用预计从最初 48 000 000 卢布的基准水平每年上升 15%。

（10）折旧费用每年为 60 000 000 卢布。

（11）俄罗斯的公司所得税税率为 40%。

（12）按当地货币，预计现金流量将从 93 360 000 卢布增长至 124 016 000 卢布。采用美元计量，净现金流量将从 4 668 000 美元增长至 5 905 000 美元。

在这个例子中，受国外经营的产品和要素市场结构的影响，当地货币贬值导致预计现金流量有所增长。

当采用母公司观时，母公司现金流量几乎不能反映海外子公司的现金流量。唯一相关的现金流量是那些对母公司产生直接影响的流量。

母公司现金流量的主要来源包括：母公司提供债务服务的贷款支出、股利、特许权使用费、间接费用、专利权使用费、与母公司之间的购买或销售的转让定价（这方面的问题将在第 12 章深入讨论）以及该项目的估计终值。计量这些现金流量需要了解国家间的会计差异、当地政府投资返还政策、潜在的未来通货膨胀率、汇率波动，以及国家之间的税制差异。

如果财务管理人员在估计未来现金流量时依靠当地的估计财务报表，那么会计原则的差异就很重要。如果当地在编制这些会计账目时采用的基本计量规则与母公司所在国不同，对现金流量的估计就会产生差异。基于重置价值而不是历史成本提取折旧就是一个例子（荷兰和意大利的某些大型跨国公司就采用这种方法）。这种差异会影响公司的所得税，进而影响现金流量的计量。再举另外一个例子，存货成本计价方法的差别，既影响现金流量的计量，也影响总现金流量的时间分布。基于国际收支平衡的考虑，可能促使东道国政府限制当地公司向其国外母公司汇回股利或进行其他现金支付。例如，一些国家规定，股利汇回必须限制在东道国子公司法定注册资本的一定比例范围之内。另外，一些国家不允许汇回可税前扣除的费用形成的现金流量，因为这些现金流量不是可作为股利宣告基数的报告收益的组成部分。单是这种考虑，就使得在我们前面所举的俄罗斯的案例中，就所考察的两年期间而言，可汇回现金流量分别减少了 66% 和 50%。母公司自然会关注以母公司所在国货币计量的国外子公司现金流量的价值。

相应的，母公司需要估计未来的通货膨胀率，以及在将国外现金流量折算为母公司国家货币时所采用的汇率受该通货膨胀率影响的程度。最后，必须考虑来源于国外收入的税收抵扣。例如，在美国，专利权费收入应考虑国外已交所得税。这将会产生国外税收贷项。该贷项旨在消除对来自国外的收益的双重征税（国际税收将在第 12 章中详细分析）。

10. 3. 3　跨国资本成本

如果采用这种折现现金流量模型来评价国外投资，那么必须确定一个适当的折现率。资本预算理论通常将公司的资本成本作为折现率，这就意味着，一个项目要想被接受，它的报酬率必须至少等于公司的资本成本。这个“门槛报酬率”（hurdle rate）与公司资本结构中债务与权益的比例有关，其计算公式如下：

$$k_a = k_e \frac{E}{S} + k_i (1-t) \frac{D}{S}$$

其中：k_a = 加权平均（税后）资本成本；

k_e = 权益成本；

k_i = 税前债务成本；

E = 公司权益价值；

D = 公司债务价值；

S = 公司资本结构价值（E+D）；

t=边际税率。

计量跨国公司的资本成本并不容易。权益资本成本可以采用多种方法进行计算。一种流行的方法是将预计股利与预计股利增长率结合起来。设 DV_i = 预计期末每股股利，P_0 = 期初股票市场价格，g = 预计股利增长率，权益成本 k_e 的计算公式为 $k_e = DV_i \div P_0 + g$。尽管计量当前的股票价格比较容易，但在跨国公司股票上市交易的大多数国家中，对 DV 和 g 的计量往往很繁琐。首先，DV_i 是预计值。预计股利依赖于公司作为一个整体的经营活动现金流量。考虑到前文中俄罗斯公司的例子中所提到的那些环境因素，计量这些现金流量会更加复杂。而且，对本身就是预计未来现金流量的函数的股利增长率而言，其计量会因为外汇管制和政府对跨国资金转移的其他一些限制而变得更加复杂。

相似的问题也出现在对债务组成部分的平均资本成本的计量中。[①] 在单个国家中，债务成本是实际利率乘以（1-t），因为利息通常是可以税前扣除的费用。然而，如果跨国公司借入的是外国货币，就要将更多的其他因素纳入考虑。实际税后利息成本现在包括汇兑损益，当交易日与结算日之间汇率发生变动时，这种汇兑损益就会出现（参见第6章）。假设美国的一家跨国公司借入 100 000 以色列谢克尔（ILS），1 年期，年利率为 8%，交易日美元对谢克尔的比价为 \$ 0.24 = ILS1。假设在偿还以前，以色列谢克尔升值为 \$ 0.264 = ILS1，那么借款的这家跨国公司将会发生 ILS108 000×（\$ 0.264 - \$ 0.24）= \$ 2 592 的交易损失。这种额外的债务筹资成本是可以税前扣除的。假设公司的所得税税率为 40%，则税后债务成本将为 0.18×（1 -40%），即 10.8%；而在单纯的国内交易中，税后债务成本仅为 4%。

当跨国公司在几个外国的资本市场上举债时，就需要考虑更多的税务因素。必须考虑在各外国资本市场贷款期内的当前和未来税率，需要考查利息支出是否可以税前扣除，因为并不是所有国家的税收当局都认可利息税前扣除（尤其当相关贷款发生在关联主体之间时）。

当按照税务要求确认的应纳税所得额不同于对外报告中的会计所得时，就会产生递延税款。而且，在跨国公司从事经营活动的许多工业化国家中，确认递延所得税日益成为可被广泛接受的惯例。由于递延税款被认为是一项不需要支付利息的“负债”，就会产生这样的疑问：它应该是一项真正的无息的筹资渠道，还是应该在确定资本成本时包含在内？尽管这个问题值得考虑，但我们还是认为不应该将递延税款包含在资本成本的计算之中。[②]

在实务中，运用国际资本预算理论并不总是直截了当的。我们所考察的所有资本预算方法，都假定所需要的信息是可以获取的。不幸的是，在实务中，获取准确、及时的信息是整个资本预算过程中最困难也是最关键的问题，尤其是在国际环境下，不同的氛围、文化、语言和信息技术使问题变得更加复杂。

---

① 在资本市场不发达的国家中，内部借款是普遍的替代方式。

② 如第 6 章所述，在现行汇率法下，递延税款应按现行汇率折算。折算损益计入所有者权益予以递延，待实现时予以确认。在时态法下，递延税款按历史汇率折算。由于无论采用何种处理方法，当期收益都不受汇率影响，因此不管在哪种方法下，递延税款都不应该作为一种事实上的政府无息贷款去冲减资本成本。

10.4 管理信息系统

建立一个世界范围的信息系统，对支持公司战略（包括前已述及的规划过程）至关重要。这项任务非常具有挑战性，因为跨国框架本身比单个国家架构要复杂得多。专栏 10—4 列示了一些使信息流动变得更加复杂的环境因素。

专栏 10—4　**系统设计的框架**

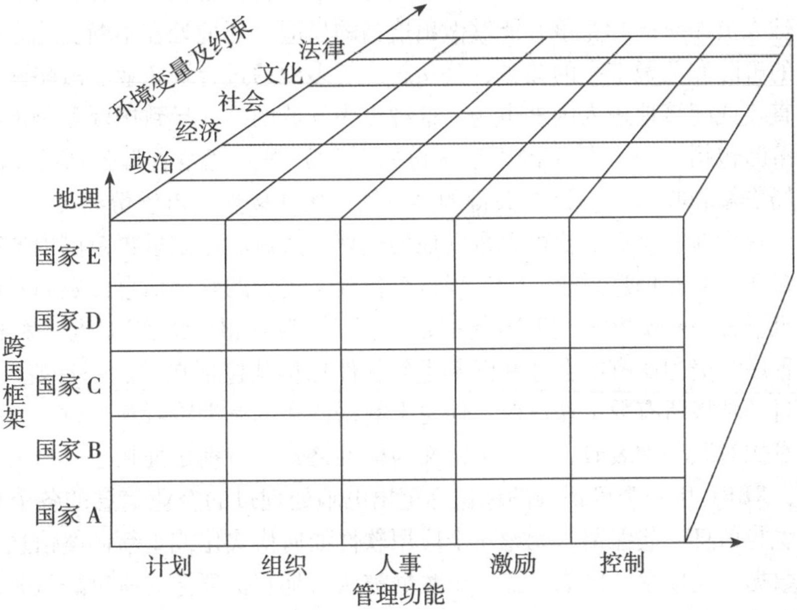

10.4.1 系统问题

距离具有明显的复杂性。由于地理环境的原因，正式的信息交流一般取代了当地经营的管理人员与总部管理层面对面的交流。① 信息技术的发展可以减少、但不会完全消除这种复杂性。

再举一个例子，地区和公司财务规划人员的信息需求，既包括经营数据，也包括环境数据。管理会计师在这个领域所需要的信息，取决于当地管理人员拥有的决策权的大小。当地管理人员所拥有的权力越大，传递给总部的信息就越少。

在 Vikram Sethi 和 Joseph Katz 题为《组织中跨国信息系统的模式》的研究中，他们提出了 3 种全球 IT 战略。每一种战略与一种特定的跨国组织形式有关，成功的关键在于使系统与公司的战略相匹配。②

低分散高集中模式（low dispersal with high centralization）。适用于进行有限的国际经营的较小型组织。国内信息系统占主导地位，一个标准的数据平台控制全球范围的 IT 系统。

---

① Schweikart 的经验研究表明，在一些国家中，正式的会计信息传递被认为是更有效的；而在另外一些国家，他认为作为一种信息传递方式的非正式讨论更为有益。James A. Schweikart, "The Relevance of Managerial Accounting Information: A Multinational Analysis," *Accounting Organizations and Society* 11, no. 6 (1986): 541-554.

② Peter Gwynne, "Information Systems Go Global," *MIT Sloan Management Review* (Summer 2001): 14.

高分散低集中模式（high dispersion with low centralization）。这种模式受到世界各地有经营活动的跨国公司的欢迎。当地分支机构拥有对其IT战略及相关系统发展的重大控制权。

高分散高集中模式（high dispersal with high centralization）。这里的“全球本地化”（glocal）IT战略被那些在全球范围内有战略联盟的真正意义上的全球公司所采用。信息系统的设计既反映公司的要求，又适合当地的环境。

系统专家所面临的最大挑战，或许在于能否合理设计一套公司信息系统，使财务管理人员面对国际竞争并能够做出恰当的反应。环境处在不断变化之中。由于市场管制的解除和关税壁垒的减少，公司越来越多地通过合资企业、战略联盟或其他合作协议直接或间接地进入国外市场。这种更为开放的准入导致国际竞争加剧。竞争者采取的策略包括：(1) 保护国内市场份额；(2) 进入竞争者母公司所在国市场以夺取其市场份额和收入；(3) 在关键的第三国市场获取重大市场份额。

首席执行官们需要可以帮助他们规划、协调和控制世界范围内的有效生产、营销及财务战略的信息系统。为实现这个目标，美国的软件信息开发商发明了一种新的计算机语言——XBRL。XBRL指的是“可扩展商业报告语言”，是一种标准的计算机高级程序，美国所有的会计和财务报告软件均将其包括在内。一旦装入软件，XBRL将会自动转换所有数字和口令，使每个数据段在网络浏览者观察时，或被传送到特定的棋盘式对照分配表时，就已被定义为标准格式。特别之处在于，当被转换或发生变动时，XBRL用一个可识别的标识标记出电脑处理过的企业信息的各个部分，而且这些标识与信息一起保留。无论一个应用软件如何格式化或重新调整信息，这些标识都会同数据一起保存。例如，当一个数据被认为是有价证券或应付账款时，系统就会用这种方式将其识别出来。该程序可以被所有公司采用，而不受行业和规模的限制。同时，XBRL可以降低信息处理、计算和格式化的成本，因为无论以后计划如何采用，财务数据只需一次生成和格式化。它还能改善公司的投资者关系，因为它更便于从财务账目、会计政策及自动形式生成的相关附注等多个方面在公司间进行对比。① 由于许多会计公司、财务信息提供者以及软件巨头微软、IBM等科技公司的推动，这个软件在美国的作用得到不断的提升。这种语言不仅使财务信息的配置更为迅速和便捷，而且不需重新编制财务报告，以适应不相容会计系统的需要。据报道，其他国家在加入国际会计准则理事会的同时，在这一方面也积极参与。

10.4.2 信息问题

管理会计师为公司管理层编制各种信息，从收账数据，到流动比率报告，再到各种类型的经营预测，乃至费用支出。对提交的每类数据而言，公司管理层必须确定相关的报告期间、要求的准确度水平、报告频率以及及时编制和提交的成本与效益。

同样，环境因素会影响对内部生成的信息的利用。我们来看看文化的影响：文化

① Mike Willis and William M. Sinnett, “XBRL Not Just for External Reporting,” *Financial Executive*, May 2008, pp. 44-47.

决定一个社会的价值观。当企业组织雇用该社会形态的公民时，他们会把价值观带入公司。这些价值观进而会左右组织的行为及在组织中运用信息科技的方式。尽管世界各地的组织在商业行为方面越来越相似，各企业中的人们却趋于保持他们既有的文化行为模式。举个例子来说，Johns、Smith 和 Strand 就不确定性规避对数据库应用的影响进行了研究。[①] 他们发现对不定性及模糊性较为宽容的文化，相对于那些不能适应不确定性的文化而言，更易于接受信息技术。他们为管理会计师的研究提供的主要启示之一是，文化是国际数据流的一个主要障碍，必须在信息系统设计过程中明确地应对。[②]

处于不同环境中的管理人员有着不同的分析和解决问题的方法、不同的决策时间框架，并且在不同经营环境下竞争。不同的信息需求是直接的结果。因此，对跨国公司而言，其面临着一个基本问题：当地管理人员与总部管理层需要的决策信息很可能并不相同。例如，美国合并财务报表的一个特点是，根据国外会计原则编制的财务报表在合并之前通常要根据美国公认会计原则进行重述。然而，这种重述是否会以某种方式改变纳入集团合并财务报表的信息内容呢？我们将在接下来的几个部分中解释这个报告上的难题。

另外一个主要的信息问题是折算问题。在评估业绩时，美国的管理人员一般偏好以美元表述的报表。因此，为方便美国总部管理人员评价公司的美元投资，美国跨国公司海外经营业务的报告通常要折算为美元等值表述。然而，出于管理评价的目的对国外货币进行折算能不加扭曲地反映原有的数据吗？我们将在本章末的案例 10—1 中经验性地讨论这个问题。

10.5 管理信息与恶性通货膨胀

美国《财务会计准则公告第 52 号》要求采用第 6 章中讲述的时态法来合并位于高通货膨胀环境下的国外子公司的报表。虽然《财务会计准则公告第 52 号》和各国的类似准则为编制硬通货报表提供了有用的指南，但它们仍然不能满足在高通货膨胀国家中经营的公司的信息需求。在高通货膨胀的环境中，根据《财务会计准则公告第 52 号》编制的财务报告会歪曲事实，因为它将：

- 高估或低估收入和费用；
- 报告难以解释的大额折算损益；
- 扭曲不同时期的业绩对比。

我们的报告框架克服了这些局限性，它基于下列假设：[③]

(1) 管理层公司价值最大化的目标建立在能保持其价值的货币（即硬货币）的基础之上。因此，计量位于高通货膨胀环境中的附属公司业绩的最佳方法是采用硬

① “不确定性规避”这个名词是由 Gerte Hofstede 在他经常引用的关于行为决定因素的价值观的研究中首次提到的。不确定性规避是一个价值体系，它可描述对工作不确定性及模糊性可以容忍的程度。参见第 2 章探讨的霍夫斯泰德的贡献。

② Sharon K. Johns, L. Murphy Smith, and Carolyn A. Strand, “How Culture Affects the Use of Information Technology,” *Accounting Forum* 27, no. 1 (March 2002): 84-109.

③ Frederick D. S. Choi “Financial Reporting in Hyperinflationary Environments: A Transactions Analysis Framework for Management,” in *International Finance and Accounting Handbook*, 3rd ed., Frederick D. S. Choi, ed., New York: John Wiley & Sons, 2003, pp. 27. 1—27. 13.

通货。①

(2) 我们的模型还隐含着假设：通货膨胀率、汇率和利率是相互联系的（这个假设对于我们提出的建议来说并不是至关重要的）。

外币业务会计处理通行的报告惯例是按照财务报告日的现行汇率来记录收入和费用（平均汇率也较普遍）。较好的选择是按照支付当日的汇率来报告当地货币交易。按照任何其他日期的汇率记录交易，都会使计量过程陷入混乱，因为这样会把货币购买力损益，或者说把隐含的利息引入外币业务之中。

在一个完美的竞争性市场中，所有的当地货币交易都是以现金方式进行的。在通货膨胀的情况下，尽可能地延迟支付对购买方有利，而加速收款则对销售方有利，支付日期将由交易双方的竞争能力来决定。我们所推荐的报告处理程序所产生的报告数据是可靠的，从经济上是可解释的，从经济上相似的交易在折算为同一种货币时应该产生相同的财务报表数据的意义上讲，是对称的。简而言之，这种模式是以现金制会计的思想来运用应计制会计。

以下的例子将凸显按照美国《财务会计准则公告第 52 号》所产生的折算损益。尽管许多人将这个例子中的利得或损失归因于外币汇兑风险，但它们实际上是由对发生的线上事项的不恰当会计处理所造成的。

以下是我们的假设：

- 通货膨胀率和津巴布韦元（ZWD）的贬值率是每月 30% 或每个工作日 1.2%。
- 在 1、2 月选定的期间内，一般物价水平是：

1 月 1 日	100.0
1 月 10 日	109.6
1 月 20 日	119.6
1 月 30 日	130.0
2 月 10 日	141.6
2 月 20 日	154.5
2 月 30 日	169.0

实际利率是每月 1.5% 或每年 18%。

- 现金余额以硬货币（美元）的方式来保持。
- 采用月末汇率来记录费用交易。

假设公司在 1 月按不同的发票日期和付款条件销售价值 2 000 000 津巴布韦元的商品。假设公司在月末编制财务报表，习惯的做法是按月末汇率来记录销售收入，而不管何时开出发票以及何时收到对方的付款。按月末汇率报告的销售收入为：ZWD 2 000 000/ZWD130 = 15 385 美元。

首先假设该笔销售在 1 月的第 1 天开具发票，并于当天立即收到现金付款：ZWD2 000 000/ZWD100 = 20 000 美元。传统的会计处理方法是在月末而不是在实际收到现金时确认销售，但交易的经济基础是在发票日期实际收到的现金。在这里，收入被低估了 30% 或 4 615 美元，计算过程如下：

① 与美国跨国公司的财务管理人员以及子公司经理交谈的结果都表明，从微观的角度看，这一假设与公司的实际做法是一致的。从宏观的角度看，似乎也与实践一致，因为越来越多的拉丁美洲国家在货币政策方面紧盯美元。

实际收入	$ 20 000
报告收入	15 385
差额	$ 4 615

运用时态法进行折算，这个低估的销售收入4 615美元被在“线下”出现的非经营性的折算利得的相等数额所抵消。[①] 接下来我们假设销售的发票日期是在第5天，客户的付款期限为25天。在我们的模型中，交易是在收到付款的当天入账的。从经济的观点看，不应存在差异，也不存在非经营性的折算损益。

实际收入	$ 15 385
报告收入	15 385
差额	$ 0

从控制的观点看，管理层应该能从销售人员那里得知销售日的预计边际利润。销售人员不应等到结账时才知道这一点，因为在恶性通货膨胀环境中，发票必须明确地标明到期付款日。

在下面的例子中，假设在第30天开出发票，要求在1个月后付款。从经济的观点看，公司能收到的是11 834美元（ZWD2 000 000/ZWD169）。会计系统中报告的则是15 385美元，从而形成了3 551美元的差异。

实际收入	$ 11 834
报告收入	15 385
差额	$ 3 551

在这里，传统的报告体系将销售收入高估了23. 1%，这个正的差异被“线下”的非经营性折算损失的相等数额所抵消。

专栏10—5列示了与不同发票日和不同付款条件相关的扭曲程度。由于销售条件的不同，销售收入会以巨大的数额被高估或低估。

专栏10—5　**对发票日期和付款日期的扭曲（第1个月份的销售收入ZWD2 000 000）**

发票日期	付款期限	当天数额	模型建议的数额	差额	差异率
1	现付	15 385	20 000	4 615	30. 0%
5	5天	15 385	18 248	2 863	18. 6%
5	15天	15 385	16 722	1 337	8. 7%
5	25天	15 385	15 385	0	0
10	30天	15 385	14 124	–1 261	–8. 2%
20	30天	15 385	12 945	–2 440	–15. 9%
30	30天	15 385	11 834	–3 551	–23. 1%

我们为什么要关心这些扭曲？传统的报告体系对销售人员的行为具有不良的影响。例如，它不能激励公司的销售人员去改善付款条件。如果销售是按月末汇率记录

① 假设所述公司期初股权投资是10 000美元，并立即将这一现金余额转变为可供出售的存货。商品销售价格在成本基础上加成100%，在第2天就销售并收到现金。在这个例子中，汇率调整累积额是4 615美元，或者在编制期末折算的资产负债表时确定为轧差项目，或者是作为一项正的折算调整总额表现为硬通货现金余额上的利得。

的，则销售人员并不关心是以现金方式支付还是在30或60天后支付。因此，建立一套能鼓励销售人员按照公司的最佳利益方案行动的制度就显得尤为重要。

除此之外，传统的报告体系也不能激励销售人员在月初开出发票和发货。当销售是按月末汇率记录时，销售人员并不关心发货的时间。然而，货运即使只耽搁1天，也会付出很高的代价，在这个例子中即失去1.5%的利息。专栏10—5还表明，每当付款期限推迟到下一个期间时，奖金和佣金就要根据上涨了的销售收入数值来支付。

也许，传统的报告系统最严重的缺点是它们鼓励操纵经营成果。现在假设在接下来的3个月中每个月月末的汇率如下：

第1个月月末	ZWD130 = $ 1
第2个月月末	ZWD169 = $ 1
第3个月月末	ZWD220 = $ 1

假设某销售人员为其青睐的客户做出如下安排：在第1个月的第30天发货，并对价值2 000 000津巴布韦元的产品按2 500 000津巴布韦元、60天付款期限开出发票，而不是在发货当天按30天的付款期限开出2 000 000津巴布韦元的发票。这样安排的好处显而易见。在传统的报告方法下，修订的销售价值ZWD2 500 000/ZWD130 = $ 19 231与ZWD 2 000 000/ZWD130 = $ 15 385之间，大约有4 000美元（即25%）的额外销售利得。而从客户的角度看，这次购货的实际成本仅为ZWD2 500 000/ZWD220 = $ 11 364，与ZWD2 000 000/ZWD169 = $ 11 834相比，这笔节约是很难拒绝的。在这样的情形下，客户很可能会接受上述方案。

在我们所建议的报告体系中，类似上述安排的激励就减少了。当销售交易是按付款日的汇率报告时，这一交易就记录为11 364美元而不是11 834美元。从销售公司的角度看，按30天的付款期限、2 000 000津巴布韦元来开票会更好。我们所建议的报告体系就会鼓励销售人员按这样的条件进行销售。因此，我们的模型是运用支付日的实际或预计汇率来记录当地货币交易。因为这个日期通常是在应收账款系统之内（即在销售发票上），所以该系统很容易实施。同时，这个模型的设想就是按照现金制会计的思路运用应计制会计。一些人正确地认识到，在恶性通货膨胀环境下，销售收入和费用有一个内含的利率息（因此需要在折算前将当地货币交易折算为现值）。我们的模型强调了在发票日和收款日之间的汇率差异，从而自动地包含了隐含的利息差异（国际费雪效应）。[①] 在我们的报告框架中，管理层不需要考虑利率是多少，也没有必要担心怎样计算正确的折现值。毕竟，经营管理层需要关心的只是汇率差异。

如果客户推迟到规定的日期以后付款，会发生什么情况？在我们的报告框架中，正常的付款条件列示在报告销售收入和毛利中。这样，如果客户同意在某一日期付款，就按照商定付款日期的汇率来记录交易。如果在规定日期之后付款，美元损失就要作为一项由适当的经营或销售部门承担的折算损失在“线下”报告。这种损失可以被利息收益所抵消，因为最初的销售条件中包括了延迟付款的明确的利息成本，这

---

① 在自由浮动的汇率制度下，理论上的即期汇率是由一个国家的通货膨胀率、利率和远期汇率的相互关系决定的，通常表述为即期汇率的升水或贴水。如果1个月前预计巴西的通货膨胀率比美国的通货膨胀率高出30%，那么货币预计就会比美元贬值30%。同理，巴西证券的利率比具有相似风险和到期日的美国证券要高出30%。关于这些关系的进一步讨论，参见David K. Eiteman，Arthur I. Stonehill，and Michael H. Moffett，*Multinational Business Finance*，11th ed.，Reading，MA：Addison-Wesley，2007.

将表现为“线下”的额外利息收益。

概括地说，我们以交易为基础的报告模型是：

- 将折算利得和损失分配到与之相关的具体的收入和费用上；
- 向总部和子公司管理层提供能够较好地支持决策的数据；
- 消除平行控制的需要；
- 使随时对比业绩变得更加容易；
- 能够提高应用模型的成本效益。

10.6 财务控制问题

战略和信息支持系统问题一经决定，注意力就会转移到财务控制和业绩评价等同样重要的领域。[①] 这些因素特别重要，因为它们能帮助财务管理人员：

（1）执行跨国公司的全球财务战略；

（2）评价选定战略对实现企业目标的贡献程度；

（3）激励管理层和员工尽可能有效和高效率地实现企业的财务目标。

管理控制系统旨在以最有效和高效率的方式实现企业的目标。而财务控制系统则是一种量化的计量和沟通系统，它从以下几方面实施控制：（1）在组织内恰当地沟通财务目标；（2）确定业绩评价的规则和标准；（3）监控业绩；（4）同责任人沟通实际业绩和计划业绩的差异。

健全的财务控制系统使高级管理层能够围绕共同的目标去关注各个子公司的活动。控制系统包括经营和财务政策、内部报告结构、经营预算以及与高级管理层的目标相一致的程序手册。这样，就会抑制子公司为实现各自的目标而以集团整体目标为代价做出“次优”（suboptimal）行为。持续监控各个单元的及时报告系统，能够起到良好的推动作用。有效的控制系统还能够帮助总部管理层评价公司的战略计划，并且在需要时进行修订。信息系统可以让管理层知悉可能会对公司产生重大影响的环境变化，从而协助管理层完成战略规划任务。最后，良好的控制系统能够通过确保下属仅对其能够控制的事项负责，从而帮助高级管理层适当地评价下属的业绩。

如果一套设计良好的控制系统对在单一国家的公司是有用的，那么对跨国公司而言也是无价的。然而，正如我们前面曾反复观察到的那样，影响管理层国外决策的环境不仅有所不同，而且处在持续变化之中。

10.6.1 国内控制系统与跨国控制系统

如何在跨国公司中设计一套运作良好的控制系统呢？母公司可以在国外经营中不加改变地利用其国内的控制系统吗？研究表明，许多跨国公司用以对国外经营进行控制的系统与其在国内使用的系统在许多方面是相同的。普遍移植的系统项目包括财务和预算控制，并且趋向于使用与国内经营相同的评价标准。在一篇如今很经典的文章中，David Hawkins 对此给出了 4 个基本原因：

---

① 公司管理层也关心公司控制。然而，管理层关心的主要问题是前几章所讨论的外部报告信息。关于公司管理最新研究，参见 Robert M. Bushman and Abbie J. Smith, “Financial Accounting Information and Corporate Governance,” *Journal of Accounting and Economics* 32 (2001): 237-333.

（1）在创建国外经营的初期，财务控制因素并不是至关重要的；

（2）移植国内系统的成本通常比为国外经营重新设计一整套系统要低；

（3）为了简化合并财务报表的编制和分析，公司的会计部门坚持要求所有经营性子公司都采用相同的格式和程序来记录和传递财务与经营数据；

（4）目前在跨国公司中工作的前国内执行官和他们在公司中的上级更愿意尽可能多地继续采用国内控制系统，这主要是因为他们之所以能够升迁到高层管理者的职位上，正是因为已掌握了国内的系统。①

我们认为，向国外输出本土控制系统充满着意想不到的困难。很难相信在国际经营环境千差万别的情况下，总部会计部门的人员能够设计出一套单一、有效的全球控制系统。回头看看专栏 10—4 列示的一些因素，就能够说明这一点。

环境的多样性对财务控制程序有着无限多的潜在影响。前面我们曾观察到，地理距离通常会影响附属公司与总部之间的传统沟通方法。尽管更先进的技术可能有助于克服地理距离问题，但是文化上的距离问题更难克服。文化和经营环境交互作用，形成了一个国家独特的管理价值观。语言上的困难、在对待风险和权威的态度方面的跨文化差异、需要-成就水平上的差异，以及其他文化因素，通常会导致糟糕的后果，包括：（1）对指令的误解；（2）对批评的容忍程度低；（3）不愿意坦诚地讨论经营问题和寻求帮助；（4）国外管理人员之间彼此丧失信心；（5）不愿意授权；（6）不愿意承担责任。跨国公司的管理人员面临很多严峻的问题。对那些跨国兼并和收购而并入的公司中的管理人员和员工而言，尤其如此。② 长期处于某种文化之中的管理人员和员工，必须在另一种文化设计的管理控制系统中经营，这种情况经常发生。正如前面所引用的，基于 Hofstede 著作记载的文化行为，Lere 和 Portz 提出了在国际背景下设计管理控制系统的几点忠告。③ 如前所述，为高度分散的经营设计的系统几乎不可能在有着高度确定性规避的国家和以高权力距离结构为特征的等级社会得以有效实施。权力代表集团也许很少能在集体主义社会获得认可，该社会倾向于强调集体的权力而不是个人的权力。在倾向于长期利益导向的社会里，反映销售收入增长和市场份额的业绩评价方法可能要比关注短期利益的投资回报率（ROI）和预算变动率更有意义。Hopper 和 Rathnasiri 证明了在财务控制中忽视文化道德观念的后果。在他们的案例分析中，习惯于正式官僚的规则约束控制系统的印度员工抵制由公司新的日本所有者强加的绩效薪酬系统。这些员工和当地仕途受挫的政治家结成联盟。最后，日本管理人员被调离，并且控制系统恢复到最初的政治干预经营问题的官僚状态。④

分销渠道、信用条件、产业政策、金融制度以及商业惯例都因国而异。国际财务管理人员需要适应这些多样化的经营实务。在研究芬兰和中国的薪酬偏好时，Chiang

① David F. Hawkins, "Controlling Foreign Operations," *Financial Executive*, February 1965, pp. 25-32.

② Yaakov Weber and Ehud Menipaz, "Measuring Culture Fit in Mergers and Acquisitions," *International Journal of Business Performance Management* 5, no. 1 (2003): 54.

③ John C. Lere and Kris Portz, "Management Control Systems in a Global Economy," *The CPA Journal*, September 2005, pp62-70.

④ Trevor Hopper and Chandra Rathnasiri, "Japanese Cost Management Meets Sri Lankan Politics: Disappearance and Reappearance of Bureaucratic Management Controls in a Privatized Utility," *Accounting, Auditing and Accountability*, Vol. 17, no. 1 (2004): 120.

和 Birtch 发现对薪酬偏好更为全面的评价要考虑员工特征和文化以外的其他环境因素。①

开展国外经营的公司还必须适应陌生的政府监管和限制。例如，外汇管制、资本流动限制、联合所有权要求以及许多其他商业监管。与一国货币实力有关的环境因素在图 10—4 列示的所有因素中，对海外控制系统的设计最为重要。国内通货膨胀率和浮动货币价值至关重要，公司控制系统必须考虑这些。否则，将一个针对稳定环境而设计的财务控制系统运用于非稳定环境，必将导致失败。

10.6.2 经营预算

战略目标和资本预算一经确定，接下来管理层就会把注意力转向短期计划。短期计划包括在组织中编制必要的经营预算或利润计划。这些利润计划是进行现金管理预测、经营决策和编制管理层报酬方案的依据。国外子公司的预算利润表，首先要按母公司所在国会计原则进行转换，然后再从当地货币单位（LC）折算为母公司所在国货币单位（PC）。在对以母公司所在国货币单位表示的实际和预算利润进行定期比较时，需要采用适当的差异分析方法，以确保预算偏差被正确地诊断，从而采取适当的管理措施。尽管国内和国际的差异分析方法原则上是相同的，但是货币的波动使国际差异分析更为复杂。

国外经营的财务业绩可以按当地货币、母公司国家货币或者两者并用进行计量。对于判断国外单位和管理人员的业绩而言，所采用的货币将会产生重大的影响。货币价值的波动甚至可以使盈利（以当地货币单位计量）变为亏损（以母公司所在国货币单位表述）。

一些人倾向于认同当地货币观，因为国外交易发生在国外的经营环境中，并且是以外国货币进行的。因此，在以当地货币评价经营活动时，就不应考虑外币折算损益。而倾向于认同母公司货币观的人则认为，母公司本国股东最终关注的是本国货币报酬。由于其根据本国货币报酬来判断总部管理层的业绩，因此对国外管理人员的评价也应该采用同样的标准。

即使认为在业绩评价中采用母公司所在国货币计量优于采用子公司当地货币，问题仍然存在。理论上，两个国家汇率的比价应该随着其通货膨胀率差异的变化而成比例地变化。因此，假设意大利的通货膨胀率为 10%，土耳其为 30%，则土耳其里拉的价值相对于意大利里拉来说应该大约贬值 20%。而在实践中，货币兑换价值的变动往往滞后于国外通货膨胀率的变动，这样就会扭曲对业绩的计量。当发生过度的通货膨胀时，当地货币收入和美元等价物就会增加。在下一期间，如果国外货币开始贬值，即使该期实际当地货币盈利有所上升，以美元表述的当地盈利也会下降。在这些情况下，如果外汇汇率的变动无法跟上通货膨胀率差异的波动，则在对国外经营进行业绩计量时，采用母公司本国货币就会引入随机的成分。

从长期来看，必须根据本国货币投资来判断国外子公司的价值。在制订战略计划和进行长期投资决策时，采用母公司货币观是比较适当的。然而，在对管理业绩进行

---

① Flora F. T. Chiang and Thomas A. Birtch, "An Empirical Examination of Reward Preferences within and Across National Settings," *Management Internaitonal Review*, Vol. 46, no. 5 (2006): 573-596.

评价时，所采用的货币框架取决于谁对汇率风险负责（这个问题应该与谁对汇率风险负责区分开来）。如果公司财务部门管理汇率风险，那么按当地货币来计量国外业绩是合乎逻辑的。如果在评价国外管理人员的业绩时，将汇率变动利得和损失排除在外，那么采用母公司国家货币计量也是有效的。而如果当地管理人员有必要的工具来管理汇率利得和损失，那么以母公司货币对他们的业绩进行计量也是合理的。

考虑一下预算过程的某些方面。要对国内和国外经营网络进行控制，就要求用母公司所在国货币来表述外币预算，以便进行比较。当采用母公司所在国货币数据时，在建立预算和监控业绩时采用的汇率如果发生变动，会产生不应归因于其他因素的差异。在期初草拟经营预算时，可以采用3种可能的汇率：

（1）编制预算时的实际即期汇率；

（2）预计在预算期结束时普遍采用的汇率（预计汇率）；

（3）如果预算可以随着汇率变动及时更新，则可采用期末的实际汇率（期末汇率）。①

可以同时采用可比汇率来追踪与预算有关的业绩。如果采用不同的汇率组合来编制预算和追踪业绩，则对汇率波动而言会产生不同的责任分摊，并且管理人员可能会产生不同的反应。让我们考察几种可能的方案：

（1）以期初的即期汇率编制预算并追踪业绩。此时汇率变化对国外管理人员的业绩评价不会产生影响。当地管理人员没有在进行经营决策时考虑预计汇率变动的动机。

（2）以期末预算汇率（随时更新的）编制预算，以期末实际汇率追踪业绩。这种组合会产生相似的结果。当地管理层同样不需要考虑汇率的变动，因为编制预算和进行评价所采用的汇率是相同的。

（3）以期初汇率编制预算，以期末汇率追踪业绩。此时，当地管理人员对汇率变化负全部责任。潜在的负面后果是当地管理人员可能会虚报预算，或采用对公司而言并非最优的套期保值措施。

（4）按预计汇率编制预算和追踪业绩。这种系统体现了当地货币观。鼓励当地管理人员在制订经营计划时将预计汇率变化考虑在内，但是他们对非预期的汇率变化不承担责任。非预期的汇率变化由母公司负责。

（5）以预计汇率编制预算，以期末实际汇率追踪业绩。这种汇率组合不要求当地管理人员对预计汇率变化负责。但当地管理人员要对非预期的汇率变化负责，从而鼓励其采取套期保值措施。

对于评价管理业绩而言，哪种选择最好？在实务中这5种方案都能找到。我们在这里集中讨论实务中最常见的后两种方案。譬如说，我们假设（LC＝当地货币）：

预计汇率：	$ 0.50＝LC1	实际期末汇率：	$ 0.25＝LC1
以LC表示的预算收益：	800 000	以LC表示的实际收益：	1 000 000
以美元表示的预算收益：	400 000	以美元表示的实际收益：	250 000

① Donald R. Lessard and Peter Lorange, "Currency Changes and Management Control: Resolving the Centralization/Decentralization Dilemma," *Accounting Review*, July 1977, pp. 628–637.

如果采用预计汇率来监控业绩，以美元表示的收益为 500 000 美元（LC1 000 000×＄0.50），超出预算 100 000 美元。看起来管理人员似乎干得不错。但是，如果采用期末实际汇率，则结果将会变成 250 000 美元（LC1 000 000×＄0.25），低于预算150 000美元。看起来管理人员似乎干得很糟糕。那么，到底应该采用哪种汇率呢？

关于这个问题的讨论，大多数人倾向于选择选项（4）。采用预计汇率编制预算可以激励管理人员在经营决策时将预计汇率变动考虑在内。采用预计汇率监控业绩，可以使当地管理人员免受自身无法控制的非远期外汇率变动因素的影响。同样，针对汇率变动所采取的保护措施在公司范围内是可以协调的。

我们认为，采用预计汇率编制预算、采用期末实际汇率追踪业绩［选项（5）］同样具有优点。和选项（4）一样，这种方法同样可以激励管理人员在编制预算期经营方案时将预计汇率变动考虑在内。而与选项（4）不同的是，强制要求当地和公司的管理人员对非预期的汇率变动负责，可以激励他们在汇率变动时加以应对。如果一名国外管理人员预期当地货币将发生 30% 的贬值，而实际上却经历了 70% 的贬值，因为其业绩是采用预期率计算的，所以他没有采取任何行动以抵消比预期贬值高出的部分，想象一下将会发生什么。

在当地经营计划可以随着预计外汇汇率变动做出适应性调整的情况下，选项（5）更为有效。在对当地管理人员进行业绩评价时，忽略了实际汇率和预计汇率之间的所有剩余差异（例如，将剩余差异视为预测误差，由公司总部负责），这种系统能够带来优于选项（4）的其他好处。

在不同层级的管理层之间划分汇率差异的责任时，需要按照责任层次来分析预算差异。在我们前面的例子中，对国外子公司经营差异和汇率差异的分析如专栏 10—6 所示。

专栏 10—6　**汇率差异分析**

责任		计算：经营项目		计算：汇率		差异
当地货币经营（当地管理层）	−	LC 预算	×	预算	=	当地货币经营差异
		LC 实际	×	预算		
母公司货币经营（总部管理层）	−	LC 实际	×	预算	=	母公司货币汇兑差异
		LC 实际	×	实际		

预算差异总额−150 000 美元（LC800 000×＄0.50−LC1 000 000×＄0.25）中包括应由国外子公司管理人员负责的 100 000 美元（LC800 000×＄0.50−LC1 000 000×＄0.50）正差异，以及应由公司总部负责的−250 000 美元（LC1 000 000×＄0.50−LC1 000 000×＄0.25）负差异。专栏 10—7 列示了当汇率差异的责任在当地管理层、国际分部经营管理层（母公司所在国货币差异）和公司财务部门（预算汇率差异）之间分配时的预算差异分析框架。在这里，国际分部负责对非远期外汇率变动实施套期保值措施，而公司财务部门负责准确地预测汇率。

专栏 10—7　　汇率差异的三方分析

责任	计算				差异
	经营项目		汇率		
当地货币经营	LC 预算	×	预算		当地货币
	−			=	
（当地管理层）	LC 实际	×	预算		经营差异
母公司货币经营	LC 实际	×	预算		母公司货币
	−			=	
（国际分部）	LC 实际	×	实际		经营差异
外汇预算差异	LC 预算	×	预算		预算汇率
	−			=	
（财务部门）	LC 预算	×	实际		差异

10.6.3 汇率变动分析

我们现在提供一个更为综合的例子来说明汇率差异分析。① 专栏 10—8 列示了 FC 公司 20×8 预算年度年初和年末预算和实际的简化利润表。该年的利润计划（按母公司所在国公认会计原则编制）以期初汇率 FC1 = PC1 折算为母公司货币单位。年末，外国货币贬值 20%。

专栏 10—8　　用于汇率变动差异分析的利润表

		预算		实际
收入		FC5 000		FC5 700[a]
销售成本		3 000[b]		2 880
毛利		FC2 000		FC2 820
经营费用	750		825	
折旧	500		500	
利息费用	250	1 500	300	1 625
经营利润		FC500		FC1 195

[a] 公司的成本计算采用先进先出法，当年生产量与销售量相等。单位生产成本由计划的 FC3.00 降至 FC2.40。

[b] 年内实际销售数量增长了 200 单位，销售单价为 FC4.75，比预计低 FC0.25。

分解为价格差异、数量差异、汇率差异的业绩报告如专栏 10—9 所示。

从国外附属公司的角度看，经营业绩差异按当地货币计量，每个项目预算和实际数据之间的差异在利润表中反映。经营业绩差异在专栏 10—9 第（7）栏中详细列示。销售收入和销售成本差异可以分解为价格（成本）差异和数量差异。销售数量差异 FC1 000 等于销售数量变动量 200 单位乘以预算销售价格 FC5。采用同样的方法可以计算出销售成本数量差异为 200 单位×FC3 = FC600。因此，影响毛利和经营利润的数量差异净额［第（9）栏］为 FC1 000 − FC600 = FC400。预算期内销售收入和销售成本差异中的价格（成本）差异可以通过将实际销售数量与销售价格（生产成本）变动量相乘得出。计算结果对销售收入产生了一项负的价格差异 1 200 单位×

① Gerald F. Lewis, "Multinational Budgeting and Control Systems," in *International Accounting and Finance Handbook*, 3rd ed., F. D. S. Choi, ed., New York: John Wiley & Sons, 2003, pp. 25.1-25.22.

(-FC0. 25)=-FC300，而对销售成本产生了一项正的价格差异 1 200 单位×（-FC0. 60）= FC720（参见第 10 栏）。预算费用与实际费用之间的差额作为一项账面差异列示在第（11）栏中。

专栏 10—9　　FC 公司业绩报告（截至 20×8 年 12 月 31 日的预算期间）

	(1)	(2)	(3)	(4)	(5)	(6)	(7)	(8)	(9)	(10)	(11)	(12)
							差异分析					
	预算			实际			总差异		数量差异	价格/成本差异	报告差异	汇率差异
	FC	FX	PC	FC	FX	PC	FC	PC				
收入	5 000	1.0	5 000	5 700	0.8	4 560	700	(440)	1 000	(300)		(1 140)
期初存货	(3 000)	1.0	(3 000)	(2 800)	1.0	(2 800)	200	200				
本期生产	(3 000)	1.0	(3 000)	(2 880)	0.8	(2 304)	120	696				
可供出售商品	(6 000)		(6 000)	(5 680)		(5 104)	320	896				
期末存货	3 000	1.0	3 000	2 800	0.8	2 240	(200)	(760)				
销售成本	(3 000)		(3 000)	(2 880)		(2 864)	120	136	(600)	720		16
毛利	2 000		2 000	2 820		1 696	820	(304)	400	420		(1 124)
经营费用	(750)	1.0	(750)	(825)	0.8	(660)	(75)	90			(75)	165
折旧费用	(500)	1.0	(500)	(500)	1.0	(500)	—	—			—	—
利息费用	(250)	1.0	(250)	(300)	0.8	(240)	(50)	10			(50)	60
经营利润	500		500	1 195		296	695	(204)	400	420	(125)	(899)

根据以上分析，我们不难看出，FC 公司的经营利润之所以会增加 FC695，应归因于以下几个因素：

销量增加（第 9 栏）	FC400
销售价格降低（第 10 栏）	(300)
生产成本降低（第 10 栏）	720
费用增加（第 11 栏）	(125)
经营利润增加（第 7 栏）	FC695

如果从母公司的角度对 FC 公司的经营业绩进行评价，首先要将以当地货币计量的结果折算以母公司所在国货币计量的结果。假设母公司指定以母公司所在国货币为功能货币，相应的，就要采用时态法将 FC 公司预算利润表折算为母公司所在国货币。如果以当地货币为功能货币，折算时就要采用现行汇率法（参见第 6 章对这些方法的详细论述）。

为了简化我们的分析，假设母公司将采用预算日的汇率（FC1. 00 = PC1. 00）来分析 FC 公司的预算差异。①

采用这种方法，销售收入和销售成本的价格差异和数量差异与按照当地公司观计算的结果相同。把以母公司所在国货币表示的实际报告期业绩结果与预算期间汇率变动相乘，就可以计算出汇率变动的影响。以母公司所在国货币表示的销售收入总差异

① 可供选择的汇率基准以及它们在国外经营业绩评价中的含义将在本章以后的部分中进行考虑。

PC5 000-PC4 560＝PC440 可以分解为下列数量差异、价格差异和汇率差异：

数量差异（第 9 栏）＝200 单位×FC5＝FC1 000×1.0＝PC1 000

价格差异（第 10 栏）＝1 200 单位×（-FC0.25）＝FC（300）×1.0＝PC（300）

汇率差异（第 12 栏）＝FC5 700×（-PC0.2）＝PC（1 140）

同样的，销售成本总差异可以分解为下列各项：

数量差异＝200 单位×FC3＝FC600×1.0＝PC（600）

成本差异＝1 200 单位×（-FC0.60）＝FC720×1.0＝PC720

将销售成本的每一部分与汇率变动相乘，可以计算出汇率差异（第 12 栏）：

期初存货	FC2 800	×	0	＝	0
本期生产	FC2 880	×	PC0.2	＝	576
期末存货	FC2 800	×	-PC0.2	＝	(560)
					16

将以当地货币计量的实际数据乘以期内汇率变动，可以计算出经营费用和折旧费用的汇率差异。计算得出经营费用汇率差异为 FC825×（-PC0.2）＝PC165，利息费用汇率差异为 FC（300）×（-PC0.2）＝PC60。

在评价以母公司所在国货币表述的 FC 公司的经营业绩时，经营利润下降的-PC204可以归因于以下几个因素：

销货数量增加	PC+400
销售价格下降	(300)
生产成本下降	+720
经营费用增加	(75)
利息费用增加	(50)
汇率变动（第 12 栏）	(899)
以母公司所在国货币表述的营业收益下降（第 8 栏）	PC(204)

当地货币相对于报告货币疲软而形成的货币折算现象，是造成经营业绩不佳的主要原因。我们将在本章的下一部分讨论国外经营业绩评价时，对这种货币作用进行恰当的评价。

10.7 战略成本计算

在生产和标准成本系统对成本控制一直起主要作用时，某些日本公司就已经引入了推进其全球生产战略的成本概念系统。[①] 通过此举，它们改进了成本控制过程，更重要的是在管理会计实务与公司目标之间建立了直接的联系。[②]

为了控制生产阶段的成本，世界各地的许多公司采用标准成本系统。这种系统主要估计作为合理确定销售价格的依据所应该采用的产品生产成本。然后，把产品的实际成本与估计成本相比较，所得出的标准和实际成本之间的差异，作为生产和获取过程中矫正偏差的依据。这个过程可以看作是基于成本的定价模型。

---

① 这些生产战略促使生产能力和质量不断改进。具体应用包括适时制（JIT）、全面质量控制（TQC）和其他精益（lean）生产技术。

② Antonio Davila and Marc Wouters, "Designing Cost-Competitive Technology Products Through Cost Management," *Accounting Horizons* Vol. 18, no. 1（2004）：13-26.

与此相反，许多日本公司采用基于价格的成本计算模型。它也叫目标成本计算（target costing），这种战略成本计算方法用来按照预计能确保市场成功的价格来设计和制造产品。[①] 我们不妨看看 Daihatsu 汽车公司。它的产品开发周期（一般持续 3 年）从生产经理指示各部门送交它们认为汽车应该达到的设计和运行要求开始。此后便是成本估计，估计不是基于将要耗费多少成本来制造一辆汽车，而是基于每辆汽车可容忍的成本是多少。这个“可容忍成本”（allowable cost）是根据公司认为市场可以接受的目标销售价格扣除所反映的公司战略计划和财务预测的目标边际利润追溯计算得来的。

既然作为一种目标来采用，可容忍成本就不是静止不变的。在生产期间，可容忍成本每月根据基于短期利润目标的成本降低率下调。在以后年度，以前一年的实际成本作为下一步成本降低的起点，从而保证了只要该种汽车仍在生产，成本就会持续削减。这种市场驱动的系统，被称为改进成本计算法（kaizen costing），它显著地减少了对传统标准成本计算系统的依赖。标准成本计算系统寻求的是减少实际成本与预算之间的差异；改进成本计算法则强调在竞争的市场环境下，采取必要措施来实现期望的业绩水平。专栏 10—10 总结了标准成本计算与改进成本计算两个概念之间的主要差别。

专栏 10—10　　**标准成本计算概念与改进成本计算概念**

标准成本计算概念	改进成本计算概念
成本控制	成本降低
以现有生产条件为基准	以持续改善生产为基准
目标：符合业绩标准	目标：实现成本降低指标
每年设定标准	每月设定成本降低目标
	持续改善生产方法以达到目标成本
差异分析以实际与标准对比为基础	差异分析以持续成本降低为基础
当标准未实现时进行调查研究	当达不到目标成本时进行调查研究

资料来源：本资料的使用经过 Yasuhiro Monden 和 John Y. Lee 同意。“How a Japanese Auto Maker Reduces Costs,” *Management Accounting*（Now Strategic Finance）August 1993，pp. 22–26，published by the IMA，Montvale，New Jersey，www.ima.org. 要更详细地了解 Kaizen costing，参见 B. Modarres，A. Ansari，and D. L. Lockwood，“Kaizen Costing for Lean Manufacturing：A Case Study,” *Journal of Production Research*，May 2005，pp. 1751–1760.

日本人引入的另一个战略成本计算概念是行为成本计算（behavioral costing）。[②] 在分步成本计算系统中，通过制造费用分配率将制造费用分配到产品或常规服务的成本中去。从传统成本会计的角度出发，制造费用应该以因果关系为基础在产品之间进行分配。尽管许多日本制造企业是资本密集型的，但却一直将直接人工作为制造费用的分配依据。这种做法导致生产经理不仅要归集成本，还需努力降低成本（例如，鼓励自动化）。这样就会刺激希望削减制造费用负担的生产经理以人工替代资本。

① Antonio Davila and Marc Wouters，“Designing Cost-Competitive Technology Products Through Cost Management,” *Accounting Horizons* Vol. 18，no. 1（2004）：13–26.

② T. Hiromoto，“Japanese Management Accounting,” *Harvard Business Review*，July-August 1988，pp. 22–26.

10.8 对国外经营的业绩评价

评价业绩是有效的控制体系的核心。一个设计合理的业绩评价系统可以使高级管理层：(1) 判断现有经营业务的获利能力；(2) 发现未按计划执行的领域；(3) 有效地配置有限的公司资源；(4) 评价管理业绩；(5) 确保管理行为与战略优先考虑相一致。其中，(5) 是最重要的。开发一套有效的业绩评价系统既是一门艺术，也是一门科学，其复杂性随着海外经营的增加而增加。因为国外经营的业绩评价必须处理诸如汇率变动、外国通货膨胀、转让定价、不同国家的文化以及众多其他环境因素的影响等复杂问题，所以如果忽视这些因素的影响，公司总部就会面临接收歪曲的经营成果指标的风险。不恰当的业绩评价标准可能会促使海外管理人员采取与公司目标不一致的行动，其产生的直接后果是降低公司的效率，进而（可能）削弱竞争力。

迄今为止，管理会计人员已经成功地为跨国公司及其国外经营创建了可比的财务控制。除了许多使全球绩效评价系统的设计复杂化的背景变量以外，建立动态绩效计量和财务控制成为最新的挑战。持续描述现有实务的行为模式是指组织树立目标或愿景层级，并将其实际的绩效与这些目标进行对比。① 与愿景相关的绩效倾向于引发一系列与成功（超越愿景的绩效）和失败（低于愿景的绩效）相关的企业反应。②

本章剩下来的几个部分将研究与国外经营业绩评价有关的一些主要问题，讲述领先的跨国公司如何评价业绩，并提出一些通用的政策建议。

10.8.1 一致性

调查结果表明，业绩评价的一个主要目标是确保获利能力。③ 然而，当业绩评价体系不适合可能具有短期盈利目标以外的其他目标的国外经营的特定性质时，就会产生潜在的矛盾。跨国公司建立国外经营有许多原因。依赖原材料稳定供应的公司通常会向海外发展以确保供货。其他类型的跨国公司向海外投资是为了通过获取价格较低廉的劳动力、能源或辅助服务来降低生产成本。当一家公司由于对方提高关税等原因而导致向某一市场出口不再盈利时，它通常会在该市场内建立当地经营。向海外投资的其他原因包括：(1) 避免在国外市场上输给其主要竞争者；(2) 为零部件和相关产品开辟市场；(3) 分散经营风险；(4) 寻求新市场；(5) 满足政府规定；(6) 在更多的生产单位之间分担间接成本。这些目标在性质上大多是战略性的，而不是战术性的。同样，强调短期获利能力和效率可能会将注意力从关键的制造和公司战略上转移开来，并疏远公司的人际关系。

鉴于每个国外子公司的使命各不相同，业绩评估系统必须有利于使子公司的目标与整个公司的目标相一致。例如，如果国外子公司的目的是为系统中的其他单位生产部件，就应该对照其他供应渠道评价它的定价水平、产品、质量和配送时间。这一非

---

① Ahmed Riahi-Belkaoui, *Behavioral Management Accounting*, Connecticut: Greenwood Publishing Group, 2002, p. 259.

② Stephen J. Mezias, Patrice Murphy, Ya_ ru Chen, and Mikelle A. Calhoun, "Dynamic Performance Measurement Systems for a Global World: The Complexities to Come," in *International Finance and Accounting Handbook* F. D. S. Choi, ed., New York: John Wiley & Sons, 2003, Chapter 26.

③ 调查结果表明被认为能够给比较多个国家经营提供可靠信息的一种计量方法是盈利能力。Frederick D. S. Choi, *International Finance and Accounting Handbook*, New York: John Wiley & Sons, 2003.

财务绩效度量方法的使用拓展了传统的财务绩效计量方法，与现代采用的平衡计分卡（balanced scorecard）理念相一致。子公司管理人员应该充分参与各自的目标制定。他们的参与有助于确保他们能在一个对当地经营环境敏感和与公司整体目标一致的框架中进行评价。公司应当确保不损害长期目标，因为子公司管理人员一直关注短期成果，通过确保在公司战略计划的范围内实现短期业绩目标和管理激励，才能实现与公司的长期目标相一致。

10.8.2 单位业绩和管理业绩

财务总监 A：我通常认为，我们可以把管理人员的业绩和单位的业绩看成一回事。国外单位的经营是管理人员的责任，该单位的表现与对其管理人员的评价密切相关。[①]

财务总监 B：对管理人员进行评价，与其遵循预算的情况密切相关，因为其提出了预算，并且得到了决策部门的批准，这就是他下一年度的行动计划。现在，如果要评价他所在的单位是不是我们想要继续经营或投资的单位，抑或要考虑做出其他选择，投资报酬率就变成了重要因素。[②]

在评价国外经营时，我们应该区分单位的业绩和管理人员的业绩吗？尽管有人认为它们没有区别，但是只有在少数情况下才会是这样。

国外经营的业绩会受到多方参与者行为的影响，其中每一方都有着不同的利害关系。这些参与者包括（但不限于）当地管理层、总部管理层、东道国政府以及母公司所在国政府。

当地管理人员可以通过他们的经营决策来明显地影响报告收益。国外所得也会受到公司总部决策的影响。例如，为了保持处于有货币贬值倾向的国家中的资产的价值，公司财务部门往往会指示国外子公司把资金转移到货币价值坚挺的国家的子公司中去。

东道国政府的行为和政策也会直接影响国外子公司的报告成果。不同国家所要求的最低资本化比率往往会扩大用于与收益相对比的投资基数。限制用外币支付所需进口货款的外汇控制，通常会降低子公司的业绩。工资和物价管制也会对当地管理人员的报告业绩产生不利影响。

这些因素说明，必须区分管理业绩和单位业绩。[③] 证据表明，这是一个实务中很少见的案例。[④] 只能根据当地管理人员可以影响到的资产负债表和利润表项目，来对他们进行评价。在实务中，可以通过把每个资产负债表和利润表项目划分为可控部分和不可控部分，来进行具体的评价（如专栏 10—11 所示）。

---

① Paul A. Samuelson, "Economic and Cultural Aspects of Tomorrow's Multinational Firms," *Japan and the World Economy*, December 2000, pp. 393-394.

② Paul A. Samuelson, "Economic and Cultural Aspects of Tomorrow's Multinational Firms," *Japan and the World Economy*, December 2000, p. 26.

③ Business International Corporation, *Assessing Foreign Subsidiary Performance: Systems and Practices of Leading Multinational Companies*, New York: BIC, 1982, p. 10.

④ Wagdy M. Abdallah, Nadeem M. Firoz, and Ikechi Ekeledo, "Performance Evaluation of Foreign Subsidiary Managers Using Intra Company Pricing," *The International Tax Journal*, Vol. 31, no. 4 (2005): 5-12.

专栏 10—11 **控制财务报表格式（当地货币）**

	当地可控部分	当地不可控部分
资产负债表		
资产（明细）	××	××
负债（明细）	××	××
所有者权益（明细）	××	××
利润表		
收入	××	××
经营费用	××	××
利息费用	××	××
“其他”	××	××
所得税	××	××
净利润	××	××

例如，根据这个框架，一家美国公司位于波哥大附属公司的管理人员就不必对由公司财务部门安排的与加元借款有关的实际利息费用负责。由于借款的决定是由总部做出的，总部管理层应该对利息成本（即加拿大的名义利率加上汇兑风险）负责。但因为附属公司也从贷款中获得了利益，所以它也应该支付与之相对等的利息费用。与此相关的费用称为资本成本（capital charge），即哥伦比亚管理人员要在当地借款或是从母公司借款时所应该承担的借款成本。

10.8.3 业绩准绳

单一的准绳不可能涵盖总部管理层关注的所有业绩因素。[①] 跨国公司用于评价其国外经营的两个较为常用的财务业绩准绳是投资报酬率（ROI）和预算业绩。投资报酬率把企业的收益与特定的投资基础联系起来，预算业绩则将经营业绩与预算进行比较。预算控制意味着预算业绩和实际业绩之间的任何差异都可以追溯到承担相应责任的管理人员或单位。一项经典研究表明，就评价管理业绩而言，预算控制比投资报酬率比较更为有效。投资报酬率指标更适用于计量单位的业绩，而预算比较则对评价管理人员更为有用。

在 Business International 早期进行的一项业绩评价研究中，被调查的美国和非美国跨国公司都指出评估海外单位业绩所采用的最重要的财务准绳是对比预算和实际利润，其次是投资报酬率。被认为也具有一定程度的重要性的还有预算与实际销售的比较、销售报酬率、资产报酬率、预算与实际投资报酬率以及经营现金流量。但是，说到经营现金流量，美国的跨国公司倾向于关注流向母公司的现金流量，而非美国的跨国公司倾向于流向国外子公司的现金流量。有趣的是，两类公司都不太重视文献中建

① 例如，参见 Rajiv D. Banker，H Sihui Chang，and Mina J. Pizzini，“Balanced Scorecard：Performance Measures Linked to Strategy，” *Accounting Review*，Vol. 79，no. 1（2004）：1–23.

议的剩余收益的概念。快速成长的私营企业倾向于支持经营利润和收入增长率。[①]

许多公司并不把它们的业绩标准仅限于财务。非财务标准可以通过关注可能对长期业绩产生重大意义的行动来强化财务指标。这些标准对于区分管理业绩和单位业绩尤为重要。

重要的非财务准绳包括市场份额、产品和流程创新、人事开发（从晋升人数与可晋升人数的比例的角度考核）、员工士气（通过内部意见调查来确定）和生产力指标等。社会责任和与东道国政府的关系方面的表现也很重要。这些非财务因素对于确保公司在国外的持续成功至关重要。[②]

尽管难以度量，人们在实践中还是认识到了非财务准绳的重要性。早期的调查表明市场份额很重要，其次是生产力的提高、与东道国政府之间的关系、质量控制、员工的发展和安全。Fullerton 和 Walters 指出，那些大力推行类似精益生产战略和持续质量改善等适时制（JIT）实践的企业，更有可能采用非财务标准。[③] 这些标准通常包括质量检查结果、竞争标杆、浪费和买方质量、调整时间、废料和停工时间。[④]

其他问题包括确定投资报酬率的相关组成部分和预算指标，并加以计量。投资报酬率和预算对比中的差异与收益的相关要素和投资基础有关。那么，收益应该是子公司的常规利润表中列示的收入和费用之间的差额，还是应该引入其他的角度？虽然常规的收益指标会比严格的现金流量指标更好地反映公司的经营成果，但在国际背景下则可能产生误导。首先，净利润可能包含单位管理人员所无法控制的公司费用分摊。它不可能反映国外单位使命的战略属性。子公司的报告成果很少能反映它的全部贡献。

为了弥补这些不足，公司的会计人员需要尽可能准确地确定那些可以具体归因于国外子公司的报酬。因此，为了报告利润，应该加回（add back）如下各项：（1）支付的特许权使用费、服务费以及公司分摊给国外子公司的费用；（2）销货给子公司所产生的公司内部利润。如果向子公司的销售不是按照正常交易价格进行的，国外子公司的利润当中就应该调整转让定价差额（转让定价问题将在第 12 章中详细讨论）。管理评价所采用的收益数据应该优先考虑仅仅包括单位管理人员可以控制的那些收入和费用要素。

投资报酬率的分母是什么？它应该包括股东权益吗？它应该包含股东权益加上所有承担利息的债务（或者固定资产加上净营运资本）吗？它应该是总资产吗？如果是，资产中应该包括由于当地环境限制而不具备生产能力的资源吗？它应该包括由公司总部配置的资产（例如那些由公司财务部门控制的资产）吗？

对于收益，我们认为应该加以区分。对于管理人员来说，投资基础只应包括他们可以控制的资源。因此，过量的存货（由于东道国政府外汇控制政策形成的积压）就应该扣除，就像超出当地管理人员影响范围的公司内部应收账款和现金余额一样。

---

① Trendsetter Barometer，www. barometersurveys. com.

② Katharina Kretschmer，*Performance Evaluation of Foreign Subsidiaries*，Wiesbaden，Germany：Gabler Verlag，2008，pp. 363.

③ Rosemary R. Fullerton and Cheryl S. McWatters，“The Role of Performance Measures and Incentive Systems in Relation to the Degree of JIT Implementation，” *Accounting*，*Organizations and Society* 27（2002）：711-735.

④ S. J. Daniel and W. D. Reitsperger，“Linking JIT Strategies and Control Systems：A Comparison of the United States and Japan，” *The International Executive* 38（1996）：95-121.

对子公司来说，投资基础应该包括为实现既定目标而使用的全部资本。

例如，假设一个国外单位在年末的外币（FC）财务状况如下（流动负债不包含任何付息债务，包括长期负债中的流动部分）：

现金	FC 500	流动负债	FC 300
应收账款	200	长期负债	800
存货	300		
固定资产	1 000	所有者权益	900
	FC 2 000		FC 2 000

进一步假设息税前利润（EBIT）是 FC 200，当地平均利率为 12%。

英国和美国的许多公司通过将息税前利润与固定资产加上净营运资本相对比来计算投资报酬率。在我们的例子中，这个投资基础产生的投资报酬率数据为 11.7%（FC 200/FC 1 700）。然而，许多位于荷兰的跨国公司的这一数据接近 16.7%，因为荷兰公司通常会把期末现金余额从运用资本的定义中剔除出去（持有的现金在荷兰被认为是非营利性资产）。①

10.8.4 评价中的计量问题和物价变动

国外经营评价系统的统计者必然也要面临会计计量问题。当通货膨胀是一个重要因素时，当地货币资产价值应该根据物价变动进行调整吗?② 这种重述直接影响投资报酬率各组成部分的计量，以及预算和业绩评价的业绩数据。例如，不能正确地估计通货膨胀率，通常会导致高估投资报酬率。这样，就不可能把公司资源引导到公司内部的最佳用途上去。

在第 7 章中我们说到，对物价变动影响反应敏感的内部信息系统，为通货膨胀管理战略提供了基础。为了进一步了解这类问题，我们将讲述针对 ICI 公司的一项案例研究以便考查其业绩评价实务，它是英国化工巨擘，目前是 Akzo Nobel 集团旗下的企业。

10.9 业绩评价实务：ICI 公司

在 20 世纪 70 年代初期的石油禁运中，ICI 公司的主要原材料之一——石油的价格在一年中就上升了 5 个百分点。因此，高级管理层获悉：即使报酬率达到 50% 也是不够的。考察通货膨胀对于历史账目的影响揭示出 6 个不利的影响：（1）相对于当前的销售收入而言，销售成本被低估了；（2）相对于当前的价值而言，运用的资本被低估了；（3）由于（1）和（2），资本报酬率就被加倍地高估了；（4）基于不同年限的同类资产所进行的分部业绩比较具有欺骗性；（5）不同国家的子公司之间的业绩比较是没有意义的；（6）不同期间的业绩比较是无效的。③

---

① 另一方面，荷兰公司采用库存现金作为比较的标准。运用资产的报酬率至少应该超过将现金投资于当地资本市场所能获取的报酬率，在我们的例子中为 12%。

② 即使在通货膨胀率较低的国家，长期资产因物价变动所造成的累积影响也会很大。对于拥有年限较长的固定资产的资本密集型跨国企业来说，尤为如此。参见 Lars Oxelheim and Clas Wihlborg，*Corporate Decision-Making with Macroeconomic Uncertainty*：*Performance and Risk Management*，London：Oxford University Press，2008：244pp.

③ Business International，*Assessing Foreign Subsidiary Performance*，p. 124.

为了消除这些不利影响，ICI公司将现行成本调整（CCA）纳入它的内部报告系统中。ICI公司把它的业绩指标划分为两类：长期的（至少1年）和短期的。产品带来的现金流量和投资报酬率是主要的长期指标。借助现金流量指标，公司试图确定每类产品能否赚取足够的资金来支付厂房重置费用、分摊的公司成本份额，以及能否实现足够的利润来为现实的增长提供资金。在确定经营模式的过程中，ICI公司发现各个国家所要求的现行成本调整报酬率是不同的。例如，由于税收等方面的原因，在德国经营需要两倍于在英国的报酬率，才能为相同水平的增长率提供资金。

ICI公司采用的投资报酬率是现行成本经营利润（支付利息、税和股利前）与现行成本的固定资产加上净营运资本之和之间的比率。在大型企业中，资产按重置成本减去折旧计价；而在较小的产品线中，资产按原值计价，以消除由于资产使用年限不同导致的扭曲（即分母会仅仅由于折旧随着时间的推移而减少，从而提高了报酬率）。

在西欧，利润是在支付利息和税之前计量的，因为这是总部的责任，而且当产品在一个国家生产而在其他几个国家销售时，很难把借款与具体项目联系起来，也很难确定具体项目实际支付的税款。如果站在子公司的角度（例如巴西子公司和澳大利亚子公司）去评价业绩，利润是在支付利息和税之后计量的。ICI公司选择这么做的原因是，这些子公司的借款是自己筹集的，投资决策受到当地税法和税收优惠的影响。通过运用现行成本投资报酬率，而不是历史成本报酬率，ICI公司在很大程度上把它对报酬率的计量与当地税法、税收优惠以及通货膨胀隔离开来。因此，ICI公司可以在不同时期对不同国家的经营进行比较。

尽管ICI公司主要采用产生的现金流量和投资报酬率来评价长期业绩，它的主要短期业绩计量则是将实际成果与预算进行比较，尤其关注诸如毛利率（即公司成本前利润）等财务比率。公司实施了一项3年期的计划：计划的第一年变成了这个阶段的经营预算。对业绩实行逐月、逐季追踪。更注重季度成果。

像许多跨国公司一样，ICI公司在编制当地销售价格和预计人工成本等经营成本预算时，也考虑预计的通货膨胀因素。ICI公司倾向于将现行价值纳入预算系统之中，并预测销售成本和折旧的重置价值。据称采用这种方法的原因是，可以迫使管理层注意到如下事实，即如果公司处于成本波动的环境中，就像我们目前所面临的石油及其关联产品价格频繁变动的状况，公司就不得不采用将要发生的重置原材料的成本，并将其纳入销售价格中作为考虑因素。如果采用历史成本，获得的利润显然不足以继续按当前的价格购买石油。

因此，必须采用每月发生的实际销售成本来追踪业绩。单位的管理人员应对差异（如果有的话）负责，因为非预期的成本增加（即比预计增加的幅度要大）可以被价格的上涨所抵消。①

预算还包括预计的折旧费用，它根据当地的指数确定，反映资产的重置成本。当地管理人员对预计的和实际的折旧费用之间的任何差异（每季度计算）都不承担责任。想让当地管理人员辨明预计折旧的变化并对其做出反应是不合理的。但是，应该

① 此处假设竞争者也同样面临成本增加的问题，由于汇率因素的影响，实际情形可能并非总是如此。

要求生产经理在扣除实际折旧之后实现预算利润。

ICI 公司的预算中还包括预计的货币性营运资本调整（MWCA）（对这个概念的讨论参见第 7 章）。ICI 公司并不认为预计的和实际的货币性营运资本调整之间的差异具有重要意义，因为这种差异被看作是由于成本和销售价格的变动所导致的，并且列示于损益账户中的其他地方。[①]

ICI 公司对通货膨胀报告的解决方法主要集中在汇总资产负债表和汇总利润表中。接下来，我们将提供一套内部报告系统，它使管理层能够以分解的方式考察报告的数据。

在本章前文所述的汇兑差异分析假定，当地管理人员对国内经营成果负责。从理想的角度看，当地管理人员对汇兑差异的责任应该与对汇率变动做出反应的能力相关联。

汇率变动对于业绩的经济影响，比仅仅从会计计量角度考虑更加复杂。为了更全面地评价通货膨胀和币值波动的影响，并检验它们自身的反应能力，公司需要分析它们在市场中的竞争地位，以及币值变动对它们的成本和收入乃至竞争的影响。为了深入理解这个问题，我们回到 ICI 公司对汇率和预算控制的处理上来。和许多跨国公司一样，ICI 公司采用预计汇率来编制预算，采用期末实际汇率来计量业绩。与许多跨国公司不同的是，ICI 公司认为，由于实际汇率与预算汇率不同而产生的差异本身并没有意义。例如，公司可以为其在法国的子公司设定欧元汇率，月末汇率也可能与预算汇率相同。这在算术上没有差异，但是 ICI 公司可能会在法国损失一些销售量。其原因可能是它的竞争者是加拿大的出口商，而加拿大元相对于欧元来说比较疲软。结果是，加拿大人会获得相对于 ICI 公司的边际优势，他们可以通过降低欧元价格来保持与其兑换为加拿大元时相同的利润水平。

因此，ICI 公司认为，汇率变动的影响比会计计量所产生的影响要大。它发现有必要进行进一步的分析，以便确定币值变动对业绩的真实影响，从而做出有效的反应，并确定当地管理人员应当为实现按英镑表述的预算利润负多大的责任。

为了实现这些目标，ICI 公司对照其竞争者考查了发生成本和收入的货币。以下是来自公司内部的观点：

我们购买主要以美元计价的石油及石油关联产品，我们并不是价格制定者，但我们要与欧洲的其他制造商竞争。我们的石油成本是以美元计价的，而我们的收入是按其他欧洲货币计量的。如果英镑相对于其他货币都升值，那么来自国外的销售收入，甚至那些来自承受竞争压力的英国的销售收入，也会降低。作为部分补偿，原材料的成本（以美元计价的石油）将会降低。但是，总体说来，由于原材料成本下降的绝对值低于销售收入下降的绝对值，因而 ICI 公司总体上讲会越来越糟。这个数字可能会非常大，因为 ICI 公司是英国最大的独立出口商。当然，币值也可能会发生相反方向的变动，而且实际上最近已经发生了这种情形。美元相对于其他所有货币的升值，会在原材料成本上对欧洲竞争者造成类似于英国制造商所面临的压力，因此我们不会形成比较劣势。如果英镑相对于美元贬值，同时伴随其他欧洲

---

① 对非交易性的净货币负债（购买力利得的一种形式）的相应调整并未纳入预算，因为筹集资金是总部的责任。

货币对英镑的贬值，那么相对劣势就会形成。这样不但会降低我们的收益，而且还会增加我们的成本。①

用来对币值变动的经济影响进行分析的方法，会影响 ICI 公司对其管理人员的评价。管理人员对这种外部环境做出反应的自由度是有限的。在计量管理人员的业绩时，公司要考虑管理人员受到超出其控制范围的因素影响的程度，以及对此做出的反应。

10.10 业绩标准

计量问题一经解决，公司必须制定出用来评价业绩的有意义的标准。但是，什么样的标准才适合在世界各地都有经营业务的公司呢？我们考察一些可能的情形。

公司可能有特定的公司层次的标准，例如适用于各个子公司和产品线的最低必要投资报酬率；或者，它可以为不同的子公司或产品线确定不同的投资报酬率水平或其他基准（例如毛利率）。这些标准可以纳入预算之中，并在以后与成果相比较，也可以度量不同时期的业绩。公司可能需要以特定比率或收益为目标进行改善。过去的业绩对于编制下期的预算而言通常很重要。最后，公司可以把自己的海外业绩与竞争者的业绩进行比较，或者在它自己的单位之间进行比较。

比较国外单位的业绩与其竞争者的业绩可能很有用。同时，这些比较存在许多问题（关于分析国外财务报表中所涉及问题的更广泛的讨论，参见第 9 章）。例如，当竞争者是当地企业时，尤其是当竞争者是私下持有的企业时，有关数据的可获得性和充分性问题就会相当突出。即使数据可以获得，比较也会十分困难。可能难以确定竞争者的转让定价政策和会计原则。跨国比较会使这些问题变得更加复杂。

将子公司与母公司的国内或国外的其他单位进行比较时，也必须十分小心，因为同样会出现可比性的问题。除非直接计算，否则子公司目标方面的差异会自动导致业绩比较的偏差。即使子公司的目标相同，也必须考虑不同国家之间在风险方面的差别。如果高水平的风险需要用高水平的投资报酬率来予以抵消，期望在风险较高的国家中经营的公司会有较高的获利能力就是合理的。然而，到目前为止，还没有一个公认的公式可以就评价子公司业绩时如何将其纳入国别风险方面提供指导。

许多公司考虑在高风险的国家进行投资时，都要求较短的回收期，根据风险调整现金流量预测，或者提高必要报酬率。② 投资报酬率已经调整了政治风险，因为我们可以在设定期望的投资报酬率时，包含一项与给定国家的风险相关的溢酬（在一定程度上可以通过国外经营组合的地理多元化所形成的较低风险来予以抵消）。

将风险溢酬应用于投资报酬率目标不可避免地带有主观性，然而这个程序可以系统化。一种方法是为每个国家设定一系列风险指数，来调整整个公司的投资报酬率。例如，假设 Business International 之类的机构所提供的各国风险评价服务，对 Y 国的百分制评分为 65 分（较高的分数意味着较低的国家风险）。如果一家公司的全球目

① David K. Eiteman, Arthur I. Stonehill, and Michael H. Moffett, *Multinational Business Finance*, 7th ed., Reading, Mass: Addison-Wesley Publishing, 1995, p. 27.

② 关于政治风险对资本成本的影响的分析，参见 Kirt C. Butler and Domingo Castelo Joaquin, "A Note on Political Risk and the Required Return on Foreign Direct Investment," *Journal of International Business Studies* 29, no. 3 (1998): 599-608.

标投资报酬率是15%，则Y国的风险调整目标投资报酬率大约是23%（15%除以65%）。如果Z国的风险指数是75，则它的目标投资报酬率就是20%（15%除以75%）。根据这个系统计算出来的子公司的实际投资报酬率与目标投资报酬率之间的差异，就可以被用来比较位于不同国家的子公司的业绩。在这个例子中，如果位于Y国的一家子公司的实际投资报酬率是23.5%，而位于Z国的另一家子公司的投资报酬率是21%，那么位于Z国的子公司的业绩更好一些，因为它与目标投资报酬率之间的差异是正的1%，而位于Y国的子公司与目标投资报酬率之间的差异仅为0.5%。总体风险指数可能不能反映某一家特定的国外子公司所承受的风险。例如，石油公司的子公司所承受的风险与同一国家中消费品制造商所承受的风险是不同的。因此，应该对风险指数进行修订，以反映各个单位的具体风险。然而，一个更为关键的问题是，是否应该全面运用公司层次的投资报酬率。

基于公司层次标准的业绩评价通常并不令人满意。业绩预算是更有用的跨国经营比较标准。切合实际的预算可以使业绩目标包含特定单位的独特因素。实际业绩与预算之间的比较还能使公司总部管理层区分哪些是子公司管理人员应该负责的结果，哪些超出了他们的控制范围。

以下7条戒律是对评价国外经营成果有用的指南：

(1) 当国外子公司实际上是跨国系统的战略组成部分时，不应该将其作为独立的利润中心来评价；

(2) 公司层次的投资报酬率准绳应当辅以针对各个国外单位的具体目标和环境而设定的业绩指标；

(3) 考虑各个子公司的内部和外部环境的具体目标应该纳入业绩预算之中；

(4) 应该从对这些目标的偏离、偏离的原因以及管理层对未预见到的发展的反应的角度来评价子公司的业绩；

(5) 子公司管理人员不应该对超出其控制范围的结果（包括国内的和国外的）负责；

(6) 作为业绩度量对象的子公司管理人员应当充分参与用来评判他们的目标的制定过程；

(7) 在评价国外经营时，应当采用多种业绩指标，包括财务指标和非财务指标。

本章最后以介绍管理会计的最新进展作为结尾，其试图弥合会计信息的内部使用者和外部使用者之间的差距。众所周知，财务管理人员不仅有责任确保遵循既定目标，而且有责任从事价值创造。这就需要报告财务和非财务两方面的计量方法，并提供管理人员及其股东历史的和预期的股东价值指数。这也明确了对管理层有用的信息也同样牵涉投资者的利益，以便其能评价未来的企业价值。①

如以前章节所述，Infosys技术公司是一家拥有价值报告的公司。下面的内容是对该公司价值报告纲要的案例说明。为了增加对投资群体的透明度，Infosys向投资者提供了用于管理事务的内部使用数据。指导披露的概念框架的绘图说明如下：

① Robert Eccles, Robert Herz, Mary Keegan, and David Phillips, *The Value Reporting Revolution: Moving Beyond the Earnings Game*, New York: John Wiley & Sons, 2001.

价值创造——→价值储备——→价值实现

通过对产生预期未来现金流正向净现值的经营战略的建立和执行来创造价值，通过执行良好的财务控制并进行有效的企业风险管理来储备价值。通过持续不断地传递其承诺，管理层有助于确保投资者通过企业创造的价值重获好处。

由于企业的传统财务报表有历史导向，Infosys 提供了一系列创造长期股东价值的非财务信息。这些报告由四个主题构成，图解见专栏 10—12。

向投资者提供的具体信息与专栏 10—12 中列示的披露框架相一致，包括品牌估价、经济价值增加值、无形资产、涉及无形资产的财务状况表、现行成本财务报表（见第 7 章）、人力资源会计和价值增加值表。企业对其企业绩效的内部计量采用相似的计量方法。这保证了内部使用的财务和非财务计量与市场所使用的财务和非财务计量相同。这一信息模式已经早在其 1993 年上市之前就开始使用了。Infosys 是一个通过不断适应千变万化的国际经营环境而获得优势的好的企业典范。

专栏 10—12　**价值报告披露模式**

外部市场概况

- 竞争环境
- 管制环境
- 宏观经济环境

内部价值战略

- 目标
- 目的
- 治理
- 组织

价值纲要

- 创新
- 品牌
- 顾客
- 供应链
- 人力资源

价值管理

- 财务信息
- 财务状况
- 风险管理
- 分部业绩

讨论题

1. 本章介绍了战略规划过程的 4 个方面。本章所讲述的 Daihatsu 公司的管理会计系统从哪些方面遵循了这个过程？

2. 解释标准成本系统和在日本比较流行的改进成本计算系统的差异。

3. 在评价国外直接投资机会时，公司必须确定采用什么报酬率（例如采用当地报酬率，还是采用母公司所在国货币报酬率）。用一两段文字来从内部报告的角度讨论这个问题。

4. 作为跨国企业财务部门的一名员工，你被指派充当 3 人小组中的一员，负责考查在捷克共和国建立一家全资生产子公司的财务可行性。你需要计算一个适当的门槛（折现）率来进行折现现金流量分析。请列举出在计算公司资本成本（折现率）

时需要考虑的所有参数。

5. 专栏 10—7 列示了分析汇率变动的方法，用自己的话描述一下该方法能够实现什么目标？

6. 简述跨国公司设计和执行绩效评价系统时特有的困难。

7. 外汇汇率被用来编制预算和追踪实际业绩。在本章所提到的各种汇率组合中，你赞成哪一个？为什么？如果你在预算编制过程中加入当地通货膨胀因素，你还会得出相同的观点吗？

8. WOTS-Up 分析不能确定最佳战略。参阅专栏 10—1，考查戴姆勒-奔驰公司在其两行两列的矩阵中所确定的战略。你还考虑了哪些其他战略？

9. 列举 6 个支持母公司对国外经营采用国内控制系统的理由，以及反对这一做法的 6 个理由。

10. 价值报告与你在基础会计课程中所学的财务报告模式有什么不同？你认为这是一个好的报告创新吗？

练习题

1. Slovenia 公司生产的产品销往北美洲、欧洲和亚洲。它生产 100 单位的 X 产品的总生产成本是 2 250 欧元，具体如下：

原材料	€ 500
直接人工	1 000
制造费用	750
合计	€ 2 250

公司采用成本加成模式确定销售价格。

要求：

a. 如果 Slovenia 公司希望获得 10% 的毛利率，则每单位产品的销售价格应该为多少？

b. Slovenia 公司希望能在国际上拥有价格方面的竞争力。为此，它的产品定价必须不高于 21. 50 美元。运用本章所讲述的目标成本法，该公司的可容忍成本是多少？假设公司仍然希望获得相当于其可容忍成本 10% 的毛利。你的计算结果对公司的制造成本意味着什么？

2. 回顾图 10—3 中所列示的美国母公司的俄罗斯子公司的经营数据。

要求：利用图 10—3 作为指南，编制一份现金流量报告，从母公司所在国货币的角度指明该项俄罗斯投资在其经营期的头两年的预计报酬率的构成要素。美国母公司只能获得其俄罗斯子公司在扣除俄罗斯子公司所得税后的 70% 的报告净利润，作为股利。而美国税法则为任何一项已交纳外国所得税的应付税款提供税收减免。

3. 假设管理层正在考虑是否进行练习题 2 中所述的国外直接投资。投资需要 600 万美元的权益资本。流向母公司的现金流量预计在第 2 年后的每一年都会比上年增加 5%（共 6 年）。预计的汇率如下：

年度	汇率
1	RUB 26 = $ 1
2	RUB 27 = $ 1
3	RUB 29 = $ 1
4 ~ 6	RUB 31 = $ 1

管理层在评价国外项目时，坚持 10% 的风险溢酬。

要求：假设加权平均资本成本是 10%，预计差别税率不会发生变化，运用传统的折现现金流量分析法来评价对俄罗斯的投资是否理想。

4. 为你的学院或公司开展针对其主要竞争者的 WOTS-UP 分析。根据你的分析，为了保持或提高该机构的竞争地位，你的院长或首席执行官可能会考虑哪几种应对措施？

5. 假设有下列资料：

（a）通货膨胀率和赞比亚克瓦查（ZMK）的贬值率为每月 30%，即每个工作日 1.2%；

（b）当月每隔一定的时间间隔选取的物价水平为：

1 月 1 日	100.0
1 月 10 日	109.6
1 月 20 日	119.6
1 月 30 日	130.0

（c）实际利率为每月 1.5%，即每年 20%；

（d）现金余额以硬通货（美元）保持；

（e）采用月末汇率来记录费用交易。

要求：根据以上假设，编制一张表格，反映总计为 100 万赞比亚克瓦查的交易费用按传统计量规则（本例为月末汇率），而不是按本章所介绍的内部报告结构进行记录的情况下可能形成的扭曲。

交易：

发票日期	支付条件
1	现付
5	15 天
5	25 天

6. Global 公司运用多项业绩准绳，包括投资报酬率，来评价其海外经营。其法国子公司 Compagnie de Calais 提交的当年的业绩报告（已折算为美元等价）如专栏 10—13 所示。在销售收入中包含 Compagnie de Calais 向设在布鲁塞尔的姊妹公司销售的 50 万美元，这笔销售业务的转让定价按照公司总部的规定比正常交易价格高出 40%。销售成本中包含因当地劳动法规所造成的超额劳动成本 15 万美元，管理费用中包含由 Global 公司分摊给其法国子公司的总部费用 5 万美元。

Global 公司认为，所有子公司都应该对公司费用的合理份额负责。当地财务决策，以及所有与税务计划有关的事项，都集中到公司财务部门。同时，Global 公司还认为，所有子公司都应有能力承担合理的财务成本。而且，它认为应当激励国外管理人员尽可能有效地利用当地的资源。这样，Compagnie de Calais 就按照其净资产与母公司的平均资本成本估计了一笔资本费用。这笔费用的金额为 12 万美元，它被包含在 16.2 万美元的利息费用之中。汇兑损益的一半来自这家法国子公司的出口业务所导致的交易损失。余额是在编制合并财务报表时，将法郎报表折算为美元报表所产生的。汇率风险管理也集中于公司财务部门。

专栏 10—13　　Compagnie de Calais 公司的业绩报告

销售收入		$ 4 200 000
其他收入		120 000
		$ 4 320 000
成本和费用：		
销售成本	$ 3 200 000	
销售和管理费用	330 000	
折旧	160 000	
利息	162 000	
汇兑损失	368 000	4 220 000
税前收益		$ 100 000
所得税		42 000
净利润		$ 58 000

要求：根据上述信息，编制一份业绩报告，将那些应包括在国外单位业绩评价中的因素分离开来。

7. 在评价国外管理人员的业绩时，母公司不应该针对管理人员无法控制的事情进行惩罚。根据练习题 6 中给出的资料，编制一份业绩报告，指出哪些是与评价 Compagnie de Calais 管理人员相关的因素。

8. 为鼓励国外管理人员在经营决策中考虑预计汇率的变化，Vancouver 公司要求所有的外币预算都采用加元来表述，并采用预算期期末的预计汇率。为了进一步激励当地管理人员对非预期的汇率变化做出反应，期末的经营成果按上期末的实际即期汇率折算为美元。在评价管理人员的业绩时，不考虑实际汇率和预算汇率之间的差异。

在 2010 年会计年度之初，墨西哥子公司 Cuernavaca 公司的预算结果如下（数字以千计）：

销售收入	MXN 8 000 000	CAD 2 560
费用	6 400 000	2 048
收益	MXN 1 600 000	CAD 512

该年度以加元计的实际结果是：销售收入 2 160 000 加元，费用 1 680 000 加元，

净利润 480 000 加元。该年内比索的相关汇率如下：

2010 年 1 月 1 日即期汇率	CAD 0.000 40
Global 公司的 1 年预计汇率	CAD 0.000 32
2010 年 12 月 31 日即期汇率	CAD 0.000 24

要求：根据上述信息，墨西哥管理人员的业绩好吗？运用本章介绍的差异分析来支持你的答案（参阅专栏 10—6）。

9. 专栏 10—9 包括了一份对国外附属公司的各种经营差异进行分析的业绩报告，并假设母公司货币是美国《财务会计准则公告第 52 号》规定的功能货币。利用专栏 10—9 的资料，假设母公司规定以当地货币作为功能货币，重新进行差异分析。

10. 母公司在 X 国、Y 国和 Z 国分别建立了三个全资子公司。它在每家子公司的年初总投资以及年末报酬如下（以母公司货币 PC 表述）：

子公司	总资产	报酬
X	PC 1 000 000	PC 250 000
Y	PC 3 000 000	PC 900 000
Z	PC 1 500 000	PC 600 000

母公司要求的国内投资报酬率为 10%，并以此评价 3 个国外子公司的年度业绩。为建立恰当的业绩评价基准，母公司使用了一项国家风险评价服务，它为世界各国编制了一套未加权的风险指数。各个国家的风险得分如下：

国家	**风险得分（满分 60 分）**
X	30
Y	21
Z	15

假设在其他条件相同的情况下，得分越高的国家其风险越低。

要求：为母公司管理层编制一份分析报告，指明哪一家子公司的业绩最好。

案例 10—1　国外投资分析：一件棘手的事情

你是 Marissa 公司的首席财务官，这家公司总部位于康涅狄格州的谢尔顿，主要从事电子元件的生产。到目前为止，公司的经营范围仅限于美国，你现在有意把公司经营业务向国外扩展。其中一个选择是在欧洲、拉丁美洲和亚洲建立全资子公司，另一个选择是收购一家已经在国际范围内运营的跨国公司。你倾向于选择后者，因为你对分散公司的经营风险和尽快提高净利润感兴趣。你已经获得一笔大额的股票期权，而且如果 Marissa 公司普通股下一年的价格上涨，你将获得丰厚的利润。

你对 MBI 国际公司特别感兴趣，这家美国的跨国公司，在很多重要的国家都有经营业务。你估计这家公司大约 60% 的盈利来自国外。MBI 公司的合并财务报表所提供的 2008 年、2007 年、2006 年的国外经营业绩数据如专栏 10—14 所示，还附有相关的附注。

不幸的是，MBI 公司没有披露数据来解释该公司经营业务所采用的主要币种的变动情况。你通过 Google 进行搜索，发现一项由美国政府提供的贸易加权指数。考虑到 MBI 的业务规模很大，你决定利用贸易加权指数替代 MBI 公司的实际货币（如专栏 10—15 所示，利用这个替代指标时，你假设 MBI 公司业务活动中的货币组合与贸易加权指数中的货币组合相同）。①

专栏 10—14　　MBI 公司非美国经营的数据　　单位：百万美元

非美国经营	2008 年	2007 年	2006 年
投资和其他资产	9 077	6 822	5 251
	$ 29 125	$ 24 938	$ 23 129
长期负债	$ 5 060	$ 3 358	$ 2 340
其他负债	2 699	2 607	2 505
递延税款	2 381	1 184	1 580
	$ 10 140	$ 7 779	$ 6 425
使用的净资产	$ 18 985	$ 17 159	$ 16 704
员工人数	168 283	167 291	163 904
本年度：			
收入	$ 41 886	$ 36 965	$ 34 361
税前收益	$ 7 844	$ 7 496	$ 7 088
应计所得税	3 270	3 388	3 009
净利润	$ 4 574	$ 4 108	$ 4 079

注释：在当地货币环境下经营的非美国子公司收入大约占公司的非美国收入的 90%，公司其余的 10% 的非美国收入来源于以美元经营的或是在高通货膨胀的经济环境中经营的子公司和分支机构。

如果美元疲软，按当地货币表述的净资产将比按照上年汇率折算的美元金额多。反之，如果美元坚挺，按当地货币表述的净资产将比按照上年的汇率折算的美元金额少。由于资产折算所产生的折算调整额，2008 年 12 月 31 日为 32. 66 亿美元，2007 年 12 月 31 日为 16. 98 亿美元，2006 年 12 月 31 日为 19. 17 亿美元。从 2006 年末以来折算调整额的变化反映了 2007 年美元的坚挺和 2008 年美元的疲软。

专栏 10—15　　2006—2008 年按行业加权的美元汇率指数（1990 年 = 100）

12 月 31 日	指数
2006 年	92. 8
2007 年	93. 7
2008 年	83. 7

① 这个案例中出现的数据来源于一个真实的案例。鉴于对数据进行了改动，因此货币的性态不能反映目前的汇率。

续表

2002—2008 年平均汇率	
年份	指数
2002 年	138.2
2003 年	143.0
2004 年	112.2
2005 年	96.9
2006 年	92.7
2007 年	98.6
2008 年	89.1

要求：根据上述资料以及你在第 6 章中学到的知识，MBI 公司是一个有吸引力的收购对象吗？

案例 10—2　在浮动汇率的世界中评估国外子公司的业绩

通用电气公司（General Electric，GE）的全球业绩评价系统建立在分权化的政策之上。这种政策反映的信念是：如果赋予管理人员必要的权力和工具来编制预算和实现目标净利润（以美元计算），那么他们会更加负责，会更好地管理他们所经营的业务。此外，分权化能帮助公司克服对大规模、多元化的经营业务集中地进行细节控制的困难。国外子公司的管理人员和国内管理人员一样，应该对美元收益负责。许多跨国公司并未遵循这种做法。

用公司一位财务管理人员的话说，“尽管许多美国公司在美国的国内经营中是分权化的，但是它们的国外经营却未必如此。原因之一可能是担心国外管理人员没有在国际金融（如外汇风险管理）方面受过足够的训练。我们觉得这是必要的训练，我们的人员都经历过这样的训练。”

通用电气公司并没有比较其附属公司业绩的严格标准，而是针对每家企业商定战略和经营计划，包括财务目标。就像大多数其他公司一样，通用电气公司对在风险较高的国家进行投资的方案，一般要求较高的投资报酬率，并且公司还有一套按相对风险对各国进行排序的系统。针对提议的高风险地区的投资，一般要求更高的投资报酬率，因此也就更难获得批准，但是批准与否不仅取决于预测的投资报酬率，还取决于公司在各个国家的总体战略目标。

预算编制和预测系统延伸到未来的 5 年。长期预测的第一年变成以后年度的基本预算。1 年以后，对预算进行修订，将其与原始预测进行比较，并考虑所发生的变化。

对附属公司业绩的计量与它的战略计划和来源于计划的年度预算的目标有关。主要的财务指标是在实现子公司承担的美元净利润方面的成功程度。其他指标包括：投资报酬率（报告净利润加税后利息费用的和除以净财富与借款之和）、净利润与销售收入的比率、存货周转率、应收账款周转率和货币风险。

尽管附属公司及其管理人员的业绩主要根据净利润进行度量，但对管理人员的评价还包括其他指标。这些评价指标包括：管理人员与政府关系的好坏、为达到某些目标（如提高市场份额）实施努力的进展情况，以及是否成功地保持良好的员工关系。这些指标依据的是战略计划和管理人员与母公司监管人员在期初共同确立的目标。

通用电气公司定期进行经营评价，每个管理人员都按上述标准进行考核。考核着眼于计划、成果以及最近的估计。这样的评价过程使公司管理层有机会确定短期计划的完成是不是以牺牲长期目标为代价。

为了使货币风险最小化，通用电气公司以权益资本作为固定资产的资金来源，并要求子公司对保持营运资本的平衡负责。这项政策根据环境的变化进行必要的修订。

与将财务和风险管理职能集中于总部的跨国公司不同，通用电气公司把风险管理作为当地管理人员的一项责任，由分部和公司级人员进行监督。为了避免诸如法国子公司通过购买远期法郎来对其外汇头寸进行套期保值而产生的交易成本，通用电气公司对内部的套期保值安排做出了规定。公司财务部门从所有附属公司获取货币风险数据，并且提供所需的对冲信息。因此，各单位可以在不必利用外部资源的情况下，相互之间履行套期保值约定。

在编制预算时，附属公司管理人员采用的是预计汇率。通用电气公司认为，尽管预计汇率并不是一门精确的科学，但国外经营的管理人员有必要的权力和工具来采取措施，以帮助他们实现预算收益。这些工具包括套期保值和定价决策。管理人员不仅可以提高定价、降低成本、提前付款、延迟收款、在当地借款以及尽快支付股利，而且还可以在可能的情况下签订远期合同。

附属公司管理人员拥有保护本单位免受货币波动影响的责任和权力，因此不论汇率如何变动，他们都应该对美元利润负责。用一位公司发言人的话来说："如果发生了非预期的贬值，附属公司的业绩依然按预算的美元收益来衡量。通用电气公司以同样的方式考虑汇率变化和发生在某一国家的其他风险。例如，如果由于附属公司所在国的经济衰退而导致子公司的销售收入低于预算，那么该子公司就可以采取相应的应对措施。如果有人坚持认为这些是不可控的，那么怎样去管理一家公司呢？我们说可以控制，并不是说可以防止其发生，而是说可以在事前或事后采取相应的应对措施。"

要求：

1. 比较通用电气公司的业绩评价方法与（本章中提到的）ICI 公司的业绩评价方法。

2. 批判性地评述每家公司在涉及货币价值波动问题时采用的评价国外管理人员业绩的方法的优缺点。

3. 你支持哪一种业绩评价方法？为什么？

第 11 章　财务风险管理

尽管商业通常与产品和劳务的生产和销售有关，然而其对社会真正的贡献在于风险的假设与管理。非金融产品的生产者假设承担人力、物力和财务资本，而生产产品或提供劳务则存在可能被社会认可或不认可的风险。如果他们的努力结果是不成功的，那么该企业就将不复存在；如果企业是成功的，那么就会盈利。另外，向商业生产者提供其想要的外部资金的金融机构会假设回收、成本变动和可借贷资金的可用性风险。由于必须考虑大量的可变因素，国际层面上的风险管理尤其具有挑战性。

企业层面的风险管理（ERM）在企业经营战略背景下看待个别风险。今天，我们从投资组合的视角去看待风险。同时，不同业务职能部门的风险由高级财务管理人员进行协调，他们帮助首席执行官和董事会评定关键风险并制定风险最优化战略。[①] 管理会计人员借以向风险管理人员提供的相关和及时数据的可变因素遍及多种多样因企业而异的维度。专栏 11—1 讲述一个企业真实的案例。第 1 章介绍的 Infosys 技术公司，首先明确其战略目标，然后确定可能会影响这些目标的外部和内部的风险因素。这些风险因素由管理会计人员计量，并经由经营审查、附属机构审查、披露委员会会议和定期更新企业风险委员会正式向负责管理人员报告。风险管理业绩报告中包含的信息被反馈回来，并再次确认或更改战略性目标和风险识别程序。[②] Infosys 风险管理报告提供了一个极好的构成企业风险管理系统风险种类的例子。外部风险因素包括关于宏观经济因素、汇率浮动、政治情报、竞争环境、收入集中度、通货膨胀和成本结构、企业雇员所在国的移民规定、人身安全、数据安全和经营持续性以及技术淘汰风险等信息。通常受监督的内部风险因素包括财务报告风险（包括遵守《萨班斯-奥克斯利法案》（见第 9 章））、流动性和杠杆、履行合同、遵守法律、知识产权、参与实施以保证产品和服务的高质量和及时移交、整合与协作以确保合适的并购和合营、人力资源管理，也许最重要的是文化、价值观和领导能力，后者包括营造一种道德核心价值观和领导能力培训的文化。

专栏 11—1　　**Infosys 采用的风险管理循环**

识别 / 再确认 / 再界定
↓
计量
↓
影响分析
↓
反应公式
↓
反应激活
↓
风险业绩报告

---

① David L. Olson and Desheng Dask Wu, *Enterprise Risk Management*, New Jersey: World Scientific Publishing Co., 2008: 252pp.

② Infosys 公司年度报告。

尽管个别风险的管理逐渐成为一种合作事务，但个别风险管理的重要性并不会因此而降低。在个别风险层面上，世界各地的财务管理人员十分重视新颖而富有想象力的方法，以便降低市场风险的敞口①，也就是外汇汇率、商品价格、利率和权益价格的波动。目前金融服务行业提供了大量的金融套期保值产品，包括货币互换、利率互换和期权。世界各地的会计准则制定机构正致力于为这些金融产品制定适当的计量和报告原则。许多这类金融工具被国际财务报告主体当作资产负债表表外项目来处理。因此，运用这些工具所固有的风险通常被掩盖了。

专栏 11—2 是本章使用的风险管理术语的一个词汇表。现在我们考查与个别风险管理相关的内部报告和控制问题。

专栏 11—2　　**风险管理术语词汇表**

会计风险（accounting risk）：对一项交易所偏好的会计处理方法不存在的风险
资产负债表套期保值（balance sheet hedge）：通过改变公司的外币资产、负债组合来降低外币风险
对方（counterparty）：一起参与一项交易的个人和机构
信用风险（credit risk）：对方违反约定义务的风险
衍生工具（derivative）：创造了特殊的权利和义务并从其他金融工具或商品中获得价值的合同安排
经济风险（economic exposure）：汇率变化对公司未来的成本和收入的影响
风险管理（exposure management）：安排公司业务的结构，以便降低汇率变动对盈余的负面影响
外币承诺（foreign currency commitments）：公司以外币标价的销售或购买承诺
通货膨胀差异（inflation differential）：两个或多个国家之间通货膨胀率的差异
流动性风险（liquidity risk）：不能按时交易金融工具的风险
市场不连续（market discontinuities）：市场价值的突然和巨大变动
市场风险（market risk）：由于非预期的外汇、信用、商品和权益价格变动而导致损失的风险
受险资产净头寸（net exposed asset position）：受险资产超过受险负债的差额（也叫正向风险）
受险负债净头寸（net exposed liability position）：受险负债超过受险资产的差额（也叫反向风险）
净投资（net investment）：公司的受险资产或受险负债的净头寸
名义金额（notional amount）：在结算合同中规定的本金金额
经营性套期保值（operational hedge）：着眼于影响公司外币收入和费用的变量的外汇风险防护措施
期权（option）：以约定价格在未来的某一约定时日和此前购买或销售一份金融合同的权利，而不是义务
监管风险（regulational risk）：一部新法律将限制使用某一预定金融产品而产生的风险
风险地图（risk mapping）：检查当前各种市场风险与影响公司价值的财务报表变量之间的关系，并评估它们发生的可能性
结构性套期保值（structural hedges）：选择或重新安排业务活动以便降低公司的整体外汇风险
税务风险（tax risk）：一项期望的税收待遇不存在的风险
折算风险（translation exposure）：计量汇率变化对外币资产、负债、收入和费用的母公司货币金额的影响
交易风险（transaction exposure）：由于外币业务的结算（兑换）而产生的外汇利得和损失
风险价值（value at risk）：由于市场情况变化而导致的一个主体的交易组合发生损失的风险
价值驱动因素（value driver）：影响公司价值的资产负债表和利润表项目

① 术语“市场风险”有时与“风险价值”的含义相同。在本章中，后者指的是公司的交易组合发生损失的可能性，该交易组合包括由资产价值、利率、市场波动或市场流动所引起的套期保值工具。

11.1 概要

财务风险管理的主要目的是降低由于货币、信用、商品和权益价格的非预期变动而导致损失的风险。价格波动的风险称为市场风险（market risk）。例如，瑞典的一家公司向国内投资者发行新股票，就可以把股票价格上涨看成是市场风险。如果企业可以等到通过发行较少的股票来筹集相同金额的现金的机会，那么非预期的股票价格上涨就是不利的。另外，瑞典的投资者则将未来权益价格的下跌看成风险。如果股票价格在近期大幅度下跌，那么投资者就不会购买，而宁愿等待。

市场参与者往往是风险厌恶型的。因此，许多人宁愿放弃一定的潜在利润，以防范具有负面影响的价格变动。金融中介和做市商的应对措施是创造一些金融产品来帮助市场参与者将非预期的价格变动风险转移给别人——对方（counterparty）。例如，金融中介可能会向公司发行人出售一项购买股票的期权（它是一项权利，而不是义务），并向投资者（对方）出售一项出售股票的做空期权。

市场风险有着不同的角度。虽然我们主要关注价格或利率的波动，但是管理会计师还需要考虑上述企业风险管理框架列举的其他风险。因为不是所有财务风险管理工具都能自由地进行交易，所以存在流动性风险。流动性极差的市场包括不动产市场和小盘股票市场。[①] 市场不连续表示市场不能总是产生平稳价格变化的风险。十几年前开始的股市崩溃就是这方面典型的例子。信用风险是指风险管理合同的对方不履行义务的可能性。例如，对方原本同意用欧元兑换加元，但却没能在规定的日期交付欧元。监管风险是指公共管理当局出于特定目的可能不允许使用某一金融工具的风险。例如，吉隆坡（Kuala Lumpur）股票交易所不允许用卖空的方法防范股票价格下跌的风险。税务风险是指特定的套期保值交易不能享受期望的税收待遇的风险。例如，尽管公司倾向于将汇兑损失作为一般所得处理，但是税法要求将其作为资本利得处理。会计风险是指不允许将套期保值交易作为被套期交易的一部分进行会计处理的可能性。例如，将对购买承诺进行的套期保值所产生的利得作为“其他收益”来处理，而不是冲减采购成本。

11.2 为什么要对财务风险进行管理?

风险管理服务的迅速发展说明企业的管理层可以通过控制财务风险来增加企业的价值。[②] 此外，投资者和其他利益相关者越来越希望财务管理人员识别和积极地管理市场风险。[③] 由于企业的价值等于未来现金流量的现值，因此积极的风险管理的必要性主要体现在以下几个方面。

首先，风险管理有助于使企业的预计现金流量趋于稳定。更稳定的现金流量有助于降低盈余的异常变动，从而增加预计现金流量的现值。稳定的盈余也可以降低违约和破产的风险，或降低盈余不足以弥补合同规定的债务服务款项的风险。其次，积极的风险管理能够使企业集中关注主要的经营风险。这样，制造商能够规避利率和货币

---

① 许多人可能认为现在的金融危机是由流动性危机引发的。近年来的金融创新，如不动产投资信托，已经提高了很多先前流动性较差的市场的流动性。

② 这方面的经验证据参见 James M. Nelson，Jacquelyn Sue Moffitt，and John Affleck-Graves，“The Impact of Hedging on the Market Value of Equity，” *Journal of Corporate Finance*，Vol. 11，no. 5（2005）：851-881。

③ Peter Coy，“Perils of the Hedge Highwire，” *BusinessWeek*（October 26，1998）：74，76-77.

风险，而将注意力集中在生产和营销上。金融机构也可以获得类似的好处。再次，债权人、员工和客户也能从风险管理中受益。因为债权人的风险容忍度通常比股东低，所以降低企业的风险有利于协调股东和债权人的利益。衍生产品有助于雇主管理的退休金基金获得更高的报酬，因为雇主可以把退休金投资到特定的金融工具中，而不用真正去购买或出售基础工具。最后，因为某些价格和利率风险所导致的损失通过提高价格的形式转嫁给了客户，所以风险管理降低了客户的风险。①

11.3 会计的作用

管理会计师在风险管理的过程中起着很重要的作用。他们识别潜在的市场风险，量化有关备选风险应对策略方面的权衡，计量企业的具体风险程度，对具体的套期保值工具进行会计处理，并评价套期保值方案的有效性。当前经济崩溃被认为是自大萧条以来最大的金融危机，在这样的环境下，数量风险模型的一个主要局限就是管理层及其会计师没有调整其风险模型以适应环境的变化，这导致其数据饱受质疑。②

11.3.1 识别市场风险

一种用于识别各种类型潜在市场风险的有用框架叫作风险绘图（risk mapping）。这种框架从考查各种市场风险与企业及其竞争者的价值驱动因素之间的关系出发。专栏 11—3 展示了 J. P. Morgan（现为 J. P. MorganChase）公司开发的一个框架。我们把它叫作风险绘图立方（risk mapping cube）。③

专栏 11—3　　风险绘图立方

竞争者 Z

竞争者 Y

贵公司

价值驱动因素	市场风险				
	外汇	利率	商品价格	权益价格	其他
收入					
销售成本					
经营费用					
税					
流动资产					
流动负债					
固定资产					
其他					

资料来源：J. P. Morgan et al.，"The J. P. Morgan/Arthur Andersen Guide to Corporate Exposure Management." *Risk Magazine*，1994，19.

---

① J. P. Morgan & Co.，Inc.，Arthur Andersen & Co.，SC，and Financial Engineering Limited，"The J. P. Morgan/Arthur Andersen Guide to Corporate Exposure Management，" *Risk Magazine*（1994）.

② Jeffrey Marshall and Gregory J. Millman，"Lessons from the Abyss：The Credit Meltdown and Risk Management，" *Financial Executive*，May 2008，p38.

③ 同上。

专栏 11—3 中的术语“价值驱动因素”（value drivers），指的是影响企业价值的主要财务状况和经营业绩项目。市场风险既包括外汇风险和利率风险，也包括商品和权益价格风险。风险绘图立方的第三个维度关注的是企业的每个主要竞争者的市场风险和价值驱动因素之间的关系。

为了深入说明，我们不妨考查一下风险绘图立方的第一行。利率风险可能通过下列方式影响企业的收入。赊销的款项通常在特定的时点之后才能收回，它主要取决于企业提供给客户的信用条件（例如，30 天、60 天或者 90 天）。企业一般依靠短期贷款来满足当前经营活动的资金需求，例如支付工资和其他经营费用。在应收账款收回之前，利率升高会减少企业从销售中获得的收入。当发生以外国货币标价的赊销时，若该外币在货款收回之前发生贬值，相对于以本国货币标价，企业将获得较少的收入。商品价格的波动将对收入和销售成本产生重大影响。最后，就像投资基金的管理人员都非常清楚的那样，股票价格下跌会立即恶化基金的业绩数据。

风险绘图立方的第三维度是如何发挥作用的呢？这个维度考查竞争者所承受的市场风险对企业所产生的影响。假设你决定销售你认为会赢得下届世界系列赛的棒球队的球帽。你决定在当地购买和销售这些帽子。你有外汇风险吗？你可能认为没有，但是如果有一家竞争者从国外购买棒球帽，而供应国的货币相对你所在国的货币发生了贬值，这种变化会使你的竞争者以较低的价格出售棒球帽。这种风险被称为竞争性货币风险（competitive currency exposure）。

因为分析的目的是识别潜在的风险，我们在专栏 11—3 的风险管理架构中另外加入两个维度。对于立方中的每个方格，管理会计师应该针对每个价值驱动因素纳入一个与各种可能的结果相关的概率密度函数。具体说来，非预期的汇率变化可能会对企业的收入产生各种不同的影响。每一种结果都将分别与特定的可能性对应起来，这些可能性以客观的、更有可能是主观的概率评估为基础。这些概率情形将依次在不同的时间框架中进行估计。时间间隔可能是 3 个月、6 个月等，它为风险绘图增添了一个时间的维度。最好由会计人员提供这些数据。①

11.3.2 量化权衡

会计人员在风险管理过程中的另一个作用涉及量化与备选风险应对策略相关的权衡（trade-offs）。当风险防范的成本看起来高于收益时，管理层可能宁愿承担一定的风险，而不会进行套期保值。例如，某进口商有一项以外币标价的购买承诺，如果认为这种外币会在交货日前贬值，那么它一般就不会进行套期保值。会计人员需要计量扣除成本和放弃利用市场波动进行投机的利得的机会成本后，来自套期保值的收益。

11.3.3 浮动汇率世界中的风险管理

我们讨论过的许多市场价格的变动都是互相关联的。在本章中，我们的分析仅仅局限于一种具体的价格风险：汇率的变动。我们这么做的原因有三：第一，年报披露的详细检查表明，汇率或外汇风险是跨国公司面临的最常见的风险形式之一。第二，

① 美国注册会计师协会编制的关于这一主题的小册子能够在 www. aicpa. org/assurance/index. htm 上找到。

有影响力的财务行政管理人员认为，财务管理人员必须应对的最难的外部风险之一是外汇风险。[①] 第三，风险管理的概念和外汇风险的相关会计处理，与利率、商品和权益价格风险类似。

在浮动汇率世界中，风险管理包括：（1）预测汇率的变动；（2）计量企业承受的汇兑风险；（3）设计适当的防范策略；（4）建立内部风险管理控制。下面逐一进行讨论。

11.3.3.1 预测汇率的变动

在制订外汇风险管理方案的过程中，财务管理人员必须拥有有关汇率变动的潜在方向、时间和幅度方面的信息。预见到汇率的变动前景之后，财务管理人员就能够更有效地安排适当的防范措施。但是，是否能够准确地预测币值变动仍然是一个问题。

进行汇率预测（例如，货币贬值）时经常利用的信息与下列因素的变动有关：

（1）通货膨胀差异。有证据表明，一个给定国家中较高的通货膨胀率随着时间的推移，会被该国货币价值同等幅度、相反方向的变动所抵消。

（2）货币政策。如果一个国家货币供应量的增长率超过了该国国民产出的实际增长率，就会引发通货膨胀，从而影响到汇率。

（3）贸易平衡。政府经常用货币贬值来治理贸易逆差（即出口<进口）。

（4）收支平衡。如果一个国家的消费（进口）和在国外的投资比赚取（出口）和接受的外国投资更多，那么该国货币所面临的保值压力就会有所减轻。

（5）国际货币储备和举债能力。持续出现国际收支赤字的国家，可以通过减少储蓄（即国际货币储备水平）或举借外债来阻止货币贬值。随着这些资源的减少，贬值的可能性就会增加。

（6）国家预算。超额的政府支出所造成的赤字会加剧通货膨胀。

（7）远期外汇报价。一种外汇的远期交易出现大额贴水，表明人们对这种货币的信心不足。

（8）非官方汇率。官方汇率与非官方或黑市汇率的差距加大，表明政府面临的将官方汇率调整为更符合实际情况的市场汇率的压力增大。

（9）相关货币的动态。一个国家的货币通常会与和它有紧密经济联系的国家的货币呈现类似的动态。

（10）利率差异。任何两个国家之间的利率差别都预示了即期汇率的未来变化。

（11）外国权益期权价格。套利将外国权益在其本国市场上的价格与国内货币价值联系起来，国内货币期权价格的变化预示着市场对未来外汇汇率的预期发生了变化。[②]

这些事项有助于预测货币变动的方向，但一般不足以预测币值变动的时间和幅度。在很多国家，政治因素对货币价值有很强的影响。对货币贬值或升值压力的政治反应，通常会导致采取临时性措施，而不是调整汇率。这些临时措施包括选择性征税、进口控制、出口刺激和外汇控制。关注货币面临压力的国家的政策很重要。它有

---

① 引自微软前 CFO John Connors 的 *Treasury and Risk* 一书，p. mailzeen. com，2006 年 12 月。

② Ting-Heng Chu and Steve Swidler, "Forecasting Emerging Market Exchange Rates from Foreign Equity Options," *Journal of Financial Research*, no. 3 (2002): 353-366.

助于财务管理人员观察政府是倾向于干预市场还是倾向于依靠自由市场来解决问题。

有人认为，汇率预测是没有必要的事情。在汇率自由波动的世界，外汇市场是有效的。[①] 当前的市场汇率（即远期汇率）反映了所有市场交易者对未来汇率的共识。所有可以广泛取得的信息立即反映到当前的外汇汇率之中。因此，这些信息在预测未来汇率方面没有多大价值。在这种情况下，外汇汇率的变动是对新信息或未预见到的事件的随机反映。远期汇率是对未来汇率可以获得的最佳估计。外汇汇率变动的随机性反映了参与者对外汇价值的观点方面的差异。

这些因素对管理会计师意味着什么呢？首先，会计人员必须开发出能收集和处理与汇率变动相关的综合、精确信息的系统。这些系统能够汇集外部预测服务机构、追踪货币动向的金融出版物以及与外汇经纪商的日常沟通所提供的信息。它们应该联网并运用计算机操作，以便为管理人员进行汇率预测所依据的信息提供一个更好的渠道。财务管理人员还必须了解不采用其他预测方法的后果。

如果不可能进行汇率预测或预测成本太高，财务管理人员和会计人员就应该安排好公司的业务，将汇率变动的破坏力降到最低。这个过程就叫作风险管理。

11.3.3.2 **风险度量**

要想安排公司的业务以便降低汇率变动的负面影响，就需要有关它所承受的外汇汇率风险方面的信息。外汇汇率变动只要影响企业的净资产价值、盈余和现金流量，就存在汇率风险。[②] 传统上对汇率风险的会计计量集中于两类主要的风险：折算风险和交易风险。

（1）折算风险

折算风险（translation exposure）度量汇率变动对企业外币资产和负债的本国货币等值的影响。例如，对于在厄瓜多尔经营一家全资子公司（其功能货币为美元）的一家美国母公司而言，只要厄瓜多尔苏克雷的价值相对于美元发生了变动，其厄瓜多尔货币性资产净额的美元价值就会发生变化。由于外币金额一般都要折算成国内货币等值，以便进行管理评价，或实现对外财务报告的目的（见第6章），因此折算会直接影响报告的利润。如果汇率变动会引起母公司所在国货币等值的变动，那么外币资产或负债就承受着汇率风险。根据这个定义，承受汇率风险的外币资产负债表项目，是指那些按现行汇率（而不是历史汇率）折算的项目。相应的，折算风险应根据企业的受险外币资产和负债之间的差额来计量。这个过程如专栏11—4所示。

当受险资产超过受险负债（即那些按现行汇率折算的外币项目）时，就会形成受险资产净头寸。它有时被称为正受险（positive exposure）。外币相对于报告货币发生贬值时，就会产生折算损失。外币升值时，则会产生折算利得。相反，当企业受险负债超过受险资产时，就会形成受险负债净头寸，或称负受险（negative exposure）。在这种情况下，外币贬值会产生折算利得，外币升值则会产生折算损失。

---

① Gunter Dufey and Ian H. Giddy, "Management of Corporate Foreign Exchange Risk," in F. D. S. Choi, ed., *International Accounting and Finance Handbook*, New York: John Wiley & Sons, 2003, pp. 6.1–6.31. 要想获得关于这一主题的教学见解，参见 ian. giddy@ stern. nyu. edu.

② 参见 Niclas Hagelin and Bengt Pramborg, "Hedging Foreign Exchange Exposure: Risk Reduction from Transaction and Translation Hedging," *Journal of International Financial Management and Accounting*, Fall 2004, pp. 1–20. 外汇风险管理的近期企业案例参见 Coline Sume Emadione, "Foreign Exchange Exposure and Management: Case Study of Two Large Multinationals," (2009) at www. essays. se.

专栏 11—4 **折算风险**

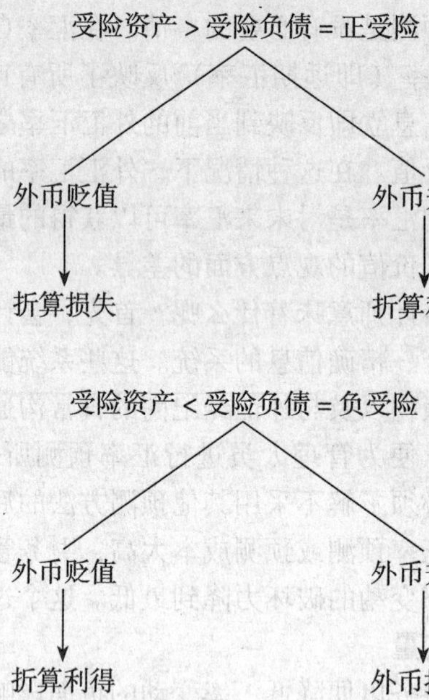

对风险的会计计量随着所采用折算方法的不同而不同（第 6 章区分了 4 种主要的折算方法）。专栏 11—5 举例说明了在第 6 章中讲过的主要折算方法。这是一份假想的美国企业在菲律宾的子公司年终的资产负债表。第二栏列示了当汇率为 $ 0.03 = PHP1 时，以菲律宾比索（PHP）表示的金额的美元等值。预计下一期间比索可能会贬值 1/3。由于存货是根据成本与市价孰低法按市场价值列示的，采用货币-非货币法和时态法会导致对风险的不同计量，处理方法也不同。假设这家美国母公司规定以美元作为子公司的功能货币，那么 12 亿比索的正受险上的潜在汇兑损失是 1 200 万美元，计算过程详见专栏 11—6。

专栏 11—5 **会计风险讲解** 金额单位：千美元

	比索金额	比索贬值前的美元金额（$ 0.03 = PHP1）	菲律宾比索贬值后的美元金额（$ 0.02 = PHP1）			
			现行汇率法	流动-非流动法	货币-非货币法	时态法
资产						
现金	PHP500 000	$ 15 000	$ 10 000	$ 10 000	$ 10 000	$ 10 000
应收账款	1 000 000	30 000	20 000	20 000	20 000	20 000
存货	900 000	27 000	18 000	18 000	27 000	18 000
固定资产	1 100 000	33 000	22 000	33 000	33 000	33 000
合计	PHP3 500 000	$ 105 000	$ 70 000	$ 81 000	$ 90 000	$ 81 000
负债和所有者权益						
短期应付款	P400 000	$ 12 000	$ 8 000	$ 8 000	$ 8 000	$ 8 000
长期负债	800 000	24 000	16 000	24 000	16 000	16 000
股东权益	2 300 000	69 000	46 000	49 000	66 000	57 000
合计	PHP3 500 000	$ 105 000	$ 70 000	$ 81 000	$ 90 000	$ 81 000
会计风险（PHP）			2 300 000	2 000 000	300 000	1 200 000
折算利得（损失）（$）			(23 000)	(20 000)	(3 000)	(12 000)

专栏 11—6　　**计算潜在的汇兑损失**　　金额单位：百万美元

受险资产			
现金	PHP500		
应收账款	1 000		
存货	900		PHP2 400
受险负债			
短期应付款	PHP400		
长期负债	800		1 200
正受险额			PHP1 200
贬值前汇率（＄0.03＝PHP1）	PHP1 200	=	＄36
贬值后汇率（＄0.02＝PHP1）	PHP1 200	=	24
潜在的汇兑损失			（＄12）

换过来，如果母公司规定以菲律宾比索作为子公司的功能货币，那么潜在的汇兑损失为2 300万美元。这是基于23亿比索的正受险额，采用《财务会计准则公告第52号》规定的现行汇率法计算出来的。基于类似概念的一种风险报告格式的利润表（国际会计师联合会管理会计实务委员会建议的方法）如专栏11—7所示。

专栏 11—7　　**利润表风险预测的格式**

利润表项目	按现行汇率折算的项目				按历史汇率折算的项目				总受险
	当地货币（金额）	外币（金额）	折算汇率	当地货币等值折算率	当地货币（金额）	外币（金额）	折算汇率	当地货币等值折算率	
收入（按类别）									
减：销售成本（按类别）									
毛利									
减：费用（按类别）									
息税前盈余									
税前利润									
所得税									
净利润									
受险净头寸									
轧平净头寸									
未轧平净头寸									

专栏11—6假设该菲律宾子公司的交易仅仅采用比索标价。但在绝大多数国外经营中，交易不止采用一种货币。外汇风险成为一个多角度的问题：例如，用芬兰马克

标价的应收账款和用葡萄牙埃斯库多计价的应收账款，即使在销售时两者的账面价值相同，也不大可能有相同的未来价值。为了对这种情况进行会计处理，管理会计师编制了一系列受险报告，依照据以进行标价的货币对外币资产和负债进行划分。专栏11—8举例说明了菲律宾子公司的多种货币风险报告。它生产的耐用商品在当地、澳大利亚和美国市场出售。原料从印度尼西亚进口。

专栏11—8 **多种货币折算风险** 金额单位：千

	菲律宾比索	澳大利亚元	印度尼西亚卢比	美元	合计[①]
受险资产					
现金	\$ 50 000	—	—	—	\$ 50 000
应收账款	45 000	\$ 15 000	—	\$ 40 000	100 000
存货	90 000			—	90 000
合计	\$ 185 000	\$ 14 000		\$ 40 000	\$ 240 000
受险负债					
短期应付款	\$ 20 000	\$ 2 500	\$ 12 500	\$ 5 000	\$ 40 000
长期负债	50 000			30 000	80 000
合计	\$ 70 000	\$ 2 500	\$ 12 500	\$ 35 000	\$ 120 000
净受险	\$ 115 000	\$ 12 500	\$ （12 500）		

[①]根据报表日的即期汇率以美元列示。

专栏11—8和专栏11—5的风险报告格式类似，只是专栏11—8根据交易的标价货币分别列示受险资产和受险负债。资产负债表项目一般用美元表示，以便对不同项目的相对金额大小进行评估。

多种货币风险报告格式同单一货币风险报告格式相比有很多优点。首先，提供的信息更为完整。专栏11—8不是仅仅披露正向受险净额1.2亿美元这一个数据，而是反映了构成这个数据的几种不同的汇率风险。

每一种货币对美国母公司的汇率风险而言有着不同的后果。而且，在单一货币法下，将用澳大利亚元计算的正向受险12 500 000美元与用印度尼西亚卢比计算的反向受险12 500 000美元放到一起，两者自然抵消了。但只有在澳大利亚元和印度尼西亚卢相对于美元的汇率都发生随机变动时，这种抵消才可能实现。否则，折算结果就会大相径庭。

多种货币报告还有利于母公司汇总所有海外子公司同类的风险报告，并连续地按各国货币来分析其在世界范围内的折算风险。在由当地管理人员负责防范折算风险时，这种分析尤其有用。我们不难想象这样一种情况：两家国外子公司的管理人员在同一种货币上可能面临相反的风险。多种货币风险报告有助于母公司确保子公司管理人员不采取对公司整体不利的套期保值措施。

（2）交易风险

交易风险关注以外币标价的交易在结算时产生的汇兑利得和损失。与折算利得和损失不同的是，交易利得和损失对现金流量有着直接的影响，因为这些现金流来自于货币兑换过程。

菲律宾子公司的多种货币交易风险报告如专栏 11—9 所示。它包含了传统财务报表中一般不会出现、却会导致交易利得和损失的项目，例如远期外汇合同、未来的购买和出售承诺，以及长期租赁。[①] 风险报告中不包括与外币业务没有直接关系的项目（如库存现金）。交易风险报告和折算风险报告的角度也不相同。折算风险报告是从母公司的角度编制的，而交易风险报告则是从国外经营的角度编制的。专栏 11—9 关注比索对澳大利亚元、印度尼西亚卢比和美元的比价发生变动时，菲律宾子公司账上所发生的情况。比索一栏不必考虑，因为比索交易采用比索进行记录和结算。由于澳大利亚元和美元都是正向受险，因此比索对这两种货币贬值时会产生交易利得。比索对卢比贬值时，会产生交易损失，因为需要更多的比索偿还菲律宾子公司的外币负债。这些交易利得和损失（税后净额）在编制合并财务报表时会直接影响美元利润。

专栏 11—9　　**多种货币交易风险**　　金额单位：千美元

	菲律宾比索	澳大利亚元	印度尼西亚卢比	美元	合计
受险资产					
应收账款	$ 45 000	$ 15 000	—	$ 40 000	$ 100 000
存货	90 000	—	—	—	$ 90 000
未来出售承诺	—	10 000	—	—	10 000
合计	$ 13 5 000	$ 25 000		$ 40 000	$ 200 000
受险负债					
短期应付款	$ 20 000	$ 2 500	$ 12 500	$ 5 000	$ 40 000
长期负债	50 000	—	—	30 000	80 000
未来购买承诺	—	—	10 000	—	10 000
租赁	—	$ 5 000	—	—	5 000
合计	$ 70 000	$ 7 500	$ 22 500	$ 35 000	$ 135 000
净受险		$ 17 500	$ (22 500)	$ 5 000	

对企业的整体外汇风险进行集中控制是可能的。它要求每一家国外附属公司连续地向公司总部报送多种货币风险报告。只要将风险按币种和国别进行汇总，公司就可以集中协调套期保值政策，以抵消潜在的损失。

（3）会计风险与经济风险

上述报告框架凸显了特定时点上企业承受的汇率风险。但是，不管是折算风险报告还是交易风险报告，都不能计量企业的经济风险。它指的是货币价值变动对企业未来经营业绩和现金流量的影响。

专栏 11—9 表明，菲律宾子公司在澳大利亚元上有多余的头寸。也就是说，澳大利亚元受险资产超过了澳大利亚元受险负债。根据这份报告，财务管理人员可能会决定通过在远期外汇市场出售价值 1 750 万美元的澳大利亚元来对这一头寸进行套期保

① 这些项目一般在财务报表的附注中披露。

值。这个决策正确吗？可能不正确。虽然菲律宾子公司的澳大利亚元有多余头寸，但并不是风险报告中的所有项目都立即需要澳大利亚元流入或流出。1 000 万美元的未来出售承诺可能只有在以后的会计期间才能带来现金流入。而且，由于没有考虑用澳大利亚元标价的未来销售收入，收益风险报告并没有包括所有的澳大利亚元收入和支出。尽管澳大利亚元应收账款现在的合计金额为 1 500 万美元，但这个数字不会一成不变。从对外报告的角度看，不应该考虑这些未来现金流量。从内部报告的角度看，却不能忽略它们。

越来越多的公司开始从性质上区分静态风险和动态风险。它们编制多种货币的现金流量表，以便按月监控经营中采用的每一种货币的现金收入和支出（见专栏 11—10)。传统的风险报告考虑的是财务报表日汇率变动对账户余额的影响，而多种货币现金流量表则强调未来预算期间汇率变动所产生的风险。每一种货币的现金收入来源于当期和预计赊销的回收、资产处置和其他产生现金的活动。多种货币现金支出则源于当期和预计义务的要求、偿还债务和其他现金采购活动。

专栏 11—10　　**按币种列示的预算现金流量**

单位/国别：		日期：					
币种		预算期					
		1月	2月	3月	4月	5月	6月
菲律宾比索	收入						
	支出						
	净额						
澳大利亚元	收入						
	支出						
	净额						
印度尼西亚卢比	收入						
	支出						
	净额						
其他	收入						
	支出						
	净额						

经济风险观念使人们认识到汇率风险可以通过改变投入和产出的相对于国外竞争者的价格水平来影响企业的竞争地位。例如，假设我们假想的菲律宾子公司能够从当地获得劳动力和材料。菲律宾比索对所有其他外币贬值，能够增强而不是削弱它的竞争地位。因为比索贬值后可以使用更便宜的以澳大利亚元和美元标价的产品，所以能够增加它对澳大利亚和美国的出口。国内的销售额也会增加，因为比索贬值使得用当地货币标价的进口商品更为昂贵。贬值对当地要素的投入成本不会产生可以观察到的影响。这样，因为货币贬值，菲律宾子公司的未来获利能力有所提升。在上述情况

下，如果将正向的折算风险上的交易损失登记入账，就会歪曲比索贬值的经济含义。

换一种情形，英国母公司在德国的一个附属的制造业公司，面向德国市场，可能会有正向的折算风险。如果欧元对英镑升值，该企业在编制合并财务报表时会产生折算利得。如果这家德国附属公司的所有投入都来自德国，它承受的经济风险中就不会再有汇率风险。不过，如果一个主要的德国竞争者从俄罗斯购买一些生产部件，那么当卢布对欧元贬值时，这个竞争者就具有成本优势。

这些例子说明，经济或经营风险与折算风险和交易风险之间关系不大，甚至无关。相应的，对这种风险进行管理所需要的套期保值技术，在性质上应该更侧重于战略而不是战术。①

公司可以选择结构性套期保值，包括通过选择或重新设置生产基地来降低整体经营风险。但是，这些措施可能要求具备一定的经济规模，因为它能降低经营活动的期望报酬率。

或者，母公司可以采用组合的方法，通过选择能抵消风险的业务来降低风险。②这样做可以降低企业的整体经营风险。这种策略要求在校正承受的经营风险的影响后，要仔细考查各个经营单位的经营成果。公司可以通过重新安排业务活动，来利用汇率的波动。可以通过在货币被严重低估的国家扩充生产和采购，来保持最大的灵活性。它要承受重新安排生产设备和建立超额产能的成本。换句话说，这种战略变动降低了多种汇率下的平均经营成本。

经济或经营风险观念给管理会计师带来了新的负担。传统的渠道难以提供所需要的大多数信息。要恰当地计量经营风险，就要了解公司及其竞争者开展业务所处的市场结构，以及真实汇率（而不是名义汇率）的影响。这些影响是难以计量的。由于经营风险持续的时间一般比较长，在可计量方面存在着不确定性，而且并不是基于明确的承诺，因此会计人员必须提供跨越多个经营职能部门和多个时期的信息。

11.3.3.3 防范策略

一旦外汇风险得以量化，下一步就要设计套期保值策略，以便降低或消除这些风险。这些策略包括资产负债表套期保值、经营性套期保值和合约套期保值。

（1）资产负债表套期保值

资产负债表套期保值通过调整企业受险资产和受险负债的水平及标价货币来降低企业承受的风险。例如，增加外币现金余额能够抵消利率和国内固定收益工具收益的下降。在专栏 11—8 中，针对 1.15 亿美元的正受险额有一个自然的套期保值，那就是将菲律宾子公司的比索借款增加 1.15 亿美元。在这种情况下，借入的现金要汇给母公司或投资于非受险资产，否则受险资产净头寸不会改变。对位于货币贬值国家的子公司的正向受险进行套期保值的其他方法包括：

①使当地货币现金余额保持在维持当前经营活动所需的最低水平；

②将扩充资本之需以外的收益都汇给母公司；

③加速（提前）收回所在国货币的应收账款；

---

① Peijie Wang, *The Economics of Foreign Exchange and Global Finance*, Berlin: Springer Publishing Company, 2005.

② 这一资产组合方式是与本章开篇描述的企业风险管理系统相关的投资组合战略的一个子集。

④延期（滞后）偿付所在国货币的应付账款；

⑤加速支付外币应付款；

⑥将多余的现金投资于以当地货币计价的存货和其他不易发生贬值损失的资产；

⑦投资于以坚挺外币计价的资产。

（2）经营套期保值

这种类型的风险防范着眼于影响外币收入和费用的变量。按预计外币贬值的比例提高销售价格（针对以倾向贬值的货币开具发票的销售业务），有助于实现目标毛利。这种安排的一个变体是按坚挺货币开具发票。更严格的成本控制可以提供一个较大的安全边际，以应对潜在的货币损失。最后的一个例子涉及结构性套期保值（structual hedges）。它要求重新布局生产基地，以降低企业的经营风险，或是改变原料或生产部件的来源国。

资产负债表套期保值和经营套期保值并不是没有成本的。处在货币贬值国家的国外子公司，一般要求降低当地货币营运资本余额（尤其是现金和应收款），同时增加当地货币债务的持有量。不幸的是，这些措施通常是没有好处的。由于货币贬值所导致的潜在出口量的增加，需要更多的营运资本，而不是更少，因此损失销售收入的机会成本可能远远超过任何折算损失。同样，贬值之前借入当地货币借款，其代价可能是极其高昂的。其他国外子公司在这个时候通常会有类似的想法，这样要想借助当地的银行系统来满足这种信贷需求，就只能抬高成本。此外，这个期间的银行信贷通常十分稀缺，因为大多数国家为了应对引起货币贬值压力的问题首先就会实施严格的信贷约束。在这样的情况下，借款的成本常会超过它所提供的防范效果所带来的收益。

战略性套期保值（strategic hedges）也有其局限性。例如，可以通过垂直整合经营活动的战略来降低企业承受的汇率敏感型资源上的风险。但是，这项措施的实施却使企业承受与设立一家新的境外附属公司有关的额外成本，以及在规模经济方面的潜在损失。此外，垂直整合的实施还需要花费很长的时间。

（3）合约套期保值

许多合约套期保值工具已经被开发出来，这为管理人员管理外汇风险提供了更大的灵活性。专栏 11—11 列示了新近出现的一些外汇套期保值产品。就像你所看到的那样，管理人员需要考虑很多选择。

这些金融工具中的绝大部分在性质上是衍生的（derivative），而不是基础的（basic）。基础金融工具，如回购协议（应收款）、债券、资本性股票，符合传统会计中资产、负债和所有者权益的定义。衍生工具是产生特定权利和义务的合同安排，它们的价值受其他金融工具或商品的影响，很多是以或有事项为基础的。因此，它们并不具备它们所依赖的基础工具的特点。例如，本金为 1 亿美元的货币互换。这里的衍生产品是承诺交换利息支付差额，它基于——但独立于——每笔借款的本金或名义金额。如果浮动利率高于固定利率，一方就应当向另一方支付差额。应该支付的所有金额都取决于利率的变化。衍生品市场是主要由银行组成的 24 小时全球交易市场。世界各地的衍生品交易者通过复杂的电子和通信系统联系在一起。

近年来，主宰金融报刊头条的衍生工具市场发生了大量的意外轰动事件。诸如，Baring Brothers、Long-term Capital Management、Merrill Lynch、AIG、UBS、Bear Steans

和 Orange County 在极短的时间内就因为遭受巨额损失而声名狼藉。一些声誉良好的金融机构，如 Goldman Sachs、Morgan Stanley 和 Bank of America 也登上了头版。报告的亏损从几亿美元到数十亿美元。尽管衍生品曾发生过损失，但目前这次遭遇损失的真正不同之处在于它的全球性。亏损的原因包括对交易者行为缺乏充分的控制、定价模型没有包含市场极端性运动（不连续）的风险、市场的低流动性，以及董事和高级管理层对这些工具的性质和风险所拥有的知识极其贫乏。[①]

尽管出现了这些灾难性的事件，衍生品市场的复杂性和对它的利用仍然在持续增长，且目前规模已超过100万亿美元。跨国公司的财务管理人员利用这些工具来管理他们所承担的外汇风险，尤其是交易风险和经济风险，因为它们直接影响公司现在和未来的现金流量。Allayannis 和 Ofek 发现，对外汇衍生工具的利用与企业承受的汇率风险之间具有很强的负相关性。这表明企业利用衍生品主要是为了套期保值，而不是进行外汇投机。这也表明利用外汇衍生品的确可以降低汇率风险。[②] 尽管我们表示了对套期保值交易和经济风险的偏好，执行官们似乎还是对管理外汇风险感兴趣。他们呼吁应关注向股东报告更低的盈余。在对德国和美国公司利用衍生品的情况所进行的一项比较研究中，降低报告盈余的波动性对德国公司而言是最重要的，而美国公司则倾向于利用衍生品来减少现金流量的波动性，减少报告盈余的波动性则紧随其后。[③] 在一项相关的研究中，瑞典公司利用衍生品来为资产负债表套期保值，与利用衍生品来进行承诺交易和预计交易一样普遍。[④]

专栏 11—11　　**与外汇相关的金融工具**

选择性货币期权（alternative currency option）。这种货币期权一旦被执行，期权持有者有权选择按照多种备选货币中的一种进行结算

一篮子套期保值（basket hedging）。利用一篮子货币（包含的币种比套期保值组合的币种少）来抵消组合中所有非基础货币的风险

突破式期权（break forward）。这种期权允许买方在币值变动超过某一特定水平时，不用支付直接期权费，就可以充分参与交易

组合式利率与货币互换（combined interest rate and currency swap，CIRCUS）。在这种交易中，双方交换用两种不同货币标价的利息支出流（即用一种货币按固定利率支付的利息，交换用另一种货币按浮动利率支付的利息）

附有到期退还协议的或有套期（contingent hedge with an agreement for rebate at maturity，CHARM）。这种货币期权：（1）在出价公司赢得合同时就可以执行；（2）如果公司失去合同，期权就失效，期权发行人退还一部分期权费。退还的金额取决于：（1）买方获取需要进行货币防范的交易的能力；（2）基础货币的动向

可转换期权合同（convertible option contract）。如果远期汇率跌到特定价格以下，持有这种期权就可以购买或出售转换成远期外汇合同的外币

---

① Rene M. Stulz，"Risk Management Failures：What Are They and When Do They Happen?" *Journal of Applied Corporate Finance*，Fall 2008，pp. 58-67.

② George Allayannis and Eli Ofek，"Exchange Rate Exposure，Hedging and the Use of Foreign Currency Derivatives，" *Journal of International Money and Finance* 20（2001）：273-296.

③ 美国强调报告盈余的原因与分析师对未来盈余的理解和预测以及管理层的报酬有关。在德国，报告盈余在税收和利润分配中起着重要作用。Gordon M. Bonder and Gunther Gebhardt，"Derivative Usage in Risk Management by US and German Non-Financial Firms：A Comparative Study，" *Journal of International Financial Management and Accounting* 10，no. 3（1999）：153-187.

④ Hagelin and Pramborg，在上面所引的著作中。

续表

轧平期权债券（covered option securities，COPS）。授予发行者选择采用原始货币或双方认可的货币偿还本金和利息的权利的短期义务
轧平利息套利（covered interest arbitrage）。双方同时按即期汇率和远期汇率进行货币交易的协议
跨币互换（cross-currency basis swap）。两种货币之间的浮动利率互换
跨币利率上限期权（cross-currency cap）。只要向持有者支付两种货币基本汇率之间的价差与敲定价差之间的正差异额的一种期权
货币息票互换（currency coupon swap）。两种不同货币的固定利率和浮动利率之间的互换
货币期权（currency option）。在一定时期内按商定的敲定价格购买或出售另一种货币的权利，而不是义务
货币互换（currency swap）。最初将两种货币进行兑换，然后在某一特定时期末再将相同的货币兑换回来
货币互换期权（currency swap option，swaption）。按特定汇率购买或出售一项货币互换的期权
双重期权债券（dual option bonds）。投资者有权选择收取利息和本金偿付款所用币种的债券
汇率协议（exchange rate agreement，ERA）。对价值与两种货币未来汇率价差相关的远期外汇达成的综合性协议
远期外汇合同（forward exchange contract）。双方为在未来某一固定日期兑换一定数量货币达成的合同性协议
期货合同（futures contract）。要求在未来某一固定日期交割一定数量货币的外汇交易合同
外国权益期权（foreign equity option）。以某一价格于未来某一特定日期或之前购买或出售一项外国权益的权利，而不是义务
指数化货币期权票据（indexed currency option notes，ICONS）。这种债券的面值标价及利息支付采用一种货币，而赎回价值却与另一种货币的汇率挂钩
回顾式期权（look-back option）。买方可以在期权期限内低点购买、高点出售某种货币的追溯式权利
本金与汇率挂钩证券（principal exchange-rate-linked securities，PERLS）。本金按美元和另一种货币间的汇率钉死，而用美元支付本金和利息的债务
范围远期外汇（range forwards）。规定到期日外汇兑换时采用的汇率的范围的远期外汇合同
合成头寸（synthetic position）。产生具有不能直接取得的特征的证券的一种组合式交易（例如，固定利率债券与货币互换结合在一起）
定制型互换（tailored swap）。这种货币互换中的概念性原理是可以进行调整以适应企业所承受风险的变动

资料来源：改编自 Gary L. Gastineau，Swiss Bank Corporation Dictionary of Financial Risk Management，Chicago：Probus Publishing Company，1992.

11.4 套期保值产品的会计处理

合约套期保值产品是使用者能够降低、消除市场风险或者将市场风险转移给其他人的金融合同和工具。它们包括但不限于远期合同、期货、互换、期权和它们的组合。许多衍生工具日趋复杂，对使用者进行调查的结果显示，管理层偏好最基本的或最普通的类型。[1]

在为企业设计有效的套期保值策略时，对衍生品的会计计量规则的了解尤为重要。为了理解套期保值会计的重要性，我们举例说明一些基本的套期保值会计实务。

首先，让我们回忆一下利润表的主要项目（忽略税）：

经营收入	×××
-经营费用	×××
=经营利润	×××
+其他收益	×××
-其他费用	×××
=净利润	×××

分析师在评价管理层经营其主营业务的业绩时，通常都注重经营利润。虽然净利润对评价企业未来股利分配政策很重要，但计算净利润时却将非常事项或偶发时的影响考虑在内。

受到国际认可的对金融衍生品的会计处理，是对该产品逐日盯市（mark to market），并将任何利得或损失都确认为非经营利润的一个组成部分。至少在美国，如果一项交易符合适当的套期保值标准，则可以作为例外的特定情形。这些标准包括：

（1）被套期项目会使企业承受市场风险；

（2）企业讲述了它的套期保值策略；

（3）企业将这种工具的用途指定为套期保值；

（4）企业记录了这种套期保值可能会有效的理由。

如果符合适当的标准，企业可以将对套期产品进行逐日盯市所确认的利得或损失，抵消被套期的交易（例如，出售或购买）上的利得或损失。为了具体说明，假设一家爱尔兰的浓烈黑啤（一种烈性黑啤酒）制造商有一项在两个月后向加拿大的购买商交付 X 桶啤酒的出售承诺。因为担心在交货前加元会贬值，这家爱尔兰制造商购买了一项远期外汇合同。这样，这家制造商就可以在两个月后以接近当前价格的价格出售加元。如果加元在交货前贬值，远期外汇合同的利得就可以抵消销售合同的损失。如果满足上述套期保值要求，经营利润就可以达到目标值。如果不满足这些标准，远期合同上的利得就会成为其他收益，而经营利润就会低于目标值。

与外汇套期保值产品相关的会计问题涉及确认、计量和披露。确认问题集中在套期保值工具是否应该在财务报表内确认为资产或负债。此外，还存在套期保值产品的会计处理是否应该与被套期项目相同的问题。

与确认问题密切相关的是计量问题。例如，外汇工具应该如何计价？应该采取与套期工具或交易相同的计量基础，还是应该反映独立估价？如果独立估价，在历史成本、市场价值、成本与市价孰低、可变现净值和折现值中，哪一种估价模型最好？与金融工具相关的利得和损失应该如何在利润表中反映？它们应该在收益中反映吗？与金融工具相关的风险能够以及应被确认与计量吗？最后一个问题尤为重要，因为与许多新金融工具——例如期权和期货——相关的风险是对称的，一方的利得就是另一方

---

① Ed McCarthy, "Derivatives Revisited," *Journal of Accountancy* (May 2000). Also available at www. aicpa. org/pubs/jofa/may 2000/mccarthy. htm.

的损失。最后，金融工具的买方和卖方应在怎样的程度上详细表述他们所参与交易的金融工具的性质和数量？在通用目的财务报表中应披露金融工具的哪些属性？要想充分告知阅读者与公司金融工具有关的资产负债表外风险的性质和大小，需要披露多少信息？我们现在来考查几种基本的外汇风险管理工具。接下来，再讨论相应的会计处理。

11.4.1 远期外汇合约

从外方购买或向外方出售以国外货币开具发票的产品时，进口商或出口商一般会利用远期外汇合同。当交易日和结算日之间汇率发生波动时，远期合同可以抵消交易利得和损失的风险。远期合同还可以对预计的外汇应收或应付款（外币约定）进行套期保值，并且还可以用于外币投机。这些合同并不在有组织的交易所进行交易，它们的流动性通常低于其他合同。另外，它们在合同金额和期限方面具有灵活性。

远期外汇合同是约定在未来某一日期按某一固定的汇率（称为远期汇率）交付或收取一定数量的外币以兑换本国货币的协议。由于远期汇率与远期合同签订日的即期汇率之间的差额，会产生升水（远期汇率>即期汇率）或贴水（远期汇率<即期汇率），因此用升水率或贴水率乘以合同约定的应收或应付名义外币金额，就可以得出远期外汇合同的升水或贴水。一旦交易日的汇率与中期财务报表日或结算日的汇率不同，远期外汇合同就会产生交易利得或损失。

这里的会计问题是指定用途不同的外汇合同的升水、贴水、利得和损失应该采用相同的会计处理，还是不同的会计处理。专栏 11—12 总结了根据《财务会计准则公告第 52 号》（现修订为《财务会计准则公告第 133 号》）的规定应该如何报告这些会计调整项目。

专栏 11—12 **远期外汇合同的会计处理**

	利得/损失	贴水/升水[a]
未结算外币业务	在当期收益中确认	在当期收益中确认
可辨认的外币承诺	在当期收益中确认	在当期收益中确认
受险资产（负债）净头寸		
a. 以外币作为功能货币	作为合并权益的一个单独项目进行披露	与相关利得/损失处理方法相同，或在当期收益中确认
b. 以母公司所在国货币作为功能货币	在当期收益中确认	在当期收益中确认
投机	在当期收益中确认[b]	不适用[c]

[a] 在当前工具或活动的使用寿命内正常摊销。

[b] 这一类别中的利得/损失是合同剩余期间采用的远期汇率与合同远期汇率（或最近用于计量前期合同利得或损失的远期汇率）之间的差额的函数。

[c] 不适用。

11.4.2 金融期货

金融期货合同在性质上与远期合同类似。像远期一样，它是以设定的价格在未来某一时日购买或交割一定数量的外币的一种承诺。此外，它可以用现金结算来代替交割，在交割以前，它可以通过签订一份相同金融工具的抵消合同来取消原合同。与远期外汇合同相反，期货协议是一种标准化的合同，在数量和交割日期方面都有标准化的规定，并且在有组织的交易所中进行交易，[①] 每天收盘时逐日盯市，而且必须符合定期的保证金要求。期货合同发生损失时会被要求追加保证金，发生利得时通常会导致现金支付。专栏 11—13 说明了这一市场的成长规模。[②]

专栏 11—13　**货币衍生品**

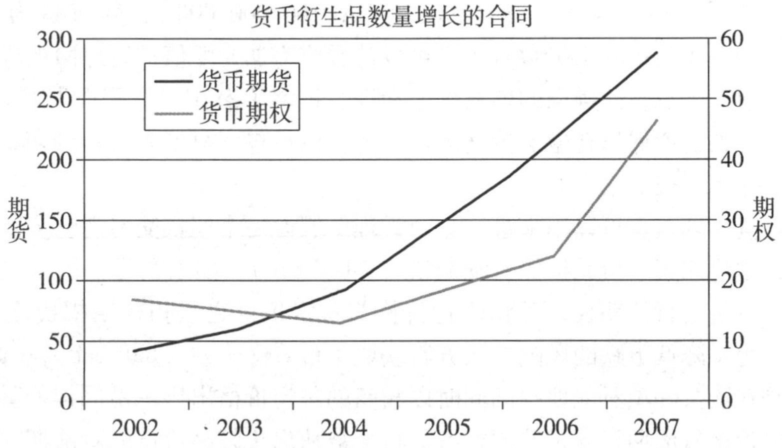

公司的财务主管通常利用期货合同将价格变动的风险转移给其他人。它们也可以用于对预计的价格波动进行投机，以及利用短期的异常波动来对期货合同进行定价。

金融期货合同是怎样运作的呢？如果 Alpha 公司借入 3 个月期的日元借款，并希望防范到期前的日元升值风险，那么它可以买入一份在 90 天后收到等额日元的期货合同。日元升值会使这份期货合同产生利得，从而抵消日元借款上的损失。

11.4.3 货币期权

货币期权赋予买方以特定的价格（敲定价格）在特定的到期日（敲定日期）向卖方（开具人）购买（看涨）或出售（看跌）一种货币的权利。欧式期权只能在到期日行使。美式期权则可以在到期日和到期日之间的任何时点行使。看涨期权的买方需要支付一笔期权费，如果到期日基础资产的价格超过敲定价格，它将获利。如果到期日的价格跌到敲定价格以下，看跌期权的买方将获利。专栏 11—13 说明了这一市场的成长规模。

为了具体讲解，假设某美国承包商在加拿大投标 1 亿加元的建筑项目。投标的结

① 例如芝加哥国际货币市场，以及一些新的交易所，包括纽约期货交易所、伦敦国际金融交易所、新加坡货币交易所（SIMEX）、悉尼期货交易所和位于巴黎的法国期货交易所（MATIF）。

② 资料来源：世界联合交易所（World Federation of Exchange）。

果在 3 个月内还不知道。如果在此期间加元贬值，该承包商一旦赢得固定造价的合同，将遭受一笔损失。于是该承包商购买了一项期权，将收到 90 天后美元/加元即期与敲定价格 0.90 美元/加元之间的差额。合同的细节如下：

合同类型	加元（看跌）/美元（看涨）外汇期权
到期日	90 天
敲定价格	0.90 美元/加元
合同数额	1 亿美元
期权费	0.03 美元

如果在到期日，汇率下跌到 0.80 美元，期权合同的持有者将在每加元的看跌合同面值上获得 10 美分。在这个例子中，加元价值的改变将产生一项 1 000 万美元的期权支付 [（\$ 0.80 - \$ 0.90）×CAD100 000 000]。期权费为 3 000 000 美元（\$ 0.03×CAD100 000 000），它可以被看成为加元贬值进行保险的成本。通过购买看跌期权，该承包商赚取的期权价值利得，抵消了潜在的货币损失（减去期权费）。如果加元的价值保持在敲定价格的水平上，该承包商只要等期权到期就可以了，将期权费看作是保险的成本。

货币期权也可以用来进行盈余管理。假设一个期权交易者认为欧元在近期将会升值，她将购买一份无担保看涨期权（naked call）。如果欧元在行权日升值，看涨期权的买方将会行使期权，并将现行价格与敲定价格之差扣减期权费之后的差额收入囊中。为了降低下跌的风险，买方将获取牛市看涨价差（bull call spread）。这种交易策略是在购买一项看涨期权的同时以较高的敲定价格出售一份同样的看涨期权。为较低敲定价格看涨期权支付的期权费，将会被从出售较高价格的看涨期权中收到的金额抵消一部分。这里最大的利润是敲定价格减去期权费净额后的差额。如果忽略交易成本，期权费净额实际上就是这个价差上的最大潜在损失。

双跨（straddles）涉及用相同的条件出售一份看涨期权和一份看跌期权。这里，期权的开具人赌的是汇率在期权的存续期内不会发生太大的变化。开具人通过开具期权、收取期权费来赚取收入。但是，这是一项高风险的策略。如果汇率的变化足够大以至于一项或两项期权都被行使的话，开具人的潜在损失就不是有限的了。

11.4.4 货币互换

货币互换（currency swap）涉及两种不同货币按预定的汇率在现在和未来的兑换。货币互换可以使企业以合理的成本进入本来无法进入的资本市场。它还使企业能够为国际经营中产生的汇率风险进行套期保值。例如，假设 Alpha 公司（总部位于美国的一家跨国公司）计划为一家新组建的伦敦子公司筹集 10 000 000 美元的固定利率英镑借款。英国的投资者不太了解 Alpha 公司。Beta 有限公司是英国境内的一家公司，想要筹集相同金额的美元以便在纽约筹建一家子公司。同样，Beta 公司在美国不太知名。在这种情况下，Gamma 银行可以安排一个美元/英镑的货币互换交易，来满足这两家企业的需要。我们作如下假设：（开始和到期）互换汇率为 \$ 1.00 = £ 0.66，互换期限为 5 年，这个互换规定英镑利率为 10%，美元利率为 8%。这样就会发生以下的现金流量。在开始时，Alpha 公司用 10 000 000 美元从 Beta 有限公司换得 6 600 000 英镑。假定利息按年支付。Alpha 公司每年向 Beta 有限公司支付利息 660 000英镑，Beta 有限公司向 Alpha 公司每年支付利息 800 000 美元。在 5 年期末，两家公司分别换回本金 10 000 000 美元和 6 600 000 英镑。

作为这项互换交易的结果，Alpha 公司和 Beta 有限公司都能够从原本难以进入的市场获得资金。它们这么做并不需要承担汇率风险。而且，由于它们具有在本国市场上借债的比较优势，它们能够用低于原本获得借款所需的成本来取得外币借款。

11.4.5 会计处理

财务会计准则委员会发布了《财务会计准则公告第 133 号》（FAS133）（后被修订为《财务会计准则公告第 138 号》，并由《财务会计准则公告第 149 号》详细阐明），为衍生品和套期保值交易的会计处理提出了一套单一的综合方法。[①]《国际会计准则第 39 号》（IAS39）（最近已被修改）包含了类似的指南，第一次为金融衍生品提供了普遍性的指引。[②] 尽管这两项公告内容大体上相同，但是它们在执行指南的详细程度方面存在差别（见第 8 章有关会计协调的内容）。

在发布这些公告之前，国际上关于衍生品的会计准则并不完整、相互矛盾，而且是零乱地制定的。大多数实际生效的衍生工具被当作资产负债表表外项目进行处理。一种“购买者自慎”（caveat emptor）的氛围在试图测度、利用衍生品的数量和风险的报表使用者中逐渐形成。

这些准则的基本条款如下：

- 所有衍生工具都必须作为资产或负债项目记录于资产负债表上。它们必须以公允价值记录，包括那些嵌入本身并不以公允价值执行的主合同中的衍生工具。
- 来自衍生工具公允价值变动的利得和损失并不是资产或负债。如果它们没有被指定为套期保值，就应该自动确认为盈余。有三种类型的套期关系需要确认、计量和披露：公允价值（FV）套期，它包括已确认的外币资产和负债以及企业的外币承诺；在国外经营中的净投资（NI）的套期；以及包括外币标价预测交易的现金流量（CF）套期。
- 套期必须高度有效以满足特殊会计业务的要求，也就是说，套期工具的利得或损失必须恰好抵消被套期项目的损失或利得。
- 出于报表阅读者的利益考虑，套期关系必须被全面记录。对于已经确认的外币资产和负债以及未确认的企业外币承诺的套期，由衍生工具（及非衍生金融工具）公允价值变化而引起的利得或损失应该立即包含在盈余中。被套期的外币资产、负债或企业承诺的价值的变动，也应该在当期收益中确认。

---

① 《财务会计准则公告第 133 号》替代了《财务会计准则公告第 80 号》，并修正了《财务会计准则公告第 52 号》。Financial Accounting Standards Board，“Accounting for Derivative Instruments and Hedging Activities，” *Statement of Financial Accounting Standards 133*，Stamford，CT：FASB，October 1994.《财务会计准则公告第 149 号》修订和阐释了《财务会计准则公告第 133 号》，从而使衍生品和混合工具合同的报告更加一致。Financial Accounting Standards Board，“Amendment of Statement 133 on Derivative Instruments and Hedging Activities，” Statement of Financial Accounting Standards No. 149，Stamford，CT：FASB，April 2003. 也可以参阅财务会计准则委员会的网站 www. fasb. org。

② International Accounting Standards Committee，“Financial Instruments：Recognition and Measurement，” International Accounting Standards 39，London：IASC，December 1998. 也可浏览其网站 http：//iasc. org. uk。

• 外币净投资（受险资产或负债净头寸）套期的利得或损失，最初在其他综合收益中报告。当子公司被出售或者清算时，再进行重分类并转入当期盈余中。

• 不确定的未来现金流量（例如预测的出口销售收入）套期的利得或损失，最初确认为综合收益的一个要素。当预测的交易影响盈余时，再在盈余中确认利得或损失。

11.4.6 实务问题

尽管财务会计准则委员会和国际会计准则理事会发布的权威指南已经下了很大的力气去阐释衍生品的确认和计量，但是问题仍然存在。第一个问题涉及公允价值的确定。Wallace 估计了 64 种可能的计量被套期的风险和套期工具公允价值变动的方法。他指出了 4 种计量被套期风险公允价值变动的方法：公允市价法、即期对即期汇率、远期对远期汇率、期权定价模型。计算套期工具价值变动的方法有很多种。最后，这些计算方法在税前或税后完成均可。①

当认为套期对于抵消外汇风险而言并不是“高度有效”时，就会产生财务报告的复杂性问题。但是，高度有效（highly effective）是一个主观的概念。在理论上，高度有效是指衍生品的价值或现金流量与被套期项目的价值和现金流量完全负相关。这意味着一个可接受的衍生品价值变化范围。财务会计准则委员会建议的范围是 80% ~120%。如果超出了这个界限，套期将终止，衍生品的递延利得或损失将被确认为当期盈余。这样就会导致在企业的报告盈余中再次引入一个不利的变动因素。

实际上，一项高度有效的套期并不能完全消除汇率变化对盈余的影响。为了具体说明，假设一笔以日元标价的应收款项的美元等值减少了 1 000 万美元。用来抵消这项汇率风险的远期合同实现了 10 800 000 美元的利得。因为远期合同的利得介于 80% ~120% 之间，所以这项远期被认为是有效的套期。但是，800 000 美元的超额利得将在当期收益中确认。②

接下来，我们将讲解用作套期工具的期货合同的某些会计处理。

11.5 对已确认资产、负债或未确认企业承诺的套期

在 9 月 1 日，一家加拿大制造商赊销给一家墨西哥进口商 100 万墨西哥比索（MXN）的商品。加元对比索的汇率为 CAD0.11 = MXN1。比索应收账款将在 90 天后到期。比索在应收账款收回之前开始贬值。到 9 月底，加元对比索的汇率为 CAD0.10 = MXN1；12 月 1 日的汇率为 CAD0.08 = MXN1。如果即期汇率在 12 月 1 日以前一直保持不变，那么加拿大出口商预计收到的应收款 MXN1 000 000 能兑换成 140 000 加元。加拿大出口商为了避免 12 月 1 日前墨西哥比索贬值使收回的金额低于 140 000 加元，在 9 月 1 日购买了一项在 12 月 1 日以 MXN1 000 000 按远期汇率 CAD0.10 = MXN1 兑换加元的

---

① Jeffrey B. Wallace, “FAS 133: Accounting for Derivative Instruments,” in Frederick D. S. Choi, ed., *Handbook of International Finance and Accounting*, New York: John Wiley and Sons, 2003, pp. 19-1-19-24.

② 有几种方式可以检验套期的有效性。详细内容参见 Finnerty, John D., and Dwight Grant, “Testing Hedging Effectiveness Under SFAS 133,” www.nysscpa.org/cpajournal/2003/0403/features/f044033.htm.

远期外汇合同。因为即期汇率高于远期汇率，在这个例子中，只能贴水卖出墨西哥比索。该远期外汇合同的总贴水为 10 000 加元（（CAD0. 11 即期汇率-CAD0. 10 远期汇率）×MXN1 000 000 名义金额），即降低不确定性所需付出的代价。实际上，加拿大出口商把 140 000 加元的不确定性收入变成了 130 000 加元的确定性收入。在到期前的几个财务报表日，要用报表日的即期汇率乘以远期外汇合同金额（比索负债）。即期汇率的变动造成远期外汇合同的交易利得或损失。因此，如果 12 月 1 日的汇率为 CAD0. 08 = MXN1，那么加拿大出口商就会实现利得 30 000 加元（（CAD0. 11 即期汇率-CAD0. 08 远期汇率）×MXN1 000 000 负债）。如果没有购买远期外汇合同，出口商将 MXN1 000 000应收账款兑换后就只能收回 110 000 加元。因此，远期外汇合同用外币应付账款的交易利得抵消了外币应收账款的交易损失。

专栏 11—14 提供了上述远期外汇合同的会计分录。假设在 9 月 30 日编制财务报表，早于比索交易的结算日。9 月 30 日的汇率为 CAD0. 10 = MXN1。

假设贴水也作为经营费用的一个要素进行处理，套期交易对经营利润的净影响的确定如下（忽略所有的外汇交易佣金）：

从墨西哥进口商处收回的应收款的美元等值	$ 110 000
递延远期外汇合同交易利得	30 000
来自销售承诺的所得	140 000
-递延远期外汇合同贴水	(10 000)
经营利润	$ 130 000

比索的贬值被远期合同的利得有效地抵消了。预计的毛利和经营利润达到了。远期合同的贴水代表着对外汇风险进行套期的成本。

假设加拿大出口商不是立即交货、等待付款，而是在 9 月 1 日签订一项销售协议，约定在 3 个月后交货并从墨西哥进口商那里收取 MXN1 000 000，则也可以做类似的会计处理。这种类型的待执行合同被称作外币承诺（foreign currency commitment）。

或者，上述讲解可能采取预测出口销售收入的形式。这种预测既不是过去交易的结果，也不是企业销售承诺的结果。它代表的是不确定的未来现金流量（uncertain future cash flow）（一项预计交易）。因此，用来对预测比索收款进行套期保值的远期合同的利得或损失，最初就应该作为综合收益的一部分记录在权益中。等到出口销售收入实际确认时，再对这笔金额进行重分类，并计入当期盈余。

专栏 11—14　**外币业务套期**

9 月 1 日	借：应收加元远期外汇合同款	CAD130 000	
	递延贴水	10 000	
	贷：应付比索远期外汇合同款		140 000

（记录与外汇交易商签订的合同。约定现值 140 000 加元的 1 000 000 比索 3 个月后兑换 130 000 加元）

9 月 30 日	借：应付比索远期外汇合同款	10 000	
	贷：交易（套期）利得		10 000

（记录因应付合同款的美元等值的减少（CAD0. 11-CAD0. 10）×MXN1 000 000 而产生的交易利得）

续表

9月30日	借：贴水费用	3 333	
	贷：递延贴水		3 333
	（摊销1个月的递延贴水）		
12月1日	借：应付比索远期外汇合同款	20 000	
	贷：交易（套期）利得		20 000
	（记录按新汇率调整合同后的又一笔利得（CAD0.10-CAD0.08）×MXN1 000 000）		
12月1日	借：贴水费用	6 667	
	贷：递延贴水		6 667
	（摊销剩余的递延贴水）		
12月1日	借：应付比索远期外汇合同款	110 000	
	贷：墨西哥比索		110 000
	（记录付给外汇经纪商的MXN1 000 000，这笔MXN1 000 000是收回墨西哥进口商所欠的货款）		
12月1日	借：现金	130 000	
	贷：应收加元远期外汇合同款		130 000
	（记录根据远期外汇合同收到的130 000加元）		

11.6 在国外经营中的净投资的套期

就像第6章中讨论的那样，一旦有着受险资产净头寸的国外子公司被纳入母公司编制合并财务报表，如果外币相对于母公司所在国货币贬值，就会产生折算损失。当国外子公司有受险负债净头寸时，如果外币对母公司货币升值，也会产生折算损失。降低这种损失的办法之一是购买一份远期合同。这里的策略是用远期合同实现的交易利得抵消折算损失。

为了具体讲解，假设有一家按照美国日历年度核算的日本附属公司，9月30日的受险负债净头寸为135 000 000日元，其功能货币为美元。为了降低由于非预期的日元升值所引发的任何折算损失，美国母公司购买了一份在90天后以0.010692美元的远期汇率购入135 000 000日元的远期合同。年底的汇率如下：

9月30日的即期汇率=0.010680

9月30日的90天远期汇率=0.010692

12月31日的即期汇率=0.010762

对这项套期的交易分析见专栏11—15。

在这个例子中，忽略了税的影响。预计的折算损失11 070美元（受险净负债JPY135 000 000×（$0.010762-$0.010680））被远期外汇合同交易利得11 070美元减去升水费用1 620美元后的差额抵消了。如果以外币作为功能货币，在编制合并财务报表时产生的外汇调整不应计入收益，而应出现在其他综合收益中。在这种情况下，远期外汇合同套期产生的交易利得和损失以及相关的升水/贴水，也应该在其他综合收益中反映。

专栏 11—15 **受险净负债头寸套期**

9月30日	借：应收日元远期外汇合同款	$ 1 441 800	
	递延升水	1 620	
	贷：应付美元远期外汇合同款		$ 1 443 420
	（记录与外汇经纪商签订合同，约定90天后以1 443 420美元兑换135 000 000日元）		
12月31日	借：应收日元远期外汇合同款	11 070	
	贷：交易套期利得		11 070
	（记录因应收远期外汇合同款的交易利得的美元等值（$ 0.010762－$ 0.010680）×JPY135 000 000）		
12月31日	借：升水费用	1 620	
	贷：递延升水		1 620
	（摊销递延升水）		
12月31日	借：应付美元远期外汇合同款	1 443 420	
	贷：现金		1 443 420
	（记录购入的135 000 000日元）		
12月31日	借：外币	1 452 870	
	贷：应收日元远期外汇合同款		1 452 870
	借：现金	1 452 870	
	贷：外币		1 452 870
	（记录从外汇交易商那里收到135 000 000日元，并进行兑换。）		

11.7 外币投机

在外汇市场中，存在着利用远期和期权合同来增加报告盈余的机会。[①] 对于前面的例子中的远期合同而言，如果购买的唯一目的是从预期的日元升值中获利，它就不符合套期保值会计处理的条件。为投机而购入的远期外汇合同，最初应该按远期汇率入账（远期汇率是合同到期时适用的未来即期汇率的最好体现）。结算前确认的交易利得或损失，取决于初始的远期汇率和合同剩余期间适用的汇率之间的差额。

假设日元投机者（见专栏11—15）编制月度和年度财务报表。10月末的60天远期汇率是0.010688，其他条件保持不变。合同应收款起初将按照90天远期汇率进行记录，即1 443 420美元。10月末，远期外汇合同的交易利得为540美元，即JPY135 000 000×（0.010 692（9月30日的90天远期汇率）-0.010 688（10月31日的60天远期汇率））。它在当期收益中确认。由于远期外汇合同是按照远期汇率记录的，因此不确认贴水或升水。

前面讨论过的其他外汇工具的会计处理类似于远期合同。会计处理规定取决于套期活动的性质，即被该衍生品套期的是不是企业的承诺、预测交易、在国外经营中的净投资等。

① Dilip K. Ghosh and Augustine C. Arize, "Profit Possibilities in Currency Markets: Arbitrage, Hedging and Speculation," *The Financial Review* 38 (2003): 473-496.

当金融工具没有活跃的市场交易时，要对这些金融工具的公允价值和公允价值的变动进行计量，就会产生计量方面的复杂性问题。例如，与期权合同相关的利得或损失的计量取决于该期权是在主要的交易所之内还是之外进行交易。当期权在主要的交易所报价交易时，对期权的估价就很容易完成。而当期权在场外进行交易时，估价就要更困难一些。此时，一般必须依靠数学定价公式。著名的 Black-Scholes 期权定价模型使得在任何时候都可以对一项期权进行估价。

11.8 披露

在 FAS133 和 IAS39 等公告发布之前，公司财务披露并不向报表的阅读者说明管理层是否使用了衍生工具或使用的范围。评估它们对报告业绩和公司风险复杂性的潜在影响十分困难。FAS133 和 IAS39 要求的披露，在很大程度上弥补了这一点。它们包括以下方面：

- 风险管理的目的和开展套期保值交易的策略；
- 对被套期项目的描述；
- 指出被套期项目的市场风险；
- 描述套期工具；
- 在评估套期的有效性时剔除的金额；
- 关于套期关系在降低市场风险方面高度有效的推测性判断；
- 对本期使用的所有衍生品的实际套期效果所进行的持续评估。

从可口可乐公司近期的年报中节选的部分列示在专栏 11—16 中，其解释说明了公司在套期工具方面的披露实务。

专栏 11—16　　**可口可乐公司风险管理披露**

本公司将所有的衍生工具在合并资产负债表中以公允价值确认为资产或负债。衍生工具公允价值变动的会计处理依赖于其是否被指定并成为套期关系的一部分，且进而依赖于套期关系的类型。在套期关系的伊始，企业必须指定衍生工具作为公允价值套期、现金流套期或者国外经营净投资套期。这种指定基于要套期的受险项目。

我们已经建立了严格的对方信用指南，并且只与投资级别或更高级别的金融机构开展交易。我们逐日监控对方的风险，并立即评价对方信用等级的任何下调。如果对方的信用等级发生下调，我们有要求为几乎所有的交易提供美国政府证券形式的质押的条款。为了降低结算前的风险，随着衍生金融工具期限的延长，降低信用标准变得更加迫切。为了降低信用风险的集中度，我们与一系列金融机构开展衍生品交易。本公司与作为衍生工具交易方的大多数金融机构签订了净额结算（netting）协议。这些协议允许对对方的不同业务所产生的资产和负债按照净额进行结算。基于这些因素，我们认为对方违约的风险很低。

利率管理

公司监管我们对固定利率和变动利率的混合使用以及对短期负债和长期负债的混合使用。这一监管活动包括对经营和其他财务风险的审查。有时，在发行期货负债时，我们可以通过使用衍生金融工具来管理利率浮动风险。在 2008 年期间，企业中止了利率锁定的现金流套期关系，因为我们不再可能发行指定为这些套期的长期负债。结果，本公司将从累计其他综合收益（Accumulated other comprehensive income，缩写为 AOCI）获得的大约 1 700 万美元的以前未确认利得重新分类为扣减利息费用后的盈余。此外，本公司在 2008 年期间确认了与现金流套期部分相关的大约 900 万美元的损失，该套期被认为没有有效地增加利息费用。

如果金额不大，2006 年和 2007 年间这些工具中任何无效部分都会被立即在净利润中加以确认。

外币管理

我们开展外币套期保值活动的目的，是降低来自美国以外的销售收入的最终美元净现金流量将会受到汇率变动的不利影响的风险。

我们签订远期外汇交换合同，以及锁定和购买货币期权（主要是欧元和日元），来对以外币标价的预测现金流量的特定部分进行套期保值。这些被指定为现金流量套期的合同的公允价值变动中的有效部分，在 AOCI 中报告，并在当期或被套期交易影响盈余的各期，在相同的财务报表列示项目中重分类并计入盈余之中。本公司没有中止截止于 12 月 31 日的 2008 年、2007 年和 2006 年期间的任何外币现金流套期关系。这些工具公允价值变动中的所有无效部分（在 2008 年、2007 年和 2006 年并不重要）立即在净利润中予以确认。

此外，本公司还签订了并未按 SFAS No. 133 的规定指定为套期工具的远期外汇合同。这些工具被用来抵消与某些非功能货币标价的货币性资产或负债的汇率变化相关的盈余影响。这些工具公允价值的变动，立即在利润表中的“其他收益（损失）——净额”项目内确认，以抵消重新计量货币性资产和负债的影响。

本公司还利用远期外汇合同来对某些主要币种的净投资头寸进行套期保值。根据 SFAS No. 133，这些工具公允价值的变动在 AOCI 的一个组成部分——外币折算调整中确认，以抵消被套期净投资价值的变动。截止于 12 月 31 日的 2008 年、2007 年和 2006 年期间，我们记录了外币折算调整项目中的与衍生金融工具有关的净利得（损失）分别为大约 300 万美元、-700 万美元和 300 万美元。

商品

本公司从事商品期货和其他衍生工具活动以减轻商品价格浮动风险和其他市场风险。

我们购买商品期货来套期与某种商品未来购买相关的预测现金流。这些契约（已被指定为商品现金流套期）的公允价值变动的有效部分在 AOCI 中列报，并在当期或被套期交易影响盈余的各期，在相同的财务报表列示项目中重分类并计入盈余之中。本公司没有中止 2008 年、2007 年和 2006 年期间的任何商品现金流套期关系。这些工具公允价值变动中的所有无效部分（在 2008 年、2007 年和 2006 年并不重要）立即在净利润中予以确认。

下列表格列示了 2008 年 12 月 31 日和 2007 年 12 月 31 日的置存价值、公允价值和企业未完成的衍生工具的期限。

	资产/（负债）[1] 置存价值	资产/（负债） 公允价值	到期日
2008 年			
外币远期合约	$（124）	$（124）	2009—2010
外币期权和利率上下限	12	12	2009—2010
利率锁定	（43）	（43）	2009
商品期货	（42）	（42）	2009—2010
其他衍生工具	（17）	（17）	2009
	$（214）	$（214）	

[1]不包括持有或放置在同一对方手中的大约 800 万美元的现金抵押的影响。

	资产/（负债）置存价值	资产/（负债）公允价值	到期日
2007 年			
外币远期合约	$（58）	$（58）	2008—2009
外币期权和利率上下限	46	46	2008
利率锁定	—	—	N/A
商品期货	1	1	2008
其他衍生工具	28	28	2008
	$ 17	$ 17	

公司基于市场报价或定价模型采用现行市场利率估计其衍生品的公允价值，并且将其在合并资产负债表中计入预付费用和其他资产或者应付账款和应计费用。计入的金额反映了具有法律效力的净额结算协议的影响，其允许公司偿付正向和负向的头寸以及持有或放置在同一对方手中的现金抵押。截至 2008 年 12 月 31 日，我们拥有预付费用和其他资产大约 500 万美元以及应付账款和应计费用 2.11 亿美元。

AOCI 概述

截止于 12 月 31 日的 2008 年、2007 年和 2006 年期间，我们分别记录了大约 600 万美元、5 900 万美元和 3 100 万美元的 AOCI 净损失，已经扣除了所得税，并在重分类计入盈余。它们主要与外币现金流量套期的净利得（损失）有关，而这些项目总体上将抵消未来期间与被套期的受险项目相关的现金流量利得和损失。本公司估计在未来 12 个月内，随着预计外币现金流量的发生，将有大约 3 100 万美元的损失从 2008 年 12 月 31 日报告的 AOCI 净额中，重分类计入盈余。

下面的表格概括了在 AOCI 中公司在相应期间持有的与指定为现金流量套期相关的活动（金额单位：百万美元）：

	税前金额	所得税	税后金额
2008 年			
2008 年 1 月 1 日累计衍生品净利得	$（112）	$ 43	$（69）
衍生品公允价值变化净额	（62）	23	（39）
从 AOCI 重分类计入盈余的净利得	53	（20）	33
本年 12 月 31 日衍生品累计净利得（损失）	$（121）	$ 46	$（75）

	税前金额	所得税	税后金额
2007 年			
2007 年 1 月 1 日累计衍生品净利得	$（16）	$ 6	$（10）
衍生品公允价值变化净额	（158）	61	（97）
从 AOCI 重分类计入盈余的净利得	62	（24）	38
本年 12 月 31 日衍生品累计净利得（损失）	$（112）	$ 43	$（69）

续表

	税前金额	所得税	税后金额
2006 年			
2006 年 1 月 1 日累计衍生品净利得	$ 35	$ (14)	$ 21
衍生品公允价值变化净额	(38)	15	(23)
从 AOCI 重分类计入盈余的净利得	(13)	5	(8)
本年 12 月 31 日衍生品累计净利得(损失)	$ (16)	$ 6	$ (10)

11.9 财务控制

任何财务风险管理策略都必须评价套期保值方案的有效性。来自合理的评价系统的反馈，有助于在风险管理实践中总结出制度性的经验。风险管理方案的业绩评价，还可以就什么时候现行战略已不再适用提供信息。

业绩评价系统在几个领域富有成果。这些领域包括但不限于公司财务部门、采购部门和国外子公司。对公司财务部门的控制包括评估外汇风险管理整体方案的业绩。这种评估包括量化所有被管理的风险、确定适用的套期保值，以及报告套期的成果。这种评价系统还包括对公司财务部门怎样和在多大程度上为公司内的其他经营部门提供帮助进行记录。

为了说明，假设环球公司客户市场部的销售经理希望对主要客户 X 授予信用。负责保证所需资金安全的财务部门，将向销售经理报出内部转移价格。这个价格是根据同等风险程度的借款的现行市场利率来确定的。假设该利率为 8%，销售经理就可以向客户报出 8% 的利率，外加一个作为评估该客户的信用风险的补偿的加成。同时，公司财务部门将会进入资金市场，试图找到比其向销售经理的报价更理想的利率。这笔交易的总报酬就包括销售毛利加上理财差额。管理会计师需要建立一套责任会计体系，使销售经理和公司财务部门都能在这项销售交易的总利润中分享他们的公允份额。①

类似的因素同样适用于采购部门。在这里，汇率风险管理服务只是风险管理整体方案的一部分。此外，还需要通过控制措施来监控旨在对商品价格风险和组合进行套期保值的方案的业绩。

在很多组织中，外汇风险管理集中在公司总部。这使得子公司的管理人员可以专注于做好核心经营业务。但是，在将实际结果与预计结果进行比较时，评价系统必须有一套基准（benchmarks）用来比较公司风险防范的成绩（参见第 10 章中对跨国公司业绩评价系统更详细的讲述）。

11.10 适当的基准

风险管理的目的是在降低风险与成本之间达到最佳的平衡。因此，据以判断实际

① 例如，公司财务部门实际获得的贷款利率是 9%，而不是 8% 的基准利率，那么销售经理无须对由此引起的差额负责。

业绩的适当的标准是任何业绩评价系统的必要组成部分。这些基准应该在采取任何防范方案之前就规定下来，并且应该考虑机会成本的概念。在外汇风险管理中，选择基准时应该考虑下列问题：①

- 该基准是不是已经在遵循的政策？
- 能不能事先确定该基准？
- 该基准所提供策略的成本是否低于其他备选方案？

如果外汇风险管理高度集中，当地管理人员已经执行的方案可能会成为用来比较公司风险防范成绩的适当基准。在其他情形中，不愿意承担外汇风险的企业，可能会运用远期市场或借入当地货币来自动地对所有外汇风险进行套期保值。这些策略也可能成为评价财务风险管理水平的自然基准。一个特定套期保值工具（如货币互换）或某个风险管理人员的业绩，可以通过将被主动套期的交易所赚取的经济报酬与假定已经采用基准处理方法所赚取的经济报酬进行比较，来加以判断。

财务风险报告系统必须能够与对内报告和对外报告系统相协调。风险管理活动（一般由公司财务部门来管理）具有未来导向性。但是，它们最终必须与为对外报告目标而进行的风险计量和财务账目相协调。这些通常属于公司主计长所领导的部门的职责范围。采用团队的方式可以有效地确定财务风险目标、业绩标准以及监控和报告系统。财务风险管理是公司财务与会计密切相关的一个重要的例子。

讨论题

1. 什么是市场风险？请举一个有关外汇的例子加以说明。

2. 你所在的公司已经决定从中国购买其 50% 的存货，并且购货以人民币元为发票单位。在设计外汇风险保护系统中你需要考虑哪 4 个程序？

3. 比较和对比术语折算风险、交易风险和经济风险。《财务会计准则公告第 52 号》解决了会计风险与经济风险的问题了吗？

4. 请列举 10 种为一家设在货币贬值国家的国外子公司降低汇率风险的方法。针对每种方法，指出需要考量的成本-收益权衡。

5. 请用你自己的话解释多种货币折算风险报告和多种货币交易风险报告的区别。

6. 解释说明企业可以怎样用货币互换来对外币借款的汇率风险进行套期保值。

7. 什么是金融期货合同？它与远期外汇合同有什么区别？

8. 辨别 IAS39 和 FAS133 确认的 3 种主要类型的套期保值。

9. 所有的套期关系都必须是“高度有效”的，才符合特定会计处理的条件。这里的“高度有效”指的是什么？为什么对它的测度对财务管理人员来说十分重要？

10. 你或许是在第一门微观经济学课程中，第一次接触到“机会成本”的概念。解释一下如何把这个概念应用到对外汇风险套期方案有效性的评价之中。

练习题

1. 参阅专栏 11—1，其披露了 Infosys 技术公司风险管理示例。用你自己的话解

---

① Ian Cooper and Julian Franks, “Treasury Performance Measurement,” *The Treasurer* (February 1988): 56.

释循环限定的每一步，包括从最后一步反馈回第一步。

2. 仔细参阅专栏 11—3 中的风险绘图立方。请举例说明各种市场风险——外汇、利率、商品价格和权益——对价值驱动因素流动资产有什么影响。

3. 假设你是 Global 公司财务部门新聘用的员工，第一次给你指派的几项任务之一就是编制 Zonolian ecru（ZOE）的汇率预测。具体地说，就是到2011 年底，你预计 ZOE 的即期汇率可能是多少？选择你据以进行预测的信息。注意指出你的预测所依据的其他基础和假设。

	2006 年	2007 年	2008 年	2009 年	2010 年	2011 年
有形贸易差额（ZOEbn）	7.1	6.5	0.6	27.7	25.4	
当期账户余额（ZOEbn）	21.6	21.9	27.3	215.8	213.8	
国外直接投资（ZOEbn）	9.5	9.2	12.8	11.3	11.6	
组合流量（ZOEbn）	29.7	13.4	5.0	20.6	9.6	
外汇储备（ZOEbn）	15.25	19.18	28.14	31.46	30.99	
GDP 真实增长率（%）	26.20	5.09	6.80	4.80	3.70	
消费品价格（%）	51.97	27.70	15.72	18.60	12.32	
名义 GDP（ZOEbn）	266	335	412	415	479	
对美元的名义汇率	6.42	7.60	7.92	9.15	9.55	?

4. 专栏 11—5 列示了一个美国跨国公司的国外子公司假设的资产负债表。专栏 11—6 说明假设母公司采用货币折算的时态法将如何确定外汇损失。

要求：解释说明采用每一种其他折算方法将如何计算汇兑利得或损失。

5. 以下是 Worberg 银行的资产负债表。该银行是美国的一家金融机构，在伦敦和耶路撒冷都有全资的子公司。其现金和存放同业款包括 100 000 以色列谢克尔（ILS）和（40 000）英镑透支额。放款全是应收以色列谢克尔账款，合并存款中包括 40 000 以色列谢克尔和 15 000 英镑。Worberg 银行要求它的国外子公司都以当地货币作为功能货币，所以应该采用现行汇率来折算所有的资产和负债（包括所有者权益）。资产负债表日的汇率为£ / $ /ILS = 1/2/4。

要求：为 Worberg 银行编制一份多种货币风险报告。

Worberg 银行年末合并资产负债表

单位：千美元

现金和存放同业款	$ 20 000	存款	$ 50 000
贷款	100 000		
固定资产	30 000	所有者权益	100 000
合计	$ 150 000		$ 150 000

6. 参照练习题 5。假设以色列谢克尔将要贬值，贬值后的新汇率是£ / $ /ILS =

1/2/8。

要求：计算汇率变动产生的合并利得或损失。

7. 美国 Trojan 公司在日历年度初借入 1 000 000 新西兰元（NZ $），当时的汇率为 $ 0.60 = NZ $ 1。在偿还这笔为期 1 年的借款之前，该公司获悉新西兰元已经升值到 $ 0.70 = NZ $ 1。Trojan 公司还发现它的新西兰子公司有 3 000 000 新西兰元的受险资产净头寸。在下列情形下，编制合并财务报表时会产生多少折算利得或损失？

a. 以美元作为国外经营的功能货币。

b. 以新西兰元作为国外经营的功能货币，Trojan 公司决定借入新西兰元来对新西兰子公司的正向受险进行套期保值。

8. 4 月 1 日，一家采用日历年度的美国电子产品制造商 Anthes 公司投资 3 000 万日元，购买了固定利率为 8% 的 3 个月期以日元标价的商业存单。为了针对到期日以前日元的升值进行套期保值，Anthes 公司将它对 Sando 公司的应付账款指定为套期。Anthes 公司购买了价值 3 250 万日元的电脑芯片，首付 10%，余款将在 3 个月后支付。对未支付的外币余额要按年利率 8% 支付利息。美元对日元的汇率在 4 月 1 日为 $ 1.00 = JPY100，在 7 月 1 日为 $ 1.00 = JPY90。

要求：假设这项套期被认为对降低 Anthes 公司的外汇风险高度有效，编制注明日期的日记账分录，记录外币业务的发生与结算。

9. 6 月 1 日，美国的甜品制造商 ACL 国际公司从一家瑞士供应商处赊购了价值 166 667 瑞士法郎（CHF）的散装巧克力，当时的即期汇率为 $ 0.90 = CHF1。瑞士法郎应付账款将于 9 月 1 日到期。为了降低偿付前瑞士法郎对美元可能升值引起的汇率损失风险，ACL 国际公司购买了一份在 9 月 1 日按远期汇率 $ 0.92 = CHF1 将 103 334 美元兑换成瑞士法郎的远期外汇合同。

要求：给定下列汇率信息，分别编制 6 月 1 日、6 月 30 日和 9 月 1 日对远期外汇合同进行会计处理的日记账分录。假设该公司每个季度结账一次。

6 月 30 日的即期汇率为 $ 0.91 = CHF1

9 月 1 日的即期汇率为 $ 0.93 = CHF1

10. 6 月，生产精致甜点的美国制造商 MU 股份公司提交了一份报价，打算为零售商提供情人节销售的盒装巧克力。当时瑞士法郎的即期汇率是 $ 0.89 = CHF1。如果获取了这份合同，MU 公司就会与瑞士的一家生产巧克力的大型制造商签订合同，购买所需要的原料。2 个月内 MU 公司不会知道投标的结果，MU 公司的财务主管担心在此期间瑞士法郎会升值，从而减少（甚至可能会抵消）按固定价格报价的预计利润。

为了防范该公司面临的法郎升值的风险，财务主管以每份 1.80（即每瑞士法郎 1.8 分的升水）的期权费买入了 25 份 9 月 25 日到期、每份标准合同金额为 62 500 瑞士法郎的瑞士法郎看涨期权。他的预测很准确，因为 8 月底瑞士法郎涨了 91.6 分。MU 公司没有坐等结果，而是在 8 月底执行了看涨期权。

要求：编制必要的日记账分录，记录期权的购入和执行。

案例 11—1　风险识别

你获得了在意大利全球轮胎制造商 Pirelli 公司的管理信息服务组暑期实习的机会

（祝贺你）。管理层非常敏锐地意识到风险管理的重要性和市场对企业风险的关注。尽管企业有积极的套期保值项目，管理层仍然有兴趣从外行的角度公正无偏地评价企业风险。于是，你的导师要求你查看企业发布的 2008 年度财务报表及其附注。你打算使用下面列出的工作底稿尽可能多地识别影响企业的风险敞口。为了使你对企业现行风险管理项目敏感，你也被要求识别企业当前的套期保值。Pirelli 公司 2008 年的年报可以在 www. Pirelli. com 上找到。

年报页码	价值驱动因素	市场风险

案例 11—2 风险价值：我们的期权是什么？

以下是发生在华尔街一栋写字楼 10 层 Anthes 公司会议室里的情景。这家公司是一家小型的、快速成长的证券、商品和货币电子交易系统制造商。

上午 8 点的会议议程主要涉及与斯洛伐克共和国的股票交易所即将签订的销售合同有关的报告问题。斯洛伐克共和国想要提高技术水平，以便有效地参与市场全球化的进程。出席会议的有 Anthes 公司的首席运营官 Shevon Estwick，主计长 Sy Jones，财务总监 Bebi Karimbaksh 和营销副总裁 Autherine Allison。

Shevon：谢谢大家接到通知后迅速赶来开会。Autherine，你能给我们讲一下斯洛伐克的最新消息吗？

Autherine：您说的是斯洛伐克？

Shevon：是的。

Autherine：我想我们有 90% 以上的把握签成这个合同。那里的事情进展较慢，他们仍然关注我们的销售合同的法律细节。我想他们可能觉得我们的法律用语有点晦涩难懂，当然我不是责备他们。我打算下个月再去一趟，就合同的一些细节问题进行磋商。这一次，我要带上我们的法律顾问，我已经让他再准备一份容易理解的合同草案。他们同时也在等待中央银行的批准，像这么大的交易都要经过中央银行批准。

Shevon：好。我们准备好按合同发货了吗？

Autherine：是的。我们已经筹集了资金，做了信用调查，设备和安装队也准备好在接到通知后两周内行动。

Shevon：鉴于合同的金额比较高，对可能的贬值我们进行了套期保值吗？

Bebi：是的，我们已经签订了一个 90 天的克朗期权。

Shevon：我们认为我们能够在期权到期日前完成这单业务吗？

Bebi：Autherine 认为不会。但谁也无法确定。问题在于，没有人会开具期限更长的期权。如果业务延期，我们到时会更新这份期权。

Shevon：Sy，财务报告准备好了吗？

Sy：还没有。

Shevon：为什么？

Sy：我们似乎不太符合一项新的财务会计报告准则，它要求将到期日与基础项目不匹配的现金流量套期所产生的利得或损失确认为当期损益。

Shevon：那会怎么样呢？

Sy：最终的结果是我们不能将期权的利得或损失作为综合收益的一部分，而只能将其确认为当期盈余。

Shevon：那会把我们的净利润弄得一团糟吧？

Sy：恐怕就是这样。我们就没有什么东西用来抵消来自我们的预计销售收入的利得或损失。

Bebi：我花了整整1年去结识有关人员，并获得他们的信任和友谊。现在已经做好了。在我看来，这笔生意无疑已经完成。我预计交易将在未来的6~9个月结束。

Sy：也许是这样的，但是我们找不到愿意开具90天以上期限的期权的人。

Shevon：我不愿去想会计将怎样影响我们的股票价格！我的意思是，我们快要进行首次欧洲权益发行了。我们处在目前的发展阶段，报价低了会是灾难性的，更别提对股东的影响了。

Autherine：由于我们业务的性质，我想我们的交易伙伴不会有太大变动的。

Shevon：你们认为有必要就这个问题进行咨询吗？

Sy、Autherine 和 Bebi：为什么不呢？

Shevon：当你进行咨询时，你会展示我作为股东所收到年报的下面几页内容并想知道它是否有任何信息价值吗？（见附件）

要求：假设你是 Authes 公司的咨询师，请指出你认为什么是合适的套期保值的会计选择？

附件：节选自美国一家大型制造商的年报

首页：附注10：

我们承受下列不利变动引发的损失风险：

商品价格，影响我们原材料和能源的成本；

- 外汇风险；
- 利率；
- 股价；
- 贴现率，影响我们公积金和退休人员医疗负债的计量。

在正常的经营过程中，我们通过不同的策略（包括衍生品的使用）管理这些风险。某些衍生品被指定为现金流套期或公允价值套期并采取套期保值会计处理，而其他不符合的则通过盈余按市价计价。

对于现金流套期，公允价值变动递延计入所有者权益部分的累计其他综合收益中，直到当前被套期项目在净利润中加以确认。对于公允价值套期，公允价值变动应立即确认为盈余，与当前被套期项目相一致。套期保值交易限于当前承受的风险。结果，当前被套期项目的反向变动将显著抵消我们衍生金融工具价值的任何变动。当套期价值变动没有抵消当前被套期项目的价值变动时，就会发生套期保值无效和盈余影响净额。如果衍生工具期满，我们将继续递延相关的利得或损失，并将其纳入当前被套期项目成本的一部分。确定被套期项目将不会成为真实交易的一部分时，我们在净利润中确认当期利得或损失。我们也使用不满足套期会计处理的衍生品。对于这类衍生品我们以市场价值计价，产生的利得和损失反映在我们的利润表中。我们不使用用于交易或投机目的的衍生品，并且我们仅限于防范个别交易对手的风险以进行信用风险管理。

商品价格

我们易受商品价格风险的影响，这是因为我们通过较高定价弥补成本增加的能力可能受我们经营所处竞争环境的限制。这一风险可以通过固定价格购买订单、定价协议、地理多元化和衍生品等来进行管理。我们使用期限不超过两年的衍生品在经济上套期我们预期商品购买部分的价格浮动，主要针对天然气和柴油。对于那些指定为套期的衍生品，应立即记录无效部分。然而，我们的商品现金流套期对于所有期间都没有显著的无效部分。我们详细区分与当前被套期项目相一致的来自于这些衍生品的盈余与现金流影响。在未来的 12 个月内，我们预期对与现金流套期相关的 2 400 万美元的利得从 AOCI 重新分类为净利润。

外汇

我们美国本土外的经营活动带来了超过 1/3 的净收入，其中墨西哥、英国和加拿大占了将近 20%。结果，我们面临着来自于未预见的经济变动和政治动荡的外币风险。有时，我们签订套期（主要是远期）合约，期限不超过两年，以便降低外汇汇率的影响。这些套期无效的部分数额不大。（这页的余下部分被撕掉了）

部分第二页：

我们的分部

我们借助北美和国际经营分部来生产或按合同生产、营销和出售各种各样的咸的、甜的和谷物为主的点心、碳酸和非碳酸饮料以及其他食物。我们北美分部包括美国和加拿大分部。除了某些以股票为主的薪酬费用、养老金和退休人员医疗费用的分配方法外，这些分部的会计政策与附注 2 中列示的一样，如“我们的关键会计政策”列示的未审计信息所示。此外，2005 年第四季度伊始，出于分部的利益，我们就开始集中管控商品衍生品。商品期货中的特定部分，主要是与我们分部所使用的能源购买相关的那些衍生品，不满足套期会计处理的要求。这些衍生品套期潜在商品价格风险，且并非出于投机的目的。这些衍生品按照市价计价，产生的利得和损失确认为企业未分配费用。当分部提取潜在商品时，这些利得和损失将被反映在分部的成果中。因此，分部成果反映了能源或其他商品的合约购买价格。

分部成果以董事长和首席执行官对我们分部的评价为基础。分部成果不包括特定的企业发动的重组和减值费用、兼并相关成本以及企业剥离。对于我们分部的其他未审计信息，参阅管理层讨论和分析中的“我们的经营活动”部分。

第 12 章 国际税收与转让定价

思考一家制造企业的案例，其着手为开辟新的欧洲经营业务评价选址，粗略地从税前所得的观点来进行决策，最后缩小为不同国家的三个地点。管理层进行最后的决策，直到交易完成才咨询他们的税务专家团队。

糟糕的行动证明从税收角度来看他们挑选了最差的三个地点，这导致他们的有效税率增加了两个百分点——两个百分点的毛利率血本无归。同时，因为他们直到最后才咨询他们的税务专家，结果已无力回天了。地点已经敲定，员工已经聘用并且合约已经签订。①

在财务管理人员所要应付的各种环境因素中，只有外汇具有和税收同等的影响力。税收因素对于在哪里投资、采取何种组织形式、如何筹资、何时何地确认收入和费用要素以及采用何种转让定价等方面的决策，都有着极大的影响。

可能除了产品的销售成本以外，税收是大多数企业中最大的一项费用。因此，管理层要尽可能地减少国际税收。财务管理人员还必须应付有关对来源于境外的所得征税的一些特殊规则。最后，国际税收协定、法律和法规还在不断地变动。一个国家税收规定的变动会对跨国税务筹划系统产生复杂而广泛的影响，所以有必要应用计算机模拟管理系统来为管理层提供帮助。

因为不可能在一章中提供有关世界上所有国家的主要税收规定方面的信息，我们在这里的讨论仅限于一些财务管理人员在跨国经营的税务筹划时要考虑的主要因素。这些因素包括各国税制的主要差别（即各国如何对在其法域内经营的公司征税）、各国对双重征税的处理（即各国如何对境内企业来源于境外的所得征税），以及跨国公司在各国税收法域之间进行套利的机会。转让定价除了在减少跨国公司税收方面有重要作用之外，还应当在战略规划和控制的更广泛的背景下加以考虑。

12.1 初始概念

规范国外公司和从国外赚取的利润的错综复杂的税收法律和法规是以少数几个基本概念为基础的。它们包括税收中性和税收公平。税收中性（tax neutrality）是指税收不会对资源配置决策产生影响（是中性的）。也就是说，经营决策取决于基本的经济因素，例如报酬率，而不是税收因素。这样的决策最终会导致资源的最优配置。如果税收影响资源配置，结果就可能不是最优的了。在现实中，税收很少是中性的。②

税收公平（tax equity）是指具有相同情况的纳税人应当缴纳相同的税金，但是对于如何理解这一概念存在着分歧。例如，国外子公司就是在国外经营的国内公司吗？如果是的话，那么来源于国外和国内的所得都应该按照母公司所在国的税率征税。或者说，国外子公司就是由国内主体拥有的外国公司吗？在这种情形下，来源于

---

① Deloitte, "Breathing Lessons: Make Time for Taxes. It's Worth It" (May 8, 2007), www. deloitte. org/ dtt/ cda/ doc/ content/Breathing%20Lessons (1). pdf.

② 例如，参见：PriceWaterhouseCoopers, Paying Taxes 2009: The Global Picture (2008), www. pwc. com/extweb/ pwcpublications. nsf/ docid/ E3885850CC074F43852574F80055639C/ $ File/ Paying_ Taxes_ 2009. pdf.

国外的所得应当与该国的其他公司一样，按照外国的税率征税。我们将会发现：国际税收实务实际上在这两个极端之间摇摆。

12.2 各个国家或地区税收制度的差异

一家企业可以通过出口商品、提供劳务，或者直接或间接对外投资，来开展国际经营。出口一般不会导致承受进口国的税收风险，因为进口国很难将税收强加于国外出口商。相反，如果一家公司通过设立分支机构，或者注册附属公司，在另一个国家或地区开展经营，就要在这个国家或地区纳税。有效地管理这些税收风险，要求了解各个国家或地区大相径庭的税收制度。这些差异十分广泛，从税种、税负，直到税款估定和征收理念等方面。

12.2.1 税种

在国外经营的公司会遇到各种各样的税收。直接税（direct taxes），例如所得税，容易确认并且通常在公司的财务报表上正式披露。间接税（indirect taxes），如消费税，不那么容易确认或者不像直接税那样经常披露。通常，它们会隐藏在“其他”费用项目中。在专栏 12—1 中说明了直接税和间接税对税前和税后收益的不同影响。在比较不同国家之间的投资收益时，应当重点关注税后收益。

预提税（withholding taxes）是指政府对支付给外国投资者的股利、利息和特许权使用费征收的税款。例如，假设一个国家对支付给国外投资者的利息的预提税税率为 10%。这些投资者就只能收到支付给他们的债券利息的 90%。虽然法定的纳税人是国外的收款人，但税款一般都在源头由付款公司预提代扣，然后由其将税款交给所在国的税务当局。由于预提税可能会阻碍长期投资资本的国际流动，在双边税收协定中通常会对其进行一些减免。

专栏 12—1　　**直接税和间接税对收益的不同影响**

	直接税	间接税
收入	250	250
费用	150	190
税前收益	100	60
直接税（40%）	40	0
税后收益	60	60

除了关税以外，企业所得税（corporate income taxes）或许是运用最为广泛的作为财政收入的税种。然而，自 20 世纪 80 年代中期以来，降低所得税税率是一个国际性的趋势。造成这种趋势的原因是各国政府意识到：降低公司所得税税率能增加该国企业的国际竞争力，并且为国际经营创造一个有吸引力的环境。的确，随着世界经济的一体化，以及企业经营从高税率国家向低税率国家转移能力的增强，一个国家设定比其他国家高的税率的能力受到了限制。专栏 12—2 展示了所选取的一些国家或地区的所得税税率。

专栏 12—2 **企业所得税税率**

国家或地区	%	国家或地区	%	国家或地区	%
阿根廷	35	希腊	22/29	菲律宾	30
澳大利亚	30	洪都拉斯	30	波兰	19
奥地利	25	中国香港	16.5	葡萄牙	25
巴林王国巴林岛	0	匈牙利	16	罗马尼亚	16
孟加拉国	30	冰岛	15	俄罗斯	20
比利时	33.99	印度	33.99	沙特阿拉伯	20
玻利维亚	25	印度尼西亚	28	新加坡	18
巴西	34[a]	爱尔兰	12.5	斯洛伐克共和国	19
保加利亚	10	以色列	26	斯洛文尼亚	21
加拿大	33.5[b]	意大利	31.4[d]	南非	28[g]
开曼群岛	0	日本	40.69[e]	西班牙	30
智利	17	韩国	27.5	斯里兰卡	35
中国内地	33	拉脱维亚	15	瑞典	28
哥伦比亚	33	立陶宛	20	瑞士	19.2[h]
哥斯达黎加	30	卢森堡	21[f]	泰国	30
克罗地亚	20	马来西亚	26	突尼斯	30
塞浦路斯	10	马耳他	35	土耳其	20
捷克共和国	20	墨西哥	28	乌克兰	25
丹麦	25	荷兰	25.5	英国	28
多米尼加共和国	25	新西兰	30	美国	35/40[i]
厄瓜多尔	25	挪威	28	乌拉圭	25
埃及	20	阿曼	12	委内瑞拉	34
斐济	31	巴基斯坦	35	越南	25
芬兰	26	巴拿马	30	赞比亚	35
法国	33.33	巴布亚新几内亚	30		
德国	29.51[c]	秘鲁	30		

注释：仅仅比较税率的差异不足以评价不同国家或地区政府征收的相关税收负担。还必须考虑应税所得（税基）的计算方法。

这些税率并没有反映工薪税、社会保险税、净财富税、流转税和其他不是针对所得征收的税。

[a] 为所得税和对利润征收的社会贡献税之和。

[b] 包括省级所得税。

[c] 包括当地交易税和团结税。

[d] 为企业所得税与地区税率之和。

[e] 包括企业所得税和交易税、地方税以及市政税。

[f] 包括员工基金贡献税与市政企业税。

[g] 包括公司所得税税率和宣告股利的税收影响。

[h] 包括 3% 的市政税。

[i] 联邦税率为 35%，各州和地方所得税率的范围从不到 1% 到 12%。各州和地方征收的所得税可以在计算联邦所得税时扣除，平均有效税率为 40%。

资料来源："Tax Rates Around the World," www. worldwide - tax. com （May 31，2009） and KPMG's Corporate and Indirect Tax Rate Survey 2008. www. kpmg. com/SiteCollectionDocuments/ Corporate-and-Indirect-Tax-Rate-Survey-2008v2. pdf.

增值税（value-added tax）作为一种流转税首先在欧洲和加拿大征收。这种税在生产和销售的每一环节对该环节的增值额征收，增值额等于总收入减去中间销售的采购成本后的金额。因此，如果一个挪威商人从一个挪威批发商那里购买了500 000挪威克朗（挪威货币）的商品，然后以600 000挪威克朗的价格出售，那么增值额为100 000挪威克朗，应该对这个增值额征税。公司在自己的成本中支付的税款，随后可以请求税务当局退回。增值税税款最终由消费者承担。专栏12—3说明了增值税是如何运作的。

国境税（border taxes），例如关税或进口税，通常是为了保护本国产品相对于进口商品在价格上的竞争力而征收的。相应地，在对进口商品征收的税款一般相当于国内货物税和对同类商品的国内生产者缴纳的其他间接税。

另一种间接税是转让税（transfer tax）。这种税主要对纳税人之间转让的项目征收，并且对诸如并购方式等经营决策有重大影响。例如，在欧洲，企业并购主要通过购买股份而不是基础净资产的方式进行。在美国，企业并购的方式多种多样，因为在美国转让税不是那么重要。

专栏12—3 **增值税**

	生产商	批发商	零售商	消费者
成本	0（假定）	€12.00	€15.60	€21.60
可抵扣的增值税额	—	2.00	2.60	
净成本	0	€10.00	€13.00	
不含增值税的销售价格	€10.00	13.00	18.00	
增值额	€10.00	€3.00	€5.00	
增值税（20%）	2.00	0.60	1.00	
包含增值税的销售价格	€12.00	€15.60	€21.60	
增值税销项税额	€2.00	€2.60	€3.60	
可抵减的增值税额	0	2.00	2.60	
应付增值税税款	€2.00	€0.60	€1.00	
承担的增值税税额				€3.60

12.2.2 税负

在国际经营中，总税负的差异是非常重要的。如专栏12—2所示，法定所得税税率的差异是产生不同税负的重要原因。但是，税率的差异只是问题的一部分。很多其他的因素可能会对跨国公司的有效税负（effective tax burden）产生重要的影响。各国在应税所得的定义上的差别也很重要。

以折旧为例，理论上，随着资产在产生收入的过程中被用尽，资产的一部分成本也随之耗尽了。为了坚持配比原则，这部分消失的成本应该确认为费用，并从相关的收入中扣减。如果该项资产在每个报告期等额地消耗，那么在对外报告时，也应该将资产成本中的等额部分均匀地计入各期的费用之中。然而，在美国，对外报告的折旧和用于纳税目的的折旧通常有差别。为了刺激对资本性资产（包括商用建筑物）的投资，美国公司在计算应税所得时允许采用加速折旧法。在德国，税法具体规定了折旧率，而且建筑物要按直线法折旧。在法国，税法也确定了折旧率，大部分的折旧资产采用直线法。然而，反环境污染和节约能源资产应该采用加速折旧法。

导致国家之间有效税负差异的另一个原因与东道国的社会总体成本水平有关。为了吸引国外投资，工业化程度比较低的国家的公司所得税税率通常会比工业化程度较高的国家要低。但是，直接税较低的国家需要像其他所有国家一样为政府和其他社会服务筹集资金。因此，较低的直接公司税率通常会导致较高的间接税税率，或者数量更少的和质量更低的公共服务。间接税降低了在本地市场上的购买力。数量更少和质量更低的公共服务会给跨国经营带来更高的成本结构。有关这方面的例子包括糟糕的交通网络、不充分的邮政服务、低效率的电话和电信系统以及能源短缺等。

尽管越来越多的政府正在降低边际公司税率，许多政府同时也在拓宽公司税基。在现实世界中，有效税率很少会等于名义税率。因此，把跨国比较仅仅建立在法定税率的基础上是不恰当的。此外，低税率并不一定意味着低税负。从国际上看，税负总是应该通过研究有效税率来确定的。

12.2.3　税收管理体制

各国所得税款的征收制度也会影响相对税负。目前各国采用的税制各种各样。为简便起见，我们只考察古典体制和一体化体制。

在古典体制下，对企业应税所得需要在公司和股东两个层次上征收公司所得税。股东可在公司所得作为股利支付时交税，或者在变卖投资时交税。对公司按支付股利前的所得征税，而股东收到股利时还需要缴纳一次所得税，这样，股东的股利收入实际上交了两次税。举例来说，假设在 Zonolia（一个虚拟的国家）的母公司需要缴纳 33% 的企业所得税。某个会计年度，公司赚了 100Z（该虚拟国家货币用“Z”表示），并且向其唯一的股东分派了 100% 的股利，而该股东还需缴纳 30% 的所得税。公司收益实际缴纳的所得税计算如下：

公司收益	Z100.00
- 所得税（税率 33%）	33.00
=净利润	Z67.00
股利	Z67.00
-个人所得税（税率 30%）	20.10
=支付给股东的净额	Z46.90

该公司 100Z 的收益缴纳的税款合计为：

企业所得税	Z33.00
个人所得税	20.10
合计	Z53.10

采用这种体制的国家包括比利时、卢森堡、荷兰和瑞典。许多发达国家最近的趋势是通过采用一体化体制或归因（imputation）体制，以取代对股利收入的双重征税。

在一体化体制下，公司和个人所得税合为一个整体，这样可以减少乃至消除对公司收益的双重征税。一体化税制常见的变体是税收抵减（tax credit）或归因体制。在这种体制下，对公司收益征税，但是当向股东分派股利时，公司所支付税款的一部分可以作为个人所得税的贷项。这种税收体制被欧盟所提倡，应用于澳大利亚、加拿大、墨西哥和许多欧洲国家，包括法国、意大利和英国。

要了解这种税制是如何运作的，我们不妨假设情况与前述的 Zonolia 母公司类似。

我们进一步假设股东将得到所收到股利的25%的税收抵减。根据这些假设，支付的税款总额的计算如下：

公司收益	Z100.00
-所得税（税率33%）	33.00
=净利润和分派的股利	Z67.00
分派给股东的收益	Z67.00
+25%的税收抵减	16.75
=股利总额	Z83.75
30%的所得税义务	Z25.12
-税收抵减	16.75
=股东应交所得税	Z8.37
公司100Z的收益缴纳的所得税款合计为：	
企业所得税	Z33.00
个人所得税	8.37
合计	Z41.37

这个例子展示了一个部分归因体制，它减少了双重征税，但是并没有完全消除。完全归因体制则可以消除双重征税。

分割税率（split-rate）体制是一体化税收体制的另一个变种，与留存收益相比，它以一个更低的税率对分派的盈余（即股利）征税。德国曾经有过分割税率体制。其他减少双重征税的方法，就是从个人所得税当中免除一定比例的股利，就像德国现在所实行的那样，或者对股利征税的税率低于个人所得税税率，就像美国最近所实行的那样。

12.2.4 对外国投资的税收优惠

急于加速发展经济的国家清醒地认识到国际经营的好处。许多国家提供税收优惠政策以吸引外国投资。优惠措施可能包括对新工业企业用于购建固定资产的资金免税，或在一定时期（税收减免期）内减免所得税。暂时性减免税的其他形式有降低所得税税率、延迟纳税、减少或免除各种间接税。很多工业化国家提供了具有特定目标的优惠措施，如爱尔兰对从事制造业的公司减免10%的所得税，直到2010年。[①]一些国家或地区，尤其是那些自然资源短缺的国家或地区，提供永久性税收减免政策。这些所谓的避税天堂（tax havens）包括：

（1）巴哈马、百慕大和开曼群岛，这些地区根本不征税。

（2）巴巴多斯岛，那里的税率非常低。

（3）中国香港、巴拿马，那里只对源于当地的收益征收所得税，对来源于境外的收益免税。

12.2.5 避税天堂和有害的税收竞争

一段时间以来，经济合作与发展组织（OECD）就已经关注由特定避税天堂（tax

① 爱尔兰的公司所得税税率为12.5%，制造业公司10%的优惠税率于2010年废止。

haven）国家或地区发起的税收竞争。全球所得税税率降低的趋势就是税收竞争的直接后果。那么，税收竞争有害吗？如果它能使政府变得更有效率，当然是有利的。另一方面，如果税收竞争将税收收入从那些需要这些收入来提供经营所依赖的服务的政府手中转走，那么它就是有害的。经济合作与发展组织和欧盟主要关注那些允许企业避免或规避另一个国家的税收的避税天堂。所谓的“皮包”（brass plate）子公司并没有实际业务或相应的员工。它们没有实质的活动，只不过是通过避税天堂国家或地区来开展一些财务交易，以逃避其他国家的税收。①

OECD 列示了确认避税天堂的 4 个主要因素：

（1）不收或少收企业所得税；

（2）缺乏有效的信息交流；

（3）缺乏透明度；

（4）没有大量的政府活动。

在 2000 年，OECD 确认 40 多个国家或地区为避税天堂。这些国家通常宣称自身的零税率或低税率以吸引外资，并且对于国外收入采取“不问，不说”的政策。他们经常妨碍其他国家追捕逃税者。OECD 施压力于所谓的“不合作”避税天堂：那些不愿意与其他国家税务当局共享信息以及不均衡地或秘密地应用或执行税法的避税天堂，并敦促这些避税天堂采取措施提高信息交流的效率和透明度。压力奏效了。到 2009 年，所有的不合作避税天堂已经被从原先的清单上除名了。②

12.2.6 国际协调

鉴于世界各地税收制度的多样性，税收政策的全球协调看起来很有必要。跨国公司承受的各国税收差别的影响，也成为国际税制改革的推动力量。欧盟在致力于创建单一市场的过程中，朝这个方向付出了很大的努力。欧盟引入单一的货币——欧元，凸显了各成员国之间的税收差别。③

12.3 国外所得征税和双重征税

每个国家都有权对来自本国境内的所得征税。但是，各个国家和地区对源自境外的所得征税的观点却各不相同，从税务筹划的角度看，这一点很重要。一些国家或地区，如法国、中国香港、巴拿马和委内瑞拉，采用领土（territorial）税收原则，对居民公司源自境外的所得不予征税。它反映了国外子公司的税负应与当地竞争者的税负相等的观点。在这种观点下，本地公司的国外子公司被看作是由本国居民拥有的国外公司。

大多数国家或地区（例如澳大利亚、巴西、中国、捷克共和国、德国、日本、墨西哥、荷兰、英国和美国）遵循全球（worldwide）原则，对居民公司和公民来自

① 例如，美国财政部预计每年因企业离岸利润导致 1 千亿美元的税收损失。据预计避税天堂已经吸引了 1.2 万亿美元的资产。参见“Where Money Goes to Hide,” *The Week*（May 8，2009）：13.

② 参见：OECD，“Overview of the OECD’s Work on Countering International Tax Evasion,”（June 17，2009）and “Countering Offshore Tax Evasion”（June 17，2009），www. oecd. org.

③ 欧盟关注于协调企业税基而不是企业税率。在现行方案下，企业将计算单一的欧盟范围内的收益，并依据对企业在每一个国家的活动的粗略计量将收益在法律辖区内进行细分。参见“Harmony and Discard,” *Economist*（May 5，2007）：90-91.

境内外的所得都征税。这里所依据的观点是，本地公司的国外子公司就是在国外经营的本地公司。

12.3.1 境外税款抵减

在全球征税原则下，本国公司来自国外的所得在东道国和本国都须足额缴税。为避免挫伤公司向国外拓展的积极性，以及坚持境外税负中立的原则，母公司的所在国（拥有居民权的国家）可以允许公司用在国外所交税款抵减其在国内应缴的税款，或将国外所缴税款从应税所得中扣除。公司一般选择抵减形式，因为税款抵减可以1∶1地减少境内应付税款（仅限于实际支付的所得税），[①] 通过扣减应税所得而减少的应付税款只是国外所缴税款和国内边际税率的乘积。

国外税款抵减可以作为分支机构或子公司盈余应交所得税以及源头扣缴的预提所得税的直接抵减项目。从源头扣缴所得税的所得包括付给本国投资者的股利、利息和特许权使用费。在国外支付的所得税款不是很明确的情况下（例如，当国外子公司将境外收益的一部分汇回本国母公司时），也可以估计应抵减的税额。在这种情况下，母公司纳税申报表中报告的股利应该是包括（认定已支付的）税款加上适用的国外预提税款的总额。这就好像本国母公司收到的股利中包括应付外国政府的税款，然后再向外国政府缴纳一样。

境外间接税的可抵减额（认定已支付的外国所得税）可以按以下公式确定：

$$\frac{\text{股利支出（包括全部预提税款）}}{\text{盈余减去国外所得税}}\times\text{可抵减的国外税款}$$

为了说明在不同情况下如何运用国外税款抵减，假设一家美国母公司从 A 国收到特许权使用费，从 B 国收到国外分支机构的盈余，从 C 国和 D 国收到子公司的股利。假设 A 国、C 国和 D 国对特许权使用费和分派的股利征收 15% 的预提所得税；并假设 B 国的所得税税率为 30%，C 国的所得税税率为 40%。D 国对源自税收法域内的收益征收 40% 的间接销售税而不征收直接税。[②]

如专栏 12—4 所示，这个例子中的关键因素是国外经营活动的组织形式（例如，是分支机构还是子公司）以及相关的公司收益和预提税率。在第 1 栏中，20.00 美元的特许权使用费要向东道国缴纳 15% 的预提所得税。为了在美国报税，应该把收到的特许权使用费净额加上预提税款，这样就得出在美国国内按 35% 征税的税基。在美国应缴的 7.00 美元税款抵减国外已支付的税款后，在美国应缴的税款净额为 4.00 美元。

在专栏 12—4 的第 2 栏中，美国母公司来自境外分支机构的盈余是一个加总额，包括已支付的境外所得税 30.00 美元。在美国的应交税款 35.00 美元在扣减境外已交纳税款 30.00 美元以后，就可以得出在美国的应交税款净额 5.00 美元。就像特许权使用费那样，境外税款抵减的结果，就是公司需要按照两个国家的税率中较高的那一个税率纳税。在这个例子中，美国的税率是 35%，超过了国外的税率 30%，得出了

---

① 间接税，例如国外销售税，一般是不能抵减的。

② 请注意，在减去国外实际支付的所得税前，特许权使用费收益以及分支机构和子公司的盈余应该加总，即都包含在美国的收益中。

特许权使用费和分支机构盈余的 35% 的总税额。

专栏 12—4　　美国对来自国外的所得征税　　单位：美元

	来自 A 国的特许权使用费	来自 B 国分支机构的盈余	来自 C 国子公司的股利	来自 D 国子公司的股利
分支机构/子公司的税前盈余		100.00	100.00	60.00
国外所得税（30%/40%）		30.00	40.00	0
税后盈余		70.00	60.00	60.00
分派股利（税后盈余的 50%）			30.00	30.00
其他国外所得	20.00			
国外预提所得税（15%）	3.00		4.50	4.50
支付给母公司的净额	17.00		25.50	25.50
美国的收益	20.00	100.00[a]	30.00	30.00
股利加总（30/60×40）			20.00	0
应税所得	20.00	100.00	50.00	30.00
美国应交税款（35%）	7.00	35.00	17.50	10.50
境外税款抵减				
已支付的	(3.00)	(30.00)	(4.50)	(4.50)
认定已支付的（30/60×40）			(20.00)	0
合计	(3.00)	(30.00)	(24.50)	(4.50)
美国应交所得税（净额）	4.00	5.00	(7.00)[b]	6.00
境外所得税	3.00	30.00	24.50	40.00[c]
美国纳税人的纳税总额	7.00	35.00	17.50[d]	46.00

[a] 包括国外实际已支付税款在内的加总额。

[b] 未抵减完的境外税款，可以向前追溯 2 年向后递延 5 年，用来抵减源自其他国家（不是美国）的所得在美国应缴的税款。如果不存在这些情况，总税款额为 24.50 美元。

[c] 对 100 美元征收 40% 的间接销售税。

[d] 不包括子公司未分配盈余的递延税款。

进一步审查专栏 12—4 是有意义的。将第 2 栏和第 3 栏相对比，可以看出组织形式对国际税收的重要性。分支机构被看作是母公司的延伸，要按本国税率纳税。在我们的例子中，国外分支机构要缴纳的税款总计 35.00 美元，其中 30.00 美元为国外所得税，5.00 美元为在美国应交的税款。因此，国外分支机构承担了按美国所得税税率的全部税负，但它没有为向母公司分配盈余缴纳任何预提税款，因为只有国外子公司才能分配它的盈余。另一方面，以子公司形式在国外经营，只对支付给母公司的盈余征税。子公司可以递延留存收益上的应交税款，从而可以在平等的税收待遇下与当地公司竞争。

第3栏和第4栏说明当子公司所在国政府的收入主要来自间接税时，全球税收原则是怎样使子公司处于相对劣势的。请注意，D国子公司的总税负较高，因为税款抵减只能抵减直接税负，不能抵减间接税负。在这种情况下，东道国政府提供的税收优惠政策的好处可能也会失效。

12.3.2 税款抵减的局限性

母公司所在国可以用很多方式对来自国外的所得征税。它可以选择针对各个来源国的所得分别征税。另一个极端的做法是将所有来自国外的所得合并起来一次性征税。有些国家对来自国外的所得按照来源地征税，对来自国外所得的税款抵减只限于适用于该项所得的相应的本国税收。如专栏12—4中第2栏、第3栏所示，最高的所得税义务总是根据东道国或母公司所在国之间较高的那个税率计算的。还有些国家允许母公司按照所得的类型（如股利、利息和特许权使用费），把源自许多国家的所得归并到一起纳税。从高税率国家（见专栏12—4第3栏）获得的超额的税款抵减，可以用来抵消来自低税率国家的所得应交的所得税款（见专栏12—4第2栏）。

为了防止境外税款抵减抵消境内所得应交税款，许多国家每年都对境外税款可抵减额度做出总体限制。例如，在美国，税额抵减要受当年纳税人国外所得占全球应税所得的比例的限制。假设Alpha公司赚取了2 000美元的国外所得和3 000美元的美国国内应税所得。该公司的税款抵减应是缴纳的国外所得税和按照下列公式计算的国外税款抵减限额中的较低者：

$$\text{国外所得税抵减限额} = \frac{\text{来自国外的应税所得}}{\text{全球应税所得}} \times \text{抵减前的美国税款}$$

$$= (2\,000 \div 5\,000) \times (5\,000 \times 35\%)$$

$$= 700\ (\text{美元})$$

这样，即使境外已支付税款超过700美元，税款抵减也只能限于700美元。国外已支付税款超过抵减额的部分，可以向前追溯1年和向后延续10年抵减（见专栏12—4的注释b）。

美国对于以下各种类型（或一揽子）的来自境外的应税所得，适用单独的境外税款抵减限制：

- 消极所得（例如投资类收益，如股利、利息、版税和租金）；
- 一般所得[①]。

来自国外的应税所得等于来自国外的总收益减去应归属于该项所得的费用、损失和扣除项目，加上按一定的比例分摊的不能确定归属于总收益中任何项目或类型的费用、损失和扣除。据说，对这一条款的解释是纳税人和美国国家税务局（IRS）之间存在争议的主要领域之一。[②]

---

① 2004年《美国就业机会创造法案》之前，税款超过抵减额的部分，可以向前追溯2年和向后延续5年抵减。该法案也将所得一揽子的数量从9个减少到2个。这两方面变动设计的目的在于提高跨国公司的减税优惠。

② P. Bodner, "International Taxation," in *International Accounting and Finance Handbook*, ed. Frederick D. S. Choi, 3rd ed., New York: John Wiley, 2003, p30. 11.

12.3.3 税收协定

虽然国外税款抵减有助于（在一定程度上）避免对来自国外的所得双重征税，税收协定则更进一步。这类协定的签署国一般对其他税收法域的公民在本税收法域内赚取的经营收益的税收和税收优惠政策应该怎样实施、遵从、分享或取消等达成协议。因此，母公司所在国和东道国之间签订的大部分协议都规定，本国在东道国的公司取得的收益不向东道国纳税，除非该公司在东道国设立了永久性机构。税收协定还影响一个国家的企业向国外股东分派的股利、利息和特许权使用费应交的预提税款。这些条约一般都同意相互降低股利的预提税款，而且通常会全额免除对特许权使用费和利息征收的预提税款。

12.3.4 外汇因素

1986 年的《税收改革法案》引入了有关如何对美国的外币利得或损失征税的正式规则。为了与《财务会计准则公告第 52 号》（第 6 章中提到过）保持一致，所有的税款都要按纳税人的功能货币来确定。假设都以美元作为功能货币，除非该国外经营是独立自主的单位，或是合格的经营单位（qualified business unit）。总体上讲，税收规则与第 6 章中讲述的公认会计原则类似，但不一定完全相同。下面是税务处理的一些例子。[①]

非功能货币的交易利得或损失一般按照两项交易观进行会计处理。按照这种方法，在该外币业务结算时确认的任何汇兑利得或损失，都应该作为经常性收益，与基础交易分开进行会计处理。但是，符合对某些外币业务进行套期保值条件的交易利得或损失，也可以与基础交易合并处理。例如，指定为对外币贷款进行有效的套期保值的远期外汇合同所发生的利得或损失，将会抵消基础义务的交易利得或损失。

对于反映在纳税人账簿上的外币资产和负债，其外币利得或损失一般根据纳税人的居住地在美国和国外来源地之间进行分配。因此，对于美国公司而言，它的利得和损失都是来自美国。

国外分支机构的应税利润起初是按照它们的功能货币来计算的。然后将功能货币金额按照应税期间的加权平均汇率折算为美元。已支付的国外所得税按照纳税时的实际汇率折算，然后加到境外应税所得中，或加总起来。此时，已支付的国外税款就可以作为申报美国所得税时的国外税款抵减了。

对国外子公司而言，根据《美国分则 F 条例》（将在下一节论述）认定的盈余分配，按照国外公司纳税年度的加权平均汇率进行折算。认定已支付的境外税款按照税款支付日的实际汇率折算为美元。

12.4 税务筹划的视角

在税务筹划方面，跨国公司比纯粹在国内经营的公司具有明显的优势，因为它们在进行生产和分销系统布局时有更多的地理上的灵活性。这种灵活性使公司有机会利

① Ibid., pp. 30.16–30.18.

用各个税收法域之间的差别，降低公司整体税负。通过公司内部的联系来转移收入和费用，也可以向跨国公司提供降低全球纳税额的其他机会。作为应对，各国政府则不断地立法来减少由于各税收法域之间的差别所导致的套利机会。

我们从以下两条戒律开始讨论税务筹划问题：

- 税收因素不应该主宰经营战略；
- 税法的不断变革限制了长期税务筹划的好处。

12.4.1 组织形式因素

在对来自国外的所得征税时，许多税收法域很关注国外经营的组织形式。分支机构一般被看作是母公司的一种延伸。相应地，它的所得立即合并到母公司（子公司则不可以这样），不管其有没有交给母公司，都要在赚取所得的当年全额纳税。而国外子公司一般在所得没有汇回母公司之前不必纳税。下面将说明上述一般原则的一些例外情形。

如果国外经营初期预测会发生亏损，那么起初采取分支机构形式在税收方面会有好处。一旦国外经营开始盈利，采用子公司的形式经营更有吸引力。需要注意的一点是，母公司的管理费用不可以分摊给分支机构，因为分支机构被看作是母公司整体的一个部分。此外，如果东道国对外资公司征收的税率比母公司所在国的税率低，那么，在利润汇回本国之前，母公司所在国对子公司的利润不会征税（参见专栏 12—4 的第 2 栏和第 3 栏）。如果子公司设在根本不征税的被称为避税天堂的国家或地区，税款递延的吸引力就更大。各国政府了解这种现象之后，很多都已经采取了措施避免公司的这种行为。其中的一个例子就是美国分则 F 所得（subpart F income）的处理。

12.4.2 受控外国公司与分则 F 所得

回忆一下美国的情况，就像很多采用全球税收原则的国家一样，国外子公司的收益在以股利的形式汇回本国之前，在母公司所在国不必交税，这就是所谓的递延（deferral）原则。所谓的避税天堂为跨国公司提供了避免汇回国内以及通过将交易转移到皮包子公司并将利润积攒在那里来规避国内税收的机会。这些交易并没有什么实质内容，也没与其对应的员工。因此这些交易所赚取的收益是“消极”的，而不是“积极”的。

美国通过受控外国公司（controlled foreign corporation，CFC）和分则 F 所得条款堵塞了这个漏洞。① 受控外国公司是指美国股东（美国公司、公民或居民）总计直接或间接拥有其 50% 以上的投票权或公允市价的公司。在确定这个 50% 的要求时，只有拥有 10% 以上表决权的股东才被计算在内。受控外国公司的股东甚至要因收益分配之前受控外国公司的特定所得（称为污点（tainted）所得）而被征税。

分则 F 所得包括特定的关联方销售或服务所得。例如，如果美国公司的巴哈马子公司从母公司“购买”存货，然后将存货出口到欧盟，巴哈马子公司入账的这笔

① 受控外国公司法案于 1962 年首次在美国颁布。目前它已被引入大多数工业化国家，作为一项反避税天堂的措施。

所得就是分则 F 所得。另一方面，如果巴哈马子公司将存货进口到巴哈马后在当地出售，来自本地销售的所得就不是分则 F 所得。分则 F 所得还包括消极所得，例如：股利、利息、租金、特许权使用费、外汇或商品交易的净利得，出售某些投资性财产（包括证券）的利得，在国外经营中利用运输船只或飞机取得的运输所得，特定的保险所得。

12.4.3 离岸控股公司

在某些情况下，在国外多个国家有经营活动的美国跨国母公司，可能会发现通过一个第三国控股公司拥有多项国外投资的好处。这种结构的关键特点是，美国母公司直接拥有一家设在国外法域的控股公司的股份，而控股公司则拥有一家或多家设在其他外国法域的经营性子公司的股份。这种控股公司组织形式在税收方面的好处包括：

（1）保证在股利、利息、特许权使用费和其他类似支付上的有利的预提税率。

（2）递延国外盈余的美国税款，直到它们被汇回美国母公司（即用这些海外盈余进行再投资）。

（3）递延来自出售国外经营性子公司股份的利得的美国税款。

这些好处能否实现在很大程度上取决于企业是否能在复杂的美国税收规则（例如分则 F 和国外税收抵减规则）下进行合理的筹划，以及是否规避了许多税收协定中包含的反避税规则。

12.4.4 筹资决策

国外经营的筹资方式也受到税收因素的影响。假设其他条件相同，负债的抵税作用使税后权益报酬率提高，这样就提高了在高税率国家中举债筹资的吸引力。如果东道国政府规定了外国母公司注入权益资金的最低限额，限制借入当地货币，那么由母公司通过举债来筹集这笔资本可以达到同样的目的，但前提是母公司所在的税收法域允许税前扣除借款利息。

在其他情况下，也可以利用设在低税负地区或避税天堂的离岸融资性子公司筹资。曾经有一段时间，美国公司希望从欧洲美元市场借入资金遇到障碍，因为美国政府对向国外债权人支付的利息征收预提税款。为了降低筹资成本，这些美国公司在荷属安的列斯群岛设立离岸融资性子公司，该地区对支付给非居民的利息不征收预提税款。

一般说来，位于低税或无税国家的离岸融资性子公司将发行证券，然后借钱给在税收较高国家经营的子公司（或母公司）。这种公司内借贷导致（低税或无税）融资性子公司的利息所得以及（较高税收）经营子公司的可抵减利息费用。最终结果是更高的税后合并利润。

12.4.5 税款抵减的归集

前面我们提到有些国家根据来源地来限制税款抵减。归集来自多个来源地的所得，可以利用在高税率国家生产的多余抵减额来抵消来自低税率法域的所得应交的税款。例如，多余的税款抵减额可以扩展到跨国经营体系中与第二层次和第三层次国外公司分派的股利相关的应交税款。只要美国母公司在这样的公司中间接持有的股权超过5%，美国就允许采用这种做法。利用这种抵减额进行远期规划，可能产生巨额的税收利益。例如，假设一家美国母公司拥有X公司（第一层次国外子公司）100%有表决权的股权。X公司拥有Y公司（第二层次国外子公司）100%有表决权的股权。在本期内，Y公司向X公司分派的股利为100美元，而X公司向美国母公司分派的股利也是100美元。具体情况见下表（单位：美元）：

	美国母公司	X公司（第一层次国外子公司）	Y公司（第二层次国外子公司）
1. 应税盈余	100	200	200
2. 国外所得税（15% ÷ 40%）		30	80
3. 税后盈余		170	120
4. 股利		100	100
5. 认定的已支付国外税款	57 （100 ÷ 170 × 97）	67 （100 ÷ 120 × 80）	
6. 税款合计（2+5）		97	

X公司被认定已经支付了Y公司支付的国外所得税67美元，而美国母公司将得到间接税款抵减57美元，这是根据其实际支付的和认定为已由X公司支付的税款份额（30+67）确定的（参阅我们先前讨论的国外抵减的计算）。在这个例子中，如果Y公司所在国的所得税负高于X公司所在国，那么，Y公司向X公司分派的股利将增加X公司向美国母公司分派股利的相应可抵减国外税款，反之亦然。

12.4.6 成本的会计分摊

集团公司内部的成本分摊是另一种从高税负国家向低税负国家转移所得的手段。最常用的手段是将公司的管理费用分摊到设在高税负的国家的子公司去。人力资源、技术、研究与开发等服务费用的分摊，可以加大设在高税负国家的子公司的税前扣除额。

12.4.7 位置和转让定价

生产和分销系统所处的地理位置也可以带来税收上的好处，因此，商品或服务的最终销售可以通过设在提供避税或递延纳税条件的税收法域内的子公司实现。而设在高税负国家的制造商可以从设在低税负国家的附属公司那里获取部件，这样就可以尽可能减少整个集团的公司所得税。这种策略的一个必备因素是商品和服务在集团内各公司之间转移的价格。通过对从设在较低税负国家的子公司转出的部件设定较高的转移价格（transfer price），以及通过对从设在高税负国家的子公司转出的部件设定较低的转移价格，就能够达到增加整个公司利润的目的。

转让定价已经受到了世界各国越来越多的关注。当我们意识到转让定价的以下特点时，这个问题的重要性就很明显了：（1）转让定价在国际上的应用规模超过国内；（2）转让定价受到比纯粹国内环境下更多的因素的影响；（3）转让定价因公司、行业和国家而异；（4）转让定价影响跨国经营实体乃至国家之间的社会、经济和政治关系。国际转让定价是当前跨国公司所面临的最重要的国际税收问题。[1]

公司间的转让定价对国际税负的影响不能在真空中考察，转让定价可能会扭曲跨国公司规划和控制系统中的其他部分。跨国交易使跨国公司面临一系列战略问题，从环境风险到全球竞争。这些问题的严重程度常常会超过税收因素。

12.4.8 整合国际税收筹划

国际税收筹划应该被整合编入企业的活动之中。一名税务代理建议道，“税收筹划绝不应是事后想起来的或者笨拙地倒向企业或交易的一边的”。[2] 为了实现国际税收筹划的整合，他建议采取以下步骤：

1. 在每一个相关法域内寻找胜任的税务顾问。
2. 与每一个税务顾问就所有实情进行沟通。税收结论通常建立在事实与事实之间的细微差异之上。
3. 委派一名税务顾问负责协调并调整来自不同法域的意见。
4. 确保该筹划适合企业。成熟的跨国税收筹划不能够买现成的。
5. 将所有的税收分析落实到书面上。
6. 认真记录交易。审计战斗成败通常在于文件记录。
7. 对于任何一种涉及灰色地带或可能被认为是侵略性的税收情况，都应该获得高质量的法律建议。
8. 考虑一下，如果你的税收筹划出现在地方报纸上，你的感觉如何？如果你所做的可能使企业陷入困境，那么请不要这样做。

这些步骤中，第4步和第8步是最经常被疏忽的，并且一旦没有遵循的话也是最可能导致困境的。

12.5 国际转让定价：复杂化的因素

当商品或服务在同一家公司的组织单位之间交换时，就产生了转让定价的需要。例如，当公司的一家子公司向另一家子公司转移存货，或者母公司向子公司收取行政和管理服务费用、无形资产使用费或者公司层次筹集资金的利息时，就会产生这个问题。转移价格确定了经营性单位之间发生的公司内交易的货币性价值，它是对市场价值的一种替代。通常情况下，其在一个单位被记为收入，而在另一个单位被记为成本。

转让定价是较晚才出现的。美国的转让定价是随着20世纪上半叶影响了很多美国公司的分权管理运动的发展而发展起来的。一旦公司向国际拓展，转让定价问题就迅速蔓延。据估计，60%的国际贸易是由关联经营实体之间的转移业务构成的。跨国交易也使跨国公司受到一系列环境因素的影响，它们既创造了一些通过转让定价增加利润的机会，也破坏了一些这样的机会。诸如税收、关税、竞争、通货膨胀率、币值、对资金转移的限制、政治风险、在合营公司中的权益等因素，使转让定价决策变得非常复杂。这些问题中最为重要的是，转让定价决策一般会涉及许多权衡，这些权

---

① Ernst & Young，2005－2006 *Global Transfer Pricing Survey*：*Global Transfer Pricing Trends*，*Practice*，*and Analysis*（Nov. 2005），p. 4（www. ey. com）.

② J. William Dantzler，Jr.，as quoted in Fay Hansen，“Best Practices in Tax Planning，”Business Finance（May 2004）：27.

衡往往是难以预料和难以计算的。

12.5.1 税收因素

除非法律有相反的规定，否则都可以通过制定转让定价，将收益从高税率国家的子公司转移到低税率国家的子公司，从而增加公司利润。例如，中国香港的 Blu 牛仔裤公司，是美国 Global 企业的一家全资子公司，现在要将 500 000 条 Blu 牛仔裤按每条 6 美元的价格销往一家有关联方关系的美国销售子公司美国 Blu 牛仔裤公司（它也是 Global 公司全资拥有的）。Blu 牛仔裤公司生产每条牛仔裤的成本为 4.20 美元。假设一条在美国批发价是 12 美元，合并利润（扣除公司间销售收入和成本之后）和税额将分别是 1 309 000 美元和 591 000 美元。具体情形见专栏 12—5。

专栏 12—5　**转让定价对税收的影响**

	中国香港 Blu 牛仔裤公司	美国 Blu 牛仔裤公司	Global 公司
销售收入	$3 000 000[a] →	$6 000 000	$6 000 000
销售成本	2 100 000	→ 3 000 000[a]	2 100 000
销售毛利	$900 000	$3 000 000	$3 900 000
经营费用	$500 000	1 500 000	2 000 000
税前收益	$400 000	$1 500 000	$1 900 000
所得税（17%/35%）[b]	66 000	525 000	591 000
净利润	$334 000	$975 000	$1 309 000

[a] 按每单位 6 美元的转让定价计算。

[b] 所得税税率：中国香港是 16.5%，美国是 35%。

假定美国的公司所得税税率为 35%，中国香港的公司所得税税率为 16.5%，那么将 Blu 牛仔裤的转让定价由每条 6 美元提高到 8 美元，将使税后利润总额增加，见专栏 12—6。

专栏 12—6　**转移价格变动对税收的影响**

	中国香港 Blu 牛仔裤公司	美国 Blu 牛仔裤公司	Global 公司
销售收入	$4 000 000[a] →	$6 000 000	$6 000 000
销售成本	2 100 000	→ 4 000 000[a]	2 100 000
销售毛利	$1 900 000	$2 000 000	$3 900 000
经营费用	$500 000	1 500 000	2 000 000
税前收益	$1 400 000	$500 000	$1 900 000
所得税（16.5%/35%）	231 000	175 000	406 000
净利润	$1 169 000	$325 000	$1 494 000

[a] 按每单位 8 美元的转移价格计算。

在这个例子中，提高中国香港子公司收取的转移价格，可以使中国香港子公司增加应税所得 100 万美元，同时美国子公司的应税所得将减少相同的金额。因为中国香港的公司所得税税率比美国的低，所以公司整体的公司所得税减少了 18.5 万美元，合并税后利润也有了相应的增加。

不幸的是，这类措施往往会引发不可预计的问题。政府经常会禁止这些措施。在美国，《国内税收法案》的第 482 条授权美国国家税务局（IRS），阻止关联纳税人之间通过收入或扣除项目的转移，以利用各国税率的差异来非法牟利。第 482 条的目的在于确保纳税人清楚地反应受控交易（controlled transactions）（关联纳税人间的交易）所属的利得，并阻止由于这些交易所产生的避税。如果真实的应纳税所得额还没有被报告的话，IRS 被授权对总收益、扣除额、信用额、折让额、税基或任何其他影响应纳税所得额的项目进行调整。

第 482 条实质上要求公司内转移应该以公平交易价格（arm's length price）为基础。公平交易价格是在相同或类似的情况下提供给非关联方相同或类似商品时的价格。可接受的公平交易定价方法包括：（1）可比非受控定价法；（2）转售定价法；（3）成本加成定价法；（4）其他定价方法。与第 482 条调整有关的估价错报将会受到严厉的处罚。处罚最高可达由于所得调整所引起的补交税款的 40%。

各国政府正在努力达成共识，以公平交易定价作为计算应税所得的合适标准。但是，世界各国在如何理解和执行公平交易定价方面存在着差别。这样，在国际上它变成了一个有点捉摸不定的概念。当来自不同法域的税收当局对一个转移价格存在分歧，每一方都试图维持在向跨国公司征收的税款中所占的“公允份额”时，跨国公司通常被“夹在中间”了。世界各地监控跨国公司转让定价政策的宽严程度各不相同。尽管如此，世界各地的税收当局一边着手草拟新的转让定价规则，一边强化执行效率。1992 年，只有两个国家（澳大利亚和美国）要求跨国公司记录它们的转让定价政策。目前，将近 50 个国家有这样的规定。过去几乎不制定转让定价政策的公司，现在必须制定、验证和记录这些政策，否则就将面临受到严格制裁的风险。因此，转让定价已经成为一项主要的合规任务。

为了减少全球纳税而设计的转让定价计划，往往会扭曲跨国公司的控制系统。如果将每一家子公司都当作独立的利润中心来进行评价，这种定价政策就可能产生误导性的业绩评价，常常会导致子公司与母公司目标之间的冲突。在前面的例子中，即使美国 Blu 牛仔裤公司的管理可能远比其中国香港的姐妹子公司更有效果和效率，但是它报告的利润可能会低于香港子公司。

12.5.2 关税因素

进口商品的关税也影响跨国公司的转让定价政策。例如，一家公司向设在高关税国家的子公司出口商品，会通过降低出口商品的价格来减少关税的计征额。

除了前面提到的权衡之外，跨国公司还必须考虑内部和外部的其他成本和收益。在外部，跨国公司现在要面对 3 个税务机关，即进口国的海关以及出口国和进口国的所得税管理机关。进口商缴纳较高的关税，会导致所得税税基降低。在内部，企业必须评价在进口国家缴纳的低（高）所得税，与高（低）进口关税，以及公司以后向出口国缴纳的高（低）所得税相互权衡后的利益。

为了具体说明，我们再来考察一下专栏 12—5 和专栏 12—6 所列示的 Blu 牛仔裤公司的例子。在修改后的例子中（参见专栏 12—7），假设美国对进口商品征收 10% 的关税。在低转让定价政策下，缴纳了较低的进口关税（300 000 美元相对于 400 000 美元而言），但低转让定价的进口关税利益被多交的所得税（486 000 美元相对于 266 000美元）抵消了。同时，考虑到进口关税和所得税等因素的影响，制定高转让定价政策能使 Global 公司的整体利益增加 120 000 美元。

专栏 12—7 考虑关税和所得税时的权衡

	中国香港 Blu 牛仔裤公司	美国 Blu 牛仔裤公司	Global 公司
低转移价格			
销售收入	$ 3 000 000	$ 6 000 000	$ 6 000 000
销售成本	2 100 000	3 000 000	2 100 000
进口关税（10%）	—	300 000	300 000
销售毛利	900 000	$ 2 700 000	$ 3 600 000
经营费用	500 000	1 500 000	2 000 000
税前收益	400 000	1 200 000	1 600 000
所得税（17%/35%）	66 000	420 000	486 000
净利润	$ 334 000	$ 780 000	$ 1 114 000
高转移价格			
销售收入	$ 4 000 000	$ 6 000 000	$ 6 000 000
销售成本	2 100 000	4 000 000	2 100 000
进口关税（10%）	—	400 000	400 000
销售毛利	$ 1 900 000	$ 1 600 000	$ 3 500 000
经营费用	500 000	1 500 000	2 000 000
税前收益	$ 1 400 000	$ 100 000	$ 1 500 000
所得税（17%/35%）	231 000	35 000	266 000
净利润	$ 1 169 000	$ 65 000	$ 1 234 000

12.5.3 竞争因素

为了帮助新组建的国外子公司，母公司会以较低的价格为子公司供货。随着国外子公司在当地市场增强自己的地位，这些价格补贴也会逐步取消。同样，低转移价格也可以用来保护现有的国外经营，使其免受当地市场或其他市场竞争加剧的影响；换句话说，在一个国家赚取的利润可以支持公司打入另一市场。它也可能会影响间接竞争。为了使国外子公司更方便地进入当地资本市场，可以通过压低其获得的供货的转让定价，提高其产品的转让定价，来提升它的报告盈余和财务状况。有时候，转让定价也可以用来削弱子公司的竞争者。

应该权衡这些竞争因素与许多具有抵消效应的不利因素。出于竞争原因的转移价格可能会引发东道国政府的反垄断措施，或当地竞争者的报复行为。在公司内部，定价补贴不能使获得这种补贴的公司的管理人员具有竞争意识。开始时只是用来作为暂时性帮助的东西，很容易就会成为管理层永久依赖的拐杖。

12.5.4 环境风险

尽管国外竞争因素可能需要向国外子公司收取较低的转移价格，但是子公司面临的严峻通货膨胀风险可能要求其采取相反的措施。通货膨胀侵蚀了公司现金的购买力。向一家面临高通货膨胀的子公司提供商品或服务时，制定较高的转移价格，能够尽可能多地把现金从子公司转走。

收支平衡问题（通常与通货膨胀相关）可能会促使外国政府将它们的货币贬值、实行外汇管制和/或限制外国公司汇出利润。子公司通过通货膨胀转移价格将资金转移到母公司（或关联的附属公司），可以避免遭受货币贬值带来的潜在损失。在外汇管制的情况下（例如，政府限制进口某种特定商品所需的外汇数量），降低进口商品的转移价格，就可以使受外汇管制影响的子公司得到更多需要进口的商品。为了绕过对汇出的限制，制定较高的转移价格，就可以在母公司每次向国外子公司销售商品或提供劳务时，将一些现金返还给母公司。

12.5.5 业绩评价因素

转让定价政策还受它们对管理行为影响的制约，它通常是公司业绩的主要决定因素。例如，如果一家国外附属公司的任务是给公司系统内的其他单位供货，那么适当的转移价格能够帮助管理层向附属公司提供可以用来进行业绩比较的盈余流量。然而，分权管理的公司很难制定出同时符合以下两个条件的公司内部转移价格：（1）激励管理人员做出能使本单位利益最大化且与整个公司的目标相一致的决策；（2）为判断管理人员和企业中各单位的业绩提供公平的依据。如果子公司可以自由地商谈转移价格，它们的管理人员就可能难以协调子公司利益和公司整体利益之间的矛盾。但是，如果公司总部以命令的形式武断地或不合理地规定转移价格和供应地选择方案，对子公司管理层的影响可能会更坏。此外，公司总部做出的决定越多，分权型利润中心的优势就越小，因为当地管理人员会失去为他们的当地经营的利益而努力的动力。

12.5.6 解决权衡问题

在量化转让定价策略中的权衡方面，管理会计师起着重要作用。面临的挑战是在确定与公司内部转让定价决策相关的收益和成本时，保持一个全球化的观点。必须把决策对企业系统整体的影响放在首位。

量化众多的权衡十分困难，因为对环境影响必须从整体上考虑，而不是考虑个别因素。例如，对于处在一个有着高所得税、高进口关税、物价管制、脆弱的资本市场、长期的高通货膨胀、外汇管制和不稳定政府的国家的子公司而言，围绕着转让定价政策的权衡就很难测度。就像我们所看到的那样，以较高的转移价格向子公司提供商品和服务，可以降低该子公司的所得税，将多余的现金转移到母公司。但是，高转让定价还会导致较高的进口关税，损害子公司的竞争地位（因为生产要素价格高），使通货膨胀情况恶化，提高子公司的资本成本，甚至使东道国政府为保护国际收支平衡而采取报复措施。这些因素处在不断变动之中，会使问题进一步复杂化。有一点是明确的：粗略计算转让定价政策对跨国公司系统中各个单位的影响的做法，是不可取的。

12.6 转让定价方法

在一个完全竞争市场的世界中，设定公司内部资源和服务的转移价格将不会有什么问题。转移价格可以根据增量成本或市场价格来确定。没有哪一种体系必定会与另外的体系相冲突。不幸的是，关联主体之间转移的产品几乎没有竞争性的外部市场。环境因素对转移价格的影响，也给定价方法带来了问题。如何制定转移价格？标准市场价格一般比那些基于成本计量的价格更好吗？或者，协商价格是唯一可行的选择吗？能用一种单一的转让定价方法来很好地同时实现所有的目的吗？以下各个部分将对这些问题做一些说明。

12.6.1 市场、成本还是其他？

采用市场导向的转移价格有几个方面的优点。市场价格显示了转出主体没有向外部市场销售的机会成本，采用市场价格可以鼓励对企业稀缺资源的有效利用。采用市场价格还可以与分权型利润中心的导向保持一致。市场价格有利于区分经营是否盈利，而且更容易向税务机关辩称其为公平交易价格。

以市场为基础的转移价格的优点必须与它的一些缺点相权衡。其中的一个问题是，采用市场价格不能给企业提供较大的空间去调整价格以实现竞争或战略目的。一个更重要的问题是，相关的产品或服务常常没有中间市场。跨国公司从事的交易是独立的企业之间不会开展的，例如向子公司转让一项有价值的、严格保密的技术。同一控制下的子公司之间的交易关系，与非关联方之间可能的同类交易，通常存在十分重要的区别。

以成本为基础的转让定价制度能够克服其中的很多缺点。此外，这种方法：（1）应用简单；（2）以现成数据为基础；（3）容易向税务机关验证；（4）易于常规化，从而有助于避免通常伴随着任意制定的制度而引起的摩擦。

当然，以成本为基础的转让定价制度也不是完美无缺的。例如，按实际成本出售商品或服务，不能促进卖方控制它们的成本。生产的低效率可能会通过提高价格的方式转嫁给买方。以成本为基础的制度过于强调历史成本，它忽视了竞争性的供需关系，不能以令人满意的方法将成本分配到特定的产品或服务上。国际上成本确定的问题更加复杂，因为各国的成本会计概念各不相同。

12.6.2 公平交易原则

典型的跨国公司是一体化的经营：它的各个子公司处于同一控制之下，共享相同的资源和目标。需要在不同的国家申报应税所得，意味着跨国公司必须将收入和费用在子公司之间分配，并且制定公司内部交易的转移价格。

世界各地的税务当局已经制定出复杂的转移价格和收益分配规则，作为它们的国家所得税体系的一部分，大部分都以公平交易原则（arm's length principle）为基础，把公司内部交易看做是非关联方在竞争性市场上的交易来定价。[①] 经济合作与发展组织指出了确定公平交易价格的几种主要方法，这些方法与美国《国内税收法案》第482条的规定相似，它们包括：（1）可比非受控价格法；（2）可比非受控交易法；（3）转售定价法；（4）成本加成法；（5）可比利润法；（6）利润分割法；（7）其他定价方法。

12.6.3 可比非受控价格法

在这种方法下，转移价格的制定要参考独立的公司之间或公司与非关联的第三方之间发生类似交易时采用的价格。当商品足够常见、受控销售与在公开市场上销售具有实质上的可比性时，这种方法是适当的。商品类产品的内部交易通常采用这种方法。

12.6.4 可比非受控交易法

这种方法适用于无形资产的转移。它参照转让相同或类似无形资产的非受控交易，来确定基准的特许权使用费率。就像可比非受控价格法一样，这种方法依赖于市场上的可比因素。

12.6.5 转售定价法

这种方法从该项目能够向独立的买方销售的价格出发来计算公平交易价格。然后从这个价格中扣除用来弥补成本的适当毛利和正常利润，就能得出公司内部的转移价格。该方法通常用于买方是分销商或者销售附属公司的情况。

为了说明这种定价方法，假设一家公司希望给下属一家经营性单位向国外分销单位出售的商品定价。分销单位的利润表和其他相关资料如下：

1. （分销单位的）销售净额：100 000件，单价300美元	\$ 30 000 000
2. 分销单位的其他费用（OE）	1 200 000
3. OE占销售净额的百分比	4.0%
4. 进口运输和保险费（FI）	\$ 1.50/件
5. 包装费用（PC）	\$ 2.00/件
6. 运费和装卸费的关税税率（CD）	5.0%
7. 分销单位的净销售价格（NSP）	\$ 300/件

其目的是计算两个单位之间的转移价格，以便分销单位能够弥补所有的成本，并赚取正常的利润。就像我们将会看到的那样，转售定价法是一种倒推（work backwards）的方法。假设公司要求有5%的额外毛利，从而补偿经营风险并提供适当的利润，产品的总毛利计算如下：

1. 其他费用	4.0%
2. 风险和利润所要求的额外毛利（AM）	5.0%
3. 总毛利（TM）	9.0%

在这里，除了转移价格以外，分销单位还必须为进口产品支付运输费和保险费，以及关税（因此，分销单位进口的成本与转移价格并不相等）。给定以上信息，则交

① 当然，这种结果只能是假定的，因为交易者是关联方，而且市场通常也不是竞争性的。参见L. Eden，M. T. Dacin，and W. P. Wan，"Standards Across Borders：Cross-border Diffusion of the Arm's-Length Standard in North America，" *Accounting Organization and Society*（January 2001）：1–23.

付给分销单位的商品的单位转移价格（TP）为：

TP=｛［NSP×（100%-TM）-PC］/（100%+CD）｝-FI

TP=｛［300×（100%-9%）-＄2］/（100%+5%）｝-＄1.50

TP=＄256.60

上面的计算考虑总毛利、包装费、运输和保险费以及关税，对净销售价格进行了调整，得出转让定价。尤其是1.05的系数使271美元的进口成本价格降到258.10美元的关税税前数据。从这个数据追溯其他应交关税的成本，就得出了256.60美元的转让定价。进口成本等于：（1）转移价格，加上（2）运输和保险费，以及这两项的关税。我们可以验证这个结果：

	单位成本
转移价格	＄256.60
+运输和保险费	1.50
小计	258.10
关税（5%）	12.90
进口成本	＄271.00
倒推计算出转移价格：	
净销售价格	＄300.00
补偿风险和提供正常利润的毛利（40%）	-27.00
包装费	-2.00
运输与保险费	-1.50
关税	-12.90
转移价格	＄256.60

12.6.6 成本加成定价法

成本加成定价是一种顺推（work forward）的方法，它在转出方附属公司的本地货币成本上，加上一个加成。这个加成一般包括：（1）与出口存货、应收账款和所用资产有关的估算的筹资成本；（2）用于生产、分销、仓储、国内运输的成本和其他与出口业务有关的成本的一定百分比。通常需要做出一项调整，以反映政府为使生产成本在国际市场上具有竞争力而给予的所有补贴。

当在国外附属公司之间转移半成品，或一个主体是另一个主体的分包商时，这种定价方法尤其有用。主要的计量问题涉及计算被转移项目的成本和确定适当的加成。

为了说明怎样用成本加成法得出转让定价，假设葡萄牙的一家制造类单位希望根据下列信息确定公司内部的转让定价：

1. 单位总生产成本（1 000件）	€200
2. 生产该项目所占用的平均净经营性资产	€40 000
3. 葡萄牙的平均短期利率	8.0%
4. 筹资成本占总生产成本的百分比（8%×€40 000/€200 000）	1.6%
5. 按最终转移价格给予的政府补贴	6.0%
6. 给附属公司的信用期	90天
7. 要求的利润和其他费用毛利	8.0%

成本加成转移价格能使转出方单位在生产成本之外获得一定百分比的报酬。这个

报酬百分比（成本加成中的加成）的确定方法如下：

1. 调整前要求的毛利：		
利润和其他费用	8.0%	
筹资成本	1.6%	9.60%
2. 政府补贴调整		6.00%
3. 现金条件下的调整后毛利［（1.096÷1.06）-1］		3.39%
4. 90 天信用期条件下的调整毛利		5.46%[a]

[a]这个数字等于调整后的现金条件下的毛利率乘以 1 加上 90 天的短期利率，即｛1.033 9×［1+（0.08×90÷360）］｝-1。它允许转出方单位赚取 90 天信用期的应收账款的估算利息。

要求的毛利 5.46% 乘以被转移项目的总生产成本，就可以得出这个项目账单上的企业内部转移价格。在这个例子中，转移价格为 210.92 欧元，即 1.0546×200 的结果。这个转移价格使公司赚取了它应得的 9.6% 的毛利和持有子公司 90 天信用期应收账款的 8%（按年计算的复利）的报酬。我们可以验证这个结果：

复合报酬率	=	｛1.096×［1+（0.08×90÷360）］｝-1
	=	11.79%
转移价格	=	€ 210.92
成本		200.00
毛利		€ 10.92
补贴（6%×210.92）		12.66
全部报酬		€ 23.58
成本报酬率（%）	=	（€ 23.58）÷（€ 200.00）= 11.79%

12.6.7 可比利润法

这种方法支持一个一般观念：处于类似情况的纳税人在合理的期间内，应该赚取类似的报酬。① 因此，关联方之间的交易所产生的公司内部利润，应当与类似情况下从事类似业务活动的非关联方之间的交易所产生的利润具有可比性。运用资本报酬率（return on capital employed，ROCE）是衡量利润水平的首要指标。在这种方法下，相关主体的 ROCE 应当与一个基准主体的经营收益对平均运用资本的比率进行对比。

应用这种方法一般都要求对比较对象之间的所有差别进行调整。需要进行这些调整的因素包括销售条件差别、资本成本差别、外汇和其他风险以及会计计量实务方面的差别。

12.6.8 利润分割法

这种方法适用于不存在产品或市场基准的情况下。它主要涉及按公平交易形式将

① 可比利润法与《OECD 指南》中的交易净毛利法（TNMM）类似。主要的区别是 TNMM 适用于交易层次，而不是企业层次。关于这种方法与利润分割法的进一步信息，参见 Victor H. Miesel，Harlow H. Higinbotham，and Chun W. Yi，"International Transfer Pricing：Practical Solutions for Intercompany Pricing-Part II，" *International Tax Journal*（winter 2003）：1-40.

关联方公司之间的交易所产生的利润进行分割。这种方法的一种变体是可比利润分割法（comparables profit split method），即采用与非受控公司之间发生的类似交易或活动的综合利润比例，来对关联方公司之间的交易产生的利润进行分割。

更复杂的一种方法是剩余利润分割法（residual profit split method），它包括两个步骤。首先，利用相关的基础，在生产过程中的每一个阶段对关联主体（母公司及其子公司）执行的常规性职能进行定价。整个企业赚取的利润总额与应归属于这些常规性职能的利润之间的差额，被看作剩余利润（residual profit），它实质上是来自非常规职能的利润。然后，将这笔类似于无形商誉的剩余利润，按照每个关联方成员对形成这项无形资产贡献的相对价值进行分割。这个价值可以参考公允市价或开发这笔无形资产的资本化成本来确定。

12.6.9 其他定价方法

鉴于现有的定价方法并不能完全反映所处的环境，所以如果其他方法能更精确地计算公平交易价格，也被允许采用。引用经济合作与发展组织的话来说：

我们应该认识到在很多情况下公平交易价格并不能准确地确定，在这些情况下，有必要寻求一个合理的近似值。根据现有的证据，参照多种方法，得出满意的公平交易价格的近似值，可能是很有帮助的。[①]

美国《国内税收法案》第482条规定了一种最佳方法（best method），要求纳税人根据自己所处情形中的事实和情况，选择一种最佳的转让定价方法。阿根廷也有最佳方法的规则。另外一些国家，例如捷克共和国和墨西哥，没有指明优先的转让定价方法。但是，大多数有转让定价法规的国家都倾向于以交易为基础的方法（可比非受控定价法、可比非受控交易法、转售定价法和成本加成定价法），而不是以利润为基础的方法（可比利润法和利润分割法）。这些国家包括比利时、法国、德国、日本、荷兰和英国。[②] 经济合作与发展组织的指南规定应当选择一种合理的（reasonable）方法，同时也倾向于以交易为基础的方法，而不是以利润为基础的方法。

我们并不可能总是计算出一个明确而又准确的公平交易价格。因此，记录所采用的转让定价和相关的理论依据十分重要。不管处在哪个税收法域，倾向于采用哪种转让定价方法，都是如此。现在，越来越多的国家要求企业记录文件以证实用于企业间交易的转让定价方法。下列步骤有助于制定转移价格：

- 分析关联公司承受的风险和履行的职能，以及影响定价的经济和法律因素；
- 识别和分析基准公司和交易，记录做出任何调整的原因；
- 比较可比公司与纳税人的财务成果；
- 如果存在可比交易，注意其与纳税人的交易的相同点和不同点；
- 记录为什么所选的定价方法是最合理的，而其他的方法则不是；

① Organization for Economic Cooperation and Development, *Transfer Pricing and Multinational Enterprises*, (Paris: OECD, 1979), p. 33.

② Deloitte, *Strategy Matrix for Global Transfer Pricing: Planning Methods, Documentation, Penalties and Other Issues* (2006), pp. 10–11 (www.deloitte.com).

- 在填报纳税申报表以前先更新信息。[①]

12.6.10 事先定价协议

政府对转移价格的接受程度是需要关注的一个主要问题。由于意识到跨国公司会利用转让定价来转移利润，并且担心由此引发的经济和社会后果，政府增强了对跨国经营的详细审查。与此同时，转让定价法规的模糊性和复杂性使公司内部交易很可能成为税收审查的目标。对跨国公司的调查一直说明，它们把转让定价看作最为重要的国际税收问题，并且在世界各地几乎肯定都会面临对转让定价的审查。[②]

事先定价协议（advance pricing agreements，APAs）是一种机制，通过这种机制，跨国公司与税收当局通过自愿协商达成关于转让定价方法的对双方都有约束力的协议。这些协议降低或消除了转让定价审核的风险，为跨国公司和税收当局双方都节约了时间和金钱。1991 年美国引入这种机制后，事先定价协议已经被其他国家广泛采用。[③] 这种协议一般针对一个固定的时期，例如，在美国为 3 年。

专栏 12—8 概括了第 3 章和第 4 章讨论的 10 个国家的转让定价规定。

专栏 12—8　　**节选国家的转让定价规定**

	转让定价方法偏好	转让定价文件的强制要求[a]	事前定价协议的可用性
中国	最优解	是	是
捷克共和国	交易为主	是	是
法国	交易为主	否	是
德国	交易为主	是	是
印度	最优解	是	否
日本	交易为主	否	是
墨西哥	交易为主	是	是
荷兰	无偏好	是	是
英国	交易为主	是	是
美国	最优解	否	是

资料来源：改编自 Ernst & Young，2005—2006 *Global Transfer Pricing Survey——Tax Authority Interviews: Perspectives, Interpretations and Regulatory Changes*（2006），www. ey. com；Deloitte，*Strategy Matrix for Global Transfer Pricing*（2008），www. deloitte. com；Ernst & Young，*Transfer Pricing Global Reference Guide*（2008），www. ey. com.

[a] 对主张转让文件没有强制规定的国家将要求企业按要求编制文件，通常发生在审计时。例如，纳税人必须编制这类文件，在美国是要求 30 日之内，在法国是 60 天之内。既然需要提供文件的重大金额，建议企业在任何时候都坚持记录文件。

---

① Alan Shapiro and Arnold McClellan，"New Transfer Pricing: New Rules Give Guidance on How to Avoid Penalties," *Deloitte Touche Tohmatsu International World Tax News*（March 1994）: 2. 关于转让定价文件的更多信息参见：CymH. Lowell, Mark R. Martin，and Michael J. Donahue，"Managing Transfer Pricing，Part I，" *Journal of International Taxation*（July 2006）: 44-58.

② Ernst & Young，*Transfer Pricing* 2003 *Global Survey*（2003）: 10-15（www. ey. com），PriceWaterhouseCoopers，*Transfer Pricing Perspective: The Emerging PerfectStorm of Pricing Audits and Disputes*（2008），（www. pwc. com）.

③ 事先定价协议有着不同的名称。例如，在英国被称作事先定价安排，在日本称为事先确定体系。美国 APA 项目是世界上这类项目中最大的。

12.7 转让定价实务

跨国公司在许多方面都明显地存在着差异，例如规模、行业、国籍、组织结构、参与国际经营的程度、技术、产品或服务和竞争情况。因此，在实践中存在着各种各样的转让定价方法也就不足为奇。① 关于转让定价实务的大多数经验证据都建立在调查的基础上。由于公司的定价政策通常被看作是私密性质的，所以在解释这些调查时应当十分谨慎。考虑到20世纪90年代以来经营活动全球化所带来的巨大影响，我们也很担心90年代以前有关转让定价的调查在今天是否还依然有效。②

哪些因素会影响转让定价方法的选择？在规划过程中是否考虑转让定价的影响？最近的一项研究请美国跨国公司的财务管理人员指出国际转让定价的3个最重要的目标。③ 管理税负压倒了其他目标，但是，出于经营目的而利用转让定价，例如保持公司的竞争地位、促进公平的业绩评价以及激励员工，也是转让定价的重要目标。管理通货膨胀、管理外汇风险以及放松现金转移限制等目标，相对而言不太重要。

另一项研究向19个国家的跨国公司管理人员提出了一个类似的问题。④ 在他们答复中，经营问题的优先程度略微超过了税收问题。这项研究还发现，通常只有在已经做出战略决策之后，才会去考虑转让定价对经营和税收的影响。然而，后续调查表明，在目前的跨国公司的规划过程中，转让定价起着重要的作用。⑤ 跨国公司调查表明，他们中更多地在企业筹划周期较早地考虑税收问题，要早于5年。转让定价越来越被看作是遵守问题，而更多的是创造价值的规划问题。

12.8 未来

技术和全球化经济正在对国际税收所依赖的很多原则提出挑战。其中的一个原则是每个国家都有权自主决定在本国境内对人民和企业征收多少税款。税法过去是在一个可以明确辨认交易发生的位置的环境中演进起来的，但是这种情况已经越来越不符合实际了。互联网上的电子商务忽略了国境和真实的地理位置。现在商业活动发生在虚拟空间——世界各地的任意一台服务器上。⑥

征收税款的能力取决于对谁应该交税的了解，但是，越来越复杂的加密技术使得税务当局很难辨认纳税人。匿名的电子货币成为一种现实。互联网也使跨国公司能够很容易地将它们的业务转移到低税负的国家，也许这样会远离客户，但是只要点击一

---

① 根据环境的不同，跨国公司会综合使用多种方法综合。

② 例如，一篇被广泛引用的文献［J. S. Arpan，Internationl Intracorporate Pricing：Non-American Systems and Views，*Journal of International Business Studies*（Spring 1972）：1-18］发现：美国、法国、英国和日本的管理人员倾向于使用以成本为基础的转让定价方法，而加拿大、意大利和斯堪的纳维亚的管理人员倾向于以市场为基础的方法。还有一些国家，例如比利时、荷兰、德国和瑞士的管理人员却没有特殊的偏好。现在，我们虽然还相信国籍对转让定价方法的选择有影响，但我们怀疑上述结论是否依然有效。

③ K. S. Cravens，“Examining the Role of Transfer Pricing as a Strategy of Multinational Films，” *International Business Review* 6，No. 2（1997）：127-145.

④ Ernst & Young，“1999 Global Transfer Pricing Survey，” reprinted in R. Feinschreiber，*Transfer Pricing International*：*A Country-by-Country Comparison*（New York：John Wiley & son，2000），35. 1-35. 49.

⑤ Ernst & Young，2005—2006 *Global Transfer Pricing Survey*：*Global Transfer Pricing Trends*，*Practice*，*and Analysis*（Nov. 2005），p. 15（www. ey. com）. 也可参见：Ernst & Young，Precision Under Pressure：Global Transfer Pricing Survey 2007-2008，2008（www. ey. com）

⑥ 有形产品的数字化就是一个例子。在音像商店购买的CD就是有形的，而且是在现实场所购买的。对这类交易征税相当简单，因为很容易确定收入的来源。如果从网上下载产品，它就是一项在虚拟空间中发生的无形的购买业务。谁应该对这项业务交税，怎么交，就不甚清楚了。

下鼠标就可以取得联系了。对国际交易进行监控和征税正变得越来越困难。进而，政府越来越担心他们正丧失对企业的控制，这些企业能够并且确实能向海外调动它们的员工、技术、资本、总部所在地以及应纳税利润。

世界各国的政府都要求转让定价方法以公平交易原则为基础。也就是说，应该对跨国公司在不同国家的经营活动征税，就像它们是按照公平交易原则开展业务的彼此独立的企业一样。现在，公平交易价格计算上的复杂性对全球化的公司而言，已经没什么关系了，因为它们很少按照这种方式开展业务。现在，许多跨国公司拥有国际品牌、全球研发和地区利润中心。很难准确地说它们的利润到底来自于什么地方。进一步来说，企业越来越以服务为导向，并且依赖商标品牌、知识产权和难以计价的无形资产。①

这些发展对国际税收而言意味着什么？国家税收适应全球经济的要求吗？我们已经发现：世界各地的税收当局之间的合作和信息共享增多了。这种趋势还会继续。与此同时，许多专家预测税收竞争会更加激烈。互联网使得企业利用避税天堂更加容易了。一些人建议采用单一税（unitary tax）取代转让定价来确定应税所得。按照这种方法，跨国公司的全部利润根据一个公式分配给各个国家，这个公式反映公司在各个国家的相对经济地位。然后，每个国家再按照自己认为适当的税率对各自分到的那部分利润征税。显然，未来的税制面临着许多机会和挑战。②

讨论题

1. 税收中性的含义是什么？税收与经营决策之间的关系是中性的吗？这种关系是好还是坏？

2. 世界范围内存在着哪些税收观点和类型？

3. 请考虑下面的说法："各国法定税率的差别是最明显的，但在决定一家公司的有效税负时所起的作用却是最小的。"你同意这种观点吗？请解释。

4. 从逻辑推理的极端看，税务筹划是一种为减少纳税而精心制定的政策。这种想法引发了对国际税务经理的道德质疑。在世界很多地方，故意避税是很普遍的。例如，在意大利，税法经常得不到严格执行。即使税法得到了执行，但是税款的实际结算还有待于纳税人和收税人之间的协商。在这种环境下经营的跨国公司应该采取入乡随俗的政策，还是坚持在本国环境下奉行的理念？

5. 比较和对照转让定价在国内和国际经营中的不同作用。

6. 跨国公司的转让定价问题引起公司的很多利益相关者的密切关注。请从下列不同的角度说明各自可能关注的问题：

a. 国外附属公司的少数股权股东；

b. 外国税务机关；

---

① 2006 年，葛兰素史克生物制药公司与美国国内收入服务局签订的转让定价协议就涉及这类问题。该协议是国内收入服务局历史上最大的税收分歧。葛兰素史克生物制药公司同意支付给国内收入服务局 34 亿美元。

② "The Mystery of the Vanishing Taxpayer: A Survey of Globalisation and Tax," The Economist (January 29, 2000): 1-22; S. James, "The Future International Tax Environment," *International Tax Journal* (Winter 1999): 1-9; N. Warren, "Internet Challenges to Tax System Design," in *The International Taxation System*, ed., A. Lymer and J. Hasseldine, eds., Boston: Kluwer Academic Publishers, 2002, pp. 61-82; "A Taxing Battle," *Economist* (January. 31, 2004): 71-72.

c. 本国税务机关;

d. 国外子公司的管理人员;

e. 总部的管理人员。

7. 许多经济、环境和组织方面的因素使公司内部的转让定价问题变得更加复杂。请列举本章讲述的6个主要因素，并简要说明它们怎样影响转让定价政策。

8. 请列举公司内部转让定价的主要依据。简要评价一下它们的相对优点。从跨国公司执行官的角度来看，哪种计量方法更好?

9. 请解释公平交易价格。只有美国国内税收局强制推行这种公司内部转让定价方法吗? 公平交易价格的概念能够解决公司内部转让定价的计量问题吗?

10. 什么是事先定价协议? 参与事先定价协议有哪些优点和缺点?

练习题

1. 一家中国的制造子公司生产的产品在澳大利亚销售。产品的单位制造成本相当于7.00美元，以9.50美元销售给客户。一家设在开曼群岛的子公司从中国子公司那里以7.00美元的价格购买该产品，并将它以9.50美元的价格销售给澳大利亚的母公司。

要求: 计算这些交易应当缴纳的所得税总计金额。并说明这对有关的公司和税收当局有什么启示?

2. 九龙贸易公司，是设在中国香港的全资子公司。它从在火奴鲁鲁（亦称“檀香山”——译者注）的母公司进口澳洲坚果，然后再出口到远东的多家免税店。在目前这个会计年度内，这家公司进口了价值2 000 000美元的坚果，零售额为6 000 000美元。当地的所得税税率为16.5%。中国香港子公司所赚取的利润留作未来扩张之用。

要求: 根据这些信息，按《国内税收法案》分则F条款计算美国母公司的应交税款。

3. 一家设在荷兰阿姆斯特丹的珠宝制造商从比利时的贵金属经销商那里用2 400欧元购买黄金。这家制造商把原料加工成一种首饰，批发给一家荷兰零售商，价格为4 000欧元。

要求: 如果荷兰的增值税税率为17.5%，计算该珠宝制造商的活动应缴纳的增值税。

4. 瑞典采用古典税制。一家总部设在斯德哥尔摩的公司赚取了1 500 000瑞典克朗，将50%的盈余作为股利分派给股东。假设公司股东适用的税率为40%，企业的所得税税率为28%。计算该企业应交的税款总额。

5. 美国的跨国公司Alubar公司从A国收到特许权使用费，从B国收到国外分支机构的盈余，从C国和D国收到相当于子公司净收益的50%的股利。假设A国对特许权使用费、C国对分派的股利都征收10%的预提所得税。B国的所得税税率为20%，C国的所得税税率为40%。D国征收40%的间接税以取代直接所得税。选定的数据见下表:

	A 国	B 国	C 国	D 国
来自 A 国经营的特许权使用费	$ 20			
税前收益		$ 90	$ 90	$ 54
所得税（20%/40%）		18	36	0
净利润		$ 72	$ 54	$ 54

要求：计算来自国外的所得在外国及在美国国内应缴纳的税款。

6. Global 公司在 A 国有一家生产附属公司，向它在 B 国的销售附属公司出售商品，成本为 600 000 美元。该销售附属公司又将这些商品以 1 700 000 美元的价格转销给最终用户。这两家附属公司分别发生 100 000 美元的经营费用。A 国、B 国对它们的税收法域内的应税所得征收 35% 的企业所得税。

要求：如果 Global 公司提高累计转移价格，将从生产附属公司发售给销售附属公司的商品由 1 000 000 美元提高到 1 200 000 美元，这样对合并税款会产生什么影响？

7. 利用练习题 6 的资料，如果 A 国的公司所得税率为 30%，而 B 国的公司所得税率为 40%，这个转让定价措施对税款会产生什么影响？

8. 利用练习题 6 和练习题 7 的背景资料，假设满负荷运转时能生产 10 000 件，单位制造成本为 60 美元。在 A 国，每件的非受控销售价格为 120 美元。将商品运到 B 国的销售附属公司，运费为每件 16 美元，跨国销售的合理毛利是成本的 20%。

现在假设 B 国对应税所得征收 40% 的公司所得税（A 国则为 30%），对进口商品按申报价格征收 20% 的关税。B 国法律允许的最低申报价格为 100 美元/件，没有上限。进口关税可以在所得税前扣除。

要求：

a. 根据以上资料，拟订可以使 Global 公司整体税负最低的转让定价策略。

b. 你的定价决策会引发什么问题？

9. 移动电话制造商 Lumet 公司希望为设在法国枫丹白露的销售附属公司的10 000 台订单开具发票。因为想降低外汇风险，公司内部开出的所有发票都用欧元标价。每台的有关数据如下：净销售价格 450 欧元；其他经营费用 63 欧元；运输和保险费 1 欧元；包装费 1. 50 欧元；关税为 5%。Lumet 公司希望在这笔交易中赚取 6% 的利润。

要求：确定 Lumet 公司向法国附属公司开具发票的移动电话价格。

10. Lund 制造公司是一家设在瑞典的药品制造公司。下面列示的是它的利润表的一部分：

销售收入	SEK75 000 000
产品生产和销售成本：	
产成品，期初存货	0
产品生产成本：（100 000 件）	
直接材料	SEK22 500 000
直接人工	11 600 000
制造费用	6 000 000

可供出售产品成本	40 100 000
产成品，期末存货	8 000 000
产品销售成本	32 100 000
毛利	SEK42 900 000

当年，瑞典的短期借款利率为7%，平均经营资产净额为45 000 000瑞典克朗。公司享受5%的政府补贴。该公司需要8%的毛利率来提供利润和弥补其他费用。给所有附属公司的信用期都是60天。

要求：根据这些信息，Lund制造公司向设在邻国芬兰的一家销售附属公司开具发票的价格将是多少？

案例12—1 山穷水尽

会计人员要为第三世界的贫穷承担责任吗？英国基督教援助协会发布的一份报告如是说。① 这份报告谴责会计师事务所通过对他们避税项目的侵略性营销，助长了发展世界中的贫穷，"避税行业（包括会计师事务所）对发展中国家及其增加税收的能力产生了非常消极的影响——这对他们摆脱贫穷至关重要"。②

根据这份报告，关于贫困国家如何为摆脱贫穷而筹资的辩论已经集中到主要关注呼吁债务减免和增加救援这一点上。③ 尽管这些因素是重要的，但是它们只是一个更大和更复杂之谜的冰山一角。要解决这个谜题：不仅要看流向贫困国家的钱，还要看不能拿到手上的钱以及浪费掉的钱。

更加贫穷的国家正面临税收危机。在富裕的国家，1990年至2000年间的政府税收收入平均为国内生产总值（GDP）的30%。在撒哈拉沙漠以南的非洲，同期的平均比例是17.9%，在拉丁美洲是15.1%，而在南亚是10.5%。世界上更为贫困地区的低税收限制了本国产生的政府可用于必要公共服务（如医疗保健和教育）的资源。

引自这份报告：

贫穷国家已经不能通过税收来增加它们的收入，这不是偶然的。有三种已经阻碍它们的④具体税收政策：

1. 税收竞争。国家之间的税收竞争意味着较贫穷的国家通常戏剧性地不得不降低企业税率，以吸引国外投资。

2. 贸易自由化。贸易自由化已经剥夺了贫穷国家的进口税收。在一些情况下，这些已经达到他们税收收入的1/3。

3. 容忍避税天堂。对避税天堂的容忍有助于富有的个人和跨国公司（以及罪犯、腐败的领导和恐怖分子）转移他们的财富和离岸利润，以逃避纳税。

避税天堂以多种方式影响发展中国家：

- 秘密的银行账户和离岸信托鼓励富有的个人和企业通过为未完税的盈余和利润提供地方存放以逃避纳税。

① Christain Aid, *The shirts Off Their Backs: How Tax Policies Fleece the Poor* (Sep. 2005), www. christainaid. org. uk.

② Andrew Pendleton基督教援助协会的高级政策官，在《Alice Nation》援引："Christain Aid Attacks Accountants over Tax Avoidance Schemes," *Accountancy* (Oct. 2005): 11.

③ 富裕国家的救助是不稳定的，并且有时还要附带条件。

④ Christain Aid, *The shirts Off Their Backs: How Tax Policies Fleece the Poor* (Sep. 2005): 4 (www. christainaid. org. uk).

• 许多跨国公司通过以极高的通胀价格进口商品并按少许的商品真实价值出口，对在发展中国家赚得的利润进行洗钱活动。[1] 它们借助在避税天堂的皮包公司进行这些活动，避税天堂能够提供给它们超过国家层面竞争者显著的税收优势，并且欺诈政府的税收收入。

• 离岸经营的全球性金融机构提供的银行机密和信托服务对政治腐败、欺诈、贪污、非法武器交易和全球毒品交易赚得的收益进行洗钱提供了一个安全的保护伞。[2]

谁应该为这一危机负责呢？该研究将矛头指向像国际货币基金组织和世界银行等国际机构、跨国公司、银行和会计人员。

会计师事务所……是“税收筹划”的拥护者，借以与其客户一起通过组建离岸子公司的网络来逃避纳税。安然公司的瓦解对这一行为的运作提供了一个极其少见的准确洞察机会。美国参议院对安然案件的报告表明，安达信会计师事务所如何为安然的大规模避税提供便利。该公司在1995年至1999年间没有纳税。[3] 会计机构和人员的税收筹划使这成为可能，并建立了一个拥有3 500家公司的全球网络，其中在开曼群岛的公司就超过了440家。美国后续颁布的《萨班斯-奥克斯利法案》通过明确管理者和股东对这些策略后果的责任，旨在起到威慑作用。但是，它并没有揭开避税天堂的神秘面纱。[4]

要求：

1. 为什么需要关注富裕国家寻求贫穷国家承担的本应该富裕国家支付的税额？

2. 你同意会计人员和会计师事务所要为第三世界的贫穷承担责任的观点吗？说出你的理由。

3. 税收筹划是错误的吗？

4. 假设你认为有必要提高第三世界国家增加其税收收入的新政策。列举将实现这一结果的政策建议，并解释你为何认为这些政策是必要的。

案例 12—2　Muscle Max：您自己的私人教练

亚洲Muscle Max公司是一家法国母公司的全资子公司，也是环太平洋地区经营活动的总部。它从法国母公司那里得到了很大的自主权，因为它经营的是公司的主要业务，即生产和销售一种叫“Muscle Max”的商用举重器械，可供运动员俱乐部或家庭使用。亚洲Muscle Max公司在马来西亚和中国设有生产附属公司，在澳大利亚、日本、新西兰、韩国和新加坡有销售店面。它打算在接下来的几年里把业务拓展到其他环太平洋国家。

鉴于澳大利亚对举重设备的需求，公司在那里的销售附属公司——澳大利亚Muscle Max公司，从中国和马来西亚进口这种设备，缴纳5%的关税。竞争性的同类

---

① 该报告引用数据：公司间转让的错误定价的45% ~50%发生在拉丁美洲，而60%发生在非洲。

② Christian Aid, The Shirts Off Their Backs: How Tax Polices Fleece the Poor (September 2005): 11 - 12 (www. christianaid. org. uk).

③ 依据2004年美国政府责任办公司报告，在1996年至2000年的任何一年，60%的美国公司有至少4.5亿美元的报告资产没有缴纳联邦税负。

④ Christain Aid, *The shirts Off Their Backs: How Tax Policies Fleece the Poor* (Sep. 2005): 17 (www. christainaid. org. uk).

设备供应商已经开始向澳大利亚附属公司拉订单。对这种设备的报价一般为650～750澳大利亚元。澳大利亚 Muscle Max 公司现在零售这种设备的价格是 1 349 澳大利亚元/台。它最近向亚洲 Muscle Max 公司抱怨中国和马来西亚的姊妹公司之间的价格差别。具体说来，马来西亚附属公司的报价是每台 675 澳大利亚元，而中国供应商的价格要高出 26%。亚洲 Muscle Max 公司解释说，按成本加成公式（每台的总生产成本为 540 澳大利亚元）计算的转让定价反映了多方面的因素，包括为补偿信用风险、经营风险和税收而要求较高的毛利。至于税款方面，亚洲 Muscle Max 公司解释说，中国为了促进出口，为企业提供了财务优惠政策。尽管正常的企业所得税税率是33%，中国的税务机关已经同意对与出口有关的所有盈余适用 10% 的所得税率。

澳大利亚 Muscle Max 公司的管理人员仍有疑虑。在与他最近的沟通中，他询问能不能考虑其他的举重设备供应商，以维持当地的市场份额。

要求：

1. 这个案例引发了哪些问题？
2. 你建议采取什么措施来解决你所发现的问题？

东北财经大学出版社

Supplements Request Form (教辅材料申请表)

Lecturer's Details（教师信息）			
Name: (姓名)		Title: (职务)	
Department: (系科)		School/University: (学院/大学)	
E-mail: (邮箱)		Lecturer's Address / Post Code: (教师通讯地址/邮编)	
Tel: (电话)			
Mobile: (手机)			

Adoption Details（教材信息） 影印版 □ 双语版□ 翻译版□			
Title: (中文书名) (英文书名) Edition: (版次) Author: (作者)			
Local Puber: (外国出版社)			
Enrolment: (学生人数)		Semester: (学期起止日期时间)	
通过哪种方式获得我社的图书信息 参加会议 □ 邮寄书目 □ 书店□ 网站□ 他人推荐□			

Please fax or post the complete form to（请将此表格传真或 email 至）：

东北财经大学出版社有限责任公司
电话: (86) 0411-84710878/84712996
传真 : (86) 0411-84710878
邮箱：guohebu@126.com
通讯地址: 辽宁省大连市沙河口区尖山街 217 号东北财经大学出版社
邮编：116025